［美国］克劳斯·P. 费舍尔 著
佘江涛 译

第三帝国

一部新的历史

NAZI GERMANY

A NEW HISTORY

译林出版社

图书在版编目（CIP）数据

第三帝国 : 一部新的历史 / （美）克劳斯·P. 费舍尔（Klaus P. Fischer）著 ; 佘江涛译. -- 南京 : 译林出版社, 2024. 8. -- ISBN 978-7-5753-0204-3

Ⅰ. K516.44

中国国家版本馆 CIP 数据核字第 2024SX4724 号

著作权合同登记号 图字：10-2022-185 号

第三帝国：一部新的历史 [美国] 克劳斯·P.费舍尔 / 著 佘江涛 / 译

责任编辑 王瑞琪
装帧设计 韦 枫
校 对 孙玉兰
责任印制 董 虎

原文出版 Continuum, 1996
出版发行 译林出版社
地 址 南京市湖南路 1 号 A 楼
邮 箱 yilin@yilin.com
网 址 www.yilin.com
市场热线 025-86633278
排 版 南京展望文化发展有限公司
印 刷 南京爱德印刷有限公司
开 本 718 毫米 × 1000 毫米 1/16
印 张 41.25
版 次 2024 年 8 月第 1 版
印 次 2024 年 8 月第 1 次印刷
书 号 ISBN 978-7-5753-0204-3
定 价 98.00 元

目 录

上 部

下　部

上　部

第一章

极权主义的诸种起源

欧洲背景

犹如一个人，一个国家也拥有为现在创造条件的过去。每一个人的状态，无论是善还是恶，都是过去的行为和遗传特性的总和。当我们仔细追寻塑造一个国家历史的重要事件的时候，我们就会去了解它过去的状态，并绘制它未来可能出现的情景。根据这一观点，对过去事件的了解是对未来事件把握的关键。在时空中发生的人类事件并非莫名其妙，并非无法预计，并非和过去的行为方式毫无关联。阿道夫·希特勒不是从空中落到德国的，战后的犬儒主义、极端主义，以及充满绝望情绪的政治和意识形态氛围，为他的出现做好了准备。希特勒和他发起的纳粹运动，是一些我们可以追溯的历史力量交织作用的结果。但是，在这样做的时候，我们必须小心地避免三种谬误：一是“后发生的某件事必然是先发生的某件事的后果”的分析所引发的谬误；二是无限的原因追溯所产生的危险；三是强加历史进程决定论的解释。

第一个谬误涉及用不恰当的原因去解释某些结果的发生。在希特勒之前发生的事，并非必然是希特勒崛起的原因，记住这一点是十分重要的。第二个谬误是无限的原因追溯，它总是引导我们去相信——假如我们接受的话——希特勒是作为整体的德国历史的产物。人们会认识到这种谬误，因为特殊事件的原因总数总是有限的，否则历史上就什么事都不会发生。假如希特勒所发起的运动的原因是无限的，我们就会依然等待着它的发生。国家社会主义的原因必然是有限的，它被限制在可以被控制的、被圈定范围的历史空间当中。把发生在20世纪30年代希特勒发起的运动，作为整个德国历史的产物加以分析，是徒劳无益的。像其他欧洲国家的历史一样，德国的历史有着许多重大的历史事件，它们有些是相互关联的，有些彼此是没有关系的。

第三个谬误涉及决定论信仰，即事件的发生是由某种预先设定的必然性所决定的。这种谬误是一种危险倾向的结果，它以目的论的观念看待世俗的事件，把它们作为内在的心理、政治或者经济环境不可更改的表现。目的论者可能把他们的解释置于超验的原则之上，谈论着必然性和最终目的，但是，历史学家涉及的却是多样的、多变的且经常是没有关联的事件，他们从不肯定地谈论过去和未来。他们对过去的记录是记忆的画面，富有想象性，但不是对过去历史的科学重建。某事发生的事实，不是它必然发生或再次发生的逻辑证据。确实，有些事件是以清晰可知的方式再次发生的，它们使我们可以以适度的可能性去回溯过去并预言未来。同时，偶然的事情是众多的，事实在数量上又是无限的，因此，无论我们怎样无所不知，任何事件都不可能得到完全确定的理解。希特勒碰巧出现在德国有许多充分理由，但是也有同样充分的理由说明，他为何不应该走上权力的顶峰。然而，作为历史学家，我们必须关注于什么是实际发生的，而不是什么是可能发生的。说明某种事件没有发生的理由，和对某种事件发生的解释可能是毫不相干的。

要理解纳粹德国的政治和文化的原因，追溯希特勒在1933年掌权时达到顶峰的真正因果关系是必要的。如果要这样做的话，特别重要的工作是要从较大的历史视角去审视所谓的纳粹革命。换句话说，必须提出以下的疑问：到底是什么使纳粹运动成为一个独特的欧洲现象？又是什么因素使它成为独一无二的德国事件？进一步而言，希特勒给先前存在的各种力量带来了什么，从而使纳粹运动在德国获得了巨大的成功？在回答这些问题时，我们企图提出更广泛的历史课题，它们涉及历史的因果关系，以及在历史的进程中个人的作用。

本书的观点是：国家社会主义是现代极权主义右翼的变种，是左翼极权主义的对应物。极权主义可以被定义为，通过现代技术专家治理的国家对人类个人和公共行为的完全控制。极权主义必须被理解为一个观念上的类型，而不是一个历史的现实。事实上，德国远没有做到极权主义，但这并没有使对这个词的使用及我们的主要观点——国家社会主义的目标是对公民生活的完全控制——失去有效性。没有什么概念能够解释现代世界中社会生活的多样性，但是极权主义这一概念比其他许多概念更好地捕捉到了一些 20 世纪运动的本质。

国家社会主义的历史原因植根于 1871至 1933 年，这是德国社会大动荡和大分裂的时期。它包括德意志帝国的建立、第一次世界大战、德国的战败及其后果 (君主政体的崩溃、革命、《凡尔赛和约》、灾难性的通货膨胀)，还包括在魏玛共和国时期德国对民主的不幸体验、大萧条、阿道夫·希特勒的崛起。在这萌芽状态的六十年，德国社会承受了一系列暴乱性的分裂。在 1933 年，爆发点终于出现了。国家社会主义可以被视为德国对特殊历史环境造成的集团压力状况的回应。当然，其他国家在战后也受到混乱状况的困扰，但是，它们没有求助于极权主义，并把它作为一种方法去对付社会经济问题。是什么造成德国的与众不同?

德国和其他一些国家转向极权主义的主要原因在于，它们没能将传统的体制和现代工业文明的要求整合起来。例如，与英国或法国相比，德国或意大利的社会结构是脆弱的。在英国或法国，几十年的社会经济冲突，迫使传统的体制更为成功地与现代工业文明相适应。另外，德国和意大利在 19 世纪最后二十五年才成为统一的国家。在两个国家努力克服认同的心理问题的同时，强有力的工业变化腐蚀了古老的传统和制度，而这些传统和制度都需要用来作为未来稳定的基础。

现代所有的极权主义运动必须在巨大的人口和政治变化的背景中加以审视，这些变化都是 18 世纪双重革命——工业革命和法国革命——的结果。受过教育的欧洲人自问道：飞速增长和永不安宁的人口如何才能得到控制，并使它们处于欧洲文化的传统轨道之中。从 1776 至 1848 年发生的民主革命已经提供了一条线索："人民权力至上论"是建立在民主的意见一致的基础上的。然而，民主的传统存在着两个变种——自由主义和集体主义，前者体现了洛克式清教徒意识的个人主义前提，后者体现了卢梭和雅各宾主义公共强制的观点。自由主义和它的各种变种后来发展成英美思想风格，着重强调代议制政府、自由、平等和人权；同时，集体主义产生了社会主义和共产主义运动，它们要求私有财产的废除、对物品的公共所有权和“真正的”平等。然而，两个运动都是 18 世纪启蒙运动的产物，它们都沾染了世俗的、反宗教的色彩，认为人可以通过经济的富裕和对幸福的追求实现自我。好的生活被视为拥有物品的生活，民主的两个分支只是在可能获得好的生活的具体方式上存在着区别。自由主义的传统偏爱个人主义和自由市场的途径，集体主义的传统则维护资源和所有权的公共组织，把它作为实施公共利益的唯一切实可行的方法。

然而，民主途径的实施没有抵制住专制君主传统，这些传统依然十分强盛，使民主的两种方式没有完全得以实现。例如在德国、意大利、西班牙、俄国，以及一些南部欧洲的国家，正在兴起的民主模式经常受到保守的封建政权的制止。在这些较不发达的、依然是半封建的社会中，民主的集体主义分支被认为是不太可恶的，因为它强调了普遍意志，并且，统治者和被统治者的身份能够与传统君主观点相调和。也就是说，在民主的集体主义分支中，潜藏着 20 世纪极权主义的一些主要原因。在这些原因当中，有救世主的政治冲动，它来自替代性的宗教狂热，它认为政治是救赎性的；有政治的公共模式，它坚持个人必须服从公共的利益。

在 19 世纪后半叶，所有的政治运动都受到了三大强有力的潮流的影响，它们是民族主义、帝国主义和种族主义。在 18 世纪，民族主义很大程度上是带有文化色彩的，它是宽宏大量的浪漫主义观点，尊重每个民族独特的文化贡献，偏爱每个民族在政治独立和宪政背景中的发展。然而，到了 19 世纪 70 年代，民族主义从以民族骄傲的态度转变成近似宗教的、末世的运动。它激励了极为不同的激情，并以疯狂的兴奋和沸腾的冲动控制了所有的民众。在民族自决的旗帜下，政治家们激发了民族主义，但是它也被帝国主义者所利用，作为一种征服和屈从的烟幕。事实上，民族主义和帝国主义本质上是占据主导地位的经济秩序的表现，这种秩序为政治和经济的扩张成功地调动一个民族。在 19 世纪，经济秩序中的主导成分是商业中产阶级。因为帝国主义和资本主义都是建立在无限扩张基础之上的，所以现代帝国主义与资本主义一直是共生共存的。资本主义以富有活力的经济为前提，但是，市场并非可以无限伸展，它们或迟或早地会在增长内在障碍的冲击下收缩起来，这些障碍包括竞争、生产过剩、原材料短缺及缺乏购买力。当国内市场在 19 世纪末期开始萎缩，资本家们瞄准了他们可以开拓的新市场，同时转向对财物和利润的海外扩张。早期的殖民主义依赖于“现金和运输”，欧洲的商人们以此为基础从殖民地的民众那里获取财物；与这样的情况相反，新帝国主义(1870—1914)则卷入了对海外殖民地的系统开发。按照比较实际的说法，这意味着在海外的冒险中投入大量的资本，并建立生产和交易的设施，如矿井、工厂、码头、仓库、提炼厂、铁路、汽渡和银行。甚至，因为用来有效运作这些任务的技术和管理技巧依然超出了当地民众的能力，所以输出专家是必要的。这些技术管理者深入遥远甚至荒凉的地区，为了使这种牺牲多少显得正当，他们希望在国外拥有较高的生活水平。他们坚持要建造富丽堂皇的住宅、度假俱乐部和豪华的办公室。

要获得白人殖民精英富裕的、有时近乎奢侈的生活方式，代价是不菲的，它需要无耻地剥削当地的民众。欧洲国家将阶级体制引入殖民地，而这些在它们自己的国家却作为不公正和压迫早就被废弃了。反之，这种“合法化的不平等”又被宣传白种人至上的种族主义观点所确认。在许多事例中，这些公然压迫当地民众的企图，导致了对殖民主义的殊死反抗，使殖民主义者自食其果。因此，经济控制必然导致国内政府的政治控制——国旗随着贸易走。这就是为何帝国主义和民族主义总是密不可分的原因所在，领土扩张或海上扩张通常都牵涉到民族国家。没有政府的积极支持，控制殖民地所得所必需的大范围资源调动是绝无可能的。

帝国主义赋予极权主义的特征可以归结为以下几个方面：帝国主义加强了侵略的习性，并且鼓励了日常生活的军事化；刺激了国内和国外民族和种族的冲突；鼓励了在帝国主义精英当中存在的救世主思想，这种思想使傲慢的当权者的习性再次得到了活力；将来自迫害“贱民”的残酷而冷漠的心态注入欧洲的社会结构当中；导致了为第一次世界大战铺平道路的、危险的外交纠纷的关系网络。

在19世纪晚期，民族主义和帝国主义不仅激励了海外的征服，而且引起了国内种族集团之间的部落仇恨。这些部落冲突通过激增的种族运动表现出来，其中包括泛斯拉夫主义、泛盎格鲁－撒克逊主义、泛德意志主义、泛西班牙主义。这些强烈恐惧外国人的集团的目标是提高种族优越的感情，在母国和生活于领土管辖权之外的分散的种族集团之间建立更为坚固的纽带。因为欧洲大陆是一个极为分散的种族集团混乱的大杂烩，所以不可能将所有的德国人合并到一个更大的德国当中，或者把所有的斯拉夫人合并到一个更大的斯拉夫国家当中。每一个国家都可能声称它的一些侨民居住在其他国家，同样，每一个国家也都有成群的外国人居住在它的国境内。最尖锐的种族冲突存在于德国人和斯拉夫人之间，特别是在自波罗的海到黑海这一漫长、宽阔的地带，几个世纪以来，相互的征服已经使这些地区四分五裂成多民族、多语言和多宗教的混乱地区。在这些地区，民族主义的发展作为一个强大的力量瓦解了跨民族的帝国，并且在统治精英中复活了帝国主义的梦想。另一个潜在的影响是，种族冲突鼓励了种族主义。

在 19 世纪，种族主义也从个人甚至社会的偏见演变成无所不包的意识形态，这种意识形态要求掌握解开世界历史的万能钥匙。在这个意义上，种族主义是历史决定论在末世论意义上的对应物，因为两者都宣称拥有对历史进程的最终解释。种族主义在赞美其部落的种族优势时，又引证出各种各样不同的理论化论据。因为 19 世纪最后二十五年达尔文的生物学在知识界占据着主导地位，所以，他魔幻般的术语——自然选择、遗传、为生存斗争、适者生存——先入为主地控制了公共话题。潮水般的印刷品热衷于种族特性、种族行为和种族孕育，从而造成了这样一个印象：种族话题沦落到科学动物饲养的水平。杰弗里·菲尔德在研究休斯敦·斯图尔特·张伯伦——他被认为是种族主义的福音传道者——的时候，捕捉到了这一强烈的种族意识时代的情绪，他写道："许多研究者，抓住复杂的测径器、测骨器、测肺活量器，以及其他各种各样的科学测量而非解剖的仪器，在荒郊野外四处搜寻，称头颅的重量，检查各种骨骼，给头发和眼睛的颜色、皮肤的色素逐一分级，测量鼻子、耳朵、头和其他身体结构的特性。从积累的资料中，制造出大量种族分类学的数据。"

借助达尔文的发现，公众要求知道谁是最适合生存的，为什么是最适合生存的。始终如一的种族优越论者们一下就得出了草率的结论：皮肤的颜色是生物优越性，因此也是社会优越性的决定因素。因此，需要详尽地阐述什么是最强的民族（最适合生存的民族）和最弱的民族（最不适合生存的民族）的种族特性，并依靠比较人类学或生理学的方法进行分析，哪些特性促进了生存，哪些没有。普遍的共识是：为了生存，竞争、勇敢、无畏和其他自信的特性被制造出来；同时，虚弱、妥协、和平主义、利他主义等一些被动的特性，则是社会生物学意义上所不希望的。

弗朗西斯·高尔顿爵士是达尔文的表弟，他是这种社会生物学理论的开拓先锋。他确信，在塑造人的个性方面，遗传比环境重要得多，并且他呼吁国家一致努力去控制遗传。他相信，依靠合适的优生方法，孕育优等的人种应该是可能的。这就是鼓励最适合生存的人生育，同时鼓励虚弱的、缺乏竞争力的、有病的人不要生育，必要时可采取绝育手术。高尔顿的好友卡尔·皮尔森把国家描述成一个人的肌体，他警告说：除非国家是一个同质的整体，否则它就无法在为生存的斗争中存活下来。因此，阶级的冲突完全是在制造分裂，必须有力地连根拔除。皮尔森相信最好的同质整体是社会主义的国家，在其中，每一个个体都为公共的利益与其他的人合作，而不考虑地位或等级。皮尔森视社会主义为国家强大的本能，他对国家的讴歌使他赢得了“国家社会主义者”的头衔。在对种族特性和种族改良的痴迷上，高尔顿和皮尔森不是孤立的。一大群人类学家、生物学家、心理学家及相类似的行为科学家忙于给种族分类定级，详尽地描述种族的形态，对白种人的未来发表有分量的断言。有一组社会心理学家，包括古斯塔夫·勒庞（著名的大众心理分析家）、瓦谢·德·拉普热、安德斯·雷丘斯和一大群轻量级的理论家，以一些种族的特性为基础，从事着对种族的分类定级。

对于所有这些种族理论家来说，种族主义最有说服力的理论家是阿蒂尔·德·戈比诺和休斯敦·斯图尔特·张伯伦。戈比诺是一位法国的伯爵，经常被视为19世纪白种人或雅利安人优越论的鼻祖，他的四卷本著作《论人类种族的不平等》（1853—1854）同张伯伦的《19世纪的基础》一道被认为是20世纪法西斯主义意识形态的主要著作。这位伯爵的文章经常被引用，但很少得到理解，它代表着一种企图用种族的观念解释文明兴衰的大胆尝试。正如马克思突出了经济的因素，把它作为任何社会的基础结构一样，戈比诺聚焦于种族的特性，把它作为历史事件主要的决定因素。作为一个学术上有坚定的保守主义甚至反动倾向的人，他生活在小资产阶级的环境中，不满足于安逸的生活，渴望着更为令人激动的、英雄时代的复活。然而，他绝不是急切和冲动的反动分子，而是一个深深困扰于文化之中的保守主义分子。他留下了经过精雕细琢、涉及面甚广、多达四十卷的著作，其中包括政治论文、小说、游记、东方研究及书信。另外，他是一个四处旅行的人，一个谈笑风生的交谈者，一位富有经验的政治家。在1849年当过亚历克西·德·托克维尔的秘书，被委任前往瑞士、德国、波斯、希腊、纽芬兰、巴西和瑞典从事各种各样的外交工作。

尽管有着周游世界的经验，但是，戈比诺不仅具有强烈的种族偏见，而且通过理论化把它们纳入广阔的历史哲学当中。他把人类种族划分为白种人、黄种人和黑种人，并将特殊的种族类型与它们联系起来。例如，白种人展示了人类种族最高贵的性质，其中包括领导能力、体力、优越感，相对而言，黄种人或黑种人体现了生育力和对世俗享受的沉迷。十分奇怪的是，戈比诺确信：伟大的文明要求种族的混居，因为每一个种族在人类的某一个成就领域都占据了先天的优越性。同时，伟大的文明需要一个占据统治地位的民族提供智慧上的领导。他相信，法国人过去曾经受到过雅利安—北欧德国人的贵族统治，但是现在已经被低等的血液——高卢人、犹太人和拉丁人——弄得退化不纯了。他对这样一个事实表示哀悼，即黑种人和黄种人已经用他们的“黑血”污染了整个地中海盆地，法国人承受着某种程度上可能无法挽回的文明的衰落。

戈比诺的种族理论得到了音乐家理查德·瓦格纳的成功推广。事实上，这两个人在发现了他们共同的美学观念之后，立刻就建立了亲密的友谊。在拜罗伊特市的瓦格纳圈子里，戈比诺的种族信条得到了富有热情的推广。路德维希·舍曼将戈比诺的著作翻译成德文，1894 年，他又在弗赖堡建立了戈比诺协会。1899 年，休斯敦·斯图尔特这位亲德派把戈比诺作为他思想体系的基石，把种族主义甚至提升到更高的地位。

张伯伦（1855—1927）是一位英国移民，一位富裕的、贵族世家的后裔。他的家族里有大英帝国的学者、探险者和军人。他是雅利安人至上论和德国人种族中心论的主要先驱者之一。他着迷于理查德·瓦格纳的音乐和生活的审美哲学。他定居在德国，娶了瓦格纳的一个女儿为妻，并成为激进的德意志主义和狂热的反现代主义的焦点人物。张伯伦属于知识分子阶层，认为自己在城市工业运动及其平等主义原则的冲击下失去了根基。像尼采一样，他是一个孤独的漫游者和有审美能力的花花公子，直到最终发现其真正的使命，他才让自己不再沉浸在往日的文化遗产当中。这一使命就是传播雅利安人优越性的信念。作为瓦格纳小圈子里的成员，他参与了瓦格纳再造德国的艺术和伟业的梦想，他庞大的百科全书式的知识，尽管经常是不成熟和浅薄的，但直接散布了德国的信念，并在其《19 世纪的基础》一书中登峰造极。这一散漫的、具有高度直觉力的、印象主义风格的著作是以真正直觉的方式，并夹杂着许多虚幻的观点创作的。它本来打算叙述从古代到 1800 年欧洲的文化史。实际上，这本书的学术外观，仅仅代表着种族主义对文化的宽泛解释和对德国文化专门解释的框架。这本书展示了一个正在出现的文学体裁，它由一些假冒严格的学院派学术专著的文章构成，实际上将它看作通俗的辩护更为适宜。这类图书的目的不是用一些学术术语使读者望而生厌，而是通过对往昔带有高度党派色彩的记录，激励读者去参与行动。

张伯伦作品的显著特点是对历史的种族主义解释。为了解释塑造 19 世纪的主要力量，张伯伦突出了希腊艺术和哲学、罗马的行政管理和法学、基督教的启示、犹太人毁灭性的力量、雅利安种族救世的使命。整部作品的主题是确定种族是文化伟大的最终决定性因素，雅利安种族一直代表着受到堕落威胁的社会中的再生性因素；相反，诸如斯拉夫人、犹太人等劣等血液类型的存在始终标志着社会具有威胁性的堕落。

张伯伦相信，在西方文化史当中，所有伟大的东西必须归于条顿民族的贡献，同时一切卑贱的、渺小的、堕落的东西都是犹太人的制作品。假如条顿人是文化的创造者，那么，犹太人就是文化的毁灭者。一旦犹太人在任何运动中留下了自己的印记，它富有生气的力量就会受到破坏。基督教就是一个最好的事例，因为它具有罗马两面神一样的相貌——一半是犹太人，一半是雅利安人。它的雅利安人的面貌具有丰富的象征意义和神学意义，同时，其犹太人的面貌则带有恪守法律和仪式的强烈色彩。因此，基督教中最好的东西——原始的活力和天真的信仰——被犹太人扭曲了。他们建立了一种强调原罪、罪恶和惩罚，而不是拯救、爱和神恩的褊狭信条。在这些沉思的过程中，张伯伦又得出了一个奇怪的结论：鉴于耶稣英雄般的性质，他不可能真的是犹太人。张伯伦这本书在第一次世界大战爆发的时候销售了十万册，各种各样的泛德国团体狂热地支持着他的信仰。这本书被译成包括英语在内的多种语言，并引发了风暴般的争论。因为张伯伦是在具有影响力的圈子里活动，甚至德国皇帝也成了他的朋友，因此他的思想受到对传播种族信条极感兴趣的民众的认可。张伯伦自己参与了第一次世界大战，作为意识形态的战士，他宣扬德国事业的优越性。在 20 世纪 20 年代，他积极支持着纳粹主义，并自认为是纳粹运动中的一员。1927 年，阿尔弗雷德·罗森贝格这位种族主义哲学家把张伯伦的这本书称为“奋斗之书”，是照亮纳粹党走向胜利之路的灯塔。

在19世纪晚期,种族主义与其他几种不稳定的思潮相互促进。事实上,1890至1914年是欧洲意识中充满窘迫和不和谐的时期。在反对正规的、古典的、理性的思维模式当中,一种决定性的反动力量被建立起来,这种反动力量深刻地动摇了西方文化的平衡。理性至上曾经是启蒙运动和19世纪大部分时间的标志,却面临着富于思考的作家越来越多的挑战,这些作家强调意志、非理性、主观性、直觉或者无意识在人类生活中的支配作用。历史学家们将这些知识的重新定位称为"生机论""非理性主义""新浪漫主义",或者简称为"新神秘主义",这些标签是富有联想性的,但是也会引起误导。对理性的反叛主要指向工业文明的精神,它涉及对城市状态、技术理性及小资产阶级生活普遍的驯服、冷漠、乏味的规则的深刻不满。依靠某种直觉上的理由,一些古老的模式一下会聚起来,它们来自各种各样的文学和哲学的季刊,开始挑战一些不证自明的假设,其中涉及人类存在的理性,以及通过科学、资本主义和议会民主达到的社会秩序的完满。

许多知识分子和年轻人强烈地反对技术的非人性化、资本主义的贪婪、低级政治的危险,以及审美趣味的堕落,他们采取了深远的反民主、精英主义的姿态,这一姿态只是进一步促使他们远离现代性的各种力量。因此,所谓的"文化绝望的政治"极大地强化了欧洲社会的集权主义模式。人们记忆犹新的是,现代极权主义的政治背景是一种强烈的集权传统的存在, 以及在欧洲许多地方非代议制的政府形式。这就是为什么极权主义在意大利、德国、俄罗斯,以及集权习惯依然根深蒂固的东中部欧洲成功的原因。甚至在现代的民主社会中,集权的方式也从来没有完全缺失,因为所有的欧洲社会都是从长期封建的、君主的和精英主义的背景下演进而来的。在社会经济经历重大压力的时代,许多欧洲社会倾向于回到集权的方式之中。它们对民主的方式极不耐烦,因为这种方式极为麻烦又缺乏效率。

例如,在意大利,对19世纪晚期民主进程的不满就达到了高峰。在一系列缺乏效率的议会体制下,这个国家越来越深地陷入了政治的泥潭之中。意大利落入了聪明的政治骑墙者的手中,他们将议会制的政府变成了马基雅维里式的棋局,充斥着无道德的交易和变化无常的结盟。这些政治骑墙者中最狡猾之人是乔瓦尼·焦利蒂,他被人恰当地称为"地下部长"。他强加给意大利一个脆弱的、被掩饰的议会专制统治,这一统治严重地玷污了富有责任的政府,并且间接地鼓励了政治极端主义的兴起。在政治左派方面，这一极端主义的结果是：一些激进分子脱离了社会主义运动多数派的修正主义阵营。在贝尼托·墨索里尼、埃托雷·西柯蒂和康斯坦丁诺·拉扎里的领导下，这些激进分子痛斥共产党修正主义者小心翼翼的渐进主义，并且要求社会主义的真正目标应该是消灭资本主义。这些激进分子将资本主义和民主联系在一起，因此要求消灭资产阶级的民主。在政治右派方面，焦利蒂犬儒主义的联合政策激起了广泛的对议会民主的反抗，并强烈要求建立在军事力量基础之上的、受神灵启示的、具有领袖魅力的领导阶层。在反民主的倾向之后，通俗的反民主理论不断增多，它们体现在加埃塔诺·莫斯卡、维尔弗雷多·帕累托和罗伯特·米歇尔的著作当中，它们驳斥民主的理想，认为它是一种幻觉，并强烈要求具有强烈意志的或“创造性的少数人”的具有领袖魅力的统治。

对自由主义政治的厌倦是普遍的，意大利并非孤立的事例。人们越来越相信，议会民主促进了社会冲突和党派纷争，这方面的表现远远超过了它在促进有效率的政府或果断的领导权力的方面。在德国和奥地利，皇权继续为它的极权主义统治方式加以辩护，声称它提供了抵制民主进程的无政府状态的唯一保障。法国在某种程度上也是如此，在那里，路易·波拿巴(1851—1870)已经建立了“后自由主义的极权主义政体”，也就是在法国，第一个现代法西斯运动——法兰西行动——诞生于 1899 年。这一运动通过将自己嫁接到更富有生命力的运动——如民族主义和社会主义——当中，将君主和集权的传统现代化。在这一运动的主要理论家查理·莫拉斯手中，保皇主义不再带有封建专制主义的色调，而是谈论起人民权力至上论，把国王转化成公意的反映，考虑有益于全体国民的事情，而不再考虑某些阶级或某些群众微小的自身利益。

墨索里尼

当 19 世纪接近尾声的时候，敏锐的观察者注意到了反抗资产阶级文明和价值观的汹涌潜流，而在这些文明和价值观上，牢固地附着着议会民主、科学理性和资本主义。这些价值观事先假定一个稳定的、可以预知的世界的存在，但是这一世界正被一些欧洲重要的知识分子不断地颠覆，正如在西格蒙德·弗洛伊德著作中所表现的那样，他们把社会思想的轴心从客观的、可证实的物理经验世界转变成主观的、只能局部进入的无意识世界。理性作为虚弱的外表完全受到本能力量的驱使，这一点变得愈发清晰。阿图尔·叔本华拒绝了理性的优先性，认为它是“古老而普遍的极端错误”，相反，他坚持认为所有生活形式“真正的”决定性因素是无意识的意志，是一种“专横欲求”的意志。叔本华思想的后继者弗里德里希·尼采使这一本能的“权力意志”神圣化，他坚持认为，这种意志与“成长意志”是对等的，快乐存在于一种汹涌起伏的感受之中，即权力正在成长，抵抗得到了克服。尼采还认为：“哪里权力意志匮乏，哪里就存在着堕落。”他警告道：欧洲文明正在技术理性麻痹性的影响下迅速失去活力。我们越远离我们的生命之根，远离我们的本能和古老的遗产，我们就变得愈发的虚弱，因而我们也将变得越来越堕落。尼采蔑视中产阶级的文化，厌恶它的平等主义和物质主义价值观，这促使他从事悲剧性的、堂吉诃德式的征战，其目标是赞美酒神生命力的救世价值观，赞美对“堕落没有怜悯”的高贵的超人阶层的统治。

尼采对无意识和原始本能的探索后来最终被心理学伟大的拓荒者——其中最著名的是弗洛伊德和荣格——所发展。这些作家拓宽了人类生活中理性和本能之间、意识和无意识之间正在显现的鸿沟，他们将意识的动机还原为掩盖的或压抑的无意识欲望，这样，他们就不知不觉地复活了一种古老的迷信：最表面的现象是我们无法控制的隐蔽力量的间接显现。对处于交战之中的双重心灵的地貌学式的描述，激起了另一个古老的恐惧：存在的困境受到看不见的因而是更有潜力的力量的控制。假如内部和外部不能共同延伸，人类的灵魂就会悲剧性地依然处于分裂状态。这几乎接近于将生理和心理两个层面嫁接到古老神学的灵肉二分法上，只是在现代化了的人类存在的二元性的样式中，头脑说的是技术文明的话语，身体说的是更为古老的、有时是更令人震惊的话语。

无意识的发现，以及与原始性的遭遇，具有许多积极的意义。它们刺激了对人类古老过去的复兴的兴趣，也导致了对象征语言更深刻的理解，依靠这种理解，古老的遗产通过传说、神话和仪式得以流传。与原始事物和古老事物的遭遇，可以对现代生活方式进行富有成效的矫正，使焦虑不安的城市居民想到，重要的经验可能来自根深蒂固的习惯和古老的生活方式。

另一方面，全神贯注于返古的力量，可能也培育了古代残酷行为和部落偏见的复发。对原始主义的崇拜远不能医治人类心理的分裂，却可能极易转变成对富有责任的社会的野蛮攻击，同时扰乱文明本身的秩序。“权力意志”可能会被轻易地掺入杂质，从尼采对“精神的超越”或战胜自我的信仰，变为野蛮的统治和不受约束的侵略。对神话的信仰与其说将我们与共同的过去联系起来，不如说可能将我们导入集体的幻觉和对革命的煽动之中。对高一级类型的人——超人——的繁殖，不是保证“有耶稣之心的恺撒”的教育和培养，而是在粗糙的达尔文生物学和极端信条的影响下，去建立由危险的变态分子控制的人类“种马场”。最终，对年轻和自然的崇拜可能受到滥用，成为集体性的思想灌输，并且扭曲了真正的青年的理想主义以服务于战争的侵略性目的。

第一次世界大战就是部落仇恨返古的大爆发。当战争结束的时候，将近一千万年轻人战死在欧洲战场。假如民族主义、意识形态的狂热、帝国主义的一并出现为20世纪的极权主义提供了温床，那么第一次世界大战及其后果就产生了真正的灾难，它使极权主义在两次大战之间成为可能。战争极大地加强了几乎每个欧洲国家的国家权力，因为民族的存亡依赖于群体的一致和政府对资源的控制。在战争的整个过程中，欧洲国家全面控制了它们的人力和自然资源，公开地侵犯自由企业的原则以管理国家经济。政府的计划者背离了19世纪的自由主义，并使这种行为合理化。他们认为，自由经济对资本主义的存在是至关重要的，但是在国家处于紧急状态时期，它就显得过于浪费了。那些坚持追逐自己企业利益的人被指责为“投机商”。追逐利润的动机是资本主义的标志，它经常被谴责为不爱国。计划经济是19世纪资本主义的噩梦，当政府的计划者控制着工资和价格，分配资源并强使工人从事所需的职业时，它却成了战争期间的日常现实。

约翰·斯图尔特·穆勒警告说：国家权力的增长通常伴随着个人权力的减少，国家的控制必然削弱个人的自由。19世纪的自由主义者也关注过这样的事实，即个人自由和经济自主是紧密联系的。假如国家是公民生活方式的决定因素，那么，个人就被剥夺了自由选择以及他们的自由。

事实上，第一次世界大战剥夺了数以百万计公民的选择权利。政府决定着谁应该活着，谁应该去死，谁应该工作，以及为什么应该如此。独裁者的幽灵开始昂头苏醒，它消灭自利，限制选择，削弱自由。当然，国家在过去也一直要求它的国民作出牺牲，声称自身具有执行正义、提供公共安全、征税、管理学校和教堂、分配财富的权利。然而，在欧洲的工业化国家，第一次世界大战加速了国家控制的倾向。

反德政治宣传漫画歪曲了事实，最终让平民都感到怀疑

第一次世界大战留给极权主义的另一个遗产是战时宣传中制度化的谎言。当然，心理战和战争一样古老，但是，全面实施由欺骗专家从事的战争魔法是第一次世界大战的产物。这次战争初步产生了乔治·奥威尔对"颠倒黑白的宣传"的噩梦般的想象，即官方含糊其辞的空话的目的在于控制公共信息。国内的心理战卫士成为战壕中士兵的助手，前者用笔，后者用枪，两者的结果都是有害的。

尽管在1622年教皇格里高利十五世成立信仰宣传大会时，"宣传"一词才首次出现，但是，英国在1914年就初次显示了宣传在战时的广泛运用和声势。英国宣传工作的主持人是查尔斯·马斯特曼，他是一位剑桥大学的教授，由首相阿斯奎斯任命担任新成立的宣传办公室主任。在整个战争期间，马斯特曼和他聪明的同事费尽心机地制造出一条宣传的洪流，把德国人描绘成没有一丝人性的赤裸裸的侵略者，是以残酷为乐的野蛮的"匈奴人"。他的"抵抗作品"是有关德国士兵在比利时的野蛮行径的《布赖斯报告》。它以三十多种语言出版，讲述了德国人在比利时残暴的、令人毛骨悚然的故事。

马斯特曼的大部分工作后来被新成立的、由新闻巨头比弗布鲁克爵士领导的情报部所接管，他拥有巨大的信息来源。在努力网罗最富有说服力的天才方面，他会集了像罗瑟米尔爵士、诺思克利夫爵士这样的新闻界领袖。人们普遍认为，英美方面制造了"较好的"宣传，也许其直接的理由是：在一个较为开放的社会，说服民众是更为困难的事情，因为在那里，思想的自由可能会有效地质疑政府的宣传。当美国参战时,威尔逊总统成立了由乔治·格里尔领导的公共情报委员会。格里尔是一位著名的新闻记者,他的唯一责任是从事宣传工作。

同样的组织也在其他国家建立起来。大多数宣传组织都与军事指挥机构、情报部门及警察部门联手。另外,它们支持爱国主义作家推动战争的事业,正如后来的广告部门邀请名人推广他们支持的产品一样。政府与新闻界的通力合作产生的一系列结果是致命的,因为宣传家们在欺骗他人的时候也在欺骗自己。具有悲剧性的是,战争及其产生的后果,释放了极易唤起但又极难控制的仇恨。互相说谎,为几十年的不信任创造了条件,这种不信任孕育了未来的侵略行为。

在总结正在出现的极权主义形式和心态特征的时候,有几个具有个性的问题必须得到高度的注意。首先,极权主义是对发生在19世纪晚期飞速发展的工业变化的回应。极权主义是一种努力,它企图重新获得政治的整一性,并且将分散的民众和反社会的集团在政治上一致化起来。法西斯主义获得统一化的途径是利用对有机生命生物学的观念,把它作为医治分化的社会系统的方法。而共产主义的途径依然是面向社会的革命性变革,这一变革建立在平均化和平等的基础上,把它们作为拯救人类的唯一源泉。正在出现的法西斯主义运动在第一次世界大战之前就已经处于酝酿的状态,它用自然的活力同现代工业精细的规则制造出来的堕落的精神状态作斗争。它要求通过对更高的情感、想象和意志的服从,对人类和社会加以变革。总之,它企图通过回到原始状态医治内在的分裂,它指出现代性是对古老真理的颠覆。正因为这一理由,法西斯主义的主要作家不断地唤起前工业世界的价值观,呼吁重新建立社会的等级制度,强烈地拒绝民主和平等的价值观念。

其次,极权主义代表着20世纪式的传统宗教信仰,在许多方面,它是宗教生活世俗的对应物。除非我们能把握这一关键之处,否则,我们就没有抓住极权主义的本质特征。对于数百万生活在极权主义控制下的民众来说,这里只存在着一种统治方式,那就是被迫服从"规范的"生活方式,而没有选择和个人自由的可能性。这意味着通过制度化的压制对自我人格的最终侵犯。然而,这种强迫性的"一致"并不依赖于超验的精神实体,而是赤裸裸的权力对自身公正性的辩解。甚至过去的绝对专制体制——无论它们在实际上多么具有压迫性——也没有要求凌驾于超自然的权威之上。唯有全面地摧毁神圣性和虔诚——这种状况在19世纪晚期各种世俗的意识形态当中得到了实现——才会使人们屈从于组织化的压迫成为可能。

第三,极权主义跨越了意识形态的界限。斯大林主义兴于左,法西斯主义兴于右,但是实际上几乎没有什么差异。正如弗里德里希和布热津斯基所指出的那样,无论左与右,极权主义的基本特征是一样的:都有无所不包的意识形态、由一个人领导的群众大党、恐怖的警察组织、受到垄断控制的传媒系统和武器装备、受到集中指导的经济。当然,在阶级认同上它们存在着主要的差异。左派极权主义主要是工人阶级的运动,讲述的是18世纪的话语,强调经济和社会的平等;右派极权主义主要是中产阶级的运动,讲述的是达尔文主义和种族主义的话语,声称平等对政治的影响是有害的。然而,两种类型的极权主义都依赖于大众的支持,在历史必然性的烟幕下掩盖其真实的目的。两者都会精明地强占、合并、扭曲温和的对立者的观点,向它们的追随者承诺政治上的义务,如"工人的天堂"或"千年帝国"。另外,法西斯主义和斯大林主义都否认了选择和自由意志的开放世界的可能性。每一个公民都被迫最终认同一种宣称是规范的和排外的政治生活的方式。

尽管极权主义运动显示了许多种相似的模式,但在社会经济控制的机制上是不同的。左派极权主义是工人阶级的激进化,右派极权主义是中产阶级的激进化。无疑,两种类型的极权主义先锋,常常是不属于任何阶级的或者飘忽不定的知识分子,因此对任何一个阶级都没有表现出坚定的忠诚。两种运动最终的社会经济动力,依然存在于不同的社会经济集团之中。法西斯主义或者它的德国变体——国家社会主义——是中产阶级绝望的表现。这是一种回应了左派极权主义的右派极权主义。正如恩斯特·诺尔特所认为的那样:"法西斯主义一直处于牢固的民族自我维护和自治的框架中,依靠极端对立的但又相互关联的意识形态,并且利用几乎同一的、经过专门修正的方法来消灭敌人。"

在一段时间里,欧洲成为两种极权主义之间意识形态的、政治的、最终是军事的战场,它表明了20世纪政治生活的贫困。德国极权主义的形式是一种被称为国家社会主义的法西斯主义。正如我们所见,这种法西斯主义具有三个明显的特征:对具有领袖魅力的领导者的依赖和对反对者进行的军事威逼;制造一些共同的敌人——犹太人、共产主义者、自由主义者、和平主义者、共济会成员、吉卜赛人、耶和华的见证人，等等；依靠某种整合性的社会政策，如极端的民族主义、福利国家主义、种族主义、人为设计的激情主义和战争，吸收工人阶级的激进分子。

德国背景

要了解纳粹运动全貌的方法是提出一个具有前瞻性的问题，这一问题能够得到一个回顾性的答案，即纳粹运动是否可能再次发生?为了回答这一问题，我们必须确定在国家社会主义可能以完全一样的形式再度出现之前，有哪些先决条件必须再度聚合。产生相似于国家社会主义的运动有五个主要的先决条件可能是本质的：

1. 存在着半封建和半工业的混合社会，这个社会还带有长期存在的军事化和极权主义的传统。
2. 作为社会控制和国际侵略的工具，民众被国家化。
3. 生物—种族的信仰得到了尊重。
4. 军事上的失败和经济上的崩溃引发了极端的压力，这种压力产生了创伤性的结果。
5. 反社会的人身攻击和排外的运动同时出现。

这些原因中的三个植根于战前的社会条件，但是它们不能自行导致阿道夫·希特勒的崛起。事实上，人们可能认为，战前的德国尽管显示了某些社会失调和不稳定的迹象，但是它依然可能发展成为现代的、稳定的和人性的社会。导致希特勒崛起的直接原因，是德国的战败和由此产生的必然结果，其中包括革命、《凡尔赛和约》、赔偿、通货膨胀、政治极端主义及经济的崩溃。假如不是因为第一次世界大战，德国社会可能能够更为成功地适应现代工业文明的挑战。战败和无力现实地应对一系列战后的灾难，加重和再次激起了先前无法解决的社会矛盾。这些社会失调征候在20世纪20年代的一并出现，产生了尖锐的社会和文化危机，而这些危机不可能以同样的形式重复出现，不过可以设想到，由于受到内部巨大的工业变化和外部战争的威胁，传统的和不发达的社会可能会倒退到极权主义的策略当中去解决它们的社会问题。极权主义是如何在德国发生的是以下讨论的主题，也是后面两章的核心问题。

混合的社会制度：第二帝国，1871—1914

德国历史的主题之一是政治的碎片化，即德国人没有能力去建立一个统一的国家。不像其他的欧洲人，德国人直到很晚的时候才获得自己的国家形态，并且它不是广泛的民主一致性的结果，而是依靠占优势的普鲁士军事力量获取军事胜利的结果。几个世纪以来，德国一直只是一个政治和地理上的代名词，一个众多的封建领地组成的破碎杂烩。但是，在这个被外国诋毁者嘲笑为“狂欢节的化装衣”的国家里，普鲁士这个封建的军事国家逐渐地获得了优势地位。由于它的敌人在军事上的虚弱，由于在德国政治中的离心力，也由于它根深蒂固的军事传统，普鲁士王国逐渐扩展了它的领地和国力。在1864到1871年之间，普鲁士在“铁血宰相”俾斯麦的领导下统一了德国，并且把它体制上的军事集权特性强加给德国的其他地方。普鲁士的霍亨索伦国王变成了德国的皇帝，普鲁士的首都柏林成为德国的首都，普鲁士的体制和思想习惯开始弥漫在这个国家意识的每一个方面。

新的普鲁士化的德国拥有许多优点。甚至对普鲁士最富敌意的批评家尼采也一直强调普鲁士精神的许多积极方面：尊重权威、执着于责任和艰苦的工作、根深蒂固的良好秩序感。同时，在社会秩序当中，普鲁士的军事传统把低级军官的地位置于最高等级的公民之上，这种传统并非一直与文明化的价值观相一致。20世纪德国最伟大的历史学家弗里德里希·迈内克本人是一个普鲁士人。他在晚年悲哀地发现，在普鲁士人的人格中存在着两个灵魂：一是接受文明，一是敌视文明；一是人性的和个人主义的，是清教徒意识的产物，一是野蛮的和集体主义的，是长期严酷的军事主义的产物。在新建立的德意志帝国时期（1871—1918），服从于权威的普鲁士精神——处于半神地位的国王是其象征——渗透到德国生活的许多方面。

这个新的普鲁士化的德国，具有高度的军事化特征，几近于阿尔弗雷德·瓦茨给军事主义所下的经典定义，即“军人对公民实施统治；重视有关军事上的考虑、精神、理想和等级的价值观；为了军事的目的，给予民众沉重的负担，从而忽视了福利和文化；把最优秀的人才耗费在非生产性的军事机构当中”。总之，新德国以一种欧洲其他国家没有采取的方式，将等级的军事封建价值观体制化和永恒化。它传授给年轻的德国人这样一种思想：“德国人”首先意味着是一个勇敢和忠诚的战士。在这个世界上还有一个国家将武士偶像化为一个文化角色的典范，那就是日本。

事实上，在帝制的德国，军事组织是凌驾于一切机构之上的，享受着过去只授予教会的荣誉。军官团被尊崇为偶像，从当时流行的一句谚语中就可以得到证实：“人类是从少尉开始的。”任何人只要穿上军服，立刻就高于普通的生民。作为一个拥有绝对权力等级的成员，每一个德国军官都是不受公民控制的，他只服从于皇帝。军事阶层有着自己的荣誉标准和法律规范——荣誉军事法庭。因为军人不受公民的控制，因此，它本身就代表一种法律。约翰·惠勒—贝内特公正地指出：德国军官团与皇帝的关系，就像古罗马禁卫军与罗马皇帝的关系一样。

年轻的皇帝威廉二世在军事事务中代表着普鲁士人的偏爱。由于这位皇帝轻视被他轻蔑地称为“草民”的公民，所以他更信赖于军队而不是议会或宪法。他言辞浮夸而好战，在外国人眼里简直具有难以忍受的挑战性。在对前往帮助镇压中国义和团的一个分遣部队演讲时，这位皇帝命令他们不要留俘虏，所作所为要效法匈奴人。他的这句名言后来被同盟国的宣传专家充分利用，把所有的德国人描绘成恶魔。威廉皇帝炫耀武力的言辞充满了“毁灭”“血战”“不屈意志”的字眼。他喜欢对王权加以夸大的描述给民众以深刻的印象，同时配以恫吓性的威胁，即他不能忍受他的权力受到敌视。了解威廉的人知道，他所说的大多数的话是夸大其词的，成为公众的谈资。同时，军事语言被认为是公众谈资最好的语言也是意义重大的。军事艺术加强了第二帝国军事性的氛围。国王的官方肖像总是全副戎装，昂首仰视，充满了挑衅，上扬的胡子意气风发。他的一张好战的肖像曾经让一位法国的将军感叹道：“这不是肖像，而是战争的宣言。”

由这一新的军事帝国传达出来的权力氛围基本上是虚幻的。在霍亨佐伦王朝的辉煌之下潜伏着许多社会的力量，它们与封建君主政体的自命不凡无法并存。在工业飞速发展的时代，德国的君主政体执着于过去的前工业时代的传统价值观。在不到一个世纪之前，过时的封建制度企图保持其社会的永久性，但在资本主义兴起之时,却在法国引发了这一古老制度的崩溃。是什么原因使得德国逃脱同样的文化置后所造成的可怕后果呢?战前的德国和革命前的法国一样,是一个混合的社会,它在现代资本主义和机器技术的背景下保持着封建的政治制度。

从政治的角度来说,新的帝国包含了许多反常的事物和不和谐的声音。俾斯麦的宪法建立了蒙着丝薄面纱的专制体制,在其中,皇帝作为首席执行官有权任免首相及其他高级官员;有权控制整个外交政策;有权领导整个军队;当国内出现动乱时,有权宣布军事管制;有权剥夺持不同意见的城邦的领土主权;有权召集、中止和解散议会;有权发布和监督所有联邦法律的执行;有权解释宪法。

这些全面的、可以自由决定的权力,可能更适合专制主义的时代,但是不适合工业化的时代,因为分割的权力或者至少是相互制约的权力,已被证明在缓和社会冲突上是更为有效的。相互制约的权力无疑存在于两院制的议会形式中,存在于政党的发展中,存在于工会运动的兴起中,存在于强有力的商业卡特尔当中。不幸的是,不论是俾斯麦还是他的继承者,都没有为民主政治去造就德国人民,相反,他们采用了权宜而实用的联盟,以及特殊利益集团的组合去解决社会问题。在俾斯麦和他的继承者的统治之下,议会被排除在决策之外,因为处于统治地位的保守主义精英成功地维持了新的帝国,甚至扩张了处于主导地位的普鲁士的影响力。尽管外表看来是矛盾的,但新帝国的政治现实构成了一个强有力的普鲁士国家,它具有对军事力量实际的垄断,在上议院占据了主导地位,拥有非自由的、偏好富裕阶层的选举程序。

当然,德国没有逃脱"人民权力至上论"的压力,但是真正对民主参与的要求不是被封建君主制度挫伤、就是被它所吸纳。这种策略之所以成功,部分是因为数个世纪以来德国人对权力的屈从,部分是因为宗教或哲学的代言人们——他们包括路德、费希特、黑格尔、特赖奇克——将当权者神圣的观念合理化了。对处于统治地位的独裁政治的反对相对来说没有什么效果,也是因为国家的优秀分子没有选择进入议会,大多数政党只关心狭隘的经济利益,而没有成为国家性的政党去成功地提出当时十分迫切的问题,其中包括封建的精英和劳动大众不断加大的鸿沟,德国在欧洲国家共同体中的外交作用,军事组织傲慢的、视自身高于国家法律之上的排外性。

尽管在实际生活中,帝制德国的政治生活相对是自由的,社会民主带来了稳定的进步，例如在1912年，社会民主党成为国会中的最大党；但是，令人悲哀的事实是，对政治生活有意义的参与依然完全受到狭隘的、经常也是傲慢的精英们的控制，他们希望将其统治延伸到20世纪。那些创造第二帝国的人们，尽管认识到"人民主权至上论"的重要性，但是依然错误地认为，权力可以保存在旧有的王朝统治阶层的手中。普通的、有警觉性的德国人注意到，他们的宪法没有以《人权法案》或《人权宣言》的形式提及基本的人权。

正如拉尔夫·达伦道夫所洞察到的，从经济的角度来看，普鲁士化的新德国的独裁精神，在工业和封建国家之间"富有成果的、不适当的联合"中得到了证明。一旦德国获得了统一，国家就会自上而下地管理工业的进程，其手段包括：无息贷款，允许各种大型垄断企业的存在，拥有巨大的财富和企业——包括煤矿、高炉和公共事业部门。国家还通过有能力的、听话的公务员所构成的复杂体系去管理这些企业。因此，在德国，自由的企业被国有的企业所替代；在当时欧洲最富有动力的工业扩张，是政府控制的结果。甚至工业化最令人头痛的事情——失业、疾病、事故、糟糕的工作环境，也处于国家保护伞下。在以传统的家长式态度对待它的普通国民的同时，国家现在依靠制定进步的社会福利标准，将这一角色带入了工业化的时代。根据达伦道夫的观点，德国既是社会主义的，也是资本主义的：

> 几乎从工业化最初的起始阶段，某种国家社会主义就对应于国家资本主义通行的体制。被人们采用的社会达尔文主义，公开容忍英国的产业工人和他们的妻儿的悲惨境遇，而马克思把它作为要求国家采取行动的感情上的出发点。与此相反，德国的公共机构一直感到对工人的福利负有责任。像其他地方一样，工业化的德国也存在着贫穷、疾病和悲惨的状况，但是，官方对社会问题的态度，明显证明了严酷的和仁慈的家长权威这种前工业社会的联合。

家长主义给国民的顺从和依赖创造了条件。它培育了一种幻觉，即在没有国家干预的情况下没有什么伟大的东西能得以实现，离开了国家，个人是没有意义的。这就是奥斯瓦尔德·施宾格勒后来所指出的，普鲁士人的本能就是鼓励好的公民为公共利益而不是为个人或自我利益工作。在这个意义上，普鲁士人的目标是推动国家主义和社会主义。这是以奇特的方式显示的国家社会主义的原型。每个公民被期望对国家毫无疑问地服从和忠诚。反之，国家也以慷慨的社会福利奖励国民的全面服从，比如养老金、失业保证金、残疾保护和医疗保障。好的公民应该努力成为组织良好的公民服务社会不可或缺的一部分，在这一社会中，根据人们的表现、才干和对国家的忠诚而得到应有的评价。

然而，这些信念依然停留在纯粹的理论水平上，因为，处于统治地位的精英不愿意和大众进一步分享不断扩大的资源。家长主义不能掩饰新帝国在分配公正中的差异，阶级的冲突因此而发生。帝国的精英并没有建立通往不断增长的工人阶级的桥梁，相反，他们更偏爱挖掘鸿沟。另外，帝国的领导层在其尖锐的、缺乏感情的演讲中，不断地表达出他们的不安全感。威廉二世象征着新德国的虚弱，他好战而狂暴的言辞并不能遮盖促成这些言辞的自卑和胆怯。皇帝就是德国，显然是被夸大了，因为他代表着一个没有找到稳定身份的国家，因此他只能用激怒的姿态和武断的自信掩盖国家的脆弱。

知识分子社团也反映了这种体现在新帝国机构中的紧张和怪异。俾斯麦用"铁与血"铸造了新的德国，他因此也把挑战抛给了德国知识分子。正如直到新帝国产生人们才发现德国一样，诗人和思想家的国度是如何回应军事帝国思想的呢?令人惊奇的是，过去批评俾斯麦的人都屈从于他的成功，甚至在普鲁士军队胜利之后，他们都转向支持他，并且放弃了他们作为不切实际的梦想的和平理想。歌德和其他德国诗人的德国消逝了，冷酷无情的现实主义的德国即将出现。这些现实主义者崇敬托马斯·曼创造的新偶像冯·斯塔特将军。普鲁士军事力量的成功，给许多知识分子留下了深刻的印象，他们确信生活的本质存在于权力之中。即使尼采也警告他的德国同伴，权力政治如果没有精神的深度相伴，将使德国国民既愚蠢又野蛮。不过，他将自己的一生都奉献给了他所命名的"权力意志"，这个术语后来得到了纳粹分子的赞赏。在一个著名的段落中，尼采以修辞的方式问道："什么是善?"他自答道："每一件能提升人心中权力感的东西就是善。"相反，"什么是恶?""每一件天生虚弱的东西就是恶。"最终，"什么是快乐?""权力在增长、抵抗被克服的感情是快乐。"

尼采对权力的精神化与其他人对权力的精神化只在类别上有所区别，一般来说，后者较为粗糙并更具侵犯性。许多德国思想家越来越把权力视为现实最终的源泉和约束力，而不是获取某种特殊政治目的的实用工具。同样，许多人按照黑格尔的术语，把国家视为神圣意志在人世间的体现，而不是一套传统的人类体制的显现。因此，每一个公民都必须虔诚地将自己奉献给国家。

在战前德国知识分子的社团中，我们能够觉察到强烈的反民主偏见，以及对政治专制主义的偏爱，觉察到一些与中庸或妥协不一致的态度。另一方面，德国的知识分子也在做出共同的努力去解决社会问题，整合成一套被称为“1914 年的思想”的价值观念。“1914 年的思想”是由明斯特大学社会学教授约翰·普伦格发明的，他组织了无数著名的知识分子，努力发现在第一次世界大战开始之时德国文化和堕落的西方唯物主义之间的差异。在那些融入“1914 年的思想”的知识分子当中，有托马斯·曼、恩斯特·特勒尔奇、弗里德里希·迈内克、瓦尔特·拉特瑙、马克斯·舍勒、维尔纳·松巴特及弗里德里希·瑙曼。尽管存在着许多差异，这些人都普遍一致地认为：英美的自由主义没有真正道德上的勇气，并且它贪图享乐的道德相对性、富裕、普遍幸福的信条有意或无意地加强了各种社会的堕落力量。为了取代资产阶级的自由主义及其物质主义价值观，这些知识分子强调了更为保守的生活方式，在其中，传统感、荣誉、爱国和对过去的意识获得了高度的褒奖。就对社会的认识而言，这意味着一个没有阶级划分的有机社会，在这个社会当中，每一个个人或集团都服务于公共的利益。诸如马克斯·韦伯、维尔纳·松巴特、恩斯特·特勒尔奇这样的德国社会学家，都希望德国社会不会变成个人的或无根的英美社会。他们强调一个有机整合的合作体，而不是自利的个人追求享乐欲望的集合体。他们认为，自由放任的个人主义在没有受到有秩序的自由感的调和时，将瓦解德国社会的结构。这些思想也突出地反映在托马斯·曼的小说和散文当中。托马斯·曼相信，1789 年的自由主义价值观被资产阶级的物质主义腐蚀了，只有在全国范围内重新塑造触及德国历史的精神之根，才可能矫正世纪末堕落的价值观念。也许这些保守的民族主义者中的最强音发自弗里德里希·瑙曼，他建议在中欧建立一个在德国的政治保护下的国际秩序。在具有高度影响的著作《欧洲中部》(1915) 一书中，他提供了最为清晰的对德国战争目的的陈述。弗里德里希·瑙曼想象了在德国和哈布斯堡统治地域的各种种族集团之间松散的经济联合。他相信，这种联合最终将给欧洲历史上麻烦众多的地区带来经济和政治上的稳定。作为保守的德国民族主义者，瑙曼要德国在新的欧洲秩序中发挥主导的作用。事实上，他强烈地感到，只有德国的优势才可能在世界的这个部分保持有秩序的自由。

这些“1914年的人们”敏锐地意识到这一“社会问题”，即阶级冲突和分配公正的问题。像俾斯麦一样，他们认识到：社会主义是一种政治的力量。因此，他们企图建立一座通往工人阶级的桥梁。他们认识到：不可能永远将工人阶级排除在有意义的政治参与之外。这些知识分子是“修正主义的社会主义者”，他们强调渐变和所有社会集团之间和平的合作。他们要普遍地从政治理论，特别是从社会主义中驱除马克思的幽灵，因为马克思主义喜爱冲突的理论，并且似乎出于狭隘的阶级利益，爱好激励一个阶级反对另一个阶级的思想。“1914年的人们”相信，阶级斗争意味着社会的死亡。他们偏爱将工人阶级整合到保守的秩序当中，而不是阶级冲突。他们相信，完成这一任务最好的方式，是说服工人阶级进入君主政体和国家的怀抱。在“国家社会主义”时期，为了避免社会解体、国家衰落和阶级之间相互疏远，人们对此谈论了许多。希特勒在20世纪20年代说的也是相类似的话，不过采用了更为激情的语言，其实只不过是老调重弹，是许多战前的“保守主义民主分子”早就说过的东西。

民众的国家化

为了把当时依然没有被授予公民权的大众整合到保守主义的社会秩序当中，德意志帝国的统治阶级设想了一个强大的中欧秩序，它包括德国的霸权统治、向东的扩张主义政策和获得海外的殖民帝国。正如前面所注意到的，飞速发展的工业化孕育了德国社会深刻的分化，使国家极化为对立的意识形态阵营。缩小“悲剧的鸿沟”——它是一个不断扩展的差异，发生在从军事—工业结盟中获利的人和没有这种合作保护伞维护的人之间——变得急迫起来。不幸的是，社会的鸿沟没有通过真正的改革得到缩小，而是通过权宜之计，将目标定位于淡化甚至同化各种极端的要求。因此，俾斯麦以他对待外交政策的同样方式对待国内的政策。他机智地操纵着党派或集团的利益。他的目标与其说是带来持久的社会秩序的和谐——这要求废除建立在旧秩序基础上的种种特权——不如说是带来了短期的结盟、权宜的和睦，以及人为设计的文化战争或反社会主义者的战斗。

尽管俾斯麦认为新帝国在政治上依然不稳定，因而小心地避免海外的纠纷，但是，他的面对更为严重的社会问题的后继者，却开始煽动集团意识极强的民族主义和帝国主义，以赢得工人阶级的支持。在威廉时代，德国人民醉心于蓄意积累起来的激情之中，这些激情以广受欢迎的帝国主义、海军竞赛、爱国主义组织或集团的形式表现出来。一批富有影响的领导人——如约翰尼斯·米克尔、阿尔弗雷德·冯·铁毕子、卡尔·比洛国王自己——都拥护国内动员和国外扩张的政策。这些政策除了在激情的力度上有所差别外，都预示了纳粹党的十字军东征。

德国皇帝自认为是恺撒的再世，他要把他的国家变为甚至凌驾于大英帝国之上的世界强国。他知道这样的目标可能会把他置于与英国及其他主要强国的持续冲突当中。他生来就一半是英国人，一半是德国人。他的母亲维多利亚公主是英国维多利亚女王和阿尔伯特亲王的女儿。当他 1888 年——希特勒在后一年出生——加冕的时候，他急切地为德国绘制出一条新的道路。他沉浸在 19 世纪晚期帝国主义的文学当中，梦想着未来存在于海外殖民地之中的更伟大的德意志帝国。这位皇帝对帝国主义的作家和冒险家大加赞赏，他们包括拉迪亚德·吉卜林、西塞尔·罗德斯、海军上将马汉，特别是休斯敦·斯图尔特，他的条顿民族优越论控制了这位皇帝的想象力，并且极大地刺激了他侵略性的语言表达。

反过来，皇帝又激励着其他人响应帝国的号召。阿尔弗雷德·冯·铁毕子这位海军大臣，在建立世界上第二支最有实力的海军，以及代表帝国主义的政策协调令人瞩目的公共关系活动中起到了重要的作用。他也阐述了流行的保守主义“冒险理论”，呼吁建立强大的德国舰队去面对英国海军的挑战，制止任何对德国殖民目的的干预。这些帝国主义的观点得到了一大批民间组织的散布，特别著名的是泛德意志联盟、海军联盟、殖民地协会、战争神圣会。这些组织将战争宣传为高贵的事业，宣扬为生存的战斗，要求为德国人民获得生存的空间，宣称德国人是未来起主宰作用的民族。

在这些作为法西斯主义的知识分子先行者的社会帝国主义者当中，我们发现了一些后来的希特勒运动有趣的支持者或追随者。他们包括阿尔弗雷德·胡根贝格（1865—1951），他是泛德意志同盟的创建者之一；阿尔弗雷德·克虏伯·冯·波伦—哈尔巴赫（1870—1950），他是一位工业家和军火大王；宫廷顾问海因里希·克拉斯（1868—1953），他是海因里希·冯·特赖奇克的学生，一个坚定的反犹太者,他后来把希特勒领进了泛德意志同盟;弗里茨·蒂森(1873—1951),一位给纳粹党提供经济赞助的富裕工业家;埃米尔·基尔多夫(1847—1938),一位富裕的、给纳粹党的金库倾注大量金钱的煤铁巨头。泛德意志同盟后来在第一次世界大战中支持合并主义的政策,宣扬北欧种族的优越性,呼吁东进,急切地等待救世主式领袖的降临,他将把德国人从犹太人的威胁中解救出来。尽管泛德意志同盟只有大约两万四千人,但是它的影响力是深远的,因为它的成员来自德国社会最富有影响的部分——著名的作家、工业家、科学家和军官。

因此,第二帝国的帝国主义政策为第三帝国的外交政策提供了背景。在旧的战前机构的统治精英的政策和 20 世纪 30 年代纳粹党领导人的政策之间,存在着基本的延续性。希特勒在旧的统治阶级那里获得了明确的授权,它同意他对民众的国家化和对外征服,但是,当希特勒企图用新的"种族"精英去替代它的时候,它又最终被迫去反对他。不过为时已晚,因为旧的统治阶级把自己完全交付给希特勒了,以至使自己无法摆脱迎面冲入大灾难当中。

当然,除了两个重要的因素,在这些德国的工业家、军事领导人、知识分子和希特勒的运动之间不存在直接的因果联系。第一个因素是,许多战前的知识分子都培养了对家长式权威的偏爱和依赖,因此他们后来拒绝了民主的魏玛共和国,这样做的结果是——假如只是疏忽——他们促成了德国民主的毁灭。然而一旦这样做了,许多人只能惊恐地看着纳粹主义所代表的唯一选择。第二个因素可以作为纳粹运动和这些战前保守派之间疏远的因果联系,它就是国家社会主义。战前的知识分子和希特勒及其褐衫队部下之间在风格和气质上存在着巨大的差异。1914 年的一代依然信仰荣誉和国家,它受到宗教意识和科学理性的约束。相反,1933 年的一代,受到战争和经济崩溃的惊吓,让知识服从于激情,让政治命运屈从于一个危险的、离经叛道的、按照种族主义鼓手敲击出的声音行进的集团,而种族主义的种子早在第一次世界大战时就播下了。

对种族主义的尊崇

尽管部落仇恨在讲德语的国家和其他欧洲国家一样强烈,但是德国的种族主义最恶毒的形式无疑是反犹太人。几个世纪以来,犹太人被作为受鄙视的人,作为可怕的“杀害基督的人”，人们可以用想象到的所有手段，包括种族灭绝，把他们排除在基督教社会之外。因为受到了排除，也因为视自己是受到排除的人，犹太人拒绝参与他们所在国家社群的文化生活。直到 18 世纪，极少数犹太人才参与欧洲社会的文化生活，但是，到那个时候，多种形式的种族主义已经牢固地确立了。非犹太人和犹太人之间的仇恨之根既深又广，它们涉及双方几个世纪的宗教、社会经济和心理等方面的厌恶。

这是对历史的最大讽刺之一。最紧密的关系经常孕育出最大的仇恨，并且，在犹太人和非犹太人之间多种不同的双方关系中，德国人和犹太人的关系最为紧密，因此也最具爆炸性。人们普遍认为，在过去的两个世纪里，这两个民族的心理经常出现趋同和相互渗透的现象。例如，埃里希·卡勒就认为，两个民族共享了一种特殊的亲密关系——“对天命和命运加以解释，这种解释在两个民族中，通过和谐与不和谐的方式，触及存在的本质。”诗人海涅既是德国人，又是犹太人，他也关注到这种“固有的选择性亲密关系”。他认为，在反对罗马人的斗争中，这两个民族作为局外人初次相遇，这种特殊的关系也从此建立了起来。德国文化历史学家弗里德里希·西博格把德国人和犹太人描述为：

> 既受尊敬又受憎恨……这两个民族都不能使自己受到人们的喜爱，它们在奴性和高傲之间摇摆，对世界既不可或缺同时又是个麻烦。它们都具有侵犯性，倾向于自怜。它们受到无区别的诋毁，同时又因为思想大胆而受到赞扬。但是，在一点上它们又完全不同，那就是对暴力的态度。这两个民族与我们的生活深深地交织在一起。

两个由宗教、种族性和语言起源区分开来的不同民族，松散地展示了相似的特性，这可能是因为他们经历了相似的历史经验。埃里希·卡勒相信：按照政治术语来说，德国人和犹太人从来没有最终确立自己的性格，因为它们都是跨国的民族。直到最近，它们才把自己整合进具有凝聚力的民族社会当中。由于受到历史挫折的打击，两个民族依靠精神的耕耘而不是政治上的追求，以补偿它们政治身份的匮乏。直到 19 世纪中期，德国的知识界在很大程度上一直全神贯注于形而上学的问题：生存的意义，人与上帝的关系，罪恶和人世痛苦的问题，在艺术、文学、哲学和历史中超验事物的作用。斯塔埃尔夫人把德国描述为诗人和哲学家的国度，这尽管有所夸大，但基本上是正确的。德国确实是诗人和哲学家的国度，因为压制性的封建制度使得将创造性的力量纳入政治的渠道变得特别困难。因此，正如犹太人在一些官方许可的领域里发现了他们体现才能的唯一出口一样，德国的知识分子倾向于在抽象沉思的“安全”王国里表现他们的创造性能力。

因此，德国人和犹太人被迫将他们的生命力放置在其他地方，他们把这些力量引入相似的、经常是沉思的或学术的追求当中。在 18 世纪非政治化的德国，犹太人遭遇到同病相怜的伙伴，并且探索着文化对话的可能性。德国启蒙运动的象征戈特霍尔德·莱辛和德国—犹太启蒙运动的代表人物摩西·门德尔松之间的友谊，为这种相互渗透提供了最好的范例。莱辛的伟大戏剧《智者纳旦》是对人类兄弟之情的伟大赞美，它不仅反映了在启蒙运动的人道价值观上德国人和犹太人共同的基础，而且高贵的修辞中也不带有具体的经验。由于不关心政治，德国人和犹太人都能够构想出新的天堂和尘世。他们能够设计出宗教和哲学的抽象概念以抵抗具体的现实；但是，在革命的实践中运用这些抽象的概念则留给了其他的人。

这样，德国人和犹太人在哲学抽象的层面找到了共同的基础。直到 19 世纪末期，他们依然都厌倦政治，这种态度无疑是政治上的失败和缺乏经验所造成的。他们普遍认为，政治会玷污精神生活。瓦尔特·拉克尔注意到犹太人对政治缺乏经验，他认为犹太人“在抽象思维层面上显示了巨大的能力，但是，政治涉及直觉、常识、智慧和预见力，在这一方面，他们没有留下什么令人印象深刻的记录”。这一评论也适合于德国人。甚至，当两个民族开始关心政治的时候，他们采取的方式也是抽象的，而不是具体的。按照目的论的原则，他们把政治过程视作永恒原则、法则或启示的必然显现。例如，19 世纪的大多数思想，都以德国哲学家的原型黑格尔的哲学体系及马克思的哲学体系为中心。

德国人和犹太人不仅共享着某些思想的模式，而且以同样的语言表达了他们自己。大多数犹太作家——包括犹太复国主义者——都吸收了德国的文化，用德语写作。当代最伟大和最博学的犹太学者之一莱奥·贝克就用德语写作，被公认为 20 世纪最伟大的犹太哲学家马丁·布贝尔也是如此。西奥多·赫茨尔是犹太复国主义的领导人和以色列国家的精神之父之一，他用德语写作了《犹太人》一书。东欧的犹太人热切地吸收着德国的文化，并用德语表达着他们最内在的思想。有一个记录表明：

> 德国知识界代表人物的作品和思想，在东方的犹太人当中传播。许多年轻犹太人的理想是成为德国教授的学生，向他们学习语言，享受德国的自由和文化。甚至那些不能前来德国的人也被德国文化所吸引。因为被这一民族的精神所吸引，我来到了德国。我几乎可以说是来到了我语言的祖国。

德国人和犹太人这种语言上的紧密关系体现在意第绪语中，这种语言是东欧许多下层的犹太人所使用的语言。意第绪语产生于中世纪的高地德语，另外又加上一些希伯来语和斯拉夫语的词汇。它以希伯来的字母书写，在东欧和西欧的犹太社会中被广泛使用。随着两个民族之间的敌意不断加深，意第绪语对一个在德国使用它的人来说成为一种耻辱，但是大多数德国人在理解意第绪语上是没有什么困难的。

德国人和犹太人之间的这些“相互交流”孕育了一些根本的、涉及两个种族群体真实性质的扭曲现象。犹太人对促成这一扭曲现象负有责任，因为他们相信人道的、忍耐的和文明的德国的理想。我们可以把这种理想称为“魏玛原型”。它涉及这样一个信仰，即德国在其顶峰时期体现了歌德、席勒和赫尔德等古典大师的精神。这一观点是不现实的，因为魏玛的文化并不存在于诗人和作家狭小而非政治化的圈子之外。这些文人在19世纪初期创造了一个十分短暂的文明且高雅的飞地。较大的德国是19世纪末期成型的，它是俾斯麦的普鲁士化的德国，是铁血的土地，而不是诗人和哲学家的国度。然而，许多犹太人依然相信魏玛的德国是“真正的”德国，是他们理想化的国家。这就是为什么许多犹太人热切地支持第一次世界大战后的魏玛共和国的原因所在。人们建立这一新政府是为了促使19世纪歌德的魏玛的人道价值观，而不是18世纪腓特烈大帝的大波茨坦的军事主义价值观重新获得活力。

不幸的是，另外一个德国依然存在，它高昂着极权主义的头颅，威胁要粉碎新的民主政体。随着针对魏玛共和国的反民主压力的加强，许多犹太知识分子越来越感到像局外人一样在看待这个不符合他们期望的社会。一些人甚至成为不宽容的批评家，嘲笑德国的许多仪式、价值观或态度。瓦尔特·拉克尔给这种类型的批评贴上了“图霍尔斯基综合征”的标签。库尔特·图霍尔斯基(1890—1935)是德国的犹太批评家和记者，他写作了大量恶毒的批判德国人性格的文章。他的对手以不爱国罪指控他，他无动于衷地将这些批评搁置在一旁。他说：“人们假定我背叛的国家并不是我的国家，这个政府不是我的政府，这个法律秩序也不是我的法律秩序。我对他们国旗的颜色和他们狭隘的理想都毫无兴趣。我没有做任何背叛的事，因为没有人委托我做任何事。”1928年，他公开表明：“德国军队没有什么秘密是我不能告诉另外一个强国的，假如它对维持和平是必要的。我们是大卖国者。但是为了我们热爱的国家，为了和平和我们真正的祖国欧洲，我们背叛的是一个我们拒绝的国家。”

尽管图霍尔斯基不是德国境内的犹太人感情的代表，但是，他对德国状况充满愤怒的幻灭感在一些地方引起了反响。许多德国人对图霍尔斯基恶毒和尖锐的批评作出了过度的反应。他们认为他是世界主义者或者“非德国的”犹太人知识分子的典型，这些知识分子热衷于动摇德国的文化。要想检测“图霍尔斯基综合征”是如何或者在何种程度上有助于加强德国人对犹太知识分子原型的认识，是困难的。同样，要确认“图霍尔斯基综合征”是否只是犹太人模棱两可的，甚至是自我仇视性格的伪装表现，也是困难的。这一特点导致了犹太人性格中更深的否定性自我成见。

当时有大量的论述犹太人自我仇视和自我毁灭的作品问世，尽管并非都带有神经质情绪。一些人把这种倾向归结为犹太人的基要主义，以及它自以为是的、排外的信条。这一观点认为，犹太人在自以为是的信条中支撑着自己，不动声色，在世界的许多地方激起了可怕的仇恨。犹太人通常把自己和他们居住的国家的其他社群隔离开来，因而持久地维持着某些独一无二的精神和外形特征。人类学家一般都不接受这样一个观点，即犹太人代表着独特的种族类型，但是，正如霍斯特·冯·马尔蒂莰所认为的那样：“事实上，德国的犹太人构成了一个集团，在其中，无论是同族相配的结果，还是出于其他原因，大量的相似类型的人出现了，这种类型在外形特征、音色、心理、行为和气质的特征上，都极易被人识别出来。”

也许就是因为东方的犹太人流入了德国，从而突出了德国人和犹太人在文化和外貌上的差异。东方的犹太人说意第绪语，穿戴着不同寻常的犹太人社区的衣着，形成一个排外的集团，从而在许多德国人的心中——具有讽刺意味的是，包括被德国同化了的犹太人——形成了一种印象，这个疏远社会的群体作为国中之国嵌入了德国社会当中。对于许多德国人来说，当这些东方的犹太人在维也纳和柏林的街头匆匆而过，忙于商务的时候，他们提供了一个令人不快的景观。瓦尔特·拉特瑙自己是一个被德国同化的犹太人，他十分真诚地认为：犹太人正成为“在德国人民身上的外国微生物”。正如马克思在他之前所表现的一样，他对存在于自身当中的犹太人遗产持有深层的模棱两可的态度。

假如瓦尔特·拉特瑙自己作为犹太人都因为看到某些犹太人而感到厌恶，那么，当希特勒第一次遇到这些包裹着土耳其长袍、留着黑色鬈发、带着轻蔑的微笑的犹太人时，他的厌恶有多么强烈是可以想见的。突然之间，瓦尔特·拉特瑙的外国微生物成为“有毒的脓肿”“腐烂的发酵”“杆菌”，对付这种致命病毒的战争需要英雄式的、只有路易·巴斯德和罗伯特·科赫才采用过的方法。总之，犹太人作为外国微生物的观念制造出了可怕的结果——种族灭绝。只有精神变态学才能准确地解释这一系列步骤：开始是把犹太人视作社会上令人厌恶的东西，最后乐意于在整体上把他们作为整个种族加以灭绝。他们不是人类，而是病菌，因此，一个人假如在做上帝的工作，那就是要抵制犹太人。

如果说犹太人往往在身体外形上是很突出的话，那么，他们的突出之处也表现在知识方面。证据是广泛的，每当在与其他民族自由竞争时，他们都展示了相匹敌的——即使不是更优异的话——智力。犹太人在法律、医学、科学、教育、工业和出版领域占据了高比例的专业人员，他们一直比其他民族获得了更多的诺贝尔奖。直到 1939 年 9 月为止，在一百八十三位诺贝尔奖获得者当中，德国的犹太人占据了 9%，还有 11%授予了世界其他地方的犹太人，即总共有 20%的诺贝尔奖被犹太人获得了。众所周知，在本书探讨的时间范围里（1870—1933），许多占据首要地位的知识分子都是犹太人的后裔，他们是卡尔·马克思、西格蒙德·弗洛伊德、阿尔伯特·爱因斯坦、恩斯特·卡西尔、赫尔曼·柯亨、阿图尔·施尼茨勒、格奥尔格·齐美尔、瓦尔特·拉特瑙、马克斯·莱因哈特等其他杰出的天才。

犹太人在知识精英中这种不同寻常的表现引发了人们深刻的思考，这种令人困惑的优势的可能原因到底是什么呢？有人把它归因于几个世纪以来注释经文的学问，它给予犹太人一种明显优越于未开化社会的优势；还有人指出这是遗传的因素。关于第一种观点,必须记住的是,犹太人是一个古老的、具有文化的民族,在中世纪,他们发现自己生活在愚昧的、对他们的超凡智力和聪慧的商业敏锐十分不满的西方民族当中。相互的藐视和仇恨不应归因于种族的思想,而应归因于文化阶段的差异。换句话说,两个民族生活在同样的地理环境中,却处于不同的文化阶段当中。至于遗传的观点,几乎没有什么人严肃地对待它,因为这在本质上就是对种族主义的一个变体的支持,即在犹太种族当中有某种东西促成了较高级的智力。无论突出什么因素去解释犹太人的种种差异,结果都是相同的:因为犹太人具有犹太性,他们就注定要承受种族偏见的冲击。

特别是在动荡的历史时期,犹太人成为会聚种族偏见的焦点。当犹太人参与激进派运动的时候,这些反犹太人的感情经常在极权主义的社会得到加强。许多犹太人热情地参加了自由主义或左翼运动,同时躲避保守主义或右翼的运动。事实上,欧洲激进派运动的一些代言人是犹太人,如卡尔·马克思、费迪南·拉塞尔、卡尔·李卜克内西、罗莎·卢森堡、爱德华·伯恩斯坦、克拉拉·蔡特金、古斯塔夫·兰道尔、库尔特·艾斯纳、恩斯特·托勒等等。在第一次世界大战快要结束的时候,德国共产党企图模仿俄国同事在德国的陆军和海军建立颠覆性的"苏维埃",它的对手几乎立刻勾画出共产党和犹太性在心理上的联系,因为这些颠覆性组织的许多成员事实上是犹太人,或者是由犹太鼓动家领导的。就是在这种变化多端的氛围中,出现了臭名昭著的"背叛"的谣言。在许多德国人困惑的思想中,特别是在希特勒的思想中,犹太人对德国的战败是要负一部分责任的,因为和其他的"叛徒"或"罪犯"一道,他们在内部动摇了战争的努力,掠夺了前线士兵。假如没有这些阴谋的颠覆活动,获得战争的胜利是必然的。与和平主义分子、自由主义分子、布尔什维克一道,犹太人成为合适的替罪羊,承担着应该由德国人自己现实地加以面对的失败。

人们普遍认为,在德国,直到19世纪最后二十年,才出现了有组织的反犹太主义运动,德国的第一个反犹太主义的代言人是阿道夫·斯特克,他在1878年建立了基督教社会党,目的是将下层阶级从马克思式社会主义的掌控中解救出来。由于认识到大众要求的重要性,斯特克希望建立一个右翼政党以抵消左翼政治的威胁。作为帝国宫廷的牧师,他享有霍亨佐伦王朝非官方的庇护。他与保守的保守派报纸《十字架》的紧密关系使他能够成为公众舆论的制造者。另外,作为柏林城市布道团———一个清教慈善组织——的主讲牧师，他可以以自己的身份与下层阶级建立紧密的联系。斯特克的反犹太主义本质上是机会主义的，而不是知识信条的产物。在经济上失落的中下层阶级，受到愈发组织良好的来自底层的无产阶级的威胁，受到来自上层的封建利益的威胁。作为中下层阶级的代表，他把犹太人作为合适的替罪羊，要他们为1873年萧条引发的广泛经济问题和19世纪70年代德国金融丑闻引发的一系列震荡负责。斯特克暗示"犹太资本"支持大公司的利益而不是德国小企业主。他认同小企业主的抱怨，这些人认为他们被大企业和银行给毁了，这些机构控制在犹太人手里，因此他们的所有不幸都是犹太人造成的。这种推理的谬误方式所传达的歪理邪说，对受不到良好教育的人来说极具吸引力。正如汉娜·阿伦特所认为的那样，许多银行家是犹太人，甚至更为重要的是，由于历史的原因，银行家一般都具有犹太人的特性。

斯特克没能组织起一个群众的运动，但是，他的反犹演说在保守的团体中得到了普遍接受，特别是在保守主义的报纸《十字架》和《德国人》那里更为如此。在一系列对犹太人严加指责的文章中，《十字架》对政府的财政政策大肆攻击，认为它们是犹太人制定的或者是为犹太人制定的银行家政策。它特意将俾斯麦金融政策的心腹、犹太银行家格尔松·布莱希罗德暴露出来，把他作为导致德国经济萧条的主犯。同样的情绪是由占据主导地位的天主教报纸《德国人》传达出来的，它重印了俾斯麦在二十五年前反对犹太人解放的一次演讲，这令他非常难堪。《德国人》还中伤德国犹太人的动机，认为他们过度地热衷于"生利性"的生意，而在"生产性"的企业方面表现太差，并且建议善良的天主教徒通过联合抵制犹太人的生意，富裕的犹太人过多的数量可能会得到减少。

德国的反犹太主义的方式与欧洲其他国家的方式是相似的，它本质上是一个失落的社会集团怨愤的表达。这些集团忍受了大多数来自经济萧条的痛苦，同时因为他们的困难而攻击俾斯麦或犹太自由主义。除了斯特克，还有一些著名的为这些压抑的挫折和怨愤说话的代言人，其中包括威廉·马尔(1819—1904)，他写了两本十分有影响的著作——《犹太人征服德国人的胜利》和《犹太人的镜子》。马尔的心理学研究，将令人恐怖的战术悄悄地引入到反犹太人的战役之中，他认为犹太人远不是身体虚弱或者政治上的无能，事实上，他们十分可怕和险恶，以吸取德国人民的力量作为在德国建立新的巴勒斯坦的前奏曲。马尔的反犹太主义具有明确的启示意义和末日审判的含义。他认为德国人和犹太人在进行殊死的战斗,同时警告时间已晚,唯有一致反抗世界上的犹太人才能挽救德国人的命运。

威廉·马尔的刻薄观点绝不是一种反常的特例。在1874年,一本取悦于中产阶级读者的杂志《花园亭台》发表了一系列反对犹太人的文章,它们描述了柏林的股票交易和投机欺骗。这些文章是由奥托·格拉盖(1834—1892)创作的,反映了低层阶级——工匠、小业主、商人、小公务员——的悲哀,他们谴责犹太银行家和政治家给他们带来了灾难。这些银行家和政治家妄想症式的恐惧的主要接收者是俾斯麦的朋友和心腹——犹太银行家格尔松·布莱希罗德。正如弗里茨所说:

> 他使一切社会的侵害成了仇恨。他是一个具有传奇财富和权力的犹太人,是扰乱传统的等级秩序的暴发户和财阀。他似乎符合所有反犹太人的原型条件:犹太人的领头人和阴谋家、腐化分子和地位稳固的幕后操纵者,总之,是一个拥有邪恶权势的犹太人。这种犹太人的权势使非犹太人变得不安,使反犹太人变得狂热。

这样想的德国人可能属于中产阶级和小资产阶级,他们对资本主义制度下发生的经济波动感到恐惧。这样的集团感到没有代表,感到自己被遗弃了,不知道转向哪条道路。正如保罗·马辛所指出的那样,除了有关自由事业的高调外,自由主义没有提供给他们任何东西;保守主义又太高不可及,太精英化,以致无法说服他们;社会主义把他们视为由历史法则决定的东西一笔勾销;只有选择国家社会主义才能重振他们的精神。

这些交织在一起的努力最终发现了一个共同点——将反犹太主义政治化。1879年,威廉·马尔建立了反犹太主义联盟;1880年,出现了两个新建立的政党——社会帝国党和德国改革党,它们都依赖于反犹太主义作为主要舞台。1881年,一位小贵族马克斯·利伯曼·冯·索伦贝格和尼采的姐夫伯纳德·弗斯特成立了德国人民联盟。弗斯特后来移居巴拉圭,企图建立一个纯粹的、被称为新日耳曼尼亚的雅利安人的殖民地。他稀奇古怪的实验失败了。他在1889年自杀。

同时，德国反犹太的党派、书籍、杂志和公共演讲泛滥成灾。德国的反犹太联盟专门成立了游说团，鼓动制订反犹太人的法律。它的建立者之一西奥多·弗里奇(1852—1934)出版了一本十分有影响的参考书《犹太人问题手册》。弗里奇在莱比锡建立了自己的出版社——铁锤出版公司，持续而稳定地出版了大量的反犹书籍，并且通过期刊《铁锤》机智地利用了大众的反犹偏见。这些出版物的主题都是一样的：犹太人和诸如共济会、天主教、耶和华见证人等阴谋组织共谋，正秘密计划获得对全世界权力的控制。在他所有的作品中总是回响着急切的和偏执的音调。在《犹太人问题手册》中，弗里奇走得更远，他列了一张详尽的名单，名单中的犹太人对谋杀、叛国、伪造和强奸负有责任。像这样对犹太人的攻击，后来得到了纳粹运动两个最著名的反犹分子的赞赏。

奥托·伯克尔是一位臭名昭著的反犹太作家，1887年出版了《犹太人：我们时代的国王》一书。他成为第一个"正式的"因反犹而作为独立人士被选入国会的人。他的演讲公开要求德国人和犹太人完全分离，同时应该把犹太人作为外国人，只能给他们有限的权利。尽管伯克尔最终失去了议席，从舆论中消失，但是他撒下了未来反犹太主义可能生根发芽的种子。1889年，希特勒诞生了，利伯曼·冯·索伦贝格在波鸿建立了德国社会反犹党，并且与伯克尔新建立的反犹人民党合作，企图使自己的集团获得国会中的五个席位。尽管这些反犹太人的政党相对较小，但是他们都要求为他们广泛的民族目标超越狭隘的党派利益。

代表国家利益而不是地区性利益这一思想，甚至在奥地利得到了更好的宣扬，在那里，种族冲突远比德国强烈。哈布斯堡王朝统治的奥地利是一个多种族和多语言的社会，在其中，德国人认为自己正处于被其他种族取代的危险境地。其结果是带有尖锐反犹基调的、恐外的日耳曼主义得到了发展。

当希特勒1907年在维也纳的时候，这个城市是由反犹的、被希特勒后来称为我们这个时代最伟大的市长卡尔·卢埃格尔(1844—1910)管理的。卢埃格尔是一位基督教社会主义者，在经济危机和金融丑闻时期，他被中下层阶级选民选为市长。卢埃格尔是一位浪漫的反动分子，热衷于回归更为有机的、没有被金融资本主义的邪恶污染的种族社会。他的目标是将犹太人从有影响的行业、从一般的公共生活中驱除出去。

卢埃格尔的政治对手是格奥尔格·里特·冯·舍纳勒(1842—1921)，他是一位地主,奥地利众议院议员,泛日耳曼民族主义党的创建人之一。舍纳勒也发起了“与罗马绝交”的运动,它要求终结罗马天主教会的文化和宗教统治。舍纳勒与德国合并的信条、他狂暴的反犹太主义,以及保守的民族主义都给了希特勒深刻的印象。

人们普遍认为,这些反犹太的政党和运动在政治上是没有效果的。在德国,第一次世界大战前就没有什么严重的反犹太暴乱。尽管先前提及的一些种族集团和党派引发了潜在的偏见,甚至设法选举自己的一些成员进入国会,但是它们对社会总的影响是可以忽略不计的。在没有严重的政治阻碍的状况下,犹太人的解放在继续进行着。尽管反犹太主义无疑体现了古老的部落仇恨的丑恶积淀,在社会经济危机时期会短时间地突然爆发,但是,直到希特勒以一个单一的群众政党的形式将这一部落仇恨组织化,它的野蛮性的所有力度才显现出来。

在第一次世界大战之前,公然的反犹偏见通常是稀少的,大多局限于各种各样种族主义崇拜的疯狂之徒当中。然而,这些崇拜的运动和主宰这些运动的怪人在制订未来的政策中起到了重要的作用。相关的事例是格奥尔格·兰茨·冯·利本菲尔茨(1874—1954),他是阿道夫·约瑟夫·兰茨的化名,他给予了希特勒许多种族主义的思想。1905年,利本菲尔茨建立了圣殿教会,它的成员严格限制在金发碧眼的男人当中,这些男人只可与同样长相的女人结婚。他们被期望为德国制造出一个新的种族秩序。利本菲尔茨在他的期刊《奥斯塔拉》上传播他的种族思想,这本杂志的封面通常用万字徽作为装饰。《奥斯塔拉》在奥地利和德国都销售得很好。事实上,1908年的秋季刊就发行了十万册以上,这一年,利本菲尔茨出版了他的主要著作《神学动物学》,这是一本随想性的著作,企图显示历史是黑暗之子和光明之子之间永恒的斗争。利本菲尔茨宣称英雄的雅利安人拥有电动的器官和固有的电动传输器,不过,他们的能量已经被几个世纪以来累积的种族不纯所损耗。他希望通过净化的优生方法,重新在雅利安种族当中激发出英雄性的成分,从而帮助雅利安人重新启动他们的电磁发射器官,使他们变得全知、全智和全能。

利本菲尔茨不仅是个怪人,而且是个骗子。正如上面所提及的,他的真名叫阿道夫·约瑟夫·兰茨,是圣十字修道院的西多会修士。1899年,他离开了修道院,自称为“男爵”,封了自己一个博士头衔,另外掩盖了自己的身世。除了从事文学活动外，他还在上奥地利的韦芬斯坦因一座废弃的古堡中，纠集了志趣相投的种族主义崇拜者。在那里，他高悬着一幅印有万字徽的旗帜，为条顿精神大唱赞歌。按照维尔弗里德·戴姆的观点，希特勒实际上在一次偶然的机会中遇见了利本菲尔茨，向他索要了一些过期的《奥斯塔拉》。事实上，万字徽、种族主义的历史理论、雅利安人纯洁的圣杯、猿类人种的灭绝，所有这些心理上变态的东西都是利本菲尔茨为希特勒事先编制的。

然而，把希特勒或者种族主义疯狂之徒，作为种族主义理论唯一狂热的传播者，这将是一个严重的错误。在令人尊敬的学术界和种族主义理论的普及者之间，存在着明显的种族思想甚至个人联系的相互作用。例如，1900 年，军火商弗里德里希·阿尔伯特·克虏伯赞助了一个论述种族主义问题——“我们从达尔文的原则那里学到了什么？它对国内的政治发展和国家的法律有何作用?”——的散文比赛。评审组由社会达尔文主义者恩斯特·海克尔担任主席。大多数参赛者是雅利安人优越性的信奉者，支持某种形式的反犹太主义。获得第一名的是慕尼黑一位名叫威廉·沙尔迈尔的医生，他用粗糙的社会达尔文主义的适者生存概念对人类所有的行为加以解释，同时建议以温和的态度忽视那些在种族上虚弱的民族。沙尔迈尔坚定地相信雅利安种族代表着人类成就的顶峰，应该做出严格的优生学方面的努力——如果受到国家特别的支持就会更好——以保持雅利安种族的纯洁和主导地位。

克虏伯论文竞赛的第三名是路德维希·沃尔特曼，他后来因为出版了种族主义杂志《政治人类学评论》(1902)而名声大振。然而，沃尔特曼的杂志是一本供种族主义研究的学术杂志之一。其中“最受尊重的”是《种族和社会生物学档案》，由阿尔弗雷德·普勒茨出版，他是德国优生运动的创始人。普勒茨的出版物成为先锋派种族主义思想的论坛。普勒茨后来创造了“种族卫生”一词，建立了秘密的北欧人协会。因为在种族思想上的贡献，普勒茨后来得到了希特勒的重赏，获得了一个大学教授的头衔。正如列昂·波利亚科夫所指出的那样，新一代的优生学家和遗传学家，即受到国家社会主义保护兴盛起来的科学家，都受到普勒茨的影响。在这个集团当中，我们发现了欧根·费舍尔、弗里茨·兰茨、奥特马尔·费许尔，后者是未来的奥斯维辛“死亡天使”约瑟夫·门格尔的导师。这些人当中最有影响的是欧根·费舍尔，他将孟德尔的法则运用到种族卫生方面。1934 年，他大肆鼓吹他是第一个在学术圈内推广沃尔特曼思想的科学家，是第一个用对种族科学的热情点燃年轻人心中之火的科学家。费舍尔的同事弗里茨·兰茨，他是阿尔弗雷德·普勒茨的门徒，经常给普勒茨的种族主义杂志供稿。在第一次世界大战爆发之前，普勒茨的《档案》在德国的许多学术圈里流传，该杂志成了所有种族主义理论的交流中心，其中包括弗里奇和兰茨·冯·利本菲尔茨的伪科学的空话和思考。

绕了一圈，我们又回到了希特勒那里。希特勒对世界种族主义的想象并非他幻觉的产物，而是令人尊重的科学发现的结果。当希特勒在读弗里奇或利本菲尔茨的著作时，他仅仅是在吸取在学术界和公共界被广泛接受的思想。在这些理论中体现的信息是清晰的：任何生物的有机体都热衷于无休止的为生存的斗争，假如不斗争就注定要毁灭。像个人一样，国家也热衷于无休止的斗争，只有最强者才可能在其中生存下来。一个国家斗争的质量取决于它种族的纯洁性，以及它繁殖最强的人种——有生产能力的工人、凶猛的斗士和富有领袖魅力的领导人。那些玷污了人类的人——犹太人、吉卜赛人、亚洲人——必须通过国家合适的手段加以消灭。在所有的人种当中，雅利安人明显代表了人类成就的顶峰。因为德国是雅利安人的故乡，因此德国人负有神圣的使命，那就是繁殖雅利安人和统治世界。然而，种族的杂交已经发展得格外严重，时间确实已经太晚了。只有国家的干预才能阻止雅利安人受到低等民族的进一步感染。1913 年，欧根·费舍尔大胆而肯定地预言道：除非政府，特别是德国政府能够制定和实施始终如一的种族政策，否则，所有的欧洲人都将被毁灭。希特勒提供了这一政策。

第二章

军事失败和经济崩溃的心理创伤，1919—1923

第二帝国的终结

当 1914 年 8 月宣战时，德国人民欣喜若狂。希特勒和其他德国士兵一样对即将到来的战争感到异常兴奋。直到战争结束时，左派政党都已放弃了公民的异议权，进入他们政治对手的阵营中。皇帝骄傲地宣称，党派的斗争已经结束，并且说："我不再认识党派，我只认识德国人民。"受到民族主义狂热情绪的刺激，大多数德国人把战争看作对市民社会沉闷生活的愉快告别，他们希望战争在圣诞节前完全结束。

然而，德国人在 1914 年圣诞节并没有获得胜利，相反，它陷入了拉锯式的消耗战中，无论在人员还是物质上都有着令人吃惊的损失。甚至最铁石心肠的好战者，看到伤亡人员的名单时也倒吸一口凉气。国内的前线越来越显示出即将崩溃。曾经投票支持过战争的左翼政党，希望居于统治地位的精英们做出重大的社会和政治让步。但是，这一切尚未到来之时，政治的摩擦带着复仇的气焰再次出现。只要战争在继续，对战争的支持就依然会继续，这是十分明显的。这一事实可能只能归因于对战争的过度热衷，归因于官方对战争痛苦的麻木，以及部分德国人错误的信心。他们认为，德国的领导层会以军事胜利的丰硕果实来回报他们。

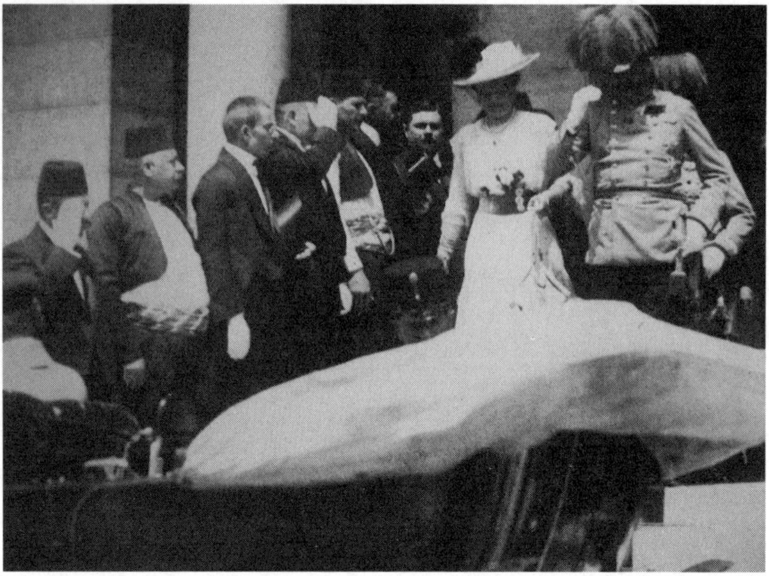

奥匈帝国皇储弗朗茨·斐迪南及其夫人的被刺，不是战争的起因，而是催化剂

拥挤的战壕里头戴防毒面具的德国士兵

站在法国街头的美国步兵

严酷的地缘政治和军事现实，不可避免地朝向耻辱的失败发展。从战争一开始，德国的高层指挥官就明白这一点。德国在两个主要的战线展开战争，面对着在人数和生产力都比自己有着绝对优势的敌人。通过使对方经济陷入瘫痪的封锁政策，德国的对手采用了地缘政治的方法去摧毁德国脆弱的生命线。这一致命的威胁要求全面战略政策的协调，特别是与同盟国当中的伙伴之间的协调，以及行政机构和军事机构之间紧密的合作。这些对于成功至关重要的因素一个都不存在。不仅德国的高层指挥官缺乏协调战争的战略计划，而且它还不断地颠覆市民政府的权力。当保罗·冯·兴登堡和埃里希·鲁登道夫在1916年获得了德国最高作战指挥权的时候，这种情况变得更为严重起来了。在坦嫩贝格和马祖里湖挫败了俄国军队之后，他们两人在德国公众眼里成了超人的英雄，他们的声誉使得皇帝或者任何公民都相形见绌，几乎没有人敢于对他们政策的智慧提出疑问。无论是皇帝还是首相贝特曼·霍尔维格都不能控制德国的军事独裁者。首先是陆军元帅冯·毛奇，其次是法金汉将军，最后是兴登堡和鲁登道夫的卫队。早在1914年冬季，皇帝就抱怨道："参谋部没有告诉我任何东西，也不征询我的任何意见。假如德国人民认为我是最高的指挥，那么他们犯了重大的错误。我喝茶观树，四处散步，这一切都让这些绅士们感到高兴。”

将军们不仅将皇帝在政治上降到了不重要的位置，而且残暴地对待首相、内阁、国会、工业家和工会领袖。假如军方能够成功地欺骗民众，使他们相信胜利就在眼前，那么，他们的所作所为是完全讨民众喜爱的。

事实上，这些军方的天才们带来的是一个接一个的灾难。1914 年，他们四处炫耀的施里芬计划没有在西部给予对手致命的打击；1915 年和 1916 年，他们在西部前线为一场没有结果的战斗牺牲了一百万人；1916 年，他们在日德兰被英国舰队击败；1917 年犯了三个愚蠢的大错，它们几乎导致了战争的必然失败。它们是：他们丢掉了所有的机会，只好和西方强国缔结温和的和平协议；认可无限制的潜艇战使美国卷入了战争；愚蠢地将列宁运送回俄国，导致了俄国革命。最终，在 1918 年，他们把德国最后的后备军投入了一系列无谓的战斗，面对确定无疑的失败，他们指派平民们去处理停火事宜，然后谴责平民们在德国军队背后捣蛋。

一个骄傲和富有侵略性的国家战败了。直到战争的最后几个月，它依然相信最后的胜利仍在掌控之中。这样，就必然引发了具有深远影响的集体性的心理创伤。四年的战时宣传使人们相信战争的胜利是不可避免的，大多数德国人拒绝战争失败的现实。结果是：将军们把他们的失败归咎于国内的失败主义和阴谋破坏，同时，具有政治野心的人更乐意将失败归咎于各种阴谋势力，其中包括共产主义分子、和平主义分子、犹太人。希特勒后来认为这些无组织的力量是“十一月罪犯”，他们被认定在德国军队的背后捣蛋，从而制造了所有随后发生的灾难。

然而，在 1918 年的秋天，大多数德国人被四年血腥的战争弄得过于麻木了，以至于没有思考谁应该对这一切负责。战争吞噬了二百万年轻的生命，并且使更多的人终身残疾。年轻的一代在东欧和西欧的战场流血而死；存活下来的人由于战时的经历而受到永久的伤害，他们缺乏心理上的能力去建立稳定而和平的社会。四个古老的帝国——德意志、奥匈、俄罗斯和奥斯曼——早已崩溃了。随着这些古老的君主国的崩溃，古老的、不易被取代的权力的象征也消失了。战败的心理创伤和古老的权力崩溃开启了暴乱、革命和极端主义的闸门。战后的混乱一直延伸到 20 世纪 20 年代，后来又被大萧条所重新激发。在这种混乱的背景下，人们必然看见政治的反常在不断地增长。犹如在欧洲的其他地方，在德国，新的极端主义者在政治的舞台上四处游荡，以寻求救世主式的领袖，他能够把他们从战场上无谓的牺牲中拯救出来，同时恢复随着古老的权威一起消失的集体的目的意识。

德国面对着不可避免的失败，那些对这次灾难负有责任的人——军事组织的领导人们——狡猾地躲在了一边，他们让民主的领导人承受着责骂。早在1918年9月29日兴登堡防线崩溃的那一天，德国高层指挥官就认识到战败的现实，第二帝国就要终结了。至此，皇帝如同在战时一样，成了一个实际上形同虚设的人。当军队的高层指挥官要求首相赫特林就停战进行谈判时，对于死硬的君主制度的支持者来说，伍德罗·威尔逊总统和西方的盟友不愿意同皇帝和他的军事独裁者进行谈判是再明显不过的了。旧有的制度已经失去了外交能力，因为受到高尚的民主意识感召的伍德罗·威尔逊坚持他不会和皇帝或者军事领导者谈判，只和德国人民的真正代表谈判。这在某种程度上刺激了暴动，至少是刺激了受到危在旦夕的威胁支持的强烈期待。这种期待就是德国人民要用更可以接受的民主政府取代君主制度。

当然，协约国不是德国巨大变动的唯一催化剂。在1918年中，协约国的封锁敲响了令人恐怖的丧钟，到处是饥馑、哄抢食品、政治暴动和无法无天，而在世界范围内的夺去二百万人生命的流感使这一切变得更为严重。在慕尼黑，年轻的教授奥斯瓦尔德·施宾格勒借着烛光，在完成《西方的没落》的最后一章中总结了这一富有启示性的情绪。他经常将椅子放在桌子上，因为靠近天花板温度会高一点。在柏林，银行倒闭了，食品供给进一步减少，人民死于流感病毒，皇帝的声誉跌到了低谷。尽管皇帝撤销了被认为是军队傀儡的赫特林的首相职务，但是对他开明的堂弟马克斯·冯·巴登的任命并没有提

一座破损的教堂变成了临时医院

在法国的美国士兵在仿制的自由钟前庆祝停战协议的签署

高他的威望。

同时，将军们离开了斯帕的军事总部前往柏林，并在那里作出重要的决策。在离开斯帕的时候，他们发布了措辞强硬的宣言，要求结束谈判，因为他们感到威尔逊提出的条件是难以接受的。接下来，就是政府和军队之间发生的充满争执的会议。这次军队失败了，鲁登道夫辞职，格勒纳将军取而代之。马克斯·冯·巴登给威尔逊发出最后照会，告诉他德国军队现在已经最终服从于公民的控制。美国总统在 11 月 5 日作出了回答，尽管他有一个重要的保留，但是他认为，只有符合他的十四点要求和平才可能到来。他坚持认为，德国应该对协约国财产所有损失承担责任。这是一个对德国的储备的不祥之兆，它意味着“战争罪名”的强加、赔偿和领土的丢失。

马蒂亚斯·埃茨贝格尔是天主教中间派的领导人物，在国会中为和平解决战争问题起着促进作用。1918 年 11 月 8 日，他所领导的德国停战委员会抵达法国贡比涅森林里一个叫雷通的村庄，与协约国西部战线的最高指挥官斐迪南·福煦元帅进行了谈判。和谈在一节火车车厢里展开，这节车厢后来被希特勒指定作为 1940 年法国和谈的地点。福煦向德国方面提出了几个强硬的停战条件。他给了德国两天时间答复协约国的要求。这对于德国代表团来说是一个真正的难题，因为在这两天期间，德国皇帝宣布退位，共和国宣告成立，马克斯·冯·巴登将所有权力移交给了内务部长弗里德里希·埃伯特。鉴于这些事件，法国怀疑自己是否在与德国真正的合法代表进行谈判。然而，11 月 10 日，埃伯特作出回答，同意了停战的条款。次日，签署停战协议。

停战的条款是严苛的。德国在两个星期之内撤出阿尔萨斯—洛林地区和其他所占领土。莱茵河以西的所有德国领土必须由协约国占领。德国人从东非撤出。德国丧失了数量巨大的大炮、机关枪、飞机和坦克。所有的潜水艇都缴了械，整个空军也落入了协约国的手中。同俄国和罗马尼亚签署的《布列斯特—立陶夫斯克和约 》和《布加勒斯特和约》分别被宣布无效。最后，在协约国没有释放德军战俘的情况下，德国却必须释放协约国的战俘。停战十分清楚地使德国人确信他们战败了。在西部前线一切都变得安静起来。

然而，在德国国内，一切都没有安静下来。当德国代表团在贡比涅森林的火车车厢里为停战的条款烦恼的时候，德国爆发了全面的混乱。10 月 9 日，德国皇帝下台，社会民主党人菲利普·沙伊德曼宣布成立共和国。皇帝匆忙离开，流亡荷兰，留下了巨大的政治真空，包括共产党在内的几个派别企图对此加以填补。俄国的战败导致了布尔什维克的掌权，有充分理由相信，同样的情况可能在德国发生。1918 年 11 月，列宁在莫斯科从十分有利的角度观察了这一形势。列宁认为，俄国和德国是一对孪生子，并希望更为工业化的德国成为即将到来的与资本主义斗争的前哨。俄国的共产党满怀希望地给予它的德国同志直接和间接的支持，一个共产主义化的德国将会是一个共产主义化的欧洲的催化剂。

1918 年秋季发生在德国的事件似乎加强了列宁的乐观情绪，甚至在 1918 年 11 月 9 日皇帝的政府崩溃之前，工人和士兵委员会就在整个德国出现了。1918 年 10 月 28 日，基尔暴动的水兵拒绝服从命令前往北海与英国海军交战。他们将舰船停泊在港口，用水龙头将锅炉房的火浇灭，同时高唱革命歌曲，在舰船上升起了红旗，然后占领了基尔。水兵的暴动引发了全德国的暴乱。战败和军队普遍的暴动，弄得瘫痪的政府无力控制暴乱。除了基尔，北部德国的其他港口很快落入了左翼激进分子的手中，与其说他们对革命、不如说对终结战争和改善海军的工作条件更感兴趣。

德国水兵的暴动是结束旧式帝国秩序的开始。11 月 8 日，得到工人、士兵和农民协会支持的独立派社会党人库尔特·艾斯纳，推翻了巴伐利亚的皇家政府，宣布成立社会主义共和国。两天后，所有的眼睛注视着德国的首都，在那里，由六人组成的人民委员会宣布自己是新的德国政府的执行机构。

这样，在 1918 年 11 月的头两个星期，俄国革命似乎在德国再次发生。年轻的下士希特勒在波美拉尼亚的毒气战中双目暂时失明，当时正在逐渐恢复的他思考着这种政治形势。事实上，人们过于夸大了对共产主义革命的恐惧，因为德国的情况与俄国不同。在俄国，城市的工人阶级在比例上大大低于德国的工人阶级。德国的工人力量也缺少统一的工会路线的约束，缺乏熟练技能的传统，这导致了德国的工人倾向于保守的政治观点。俄国的农民和工人仇视沙皇的统治体制，渴望暴力的颠覆行动。在一场灾难性战争的冲击下，一个革命的精英领袖成功地煽动了这种强烈的仇恨，同时利用了 1917 年 3 月第一次温和的革命中的一些严重错误，掀起了第二次终结俄国旧秩序的革命。布尔什维克对俄国实行了一党统治，并且逐渐建立了不可或缺的对大众控制的机构，如革命的军队、秘密警察、针对政治上的反对者的强制劳动营，以及由听话的政府官员组成的干部队伍，他们执行着掌权者的意志。

相反，德国只发生了一次革命，同时它并没有从根本上动摇传统的社会结构。德国决定性的权力变化发生在战争的最后一个月，那时由贵族阶级、中上层阶级和武装部队的高层指挥官构成的统治精英，一下子就被社会民主的力量，特别是被国会中得到工人和一部分中产阶级支持的政党在政治上所取代。

最大的左翼政党是社会民主党。它建立于 1875 年，经历了外部迫害和内部不和的痛苦时期。1914 年，该党勉强地投票支持战争。因此，它在普通民众当中进一步造成了不满。1917 年，党内的不满分子组成了一个新党——独立派社会党，这使得社会民主党一下子疲软了下来。这个新的激进政党的目标是在德国建立真正的社会主义，并且立刻终止令人厌恶的战争。独立派社会党得到了更为激进的共产党的支持，它由两个革命者罗莎·卢森堡和卡尔·李卜克内西组成了斯巴达克派。受到许多觉悟的工人、特别是店员的支持，这些斯巴达克分子崇尚惨遭厄运的罗马奴隶领袖斯巴达克斯，希望建立一个符合布尔什维克统治模式的社会主义政权。他们企盼着直接的革命，没收工业和庄园的财产，建立苏维埃或

卡尔·李卜克内西

罗莎·卢森堡

工人委员会。他们的领导人卡尔·李卜克内西是卡尔·马克思的朋友、社会民主党的创始人之一威廉·李卜克内西的儿子。卡尔·李卜克内西在1914年与该党决裂，因为他不能同意该党对战争的支持。卡尔·李卜克内西矮小虚弱，戴着一副夹鼻眼镜，留着军人的胡子，给人留下了一个十足的公共服务机构中小职员的印象，而不像一个颠覆分子。然而，卡尔·李卜克内西是一个具有坚强决心和革命热情的人。他对普鲁士的军事等级制度充满仇恨。战前因为中伤军事制度使他深陷囹圄。在他投票反对进一步的战争之后，连他自己的党都不再支持他，最终将他驱逐出去。军队也把他征召到惩戒营加以报复。但是，因为他是一位议员，因此享有一些豁免权，这使他能够散布他的反战言论。

在国会中，卡尔·李卜克内西是极少数敢于说话的代表之一，他经常攻击德国军事独裁者的战争行为。他还出版了激进的时事通讯《斯巴达克斯》，并为他的斯巴达克派吸收觉悟了的工人。1916年5月1日，他在柏林的波茨坦宫组织了反战示威，谴责政府中的战争贩子，并呼吁以暴力推翻政府。这一煽动性的行为立刻使他遭到了四年的监禁。1918年10月，他在大赦中被释放，并很快回到柏林重新恢复了他的革命活动。当他到达柏林的时候，他受到了广大群众的欢迎，受到了凯旋英雄式的欢迎。政府的一位部长对公众舆论的这种变化感到惊讶：

威廉皇帝

"李卜克内西被挂着铁十字勋章的士兵抬在肩上。谁能想象几个星期之前会发生这样的事情?"

德国左翼最坚定的成员紧紧围绕在李卜克内西和它的第二号人物、天才的理论家罗莎·卢森堡周围，卢森堡是一个强壮的、跛脚的、四十多岁的鼓动家。他们与多数派社会党(社会民主党)争夺着对工人的控制权。十分明显，马克思主义是多数派社会党的路线，但他们对意识形态毫无兴趣，甚至对为共产主义颠覆现有的社会秩序更缺乏热情。在生活方式上，多数派社会党属于小资产阶级，它企图在现代民主社会的条件下提高劳动大众的生活水平。它的领导人弗里德里希·埃伯特代表了这些相对温和的希望。埃伯特出生于 1871 年，是一个温顺的天主教裁缝的儿子，他本人是一个制作马鞍的学徒，依靠艰苦的工作，逐渐成为不来梅马鞍工会的主席。他良好的意识、快乐的性格和实在的外表，都使他在平民大众中很受欢迎，以致不到三十岁就成为不来梅地方议会的议员。1904 年，他成为党的代表大会的主席之一。一年后，他被委任为柏林的党中央书记。1912 年，埃伯特成为党在国会的代表。1913 年，他继奥古斯特·倍倍尔之后成为德国社会民主党的主席。

多数派社会党欣赏埃伯特的老练和外交上的沉稳，喜欢他在意识形态问题上的灵活性。事实上，埃伯特对意识形态的问题从不教条化，他的自信和气质使他成为修正的社会主义者。他强烈地相信议会民主，特别是带有某种君主制形式的共和制。他的不足之处是缺乏组织能力和良好的秩序感。他相信所有的事情应该按照可以接受的规则加以实施，而决策绝不能由民众和暴民煽动者的非理性行为强加给合法当局。这就是为什么他支持马克斯·冯·巴登王子的政府的原因。他真正恐惧的是导致俄国布尔什维克暴动的社会革命。布尔什维克革命的前景使埃伯特和他的同事感到恐惧，包括他的得力助手菲利普·沙伊德曼。

因此,政治的中心在1918年秋季从帝国的精英转向多数派社会党。关键的一天是1918年11月9日。为了阻止独立派社会党和斯巴达克派获得对柏林的工人大众的控制,多数派社会党要求已经逃亡到位于斯帕的军事总部寻求庇护的威廉皇帝退位。

柏林人在1918年11月9日处于神经紧张的状态,他们感到一些历史性的事件将要发生。这一天,街道上水泄不通,因为独立派社会党在斯巴达克派的支持下呼吁总罢工。尽管群众聚集在一起期待着重大事件的发生,但是没有什么重大的暴力事件发生。当然,也发生了一些丑恶的事件,应征入伍的士兵殴打他们的长官,撕掉了他们的肩章。大多数柏林人在这一天期望的是皇帝退位。尽管这是一件早有定论的事情,但似乎未能获得肯定的回答。多数派社会党对内阁一再提出要求,但依然没有获得皇帝退位的明确消息,因为威廉依然想重新获得控制权。他再次威胁要从马克斯·冯·巴登的内阁中撤出自己的代表。现在能强迫让每个人举手通过并决定战后德国政治命运的是马克斯·冯·巴登。根据他自己的权力,他宣布皇帝退位,要求选举产生一个立宪大会和摄政机构,然后辞职以支持弗里德里希·埃伯特。皇帝和军队的高级将领依然留在斯帕,认为他堂弟作出的决定是“无耻而残忍的背叛”,但是,他的德国支持者受到了严重的削弱,以致格勒纳不得不提醒他,他的后面已经没有军队了,士兵们对他的宣誓也变得毫无意义。在与他的将军们最后的、毫无结果的争论之后,皇帝踏上专列前往荷兰开始了流亡生活。他再也没有看到德国。

处于革命骚乱中的德国

1918年11月9日中午,当菲利普·沙伊德曼正在国会的餐厅喝着一大碗土豆汤的时候,一群士兵冲了进来,告诉他一个不祥的消息:李卜克内西在帝国皇宫的阳台上宣布了德国苏维埃共和国的成立。沙伊德曼后来记录了他的惊恐反应:

> 现在我清楚地看到所发生的事情。我知道李卜克内西的口号——最高权力归工人委员会。这样,德国成了俄国的一个省,苏维埃的一个分支。不,

不，一千个不！

然后沙伊德曼冲到国会的窗前，对着众多兴奋的柏林市民发表演讲："该死的战争已经结束，皇帝已经退位，新政府万岁。德意志共和国万岁。"

当沙伊德曼作出这一惊人的通告时，皇帝退位的消息还没有传出，李卜克内西也还没有完全控制他的支持力量。因此，当弗里德里希·埃伯特听到他的副手已经宣布了共和国的成立时，根据沙伊德曼的回忆，"他的脸气成了铁灰色"，埃伯特用拳头猛击着桌子，对着这位窘迫的罪人怒吼道："你没权利宣布成立共和国。"德国偶然地接受了一个共和国。由一个社会主义者宣布成立这个共和国的事实，使它从诞生的初始就蒙受了污名。

之后，李卜克内西的军队设法占领了废弃的皇宫，在那里，他宣布一个自由的社会主义共和国的成立，并且承诺"建立一个无产阶级的新秩序"。夜幕降临时，没有人知道谁在柏林真正掌握了权力，因为两个共和国相继成立。然而，这一问题在当晚就见了分晓。当埃伯特在总理的私人办公室企图估量这天发生的事情的意义的时候，办公室的一部电话响了起来，这是一条通往斯帕军事总部的秘密电话线路。由于不知道它是一条密线，因此当埃伯特听到电话的另一端传来鲁登道夫的继任者格勒纳将军的声音时感到十分惊讶。将军简要地叙述了这一天在斯帕发生的事情。他通知埃伯特，皇帝已经辞职并前往荷兰，前线的德军立刻开始有秩序地撤回。埃伯特问他军队在目前的危机中的立场，将军告诉他，假如新政府支持军队，同时保持军队中严格的纪律、反对共产主义的话，那么军队将支持埃伯特的政府。得到了众多的保证之后，埃伯特对这些友好的建议十分满意。但是，这样做的结果是造成了羽翼未丰的民主共和国和传统的军事—工业联合体的联合，这种联合遭到了众多的批评。尽管这一盟约使两个派别脱离了革命的极端性，但正如约翰·惠勒—贝内特所指出的那样，这从一开始就注定了魏玛共和国的悲惨命运。由于同意不削弱德国军队传统的结构，埃伯特和他的多数派社会党不知不觉地帮助了仇视民主进程的军队机构的存在。在整个魏玛共和国时期，军队经常成为企图毁灭民主共和国的右翼极端分子的聚合点。

然而，假如没有军队的支持，埃伯特政府就不能在极端革命的左派向它发起的进攻中存活下来。到 1918 年圣诞节，埃伯特确实是如履薄冰。他与军方的合作使他受到了反革命行为的指控。不久，他邀请三个独立派社会党人加入他新近成立的内阁，并且暂时同意了激进派的所有权力归工人和士兵委员会的要求。在内心深处，他十分憎恶由工人和士兵委员会控制的政府。正如他所认为的那样，目前的状况要求一个完满的立宪方法，以使权力移交到由民众选举的立宪大会，由它最终制订一个国家可以接受的宪法。

埃伯特希望政治制度和平而有序地向议会制政府转移。这就要求恢复法律和秩序，而最有效地带来法律和秩序的手段依然留存在军队当中。不幸的是，许多军事机构紧随着从敌国领土上的大退却，以及削减其中大部分机构的计划的即将出台，很快就土崩瓦解了。然而，即使在战败的时候，军方也企图保持它的尊严。格勒纳将军十分成功地把将近二百万军队撤回德国，这似乎制造了一个幻觉——尤其是在柏林——德国军队没有被真正地击败。11 月 11 日，停战协议在法国签署，这一天，十一个步兵师的先头部队排成雄壮的军列行进在欢呼的人群中，乐队齐奏着凯旋之歌。在专门搭建起来的平台上，埃伯特检阅着部队，他高声宣布："向战场上归来的、不可战胜的士兵敬礼。"军国主义的气氛依然十分浓厚，甚至连社会主义者也没有公开承认德国军队已经战败了。

从旧式的统治精英到埃伯特组合的过渡内阁发生了微妙的权力转移，紧接着这种转移的是普遍的混乱。德国人根深蒂固的秩序感不仅阻止了彻底的政治崩溃，也阻止了可能发生的共产党的夺权。甚至，为了避免德国工业的崩溃，工人的代表和工会的领导人聚集一堂，讨论出相互有益的协议，这些协议承认独立的工会组织的存在，以及集体讨价还价的权利。最终，为了保护公共服务体系的完整性，埃伯特要求所有的国家官员坚守在自己的岗位上。这是一个使埃伯特大受批评的措施，因为旧式的公共服务的管理精英必定对民主具有敌意。然而，只有一小部分社会主义者——主要是由激进的商店服务员和斯巴达克派分子构成——反对这些由埃伯特和他的多数派社会党提出的稳定政策。甚至在工人和士兵委员会内部，也有人坚决反对追随俄国式的暴力的或"连根拔除的"革命。

尽管存在着这样的对共产党激进主义的坚决反对，埃伯特和他的多数派社会党依然经历了相当复杂的时刻。工人和士兵委员会的全国大会正在进行讨论时，一群乌合之众对代表们加以威胁，强迫代表们否决埃伯特全国选举的计划，反对他召集国民立宪大会，抵制他起草德国的民主宪法。然而，代表们拒绝这些威胁，以压倒多数的投票支持政府的计划，指定1919年1月19日为全国选举日。尽管国会投票支持了一个潜在的革命性的计划，其中包括民主公民权利的保护，军队服从内阁的控制，由部队选举军官，废除军阶徽章，废除军队中奴隶式的服从，废除常规军；但是，这一计划遭到了军队的抵制，并且，埃伯特自己不断增长的权力也成功地阻止了这些激进计划的实施。

埃伯特的左翼反对者发现了他对军队越来越多的依赖，对此他们感到惊讶和轻蔑，特别是在政府要求军方的帮助去镇压叛乱水兵的暴乱时。这些水兵盘踞在皇宫中，并拒绝从那里撤离。然而，派往柏林的军队证明是完全靠不住的，在圣诞之夜发生了一些小冲突之后，他们就放弃武装逃跑了。这迫使政府丢尽脸面地屈服于水兵提高工资的要求。

埃伯特对军队的依赖使独立派社会党相信：它所想象的革命已经妥协了。在12月27日，三个加入埃伯特内阁的独立派社会党人退出了内阁，尽管该党依然回避采用暴力。然而，出于策略上的原因已经和独立派社会党联合的斯巴达克派，与他们过去的伙伴断绝了关系，并且在1919年1月1日正式创立了一个新党——德国共产党。这就为革命的暴动搭建了舞台。

假如圣诞之夜的冲突证明了什么的话，那就是常规军并非应对暴乱的可靠工具，人们需要更为有效的力量处理紧急情况。绝对依赖于被战争弄得筋疲力尽的军队，已显得不战而败了。格勒纳将军相信，人们所需要的是有活力的、高度机动性的志愿部队——自由军团。早在1918年12月12日，路德维希·冯·梅尔克将军就建议他的上司尽快成立一支志愿者组成的长枪军团以维护法律和秩序。在得到上司的许可之后，梅尔克成立了一支人数可观的军队，它大部分是由彻头彻尾的专业军人组成的。他们视军旅生涯为生命，仇恨左翼激进分子，认为和平的公民生活是令人厌恶的。就这样，一支臭名昭著的、可以被雇用的政治打击部队——自由军团——就这样成立了，在整个魏玛共和国时期，自由军团注定成为折磨它的瘟疫。在紧随着第一次世界大战之后的普遍混乱中，自由军团发挥着重要的作用。自由军团也提供了团队精神，并且为纳粹运动提供了人力。

自由军团的骨干由失去社会地位的帝国军官构成，他们为失去德国社会中的特权地位的未来感到惊恐。他们和军阀一道失去了战争的胜利，现在面对着在社会主义体制下生活的暗淡前景，而这个体制对旧式的军事制度充满了敌意。据估计，1919 年德国大约有二十七万军官，他们大部分来自贵族阶层。他们曾经享受事实上的豁免权而不受公民的控制，同时具有令普通德国人羡慕的社会影响力。现在他们被战败的冲击和在社会主义甚至共产主义下沉闷生活的前景吓坏了，变成了狂暴的、有着高人一等意识的反革命分子，拼命地寻找新的目标，以便在其中继续享受特权。

因此，当埃伯特的政府为了生存，发现寻求军队的支持不仅是必要的，也是权宜之计的时候，许多军官和士兵对政府的征召表示响应。尽管德国战败了，但是尚武的精神依然十分强盛，在享有特权的帝国突击部队的残余势力中尤其如此。这些机动部队过去是作为先头攻击力量对敌方前线予以打击的。它们的军官和士兵因为骁勇善战而获得了传奇般的声誉。如同恩斯特·荣格在其对战争前线引人入胜的记录中描述的那样，一些突击部队的领导人用准宗教式的语言使他们的经历神圣化。

事实上，自由军团的士兵通常就是训练有素的杀手。他们时常找到一些理由使他们的野蛮行为合理化，如他们为反对布尔什维主义而战斗，他们保卫着祖国，他们将男孩造就成男人。在东部前线，一些自由军团的组织认为自己是最新的条顿骑士团，是东方"自由社会等级"的诱饵，因为它们为招募新生而年轻的战士进入反布尔什维克的十字军提供了富有吸引力的动力。最终，自由军团成为雇佣杀手的游动团队，他们忠诚于他们团队的指挥官远胜于他们应该保护的政府。

路德维希·冯·梅尔克将军的事例，激励了其他军官去建立自由军团。1918 年 12 月 26 日，威廉·莱因哈特上校在柏林组织了自由军团，不久，在圣诞之夜保卫总理府的祖佩自由军团也加入其中。在波茨坦，冯·斯特凡尼少校组建了一个自由军团，它由过去的步兵第一师和帝国波茨坦师的残余组成，但是斯特凡尼少校从过去的军官、专业人员、军校学生、大学生中招募志愿者扩充军团的力量。所有这些正在出现的组织，在 1918 年 12 月依然是微小的，处于瓦尔特·冯·吕特维茨将军的控制之下，此人后来因为使用自由军团在卡普政变中推翻了政府而声名远扬。

同时，埃伯特在柏林拼命地加强自己正在衰退的地位，那里的大部分街区在圣诞之夜军队的惨败之后控制在起义者手中。新年是在令人压抑的气氛中开始的。埃伯特的政府没有军队的支持，警察控制在埃米尔·艾克霍恩的手中，此人是一个讨厌埃伯特的独立派社会党人。不知疲倦的李卜克内西通过组织罢工和示威破坏秩序;俄国的革命家,其中最著名的是卡尔·拉德克,激励着依然小心观望的工人掀起红色恐怖,去反对他们的资产阶级压迫者。1919 年 1 月 6 日,激进的社会党人以总罢工对埃伯特政府发动了进攻,随后控制了铁路、公共建筑和报纸。在埃伯特山穷水尽的时候,他与格勒纳将军通了电话,并建议将政府所在地从柏林迁移到波茨坦。受到严重骚扰的埃伯特告诉格勒纳:"我将离去。我将完全从总理府消失。我困了。假如李卜克内西的暴民掌握了政权,这里就什么也没有了。在未来的几天里,我将在其他地方建立我们的政府,可能是在波茨坦。"

埃伯特的沮丧是他的不安全感和缺乏领袖魅力的领导能力的反应。尽管他是一位狡猾的政治斗士,但是他缺乏决断的领导能力。他的社会党伙伴也是如此,他们从小在上等阶级面前感到在社会上低人一等;他们私下希望其他一些人能够取代他们的领导权。正如理查德·瓦特所认为的那样:"他们一生都处于社会主义运动中,这使他们习惯了反对派的角色。他们缺乏训练,对社会主义的胜利也缺乏情感上的准备。事实上,他们并没有真正希望这一胜利在他们生前到来。"

如果说埃伯特缺乏对激进派发起决定性进攻的能力,那么,其他一些人是知道摧毁革命需要什么样的东西的。机智果断的军需官格勒纳将军再次对埃伯特伸出了援助之手,他告诉埃伯特站稳脚跟,依靠军队以及和军队有着密切关系的自由军团。12 月下旬,格勒纳将军还劝说埃伯特去邀请古斯塔夫·诺斯克。此人在水兵暴动之后在基尔恢复了法律和秩序。诺斯克在多数派社会党中以"右派"和民族主义者著称,是少数几个得到军队信任的左派。当埃伯特任命他为国防部长的时候,诺斯克就明确地表示,他将毫不犹豫地成为一只猛犬,在恢复法律和秩序方面担负职责。诺斯克离开了市中心前往富人居住的郊外的一个女子学校。随后,他精明地领导可以信赖的军队,并与瓦尔特·冯·吕特维茨将军协调行动。1919 年 1 月 11 日,"斯巴达克周"的开始之日,诺斯克就与他的自由军团一起向激进派开进。在流血冲突的几天里,自由军团的士兵对他们仇视的共产党发动了报复行动,并且不加区别地屠杀了数百人,其中包括罗莎·卢森堡和卡尔·李卜克内西,他们在 1919 年 1 月 15 日被杀害,当时"他们企图逃跑"。

从柏林开始,斯巴达克的起义向德国的其他地方蔓延,但是,自由军团无情地粉碎了起义者。在巴伐利亚——纳粹运动的未来故乡,库尔特·艾斯纳领导的社会主义革命是短命的，在艾斯纳被暗杀后，它让位于第二次革命。1919年4月，共产党占据了慕尼黑。自由军团——其中一些人挂起了带有万字徽的旗帜——再次无情地屠杀了反对派，恢复了“法律和秩序”，将巴伐利亚变成了反对共产主义和正在出现的魏玛共和国的堡垒。

魏玛和凡尔赛

在1919年至1933年之间，德国屈从于两个主要的文件——《凡尔赛和约》和《魏玛宪法》，直到希特勒撕毁这两个文件之前，前者一直决定着德国人如何面对境外的强国，后者一直控制着德国人的生活。尽管《魏玛宪法》是当时世界上最为民主的宪法之一，但是，理查德·瓦特清楚地认识到，作为一个文件，这部宪法自始至终寻求着一个民族的存在，但它留下的是痛苦和悲伤的事实。同样，有人认为《凡尔赛和约》作为一个文件，自始至终在寻求一个乐意接受该条约中所有条款的单一民族。德国人民没有接受这两个文件，十四年的魏玛共和国（1919—1933）见证了持续地拒绝这两个文件的尝试，这些尝试在带有极端色彩的政党中表现得特别明显。

1919年1月19日，德国进行大选，选举了421位代表参加国家立宪会议。这个会议的任务是任命一个新的政府，制订一部宪法，与协约国缔结和平条约。社会民主党获得了最多的选票（1150万张），但是在立宪会议中它没有获得多数席位，只得到421个席位中的163个。结果是，在没有获得自行治理授权的情况下，社会民主党发现与温和的资产阶级中间党派（民主党和中央党）组成联合政府以获取有效的大多数是必要的。第一次战后选举是紧接着流血的斯巴达克周开始的，鉴于这样的情况，社会民主党（多数派社会党）获得如此多的选票是令人惊讶的。同时，保守的党派从君主制崩溃所引发的创伤中明显恢复过来。尽管它们表明坚决反对共和国，不掩盖它们的君主主义倾向，但是保守主义者勉强接受了新的民主生活的事实，并且似乎乐意通过民主程序来实现他们的目标。出于对新的民主精神的尊重，一些战前的保守主义政党甚至在党名中加入了“人民”两字。因此，战前的保守党以德国国家人民党的名称重新出现。然而，尽管名称民主化了，但是它依然是富裕的土地所有者、工业家、传统的军事—工业联合体有影响的代表人物的政党。在这次选举当中，它名列第四，获得300万张选票和立宪会议中的44个席位。在与其他右派政党——诸如古斯塔夫·施特莱斯曼的德国人民党——的合作中，德国国家人民党在立宪会议中获得了15%的议席。

1月选举的结果留下了几个积极的征兆：德国人民显然决定支持中庸之道，乐意进行民主的实验，尽管几乎没有什么德国人知道民主实际上需要具备哪些东西。另外，极端的政治党派已经经受了明显的溃败。因为斯巴达克分子的失败，共产党没有参加1月19日的选举。在政治的右翼，伴随着君主右翼崩溃而来的震动还没有完全消失，这样，中间党派乘机稳固了自己的地位。尽管有着这些迹象，人们依然能够觉察出一些存在已久的问题。选举已经显示出选民没有对任何政党显示出完全的支持或者热情。这就意味着没有一个单一的政党能够获得明确的治理授权，意味着民主程序能够发挥作用的唯一方法是组成联合政府。然而，这种权宜的安排带来了产生内部分化的政府的危险，因为政策的制定者代表着不同的思想观点，隶属于不同的选民。确实，在整个魏玛共和国时期，没有广泛群众基础的少数派内阁和内部虚弱的大联合一直动摇着稳定的民主政府。最终，当这种有缺陷的民主程序不再起作用的时候，德国的政治家们转向极权主义的解决方法，建立超越议会的集权内阁和依靠行政命令的统治，这就为完全的独裁统治铺平了道路。

1919年2月6日，星期二，国家立宪会议在魏玛的新国家剧院开始运作。魏玛位于柏林西南方大约一百五十英里的伊尔姆河边，这个城市被政府选作会议召开的地点是因为它能提供比变化无常的首都更安全的环境。魏玛在德国的中心地区也占据了特殊的位置，它是歌德、席勒、赫尔德的城市，是富有人性的诗人、哲学家组成的“美好”德国的中心。因此，从心理角度来说，魏玛对于一个新民主的开端不是一个坏的选择。

从1918年11月中旬开始，埃伯特—沙伊德曼政府的内务部长以及助手胡戈·普罗伊斯(1860—1925)为德国人民制订新的民主宪法。作为犹太人和自由主义者，胡戈·普罗伊斯没有获得传统大学中的位置，他不得不在柏林的商务管理学校讲授宪法法学。胡戈·普罗伊斯还作为左派进步人士在柏林的城市议会供职。作为著名的法律史学家奥托·冯·基尔克的学生，他是一个敏锐的理论家和狡猾的策略家，但是，正如豪约·霍尔本指出的那样，胡戈·普罗伊斯承受了大多数知识分子专家在政治上的失败，他缺乏个人说服力，无法对人产生实际的控制力。他一心一意地为混乱的德国寻找最好的宪政管理。他折中地从几个地方寻找制宪的方法,包括美国宪法、欧洲议会主义的精华部分,甚至 1818 年法兰克福会议流产了的宪法。他不得不和反对党及社会利益集团合作,并被迫作出妥协。通过若干次仔细的修改，最终的文本在许多方面反映了德国社会的不和谐。《魏玛宪法》是一个来自社会主义和自由主义思想的大杂烩,在经济目标和未曾解决的阶级冲突方面体现了巨大的混乱,以至于德国的民主从一开始就受到了阻碍。

尽管《魏玛宪法》是一个令人印象深刻的文件,但是它包含了一系列可以从集权的角度,也可以从民主的角度解释的条款。最初,胡戈·普罗伊斯强烈地信仰中央集权制的国家。相对中央政府,他力图将州的权力降低到比君主制统治下还要弱小的水平。尽管对此的反对证明是强大的,联邦主义在原则上得到了保留,但是,中央政府的权力远比在君主制统治的情况下强大得多。中央政府获得了对武装力量的绝对统治权;指导着涉及外交政策的所有重大事务;根据需要提高和强行征收赋税;所有一度服从州政府的公务员现在直接对柏林政府负责。另外,中央政府夺取了国家铁路系统的所有权，对众多的过去由州政府或私人机构承担的责任负责,其中包括对穷人的救济、医疗、劳资关系、传播机构(出版、电影、剧院)、开办银行、商业、民法、刑法等等。无疑,州被允许通过它们自己的小型议会处理内部事务,但是,中央政府的权力注定是高于州政府的。任何一个州违抗中央政府的意志,中央政府都将对此采取军事行动。

因此，新政府在其核心对乐意实施它的人施行绝对的控制力建立了强大的基础。甚至新国家的名称也与旧的没有什么不同,因为《魏玛宪法》的制订者渴望保留历史的延续感,所以,他们在命名新的共和国的时候使用了“帝国”一词。但是,人们并不清楚的是,帝国的概念及其所引发的象征物如何才能和民主共和国的概念和谐起来呢?事实是：内在于这种努力中的矛盾引起了心理上的混乱,这些混乱由于经济的艰难和国家的蒙羞变得更为尖锐。在整个共和国时期,普通的德国人似乎经常出入大观园,在其中,封建的统治阶级穿戴着华丽的制服、勋章和绶带,在德国城市的大街上昂首阔步,对民主体制表示藐视。葬礼和爱国聚会成为贵族统治显赫地位的展示,并且产生了这样两个影响：第一,自从君主体制衰亡之后,什么事情都没有发生转变;第二,传统的阶级在某种程度上垄断了爱国主义。

人们要求强大的领导去统一分裂的国家，宪法的制订者们对此十分敏感。正是因为这一理由，共和国的总统被赋予了极高的权力，这在其他议会制政府中是不常有的。总统的职位是立宪的要员和国会的领导人妥协的结果。总统由全德国人民每七年选举一次。宪法特别强调，总统必须由选民中的多数选举出来，假如候选人没有获得绝对多数票，那么就必须在多个候选人当中进行决选。总统的权力是广泛的，其中包括：可以任命总理；是三军总司令；有权任命和撤销军官；有权解散国会；在国家处于紧急状态的时候，有权终止公民权，借助军队的帮助恢复公共安全和秩序。这个无害的条款(第 48 款)在 1919 年没有受到什么注意，这是因为宪法也强调了国会可以撤销总统的紧急状态法。另外，宪法也提供了对等的权力，它坚持每一个由总统发布的命令或法令必须得到总理的会签。

总理和他的部长们组成“帝国”政府。总统可以任命和撤销总理，总理选择的部长也必须得到总统的认可。总理的政府必须得到国民议会的信任。假如国民议会对总理或他的部长不再信任，他们就必须辞职。进一步而言，假如政府的成员违宪，违宪者将受到最高法院的审判。

立法权被赋予由国民议会和参议院组成的两院。国民议会或下院每四年一次由二十岁以上的男女公民根据“比例代表制”的代表原则通过普选产生。这意味着选民是投票选举某个党，而不是某个个别的候选人。每个党提供一张名单，根据选举结果确定名单上的候选人有多少可以进入国民议会。一个党每获得六万张选票可以获得一个国民议会的席位。尽管比例代表制的制度似乎比其他任何制度更能够代表民意，但是，它也使政治的过程分裂破碎成为大量不同的、相互敌对的政党，因为大多数政党都有机会获得六万张选票，甚至最小的政党也能在国民议会中获得少数的席位。第一次国民议会的选举结果确定了向这种分裂破碎状态发展的倾向，以及遗留给未来的、令人厌恶的结果，其中包括政党的幕后交易、党内和党派之间的分裂状态、喧嚣的哗众取宠、小党派对议案的故意作梗、共同目的的缺乏。除了小党派之外，在新政府中有七个主要的党派。在魏玛共和国末期，国民议会中共有四十个政党团体。在石勒苏益格—荷尔斯泰因，选民们被多达二十一个政党弄得晕头转向，这些政党大多数只表现出十分狭隘的利益。这种党派的泛滥在德国人民的心中产生了对民主进程十分不幸的影响。

大多数德国人民认为，这种混乱证实了独裁主义者的偏见，即民主制造了极度的混乱和腐败。

除了政治上的分裂破碎，比例代表制也损害了公民和他们的代表之间一一对应的关系，它将过多的权力送到了党魁手中，他们经常为它们的议员名单选择一些没有影响力的候选人。这有效地阻止了杰出的候选人获得候选人资格，剥夺了共和国急切需求的人才。总之，比例代表制的制度受到了社会民主党的喜爱，它通过这一制度获得了大多数的议席，但是，这一制度扩大了德国政治体制中的社会分歧。作为国家主权的体现，国民议会拥有广泛的制订法律和通过法律的权力；同时，因为内阁对国民议会负责，国民议会对行政决策的控制最初在德国政治中是可能的。不幸的是，魏玛时期分裂的国民议会，没有有效地实施宪法赋予的特权，因而削弱了民主的进程。

参议院或者上院是由指定的人员构成的，他们代表德国的各州。尽管参议院拥有将法案驳回给国民议会以反对法案的权力，但是，国民议会可以以三分之二的多数否决使这种驳回无效。参议院的主要工作被限制在发布有关各州事务的法令，但就在这一领域，它的作用也受到严格的限定。例如，有关一个州的法律是否与中央政府颁布的法律相冲突的问题，依然由“帝国”最高法院来决定。

在单独的一章，《魏玛宪法》保证了公民的权利，它声称所有的德国人在法律面前都是平等的；并且，它还专门规定了一系列权利，其中包括言论、出版、结社自由，宗教宽容，拥有私人财产的权利，接受公共教育的权利，自由旅行的权利，以及人身保护权（即限期移交法院的程序）。这些给人深刻印象的条文，以及全体选民可借此参与立法、免除官员的复议权和创制权，都使《魏玛宪法》成为世界上最民主的文献之一。然而，在 1919 年，这样的民主宪法是否能在对自治管理没有心理准备和历史准备的人手中发挥作用，是值得怀疑的。甚至连胡戈·普罗伊斯都明确地表示怀疑：这样的民主制度是否能交给那些在骨子里对它进行抵制的民众。

1919 年 1 月 18 日，就在德国人去投票站为国民立宪大会选举代表的前一天，和平会议在巴黎召开，其目的是“保障世界民主制度的安全”，这句话是由 H.G.威尔斯在 1918 年解释协约国的宗旨时创造的。不幸的是，在几个月激烈的争执之后，会议出现了对立的结果：它使世界的民主变得不安全起来。和平协议的最初目的，是创造一个公正和持续和平的世界，但是势均力敌的强国对此毫无建树，而是最终形成了一个强加给战败国的协议，其中充满了威胁，即如果战败国不在协议上签字，它们就会再度发起战争。不像1815年的《维也纳和约》，它是欧洲君主们友好的产物，而《巴黎和约》是民主体制的政治家们强加给战败国及其人民的惩罚性行动，这些政治家与其说是受到原则的引导，不如说是受到他们选民激情的支配。对于1815年的君主们来说，忘却国家之间的敌意是容易的，而对于民主体制的领导者来说，将他们的仇恨放置在一边并保持持久的和平，就不太容易了。聚集在巴黎的国家领导人，陷入在他们的选民燃起的激情之中。他们完全满足于羞辱他们的对手，尽管在公共场合他们以冠冕堂皇的言辞谈论着"没有胜利的和平"。

冠冕堂皇的言辞和起维护作用的惩罚之间存在着巨大的差异。这种差异引发了对和约强烈的抵触情绪。德国人要求和平，期望和约是建立在伍德罗·威尔逊提出的十四点和平计划的基础之上。简要地说，这些和平计划的预期构想是：结束秘密条约和秘密外交；绝对自由地使用公海；废除国际贸易中的壁垒和不平等；减少军备；对殖民权力公正地重新调整；撤出被占领土；实行民族自决；建立国际贸易组织以阻止未来的战争。在伍德罗·威尔逊的十四点和平计划背后潜藏着的主要假设，是制订一个完全不同的、建立在人道和自由主义原则基础之上的条约。美国总统确信：陷于权力政治和秘密外交交易的旧式外交，是不能与民主的开放精神相适应的，和谈应该在相互信任的氛围中进行。

由于伍德罗·威尔逊决定在其庞大的专家团的陪同下亲自前往巴黎，这样，其他协约国的领导人也感到有必要亲自前往。法国、英国、意大利分别由乔治·克列孟梭、戴维·劳合·乔治、维托里奥·奥兰多出席，尽管也有来自其他国家的代表，包括比利时、希腊、波兰、捷克斯洛伐克、澳大利亚、日本的代表，但是真正的权力存在于由美国、英国、法国和意大利组成的四国委员会当中。

来自四国委员会的领导人由几个委员会所支撑，他们面对着两个不相容的任务：一方面，人们希望他们在公正的基础上重建新的世界；另一方面，人们又希望他们满足在四年残酷的争斗中积累起来的刻骨仇恨。伍德罗·威尔逊总统这位自封的国际道德使者和他的专家团乘船来到巴黎，希望把旧式专制主义的欧洲转变为民主的福地。伍德罗·威尔逊代表着理想主义的、天真的、充满力量的美

伍德罗·威尔逊

戴维·劳合·乔治

乔治·克列孟梭

国。正如一个历史学家所认为的那样，这个国家觉得战争挺有趣的。怀着崇高的理想，伍德罗·威尔逊遭遇了被恰当地称为“老虎”的法国总理乔治·克列孟梭。乔治·克列孟梭对民主或者德国没有任何幻想，他代表着筋疲力尽的法国人民，他们的领土遭受了战争的创伤。法国人民期望乔治·克列孟梭让德国人为战死的一百三十一万五千名法国人和巨大的物质损失作出赔偿。德国人使得法国最发达的工业区成为“可怕的焦土，满目望去，到处是枯树和黑色的废墟”。在复仇的心态中人们养大了这只“老虎”，他的最高目标是永远地毁掉德国以补偿法国的损失。这种复仇的态度和威尔逊建立公正、持久和平的精神完全不相一致。正如戈洛·曼所指出的：“这些态度之间的矛盾所产生的结果，是令人厌恶的。详尽的条款意在‘公正’，并且在许多方面无疑也是如此，但是，它们也滋长了由恶意、仇恨和胜利的陶醉激发的不公正。从整体上来看，尽管存在着个别的公正之处，但是和约似乎成为压制、剥削和永远羞辱德国人的庞大工具。”

尽管四个大国与所有主要的强国拟订了和平的条款，但是，它们的主要任务是解决德国的问题。通过三个月的工作，1919 年 5 月 5 日，协约国与德国缔结了和约，并催促德国尽快批准同意，德国派往凡尔赛的代表团由乌尔里希·冯·布罗克多夫—兰曹侯爵带队，他是一个有能力的老派外交家。很不幸，他使协约国的领导人想起了傲慢的、戴单片眼镜的普鲁士官员的古老形象。布罗克多夫—兰曹和他庞大的专家团，被禁闭在由铁丝网围绕的巴黎饭店中，没有机会面对面地同和谈者们对话。当德国代表团收到被克列孟梭称为“基于我们的利益的重要决定”的和约时，德国人被它惩罚性的条款惊呆了。他们还感到惊讶的是：和约不是和谈的结果，而是单方面的结果；假如他们不在和约上签字，那么敌对的状态立即恢复。有人认为,假如在巴黎的德国代表团没有如此急于公开条款——因为公众并不知道条款的内容——秘密的和谈还可能进行,条款中一些苛刻的方面就可能得到修改。但是,德国代表团惊慌失措,立刻将他们受到的极不公正的待遇向世界公布。德国公众的愤怒喷射而出。自从战争开始以来,德国人从未体验过如此团结的感觉,他们感到自己被欺骗和羞辱。不得不承受条约义务的民主新政府,甚至考虑到了武装抵抗。总理沙伊德曼公开地告诉国民:协约国提出的条约意在使德国人成为"奴隶,在铁丝网和监狱中进行强制的劳动"。尽管德国人表示反对,但是协约国拒绝作出丝毫的让步,它们只给德国人一个星期的时间签署和约。这也由此在德国引发了政府危机,沙伊德曼和他的全体内阁成员在抗议声中辞职。由另一位社会民主党人古斯塔夫·鲍尔领导的新政府认识到,抵抗是徒劳无益的,它敦促国民议会签署协议。6 月 22 日,在激烈的辩论之后,国民议会最终屈服了。正式的签字仪式于 6 月 28 日在凡尔赛宫的镜子大厅里举行,就在同一个地方,俾斯麦 1871 年宣布了德意志第二帝国的成立。

《凡尔赛和约》的条款可以由三个基本方面组成:领土损失、赔偿和惩罚性行动,其目标旨在将德国削弱为一个弱小的国家。正如人们所期望的那样,直接的领土损失是将阿尔萨斯—洛林交还给法国,德国所有的海外财产由战胜国分享。对莱茵兰德的命运发生了激烈的争论,根据法国的要求,莱茵河左岸从德国领土中脱离出来,成立一个独立的国家。尽管这一极端的建议遭到了拒绝,但是,和谈者们同意将莱茵河左岸及右岸五十公里的领土从德国剥离出来,组成一个中立的地区,禁止德国在这里建立任何军事设施。甚至,这一"非军事区"十五年内由协约国军队占领。有着丰富矿藏的萨尔山谷在同样的时间里由法国管理,此后,该地区的公民可以选择是做法国人还是德国人。

在东方,协约国企图建立强大的缓冲国家以抵抗布尔什维主义。结果是,波兰人居住的前德意志帝国的地区划给一个新的国家波兰,而捷克人和斯洛伐克人居住的地区划给新成立的捷克斯洛伐克。不幸的是,大批德国人发现他们现在生活在波兰和捷克斯洛伐克。就波兰而言,和谈者们决定给这个新的国家一条通往波罗的海的通道,他们在德国领土上切下了一条"走廊",结果使东普鲁士同德国的其他部分分离开来。位于走廊尽头的但泽成为一个"自由城市",在政治上是独立的,但是在经济上供波兰使用。但泽和走廊的问题涉及有争议的领土和种族的冲突，因此破坏了两次大战期间德国和波兰的关系，最终给希特勒发动第二次世界大战以借口。

其他东方或西方领土的命运都由民主的公民投票决定。矿产丰富的上西里西亚在富有争议的公民投票后被波兰兼并，同时，西里西亚的其余部分归于德国。尽管协约国认为公民投票是民族自决权的表现，但是，当投票结果与胜利者希望的结果发生矛盾的时候，全民投票并非一直受到尊重。因此，当奥地利人要求加入德国的时候，和谈者们为了自己国家的利益，将自决权放置在一边，禁止德奥合并，他们的理由是这会给德国增加太多的领土和人口。同样的争议也出现在苏台德和蒂罗尔两个地区。有三百多万德国人生活在波希米亚和摩拉维亚这两个多山的省份，和谈者们把这两个地区给予了新成立的捷克斯洛伐克，很明显这是给捷克人更多的防御前线。生活在这两个地区的德国人被称为苏台德德国人，那里的山脉将波希米亚和西里西亚分割开来。严格来说，这些德国人原先属于哈布斯堡帝国，但是现在发现自己在新的捷克斯洛伐克当中只是少数民族。对于生活在南蒂罗尔的德国人来说，情况也是如此，因为当出于战略军事上的考虑将布伦纳山口交给意大利的时候，在南蒂罗尔的德国人突然感到自己生活在意大利了。

涉及赔偿的《凡尔赛和约》的条款是最具惩罚性的。因为这些条款是建立在认定德国要对发动战争负完全的责任。和谈者们要求，德国对战争所承担的责任归纳在和约的第 231 条当中，这被德国人后来称为“战争罪行条款”：

> 协约国及相关的政府确认，德国必须为德国及其盟国所造成的损失和破坏负责，而且，协约国和相关政府及其国民所遭受的这些损失和破坏，是德国及其盟国用侵略强加给它们的结果。

实际上，这段话宣布了德国对第一次世界大战所造成的破坏和伤害承担罪行，从而给予赔偿以道德的合理性。和谈者们决心让德国对四年毁灭性战争造成的所有物质损失承担责任；但是，由于它们没有将这一要求转化为可以估量的或者明确的金额，因此，和约没有提及德国人应该付给胜利者的赔偿总额。同时，和约强迫德国在 1921 年 5 月 1 日前用黄金支付五十亿美元，同时强迫它交出大量的煤矿、化学品、驳船,以及大多数德国的海上商船。德国在凡尔赛的代表团被进一步告知,将组织一个专门的协约国赔偿委员会确定德国最终的赔偿。德国人提出抗议,认为这等于是一张空白支票,强迫德国人支付胜利者随心所欲的数目,但是,协约国在没有任何解释的情况下,无条件地拒绝了这一抗议。

《凡尔赛和约》中没有什么条款像涉及赔偿条款那样对战后时期造成了巨大的伤害。当协约国的赔偿委员会在 1921 年最终宣布总账单——总数是令人惊愕的相当于三百五十亿美元的黄金——的时候,甚至连协约国的领导人们也怀疑德国是否有能力担负起这样巨额的赔款。无须希特勒式的宣传鼓动家出面来说话,这样惩罚性的方法将摧毁德国的经济。协约国一方也得出了同样的观点,其中最著名的代表人物是约翰·梅纳德·凯恩斯,他是剑桥大学年轻的经济学家和出席巴黎和会的英国代表团成员。在其具有分析理性的、冷静的著作《战争的经济后果》一书中,凯恩斯有说服力地认为:赔偿的真正目的是摧毁德国的经济生活,同时,具有讽刺意味的是,这样做也威胁着协约国自身的健康和富裕。他认为,早在战争之前,德国的贸易就显示了巨大的赤字,因为进口远远超出了出口;但是,他又补充道,德国依靠"看不见的出口"平衡了国际贸易额,如出卖德国船运使用权、海外投资的利益、保险金等等。但是,和约损害了德国的海外收入,因此反过来使德国不可能支付被强加的巨大赔偿。现在赔偿变得更加困难了,

> 因为德国失去了所有的殖民地、海外联系和海运商船,同时失去了10%的领土和人口,以及三分之一的煤矿和四分之三的铁矿;有二百万年轻的男性成为战争的受害者;它的人民已经饱受了四年的饥饿,并承受着巨大的债务;它的货币贬值到以前价值的七分之一;它还面临着国内的革命和边境的布尔什维主义;吞噬一切的四年战争和最终的失败,给它在力量和希望上带来了难以估量的损失。

凯恩斯指责道:和谈者们是伪君子和政治上的机会主义者,他们对一个公正和持久的和平社会的虔诚许诺,只是在"编织诡辩和狡诈之网,它最终是给整个和约的外表和本质都笼罩了不真诚的阴影"。他还认为,德国经济的重建是整个欧洲复兴的前提。然而,帮助德国人站稳脚跟需要削减赔偿、取消战争债务、降低

通货膨胀，以及通过国际贷款大规模地激活德国经济。凯恩斯甚至建议，在国际联盟的保护下建立一个广泛的自由市场。他发人深省和富有争议的思想遭到了《凡尔赛和约》拥护者的普遍谴责，因为从本质上来说，这些观点等于是否定了刚刚诞生的和约。

与《凡尔赛和约》的经济条款同样具有破坏性的条款涉及德国军事的前途。德国军队的规模被压缩到只有十万人的志愿军。其中，军官人数不能超过四千人，他们的服役期被限制在二十五年内，同时，士兵的服役期不得超过十二年。另外，德国的军队还被剥夺了坦克、飞机和“进攻性”武器，这样就进一步削弱了小规模军队的力量。同样，除了保留一艘象征性的不超过一万吨的舰船之外，德国海军被解除了武装。德国海军军舰被移交给协约国。德国军官们将舰队开往奥克尼群岛的斯卡帕湾，当得知舰队将在那里被封存的时候，他们将 68 艘军舰中的 50 艘凿沉，以蒙骗协约国的嘉奖。

最终，和约指向了德国军事体制的核心，要求废除总参谋部、国防学院和所有的干部学校。变本加厉的是，和谈者还要求德国交出皇帝和战争的领导人，接受以违反战争法为罪名的审判。

政治混乱、暴动和金钱的终结

《凡尔赛和约》对德国的直接冲击是双重的：首先，它导致了在新的民主政府中的首次内阁危机；其次，它激发了士兵们针对共和国的暴动。这些事件中的第一个发生在沙伊德曼内阁收到和约的时候。内阁发现条款难以接受，因此在 1919 年 6 月 20 日集体辞职。更为严重的事件是军队对和约的反对。正如前面所提到的，涉及德国军事前途的条款是毁灭性的，对于德国的军官团来说尤其如此。当和约的意义被充分理解的时候，几位德国军队的领导人——其中著名的是临时德军的指挥官瓦尔特·莱因哈特将军——开始认真思考武装抵抗。然而，这些不成熟的计划没有立刻取得效果，因为连最顽固的将军们也认识到，对协约国的敌对是没有任何希望的。一些军事领导人将他们的愤怒转向倒霉的共和国政府，指责它软弱地屈从了协约国的意志。

同时，共和国政府迫于协约国的巨大压力，将德国的军队人数减少到和平时期的十万人,并且解散了所有依然在国内东游西荡的自由军团。这使得军队怒火中烧，结果导致了一系列旨在推翻政府的暴动。其中最为严重的一次发生在1920年3月,当时几个军官阴谋推翻魏玛共和国。

阴谋计划中的几个主要人物是柏林军区司令瓦尔特·冯·吕特维茨将军、第二海军陆战旅——这个旅曾经击溃了共产党，但是现在却被纳入解散之列——的指挥官赫尔曼·埃哈特上尉,还有沃尔夫冈·卡普,他是一位不知名的普鲁士的公务员。吕特维茨的计划粗糙而简单,即向柏林开进,驱逐可恶的埃伯特政府,与软弱的傀儡卡普一道建立军事独裁。这位将军把计划告诉了几位重要的军事领导人,其中包括瓦尔特·莱因哈特将军、汉斯·冯·泽克特将军和鲁登道夫。尽管他们都没有明确表态,但是,吕特维茨得到了准确的印象：德国军队是不会自相残杀的。

卡普政变的直接原因是政府削弱军队的政策,它根据《凡尔赛和约》的指令将德国军队缩小到只有十万人的志愿军。当埃伯特拒绝吕特维茨恢复两个自由军团——其中包括由赫尔曼·埃哈特指挥的一个自由军团——的要求时,将军命令赫尔曼·埃哈特向柏林进发。政府问陆军参谋长汉斯·冯·泽克特将军政府是否能够指望军队处理当前的危机。汉斯·冯·泽克特将军这位杰出而狡猾的智者简洁地回答道：军队不能自相残杀。他谨慎地置身在外,等待着支持胜利者。

当被自己的军队抛弃之后,共和国政府除了离开首都别无选择,它首先逃匿到德累斯顿,然后是斯图加特。然而在离开柏林之前,政府呼吁所有的德国工人支持一个总罢工以阻止暴乱分子获得政治控制权。在埃伯特政府放弃柏林后不久,1920年3月13日早晨,埃哈特旅和巴尔迪卡姆旅的士兵带着喜悦的心情进入德国首都,头盔上的万字徽闪烁着微光。在勃兰登堡门,主要的阴谋者吕特维茨、鲁登道夫和卡普相聚在一起,然后一并行进在威廉大街上,在那里,他们开始接管被舍弃的政府建筑物。

控制空空荡荡的政府建筑物是一回事,控制一个国家是另一回事。新的领导人对统治的艺术简直是毫无经验,他们很快发现自己几乎没有任何支持。他们的无能甚至导致了不能在星期天正式宣告政变，因为卡普在总理府一个打字员都找不到。更为糟糕的是,银行拒绝贷款;友好的右翼组织依然态度暧昧;军队继续保持观望的姿态;总罢工极为成功,以至整个德国的绝大多数经济活动都处于停顿状态。3 月 20 日，一切都过去了。吕特维茨和卡普辞职，共和国政府回到了柏林。

卡普政变揭示了这样一个事实，在保卫共和国的行动中，军方是不可信赖的，尤其当共和国遭到来自右翼势力的进攻时更是如此。军队总是以神速镇压了左翼的暴动，然而，当它被要求用来保护共和国免遭右翼极端分子的攻击时，就变得完全不可信赖。事实上，在整个魏玛共和国期间，军方越来越成为右翼狂热分子的聚集点。

一个相关的事例是，在卡普政变之后，八万红军攻克了鲁尔区。倒霉的埃伯特政府处于不安的境地当中，他不得不请求一个星期前被证明是不可信赖的势力。然而这一次，泽克特在镇压红军暴动时一点也没有疑虑。军队经受住了另一次危机。埃伯特希望解散军官团，同时重建一个共和国新军，但是这一切都永远地落空了。

卡普政变产生了两个深远的后果：一是，它使右翼的反革命分子在巴伐利亚获得了权力；二是，它强迫德国政府进行第一次定期的选举。当卡普政变正在进行之际，指挥慕尼黑地区武装力量的阿诺德·冯·莫尔将军决定发动他自己的起义。他告诉巴伐利亚总理约翰内斯·霍夫曼，他不能再保证政府的安全，并且建议所有的权力都应该授予他掌控。霍夫曼召集了内阁成员，并鼓动大家拒绝莫尔的放肆要求，但是大多数内阁成员不支持霍夫曼。相反，他们支持另一个计划，莫尔依靠它将实施完全的军事控制，同时，上巴伐利亚的行政长官古斯塔夫·冯·卡尔管理整个州的公共事务。霍夫曼和他的内阁集体辞职。1920 年 3 月 16 日，古斯塔夫·冯·卡尔被巴伐利亚议会选为总理。巴伐利亚成为极右势力的基地，矛头直指柏林的民主制度。

1920 年 6 月 6 日的选举是向右转的决定性时刻，是共和国的支持者令人失望的失败。联合政府中的政党承受着票数的大量流失，其中民主党遭受的损失最为严重，它失去了三百多万张选票，并且在国民议会的议席也从 75 个缩水到 41 个。魏玛联合政府中的其他两个政党——中央党和社会民主党也失去了议席。中央党失去了 91 个议席中的 27 个，得票数也从 564.18 万张缩水到 233.37 万张，这一损失在某种程度上是由于巴伐利亚的选民将他们对中央党的效忠转给巴伐利亚的同类——巴伐利亚人民党。社会民主党原先 163 个席位仅保住了 102 个，同时在普选中遭受了毁灭性的打击，得票数从1150万张缩水到610万张。另一方面，独立派社会党在国民议会捡到了84个议席，其中许多是社会民主党丢失的。中间偏右的政党都明显地东山再起。德国国家人民党的得票数从2 873 523张上升到3 736 778张，在国民议会的席位也从42个上升到71个。古斯塔夫·施特莱斯曼的德国人民党也大有收获，它获得了200万张选票和65个国民议会代表席位。

由于组成魏玛联合政府的各党只获得452个席位中的205个，它们就不能有效地控制国民议会。甚至，对共和国不友好的势力在人数上正在超过共和国的支持者。为了应付这一情况，总理穆勒和他的社会民主党作出了一个可怕的决定：因为联合政府中资产阶级的代表占据了统治地位，因此他们拒绝在联合政府中工作，而从共和国的统治层退出。尽管社会民主党后来加入了古斯塔夫·施特莱斯曼1923年的内阁和穆勒1928至1930年的内阁，但是，它对管理的积极参与已经在1920年结束了。社会民主党退出了统治层成为在野党，它把这一领域让给了对共和国不冷不热的一些政党。

新政府最终从最初魏玛联合政府的废墟中产生出来，它是一个得到德国人民党、中央党和民主党支持的资产阶级的联合体。政府的首脑是康斯坦丁·费伦巴赫，他是中央党的主要领袖，是共和国有力的支持者。然而，在协约国赔偿委员会1921年4月27日要求最终的赔偿额——正如上面所提到的，在《凡尔赛和约》中，这一项是空白——高达三百五十亿美元的黄金、相当于一千三百二十亿金马克的时候，费伦巴赫内阁立刻瓦解了。5月5日，在费伦巴赫内阁解散后的一天，赔偿委员会给了德国一个六天期限的无条件接受赔款的最后通牒，并且警告道：如果不这样做将会引发对鲁尔区的入侵。在一阵喧嚣之后，魏玛联合政府承担了责任——正如民族主义者们所强烈要反对的——它采取满足对方而不是抵抗的政策。新总理约瑟夫·维尔特是中央党的左翼成员，他坚定地相信社会主义的改革，他的政策受到了左派的热烈拥护，但是却受到了党内右翼成员的强烈反对。维尔特面对着一个并不令人羡慕的任务，他要接受协约国的另一个最后通牒。当他的政府接受了这一最后通牒的时候，披着高贵的爱国主义外衣的民族主义者立刻叫嚣维尔特是谋反和叛国。当维尔特任命瓦尔特·拉特瑙为重建部部长，后来又任命他为外交部部长的时候，他们被激怒了。拉特瑙是一个犹太人，

实业家和社会理论家
瓦尔特·拉特瑙

受到右翼极端主义分子的普遍厌恶。他们对他的仇恨从一句流行的诗中表现出来："枪毙拉特瑙，可恶天谴的犹太猪。"

维尔特和拉特瑙拒绝了抵抗协约国的思想，他们支持满足协约国要求的政策，希望说服协约国了解德国的善意。然而，事实上，在充满政治仇恨的氛围中这样行事被证明是不可能的。右翼民族主义者对那些支持满足方案的人发起了可怕的进攻。最极端的民族主义者组成了阴谋的组织，发誓要向叛徒、犹太人、自由主义者复仇，总之，他们反对任何建议同协约国合作的人。这些组织当中最臭名昭著的代号是"C"，它由在卡普政变中出了名的赫尔曼·埃哈特上尉指挥。它的目的就是要反对与民族主义作对的《魏玛宪法》，同时建立秘密的"法庭"，审判和处决"卖国者"，消灭所有困扰着祖国的罪恶，包括议会民主、社会民主党、共产党、和平主义者和犹太人。1921 年 8 月 2 日，"C"组织的两名以前是军官的成员谋杀了马蒂亚斯·埃茨贝格尔，并设法逃到了国外。他们被许多德国人当作英雄来赞颂。

维尔特政府受到了右翼派别的不断指责，政府的任务是艰巨的，因为它的顺从政策受到协约国的不断挤压。1921 年 3 月 20 日，上西里西亚举行了全民公决，结果以二比一的优势支持德国。但是，在 1921 年 10 月，协约国分割了这一地区，将最有价值的地区奖赏给波兰。维尔特以辞职表示抗议，但是，在埃伯特的劝说下又组成了新的政府。几个月之后，维尔特作出了最有争议性的决策，即任命拉特瑙为外交部部长。

对拉特瑙的任命是一个富有勇气的、但在政治上是具有爆炸性的决策。拉特瑙是一位富裕的德国犹太企业家的儿子，具有管理经济资源的杰出才能，这一能力使他在 1916 年成为战争资源部部长。由于这一便利，拉特瑙设立了某种国家社会主义体制，根据国家的需要系统地安排所有的生产。战后，他帮助建立了民主党，同时，投入德国经济复苏的工作当中。他写过两本畅销书，是一位温文尔雅的世界公民、技术官僚、具有天赋的音乐家和画家。拉特瑙的身上所体现的素质激起了狭隘的反对派的疯狂。

在拉特瑙的领导下，魏玛德国获得了外交上的首次成功。拉特瑙避开了法国通过与东欧诸国联盟孤立德国的锋芒，转向苏维埃俄国。除了德国，它是另一个在第一次世界大战之后受到孤立的“低等国家”。1922 年 4 月，维尔特和拉特瑙出席了在日内瓦召开的国际经济会议。在拉帕洛附近，他们与苏维埃俄国签订了一个友好条约。根据这一条约的条款，两个国家同意建立外交关系，同意不再要求相互的赔偿，并且确立亲密的经济关系。在一个后来由德国将军泽克特与俄国总参谋长签订的秘密条款中，德俄两国还建立了紧密的军事关系。

《拉帕洛条约》在国外引起了相当大的惊恐，特别是在法国，雷蒙德·普安卡雷总理一直极力主张对德国采取强烈的敌对姿态。在德国国内，条约丝毫没有提高政府的威望。相反，疯狂反对政府的气氛四处弥漫，并且越来越浓烈，在 1922 年 6 月 24 日达到登峰造极。这一天，拉特瑙被“C”组织指使的右翼恐怖主义分子刺杀。总理约瑟夫·维尔特在国民议会进行了感人的讲话，以表示对拉特瑙敬意，他大声喊道：“敌人就在右派当中。”

刺杀拉特瑙事件的政治影响暂时降低了依然使德国政治两极化的情感张力。尽管在拉特瑙事件之后不久通过了“共和国保护”法律——其目的是对恐怖分子加以沉重的打击——但是，反对政府的阴谋活动丝毫没有衰减，犯罪活动，尤其是右翼指使的犯罪活动，得到了十分宽大的对待。例如，谋杀拉特瑙的凶手，一个被警察击毙，一个畏罪自杀，一个被判处十五年徒刑，但只服刑了七年。在 1918 至 1922 年间，右翼集团从事了 354 次政治谋杀，而左翼集团从事了 22 次谋杀；但是，由右翼集团从事的 354 次谋杀有 326 次没有受到惩罚，由左翼集团从事的 22 次谋杀有 17 次受到严厉惩罚，其中包括 10 次死刑。结局是难以逃避的：德国的法律系统受到上层和中层阶级绝大多数人的支持，它同情共和国的反对者。

同时，共和国依然发现自己处于政治的沼泽地里。约瑟夫·维尔特企图拓宽政府的覆盖面，他将保守人民党的成员纳入其中，但是，社会民主党拒绝在这样的政府中工作。1922 年 11 月 14 日，维尔特辞职。他被威廉·库诺所取代。库诺是一个热情的管理者，有着精明的生意人的直觉。他的这些才华很快就经历了严峻的考验。

作为失控的通货膨胀的结果，德国的经济地位日渐恶化。通货膨胀的困难主要来自一系列发端于第一次世界大战的不谨慎的财政政策。当时的德国政府没有企图通过税收，而是通过发行公债为战争提供资金。另外，政府还取消了对不再受到黄金储备支持的货币发行的限制。政府还进一步批准贷款银行的建立。对于受到现存调控制度限制的国家银行贷款来说，这些银行具有在受到批准之前就可以扩大抵押贷款的权利。这些贷款银行给各种借贷者扩大了自由的信用贷款，包括联邦的州、市政当局和新近建立的军工企业。资金基本上是靠印刷纸币提供的。

随着战争耗费的增长，政府越来越求助于纸币的印刷，现金量在流通中不断上升，这导致了马克的不断贬值。到 1918 年，马克的价值只相当于 1914 年的一半。战争掩藏了通货膨胀的问题，但是战败的压力及《凡尔赛和约》强加给德国的经济负担，将这一问题以戏剧性的方式呈现到了表面。整个德国的经济在多年赤字支出和协约国强加的沉重负债的冲击下崩溃了。

德国经济崩溃的直接原因是法国 1923 年 1 月 11 日对鲁尔区的入侵。法国总理雷蒙德·普安卡雷非常恐惧德国，他坚信德国人狡猾地欺骗了协约国，即他们不能完全偿还自己在金融上的债务。法国人已经耗费了几十亿法郎修复被战争毁坏的地区，他们希望德国人承担起这一切。雷蒙德·普安卡雷强硬地拒绝了库诺延期支付赔款的请求，并且企图促使其他协约国支持军事干预。然而，无论美国人还是英国人都相信，协约国对鲁尔区的入侵是不正当的。不管别人如何，雷蒙德·普安卡雷决心已定，只等着合理的借口。当赔偿委员会宣布德国没有准时交出十四万根电线杆时，借口终于出现了。

1923 年 1 月 11 日，法国和比利时的军队进入了鲁尔区，获取了它的工业和煤矿，并且煽动旨在进一步动摇德国统一的分离主义情绪。法国占领军行动粗暴野蛮，血腥的冲突在那天成了司空见惯的东西。德国政府以“消极抵抗政策”回应法国的入侵，这意味着所有的经济活动在鲁尔区处于静止状态。德国经济解体了，因为德国政府为了资助鲁尔区的工人进行罢工，印发了越来越多的纸币。通货膨胀达到了疯狂的程度，失业人数暴增。即使全心全意，德国政府也无法履行其所有的社会义务。在赔偿协约国的重压下，德国政府对参与战争的老兵、失业者和老年人失去了耐性。

德国人落入了似乎难以逃避的漩涡之中。这个世界颠倒了：原来一分钱一张的邮票变成了五百万马克，一个鸡蛋要八千万马克，一磅肉要三十二亿马克，一磅黄油要六十亿马克，一磅土豆要五千万马克，一杯啤酒要一亿五千万马克。物价每天都在变化，这促使民众带着大包大包的钱冲进商店去购买基本的日用品。

对于许多德国人来说，这段时期似乎是一个经济上的末日。康拉德·海登认为它是“金钱的末日”，是物质富裕的美好幻象的末日，是所有对进步的世俗信仰的末日。我们还应该补充的是：它似乎也是对政府、对它的美好言辞、对它保证保护普通公民储蓄的信仰的末日。九年来，德国人将自己的生命和储蓄献给了政府，而政府浪费了三分之一的国家财富用于毫无收益的战争。战争的结果是，战争的贷款、储蓄和投资现在变得一文不值。富裕的中产阶级的储蓄被席卷一空。司空见惯的是，德国的储户经常收到银行经理这样礼貌的来信：“本银行表示深深的遗憾，我们不再管理你的六万八千马克的存款，因为管理费用已经超过了存款。因此，我们将归还你的存款。又因我们没有可以处理此笔业务的小面额纸币，我们已经将存款数额增加到一百万马克。”更令人感到伤害的是，信封上贴的是一张已被停销的面值五百万马克的邮票。

大多数德国的中产阶级在 1923 年的经济崩溃中破产了，他们再也没有恢复对政府的信心，同时，少数聪明的金融投机者利用大量的银行信贷资金变得惊人的富裕，他们将这些资金投资在不动产上，如地产和企业，而用贬值了的货币归还欠债。胡戈·施廷内斯在 1923 年之前就已经是一个富裕的人了，他就是采取这种方式随意地购买了包括银行、饭店、报纸、造纸厂等大量企业。

胡戈·施廷内斯曾经当过职员和煤矿工人，因此他小气吝啬。但是，许多像他那样的人却花费无度，不断地制造出道德堕落和玩世不恭的氛围，20 世纪 20 年代的音乐、美术和大众娱乐中生动地记录了这种氛围。一些人变得富裕起来，而整个国家却在不断地腐朽。失业在增长，农场主们在储藏他们的产品，生产在下滑，几百万节俭的储户失去了他们所有的储蓄。

由于威廉·库诺没有提供解决危机的方法，这样，社会民主党不再支持他而要求更为有力的领导阶层。1923 年 8 月 12 日，埃伯特任命德国人民党的领导人古斯塔夫·施特莱斯曼为新政府的总理。这个新总理注定要成为魏玛共和国最著名的政治家之一，他面对着诸多令人惊恐的重大难题：鲁尔区被法国人占领；共产主义和社会主义制度在图林根和萨克森两个州获得了权力；共产党的暴动折磨着汉堡；巴伐利亚落到右翼反革命分子的手中，这些家伙威胁要从德国脱离出去；德国的东部边境受到波兰人威胁；四百六十万马克才抵上一美元。就是在这种不稳定的气氛中，第一次世界大战中的一个无名下士，作为一个正在发展的右翼政党的领导人，决定推翻魏玛共和国。这个人的名字叫阿道夫·希特勒。

第三章

阿道夫•希特勒的崛起

希特勒的祖先

1938 年 7 月，在阿道夫·希特勒吞并奥地利两个月之后，奥地利国土登记局收到一个命令，对多勒谢姆和附近地区进行土地勘察，决定这一地带是否适合军事演习。1939 年，多勒谢姆地区的公民被强行撤走，村庄和浓密的森林被迫击炮轰得面目全非，被德军的坦克彻底翻了一遍。多勒谢姆的村庄是奥地利最贫困的瓦尔德威尔特尔地区的一部分，位于多瑙河和波希米亚边境之间。它也是希特勒祖先的诞生地。那么，为什么这位祖籍是奥地利的成功的征服者会鼓励抹去他的祖先，使他父亲的出生地和祖母的坟墓面目全非?对这个问题的回答使我们对希特勒的祖先，以及希特勒对他的祖先的隐瞒产生了好奇之心，也是我们了解希特勒性格的首要线索。

1837 年，未婚但已怀孕的四十一岁的女佣玛利亚·安娜·席克尔格鲁勃(1796—1847) 回到了她的家乡斯特罗尼村。她的家庭把她看作道德上受鄙视的人，什么事都不愿和她一起做。一个名叫特鲁梅尔施拉格的佃农最终对她产生了怜悯之心，供给她食物和住宿。1837 年 6 月 7 日，玛利亚·安娜·席克尔格鲁勃生了一个男孩。由于斯特罗尼村实在太小，不是一个教区，因此孩子就在附近的多勒谢姆受洗,名字叫阿洛伊斯·席克尔格鲁勃,是个私生子。出生证上父亲的一栏是空白。在这一地区,近亲生育的事是经常的,而且声名狼藉。唯一不同的是:这个私生子是不同寻常的,他是德意志帝国未来的领袖阿道夫·希特勒的父亲。

阿洛伊斯·席克尔格鲁勃的真正父亲可能是以下三个人中的一个:格拉茨富裕的犹太人弗兰肯贝格;约翰·格奥尔格·希德勒,在生了阿洛伊斯·席克尔格鲁勃五年之后,玛利亚·安娜·席克尔格鲁勃嫁给了他;约翰·内波穆克·希德勒,他是约翰·格奥尔格·希德勒的兄弟,也是阿洛伊斯·席克尔格鲁勃实际的养父。

弗兰肯贝格是第一个也是最引人注目的候选父亲。希特勒的前帝国部长汉斯·弗兰克在纽伦堡战争法庭听候审判时,对希特勒的祖先作了耸人听闻的揭露。在富有戏剧性的自传《绞刑架下》中,汉斯·弗兰克揭露道:1930年,气急败坏的希特勒召见他去调查一些传言,这些传言说他是犹太人的后裔,这是一个富有潜力的、毁灭性的发现,因为它将危及希特勒整个意识形态的地位。弗兰克立刻投入这项工作当中,估计他发现了希特勒的父亲是玛利亚·安娜·席克尔格鲁勃的私生子,她怀孕时正在格拉茨一个名叫弗兰肯贝格的犹太人家做厨师。弗兰克甚至申明:"自从这个孩子出生之日到他十四岁,老弗兰肯贝格代表他十九岁的儿子付给这位母亲赡养费。"弗兰克告诉我们,弗兰肯贝格一家继续同玛利亚·安娜·席克尔格鲁勃保持了多年的通信联系。信中谈论的主要事情都是心照不宣的,即孩子已经受到了照顾,弗兰肯贝格一家的责任是提供赡养费。

面对这个无法证实的记录,据说希特勒指责这个故事是无耻的谎言,他坚持认为他的祖母曾经私下向他保证这个故事是不真实的,只是因为贫穷,她才接受这位犹太人的金钱。假如希特勒真的对弗兰克这样说的话,那么,他明显是在说谎。因为他的祖母在他出生的四十二年前就去世了。弗兰克的记录可能是道听途说,但是,假如弗兰克确实将这一信息告诉了希特勒的话,那么,这位德国的独裁者一定是大惊失色的。我们知道,这个暗示他具有犹太人血统的报告使希特勒非常沮丧。他同父异母的哥哥的儿子威廉·帕特里克·希特勒发表过惊人之语:他的叔叔有一个犹太祖父。因为希特勒把反犹太主义作为其意识形态的原动力,他的祖父可能是一个犹太人的发现,就会对纳粹运动造成毁灭性的冲击。尽管没有什么证据可以证明希特勒具有四分之一犹太人的血统,但是,以上证据却间接地暗示着希特勒怀疑他可能被犹太人的血液污染了。对于一个着迷于对犹太人偏执恐惧的人来说,这一信息是可怕的。

在阿洛伊斯·席克尔格鲁勃的家庭活动范围内,还有两个极有可能的父亲候选人,即约翰·格奥尔格·希德勒和约翰·内波穆克·希德勒两兄弟。玛利亚·安娜·席克尔格鲁勃在儿子出生后嫁给了约翰·格奥尔格·希德勒,他是一个失业的熟练磨坊工人,似乎一生也没有做过什么固定的工作。根据一个资料,约翰·格奥尔格和他的妻子十分贫穷,甚至连一张床都没有,不得不睡在喂牛的饲料槽中。也就是因为这个原因,玛利亚·安娜·席克尔格鲁勃将她的儿子移交给约翰·内波穆克·希德勒。玛利亚·安娜·席克尔格鲁勃丈夫的兄弟将阿洛伊斯·席克尔格鲁勃接到在斯皮泰尔的农庄,把阿洛伊斯作为自己的儿子来抚养。阿洛伊斯再也没有看到他的母亲和继父。

阿洛伊斯十三岁的时候离开了他的养父在维也纳做制鞋匠的学徒。后来他设法进了帝国税务局。由于工作勤奋和专心,他获得了向他这样的家庭背景和教育程度的人开放的最高职位。他的继父约翰·内波穆克·希德勒对阿洛伊斯的成功感到非常骄傲,他督促阿洛伊斯将他的姓从席克尔格鲁勃改为希德勒。阿洛伊斯可能也感到了这一需要,即采用一个可敬的("合法的")名字去适合他生活的新地位,以抹去自己的私生子身份。这样,在1876年6月6日,约翰·内波穆克·希德勒和其他三个亲戚前往小镇魏特拉,在地方公证员面前宣誓,约翰·内波穆克的兄弟——他的名字被错拼为约翰·格奥尔格·"希特勒"——是阿洛伊斯·席克尔格鲁勃真正的父亲。第二天,这些人又前往多勒谢姆,阿洛伊斯·席克尔格鲁勃官方的出生记录还保留在那里,他们说服了一个年长的教区神甫改变了出生的记录。神甫将"私生"一栏变成了"婚生",划去了席克尔格鲁勃,添上了希特勒,并且在边上加上了一段说明:"在下签名者确证,在此注册为父的格奥尔格·希特勒是在下签名的见证人所熟知的,他承认是孩子阿洛伊斯的父亲,他的母亲是玛利亚·安娜·席克尔格鲁勃,并且要求他的名字以现在的受洗注册进行登记。"

经过几乎半个世纪的研究,希特勒的传记作者依然不能确定阿洛伊斯的真正父亲,尽管历史学家维尔纳·马泽尔指出约翰·内波穆克是最有可能的父亲。事实是,我们确实不知道谁是真正的父亲,也不知道玛利亚·安娜·席克尔格鲁勃生活中的男人。真相也许永远不会出现。

阿道夫·希特勒小心翼翼地掩饰他的出身,部分是因为他害怕他的祖父沾染

阿道夫·希特勒的父母：阿洛伊斯·希特勒和克拉拉·波尔兹尔

上了犹太人的血液，部分是因为他的祖先是一些目不识丁的农民，他们近亲结婚并生育出不合法的儿女。含糊的祖先的历史实际上是未来元首的财产，因为它能够使这位元首编织富有传奇的身世。在《我的奋斗》一书中，他只告诉我们他的父亲是一个帝国海关局的官员——一个贫穷的农场雇工的儿子，他的母亲被他理性化为一个具有爱心和献身精神的家庭主妇。事实上，阿道夫·希特勒于1889年4月20日出生在德奥边境茵河畔的伯劳瑙。他是父亲第三次婚姻的第四个孩子。阿洛伊斯·希特勒的第三个妻子克拉拉·波尔兹尔是约翰·内波穆克·希德勒的孙女，是来自斯皮塔尔的女佣。假如约翰·内波穆克·希德勒是希特勒真正的父亲，这就意味着阿道夫·希特勒父系的祖父和母系的外祖父是同一个人——约翰·内波穆克·希德勒。正如维尔纳·马泽尔所指出的那样，这也意味着克拉拉是阿洛伊斯·希特勒的外甥女，是他同父异母哥哥的女儿。这种纠缠不清的近亲婚姻提供了充足的理由说明：为什么这位渴望将自己描绘为救世主的领袖不愿意过多地显露自己实际的身世。同样，希特勒很少显露自己同父异母的哥哥小阿洛伊斯、同父异母的姐姐安吉拉和他同父同母的妹妹保拉。

他同父异母的哥哥小阿洛伊斯娶了一个爱尔兰女人布里奇特·道林，她后来编织了一个阿道夫·希特勒于1912至1913年访问英国的故事。她的儿子帕特里克在20世纪30年代前往德国，企图从他有名的叔叔那里获得金钱和帮助，但是,他只得到了几个马克和安心工作的严厉忠告。同父异母的姐姐安吉拉嫁给了莱昂·劳巴尔,与其他亲戚相比较,她与希特勒保持着较为紧密的关系。希特勒深深地爱恋着她的女儿格莉,她的自杀几乎把希特勒的一生给毁了。安吉拉的儿子在希特勒的视线里时隐时现。希特勒喜欢小莱昂,他是工兵部队的二等中尉,在斯大林格勒被俘。希特勒曾经企图用斯大林被俘的儿子雅格布与小莱昂交换,但没有成功。希特勒的妹妹保拉是这一家庭唯一的幸存者,有充分的证据表明。希特勒非常依赖这个妹妹,并满足她的需要。从1936年开始,她就使用保拉·沃尔夫的名字管理着他的家务。

童年时代的人格定型

阿道夫·希特勒的童年从表面上看是正常的,这个孩子受到双亲的喜爱和娇纵,特别是仅仅在两年内哥哥古斯塔夫和奥托以及姐姐伊达相继夭折之后。此外,希特勒的父亲是一个骄傲的、不依靠他人的人,他在帝国海关局得到擢升,并使自己的家过着富裕的日子。那些了解阿洛伊斯·希特勒的人把他描绘为忠诚的、谨小慎微的官僚,他对自己的地位十分自豪,对自己的判断能力充满信心,对自己的事务特别精通。熟悉他的同事都认为他脾气不好,缺乏幽默感,对部下行为专断。假如他们没有以正式的头衔称呼他"长官希特勒先生",就会受到严厉的责骂。希特勒的父亲是一个要求别人尊重、同时也尊重别人要求的人,这是一种类型的独裁主义者,他期望他所统治的家庭对他产生敬畏之情——假如不是爱的话。尽管有证据表明希特勒被父亲揍过,而且根据今天的标准来看可能受到了虐待,但是,几乎没有证据表明阿洛伊斯·希特勒比同时代或者他所属的社会阶层的任何父亲更具有"虐待性"。独裁主义的家庭是温暖和具有保护性的,在当时这是正常的,除非孩子们要维护自己的意志和精神。希特勒的事例无疑能说明这一点。他和他的父亲一样脾气火暴,他开始抵制父亲为他作出的人生选择,不过,直到希特勒十二或十三岁的时候,这种冲突才开始产生。完全有理由假定,直到那时,希特勒和父亲之间几乎没有产生严重的家庭冲突。即使我们接受希特勒自己的说法——父亲强烈地反对自己的艺术目标,但是我们应该记得:希特勒同父异母的哥哥小阿洛伊斯是个什么都做不好的人,他使父亲特别失望,在十四岁

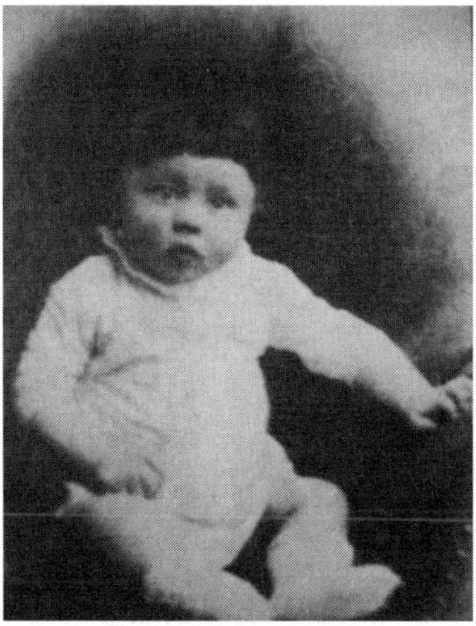

幼时的阿道夫·希特勒

的时候他离开了家。后来，他坐了两次牢，先是离开德国前往法国，最后去了爱尔兰，在那里娶了布里奇特·道林。小阿洛伊斯又从爱尔兰前往利物浦，在那里生了帕特里克。20 世纪 20 年代，他回到了德国，在柏林开了一家名为“阿洛伊斯”的餐馆，后因重婚罪被逮捕，最终又回到了英格兰，这让阿道夫如释重负。阿洛伊斯·希特勒可能会认为在培养小阿洛伊斯上失败了，就不断地对阿道夫喋喋不休，因而使小儿子和自己疏远起来，这和在大儿子那里发生的情景如出一辙。

希特勒和父亲的冲突从来没有发展到决裂的地步，因为阿洛伊斯在 1903 年 1 月死于心脏病。真实的情况可能是：希特勒对父亲的态度一直是矛盾的，但是，正如一位历史学家所认为的，将这种有缺陷的父子关系作为教科书中俄狄浦斯冲突的事例，是值得怀疑的。阿洛伊斯·希特勒肯定在他的儿子身上留下了不可磨灭的印记。像父亲一样，这位儿子显示了倔强的意志力和可怕的脾气，这种脾气很容易被激起，但是却不容易被压制下去。

希特勒的母亲克拉拉·波尔兹尔是他父亲的第三任妻子。她十六岁时来到伯劳瑙，当时阿洛伊斯·希特勒和第一任妻子安娜·格拉斯尔还保持着婚姻关系。那时，阿洛伊斯·希特勒就已经和克拉拉及弗朗齐斯卡（芬妮）·马策尔贝尔格有染，后者成为他的第二任妻子。当阿洛伊斯·希特勒和第一任妻子离异后，他就和芬妮生活在一起，并且将克拉拉送到维也纳，以便不会对芬妮造成威胁。1883 年，他与芬妮结婚，并和她生育了两个孩子——小阿洛伊斯和安吉拉。然而，芬妮染上了肺结核，卧床好几个年头。同时，克拉拉·波尔兹尔返回了伯劳瑙，无私地照顾着芬妮，但却不小心让阿洛伊斯·希特勒使她怀了孕。芬妮一去世，阿洛伊斯·希特勒就娶了克拉拉·波尔兹尔。在 1885 年 1 月一个灰暗潮湿的早晨，四十一岁的阿洛伊斯·希特勒和他怀孕的新娘走在伯劳瑙内波穆希教区教堂的走廊上。克拉拉是一个负责任的、克己的年轻女人，她的一生吃了许多苦。她最初的三个孩子——古斯塔夫、伊达和奥托——都夭折了。古斯塔夫和伊达不幸染上了白喉。显然,克拉拉对她的第四个孩子阿道夫是百般呵护的。

因为阿道夫看上去是个有病的孩子,因此克拉拉对他小心翼翼,唯恐他活不到成年。这样,阿道夫自然受到了母亲过度的保护、纵容和庇护。阿道夫后来的一些心理倾向——对自我欣赏着迷一般的需要、过度的需求,甚至对口头满足的需要——都来自不健全的母子关系。

人们从心理学的观点出发作了许多尝试来重构希特勒的儿童生活。对历史的理解来说,尽管这些富有启发的帮助在认识希特勒的儿童生活上是不可或缺的,但是它们大多是推测性的,因为它们没有建立在医学证据上,以至于来自无法证实的材料的诸多结论尽管看上去完美无缺,但只是推论性的,缺乏科学的说服力 。同时,对希特勒的心理学研究是必要的,因为他不是一个正常的人。希特勒的恐惧、变态和非理性,是不能从对纳粹时代的历史记录中抹去的,因为它们后来成为公共政策。换句话说,希特勒和他的党羽——他们当中的一些人投射出他的变态心理——把他们的性格强加在德国的公共生活当中。为了这样行事,他们扭曲了正常的人类行为。如果缺乏心理病理学方面的理解,希特勒运动的许多地方是难以解释的。

关于希特勒的童年生活,有一件事是可以确定的:那就是没有一个后来显示出他这种性格特征的人会享有幸福的童年。我们知道,过分拥挤、不断迁居和几个孩子的死亡,会使希特勒的家庭生活缺乏诗意。除了阿道夫、小阿洛伊斯和安吉拉,还有埃德蒙德(只活了六年)和保拉,这五个孩子和父母一起生活在比较拥挤的环境中。年幼的阿道夫是否看到了父亲和母亲做爱,他是否把它解释为侵犯或者强奸——正如一些传记作家所相信的那样——在特定的环境中这些是不得而知的,但又是可以设想的。

因此,我们可以猜测,家庭的氛围并不像希特勒要我们相信的那样具有诗情画意。这个家庭也经常迁居。在 1892 年,希特勒一家从伯劳瑙内波穆希迁居到帕骚,然后又迁居到特劳恩湖边兰巴赫附近的哈弗尔德,在那里,阿洛伊斯·希特勒买了一间房子和九英亩地(1895)。在兰巴赫附近的菲施拉姆,阿道夫进入了小学一年级,没有显示出后来在学习中出现的问题。1896 年,阿洛伊斯·希特勒在四十年的工作后退休。同年,阿道夫进入了兰巴赫本笃会教派学校的二年级。他获得了较好的成绩，并喜欢上学。他还是合唱团的成员，喜欢天主教的教士生活，特别是对哈根院长更是情有独钟。“这位神甫的盾形徽章和他的戒指都刻有万字徽，在讲道坛前也刻有这种符号”。

阿道夫的父亲现在拥有了大量的休闲时光，他养蜜蜂，光顾小酒店，和他的孩子们闲聊。尽管父亲和儿子现在亲密了许多，但他们还是经常争吵，家庭的氛围变得越来越恶化。在1896年，希特勒同父异母的哥哥小阿洛伊斯不能再忍受父亲恶劣的脾气离家出走。因此，阿道夫现在成为父亲善意的、但经常也是无正当理由的道德判断的接受者。

1897年，家庭再度迁移，这一次是迁往兰巴赫，阿洛伊斯·希特勒在那里买了一幢新房子。一年后，他们最后一次迁居，在多瑙河边上林茨附近的莱昂丁买了一幢房子。父亲为阿道夫选择了工程技术，送他到林茨的国立初中，但是阿道夫对学校的兴趣开始衰退，成绩也开始明显下降。后来他对此解释道：为了反对他父亲希望他成为一名公务员，他故意忽视自己的学习。当父亲1903年去世的时候，阿道夫在学校的表现越来越坏。他越来越懒散，在班级中不合群。他从父亲严格的控制中解放出来，做着自己想做的事情，因为不再有人反对他。在莱昂丁的家中，他是唯一和四个女人——母亲、姑妈、一个女寄宿者和妹妹保拉——生活在一起的男人。

1904年9月，希特勒转到离家大约十五英里的施泰尔的一所学校，母亲在那里为他租了一间屋子。由于缺乏父母的管束，他的成绩直线下滑。期中考试的成绩显示他在德语、法语、数学和速记方面下降的等级。如此糟糕的成绩让阿道夫决定大醉一场，并把成绩单当作卫生纸。期末考试的成绩依然没有任何提高，数学和德语的成绩继续下滑，希特勒就此永远离开了学校。在施泰尔的岁月里，希特勒一直是较为压抑和孤僻的，时常生病。除了他的历史教师利奥波德·珀奇，他讨厌其他所有的老师，因为“他们对年轻人没有任何同情心。他们的目标就是填满我们的大脑，使我们成为像他们一样博学的类人猿”。他的老师回击了这种抱怨。例如，1924年在对希特勒进行审判时，做证的爱德华·胡梅尔谈论到以前的这位学生：

> 我能够清晰地回忆起这个憔悴的、脸色苍白的年轻人。他颇具天分，但

> 是只显示在狭小的领域当中。他缺少自我约束,特别爱争吵,任性,傲慢,容易发怒。他对学校的生活难以适应。另外,他十分懒散。以他的天赋,他应该能够做得非常好。但是,他对艰苦工作的热情很快就消散了。他对建议或者批评有着难以掩饰的敌意。同时,他要求同学们对他表示臣服,把自己幻想为一个领袖。

父亲的死去除了唯一一只强硬的手,它能引导这位看上去病恹恹的、自我封闭的、忧郁的少年通向现实的目标。不幸的是,阿道夫现在采取了"否定性"的身份,背弃了父亲对他的希望。不是继续留在学校读书,他说服了没有主见的母亲让他离开了学校,借口是患了肺炎。正如阿道夫所承认的那样,肺炎突然成了他的救星,使他能够按照自己的喜爱处理离校问题。

青春期的幻想

几乎将近两年时间(从1905年秋天到1907年),希特勒在林茨过着懒散和封闭的生活,他的母亲在1905年6月搬到了这个城市。在两年当中,他幻想成为伟大的画家和建筑家。朋友奥古斯特(古斯特尔)·库比泽克的父亲是一位装潢商,古斯特尔热切地倾听着希特勒的幻想。希特勒和他一道去听歌剧,参观美术馆。希特勒还贪婪地、不加区分地阅读书籍,正如古斯特尔后来所回忆的那样:

> 我的朋友正是如此。他总是在阅读许多书和更多的书。我想象不出没有书希特勒该怎样过。在家里,他总是在四周把书堆得高高的,假如他对哪本书感兴趣,他就必须把它买到,书就是他的整个世界。

在他心理成形最重要也是最敏感的年月里,年轻的希特勒在林茨或者维也纳阅读过哪类刊物或书籍呢?尽管他宣称自己读过许多严肃的学术著作,但是他只是浅尝辄止而已,以便显示自己的博学。没有理由怀疑库比泽克的证词:希特勒阅读了叔本华、尼采、席勒、莱辛或易卜生的著作,但是他的认知发展水平使他还不能理解他所阅读的东西。在《我的奋斗》一书中,希特勒自己承认:

通过阅读，我可能发现与一般的所谓知识分子完全不同的东西。我知道一些人在无休止地阅读，一本接着一本，一篇接着一篇，但是我不能说他们会阅读。他们缺乏对有价值的书和无价值的书加以区别的能力；他们不是将一本书永记于心，假如可能的话，再参阅其他。相反，他们将书籍统统作为没有必要的压舱物。进一步而言，阅读自身不是目的，而是通向一个目标的方法。首先，它必须为充实天才的才能和个人的能力服务；其次，阅读必须描绘出世界的图像。

事实上，希特勒心胸狭隘，读书的目的无非是为了确定现存的偏见或信仰。因为他的思想缺乏正规的训练，因此习惯性地缺乏约瑟·奥尔特加·伊·加塞特所说的思维能力——它能没有偏见地检验思想，同时将它们提交给更高层次的理性和法则。像那些被希特勒吸引的缺乏批判能力的大众的思想一样，希特勒的思想只不过是“对词语的爱好而已”，对行动具有高度的煽动性。

希特勒在林茨的两年晃荡中已经显示出他某种未来的特性，如强烈的但缺乏条理的热情，对幻想的爱好，缺乏与人建立友好关系的能力。他在林茨唯一的朋友古斯特尔·库比泽克告诉我们，当他们两人在荒原上散步的时候，希特勒喜欢对他滔滔不绝，用强烈的动作和生动的手势为他的演讲断句。有一天晚上，在听完瓦格纳的《黎恩济》之后，希特勒和他的朋友登上了一个陡峭的山坡。在那里，他异常激动，以奇怪而尖利的似乎不属于他自己的声音说话。按照库比泽克的看法，希特勒似乎被他自己的邪念所占据，处于彻底狂喜的状态。他将黎恩济这个人物用幻想的力量转化成他自己的野心。这是第一次库比泽克发现希特勒这一方面正在发展的人格。阿道夫相信他必然被选出来在世界历史中扮演救世主的角色，不过，这一看法对他年轻的朋友来说是奇怪的。

希特勒对浮夸的热爱也反映在他的艺术努力中。专家们都同意希特勒是个真正的天才，但是他缺乏耐心的脾气阻碍了他全面地发展他的技巧，因此使他不能成为一个严肃的艺术家。他绘制了大量的风景画，但是他的心灵和激情关注于设计纪念大楼和规划整个城市。库比泽克不愿意经常陪伴他。他告诉我们，希特勒总是在林茨的大街上漫游，向他的朋友指出哪个建筑必须改造，又必须如何改造。他告诉他的朋友,市政厅必须迁移,在它的位置上,他设想了一座庄严的现代建筑。至于教堂,它必须彻底翻修。铁轨必须安置在地下,因为它们破坏了城市。当然,将铁轨安置在地下意味着将火车站放在城市的边缘。另外,他设想一条铁路通往利希滕贝格山,在山上建造一个豪华的旅馆和一座九百英尺高的铁塔,人们可以从那里俯视一座横跨多瑙河的很高的大桥。

显然,这种对幻想的着迷是他后来的突出性格,在那时已经定型。当然大多数处于青春期的人都会做白日梦,但是到了成年,大多数人就不再固执地投射出反现实的宏伟幻想。购买彩票的著名插曲,又一次证明了希特勒偏爱幻想胜于注重现实的倾向。阿道夫说服他的朋友古斯特尔投资国家彩票,他不仅使古斯特尔相信他们会中彩,而且还计划如何用掉这笔奖金。他们将租用一座大房子的整个二楼,在那里可以俯视多瑙河。有了这笔钱他们还可以全身心地投入艺术生活当中:

> 我们可以在那里作曲、研究和阅读,最重要的是学习。正如我的朋友所说,德国的艺术天地是那样的广阔,我们对它的学习是没有终结的。我们应该请一位富有文化修养的女士来管理家务,但是,这位受过良好教育的女士必须是庄重的,而且年龄较大,这样就不会对我们产生让我们无法接受的企图。

在希特勒给古斯特尔的描述中所暗示的庄重并受过良好教育的女士,代表着对上层阶级举止良好的女士的期望。她们后来进入了这位年轻的慕尼黑群众煽动家的视野。在他的青春期,我们只听说一个名叫斯特凡妮的年轻女士,她对希特勒产生了浪漫的吸引力。然而,斯特凡妮更是一个浪漫的抽象物,她是希特勒不可企及的北欧美人的理想。库比泽克告诉我们,希特勒经常在林茨的街道上跟在她的后面,但是,他非常胆怯,不敢公开接近她。他告诉库比泽克,无需言语交流,实际上他们之间的一切都将非常清楚。可是,这个年轻女人并不知道如影随形的希特勒的存在。希特勒竟然创作了一个有对白、有观众的自杀剧本。

像古斯特尔和所有崇高的计划一样,斯特凡妮是希特勒通往浪漫目标的一个工具。正如维尔纳·马泽尔所说的那样:“对他来说,对他人真正的兴趣是十分遥远的，这个人能够煽动大众的情绪，并使自己认同他们的渴望，但他从来不想费神了解他的朋友在想些什么，感受如何。”在希特勒的青春期，他已经显示出自己将成为莎士比亚创造的“独立的”人。像理查三世一样，他声称：“我是孤独的。”按照约阿希姆·费斯特的观点，希特勒实际上“从自我中创造了一切，同时，自己就是一切”。他是自己的教师、一个政党的组织者、政党意识形态的制造者、阴谋家、蛊惑人心的救世主、领袖、政客、十年来世界的轴心。

因为希特勒企图作为一位伟大的艺术家给世界留下印记，他认为维也纳比林茨更适合作为艺术学习的地方。1907 年 1 月，母亲乳腺癌手术也没有使他偏离对成为艺术大师的一心一意的追求。1907 年夏天，母亲从父亲的遗产中拿出七百克朗给他，这使他可以在维也纳做一年的艺术学生。

像阿道夫一样，假如一个年轻人将自己所有的希望维系在成为艺术大师之上，那么，他将被失败所击溃。当希特勒没有通过美术学院的考试时，他跌入了人生的谷底，他曾经坚定不移地培育着对艺术辉煌成就的梦想，如今这一梦想在眼前烟消云散了。关于他的失败，希特勒征询了美术学院院长的意见。院长可能告诉了希特勒，他缺乏绘画的才能，他真正的天赋是建筑。希特勒绘画的分数都在录取标准之下，因为它们缺乏一种他从未具有的特质——对人体的鉴赏力。他的画在技巧上是完成了，但是没有人类的感情。人体是没有思想或装饰性的条纹。在他的许多画中，他们都直挺挺地、不自然地像傀儡戏中的牵线木偶那样站立着。然而，尽管希特勒失败了，但是他没有放弃在美术学院学习的计划。他发誓要在 1908 年秋季通过考试，他希望到重新考试的时候自己的技巧和自选画集的水平都有所提高。

同时，他的母亲因无可救药的癌症而去世。她的犹太医生爱德华·布洛赫推荐的碘仿疗法花费巨大，但是十分痛苦且毫无疗效。1907 年 1 月只好采取极端的乳房切除手术，但这也没有控制住克拉拉的癌症。到当年 10 月，她的状态急剧恶化。布洛赫医生指定的治疗是将碘仿纱布放在化脓的伤口上，这造成了酷刑般的痛苦。根据一位专家的话来说：“被吸收到身体系统中的碘仿会加速心脏的跳动，损害神经系统，导致焦躁不安、头疼、失眠、发烧及更严重的病征——带有幻觉的精神错乱。”布洛赫医生的治疗散发出的恶臭弥漫在小屋里，在那里，暂时离开维也纳的希特勒细心地照顾着垂死的母亲。但一切都无济于事。在黑暗而阴郁的1907年12月21日早晨，克拉拉在圣诞树闪烁的灯光下死去。布洛赫回忆道："在我的一生中，我从来没有看见像阿道夫·希特勒那样悲痛欲绝的人。"

母亲的去世和没有考入艺术学院使希特勒的人格受到巨大伤害，影响着一系列他对生活的态度。双亲现在都离开了尘世，他感受到了彻底的孤独、无助，完全暴露在自己无法控制的、无常的命运之力下。为了自我保护，他退缩到自我的保护壳当中，以便在残酷的世界中生存。总之，他形成了一种否定的生存技巧——操纵、无情、剥削——而不是积极的适应方法。给母亲送葬后，他回到了维也纳，现在他从遗产中获得了充足的钱继续学习。维尔纳·马泽尔一直仔细研究着希特勒在这一时期的境遇，他认为希特勒从父亲遗产中获得的数目，以及他的孤儿抚恤金相当可观，相当于一个律师的薪水。直到这个年轻人耗费了他的大多数遗产之后，艰难的命运才开始经常光顾希特勒。他返回维也纳之后，和朋友库比泽克住在同一套公寓里，后者正在音乐学校学习。库比泽克告诉我们：他的朋友一点儿也没有改变他的生活方式，继续像一个无忧无虑的艺术家一样追求着自己的命运，只用一半的心思准备第二次考试。1908年秋季他参加了考试，不过再次失败。当库比泽克从军队短暂的轮班中归来的时候，他发现希特勒没有留下今后的住址便消失了。

无家可归的局外人，1908—1913

1908年至1913年间，希特勒的未来走向还是模糊的。遗产用尽之后，希特勒被迫生活在男人旅店和廉价的公寓中，作为维也纳社会一个可有可无的成员，他维持着在社会边缘的生存。回顾这个时期，希特勒后来写道："那时我形成了世界观和生活观，它们成为我行动坚硬的基石。对我所学的我无需增加什么，也无需改变什么。维也纳曾是并且依然是我最艰苦、最彻底的生活学校。"

当希特勒离开与他的朋友库比泽克共同居住的公寓之后，他的经济和心理状况不断恶化，他越来越滑入被社会拒绝的底层。他收入的唯一来源是和妹妹共享的孤儿抚恤金，但是它们总共才有二十五克朗，几乎不能购买充足的食物，他被迫成为一个寄宿者，租用私人家庭的床位。最后，他只能在肮脏的大众居民区中寻求藏身之所。在夏天，他有时在露天睡觉，要么是在公园的长凳上，要么是在长廊下，但是，当天气转凉时，他就不得不在梅德林区为无家可归的人提供的旅店寻求藏身之所。在 1909 年，这种收容所共接纳了二十五万无家可归的人，它由私人的慈善组织管理，这些组织的主要捐款来自富裕的犹太家庭。

从 1910 年开始，直到 1913 年 5 月他前往慕尼黑，希特勒一直生活在梅尔德曼街 27 号为无家可归的人提供的小旅店里，一间私人小卧室的租金是每星期三个克朗。旅店的规则限定寄宿者到晚上九点才能拥有床铺，而早晨九点就必须离开。不过，旅店也提供了一些方便的设施，如读书室、吸烟室和小卖部。并非所有的寄宿者都是游民；事实上，相当一部分寄宿者来自有名望的家庭，他们发现自己处于可怕的境地之中，等待着命运的变化。

年轻的希特勒开始同绝望、艰苦的人相处在一起，他们视生活为丛林，在其中，只有最无情的人才有机会生存。1909 年底，希特勒与一个来自德国的名叫赖因霍尔德·哈尼施的流浪汉合作。这是个啰唆的、不诚实的人渣，他认为希特勒可以被他利用来赚钱。借助希特勒的弱点——虚荣和自以为是，哈尼施愿意做希特勒绘画作品的销售经纪人，销售他的代表作品。由于执着于成为艺术大师的梦想——这使他没有因为被艺术学院拒绝而颓丧——希特勒绘制了大量的小型画，其中大多数是明信片和旧印刷品的临摹品。这种安排十分适合希特勒的波西米亚气质。由于他过于懒散，以至于没有从生活中取材进行绘画，而是随心所欲地飞快地制造些产品。哈尼施沿街叫卖，把希特勒的许多绘画卖给好心的维也纳市民和艺术品商人。

哈尼施企图激励懒散的艺术家，希望他每天能稳定地制造出产品。这就要求自律和勤奋工作，不过一切都是徒劳的。1910 年夏天，他们的合作关系突然走向终点。8 月，希特勒给布里基特瑙的警察局写了一封控告信，告发哈尼施骗取了他的两幅画，结果是，哈尼施遭到逮捕并被监禁了八天。哈尼施后来为了报复，在报纸上散布大量诽谤性的有关希特勒私生活的虚假故事。在 1938 年兼并奥地利之后，希特勒追捕和枪毙了哈尼施，抹去了另一个使他苦恼的维也纳生活的见证人。

希特勒在艰苦的维也纳生活中建立了“坚硬的基石”，它建立在三个相互关联的思想态度上，即社会达尔文主义、反共产主义和反犹太主义。这三个应该受到关注的信念，是希特勒内心冲突的心理表现。尽管他希望我们相信它们是勤奋的阅读习惯或对现实事物客观研究的结果，但是，事实正好相反，希特勒的信念要么是个性弱点的理性化，要么是非现实的幻想的有力投射。事实上，希特勒使他深埋的仇恨合理化。他申明他对犹太人或共产党的仇恨是有理智上的理由的，从而蓄意掩盖了他的偏见的真实起源。

回顾这一时期，希特勒认为："维也纳对许多人来说代表着无忧无虑的快乐，是享乐的天堂，但对我来说，它只留给我对一生最悲哀的时光的生动记忆。"沦为赤贫、被剥夺自尊、对"享乐的天堂"的嫉妒，希特勒发现自己生活在社会的渣滓当中。但是他认为，也因为这唯一合适的理由可以说明世界的本来面目。在《我的奋斗》中，他用来描绘维也纳的语言充满了不和谐的、肮脏的或性病的意象。他后来写道，假如告别了大街灯光闪烁的外表进入真正的维也纳，我们将遇到穷人破烂的小棚屋，一个充满了污秽、犯罪、卖淫、酗酒和性泛滥的世界。希特勒以不恰当的但又具有启发性的口气宣称："那些从没有被生活的毒蛇咬过的人不会知道它的毒牙有多么可怕。"

这些狂野的表达是一个绝望的年轻人的发现。他悲惨的生活告诉他，生活是生存永恒的斗争，只有最强壮的人——最凶暴、最冷漠的——才有机会获取胜利。因此，对爱、感情、和平、合作的浪漫主义观点是感伤的美妙之言，是资产阶级的虚伪表现。假如世界已冷漠和残酷地对待他，为什么他要以爱和友好的态度对待它呢?对于希特勒来说，"他要生存就应该战斗，如果在这个充满永恒战斗的世界放弃战斗，他就不应该生存"。他坚信，每个天生温柔或渴望爱的人，都会以某种方式散发出软弱和堕落气息，而强壮的人将凌驾于其上。可能正因为这个理由，希特勒厌恶社会主义和基督教。他认为这些运动是生物学上软弱的理性化表现，是用高贵的思想掩盖怯弱的动机。

失败的心理空间要么指向自我，要么指向外在的力量。前者可能涉及批判性的自我检验或者自责，后者则将责任归咎于一个更大的、经常是无形的、超越个人控制的力量。这些都是对抗性的机制，每一种都涉及不同程度的对社会的适应和不适应。希特勒的失败涉及现实的矛盾或牺牲者的感情，这并不令人惊讶，但有趣的是，他对假想的压迫者的反应是一种赞赏。他是社会的失败者，这一地位应该使他贴近左翼运动的方向，但是，他欣赏将统治的精英置于优势地位的力量和权力。他可能憎恶他们的地位和身份，但是他欣赏他们所占有的权力和威望。

他后来告诉奥托·施特拉塞尔：甚至资本家们“也是通过自己的能力才获得登峰造极的成就，在这一选择的——它再次证明他们是优秀种族——基础上，他们有权居于领导地位”。

希特勒的许多行为在于他对待这种权威的态度，威廉·赖希将此描述为一种矛盾心理的态度，它在敬畏的服从和憎恶的反抗之间交替更迭。在这个意义上，希特勒的观点在某种程度上是地位较低的中产阶级的反映。这一阶级处于顶端的封建精英和底部的不断增长的劳动大众之间，这种不稳定的社会地位使它很难形成明确的社会信念。然而，德国和奥地利的中产阶级知道自己依附于旧式的统治阶级，发现自己很难形成独立的资产阶级的生活方式。在奥地利和德国，中产阶级模仿着统治阶级的观点，同时惧怕无产阶级的趣味污染。同时，年轻的希特勒也认同权力的超凡魅力，同时认为工人是低等的种群，是阴暗而可恶的大众。库比泽克告诉我们，年轻的希特勒热衷于自称文雅，他穿着体面的套装和黑色的、质地讲究的大衣，戴着一顶黑色的帽子，手持象牙手柄的拐棍，同时抨击着一个不可容忍的建议，即他应该接受满足生计的工作。

沦入灰暗沮丧的无产阶级生活，对一般的中产阶级意味着最大的恐惧，对希特勒来说更是如此。1923 年和 1929 年，当这种恐惧两度可能成为现实的时候，希特勒知道如何对此加以利用。因为从在维也纳生活的几年开始，恐惧已经成为他心理结构永久的组成部分。像希特勒一样，德国的中产阶级不可能被推向社会主义或共产主义，因为集权主义者的意识深植在德国人民的集体心理当中。年轻的希特勒没有投向左派，相反，他更偏爱认同德国的保守主义制度。在英国，保守主义生活方式的对应人物是温斯顿·丘吉尔，他直觉地认识到希特勒身上的这种态度，甚至认为这种对德国保守主义权力的认同是“一种值得骄傲的忠诚的转化”。

事实上，希特勒集中体现了德国中产阶级的感情，以及对旧的封建价值观念的羡慕和怨恨。作为一个失去阶级归属的局外人、一个在社会中无立足之地的失败的艺术家，他更喜欢认同贵族制度的英雄和男人的美德，而不是无产阶级的粗俗趣味。希特勒对无产阶级意识形态、马克思主义或社会民主主义的反对是相当激烈的。在他的心目中，甚至民主的社会主义和共产主义也是同义的。产生于工人大众意识形态的马克思主义，是一种活生生的淫秽之物，是一个“极为讨厌的、戴着社会美德和兄弟之爱面具的妓女”。他憎恶它的世界主义和对阶级纽带而不是民族纽带的信奉。社会民主党的政治家们企图在整个社会范围内提升最弱者，他确信他们是在违反自然的法则，因为这个法则一直是偏爱最强大的种族、国家和等级。

希特勒听够了奥地利国会喧闹的，甚至是混乱的辩论，他对民主程序产生了持续的反感。他开始相信，议会的民主就是无休止的争论和廉价的妥协。它自诩的大多数人统治的原则，使得果断的决策变得十分困难。他相信，所有历史上最伟大的事业都是由不同寻常的天才所完成的，他们经常逆着大多数的观点而行事。他承认：因为大众对所有的天才有一种天生的厌恶，所以，天才产生于普选这一观点虽然荒诞无稽，但也不会遭到人们的严厉反对。

除了轻视各种形式的工人阶级的社会意识形态，偏爱残酷的社会达尔文主义思想，希特勒在维也纳时期还对犹太人产生了刻骨的仇恨。根据维尔纳·马泽尔的观点：“尽管我们对希特勒的医学的、智力的和社会背景的所有可资利用的材料进行了分析，从中获取了大量的信息，但是，我们依然不能满意地解释他的反犹太主义。”除了一个重要的疏忽，维尔纳·马泽尔的观点基本上是正确的，即希特勒的反犹太主义不仅仅是一个偏见或失常，而且是一种病变。

数百万德国人、法国人、英国人和美国人对犹太人都有偏见，他们从小就对犹太人负面的人格特性形成了固定而陈腐的看法。正如我们所见，这种偏见在西方人的意识和西方的制度中根深蒂固，但是，它们并没有导致组织化的“流水线”集体屠杀技术。希特勒的反犹太主义超出了偏见的范畴。它是一种心理病变，属于人类历史中魔法和魔鬼信仰一类的东西。假如这样看待这一问题，那么，希特勒是如何将反犹太主义偏见融合到一个充满幻觉的思想体系当中的呢？

尽管我们缺少临床证据，但是从我们占有的大量资料来看——大多数来自希特勒的自述，它们明确地显示了一个心理病变的发展过程。事实上，反犹太主义是希特勒政治生活的养料。一旦它被固定化，就会成为希特勒性格永久的特性，持续不断地变得越来越恶毒，直至他在帝国总理府地下室的最后一刻。尽管没有历史学家怀疑希特勒具有严重的幻觉，但是，人们还是不太清楚他是何时或者如何对犹太人产生病态的恐惧和恶毒的仇恨的。希特勒在林茨就开始产生轻微的反犹太主义偏见了，但是，正如他在《我的奋斗》中所承认的，他在林茨没有碰到过适合他后来妄想式偏见的犹太人。他母亲的医生爱德华·布洛赫是他个人接触的犹太人之一。在为无家可归的人提供的小旅店中，希特勒与约瑟夫·诺伊曼保持了紧密的接触，这个犹太同伴是一个运气不好的人。这种和犹太人的接触似乎对塑造他不断发展的反犹太主义没有产生任何影响。希特勒的反犹太主义似乎更多的是植根于意识形态的信念，而不是他的个人经历。在维也纳时期，他阅读了恶毒的反犹太主义的作品，与德国第一次世界大战的失败相联系的创伤，又加强了他通过阅读形成的反犹太主义意识。当希特勒生活在维也纳的费尔伯街的时候，他经常购买兰茨·冯·利本菲尔茨的反犹太主义期刊《奥斯塔拉》，它们在靠近香烟店的地方折价销售。正如上面所提到的，有一次，他甚至找到这位任性的编辑，想得到一些他没有买到的过期杂志。他还沉浸在各种各样的小报中，最著名的是《德意志人民报》，它登载一些令人厌恶的有关犹太人、性及各种偏见的文章，旨在挑逗容易上当的公众。希特勒也受到政治鼓动家的影响，其中包括维也纳市长卡尔·卢埃格尔和泛日耳曼的民族主义者格奥尔格·里特尔·冯·舍纳勒。

就在希特勒与反犹太主义的思想和人物接触的同时，他个人也意识到维也纳街上越来越多的犹太人。一些统计数据在这里是有用的。1857 年，维也纳只有 6 127 名犹太人，略多于该城人口的 2%；然而，到 1910 年，犹太人口已经上升到 175 318 名，占该城人口的 8.6%。犹太学生在中学、高级中学或大学的比例明显地提高。到 1913 年，在学校注册的学生其中有 27.6%是犹太人。到 1914 年，也就是在第一次世界大战爆发之前，在维也纳大学注册的学生中有 27.6%是犹太人，而且，他们当中的大多数聚集在法律、医学和管理这样的专业领域。从人口地理学的角度来看，越来越多的犹太人生活在利奥波德区，这是维也纳的穷人区，希特勒在那里命中注定地首次遇到长得像外国人一样的犹太人。

这些犹太人的出现在所有的地方强化了反犹太主义的偏见，但是，在失业和不满分子阶层当中，它尤其引发了惊恐的情绪。阿道夫·希特勒是不满的局外人的典范，他认为犹太人是他遭遇的所有问题的根源。他沉浸于适宜在每一个咖啡店里阅读的反犹太人的小报中。他敏感的心灵经常受到匮乏恐惧的侵扰，并且越来越集中于犹太人，把他们作为一切罪恶的起源。对于希特勒来说，一些个人的经历似乎变成了问题的全貌。他后来在《我的奋斗》中记录道：有一天，他在维也纳的人行道上遇到了一位外国人长相的犹太人，他对这位斜着眼睛的犹太人的概括十分生动：

> 有一天，我在城内的大道上散步，突然遇到了一位穿着土耳其长衫、留着黑色鬈发的家伙。他是一个犹太人吗？这是我的第一个问题。在林茨，他们肯定不是这个样子。我悄悄地、好奇地看着这个人，但是，我越是审视这张陌生的脸，越是一个一个地注视这些怪物，我的心就越是会以另一种形式重新提出第一个问题：他们也是德国人吗？

对于希特勒来说，这个回答是彻底的"不"。犹太人不可能是德国人，因为他们在种族和宗教上是不同的；他们的差异是如此巨大，他们的个性是如此相异，因此，必须采取一切方法将犹太人从德国社会中驱除出去。希特勒将犹太人视为与其相异的存在物。这种看法又被以下的信仰增添了感情色彩，即他们散发着不同的气味，也许，他们的整个嗅觉系统是腐朽的和令人讨厌的——这是简单的种族优越性的共同反应：

> 这一种族道德和身体的纯洁本身就是一个证明。从外表上看就十分明显，它不是一个爱水的民族，并且，不幸的是，一个人闭上眼睛都能分辨出这个民族。后来，穿着土耳其长衫的人身上散发的气味经常使我作呕。除此之外，他们肮脏的衣服和丝毫没有英雄气质的相貌也是如此。也许，所有这一切都还不十分具有吸引力。除了身体的不洁，令人反感的是突然发现这些被挑选出来的人道德上的污点。

障眼物似乎一下子从希特勒的眼睛里落下：维也纳散发着污秽气味的犹太人只是冰山一角，它是一个更深的、折磨着整个社会有机体的病痛可见的征兆。像水蛭一样，犹太人将自己移植到社会的躯体当中，吮吸着它的鲜血。因此，希特勒恶毒地认为，无论我们何时打开社会痛处，我们都会"发现一个小犹太人，他像一条蛆一样寄生在尸体当中"。希特勒相信，犹太人的影响在报刊、戏剧、美术和文学中尤为有害。犹太人对一个国家的经济生活也具有压制的作用。他们毫无羞耻地剥削，没有丝毫的回馈。由于他们对自己生活在其中的社会没有承担一点儿义务，所以，他们也不关心社会的基本价值观。这就是为什么除了他们的犹太特性之外，没有任何东西对犹太人来说是神圣的原因。由于这个原因，希特勒甚至宣称已经发现了犹太特性和卖淫之间的关系，他警告道："当我在夜晚穿过利奥波德区的大街小巷的时候，就逐步地认识到不为当时大多数德国人所知的事实。直到战争使东部前线的士兵们看到了同样的事实之后，他们才对此有所知晓。当我第一次看见管理此等令人震惊的贱业——这个大城市的垃圾——的犹太人的时候，看到他们的残酷、无耻和算计的时候，一阵寒战穿过我的脊梁骨。"

在希特勒眼里，犹太人是社会所有消极面的一般代表。每一件令人厌恶的和侵犯性的事物、每一个希特勒对自身和他人憎恶的品质，都不可避免地指向犹太人。当谈论犹太人的时候，希特勒习惯性地使用了肮脏的词汇，宣称所有被犹太人摸过的东西都散发着梅毒、污秽、腐烂、蛆、病菌、病毒、细菌的气息。在小巷里，在显赫人物经常光临的地方，我们总能发现一个目光邪恶的犹太人在破坏和颠覆雅利安人的纯洁性。在小巷里，他是一个黑头发的犹太男孩，脸上带着魔鬼般的微笑。他躲在那里等待着毫无戒心的女孩，用他的血玷污她，把她从自己的民族那里夺走。在高贵人物经常光临的地方，如报社、剧院、大公司和政府，犹太人借助有权有势的、恶毒的力量在阴谋玷污一个国家，这些力量是共产主义、自由主义、和平主义和议会民主。

罗伯特·G. L.韦特发现，希特勒认为"犹太特性是一种内在的恶魔，是一种需要净化的毒药，是一个需要驱除的魔鬼"。这时，他可能确定了希特勒反犹太主义的真正性质。韦特的结论是：希特勒的反犹太主义是其心理病变的产物，是其个人发端于儿童时期、稳固于青春期时期和早期成年时期的失调的产物。这种失调在希特勒最终按照自己的人格特性加以塑造的社会中得到了有力的加强和规范化。按照韦特的说法，希特勒的人格特性是典型的"边缘人格"。这种人格特征是：偏执狂，对自己不可思议的全知全能充满幻想，承受着无法解决的恋母情结的心理冲突，行为上既自私又自恋，具有鲜明的对不洁、粪便、污染的恐惧，倾向于涉及淫秽的各种形式的性变态。另外，边缘人格是分裂的自我，且具有戏剧性的对立特性。因为这种人格的自我是浅薄的，因此，假如自由行动的话，这些对立的特性经常会使人产生双重人格的印象。边缘人格也倾向于依靠"投入"令人欣赏的品质(如雅利安人的坚强、意志、男性气质创造性)强化分裂的自我,同时"投射"令人厌恶的性格(堕落、温顺和女性气质)给那些替罪羊。最终,边缘人格以尖锐的二元对立的方式——神圣的善或者恶、英雄的力量或胆怯的虚弱——来看待世界。

年轻的希特勒无疑显现了这些特性中的一些，并且根据他后来人格发展的状况来判断,毫无疑问,他显示了边缘人格病征的其他许多方面。另一方面,这一失调经常伴随着其他人格失调的许多特点,如精神分裂、歇斯底里、自恋和反社会人格。因此,对希特勒的诊断将不只是一个。本书的论断是：希特勒可能承受着多重的人格失调,包括边缘人格,但是,假如在他心灵的混乱与不和谐中能够觉察到一个主导动机,它可能就是反社会的人格失调。当然,进行回溯性的心理评价是困难的,但是,任何掩盖希特勒许多书面的、公共的和私下的言论的历史学家,都在忽视重要的心理依据。这些言论谈论着腐烂尸体中的小犹太人,谈论着令人厌恶的、瘸腿的犹太杂种渴望强奸雅利安女孩。我们不可能确定希特勒的人格失调是在维也纳廉价旅馆的岁月中形成的,但是,似乎可以合理地肯定,他的反犹太主义和反社会倾向是在那时建立起来的。

希特勒在慕尼黑,1913—1914

1913 年 5 月,阿道夫·希特勒到达慕尼黑,他在施瓦宾区施莱斯海默尔街 34 号一个名叫约瑟夫·波普的裁缝家租了一间小阁楼。他已经二十四岁了,但依然没有找到生活的方向,继续过着他在维也纳适应的隐士般的生活。他身无分文,孑然一人,尽管在心理上他对德国城市的生活前景是乐观的。他后来写道,因为维也纳在种族上的不纯洁——它有诸如捷克人、波兰人、匈牙利人、立陶宛人、塞尔维亚人、克罗地亚人等少数民族,但首先是"人类永远的寄生真菌犹太人"——这个城市驱逐了他。他相信慕尼黑在这一方面具有无限的优越性,并且他希望巴伐利亚轻快的氛围能够激发他的艺术才能。

许多德国人认为,柏林是纪律严明的斯巴达,与之相比,人们普遍认为慕尼黑是一个远比普鲁士帝国首都甜美和无拘无束的城市。尽管慕尼黑是天主教维特尔斯巴赫君主国的首府,但是统治的风格却是家长式的和仁慈的。慕尼黑人对稀奇古怪的人特别宽容。在施瓦宾区，这个城市艺术家居住的地方，各种各样的怪人聚集在一起，在数不清的咖啡店和啤酒屋里传播着不合传统的思想。像维也纳一样，慕尼黑以它的香肠、啤酒、葡萄酒和丰富的糕点而著称。

从文化的角度来看，这个城市处于美术、音乐和文学发展的前沿。理查德·瓦格纳的《特里斯坦和伊索尔德》《纽伦堡的名歌手》《莱茵的黄金》是在慕尼黑首演的。理查德·施特劳斯出生在那里，并且发现了适宜于他的艺术天才的氛围。在慕尼黑，画家的生活方式被认为是最合理的，这可以解释为什么像希特勒这样的无名小辈也会受到只有在巴黎才能得到的尊重。事实上，在第一次世界大战之前，发生在慕尼黑美术界的革命是与瓦西里·康定斯基(1866—1944)联系在一起的。康定斯基是被称为"青骑士"——以他的一幅绘画命名——的一位慕尼黑青年艺术家团体的领袖人物。这个团体的成员包括保罗·克莱(1879—1940)和弗朗茨·马尔克(1880—1916)这样的创新分子。他们通过探索色彩、线条和形状的情感和心理的属性，把现代艺术带入了全新的方向，结果产生了一种抽象的艺术类型。在其中，形式和色彩成为实体内容的抽象，从而上升到更高的精神现实。

慕尼黑的诗人们也用新的象征和文学表现样式进行实验。德国最伟大的诗人赖纳·玛利亚·里尔克(1875—1926)和斯特凡·格奥尔格(1868—1934)都生活在慕尼黑，并且在那里创作了他们最好的诗篇。整个文学的崇拜以斯特凡·格奥尔格为中心，他教导那些富有天才的追随者放弃资产阶级文明，培养一种如诗似画的优美质朴的生活。他还赞美直觉和感情相对于理性的优越性，并且渴望一位艺术超人的出现，他能够使正在腐烂的德国社会获得新的活力。阿尔弗雷德·舒勒是格奥尔格的信徒之一，在富人的画室里探索着神秘的艺术，他重新发现了万字徽，并且传授着晦涩的北欧种族优越性的理论。

伟大的德国小说家托马斯·曼(1875—1955)尽管出生在德国北部，但是却选择了慕尼黑作为他的家，并且在那里创作了他最好的作品；贝托尔德·布莱希特(1898—1956)的革命戏剧是在慕尼黑首演的，弗朗茨·魏德金德(1864—1918)轰动一时的戏剧，如《潘多拉的盒子》和《地神》也是在那里首演的。

出于某种历史的巧合，在第一次世界大战前，几位伟大的历史人物都生活在慕尼黑的施瓦宾区。伊里奇·乌里扬诺夫，也就是俄国著名的地下革命者列宁，就住在施莱斯海默尔街106号，同希特勒住在同一条街上。在阿格尼斯街54号，离列宁居住的地方只有四条街之隔的地方住着奥斯瓦尔德·施宾格勒。这位年轻而默默无闻的作家，正在为他伟大的历史学著作《西方的没落》搜集材料。他们三个人在许多方面彼此极不相像，然而都具有强烈的预言感和对当下的蔑视。他们看到了西方传统在绝大多数方面的颓废和堕落。实际上，他们成了19世纪资产阶级文明的掘墓人。

慕尼黑知识分子的悲观主义和这个城市风趣的市民的快乐精神形成了鲜明的对比。实际上，慕尼黑的快乐只是表面的，它掩盖了在知识分子和与他们相类似的市民中间弥漫的悲观情绪。这种悲观主义尽管在政治的右派那里更为普遍，但是，在意识形态的其他组织中也是如此。爱国者托马斯·曼同工人阶级戏剧家魏德金德或者孤独的退休教师施宾格勒一样，关注腐败和堕落的恐怖形象。施瓦宾区咖啡屋知识分子的生活，不仅依靠咖啡或者啤酒，而且依靠社会批判。咖啡屋和啤酒屋回响着富有抱负的旨在社会重建的计划。

在第一次世界大战之前，拥有大量追随者的著名咖啡屋知识分子是埃里克·穆赫萨姆和库尔特·艾斯纳。埃里克·穆赫萨姆是一个瘦小、凌乱的家伙，留着挑衅性的红胡子。他经常发表辞藻华丽、使慕尼黑市民惊吓的演讲，其内容无非是将受压迫的大众从资本主义的束缚中拯救出来。他的总部位于斯特凡妮咖啡屋，在那里他喜欢下棋和滔滔不绝地谈论现代世界中的生活不平等。然而，他尖刻的妙语和魅力钝化了他含混的意识形态的激进锋芒。他和彼得·克鲁泡特金王子一样，是一个对穷人真正富有同情心的绅士，希望发动一场不伤害任何人的革命。然而，穆赫萨姆好斗的政治风格是脱离实际和乌托邦的，它吓坏了慕尼黑令人尊敬的中产阶级，他们只希望看见他在附近的街灯柱上被吊死。

另一个著名的咖啡屋激进分子是库尔特·艾斯纳，他注定要在战后的混乱岁月中扮演领导的角色。他可能比穆赫萨姆更适合无知粗野的激进分子的口味，是一个循规蹈矩、受人尊敬的德国人厌恶的那种人物类型。他身材矮小清瘦，蓄着一脸的大胡子，戴着一副厚厚的近视眼镜，穿着一件长大衣，一顶扁帽子遮住大半个脸，走在街上让人感到如丧家之犬。尽管他外表滑稽，但他的知识和智慧是可敬的，只是不太实际罢了。艾斯纳的父亲是一个富裕的犹太商人。艾斯纳在柏林大学学习了哲学之后成为一位律师。1897年，他因在杂志上发表文章讽刺普鲁士国王而被判入狱。这引起了卡尔·李卜克内西的注意，李卜克内西说服他加入了社会民主党，并且让他担任了党的机关报《前进报》的编辑。但是，艾斯纳古怪的性格和不切实际的生活方式使他经常和同志们，特别是坚定的激进分子发生冲突。因为他修正主义的观点，他被辞去了工作。他舍弃了妻子和五个孩子前往巴伐利亚——先是纽伦堡然后是慕尼黑——在那里为社会主义的报纸《慕尼黑邮报》做戏剧评论员，他还涉足当地的政治。艾斯纳被人们戏称为“施瓦宾的布尔什维克分子”。事实上，他在包括许多工人分子的左翼文学圈子之外有一大批追随者，但是，他缺少鲜明的原则，正如后来的事件所显示的那样，他在将大众的不满变为成功的政治事业方面缺乏才能。他作为政治活动家的失败可能在于他缺乏严肃性，他没有能力超出含糊的意识形态的抽象标准去判断人的性格。

阿道夫·希特勒像影子一样在战前慕尼黑的歌舞升平中穿来穿去，没有人爱，也无人依附。他对周围世界的态度，特别是对美术界一些前卫艺术的实验充满敌意和蔑视。因为他作为一个人还没有成熟，作为一个艺术家也没有任何进展，他的绘画依然和维也纳时期一样，是同样陈腐的水彩画，只是主题发生了变化，维也纳的风景被慕尼黑的景色所取代。另外，他在慕尼黑的财政状况依然和在维也纳一样糟糕透顶。卖画的收入无法糊口，只好再为房东干点零活。

希特勒在慕尼黑的单调生活在 1914 年 1 月突然中断，他被指控逃避在奥地利的兵役而被刑警逮捕。1914 年 1 月 19 日，他被押解到奥地利领事馆去解释自己的行为，并且向奥地利政府说明为什么他不能在 1 月 20 日到林茨报到服役。希特勒被这些事弄得十分局促，他肯定向警察投去哀怜的目光，狡猾地博得了他们的同情。他写了一封充满语法错误但是富有感染力的长信，他在信中恳求同情，并要求延迟报到服役的时间。奥地利领事同意他在两个星期后在临近的萨尔茨堡报到。1914 年 2 月 5 日，希特勒来到了萨尔茨堡接受卫生部门的检查，由于身体状况太差，他被认为“不适合作战和后勤服务；过于虚弱，不能负荷武器”。

具有讽刺意味的是，当战争在 1914 年 8 月 1 日爆发时，这位被奥地利政府在 1914 年 2 月宣布不能作战的人却迫不及待地加入了德国军队。像许多其他同一代的年轻人一样，当希特勒听到德国处于战争状态的时候简直是欣喜若狂。正如他后来所回忆的，他被激情所控制，跪倒在地，感谢上苍给予他生活在这样一个时代的好运。出于难以置信的运气，希特勒的私人摄影师海因里希·霍夫曼那天拍了一张照片，记录了在欧迪翁广场的群众集会，战争的宣言就是在那里宣读的。许多年以后，希特勒告诉霍夫曼那一天他就在人群中，用放大镜搜索显现出希特勒紧靠着陆军元帅厅俯瞰广场的一座石狮。放大的照片代表了他一生最富有启示性的一刻，显示了他正处于迷狂的状态。被令人激动的一刻所驱使，他半张着嘴，闪光的眼睛里显示着稍纵即逝的预兆：命运正促使他从事伟大的事业。正如理查德·汉泽尔所言："这张照片永远凝固了这一瞬间，在这一时刻，希特勒的事业成为可能。正如这张照片所记录的，正在宣布的战争将产生希特勒崛起不可或缺的社会动荡。"

战争拯救了希特勒，1914—1918

战争引发的激动驱使着希特勒。他在自己的小阁楼里处于发烧的状态，坐立不安。他给政府写了一封信要求允许他在德国军队服役。1914 年 8 月 4 日，他收到了政府的通知：他被吸收为志愿者。两个星期后，他通过了基本的训练。仅仅十个星期后，他所在的部队——第十六巴伐利亚步兵团，即李斯特团——就被派到了西线。

作为一个传令兵，希特勒奔波在团部和第一线的作战分队之间，在前线的战壕中度过了战争的大多数时光。根据最可靠的资料，希特勒是一个勇敢和值得高度信赖的士兵，他从不抱怨，绝对服从命令。一同生活在战壕中的战友都尊敬和信任他，但是，他明显的热情态度也遭人憎恶。很明显，他十分感激找到了一个替代性的家，为了加倍地补偿他的感激之心，他的谄媚显得有点过分。当战友休息的时候，他经常为一些无缘无故的事情忙忙碌碌，不是擦枪，就是把刺刀磨得雪亮。一个和他一起服役的人后来回忆道：希特勒从来没有放松的时候，"假如他哪一刻不工作的话，好像我们就会失去战争"。他没有收到过一封信、一件包裹，但是他从不抱怨，淡泊地接受自己的命运。让他的战友懊恼的是，他从不参加大多数士兵习以为常的狂欢活动。尽管战争在士兵之间塑造了特殊的联系，但希特勒一直是一个孤独的局外人。这可能可以解释为什么他一直没有得到提拔，始终是一名下士。李斯特团的副官弗里茨·魏德曼后来在纽伦堡做证，上级没有同意提拔希特勒为军士，因为"我们没有在他身上发现领导才能"。另外，除了乐意取悦上司外，希特勒很难摆脱自己艺术家的习气和不合传统的习惯。按照魏德曼的说法，他的举止特别没有军人的样子。他穿着邋遢，行为懒散，经常沉默不语，令人恼怒，除非有什么刺激性的话让他激动，他才会喋喋不休，长篇大论起来。同时，最了解他的几个人——弗里茨·魏德曼、中士马克斯·阿曼，以及他的三位最亲密的战友汉斯·门德、恩斯特·施密特、伊格纳茨·韦斯滕基歇尔——都说他不仅是一个勇敢的士兵，而且也是一个忠诚的朋友。

对于大多数年轻的德国人和对于希特勒一样，第一次世界大战是一个中心，未来围绕着它旋转。四年残酷的战争从根本上重新塑造了年轻人的人格，他们体验了可怕而伤心的经验。从心理学的角度来看，在战争的压迫下，许多德国的年轻人永远失去了他们的天真无邪、他们的理想主义。许多人只能在没有终止的大屠杀中寻找某种高贵的意义。当诗人恩斯特·荣格企图从难以言说的恐怖中发现崇高性的时候，他代表许多同类这样说道：

> 战争像酒一样流入了我们的身体。我们从花雨中出发，去寻求英雄之死。战争是我们伟大、权力、光荣的梦幻。它是男人的工作，是沙场上的决斗，沙场上的鲜花将染上鲜血。在这世界上不再有更可爱的死亡。

希特勒也进入了这条“精神的战壕”当中。对于荣格和对于希特勒一样，战壕似乎是一个神圣的地方，前线是德国光荣的祭坛，为祖国牺牲是一种特权。在敌人的炮火下英勇地死去，远远高于作为一个市民过着漫长而无味的生活。尽管自我牺牲的激情很快在死亡、毁灭的笼罩下消退，但是，许多德国士兵继续相信战争的高贵性。他们最终的幻灭不是针对战争的，而是战争展开和表现的方式。

有几个理由可以说明第一次世界大战拯救了希特勒，这场战争结束了他毫无目标的生活，使他能够发现自己的使命。他在李斯特团发现了替代性的家，发现了自从母亲死后再没有体验过的归属感。和战友在一起的时候，他真正感到自己生活在家中。甚至在成为一个著名的领袖、政治家、军事强人之后，希特勒都一直认为军队的生活高于市民的生活，尽管他散漫的艺术家的气质和他对军队纪律的欣赏是相冲突的。他认为军事指挥部、战壕、前线的防空壕最像自己的家。第一次世界大战证实了他的日耳曼精神及其观点——德国人必须接受军事艺术的美德。作为政治家，希特勒一直想要重新创造全民皆兵的心理氛围，抓住 1914 年

8月那激动人心的一刻，那时，他作为一个年轻人，站在欧迪翁广场的人群中，当一个政府官员宣布德国宣战时，他听到了快乐的呼喊。使战士的友谊之情在和平时期永存，消灭阶级的差异，把战壕的精神融入日常的政治，这些就是阿道夫·希特勒最深切的希望。

李斯特团遭受了巨大的伤亡，但是希特勒奇迹般地逃脱了死亡，他的战友开始推测是命运在某种程度上保护着他。在他周围的一切都会逢凶化吉。然而，1916年10月5日，希特勒的左腿上股部被弹片击中，这样，他暂时住进了柏林附近的医院。自从1914年入伍以来，这是他第一次离开前线，他被在后方所听见的事情惊呆了。战争不再是受欢迎的东西了，民众的情绪变成了“愤怒、埋怨和诅咒”。希特勒认为，这种失败主义的态度不仅是对他个人的攻击，也是对德国军队的侮辱。他被重新安排到慕尼黑的后备部队——在那里，对战争的厌恶甚至更为强烈——这迫使他越来越相信战争正在后方而不是前线失败了。他尤其谴责了和平主义者、左翼颠覆分子、犹太人，以及可恶的破坏德国士气的宣传。战后，他接受了失败是因为后方破坏的说法，这种说法深深扎根在许多德国人心中。正如前面所说明的，这一神话坚持认为：德国的军队是不会在战争中失败的，它是被后方的叛徒在背上刺了一刀，这些叛徒就是共产主义者、自由主义者和犹太人。

当战争的潮水涌进德国的时候，希特勒变得越来越失望。军队给了他新家，证实了他的日耳曼精神。1914年12月和1918年8月，他因为勇敢分别获得了一级和二级铁十字勋章。没有人知道他为何获得这些荣誉，尽管多数可信的资料是冲突的，具有逸闻性质，但是都显示这些荣誉是他应该得到的。

因此，战败的打击深深地影响了希特勒，也许和他的母亲去世一样具有悲剧性。就在停火前一个月，希特勒再一次受伤，这加大了战败对他的冲击。1918年10月13日，英国人在伊普尔南部发起了毒气战。希特勒受到攻击，双目暂时失明，他被用船送往波美拉尼亚的帕斯沃克医院疗伤。

他躺在医院的病床上，双目失明，心情沮丧。医院的牧师告诉他德国已经退出了战争，签署了停战协议，并且让皇帝下了台。这对希特勒来说意味着太多的伤害。他后来回忆道：“我再也无法忍受，再也不能自持了。我的眼前一片漆黑，步履蹒跚地回到了宿舍。我跌倒在床上，把头埋在被子和枕头里。自从站立在母亲坟前的那一天以后，我还没有这样哭过。”他恶狠狠地补充道，假如他能够做些什么的话，他就会去惩罚这一懦夫式犯罪的罪魁祸首。他个人要为德国的耻辱复仇。

观念的诞生

我们一直都不知道希特勒在帕斯沃克医院复原之后心里到底在想些什么，但是，我们有足够的间接证据表明他经历了强烈的体验，这种体验促使他将自己的余生奉献给恢复德国往昔的荣耀。希特勒自认为他政治事业的开始源于这一体验，他宣称越来越认识到自己的命运，即通过消灭犹太人来恢复德国的荣耀。在希特勒忍受着芥子毒气进攻引发的伤害的时候，他的脑海里似乎已经出现了巨大的变化。人们怀疑他进入了持久的歇斯底里状态。这种状态启动了一些洞察能力，他将它们归于一种更高的精神力量。

鲁道夫·比尼恩认为，在 1918 年秋季使希特勒暂时双目失明的芥子毒气，使他想起了 1907 年用在他垂死的母亲身上的碘仿。芥子毒气和碘仿都是散发着刺鼻气味的液体，会灼伤皮肤，并且在肌肤中留下持久的、难闻的气味。正如前面所提到的，希特勒非常熟悉这种令人呕吐的气味，在他母亲弥留之际，这种气味在屋子里四处弥漫。他母亲的医生布洛赫是一个犹太人，在潜意识中希特勒可能怪罪是他折磨和杀害了他的母亲。

卧在医院病床上的时候，希特勒再次想起了母亲受折磨的情景。除此之外，他的另一个母亲德国正在受到玷污。一旦希特勒将这两个犹太人都要负责任的事件联系在一起，他就发现了问题的解决方法。布洛赫医生以毒攻毒的方法是合理的，这一次就可以用同样的方法治疗德国人的疾病——用毒药来治疗犹太囚犯。根据比尼恩的观点："希特勒使用了他母亲的临终疗法，将它运用到德国身上，也就是用它来处理布洛赫这样的犹太人。"他在幻觉中命令毒死犹太人，为他的母亲和受辱的德国复仇。

1918 年 11 月末，希特勒从帕斯沃克医院出院，返回慕尼黑到后备营报到。尽管一些重要的发展破坏了巴伐利亚和帝国的社会结构，但是希特勒自己依然没有卷入到政治当中。1919 年 2 月，他自愿在奥地利前线的特劳恩斯坦因战俘营担任守卫，但是仅仅一个月后，他返回了慕尼黑，因为战俘营被关闭了。他依然留在军队，驻扎在上维森菲尔德的军营。军队依旧是他的安全岛，是他唯一的家。但是，这个家现在屈从于左翼的意识形态。正如上面所讨论的，巴伐利亚落入了左翼激进分子的手中，他们受到库尔特·艾斯纳轻率的领导，艾斯纳1919年2月被谋杀这一事件引发了一阵巨大的骚乱，并最终导致当年4月苏维埃式共和国的建立。1919年5月1日，自由军团推翻了苏维埃式共和国，并且屠杀了它的领导人。

作为一个强烈的民族主义者，希特勒发现自己在这个苏维埃式共和国的统治时期处于危险的境地。但是，当红色恐怖过去的时候，他积极地为一个旨在检查军队各级背叛行为的调查委员会服务。因为他检举同伴的工作做得非常好，军队把他选派参加“公民思想”训练课程。负责这一课程的人是卡尔·迈耶上尉，他是德国第四集团军的新闻和宣传负责人。迈耶和希特勒的其他教师——其中著名的是历史学家亚历山大·冯·穆勒——发现希特勒在公共演讲中具有明显的说服才能。事实上，希特勒的大嘴给他的上司留下了特别深刻的印象，他们让他担任教官，负责向学院灌输正确的民族主义思想，使他们避免受到社会主义、和平主义和民主思想的影响。

直到那时，希特勒一直只拥有很少的听众，其中绝大多数是不情愿的听众。但是，现在依靠军方的帮助，他获得了向广大听众演讲的机会。他的演讲口才不断得到提高。一位观察者评论道：“希特勒生来就是一个煽动家。在一次会议上，他的疯狂和公共魅力促使人们聚精会神地聆听他的演讲。”1919年9月，迈耶指示希特勒调查新成立的、籍籍无名的德国工人党，它的民族主义、反犹太主义、反民主的思想可能恰当地反映了军队中正在盛行的思想。希特勒从心里喜欢他所听到的东西，他加入了这个党，并成为该党经常性的公众演讲人。最终他离开了军队，以便将自己的全部精力投入这个新党之中。他发现了自己的使命以及公开宣扬这一使命的手段。

小　结

年轻的希特勒在1918年11月返回了慕尼黑，人格分裂，内心充满了愤怒和混乱。他心中沸腾着被压抑的仇恨、偏执狂的恐惧和对世界扭曲的观念。德国战后的混乱使他可能在不断增多的和他具有相似心理状态的信仰者圈子当中，使自己的病变标准化。审视1918年的希特勒，我们能够清晰地发现未来的独裁者骚动不安的特征。这些特征代表着他习惯方式的一些持续不变的方面，除了未来扭曲的强度以外，几乎没有随着时间而改变。这位不为人知的士兵在1919年从战争的阴影中走了出来，开始向越来越多的人施加催眠术，他在那时已经展示出一些令人惊讶的性格特征，其中包括：

1. 对犹太人偏执狂般的恐惧。

2. 将世界分为尖锐的、毫不含糊的对立面的鸽笼心理。

3. 习惯性地需要将内心的感受投射或外化为一些外部的替罪羊——犹太人、和平主义者、民主主义者和共产主义者等。

4. 没有能力和他人，特别是和女人构成亲和的关系。在所有人际关系中，都表现出冷酷和操纵的态度。

5. 极端地专注于非现实的幻想和宏大的幻想。

6. 欣赏残酷的力量和成功。

第四章

纳粹党的兴起,1919—1923

从红色革命到白色反革命,1918—1919

在1918年11月至1919年5月期间,一系列史无前例的事件改变了慕尼黑和巴伐利亚其余大部分地区,把这块甜蜜温馨的——虽然有时是喧闹的——罗马天主教保守主义的君主国变成了政治动荡的沸腾火炉。在六个月当中,巴伐利亚经历了剧烈的政治变化,包括韦特尔斯巴赫君主国的衰落,在库尔特·艾斯纳领导下的社会主义共和国的建立,施瓦宾咖啡屋无政府主义者的统治,苏维埃体制下的恐怖管制,右翼势力兴起的反革命运动,这一运动最终为最初的纳粹运动提供了土壤。通过研究战后巴伐利亚尖锐的政治差异,我们能够描绘出在国家社会主义统治下德国充满暴力的未来的大致轮廓。

就像在德国的其他地方一样,在巴伐利亚,战后的政治崩溃产生了政治的真空,这种真空开启了由各种左派势力接管政府的可能性。除了在地方气质和习惯方面的差异,回过头来看,巴伐利亚革命似乎是一天之后柏林革命的预演。在两个革命当中,权力从保守主义和自由主义的资产阶级政党那里转移到各种政治左派手中,包括社会民主党、独立派社会党和共产党。和德国的其他地方一样,在巴伐利亚,最大的左翼政党是社会民主党。巴伐利亚的社会民主党(又被称为多数派社会党）同埃伯特和沙伊德曼领导的社会民主党一样，都是同样小心翼翼的工会主义者。埃里克·奥尔是巴伐利亚社会民主党人的领导人，他和埃伯特一样强烈地偏爱向社会民主主义的渐进、和平的过渡；像埃伯特一样，他的气质使他成为党的名义上的而非权力上的领导人。像埃伯特一样，奥尔也面对着来自极端左派的对他的中庸改革建议的强硬反对。这一派别是为数不多的、越来越公开的激进分子。然而，慕尼黑和柏林之间的差异是：在慕尼黑，激进分子实际上在短时间里掌控了权力，但是，他们没有熟练地运用权力的工具，以致最终破坏了中庸的社会民主主义的事业，实际上保证了右翼军事力量的胜利，其突出形式是国家社会主义。

政治左派中不太可靠的人物是库尔特·艾斯纳，他是李卜克内西巴伐利亚温柔的翻版。他将激进的力量注入对权力的掌握之中。像李卜克内西一样，艾斯纳因为公开反对战争在监狱里待了九个月，获得了政治殉道者的名声。从斯塔德海姆监狱被释放出来之后，艾斯纳被推荐领导独立派社会党，这个党是从社会民主党的一个少数持不同政见的派别中产生的。1918 年 10 月 23 日，他第一次出现在公共场合，他清楚地表示他要推翻君主制度，建立社会主义共和国，而奥尔就没有这样表示。尽管政府已经做出了实质性的民主让步，使巴伐利亚变成了民主共和国，但是激进的改革之风要比政府建议的民主改革强劲得多。

1918 年 11 月 7 日，艾斯纳和奥尔在特雷泽恩草地参加了群众的和平示威，这片大草地是用来庆祝每年的十月节的。11 月 7 日是一个美丽的日子，风和日丽，十分适合露天集会。大批群众在倾听各种各样的社会党人的演讲，并没有什么令人感到新奇。听众喜气洋洋，他们是大型兵工厂的工人、士兵、海军地勤人员、咖啡店的各色常客，来自施瓦宾的艺术家、学生，包括妇女和儿童在内的各类好奇的访客。这是一种狂欢节的气氛，没有丝毫会受到破坏的迹象。奥尔对计划好的巴伐利亚政府的民主重建发表了大受欢迎的演讲，然后建议在这个城市进行和平游行，并且租用了一个乐队在游行队伍的前面开道。当奥尔的队伍向东行进到城市中的时候，艾斯纳继续在特雷泽恩草地的西北角对他的追随者发表长篇大论，要求人群中的士兵“分散到城市中去，占领军营，夺取武器和弹药，控制其余的军队，最终成为政府的主人”。这就是艾斯纳和他的追随者后来所做的事情，他们夺取了古尔斯坦因学校中的一个临时军械库，攻取了一个城市军营，还升起了一面红旗。事件发生的时候，艾斯纳去了慕尼黑最大的也是最吵闹的一间啤酒屋，在那里同慕尼黑第一个工人和士兵委员会进行会谈。委员会任命他为第一任主席，艾斯纳愉快地宣布了巴伐利亚共和国的成立。之后，他感到万分疲倦，一头倒在了长毛绒沙发当中，后来，他对自己的秘书费利克斯·费伦巴赫说："这难道不美妙吗？我们没有流一滴血就发动了一场革命。像这样的事情历史上从来就没有发生过。"

国王路德维希三世在霍夫加顿处理日常事务时听到了革命的消息。他和一家人在革命之夜离开了霍夫加顿，前往他在威尔顿沃特山区的私人庄园。尽管国王从没有正式退位，并且事实上他在后来流亡匈牙利的时候期望着这个君主国的复活，但是，他公开解除了公务员、官员和士兵对这个君主国的个人效忠。艾斯纳把国王的这一宣告视为退位，同时正式宣布千年之久的韦特尔斯巴赫王朝的终结。

一群为数不多的不友好的流氓是如何发动这样怪异而又没有抵抗的政变的呢？这一问题使当时的许多巴伐利亚人百思而不得其解。事实是，艾斯纳的无血政变是军队力量暂时瓦解的结果，是巴伐利亚州国家科层体制中枢完全瘫痪的结果。因为那里可以获得权力，艾斯纳就见机行事。库尔特·艾斯纳不像弗里德里希·埃伯特——后者被任命去领导一个临时政府，直到普选出一个立宪大会——他在没有主张代表巴伐利亚人民意志的情况下执政。他的权力没有依赖于民众的意见共识，而只依赖于作为权宜之计的工人和士兵委员会，反过来说，没有任何人选举出这个委员会。尽管艾斯纳和奥尔同多数派社会党结成了短暂的联合，但是，伴随着天主教、保守主义和军队的再次崛起，他不够老练的领导能力使得"第一次巴伐利亚革命"从一开始就注定要失败。

大多数巴伐利亚人后来对第一个社会主义政府怪异的姿态感到惊恐而退避三舍，他们认为这个政府是一些施瓦宾的布尔什维克分子的举措。但是，不像在巨大变化时代人们通常所设想的那样，事实上，艾斯纳并不是俄国人所理解的布尔什维克，他的政权不是大众恐怖的工具。从个人角度而言，艾斯纳是一个机智而尖刻的怪人，但是，他也是政治上的幻想家，完全脱离大多数巴伐利亚人民的希望。在执政期间，他以令人感到好奇的随便、古怪和开放的姿态领导他的政府。艾斯纳的办公室位于前帝国首相赫特林伯爵华丽的寓所，赫特林在成为帝国的首相之前,曾经是巴伐利亚的首相。艾斯纳的办公室向所有的到访者开放。访问者可以自由地检查任何甚至是最秘密的文件，它们四散在艾斯纳肮脏的办公桌上，堆积在他办公室的椅子上。这位古怪的领导人的周围是一圈桌子和几位秘书,他们忙碌地处理着难以计数的备忘录和声明,他似乎完全从他自己的头脑出发指导着国家的事务。

最初，艾斯纳的作风在习惯于接受古怪行为的民众当中获得了一定程度的支持。但是,当艾斯纳沉浸于改造灵魂和举行盛大的庆典,在国家剧院上演瓦尔特·布鲁诺指挥的交响乐的时候,巴伐利亚脆弱的经济和政治结构崩溃了。正如在德国的其他地方一样,在巴伐利亚,退伍问题和战争工业转化为和平产业的问题引发了严重的经济紧张。慕尼黑是武装部队退伍的中心,这种情况又加剧了这些紧张。尽管政府预见到潜在的人员剧增的问题,并且征用了学校的建筑、旅馆、啤酒屋,但是,它的努力令人悲哀地不能满足接纳复员军人的需要。结果是,这个城市充斥了退伍军人,他们当中的许多人都在寻欢作乐,或者在惹是生非。每天晚上,数以千计的退伍和失业士兵聚集在舞厅,放纵自我,使人想起当年黑死病的场景。

同时,在这种无所事事的人力和战时生产终结的双重冲击下失业稳步上升。更为令人好奇的是,艾斯纳政府直到 1 月份还在继续部分军火生产。据说,假如军火业立刻停产,至少有八千名工人会失去工作。然而,这种出于好心的政策只是一种减轻困难的,却产生了更多麻烦的方法,因为它违反了 11 月 11 日的停战协议,这使得艾斯纳的政府受到了鼓励军国主义继续存在的指控,另外,城市中武器的扩散也被指控为潜在的暴乱。更严重的是,慕尼黑和巴伐利亚面临着严重的燃料短缺,特别是煤的短缺,由于日益恶化和瘫痪的运输系统,这种短缺使一切都变得更为危险。运输系统不是唯一崩溃的系统。为了补偿失业者,并维护正在成长的社会主义福利国家,政府将自己耗费殆尽,步入破产的境地。

有人可能认为,艾斯纳的政治和外交技巧也是破产的。从政治角度来看,艾斯纳从来就没有融合四散在巴伐利亚各地的政务机构网络，他也不知道如何将以传统方式进行的统治同革命委员会进行的统治加以协调，甚至也不清楚议会民主如何同委员会共存。这个体系中的成员既不是由选举产生的,对巴伐利亚人民的意志也不承担什么责任。同时,他完全允许传统的公共服务在委员会的控制下发挥作用，这样就制造了更多的混乱，降低了政府工作的效率。至于巴伐利亚的政治未来，艾斯纳最终屈服于多数派社会党的意志，即应该举行大选为新的拥有至高权力的议会选举议员。

艾斯纳的统治在大选中崩溃。1919 年 1 月 12 日，选举出了巴伐利亚议会代表，使这个议会成为新的巴伐利亚共和国未来拥有至高权力的机构。三百多万选民——包括 53%的女选民——参加了选举，并且认可了单一的立法机关的思想，这一立法机关建立在多党制度之上，并受到责任内阁的指导。保守的巴伐利亚人民党一马当先，获得了 35%的选票，同时在新的议会赢得六十五个席位。紧随其后的是多数派社会党，它获得了 33%的选票，赢得了六十一个席位。艾斯纳的独立派社会党排在德国民主党和农民联盟之后，位居第五，只获得了 2.5%的选票和三个席位。尽管艾斯纳企图对这一结果表现得泰然自若，他说巴伐利亚现在可以在社会主义者的统治和资产阶级的统治之间作出明确的选择；但是，选举的结果标志着艾斯纳及士兵、工人和农民委员会的统治彻底失败。直到新的议会召开并起草了一部宪法，艾斯纳还在依据 1 月 4 日的临时宪法继续执政；直到最终的宪法决定案起草完毕，革命的政权还在实施着立法的和行政的权力。

艾斯纳最后绝望地呼吁多数派社会党加入他的联合阵线，但是失败了。只有一个围绕在恩斯特·尼基施周围的小集团打算与艾斯纳的独立派社会党组成联合阵线。尼基施是一位年轻的教师，领导着奥格斯堡的工人和士兵委员会，后来他又成为巴伐利亚中央委员会的主席。同时，艾斯纳的左翼团体正在计划通过一次自发的政变推翻选民的意志。埃里克·穆赫萨姆表达了他们的感情："革命不会允许自身被选举掉。"

尽管极端的左翼十分成功地威胁说他们只会求助于子弹而不是选票，但是，革命之枪的扳机是由反革命的右翼扣动的。没有经过多长的时间，艾斯纳政权的对立面逐渐成形。最初，随着君主制的崩溃，保守主义和罗马天主教失去了力量，不过它们很快就进行了反扑。反革命行动的主要据点是慕尼黑的军事司令部，在那里，里特尔·冯·埃普上校指挥着皇家巴伐利亚卫队的残余，后来，他作为少将指挥着国防军的第七军区。

弗朗茨·里特尔·冯·埃普 (1868—1947) 后来成为纳粹运动传奇性人物之一，他出生在慕尼黑，是一个画家的儿子。他十八岁入伍，最初是在海外作战获得军

冲锋队首领恩斯特·罗姆

鲁道夫·赫斯

事经验的,第一次是在中国的义和团,后来是德属西南非洲,在那里,他参与了有计划的对造反英雄的灭绝行动。在第一次世界大战中,埃普被任命指挥享有声誉的皇家巴伐利亚卫队,这是一个精英组织,它勇敢的突击队的光荣事迹给它的成员灌输了使命感和优越感。埃普自己接受了最高的巴伐利亚勋章——马克斯—约瑟夫·里特尔奥登勋章,这枚勋章把他提升到贵族的行列。

在1918至1919年革命暴动期间,埃普和追随他的军官成为反对艾斯纳社会主义共和国的聚合点。当慕尼黑不能再为他的反革命行动的运作提供稳定的舞台时,埃普将他的舞台转移到巴伐利亚之外。由于艾斯纳禁止自由军团在巴伐利亚活动,埃普就在图林根州的奥尔德鲁夫建立了自由军团,这个城市离巴伐利亚的边境只有几公里。这个自由军团得到国家的财政支持,受到国防部长古斯塔夫·诺斯克的全面指挥。

和埃普一起在奥尔德鲁夫的还有恩斯特·罗姆上尉,他是未来冲锋队的领导人和年轻的煽动者阿道夫·希特勒的指导者。罗姆(1887—1934)和里特尔·冯·埃普一样,属于其存在受到事态巨大变动威胁的军事阶层。对于罗姆和埃普来说,阶级敌人就是革命的左派,他们相信,唯一对付它的合适方法就是彻底地消灭它。两个人都对德国中产阶级可能会受到自由主义和民主理想的传染感到恐惧。他们认为,从普遍的意义来说,这些理想会对德国社会军国主义的结构产生致命的威胁,从特殊的意义来说,对自己的军事生涯也是如此。

恩斯特·罗姆来自一个古老的巴伐利亚公务员家庭,但是,由于气质和经验的关系，他走上了危险的军旅生涯。由于在战争期间他的领导能力和大胆技能，他成为一名上尉。在四年的作战中，他多次受伤。鼻子的上部被削掉了一块，子弹在他的下巴底下留下了一道深深的伤疤。罗姆身材短小粗壮，留着密密的短发，他脸色红润，言行虚张声势，喜欢漂亮的年轻男子。像他的同僚一样，特别是那些初级军官，他受到战争结局的深深影响。四年的战壕战斗经历使他坚信，德国军队是不可战胜的，他离开战场的时候还是这样认为的，因此，罗姆感到自己被欺骗了，他谴责要为德国的失败负责的“十一月罪犯”。

作为国防军的军官，罗姆和埃普要向战败的耻辱和革命复仇，铲除左翼激进分子的地区，恢复德国军队的荣耀。罗姆现在将自己变成一个危险和恐怖并举的政治战士，以反对慕尼黑的左翼政府。后来，他像埃普一样，支持和加入了纳粹党。在 1919 至 1923 年，他们两人为创立纳粹党起到了重要的作用。

反革命的另一个主要据点是“神秘远方协会”，它与埃普和军方有着密切的关系，是一个种族中心主义的阴谋组织，一些人认为它才是纳粹运动真正的助产士。这个组织起源于名叫“日耳曼秩序”的种族中心主义团体，1913 年创建于慕尼黑，1918 年作为“神秘远方协会”得到重组。它的总部设在慕尼黑豪华的四季饭店里，这个团体在那里有自己的俱乐部。加入“神秘远方协会”需要填写一张表格，标明身体各部分毛发的等级，并且在一张单独的纸上留下足印作为雅利安人后代的证据。

尽管“神秘远方协会”作为一个文学俱乐部热衷于德国的文化研究，但是，它的成员更用心于研究人们推测的德国民族起源的传奇王国。这个组织成为右翼、民族主义和反犹太主义鼓动者的活动中心。他们受到富有的、有影响的慕尼黑市民有力的支持。这个组织的正式宣传品是《慕尼黑观察者》。该报创办于 1868 年，1900 年由弗朗茨·埃尔·费尔拉格出版社出版，后来它成为纳粹党的官方出版社之一。

“神秘远方协会”孕育了纳粹运动早期的开拓者，给予了他们培育种族思想和进一步的政治抱负的平台。聚集在此处的人物有迪特里希·埃卡特，他是一位诗人，也是反犹太主义的报纸《朴素的德国人》的编辑，是年轻的希特勒的导师；阿尔弗雷德·罗森贝格，他注定成为纳粹党的官方哲学家；戈特弗里德·费德尔，他是正在兴起的纳粹运动糊涂的财政专家；汉斯·弗兰克，他是希特勒未来的律师和后来被占波兰的总督和屠夫；鲁道夫·赫斯，他是希特勒的私人秘书和后来的副元首；伯恩哈特·施丹普佛尔神甫，他帮助希特勒写作了《我的奋斗》，后来因为过于了解元首肮脏的过去被消灭了。

尽管"神秘远方协会"是纳粹运动的精神源泉，但是，它自己的未来是短命的，因为它从来就没有超越一个小型的、带有精英虚荣的阴谋团体的角色。它的领导人鲁道夫·冯·塞巴滕多夫伯爵的人格证明了这些内在的局限性。

这个自称为鲁道夫·冯·塞巴滕多夫伯爵的人实际上是鲁道夫·格劳尔，他是一个西里西亚火车司机的儿子。他的生活背景和最终的命运依然笼罩在神秘之中。我们只知道在1909年，他作为伪造者被宣判有罪入狱，四年后以"冯·塞巴滕多夫伯爵"的名字再次出现。这个头衔是他哄骗一个奥地利人继承而来的。在参与了1918至1919年巴伐利亚的暴动之后，他移居伊斯坦布尔，到过墨西哥，可能还有美国。1933年，他再次出现在德国，企图复活"神秘远方协会"。在希特勒掌握权力之后不久，他出版了有关纳粹运动起源的书籍，其富有吸引力的书名是《在希特勒出现之前》。因为这本书的内容与官方对纳粹党起源的神秘包装不一致，1934年被禁止，它的作者也神秘地消失了，估计是"长刀之夜"的牺牲者之一。

人们把塞巴滕多夫描绘为阴暗而神秘的冒险家的原型人物，他把自己奉献给极端的民族主义事业。一份没有出版的对他生活的记录，把他描绘成一个矮胖的、眼睛微突的人。他将自己描绘为"一个艺术家，而不是一个学究；一个奢侈享乐的人，而不是一个柏拉图主义者"。我们可以补充一句：像丹东、罗姆和塞巴滕多夫这样的花花公子，一般是不能在罗伯斯庇尔、希特勒这样的柏拉图主义者的统治下生存的。塞巴滕多夫也是种族中心主义阵营的一个重要人物，因为他直接受到西奥多·弗里奇和兰茨·冯·利本菲尔茨的种族主义理论的全面影响，这些理论支持着希特勒的世界观。事实上，"日耳曼秩序"——后来的"神秘远方协会"——与弗里奇的反犹太主义的"铁锤联盟"，以及相似的种族中心主义组织有着密切的联系。塞巴滕多夫作为右翼阴谋家的经历具有高度的启发性，特别是因为他代表着相似的反社会人格的突出之处，以及不断高涨的恐外运动。

"神秘远方协会"对艾斯纳的死亡负有直接的责任。它的入会申请人之一，一位名叫阿克罗—瓦雷的年轻贵族、第一次世界大战的老兵——他的母亲是犹太人——被这个组织告知：假如他能做出一件事情证明他是一个有价值的人，他就可以被接纳入会。1919 年 2 月 21 日，他将两颗子弹送入了艾斯纳的脑袋里，艾斯纳当场死亡。具有讽刺意味的是，此时艾斯纳正前往议会递交总理的辞呈。这位二十一岁的刺杀者谴责艾斯纳和他的社会党人制造了德国的所有麻烦。他被艾斯纳的保镖击中了脖子、嘴和胸部，不过，他后来被德国最具有传奇色彩的外科医生之一费迪南·绍尔布鲁赫奇迹般地挽救了生命。

就在艾斯纳被刺一个小时之后，阿洛伊斯·林德纳———个屠夫的学徒、艾斯纳亲密的追随者——步入了议会大厅，在那里，代表们正在为艾斯纳的被谋杀感到震惊。他在人们毫不注意的情况下穿过通往奥尔席位的走廊，举起手枪，将它放置在奥尔席位前面的栏杆上以便瞄准。在目瞪口呆的议会代表的注视下，他精确地向奥尔射击。奥尔在地上痛苦地挣扎着。林德纳又向其他几个部长放了几枪，然后镇定地沿着走廊扬长而去。一个企图阻拦他的武装警察挨了一枪倒在地上。林德纳冷静地离开了议会大厦，消失在人群当中。同时，议会大厅里一片喧嚣，如雨的子弹从旁听席上倾泻而下，一个代表被击中，其余的代表寻找着掩体，或者夺路而逃，一些代表甚至从窗里跳出。议会处于完全的混乱当中。法律和秩序在慕尼黑彻底崩溃了。

工人和士兵委员会的极端分子怀疑这是右翼反革命分子的一个全国性的阴谋，因此立刻宣布巴伐利亚进入紧急状态，并呼吁总罢工。红军战士夺取了银行和公共建筑，逮捕了人质，实行严格的监控和宵禁。将近一个月，权力控制在以恩斯特·尼基施为首的中央委员会。3 月 17 日至 18 日，议会再度集结，社会民主党人约翰尼斯·霍夫曼被任命为总理。然而，到那时，极端的左派受到匈牙利的贝拉·库恩领导的布尔什维主义胜利的鼓励，相信德国进行共产主义革命的时机已经成熟，他们宣布成立一个苏维埃式的共和国。

艾斯纳的死亡引发了对这位陨落的革命领袖的滞后的感伤情绪的波澜。工人们在全城树立起这位烈士的肖像，武装的士兵强迫过路人向肖像敬礼。艾斯纳被刺杀的地点变成了圣地，由忠诚和武装的追随者守卫。艾斯纳的葬礼在慕尼黑所有教堂的钟声伴随下，吸引了十万哀悼者。托马斯·曼的哥哥，即小说家亨利希·曼在悼词中将艾斯纳赞颂为第一个曾经领导德国的一个州的、真正具有精神性的人物。不过，也有不少人对艾斯纳的死感到特别的快乐。慕尼黑大学学生知道他死的时候欣喜若狂。许多慕尼黑公民感到进一步的，甚至激进的向左的变化就在眼前，他们希望军方或者议会中的集团恢复法律和秩序。右派方面对艾斯纳的非理性的反感，在他死的时候甚至达到了空前卑劣的程度。“神秘远方协会”的成员通过加热将一种恶臭混入面粉袋里，四散在艾斯纳被刺的地方。几天当中，一群狗把这个地方变成了臭气冲天的场所。这种仇恨的行为使对话和妥协变得不再可能。慕尼黑退化成了一座兵营。

艾斯纳被刺的直接政治后果是激进的左派在1919年2月下旬夺取了政权。早在1918年11月，无政府主义者埃里克·穆赫萨姆就建立了革命的巴伐利亚国际主义者联盟。1919年初，马克斯·莱温——俄国出生的列宁的追随者——建立了共产党慕尼黑分部。穆赫萨姆是施瓦宾极端分子的代言人。他们的聚会地点——斯特凡妮咖啡屋，又以梅各劳马尼亚咖啡屋著称——成为左翼拯救人类计划的中心。穆赫萨姆两个最亲密的同伴是古斯塔夫·兰道尔和恩斯特·托勒。兰道尔是一个富裕的犹太家族的后裔，他为了投身于建立在彼得·克鲁泡特金王子思想基础上的非暴力社会主义，中断了自己前程远大的事业。他与彼得·克鲁泡特金会过面，并且将他的著作翻译成德文。兰道尔由于艾斯纳的恳求来到慕尼黑，帮助拯救失落的灵魂。他这个决定将使他付出生命的代价。

恩斯特·托勒是一位年轻的诗人、空想社会主义者，一个伤残老兵，出身于普鲁士一个犹太家庭。退伍之后，他在海德堡和慕尼黑恢复了大学的生活。托勒是一个诗人政治家，他富有幻想的演说强烈地吸引着工人阶级的听众。穆赫萨姆、兰道尔和托勒三个人体现了明确的对种族中心主义的敌视。他们是理想的、富有同情心的“犹太文学家”，感到自己有责任将受压迫的大众从资本主义、军国主义和帝国主义的控制中解放出来。

俄国新的布尔什维克政权的各色使者加入了这个大杂烩的犹太艺术家集团，其中主要的是马克斯·莱温、尤金·莱温和托维亚·阿克塞尔罗德。艾斯纳被刺之后不久，激进分子夺得了权力，并且在慕尼黑和上巴伐利亚的部分地区宣布成立苏维埃式共和国。霍夫曼和多数派社会主义者向北逃窜到巴姆堡，宣布处于流亡状态的巴伐利亚政府效忠于柏林的中央政府。

新的巴伐利亚苏维埃政府分为两个阶段，一是施瓦宾无政府主义者穆赫萨姆、兰道尔和托勒短命的一个星期的统治；一是由俄国的犹太人马克斯·莱温、尤金·莱温和托维亚·阿克塞尔罗德实行的布尔什维克恐怖政权。红军主要是由来自慕尼黑的克虏伯、克劳斯和玛菲工厂的工人组成,受到鲁道夫·埃格尔霍费的指挥,他是一个二十六岁的水兵,参加过11月18日的基尔水兵暴动。

"咖啡屋无政府主义者"的轻率统治超过了艾斯纳。托勒和穆赫萨姆宣布,他们将把世界变为一个"开满鲜花的草地,每个人都可以采摘自己喜欢的鲜花"。这个政权负责公共教育的委员宣布:大学入学现在向所有的人开放,历史研究是"文化的敌人"被官方取缔。其他委员对"自由货币"和新的房屋住宿进行了试验,规定一户不能超过三个房间,客厅必须安置在厨房和卧室的上方。博士弗兰茨·利普委员变成了一个更加彻底的疯子,他给列宁和教皇发出了两份令人困惑的、语无伦次的电报。他发给列宁的电报说:"上巴伐利亚的无产阶级愉快地联合在一起。社会党、共产党和独立党融合在一起,犹如一把铁锤。但是,古斯塔夫·诺斯克多毛的猩猩之手滴落着鲜血。我们永远需要和平。伊曼纽尔·康德,《永久和平论》,论文二至五篇。"他在发给"教皇同志"的电报中抱怨道:霍夫曼胆怯地带着总理卫生间的钥匙逃跑了。他对交通部长宣称,他已经对符腾堡和瑞士宣战,因为"这些狗杂种没有立刻交给我六十辆机车。我肯定会胜利的。甚至,我已经恳求教皇——我非常好的朋友——请求他为我们的部队祝福"。

这样一群疯子只能持续一个星期,并且被更为专业的革命干部所替代是并不让人惊讶的。马克斯·莱温、尤金·莱温和托维亚·阿克塞尔罗德是这些干部的领导。大约三个星期(1919年4月12日至5月1日),红色恐怖降临慕尼黑。这种红色恐怖是一种体验。许多慕尼黑人,特别是中产阶级和上层阶级的人们,一直将它——假如共产党在全国掌权的话——作为一种对于所有德国人来说永世不忘的事例。慕尼黑的赤色分子渴望建立起无产阶级专政,他们关押了慕尼黑中产阶级的人质,把他们监禁在斯塔德海姆监狱。他们关闭学校,实施监视,没收房屋和个人资产,不给中产阶级的家庭发放食物。

用巴伐利亚的部队夺回慕尼黑的尝试失败之后,在巴姆堡的霍夫曼政府除了屈尊降贵地请求柏林中央政府的帮助之外,别无选择。诺斯克动用了几个有经验的自由军团,包括埃普在图林根州奥尔德鲁夫的自由军团。当这些自由军团加紧对慕尼黑的包围时,共产党在卢伊特波尔德体育馆杀害了大约二十名人质,残酷地肢解了这些受害者,以致人们后来无法确认他们的身份。这些受害者——

一些是“神秘远方协会”的成员——包括一些来自慕尼黑社会精英层的杰出人物，如女伯爵汉娜·冯·韦斯塔普、玛利亚·冯·图尔恩和塔克西斯王子、冯·西德里茨男爵、冯·泰克特男爵和恩斯特·贝格尔教授。

1919 年 5 月 1 日，诺斯克的部队占领了慕尼黑，敲响了可怕的丧钟。这些部队不仅杀害共产党员，而且不分青红皂白地杀害碰巧在错误的时间出现在错误的地方的无辜民众。尤金·莱温和托维亚·阿克塞尔罗德设法回到了俄国。鲁道夫·埃格尔霍费被白匪从汽车里拖出来殴打致死。尽管古斯塔夫·兰道尔受到了“保护性”的监护，但还是被士兵们殴打、枪击、践踏致死。马克斯·莱温被逮捕，受到了审讯，最终被枪决。埃里克·穆赫萨姆也受到了审讯，最后被判处了十五年徒刑，但是在 1924 年他获得减刑。纳粹党人后来又重新逮捕了他，并在 1934 年将他残酷地杀害在集中营。恩斯特·托勒被判处五年徒刑，主要归功于著名的德国作家为他求情，其中包括托马斯·曼。第一个苏维埃式共和国名义上的领导人恩斯特·尼基施被判处两年徒刑。

1919 年巴伐利亚的革命对巴伐利亚和德国产生了有害的结果。慕尼黑的革命最初似乎标志着议会政府的恢复和委员会体制的终结。然而，多数派社会党在右翼刺刀的支持下重新获得了权力；不过，只要右翼的曲调继续吹奏下去，社会民主党在政治上的衰落就只是一个时间问题。像柏林的埃伯特政权，当巴伐利亚的社会民主党终结了它的革命所依赖的基本组织——工人、士兵和农民委员会——的时候，它被指责背叛了自己的同伴社会党。进一步而言，社会民主党召集自由军团的部队使它免于它的同志们的暴行，不过，这也损害了选民对它的信任。政治的左派在所有的方面都失败了。温和的社会民主党现在被激进分子视为令人厌恶的东西，同时又被它军事上的保护者视为胆怯的业余政客。在巴伐利亚，政治上的极端左派显现出了明显的弱点。它是一个空泛的、充满幻想的运动，它的领导人对权力和公共舆论没有一点儿真正的理解。德国的中产阶级让左派激进分子占据了上风，不过，它从自己控制工人阶级激进主义的能力中重新获得了自信。它暴露了这种激进主义意识形态的颠覆性和非日耳曼性，同时以自己的爱国主义和民粹主义的思想反对左翼的激进主义，这种思想后来在国家社会主义那里得到了明确的表述。

巴伐利亚革命的另一个主要后果是慕尼黑从一个宽容的城市变为一个充满

大众不满的、沸腾的大锅炉，在这个城市当中，几乎每个团体都在培育着某种恶毒的悲愤情绪。政治阴谋在不断增加的阴谋团体中滋生。许多极端主义者组成的委员会、防卫性或进攻性的同盟和协会、家庭和市民的自卫队充斥了这个城市。他们呼喊着仇恨的口号，召开无休无止的群众大会。这些集团的大多数都有自己的准军事力量，在一些情况下，操纵着恐怖的秘密武装，派出最为反社会的暴徒去破坏对手们的会议。

在这种高度紧张的政治氛围里，右派和左派之间文明的对话变得不再可能。相当多的人认为——无论是对还是错——政治左派是一群疯子和罪犯。这一事实部分地解释了施加在革命失败者身上的残酷行径，以及施加在幸存者身上的无端羞辱和轻视。政治罗盘上的指针无误地指向右翼，尤其是当我们审视在革命动荡时期谁对谁错、谁好谁坏的公共观念的时候，更是如此。左翼激进分子被谴责为国际共产主义和世界犹太人可恶的代理人，而右翼激进分子被颂扬为受到纯粹对祖国之爱激励的爱国主义英雄。不分青红皂白地拷打和杀害受难者的白匪"解放者"受到公众的赞美。只有在很少的情况下，一些罪犯才受到审讯，但是，判决之轻令人感到困惑不解。阿克罗—瓦雷伯爵因刺杀艾斯纳被判处死刑，但是很快就被减为终身监禁，实际上，他只在一个几乎没有防卫的营地待了几年。杀害兰道尔的凶手，包括涉及这个案件的指挥官冯·盖格恩伯爵只受到令人感到羞辱的轻微判处：冯·加格恩被判处五百马克的罚款，偷窃兰道尔手表的士兵被判处五个星期的监禁。

应该注意的是：兰道尔可怕的死亡得到了普遍的、似乎是应该得到的喝彩，这一切都是因为他是一个犹太人、一个共产主义者。事实上，许多巴伐利亚人在革命之前就反对犹太人，他们现在比以往更加确信；按照塞巴滕多夫伯爵的话来说，"由低等种族发动的"革命，"腐蚀了德国。我们不再受到和我们血脉相连的王室的统治，相反，我们被该死的敌人犹大所统治。从现在开始，我们必须以血还血，以牙还牙。"因为革命左派的领导人几乎都是犹太人，所以许多巴伐利亚人就得出这样的结论：布尔什维主义和犹太人是同一种东西。后来希特勒把这种思想灌输到每个德国人的思想当中。

总之，巴伐利亚革命和柏林的革命表明：德国人依然是保守的，他们强烈地偏爱军事风格的生活。一个强大的极权主义的政府，依然是许多德国人偏好的政

柏林暴动期间，军队在坦克的掩护下保护警察总部

共产党在战后得到了发展，图为一支德国红色卫队穿过勃兰登堡门

治选择，同时，除了在极少数自由主义知识分子中，共和主义从来没有在感情上得到接受。尽管军人在德国人身上降临了许多苦难，但是，他们依然受到许多德国民众的尊敬。事实上，在革命失败之后，军队的声誉与日俱增，因为他们现在扬言从布尔什维主义那里拯救了国家。托马斯·曼是许多有文化的德国人的代言人。1919 年 5 月 1 日，他在日记中写道："慕尼黑的共产主义插曲结束了，几乎没有留下什么希望可以再度对此加以尝试。我无法抑制快乐和自由的感觉。这种压迫是可怕的。我希望这些大众心中无耻的英雄能够被绳之以法，受到公正的审判。因为他们有意识地犯下了卑鄙的谋杀人质的愚蠢行径。"

通过回顾反思，我们发现 1918 至 1919 年大动荡真正的受益者，是那些和军队的保守主义政治或者各种各样的准军事力量存在着联系的团体。随着 1919 年 5 月 1 日慕尼黑的解放，巴伐利亚在军事上作为国防军第七军区整合进了全国范围的指挥系统当中，受到里特尔·冯·埃普将军的统领。巴伐利亚的军事司令部和相关的准军事组织成为吸引整个德国极端右翼组织的磁石，特别是在 1920 年失败的卡普政变之后。事实上，紧随着卡普政变，巴伐利亚的军队建立了由古斯塔夫·冯·卡尔领导的右翼政府。从这一刻起，巴伐利亚推行着直接与柏林的社会民主党政府对立的政策，慕尼黑成为策划推翻魏玛共和国的阴谋集团的容器。巴伐利亚执政当局对所有的右翼团体睁一只眼闭一只眼，包括难以驾驭的、在国防军保护下可以自由行动的自由军团组织。在卡普政变之后，艾哈特旅在巴伐利亚找到了避难所，也是在这里，极端主义者鼓动了对埃茨贝格尔和拉特瑙的刺杀。慕尼黑军区司令部的指挥官公开对纳粹主义事业表示同情，像恩斯特·罗姆这样一些军官经常在慕尼黑的啤酒屋里鬼混，在自由军团和相似的组织中为纳粹党招募党员。这些人视自己为新生的德国先驱者，视自己为反对共产主义的十字军骑士。回顾过去，现在我们知道德国的共产党使自己失去了信用，它没有从它尖锐的敌对者那里获得什么。这些右翼军人的成功所为，给巴伐利亚施加了一个沉重的负担，它对德国人民的人性良知施加了远远超出他们一生承受能力的影响。

纳粹党的起源和成长

1918 年冬季，"神秘远方协会"的创始人鲁道夫·冯·塞巴滕多夫对一个新的团体——“为了美好和平的自由工人委员会”——越来越感兴趣。这个非正式的工人团体由安东·德莱克斯勒（1884—1942）在1918年3月建立。德莱克斯勒是慕尼黑铁路工厂的工具制造工人。塞巴滕多夫发现了一个机会，他利用这个小型工人组织作为催化剂，使其他德国工人皈依他的种族中心主义运动。他猜想许多德国工人没有向共产党投降，因为他们对民族的忠诚远远超过对阶级的忠诚，所有的德国人——工人、士兵、商人和农民——都可能被整合到一个种族国家当中。

1918年10月，塞巴滕多夫指示卡尔·哈勒（1890—1926）——一位体育新闻记者和“神秘远方协会”的成员——与德莱克斯勒联合起来，结果是建立了“政治工人集团”，这是一个来自德莱克斯勒的车间的技师组成的小团体。这个团体非正式地聚集在一起，在预订的啤酒桌上讨论政治问题。1918年1月5日，“政治工人集团”给自己起了一个新的名字：“德国工人党”。在慕尼黑贵族山庄饭店的第一次会议上，德莱克斯勒提出了自己的政治纲领，后来通过他的小册子《我的政治觉醒》广泛传播。他是一个有点迟钝却十分用心的善人，他要将德国工人阶级从国际共产主义的控制中解放出来。他既反对共产主义，也反对资本主义。他设想了一个种族中心主义的、清除所有异己力量（犹太人、外国人及和平主义者）的国家。这个国家依赖于包括技术工人在内的广大的中产阶级，同时展示出完美的社会良知。全体德国人民的社会和经济福利，是重建的德国种族共同体的核心原则。

贵族山庄饭店的第一次会议结束后的几天，德国工人党再次聚会，这一次是在四季饭店。“神秘远方协会”在那里有自己的司令部。此次聚会选举卡尔·哈勒为党的全国主席，选举安东·德莱克斯勒为副主席，主要负责领导地方的（慕尼黑）党的分部。

这个新党只是一个在啤酒屋里争论不休的社会团体，有时，它的成员不得不使自己的姿态变得极其低下，以躲避左翼极端分子的射杀，特别是在巴伐利亚苏维埃共和国的混乱时期。事实上，德莱克斯勒差点死在鲁道夫·埃格尔霍费红色卫队执行死刑小队的手下。一个共产党人对他的同志喊道：“不要杀那个家伙，他是一个疯子。”他就这样获救了。然而，共产党被右翼势力击败，这使得德国工人党得以抛头露面，积极地招募新的党员。

最初,德国工人党从四个不同的群体中吸收成员。第一是带有强烈的种族主义倾向的小资产阶级民族主义者;第二是带着拯救德国的灵丹妙药的业余知识分子;第三是带有坚定的保守主义和极权主义倾向的军人;第四是没有什么社会背景,为了自己个人的机会主义目的利用党的反社会人物。在第一个群体中有哈勒和德莱克斯勒;在第二个群体中有戈特弗里德·费德尔、迪特里希·埃卡特、阿尔弗雷德·罗森贝格和马克斯·埃尔温·冯·朔伊布纳—里希特;在突出的军人群体中有里特尔·冯·埃普、恩斯特·罗姆和阿尔弗雷德·鲁登道夫;在不断增长的反社会暴徒或骗子的群体中有赫尔曼·埃塞尔,他是在希特勒替代他之前这一类型的典范人物。

继德莱克斯勒和哈勒之后,戈特弗里德·费德尔(1883—1941)可以说是纳粹党的最初开创者之一。他是来自维尔茨堡的建筑工程师,后来定居慕尼黑,在德国崩溃之后开始写政治宣传册子。他最初带着自己非正统的经济救助方法去讨好艾斯纳政府,但是,当没有人理睬他的时候,他转向更为情投意合的右翼集团,最终,他成为纳粹党主要的金融专家。费德尔提供了各种各样非正统的金融灵丹妙药,其中一个就是取消所有的利率。这一计划是建立在这样一个信仰基础上的,即特别是由工人遭受的德国经济困境,是犹太家族的金融投机者制造的结果,他们依靠索取高利贷利率毁坏了这个国家。因此,费德尔要求依靠政府来打破利率的奴役,他提出了一个新的计划:政府通过发放国家资产证明,给予企业以金融上的支持,这些证明代表着任何产品的实际价值。在这一想法背后的假设是:真正的价值存在于实际的物质财产中,而不存在于金融资本主义的抽象物当中。费德尔也支持通货膨胀的财政政策、无息国家贷款、所有银行的国家化、大型百货商店的社会化及对信托的废除。他的幻想是中世纪公社制和现代国家社会主义奇怪的混合物。它企图把节俭的、公平的大众社会的思想,同国家赞助的工业化、社会化混合在一起。

将希特勒和其他人吸引到这种思想中的东西是:这种思想为德国的经济危机提供了单一原因的解释。费德尔确认犹太人是德国经济崩溃真正的金融祸首,这一解释对希特勒和其他人来说似乎是一种启示,同时在各种右翼意识形态的皈依者当中强化了正在上升的偏执狂的心理。

费德尔被人们恰当地称为"中欧的威廉·詹宁斯·布莱恩(1860—1925,美国国会议员，曾经三次竞选总统，均告失败，1913至1915年任国务卿，主张和平外交，因在第一次世界大战中严守中立立场遭到反对而辞职）"，布莱恩是一个平民党党员，以快捷的方法解决了复杂的经济问题。他代表经济上的小人物——这个世界的德莱克斯勒——说话，这种小人物感到自己被大企业和大工会所背叛和出卖，他怀旧地依恋着一个前工业的、和谐的大众社会的景象，在那里，公民、工人、士兵为着祖国的美好相互合作。这种思想因为在政治上符合希特勒的需要，后来得到了他的推广。同时，这种思想在许多德国人——主要是在边缘生活的群体（手工艺者、小商业主、农业劳动者、用人和半技术工人）——那里获得了支持，他们感到自己被疏远和取代了，没有人代表他们说话。由于受到一些表面上非理性事件的打击，这些群体不断地在心理上趋向于理查德·霍夫施塔特所指的政治上的"偏执狂心理"。费德尔和他的同党相信，德国已经被诡计多端的、阴险的人们从他们那里夺走。这些人是现代真正的控制者，他们搅乱了事件的正常过程，有意地引发危机，操纵银行，制造经济萧条，这一切都是为了自己的利益和快乐。这些陈词滥调式的对寻欢作乐的罪人所勾勒的图像，首先集中在犹太人的身上。费德尔认为，除非具有超凡魅力的天才预言家揭露他们深重的罪恶，否则，历史因果关系的真正动因就会从历史的变化中消失了。

希特勒在费德尔的经济理论中发现了"巨大的理论上的真理"，后来他允许费德尔反资本主义的观点体现在党的纲领当中。费德尔成为一些经济团体——特别是中下层阶级——的重要联络人。但是，当希特勒需要大企业支持的时候，费德尔就成了一个累赘。这一点后来变得越来越明显。希特勒给了一些微不足道的闲职蒙骗了他。到那时，即使不是一个牺牲品的话，费德尔也成了一个受人尊敬而又无足轻重的人物。他在1941年默默无闻地死去。

另一个德国工人党的业余知识分子是迪特里希·埃卡特（1868—1923），他是巴伐利亚诺伊马克特一位律师的儿子。在放弃了医学学业之后，埃卡特从事新闻和舞台表演工作，作为一个天才戏剧家而获得了声誉。他华丽而绚烂的爱国主义戏剧，在民族主义的德国人那里深受欢迎。他的个性是由自我膨胀的装腔作势狂和廉价的叫卖者交织而成的。在巴伐利亚的社会圈里，人们有争议地认为埃卡特是一个典型的巴伐利亚人——充满活力，爱玩弄女人，鼓吹古怪的思想。他也是一个不稳定的人，在精神病院度过了不少时间，后来逐渐迷上了酒精和吗啡。同时，埃卡特是一个具有说服力的和讨好人的健谈者，他创立了一个庞大的社会关系圈子，其中包括一些非常有影响的人。从 1918 年到 1920 年，埃卡特出版了具有高度煽动性的报纸《朴素的德国人》，它的特色是从事反犹太和反共产主义的宣传。埃卡特也是“神秘远方协会”的主要成员，因此成为纳粹党的助产士。他的社会联系使得德国工人党在 1920 年 12 月得到了《慕尼黑观察者》。这份报纸由埃卡特做编辑，并被重新命名为《种族观察者报》，成为纳粹党意识形态的喉舌。它的副标题“伟大的德国国家社会主义运动的舷炮”，反映了埃卡特曾经表现在早期诗作里的信仰：假如德国要从灾难中幸存下来的话，它必须用哲学家尼采的铁锤来使自己觉醒。埃卡特视希特勒为德国的救世主，因此，埃卡特将这位年轻的、缺乏经验的暴民煽动者纳入他的麾下，进一步拓展希特勒的事业。反过来，希特勒把埃卡特尊为纳粹运动的原型和精神上的教父，后来他将《我的奋斗》献给了埃卡特。

作为一个宣传家、资金筹集人和天才的伯乐，埃卡特是初期纳粹党的关键人物。除了希特勒，他培养的各种各样的天才中包括阿尔弗雷德·罗森贝格（1893—1946）这位波罗的海的德国人。有一天，他出现在埃卡特的办公室，询问埃卡特是否需要使用“一个反犹太的斗士”。这位喜出望外的编辑可能一口答应了他。作为一个“犹太问题”、布尔什维主义和纳粹主义意识形态的专家，罗森贝格臭名昭著的事业由此开始。后来给希特勒留下深刻印象的是，罗森贝格将共产主义和世界犹太人视为一体，最终帮助这位纳粹党领袖组成了一个具有偏执狂性质的圈子，在这个圈子中，德国所有问题的原因都被归于犹太主义和共产主义。

罗森贝格出生于爱沙尼亚的里瓦尔，母亲是爱沙尼亚人，父亲是立陶宛人。从文化的角度来看，罗森贝格属于德国侨民，属于那些生活在波罗的海诸国、俄国，或欧洲其他地方，或海外的德国社区的德国人。这些“小德国”经常培育着一种带有强烈的民族主义、种族主义色彩的日耳曼主义的夸张意识。尽管罗森贝格从事技术工作，在里加和莫斯科学习建筑，但是当他遇见了希特勒的时候，一下子就相互认为是心灵知己，从此，浸染在种族主义哲学的知识圈子里无法自拔。罗森贝格是一个喜欢沉思的、有书生气的、褊狭的意识形态专家，他被认为是“学识广博的、受过不完整教育的人”。像希特勒一样，罗森贝格对世界的认识主要来自种族思想领域，以及无数虚构的资料和理论。从雅利安人优越性这种自利的信条出发，罗森贝格构建了一种世界观，并最终写入自己的一系列著作当中，其中包括《变迁时代的犹太人的踪迹》(1920)、《犹太法典的非道德性》(1920)和巨著《20世纪的神话》(1930)。

1918年，罗森贝格逃离了布尔什维克的统治，前往慕尼黑。他在那里加入"神秘远方协会"，后来加入德国工人党。在1921年成为《种族观察者报》的主编，这是他一生都没有放弃的职位。他在党的形成时期的角色是十分重要的，因为他对希特勒的思想产生了深远的影响。奥托·施特拉塞尔和其他人甚至认为，在1919至1923年期间，希特勒在很大程度上是罗森贝格的喉舌，这一判断错误地假定了希特勒的种族观点主要是由罗森贝格铸造的。事实上，希特勒采用了一些罗森贝格的种族观点，来补充他已经稳固建立的反犹太偏见。也许罗森贝格是一种催化剂，他帮助希特勒系统地表达了一种前后一贯的反犹太哲学，但是在其他一些方面，罗森贝格的影响是微小的。在纳粹运动的初期，希特勒非常尊重罗森贝格，甚至在兰德斯堡服刑时委任罗森贝格为党的临时领导人。后来，当他们很少接触的时候，希特勒依然认为罗森贝格是党的有价值的成员和先驱者，但是，他没有把罗森贝格作为亲密的战友，并且通常把他从权力的核心中排除出来。这部分要归因于这样一个事实：罗森贝格是一个沉闷的、完全没有幽默感、缺乏社交技巧的人。正如罗森贝格自己总结他与希特勒的关系那样："他对我评价非常高，但是他不喜欢我。"

另一个波罗的海德国人是马克斯·埃尔温·冯·朔伊布纳—里希特(1884—1923)，他由罗森贝格介绍进入党，在纳粹党的最初阶段扮演着重要的角色。罗森贝格在里加遇见了朔伊布纳—里希特，他的生活背景给罗森贝格留下了深刻的印象。朔伊布纳—里希特在里加、德累斯顿和慕尼黑学习工程，在慕尼黑技术大学获得博士学位。在第一次世界大战期间，他有着军官和德国外交使团成员的双重身份，在东欧和土耳其广阔的舞台上发挥着各种各样的才能。他是一个有学问的人，有着令人印象深刻的外交技巧。朔伊布纳—里希特建立了名人的圈子，这些名人包括：韦特尔斯巴赫王室的成员、工业巨子、武装部队的军官。朔伊布纳—里希特对政治阴谋和在熟人圈子里募捐十分内行。他成为新的纳粹党和传统的军事工业联合体之间重要的联络人。

朔伊布纳—里希特最重要的合伙人之一是鲁登道夫将军。鲁登道夫在许多德国人心中是英雄，而在协约国来说是十恶不赦的战犯。鲁登道夫暂时离开德国，前往瑞典躲避极端左派的愤怒。在斯巴达克分子 1919 年 1 月被击败的时候，鲁登道夫感到在 2 月回国是相当安全的。在瑞典的时候，他完全通过回忆，在三个月的时间里兴奋地写完了他的战争回忆录。这个重要文献将对事件的生动再构与对这些事件严重后果的自我推脱的期望结合在一起。有这一文献支撑，鲁登道夫回到了柏林，不仅恢复了自己的名誉，而且进一步拓展了自己的政治抱负。在许多地方，他依然作为战争英雄和国家的财富受到赞美。有时，他使用卡尔·诺伊曼的假名免费住在时髦的阿德隆饭店。因为协约国的停战委员会也在阿德隆饭店，饭店的经理甚至适宜地安排了一个有通向威廉大街专用出口的套间，这样可以避免他被别人认出的尴尬，以及作为战犯遭到逮捕。尽管鲁登道夫是一名出色的军事战术专家，具有十分敏捷的思想和似乎无穷无尽的能量，但是他完全缺乏区别轻重缓急的能力和对世界的广泛理解。返回德国之后，他投入右翼的政治活动当中，他的缺点变得越来越明显。正如先前所提到的那样，在 1920 年，他参加了卡普的推翻魏玛共和国的阴谋。当暴乱失败之后，他离开了这个危险的地方，来到慕尼黑这个更适合于右翼生存的氛围当中。在那里，一位富有同情心的男爵慷慨地给他提供了一座乡间别墅。鲁登道夫的政治判断力从来就没有达到他军事上的敏锐程度，而且，这一判断力在逐步退化，特别是在他和玛格丽特离婚、与玛蒂尔德·凯姆尼茨结婚之后更是如此。新婚夫人是一个邪恶的伪知识分子骗子，她用种族主义、异教徒和反犹太主义的思想毒害了鲁登道夫。朔伊布纳—里希特和大多数德国工人党的领袖认为，鲁登道夫是一块对他们有利的招牌，他的名声在提高党的社会影响上是有用的。

罗森贝格和朔伊布纳—里希特同时也与从布尔什维主义那里流亡出来的人保持着联系，与在德国的主要城市——主要是柏林和慕尼黑——组成较大规模社区的俄国人保持着联系。这些流亡者是共产主义最坚定的敌人，他们除了睡觉之外就是宣传和计划复仇。他们对法西斯运动的影响还没有得到完全的认识，但是有足够的证据表明，他们的影响远比通常想象的要大得多。例如，在柏林，前沙皇政府官员费奥多尔·温贝格出版了一份名为《呼唤》的俄语日报。在这份报纸中，他提倡对整个犹太民族彻底灭绝，以达到对犹太问题的“最终解决”。为了支持这一邪恶的建议，温贝格最早在德国散布了《犹太人长老协议》，这是反犹太主义的、充满仇恨的文件，由沙皇的秘密警察杜撰，在第一次世界大战之前的俄国广为流传。这个文件声称记录了犹太领导人的一次秘密会议，这些长老们发誓要以民主、自由主义和社会主义的颠覆性力量去影响西方的基督教文明，最终毁灭这种文明。《犹太人长老协议》提供了一些技术性的方法，依靠它们一个世界犹太国家就可能建立起来。许多从布尔什维主义那里流亡出来的人，携带着《犹太人长老协议》的复本。这些流亡者当中有阿尔弗雷德·罗森贝格，他在莫斯科学习的时候就受到这个文件的影响。《犹太人长老协议》的德文版最早出现在1920年，后来罗森贝格在自己编辑的版本中对它进行了补充。

现在需要的是一个具有组织天才和杰出演说能力的人，他能够将这些不相干的因素融合在一起，并且注入一个政党之中。最初德国工人党一些成员认为，赫尔曼·埃塞尔(1900—1981)是一个“魔鬼演说家”、暴民的煽动者，他能够点燃不满的德国人情绪的火花。埃塞尔出生在鲁尔莫斯，该地靠近巴伐利亚的达豪。他来自一个中产阶级家庭，上的是人文综合学校。还是一个毛头小伙的时候，他就自愿参军投入了第一次世界大战。战后，他作为一个坚定的社会主义者回到了慕尼黑，并成为德国工人党的创始人之一(第二号人物)。埃塞尔聪明、狡猾，而且胆大妄为。康拉德·海登将他描绘为一个纳粹主义的“原型”人物：残忍、野蛮，没有道德的顾忌，在人际关系中——特别是对妇女——冷酷无情。他是一个语言天才，为《种族观察者报》提供了许多令人厌恶的有关犹太人的故事。尽管希特勒对他狗一般的忠诚给予很高的评价，不过，他私下承认埃塞尔是一个无赖，是一个潜在的负担。但是，他也知道当埃塞尔被逼急了的时候，会彻底揭露纳粹党内部阴谋中最见不得人的秘密。因此，埃塞尔后来被各种各样的委派和无足轻重的位子所哄骗，反过来，他也一直不胡说八道，从而在他自己促成的反复无常的危险中生存下来。

埃塞尔被剥夺了建设一个群众大党并赋予这个党以使命感和目的的资格，这是因为埃塞尔自私自利的机会主义和他缺乏真正的意识形态的信念。有一个事件可以证明，他没有能力激励热情的追随者，他被认为是一个对党缺乏坚定忠诚的人。据说，他威胁要退党投靠共产党，因为他没有准时收到薪水。他甚至在那时威胁道：假如他没有获得满意的答复，他可能会向对手泄露一些令人难堪的秘密。

群众运动可能会吸引像埃塞尔这样的自私自利的机会主义者，但是，领导他们的人是一些具有奉献精神的和一心一意的狂热分子，就是布鲁斯·马兹利施所说的“革命的禁欲主义者”。这种政治狂热之徒一旦出世，就会被一种特殊的力量和领袖魅力所理想化，对于许多人来说，这些力量和魅力都是上帝的礼物。禁欲主义者将群众的自私自利放置在抽象的理念之上，通过这些理念，群众被完全统一起来，而自己则成为催化剂，使千百万群众皈依他们的意识形态信仰。禁欲主义者用来自内心信念的力量对追随者们施加催眠术。在追随者眼里，由于假想的纯洁性，这种力量使禁欲主义者所做的一切都变得更加可靠。领袖的力量是具有强制性的，因为它来自自我否定或苦行。正如布鲁斯·马兹利施所说：“全能，全知，不带有凡人反复无常的行为——尤其用苦行来替代性欲，人们认为这样的领袖是神，而不是人。”正因为希特勒比埃塞尔更具有这样一些特质，同时，他比埃塞尔更能把这些特质放置到肥沃的政治土壤当中，因此，他制造了 20 世纪最为强大的政治运动。

当阿道夫·希特勒作为委员会第七号人物于 1919 年 9 月加入德国工人党的时候，他所担负的责任是招募和宣传，他对巴伐利亚人的懒散感到震惊，因为这种习惯塑造了党的日常事务的进程。他不仅对党的领导人所展现出来的想象力匮乏感到不安，而且对似乎激发着党的行为的松散的民主精神感到不安。希特勒下决心按照军事路线重组这个党。在加入这个党仅三个月后，希特勒就建议进行一系列彻底的改革，目标旨在为一个大众的党创造框架。德莱克斯勒和哈勒对经营一个小党的想法非常满足，但是，希特勒认为，这个党的领导人将会使这个羽翼未丰的组织在政治上显得无能。他热爱辉煌的场景，梦想着通过有组织的群众集会和示威活动将德国工人党变成一个大众党。希特勒将自己视为一个出身于士兵的政治家，他将创造一个最令人生畏的组织，使它敌对于可恨的魏玛共和国。带着狂热的精力，他开始网罗志同道合的信仰者，发出聚会的邀请，列出可能成为党员的名单，亲自寻求支持。最初，由七人组成的委员会非正式地在加斯太格咖啡店碰面，但是，希特勒催促该党租用斯特奈克啤酒屋一间有着穹顶的地窖作为党的新总部。这些变化对老人们形成了冲击，被认为是做作的、不现实的。他们当中的一些人，特别是哈勒和德莱克斯勒，开始谴责这位年轻的暴民煽动者被奢华所迷惑。

集会是纳粹运动最好的组织形式之一，它能形成共同的意志和对领袖的崇拜

希特勒努力按照军事路线来重组德国工人党，他短期的目标是吸收具有军事背景的成员，他们对他的忠诚要超过对那些小心翼翼的、保守的老派人物。希特勒的这些支持者及时组成了影子领导队伍，等待着击溃愚笨的老派领导人。哈勒坚决反对希特勒的宣传计划，他第一个离开德国工人党。执行委员会对希特勒的建议作了退让，同意进行群众集会，并公布 1920 年 2 月 24 日在霍夫布劳豪斯剧院的节庆厅召开第一次群众集会。

按照后来党的圣徒传记所记载，这次群众集会同马丁·路德在威登堡的教堂大门上钉上九十五条论纲具有一样的历史意义。在那个晚上，希特勒向大约两千名听众展示了新党章的二十五条章程。让希特勒大为高兴的是，听众中的许多人是独立派社会党人和共产党人，他们可能当时就发生了转变。实际上，这次会议古怪地将喧闹的插科打诨和政治煽动混为一体。这天晚上的主要演讲者不是希特勒，而是约翰尼斯·丁菲尔德，他是一位顺势疗法医生，在右翼的杂志上以格尔曼努斯·阿格里科拉为笔名写过一些怪诞的种族主义文章。在那个夜晚，他滔滔不绝地论述了德国政治疾病的原因。演讲以充满希望的、神圣的词语构成的陈词滥调结束，其中援引了席勒和莎士比亚的诗句。

当希特勒站起来对当前的时政进行充满激情的演讲时，整个大厅的气氛突然发生了变化。与丁菲尔德不同，希特勒使听众变成了共同的表演者，对他煽动性的演讲，这些人不是激动不已，就是报以敌意的嘘声或者挑唆性地提出质问。但是，希特勒一点儿也没有被听众的破坏所打扰，他似乎反而受到了触动。直觉告诉他：中庸对于任何政治家来说是致命的，尤其在大众政治和国家面临绝望的时代。这样的时代呼唤能够表达公众不满的领袖，他能够认同普通群众的苦难，使大众皈依他救世的幻想。这一目标与其说是讲述真理，不如说是说服大众，使他们信服于明确的政治观点。考虑到德国政治出现的极端的两极化，希特勒希望听到大声的、嘲讽的观点，在那个晚上，正如他所承认的那样，他经常被尖利的、如冰雹一样倾泻而下的声音所打断，这些声音威胁要中断整个会议进程。卫士们不得不用橡皮棍、马鞭将闹事者轰出大厅。这种煽动性的场景充满了疯狂的叫喊声和雷鸣般的喝彩声，同时，喝倒彩、砸啤酒杯甚至斗殴，也成为表达强烈的对立观点的方式。这种场景后来成为希特勒许多演讲的鲜明标志。

同样值得一提的是希特勒雄辩的质量和表现雄辩的通常模式。2 月 24 日的

希特勒是有史以来最杰出的演讲家之一

演讲在许多方面是希特勒后来数千次演讲的原型。夜晚,挤得满满的听众在焦急地等待,而典型的希特勒式的演讲总是在情绪紧张和出乎意料中进行。他总是以概述导致目前国家危机的一系列事件开始演讲。正如J.P.斯特恩所认为的那样,演讲的开端总是包含着信息的要素;然而,听众只是为了参与创造历史的活动而获取这一信息要素的。对于希特勒来说,这一表演最重要的部分是认同听众的痛苦,并且把自己描绘成一个普通的老兵和爱国者,他将国家利益置于狭隘的自利集团的利益之上。作为一个老兵,希特勒分享了听众中许多退役军人的巨大失望和破碎幻想。演讲的下一步就是揭开破坏分子的面具,他们给德国人民带来了毁

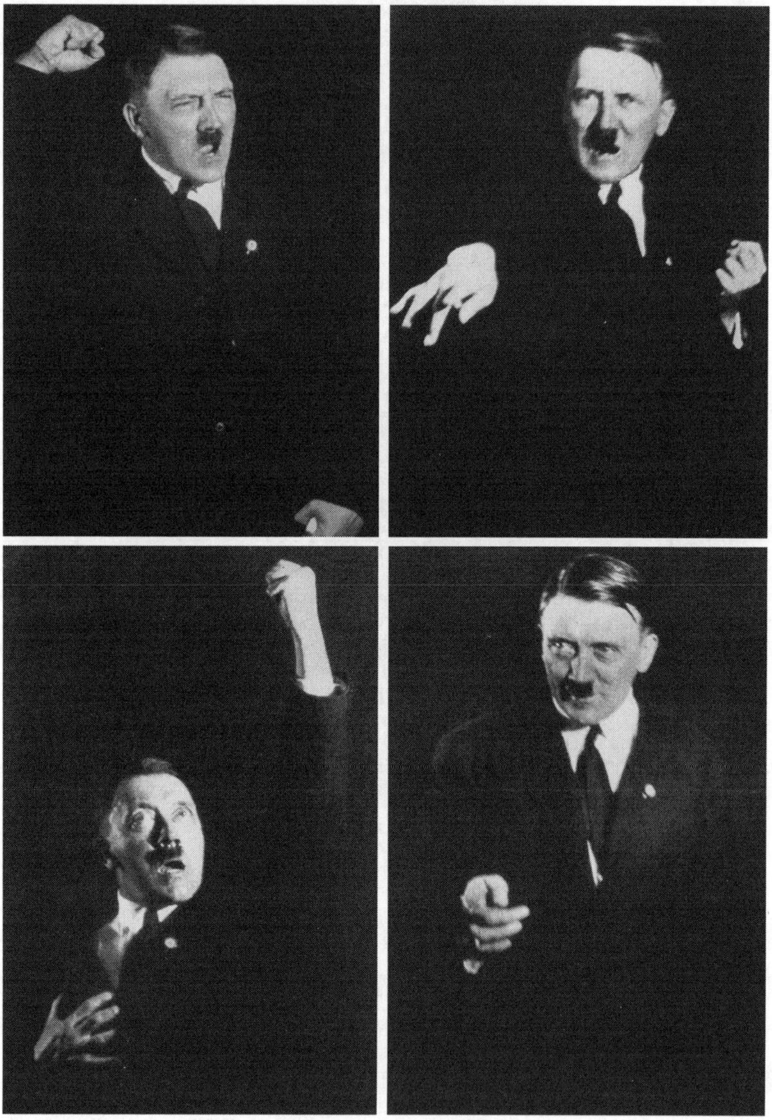

希特勒演讲时的丰富表情

灭和耻辱。希特勒现在打开了他雄辩技巧的宝库,目的在于揭示问题的根源。他对魏玛共和国进行了狡猾、无耻,甚至诽谤性的控告,在听众中激起愤怒的反应,他们要求将共和国政府中的这些流氓摔出办公室,痛打一顿,或者绞死。他谴责“十一月罪犯”、战争获利者、和平主义者、自由主义者、共产主义者,当然首先是犹太人。当希特勒和听众之间的关系愈发亲近的时候,他演讲的速度越来越快,充满了情绪上的紧张。他的言辞也变得越来越好战,越来越具有威胁性。他让人毫无疑问地确信在德国工人党掌握权力之后将会发生的事情——许多头颅将要落地。这时,听众被他的言语、富有魅力的姿势、语调和雄辩的技巧所感动,忘乎所以。

德国听众似乎特别容易受到希特勒声音的催眠。对于许多德国人来说,这里面有着一些神秘的东西。因为除了带有南部德国口音或者奥地利口音,他的声音似乎既不植根于任何方言,也不植根于任何阶级之中。正如 J.P.斯特恩所提示的那样,他的声音不是某个人的,而是所有人的,是一个普通的德国人准确地表达普遍的德国人所思所感的声音。希特勒演讲的结尾总是一成不变的,不断地肯定日耳曼民族的伟大,反复强调这种伟大在国家社会主义的旗帜下将获得新生。此刻,听众聆听着他的每一句话,自然而然地爆发出疯狂的喜悦,鼓掌,拍桌子。一些听众,尤其是妇女,会发出狂野的呐喊,难以控制地哭泣起来。

希特勒 2 月 24 日的长篇大论,一开始概述了德国令人绝望的经济困境,以及政府解决这种困境的无能为力。他指责政府领导人过于怯弱,不敢说出真相,只会滔滔不绝地劝人们努力工作,尽心尽职。希特勒声明:假如努力工作的话,德国人民只会对他们的敌人作出贡献。他谴责和约制造了新的、极大的痛苦,它们不亚于毫无价值的纸币印刷带来的灾难。他说,有一段时间,德国的公务员以可信和令人尊敬而著称,但是,人们怎么能够期望这种可敬的行为来自像埃茨贝格尔这样的人(暴风雨般的掌声),令人难以理解的是,做了这么多错事的人却没有坐在牢里(热烈的掌声)。在对政府高官的犯罪行为进行中伤之后,希特勒又狡猾地暗示了犹太人的罪行。这时,听众那里传来了“打倒犹太压迫者”和“把他们扔出去”的口号。这正是希特勒的感受。他歇了一口气,开始将犹太人确立为真正的罪犯,并且要求:作为清扫内部烟囱的先决条件,他们必须被赶出德国(热烈的掌声)。当谈及罪恶的获利者和放高利贷者的时候,他宣称,处以罚金是无用的。听众提出了一个更有效的惩罚建议，即痛打和绞刑。当他以雄辩的手法提问应该采取什么方法处理这种吸血的水蛭时，人们发出了冲动的呼喊："绞死他们。"

希特勒召唤所有的德国人加入统一的民族社会。考虑到那些指望国际阶级团结的人，希特勒提醒他的听众：任何指望国际善意的人都将是失败者。最后，在充满强烈感情的气氛中，希特勒接着宣读了党的计划。为了达到吸引最大多数的追随者这一目的，这个计划的特点——希特勒从来就不把它当回事，在他眼里，这只是宣传的工具——是将民族主义和社会主义的理想聪明地混合起来。尽管对于一些人来说，社会主义和民族主义代表着难以调和的目标，但是，对于希特勒来说，它们只是象征性的，甚至是神秘的口号，依靠它们可以在不同的集团激发出积极的效果或感情。在这些神秘的口号里面，他无意中发现了融合不同集团的方法，并且让这些集团意识到：他们可以信仰同一种意识形态的信条。在希特勒心中，社会主义不是"堕落的"马克思主义所理解的被当作阶级斗争和无产阶级的平等；而是奥斯瓦尔德·施宾格勒所理解的，建立在阶级和谐、努力工作、服从和为国家服务基础上的"普鲁士的社会主义"。一些像施特拉塞尔这样的党的意识形态专家似乎没有理解，希特勒的社会主义没有涉及一个明确的经济制度，而是与民族的自我保存有关。希特勒的社会主义受到民族主义的驱使，这令他们大失所望，因为希特勒相信，只有在这种形式当中，社会主义才能将公共利益提升到个人利益之上，保持社会的安定，推动一个健康的民族社会的重建。

这样，社会主义和民族主义建立了密切的联系，因为一个平等的、富裕的社会整体要求它的成员具有爱心和义务感；但是义务也是相互的：社会整体必须关心个体。必须教育德国人，他们不是只为自身利己的目的，也是为了国家的利益而工作。通过为集体的工作，德国人应该放心地意识到：国家会对他们负责，保证他们获得幸福的生活、有益的工作条件和其他社会利益。因此，党的章程要求"国家的首要责任是保证每一个公民的生计"(第 7 条)；在一系列大胆的社会主义的建议中，党章呼吁"所有已经组织化为公司的企业都必须国有化"(第 13 条)；"在大型工业企业中，利润必须分享"(第 14 条)；"必须充分发展旧式的保险业"(第 15 条)；"大型商场必须立刻社会化，并以最低的价格租赁给小生意人"(第 16 条)。

在党的章程中存在着强烈的民族主义和种族主义条款。最初，他提出了建立在民族自决原则基础上的要求，即将所有的德国人联合进一个更大的德国当中。实际上，这意味着 1920 年生活在德国领土边境之外——奥地利、意大利、波兰或捷克斯洛伐克——的德国侨民，都应该重新和祖国结合起来。反过来说，领土问题又产生了一些种族和帝国主义的问题，其中最不祥的是“生存空间”的要求。这样，第 3 条就谈及对供养德国人的殖民地的要求。过去听过希特勒演讲的人都知道，他将俄国视为殖民化的疆域。1919 年 12 月 10 日，希特勒在一次德国工人党的会议上发表了题为“奇耻大辱中的德国”的演讲，他直截了当地问道：俄国人拥有德国领土的十八倍是否公平？

在 1920 年的党章中，对外国人和犹太人的仇恨也发挥着突出的作用。例如，第 4 条以三段论的方式认为：“唯有种族的同伴才可能是一位公民；唯有具有德国血统的人，在不计宗教派别的情况下，才可能是种族的同伴；没有一个犹太人可能成为种族的同伴。”在这之前，希特勒已经充分地说明了这一问题：犹太人属于种族社群更胜于宗教社群，反犹太主义的合理政策旨在种族歧视的合法化，旨在从德国土地上将所有犹太人消灭干净。最重要的是，党的纲领似乎否定意义大于肯定意义。它是一部通过自身所仇视的东西来力求确定自身的文献。这些东西包括外国人、犹太人、议会政府、西方列强和奸商。然而，2 月 24 日，从在霍夫布劳豪斯剧院召开第一次重要会议之后，该党拥有了一个纲领和使命。正如约阿西姆·费斯特所观察的那样，就在这一天，“德莱克斯勒喝啤酒的激进分子俱乐部，演化成了阿道夫·希特勒的大众党”。

这次会议的一个星期之后，德国工人党将名字改为国家社会主义德国工人党。1920 年 3 月 31 日，希特勒鼓足勇气退出了军队，以便全心全意地奉献给纳粹党。他不懈的努力、富有魔力的演讲术，以及吸引大众的能力，使该党扩大了自身的成员和运作基础。1920 年 4 月，党在慕尼黑之外的第一个分部在罗森海姆成立；到 1920 年底，党在慕尼黑之外的十个州区建立了分部，有一个还在巴伐利亚之外的曼海姆。这种扩张需要在党的合法地位上有一个变化。1920 年 10 月 20 日，纳粹党将自己组合为国家社会主义德国工人联合会。德国法律规定，要成为一个注册的俱乐部，一个组织必须建立自己的规章。这样，纳粹党授权一个指导委员会来控制自己，这个委员会由两个主席、两个秘书和两个财务主管组成。作为宣传主管，希特勒不是这个委员会的成员，因此在表面上被排除在决策过程之外。然而，因为党的新成员被要求出席定期的思想教育会议，因此希特勒能够对普通成员施加明显的影响。正如以上所提到的那样，在1920年12月，该党要求将《种族观察者报》变成党的官方报纸，它落入这位宣传主管的控制之中，这给了希特勒另一个重要的权力杠杆。由于控制了《种族观察者报》的编辑政策，希特勒能够确立党的政策，检查党员意识形态的信仰。这样，他逐渐抓住了一批发誓效忠于他个人的干部成为他的追随者。

1921年1月22日，纳粹党在慕尼黑聚集召开第一次全国大会。希特勒有足够的理由为他的多方面成就感到骄傲：他的领袖魅力基本上无可争议，并且已经拥有三千名党员的政党在巴伐利亚的右翼圈子里成为人们所尊敬的力量。当然，它依然只是许多类似的右翼民族主义组织中的一个。相互竞争的团体在其他地方活动着。在纽伦堡，尤利乌斯·施特莱歇尔领导着德国社会党的一个分部，奥托·迪克尔在奥格斯堡领导着另一个支部。在现在捷克斯洛伐克和奥地利的苏台德地区，几个泛德国工人党已经活动了好一阵子。其中的德国工人党由奥地利的律师瓦尔特·里尔和铁路雇员鲁道夫·荣格领导，它的历史可以追溯到战前时期。除了较富有政治上的经验之外，它似乎就是德莱克斯勒集团精确的翻版。奥地利的德国工人党后来将名字改为德国国家社会主义工人党，开始使用万字徽作为党的标记，试图与类似的组织建立友好的关系，该党在1920年8月的萨尔茨堡州际会议上达到了顶峰。尽管希特勒出席了萨尔茨堡的会议，但是他阻止了纳粹党成员与之过于亲近的合作，因为这可能会分裂一般追随者们的忠诚，淡化党的纲领，弱化党的政治力度。

希特勒的最终目标是创造一个相同类型的政党，其组织犹如一个超级的军队，服从于一个明确的指挥系统。在对自身领导能力具有信心之后，希特勒不断地将党按照自己的想象加以铸造。党的元老们自然仇视希特勒严厉的方法，怀疑他企图控制党的权力，使自己成为绝对的领导人。使希特勒和元老们公开决裂的导火索，是奥格斯堡当地的国家社会主义德国工人党提出的一个计划，它商议同德国社会党合并。从表面上看，两个党的融合似乎是切实可行、符合逻辑的，因为两个组织十分相像。这个计划的支持者认为，由于可以获得更多的财政支持和人才，纳粹党将更为强大。因为合并得到了党内反希特勒力量的支持，希特勒嗅出了隐秘的气息。正如他通过新的招募冲淡对元老们的支持来建立自己的队伍一样，他怀疑元老们现在正在从各种不同的组织中招募大批不忠诚的人来推翻他的权力。另外，元老们建议将党的总部从慕尼黑迁移到柏林，希望将希特勒巴伐利亚的支持者逐出权力的中心。

希特勒的回应迅速而大胆。他于 1921 年 7 月 12 日退党。这极端的一步是执行委员会没有料到的，它犯了一个大错，草率地编织出谩骂之言以诽谤希特勒，控诉他有专制的企图，这倒是真实的；但是，又指责他接受了犹太人和奥地利皇帝的金钱，这显然是荒谬的。希特勒对出卖他的人表明，他对重新入党依然是感兴趣的，但是条件是他必须被授予独断的权力。他要求被选为党的第一主席，并由他选择三人组成新的党的行动委员会以替代旧的执行委员会，同时召开党的大会确定这些议题。

把希特勒拉回党内起着关键作用的人是安东·德莱克斯勒。像其他的元老一样，德莱克斯勒怀疑希特勒的意图和他不循规蹈矩的艺术家的生活方式，但是，他非常清楚地认识到，将希特勒排除出党将严重地危害党的未来。他知道党的力量的不断壮大，很大程度上是希特勒组织才能的结果，对党来说，这种才能在党的形成阶段的关键期是不可或缺的。由于这些原因，德莱克斯勒采取了温和的态度，劝说委员会的其他成员同意希特勒的要求。1921 年 7 月 29 日，党的大会召开，它是希特勒个人的胜利，是元老们的彻底失败。通过对党章的修改，元老们授予希特勒独裁的权力，根据他认为合适的方式来铸造这个党。

党的新的执行机构现在由一个三人行动委员会组成，它受到希特勒的指挥。所有政策性事务都由这一委员会制定，同时，党组织的具体事务转给六个下属委员会，包括宣传、财政、青年组织、体育、调查、仲裁。希特勒得到保证：他个人的效忠者被委派到这些委员会的领导岗位。赫尔曼·埃塞尔负责宣传，埃卡特被任命为《种族观察者报》的编辑。一位年轻的希特勒的敬慕者古斯塔夫·阿道夫·兰克被任命为党的青年组织——青年冲锋队、希特勒青年团的前身——的主席。体育运动委员会很快就变成了冲锋队，它注定成为纳粹党臭名昭著的准军事组织。我们不知道谁领导着调查委员会，但是正如迪特里希·奥尔洛所指出的那样，希特勒可能指挥着它的大部分工作，因为这个委员会控制着党员的入党和开除出党的权力。对于元老们来说，只有德莱克斯勒还有一席之地。他成了仲裁委员会的主席,对于党的生活来说,这是一个名誉职位。尽管这一头衔在很大程度上只是一个敬称,但是它反映了希特勒希望阻止党内的进一步冲突。

希特勒的主要目标之一是给该党强行施加一个紧密的组织结构,尤其在财政事务方面。为了这一目的,他委派了过去的战友马克斯·阿曼(1891—1957)担任商务经理的职务。阿曼是一位直率而有能力并且十分忠诚的朋友。在这个涉及行政和财政事务的职位上,阿曼最终建立了一个强有力的管理机构。除了财政上的责任,这个机构还负责对纳粹党出版物的监管、希特勒个人资产的管理,最终还包括帝国新闻部的协调工作。

集中化方面新的努力还涉及向党的地方分部发送通报性的信件,指导它们取得旗帜和徽章,督促它们以迅即的方式汇报地方上的发展,以及为了审查的目的上交所有新成员的名单。在党的组织方面,希特勒特别重视对象征物和神话的需要。早在1920年8月,他就同意将万字徽作为党的首要象征物。正如先前所提及的,万字徽被各种各样的种族团体和准军事组织所使用,但是,作为一个象征物,它可以被追溯到古代。在梵语中,万字徽最初意味着"好运",在对各种各样的宗教(埃及的、希腊的、中国的、日本的和波斯的)画面的记录中,万字徽意味着崇拜。

最终的万字徽尽管得到了希特勒的同意,但是它不是希特勒的主意,而是来自弗里德里希·克龙的设计,他是为斯塔恩堡的地方小组设计这一图案的。在斯塔恩堡的地方小组成立会议上,演讲台上悬挂着一面红底、白圈、在白圈的中心有一个万字徽的旗帜。希特勒同意了这一设计,并做了一处修改,即把万字徽的字臂方向向右而不是向左延伸。他后来解释了这种设计的象征意义:"在红色中,我们看到了这一运动的社会理想;在白色中,我们看到了民族的思想;在万字徽中,我们看到了为雅利安人的胜利奋斗的使命,同时,也看到了创造性工作的思想的胜利,这一工作在本质上是而且一直是反对犹太人的。"

尽管希特勒没有首先使用许多象征物,但是他对政治生活中象征物的整合力具有敏锐的心理的和美学的鉴赏能力。他花费许多时间翻阅艺术杂志,还在慕尼黑图书馆的纹章部寻找一个合适的老鹰标志,作为纳粹党标准的橡皮图章。大约就在同时,万字徽成为纳粹党的官方象征物,希特勒委派宝石商人约瑟夫·菲斯设计党的官方徽章。党的臂章——与旗帜上一样的万字徽——不久之后就出现了，并且希特勒坚持，所有党员在从事公务的时候必须佩戴这样的臂章。到1922年底，希特勒设计了国家社会主义德国工人党的旗帜，并作为冲锋队的军旗。这些旗帜装饰有一只老鹰站在带圈的万字徽上，下方是一个长方形的党的盾牌（或者是党的地方组织的盾牌），这个盾牌和带有万字徽及一句口号——“醒来吧，德国！”——的党旗连在一起。

在20世纪20年代，“Heil Hitler”的问候语还没有被正式使用，但是一些个别党员甚至在尚未“政变”之前就以这种方式相互致敬。Heil是一个在德国的历史上只有王子这样最高的显要才配得到的欢呼词，但是在德语中，它也有宗教和医学的含义，即“拯救”或“医治”。在德语中，救星的名字叫Heiland。还有各种各样的复合名词，如Heilanstalt（疗养院或收容所），Heilbad（矿泉浴），Heilkraft（治疗能力），Heilkraut（药草），Heilkunde（医学），Heilmittel（药物），Heilsam（卫生），Heilsarmee（救世军）。

希特勒具有一种发现这些神秘象征物并将它们服务于纳粹主义事业的神秘能力。他甚至愿意从他仇恨的共产党和罗马天主教会那里学习和借用一些东西。共产党教他认识到普通群众的纪律、意识形态的约束和革命热情这些因素的重要性。天主教会教他知晓了心灵控制的秘密、在神秘的社团伙伴关系之中团结集体成员的艺术。令人震惊的是，在天主教会中发现的宗教象征体系，被用来再次指导纳粹党的典礼和仪式。十字架变成了万字徽；教堂的圣餐仪式在纳粹党人的问候、命令和理想的化身中找到了对应物；牧师的长袍、主教的冠帽和玫瑰花坛，变成了纳粹成员华丽的制服、军旗、勋章、纹徽和指挥棒；例如在弥撒中的崇拜仪式也在纳粹党的集会中找到了对应物。在20世纪30年代末期，全心全意的追随者们聚集在一起，在施佩尔的大教堂的灯光下为他们的救星阿道夫·希特勒祈祷。

在党组织的所有事务当中，希特勒坚决要求最为严格的军事纪律、装饰和外交礼仪。他会为最微小的仪式细节而烦恼，其中包括：会议厅的声响质量和通风状况、群众的情绪、竞选海报的大小和吸引力、座位的安排、党员的服装。他想知道一个会场是否比另一个会场需要更高的声音，他还发布详细的指导方针，尤其规定会议厅的规模要小，至少三分之一的听众应该由党员组成；党员的服装必须清洁，并富有吸引力，但是应该具有充分的平等主义色彩，以使普通的老百姓感到舒服。

这种对细节琐碎的关注，连同对宣传、公共景观强烈的热衷，带来了党的成员的稳定增长。到 1922 年初，国家社会主义德国工人党已经有六万名注册党员。从 1920 年 2 月宣布 25 条党章以来，国家社会主义德国工人党已经召开了八十一次集会。其中的一些会议——特别是那些在大型场合下举行的——预示着 20 世纪 30 年代的超级壮观场面。该党吸引了哪类听众？它的财政是如何运作的？希特勒对不断发展的党的准军事组织冲锋队的设想又发挥着什么作用呢？

党的成员、财政和准军事组织

尽管党的名称和纲领强调了对社会主义的基本信奉，但是在党的阶级结构中占主导地位的是下中产阶级，这意味着对国家的忠诚比对阶级或者社会主义事业的忠诚重要得多。党的领导阶层受到民族主义和军国主义价值观的驱使。希特勒的目标是加强与右翼的巴伐利亚政府及议会的联系。他要把该党变成德国政治的新力量，同时证明它不仅能够获得中产阶级的支持，而且可以通过说出社会主义的言语建造通往城市工人阶级的桥梁。

作为一个社会学现象，战后在社会经济方面被剥夺公民权的各个阶层是纳粹运动的根基。下中产阶级生活窘迫的成员，退役和失去社会地位的军人，与社会疏远的学生和知识分子，受到共产主义前景惊吓的上中产阶级的教授或企业主，没有突出技能或者有变态倾向的失败的局外人，是这些阶层的成员。这些判断可以从统计和个人传记两个方面得到证实。

根据我们可以得到的统计资料，国家社会主义德国工人党吸引了数量不合比例的下中产阶级成员，特别是有商人和技术工人背景的。从希特勒涉足纳粹党开始，在慕尼黑地区，技术工人的数量从 1919 年的 7%上升到 1922 年的 10.6%，同时商人的数量也从 1920 年的 16%上升到 1921 年的 19.2%。慕尼黑之外的几个支部的数字也是相似的，在一些情况下甚至更高。例如，1922 年罗森海姆的国家社会主义德国工人党新成员中 12.6%是熟练工人；兰茨胡特同年的数字是 13%。1922 年，曼海姆的国家社会主义德国工人党新成员中 35%由商人构成。

尽管这些群体的困境没有事先想象的可怕，但是这些职业群体确实受到战后的通货膨胀、信用紧缩、原材料短缺及来自大企业或连锁店的沉重影响。小企业主——尤其是在小烟草店、杂货店、熟食店或布料店方面的——的增多，是 19 世纪末对城市爆炸性发展的回应。这些商人缺乏训练，没有充分地做好与较大的百货商场进行竞争的准备。然而，小零售商的数量继续戏剧性地增长，从 1907 年的 69.58 万增加到 1925 年的 84.79 万，增长率为 22%。在 20 世纪 20 年代，这些小业主当中的许多人都生活在经济的边缘，基本上过的是无产阶级的生活。然而，从社会的角度来看，这些业主视自己为中产阶级的成员，十分害怕自己的社会地位沦为城市工人的水平。熟练工人也是如此，他们的专业技巧和才能过去给予了他们比城市工人阶级更高的地位。反犹太主义在这两个群体中非常强烈，也许在小业主那里更为强烈，因为他们经常和零售业的犹太人打交道，经常怪罪犹太人让他们的经济窘困。

1920 年，在慕尼黑地区的纳粹党中，中下阶层的党员占 51%。在 1923 年秋季希特勒政变时，整个德国的下中产阶级纳粹党员占 52.1%。然而，数据也表明在上层阶级——经理、职位较高的公务员、大学教师、学生、企业家——中入党的比例也令人惊讶。尽管对群体来说这一数字不高，但是，1920 至 1921 年慕尼黑的数据显示，该党新成员的 20.4%来自精英背景。他们当中的许多人是学生。这个相当高的数字可能是巴伐利亚的精英们进一步看清了柏林政府的结果。对柏林政府的不满受到了依然以巴伐利亚为主要基地的国家社会主义德国工人党更为有效的触动。以下的事实可以证明这一点：到 1923 年，该党成员的 11.9%是社会精英。

1919 至 1923 年的数字毫无疑问不是确定的，这些数字只是在某种程度上证明了由西摩·利普塞特在 20 世纪 60 年代提出的“中产阶级”理论，这一理论后来又被其他历史学家再次提出。但是，这样一些数字也显示了纳粹党的影响跨越了阶级和职业的界限，使它成为真正的大众政党。进一步研究在 1920 至 1923 年刚加入该党的一些积极而有影响的成员的生平传记，可以证明这一结论。是什么东西促使不同的社会和教育背景的人加入纳粹党呢？

奥托·施特拉塞尔和格雷戈尔·施特拉塞尔兄弟两人被国家社会主义所吸引，他们寻求着德国特色的社会主义，并且认为他们在新的纳粹党中发现了它。哥哥格雷戈尔是一个专业药剂师，第一次世界大战时是一名中尉。战后作为药剂师居住在老家兰茨胡特，但是他真正的精力是用来组织自由军团——一种私人武装，即下巴伐利亚冲锋营。在1920年秋的一天，弟弟奥托前来看望他，与他讨论德国社会主义的未来。奥托刚刚带着厌恶之情离开独立派社会党，因为它选择了世界革命，企图使自己更贴近俄国的布尔什维主义。当奥托到哥哥家中与其促膝谈心的时候，鲁登道夫和希特勒也来探访格雷戈尔，他们设法促使格雷戈尔加入自己的政党，从而得到一个精力旺盛且富有价值的成员。奥托最初躲在一边，但是后来也加入了纳粹党，帮助他的哥哥编辑《柏林工人报》。兄弟两人就党的方向与希特勒展开了拉锯战，后来指责希特勒为了权力背叛了社会主义。两人最终离开了或者是被开除出纳粹党。在清洗罗姆之后，格雷戈尔也遭到了清除，奥托则逃离了纳粹党，组建了由对纳粹党和共产党感到幻灭的人构成的"黑色阵线"，希特勒掌握国家权力之后，他逃离了德国。

恩斯特·罗姆、鲁道夫·赫斯、赫尔曼·戈林加入纳粹党的原因，是他们在那里看到了德国军队的扩展，发现了拓展他们野心的渠道。罗姆梦想利用党的准军事部门冲锋队，把它作为一个精英的力量，整个德国的部队将要根据它的形象加以重新塑造。罗姆设想着一个永远由他进行军事统治的国家，而他又是元首的侍卫长。鲁道夫·赫斯（1894—1987）成为希特勒宠爱的秘书，后来又成为他的副元首，他在希特勒那里发现了一个梦想的实现。他在慕尼黑大学的一篇论文《一个将领导德国恢复昔日荣光的人应具备什么素质》中已经表述过这样的梦想。赫斯出生于埃及的亚历山大，是一位德国出口商的儿子。在第一次世界大战中，他最初是西线战场的一名陆军中尉，后来加入了更出风头的陆军快速反应部队。战后，他进入慕尼黑大学，在退役将军卡尔·豪斯霍费尔教授——他讲授的地缘政治学给阿道夫·希特勒留下了很深的印象——的指导下学习。在慕尼黑，赫斯很快卷入了右翼政治的漩涡。最初，他加入了"神秘远方协会"，后来又将自己的一切奉献给了希特勒和纳粹党。赫斯在政治上十分愚蠢，但却是一个死心塌地、一心一意的忠臣，竭力将希特勒偶像化，并希望其他人也和他一样。

赫尔曼·戈林（1893—1946）是著名的里希特霍芬飞行中队的战斗英雄，出于和恩斯特·罗姆、鲁道夫·赫斯同样的原因参加了纳粹党。第一次世界大战之后，在瑞典作为巡回特技表演的飞行员待了两年。善于自吹自擂的戈林1921年和他的瑞典妻子卡琳回到德国，进入慕尼黑大学，在听了希特勒1922年秋的演讲之

海因里希·希姆莱

后涉足政治，并加入纳粹党。他是一个富有野心的人，具有不凡的组织才能和领导能力。他一心一意地追求权力和荣耀，毫无怜悯之心。他极为迷人，有超凡的个人魅力。他狡猾的反社会人格对纳粹党具有绝对的重要性。

迪特里希·埃卡特、阿尔弗雷德·罗森贝格和尤利乌斯·施特莱歇尔构成了反犹太主义的三重奏，紧随其后的是海因里希·希姆莱和约瑟夫·戈培尔。他们加入纳粹党都是出于意识形态的信念。正如上面所提到的，埃卡特是一个放荡的诗人和浪漫主义的革命者，具有戏剧方面的才能。埃卡特是位有学问的人，但同时也是一个酒鬼和瘾君子，能说粗鄙的和高雅的两种话语。他建立了两个世界的桥梁，但又不属于其中的任何一个。他是一个玩世不恭的人，无论赞美上司还是蔑视大众，都将自己恶意的快感掩藏起来。在他 1923 年患心脏病去世之前，埃卡特一直和希特勒形影不离。这位年长的人，提高了希特勒言谈举止的水准，教会他如何穿着，带他上高级酒馆，把他介绍给有影响的人。

阿尔弗雷德·罗森贝格出于种族主义意识形态的信条加入了该党，但是，正如上面所提及的，他与希特勒的私人关系从来没有非常紧密过。这与新近加入该党的尤利乌斯·施特莱歇尔十分不同，他被许多人称为“世界犹太人的头号刽子手”。施特莱歇尔在纳粹党反犹太主义的思想中发现了自己的偏见；在希特勒那里，发现了德国未来的救星。因此，他加入了纳粹党。1922 年第一次听希特勒的演讲时，他受到了极度的催眠，他走近讲台对希特勒说：“我是尤利乌斯·施特莱歇尔。现在，我知道我只能是一个追随者，而你是一个领袖。我把自己在法兰克尼亚建立的群众组织交给你。”1885 年，施特莱歇尔出生在靠近奥格斯堡的弗莱恩豪森，继承父业成为一位学校老师。他英勇地参加了第一次世界大战，他喜欢战壕中的同志友谊，经常执行十分危险的任务。战后，他在纽伦堡再次从事教师职业，同时参加了右翼的政治活动，成为德国社会党纽伦堡分部的头目。在与希特勒私人会面之后，他就将这一支部与纳粹党合并起来。1923 年，施特莱歇尔创办了最后在全世界最臭名昭著的反犹太主义报纸——《冲锋队员》。

从个人生活的角度来看，施特莱歇尔是一个性变态者和恶霸，习惯于带着一条马鞭大步游逛，后来，他在鞭打政治犯中获得了巨大的快乐。有人认为，他在《冲锋队员》中虚构的淫荡的、迷恋于性的犹太人，实际上是他自己野蛮和不文明行为的反映。事实上，施特莱歇尔和许多其他作为希特勒核心圈人物的党员，都是一些卑鄙的顽固分子，他们臭味相投，认为女人只是性发泄的对象，喜欢同政治对手展开你死我活的斗争，痛恨所有“受人尊敬的”和“优美的”事物。纳粹运动认可了这种反社会性格的野蛮冲动，允许德国的施特莱歇尔们的变态行为大行其道。

二十多年来，施特莱歇尔在《冲锋队员》上发表了无数令人恶心的反犹太主义的文章。种族主义偏见的妖术，在这张报纸中达到了空前绝后的堕落程度。《冲锋队员》在全盛期发行将近五十万份，用令人毛骨悚然的犹太人恶行或犯罪的故事来恐吓读者，这些故事无非是宗教祭礼中对儿童的谋杀、强奸、金融诡计、阴险的政治计划，等等。菲利佩·鲁普雷希特是这张报纸的漫画家，他通常将犹太人画成短小肥胖，丑陋，从不剃须，流口水，懒散，性变态，有着塌鼻、猪眼、突嘴的人。为了使犹太人不具有人性，鲁普雷希特将他们描绘成癞蛤蟆、吸血鬼、兀鹰、昆虫、蜘蛛、细菌和毒菌。另一种麻痹读者的伎俩是，显示犹太人不具有任何真正的诸如爱情、欢笑、忠诚、友谊、同情这样的人性。鲁普雷希特把他们绘成身体上令人厌恶的东西，暗示他们在道德上是败坏的。他的结论是：犹太人在体面的德国人群体中是没有生存价值的。这种反犹太主义伎俩被灌输到数百万德国人的头脑中，同时构成了重要的心理上的先决条件：犹太人是文明的障碍，必须被清除。这是一个无须思考的先决条件：因为他们是犹太人，所以必须作为一个群体被灭绝。

在该党形成的初期，除了这些主要的纳粹党人之外，还有两个主要的团体加入了该党，或者作为追随者或财政上的支持者为纳粹党提供服务。其中一个集团有时被称为“老战士”，它构成了该党典型的法西斯主义的核心。这个集团成员具有反社会的性格，来自半熟练的工人阶级，在调整自己适应和平时期的环境方面存在着严重的困难。他们在资本主义和共产主义那里都没有发现有吸引力的东西，正在寻觅他们能够为之战斗的新的军国主义的德意志意识形态。希特勒的私人随从——有时被称为“一群小希特勒”——主要是由这些人组成的。海因里希·霍夫曼（1885—1957）是希特勒的官方摄影师和宫廷弄臣，他有一个漂亮的职业助理爱娃·布劳恩，她后来成了希特勒的情妇。马克斯·阿曼是元首过去的中士战友，也是他信任有加的商务经理。乌尔里希·格拉夫 (1898—1945) 是一个屠夫，后来成了希特勒忠诚的保镖，可能在啤酒屋政变期间用身体挡过十一颗子弹，救了希特勒的命。埃米尔·莫里斯 (1897—1979) 过去是一个钟表匠，后来成了元首的司机，在元首最隐秘的私生活中深得信任，其中包括格莉·劳巴尔的桃色事件和 1934 年对罗姆清洗中的死刑执行。克里斯蒂安·韦伯 (1883—1945) 过去是一个结实的马贩子和酒吧保镖，爱好鞭打和痛殴共产党分子，心甘情愿地成为希特勒的跑腿。尤利乌斯·绍布 (1898—?) 是希特勒突击队的成员，后来成为希特勒的保镖和副官。赫尔曼·埃塞尔，正如上面所提到的，是一位天才的演讲者，犹太人的迫害者和无赖。

在这“一群小希特勒”的背后是更具实力的、更为引人注目、有着完美社会血统的人。在该党的初期，最重要的人物之一是恩斯特·汉夫施滕格尔 (1887—1975)，他身体强壮，体高头大，有一张好战的下巴，头发浓密。汉夫施滕格尔的家庭具有德美混血血统，以艺术鉴赏家和资助人著称。他的母亲来自新英格兰著名的塞奇威克家族，这个家族产生过两位南北战争的将军。汉夫施滕格尔的祖父在慕尼黑从事艺术品的复制和摄制，生意非常兴隆。他的父亲在纽约的第五大道建立了一个分店。被家人称为“小东西”的汉夫施滕格尔，生长在贵族气氛浓郁、教育和美术得到高度重视的环境中。为了学习商业并最终接管美国的分支机构，汉夫施滕格尔被送到哈佛大学学习，在那里他结识了许多重要的人物，其中包括 T.S.艾略特、瓦尔特·李普曼、亨德里克·房龙、汉斯·冯·卡尔滕博恩、罗伯特·本奇利和约翰·里德。他通过同是哈佛大学学生的西奥多·罗斯福总统的大儿子，甚至接受了前往白宫的邀请，在那里展示了他在钢琴演奏方面的才能。事实上，他的钢琴演奏使他和哈佛大学的橄榄球队建立了良好的关系，他通常在比赛之前通过演奏活跃一下气氛。后来，他总是以美国橄榄球进行曲使希特勒激动起来，并使元首相信可以将美国的娱乐和广告技巧运用到政治当中，尤其是通过啦啦队来煽动群众的激情。汉夫施滕格尔也是富兰克林·罗斯福的亲密朋友，那时罗斯福还是纽约新崛起的参议员。

第一次世界大战的时候，汉夫施滕格尔被困在美国，直到 1921 年才返回德国，进入慕尼黑大学攻读历史学博士。1922 年，一位正在使自己熟悉巴伐利亚政治的年轻武官告诉汉夫施滕格尔，他结识了一个名叫阿道夫·希特勒的著名人物，是一个注定要在德国政坛上发挥重要作用的、正处上升趋势的政治家。他给了汉夫施滕格尔一张希特勒政治集会的门票。在听了希特勒精彩的演讲之后，汉夫施滕格尔被他的口才感动了，立刻投奔了他，并成为他的忠实追随者。汉夫施滕格尔利用他的家族关系使希特勒进入了慕尼黑的上流社会，将社会经验依然不足的希特勒介绍给各种各样的社会名流，特别是有钱的贵妇人。汉夫施滕格尔还捐献了一些个人财产给纳粹党。希特勒是汉夫施滕格尔家的常客，他被汉夫施滕格尔美丽的金发美国夫人所迷倒，而这位夫人可能对世界犯下了一个严重的错误。在希特勒啤酒屋政变失败之后，她以柔道的方式夺下了希特勒手中的勃朗宁手枪，使他没有自杀成功。当时希特勒正将枪口对准自己，准备扣动扳机。汉夫施滕格尔作为顾问、调笑者和钢琴演奏者，很快就成为希特勒核心圈子里的成员。尽管在 1933 年希特勒掌权后，他在希特勒政府中短暂服务过，但是，他对纳粹政权越来越不感兴趣。1937 年他逃离了德国，直到第二次世界大战之后才回到祖国。

在汉夫施滕格尔的背后，还有一些社会地位甚高的人物，包括威妮弗雷德·瓦格纳，她是著名的音乐家理查德·瓦格纳的儿媳妇；作家休斯敦·斯图尔特·张伯伦，他娶了理查德·瓦格纳的女儿爱娃，他在希特勒身上看到了德国未来的救星；布鲁克曼家族，慕尼黑的出版世家；贝希施泰因家族，著名的钢琴制造家族。在这些资产阶级的交往关系中牵涉到不少妇女，她们都是被他的魅力所征服的。这些女人中的大多数是娇生惯养的主妇，她们被他粗犷的风格所吸引，当看到他手持马鞭、斜挎武装带、腰佩左轮枪走进她们的豪华客厅时，她们激动万分。一些老妇人像养母一样对他百般呵护，用丰盛的点心和倾心的关注招待他。甚至在希特勒死后的四十年，威廉明妮·卡伦巴赫还回忆起希特勒出席她家的茶点招待会，他是一位“完美的绅士”。她后来还回忆道：在一次希特勒到访之前，她过于激动，以至用盐而不是糖烤了面包。弗劳·海琳·贝希施泰因是希特勒的另一个崇拜者，她被希特勒彻底征服了，她承认自己真希望希特勒是她的儿子。后来她曾以养母的身份探望过监狱中的希特勒。弗劳·埃尔莎·布鲁克曼也有同样的感受。还有另外一位母亲类型的女人，她的名字叫卡罗拉·霍夫曼，是一位退休的学校教师，后来被元首的私人随从富有感情地称为“希特勒妈妈”。

与这些上中产阶级的联系，在希特勒打算将一个地方党变成一个全国性群众党的计划中，无疑是至关重要的，但是，该党所需要的是更为广泛的财政支持，而不仅仅是一些巴伐利亚资本家相对有限的资助。假如希特勒想要捕捉大鱼的话，即北方的工业巨子，他必然要把网撒得更大。1922 年 12 月，巴伐利亚谣言四起，纳粹党受到了大企业的资助，在整个 20 年代和 30 年代，谣言继续蔓延，因为它们似乎强化了马克思有关法西斯主义和资本主义互利关系的观点。尽管一些历史学家在阐述纳粹党受到了大企业资助的观点，但是事实上在 1919 至 1923 年期间，它只从大企业那里获得了极为有限的支持。甚至在 20 年代晚期和 30 年代初期，大企业实际上的财政支持被极度夸大了。

这不是说希特勒没有从大企业那里寻求财政上的支持，早在 1921 至 1922 年，他就企图从北方的资本家那里获得钱财，以便在这一地区扩大党的势力。这次工作的联系人是埃米尔·甘塞尔，他是一位化学家和西门子电气公司的前雇员，也是高级文官、军官和大企业主组成的保守主义“国家俱乐部”的积极分子。甘塞尔在 1922 年 5 月 29 日为希特勒安排了在“国家俱乐部”的演讲。根据那天听众的回忆，希特勒对精英听众产生了非常积极的影响。他把自己的党描绘成唯一有效的平衡物，以抵制以马克思主义为基础的左派政党。他认为他的党是真正变革的唯一工具，因为它是一个没有受到威胁着德国的国际势力——犹太人、共济会和政治化的天主教——玷污的国家党。他在演讲结束时将自己仅仅描绘成国家自由运动的一个鼓手。

1922 年 6 月，希特勒被再次邀请到“国家俱乐部”，从此以后，他经常被邀请到各种各样的企业赞助的会议上演讲。慕尼黑啤酒—咖啡公司的经理赫尔曼·奥古斯特在听了希特勒的演讲之后，对希特勒产生了深刻的印象，他将希特勒引荐给巴伐利亚工业家联盟的成员。希特勒接受了极为保守的“绅士俱乐部”和巴伐利亚其他精英团体的演讲预约。然而，这些联系没有获得巨大的经济资助，因为他的多数捐赠人是小气的慕尼黑商人、店主和工匠。我们几乎只知道一些早期的捐赠人，因为在啤酒屋政变之后，1919 至 1923 年党的财政事务记录消失了。

在资助较多的捐助者当中有戈特弗里德·格兰德尔，他在奥格斯堡拥有一家食用油加工厂，他给纳粹党的主要贷款提供抵押，在纳粹党不履行还贷时，他又替它赔偿了债务。另一个捐助者是理查德·弗兰克，他是路德维希堡一家咖啡制造厂的继承人，为了在1923年保证《种族观察者报》的发行，他捐助了六万瑞士法郎。还有一位捐助者是海因里希·贝克尔，他是斯瓦比亚一家内衣制造商，他的捐款之多无出其右。正如前面所说，汉夫施滕格尔捐献了相当多的美元，布鲁克曼和贝希施泰因家族在关键时候也提供了所需要的金钱。但是，正如亨利·特纳所指出的那样，希特勒在巴伐利亚的社会关系中所获得的好处是他进入了上流社会，他们作为赞助人使他被上流社会所接受。

只有两个北方工业家在1919至1923年对纳粹党提供了大量的捐献，他们是恩斯特·博尔西希和弗里茨·蒂森。博尔西希是柏林一家制造火车头、锅炉和重型工业设备的老牌企业。尽管他的企业面对新出现的大型企业有所萎缩，但是，作为保护雇主利益的德国企业主协会联盟的主席，他依然对德国的企业产生着巨大的影响。在听了希特勒的演讲之后，博尔西希相信他发现了"一个可以通过他自己的运动，恢复工人阶级民族感情，从而消除社会诸阶级之间鸿沟的人"。博尔西希与希特勒进行了私人会晤，预付了一笔私人资金帮助建立党的柏林支部。然而，结果是令人失望的，这可能要归因于通货膨胀的混乱结果和鲁尔危机，但是，博尔西希没有成功地劝说其他的企业家对纳粹党给予财政上的支持也是事实，因为这些企业家依然认为纳粹党是资本主义的敌人。

另一个主要给纳粹党提供捐助的北方工业家是弗里茨·蒂森，当时他是一位巨型钢铁企业的继承人，1926年，他获得了这一企业并将它作为钢铁联盟加以组织。按照他后来在1941年的"我支付给希特勒"的账目记录，弗里茨·蒂森捐助了十万金马克给纳粹党，尽管他后来指出他的捐助主要是冲着鲁登道夫，而不是希特勒。

因此看来，并不是大企业给纳粹党提供资金的。它的资金主要来源于党员的党费、党的出版物和在群众会议上的募捐。尽管希特勒向各处——包括国外——派出他的经纪人以获取急需的收入，但是，像蒂森这样的大捐助是极少的例外。库尔特·吕德克是一位有着国际关系的年轻花花公子，他促使像墨索里尼和亨利·福特这样的各类名人为纳粹党捐助。1923年夏天，希特勒亲自前往苏黎世，据说带回了"一皮箱的瑞士法郎和美元"。当我们对所有的事情加以思考的时候，我们发现纳粹党的成功不是因为资本主义大亨们的财政支持，而是因为它是真正的大众运动，它的魅力超出了阶级的界限和职业的限制。

将这些不同的团体和个人结合在一起的，是强烈的民族主义感情，是对共产主义的恐惧，是对民主的魏玛共和国的不信任，是一种弥漫的反犹太主义。所有人都在纳粹党中发现了他们自己的幻想和偏见的影子。对于“老战士”来说，该党是一个大众的、平等主义的组织，这个组织使他们将民族主义和平民联合起来。对于汉夫施滕格尔、布鲁克曼家族和贝希施泰因家族来说，纳粹党站在中产阶级的一边，使自己成为大众的先锋。对于军国主义者来说，纳粹党是古老的战时“祖国党”的复活，这个党一直听从军事工业的指令。意识形态工作者在国家社会主义当中发现了 20 世纪两个主要的也是值得怀疑的运动——资本主义和共产主义——的平衡力量。他们在纳粹的组织中发现了一种合力，它是所有前述的社会意识形态的辩证综合。最后，大多数人在希特勒那里发现了拯救德国的最佳希望。

就是在这一时期 (1920—1923)，希特勒逐渐而隐约地发现他的政治风格和他作为领袖的充沛精力。希特勒是一个身份模糊、没有根基的局外人，缺乏社交技巧及最基本的教育，但是他却能够走上权力的顶峰，阿兰·布洛克在解释这一现象时悲哀地承认道：“我越了解希特勒，就越发现解释和接受随之而来的问题的艰巨性。在某种程度上，许多原因在解释希特勒所产生的影响上都是不充分的。”确实，这是一种显著的成就，它来自一个懒散的、明显一无所有的奥地利的局外人，他依靠十足的权力意志，公开地将自己从一个害羞的、有神经质冲动的、充满不安全感的人变为一个英雄领袖的形象。这的确来之不易。希特勒在私下里对自己的地位出身极其敏感，和鲁登道夫这样的人在一起时，他习惯性地感到很不舒服，有好几年他更将自己视为一个鼓手，而不是一位领袖。正如约阿希姆·费斯特所观察的那样，无家可归者身上的气味依然留在他的身上，他甚至依然像以前那样生活，在泰尔街租用了一套只有一间屋子的公寓，过着离群索居的生活。为了逃避孤独，他耗费了大量的时间和朋友们出入各种各样的啤酒馆和咖啡屋。他的私生活和习惯没有什么改变，要么孤独地沉思，要么歇斯底里地到处活动；要么懒散得无所事事，要么疯狂地四处奔忙。他完全是过去的样子，没有一点儿变化。相反，他在促使世界按照他对现实的设想进行转变。

他曾经承认道：“我的整个生活只是不断地诱骗他人。”假如他没有杰出的说服能力，他是不会到达如此的权力顶峰的。鉴于他非同寻常的幻想能力，要使几百万民众对他的幻想有所感知，还需要一个不凡的才能。因此，我们必须承认，他具有对不同背景的人都具有魅力的演说天分和神秘能力。他是一个完美的、能够向不同的观众进行表演的演员。因此，听众们对他产生了许多看法，他们在他身上发现了他们对他所要求的东西，反过来，希特勒又加强了他们谋求私利的看法。他就像一个“艺术大师在符合下中产阶级心意的被调节为等程音阶的钢琴上”演奏，同样，他也能符合下层阶级和上层阶级的心意进行演奏。进一步而言，在大众民主的时代，他能够声明他是真正从民众中崛起的。

希特勒直觉地感到他的权力的真正来源存在于大众之中，因此他的目标是组织大众的感情、大众的不满、大众的偏见或仇恨。鉴于他歇斯底里的个性及说服人的能力，他比大多数政治家更容易实现这一目标。事实上，为了使自己获得认同，并使自己不断获得力量，他需要大众。在希特勒和他的听众的互动当中，我们发现了纳粹党成功的关键所在。随着时间的过去，那些观察过希特勒的人——例如汉夫施滕格尔或亚历山大·冯·穆勒教授——注意到了他在引诱大众中所获得的明显的力量。一些人甚至认为，演讲是真正狂欢的表演，它事先传播出诱导性的气氛，接着就是狂热的引诱活动，听众——尤其是妇女——在其中呻吟、啜泣、尖叫，最终在身心投入的狂喜顶峰失魂落魄。

为了将政治和娱乐混为一体，希特勒设法添加了一系列十分华而不实的表演，让所有的慕尼黑人都称他为“慕尼黑的国王”。但是，这位慕尼黑的国王并没有传播人道与和平的福音；相反，他的演讲和表演煽动着残暴。他的冲锋队员的行为极具破坏性，以至整个城市周期性地受到暴力事件的糟蹋。他的粗暴的追随者混入反对者的集会当中，通过打斗和群殴使集会中断，并使听众受到严重的身体伤害。警察维持着这些集会的基本秩序，并一再警告希特勒管好他的追随者。党的传单、宣传性的小册子、标语、布告也因为其恶毒的、诽谤性的内容而经常受到审查。

1922 年 1 月 12 日，希特勒因为破坏了反对团体“巴伐利亚联盟”的集会，并且严重地伤害了他的领导人奥托·巴勒施泰特的身体，被判处了三个月的监禁。但仅仅受了四个星期的监禁他就获得释放，他像一个征服者一样庆祝自己的胜利。他成为“慕尼黑最受欢迎和最受忌恨的人”。他的党用大量的暴行压制反对派，像洪水一样在慕尼黑和巴伐利亚的大部分地区泛滥，到处是它组织的集会和群众示威。希特勒热衷于斗殴的冲锋队员，故意将自己打扮成野蛮和尚武的样子，像军队一样在大街上行进，在房屋和工厂的墙上张贴标语，与反对派斗殴，撕毁对手的旗帜，组织突击队对假想的敌人发动进攻。

正如希特勒所预言的那样，这些煽动性的策略在许多巴伐利亚人当中深受欢迎。他们喜欢将有趣的东西和少量粗野的东西混合在一起，认为这是快乐的时光。希特勒的快乐时光也是如此，大杯地狂饮啤酒，滔滔不绝，高唱进行曲，吵吵嚷嚷地乱扔啤酒杯，掀翻桌子，最后可能再打斗一番。对于许多民众来说，所有这一切都是令人兴奋的消遣。尽管有点儿过分，但纳粹党对于许多人来说成为令人喜爱的普通词汇。事实上，纳粹这个词 (NAZI) 是国家的 (NAtional) 第一个音节和社会主义的 (SoZIalist) 第二个音节合成的，它的发音在巴伐利亚听起来像人名伊格纳茨 (IGNAZ) 的昵称，因此给人一种舒适而熟悉的感觉。该党通过自己的努力工作加强了在民间的根基，因此，甚至粗野的冲锋队员的形象也像街头警察一样被人们所接受。

那些加入该党的准军事组织——冲锋队——的成员，在冲锋队中发现了军事力量的扩充，发现了进攻倾向的宣泄通道，也许还发现了家庭的替代物，它给他们提供了安全感和方向感。在这个由啰唆但又果断自信的成年男人组成的紧密组织中，重要的社会纽带被建立起来。通过维持一种舒适的排外感，以及鼓励一些仪式性的行为，如每周举办的谈话会、集体户外活动、音乐会、野餐、歌唱晚会和行礼致敬等，这些纽带得到了加强。

冲锋队这个准军事组织的发展可以追溯到 1921 年夏季。那时，埃米尔·莫里斯的有些缺乏组织化的“武装巴伐利亚人”奉命维护党的运作机器。1921 年，这个准军事组织把自己伪装成党的“体操和运动部”，尽管它的真正功能——正如一个党的布告所清楚表述的——是一种受到纳粹运动控制的进攻性力量。1921 年 10 月，它将名字改为冲锋队，其德文缩写为 SA。那些指挥这个组织的人视它为复活未来德国军队的种子细胞，他们不仅打算把它作为维持政治性会议的保护性力量，而且把它作为获得政治控制权的工具。

冲锋队的最初成员大多是从自由军团中招募的，尤其是艾哈特上尉的第二海军旅。卡普政变之后，艾哈特和他的一些同伙逃到了慕尼黑，在那里以“执政官组织”的名字重新纠合，这是一个发誓要消灭叛徒、犹太人、自由主义者、和平主义者及民主派——总之，任何没有通过极端右翼标准的人——的法西斯阴谋组织。1921 年 8 月，这个组织的成员谋杀了马蒂亚斯·埃茨贝格尔。这样，就可能发现了一个更好的借口：艾哈特非常乐意将他的一些军官出借给冲锋队。过去，艾哈特旅在波罗的海地区与布尔什维主义战斗，现在，它在 1921 年夏季的慕尼黑作为“希特勒冲锋队”获得新生。甚至该旅的战斗歌曲只需稍作修改就可以被重新使用：

万字徽印在我们的钢盔上
印在黑白红的臂章上
希特勒冲锋队
就是我们的名字

冲锋队员是名副其实的：从现在开始，街头和会场的打斗开始增多了。1921 年 11 月 4 日，“冲锋队的神话”在所谓的宫廷啤酒屋战斗中诞生了，那时，希特勒的步兵八至十个一群像狼一样地一批批冲向他们的对手，并且把他们打出大厅。经常性的“大厅之战”接踵而来。冲锋队将自己组织为每队一百人，在 1922 年得到了跨越式的发展。1922 年 10 月，希特勒率领八百人的冲锋队乘坐专列前往科堡，这个城市邀请他参加一个爱国游行。尽管科堡当局要求他不要以行军的方队进入科堡，但是他拒绝了，他爱捣乱的同伙引发了街头暴乱，清除了街头的反对者，简直就是在围攻这座城市。这种显示威风的行动似乎使希特勒大胆地相信：他能够向巴伐利亚政府挑战而不会受到什么惩罚。这次行动也提高了纳粹党的声誉和它的准军事力量。在 1922 年 2 月至 11 月之间，纳粹党征召了三万四千名新党员，冲锋队的成员几乎增加到一万五千人。

尽管冲锋队的成员发誓服从他们的领袖，但是，希特勒明白，他们的忠诚经常摇摆在纳粹党同艾哈特及其军官之间。这里也存在着一个涉及冲锋队扮演的主要角色的问题。罗姆将冲锋队视为新军队的催化剂，而希特勒将它看作一个宣传武器，从属于党的政治部门，并且服从他的领导。然而，在 1922 至 1923 年间，冲锋队开始有自己独立的生命，在 1929 年的经济萧条之后，这种情况又再度发生。希特勒感到它正在受到外部力量的太多操纵。

希特勒和他的早期支持者在一起

为了抵制这种影响，希特勒换掉艾哈特的人——冲锋队的第一位领导人汉斯·乌尔里希·克林特希,而任用了他认为可以信赖的赫尔曼·戈林。尽管这是一个聪明的变动,但是在短时间里没有带来多少变化,因为国家社会主义德国工人党的领导和它的准军事组织之间的鸿沟依然是摩擦冲突的根源。也许是为了保护自己不受无法无天的冲锋队领导人的威胁,希特勒建立了自己的禁卫军。1923年3月,一些“老战士”组成了一个私人卫队以保护他们的领袖免于现在的危险。这就是未来的党卫队(SS)的雏形。为了同正规的冲锋队有所区别,这个卫队的成员喜欢穿灰色的野战大衣,戴黑色的、带有银质骷髅扣子的滑雪帽,佩戴黑边的万字徽臂章。

当艾哈特上尉与希特勒决裂，并从冲锋队那里召回他的人员的时候，希特勒的第一个卫队解散了。没过多久，希特勒就组织了一个新的卫队——阿道夫·希特勒突击队，它的成员来自不同的阶层，远比艾哈特的成员复杂。突击队的领导人是尤利乌斯·施莱克(1898—1936)，他的外表与希特勒十分相似，后来成为他的替身。和约瑟夫·贝希托尔德一道，施莱克组织了一个机动的攻击分队，可以随时执行元首的命令。汉斯·卡伦巴赫(1897—1966)——一个机枪队的领导人——对这些政治步兵战士的心理状态进行了完全忠实的记录。在其著作《和希特勒在兰斯堡要塞》中，这位几乎被遗忘的冯·明希豪森男爵记录道：他企图使他的同志感到作为服务于神圣事业的高贵卫士是光荣的。这本书可能再现了历史本真的场面，它的基调混合了爱国的虔诚和黑手党似的残酷。突击队队员把自己描绘为真正的男人，如克虏伯的钢铁一样坚硬，同时残酷而正直(通常是坏习惯的借口)。他们使自己无法无天的行动合理化，并作为爱国主义的行动，同时给反对者贴上了民主犹太共和国的胆怯的支持者的标签。卡伦巴赫后来回忆道：

> 严厉、冷酷，有时完全没有人性，这就是突击队的习惯和面貌。他们知道真正的尊敬和屈尊降贵为何物。他们依附强者，依附权力。在紧要关头，他们目无法纪。当贝希托尔德和他的副手尤利乌斯·施莱克的口哨声一响，突击队就召唤我们参加行动，向左派和右派进攻——前进，前进——一切都被撕成碎片，几分钟里，街道和广场上的敌人被扫除干净。不久，村庄和城镇都知道了我们。无论突击队出现在哪里，赤色分子的挑衅就变得越来越少，变得越来越驯服。我们在朋友那里赢得了尊重，而在我们背后是敌人的仇恨和嘲笑。

突击队的大多数成员来自低中产阶级或者工人阶级的背景。施莱克是一个出身寒微的冲锋队队员，后来成了希特勒的司机；矮小的贝希托尔德过去是个中尉，经营着一家文具店；正如上面所提到的，乌尔里希·格拉夫是希特勒的第一个保镖，他是一个屠夫，当地的业余拳击手和啤酒屋的闹事者；埃米尔·莫里斯是希特勒的另一个知心密友，他是被指控犯有盗窃罪的钟表制造匠；克里斯蒂安·韦

墨索里尼从一个社会主义者变成了法西斯主义者，法西斯主义分子相信，只有他们这些“精悍的少数派”才是真正的革命者

伯是一个身高马大、曾经做过马贩子的人，他喜欢耍弄皮鞭，在慕尼黑靠做保镖维持生计。在他们中间，几乎没有军官升到预备役少尉以上的军衔。与这些流氓为伍，希特勒感到如鱼得水，因为这些人确认了他自己的反社会、仇视和侵犯性的倾向。在他心中，这些“老战士”不会做错任何事情，他后来总是乐意原谅他们所有的放荡生活和违法行为。在希特勒1945年4月自杀的柏林地下室的桌前，

1923 年 9 月 2 日,希特勒突击队前往拜罗伊特参加德国国庆

他只放了两张照片,一张是他的母亲,一张是埃米尔·莫里斯。显示希特勒和“老战士”在一起的几张残存的照片特别具有启迪意义。这些人凶残的面相引起了我们的关注和审视,因为它们证明了这种类型的男人将构成纳粹党权力的核心。

尽管希特勒把纳粹党变成了反对柏林政府的聚集点，但是在 1922 至 1923 年,他的领导决策使党几乎到达了致命的终点,即他使用武力的方法,而不是宪政的方法去夺取国家政权。1922 年 10 月,墨索里尼进军罗马获得了政权,而希特勒越来越确信,相似的向柏林的进军也是可行的——也许不是他孤军奋战,保守的军事集团会联合行动。这些集团在国家的象征鲁登道夫陆军上将的统领下连为一体。希特勒并不把自己视作革命右派的唯一领导人。事实上,他不时地大声追问：他是施洗礼者约翰还是救世主。

随着党的继续发展,希特勒也不断增加演讲次数,制订政变计划。1923 年 1 月,在鲁尔危机的混乱中,六千名冲锋队员聚集在慕尼黑参加纳粹党的第一次全国大会。当希特勒对他的突击队员作长篇演讲,并呼吁国家专制以解救德国面临的崩溃时,即将政变的谣言在慕尼黑蔓延。2 月,希特勒与其他的右翼准军事联盟力量组成了一个致命的联盟,这几乎葬送了他的前程。他同意同诸如阿道夫·

1923年，纳粹分子在慕尼黑街头游行

海斯所领导的"国旗党"、阿尔弗雷德·霍夫曼中尉领导的"下巴伐利亚战斗联盟"、阿尔弗雷德·泽勒领导的"慕尼黑爱国联盟"、穆尔泽领导的"奥博兰联盟"这样的右翼组织联合，并建立了联合委员会。赫尔曼·克里贝尔中校被任命为"爱国主义战斗协会工人联合会"的领导人。希特勒和罗姆企图哄骗其他的右翼集团参加这一新的组织，他们也试图在军队里稳固希特勒与克里贝尔相等的政治作用。

在随后的几个月，德国的危机层出不穷，政变的谣言进一步加强。就在这时，希特勒提出了一个镇压左翼在"五一"劳动日示威的计划，并因此使官方确信，他才是真正的"慕尼黑之王"。但是，1923年5月1日，他在政府中的支持者和同情者却舍弃了他。令他更为窘迫的是，他的几千名冲锋队员在上维森费尔德保持了数小时的战斗准备状态，而现在，他们不得不将武器归还给国防军军械库；早些时候，他们通过欺骗借到了这些武器。希特勒在贝希特斯加登度过了一个夏天，对外没有任何联系。因此，在回到慕尼黑时，他精力十分充沛，参加了9月1日至2日纽伦堡准军事的、纪念"德国国庆日"的集会。各种各样准军事集团的领导人更新了他们的二月协议，宣布成立新的"德国战斗联盟"，这个联盟包括"奥博兰联盟""国旗党"和纳粹党。9月25日，联盟领导人聚集在一起讨论政变的策略。希特勒让一万五千名冲锋队员处于军事准备状态，同时宣布在慕尼黑要单独召开十二次以上的群众大会。在随后的几天里，惊恐万状的巴伐利亚总理欧根·冯·克尼林(1865—1927)劝说内阁宣布紧急状态，同时任命前首相和反革命的保守主义分离分子古斯塔夫·冯·卡尔博士为拥有全权的国务委员。卡尔的权力主要依赖于国防军第七战区司令奥托·冯·拉绍将军，以及巴伐利亚州警察总监汉斯·里特尔·冯·赛瑟尔上校的支持。卡尔立刻禁止所有的群众示威，但同时与拉绍和赛瑟尔密谋除掉可恶的柏林政府。在卡尔、拉绍和赛瑟尔的阴谋计划当中，只有一个小任务是为希特勒和纳粹党设想的。但是，保守主义阵营很快就发现希特勒会走得更远，他会从鼓吹敌对发展到实际地策动一场政变，这场政变对象也涉及他们三个人。

第五章

啤酒屋政变及其后果

1923 年 11 月 8 日—9 日希特勒政变

1923 年 11 月 7 日，巴伐利亚右翼组织的主要领导人，最终制订了推翻魏玛共和国的计划。尽管他们之间区别很大——包括政治动机和个人的野心——但是，他们牢固地联合在一起反对可恨的共和国。这就是为什么他们组成了“战斗联盟”去毁灭共和国、惩罚“十一月罪犯”的原因所在。人们想象这些罪犯背叛了德国，并且导致了它的耻辱和完全失去防御能力。主要的阴谋家们聚集在退役上校赫尔曼·克里贝尔慕尼黑的住宅中，克里贝尔是“战斗联盟”的领导人，他作为主人召集了这次聚会。这些阴谋家包括由私人副官汉斯·施特雷克少校陪同的鲁登道夫将军；奥博兰联盟的领导人弗里德里希·韦伯博士；由赫尔曼·戈林和朔伊布纳—里希特护卫左右的希特勒。

这些阴谋家计划在巴伐利亚通过政变将右翼政府拖进自己的网中，以对抗柏林的国家政府。鉴于柏林和慕尼黑的关系已经恶化到武装冲突的状态，“战斗联盟”的领导人们断定政变的时机已经到来。正如前面所提到的，巴伐利亚和国家政府的公开冲突已经有一段时间了。9 月 26 日，巴伐利亚内阁委任古斯塔夫·冯·卡尔博士为全权国务委员。第二天，部分是为了回应巴伐利亚的危机，埃伯特总统援引了《魏玛宪法》第 48 条，并且授予国防部长奥托·格斯勒、国防军司令汉斯·冯·泽克特将军维护法律和秩序、粉碎任何对国家的颠覆行为的执行权。埃伯特问泽克特：“国防军站在哪一边？”据说，泽克特将军这时高深莫测地回答道：“总统先生，国防军站在我的后面。”尽管埃伯特总统援引紧急状态法是合理的，因为这是宪法赋予的权力，但是实际上，自 1923 年 9 月 26 日至 1924 年 2 月紧急状态法被废除，德国实际上被冯·泽克特将军和他的地方司令官们成功地控制着。两个专制的政府——一个是国家的，另一个是地方的——由于政治上深远的差异，即将发生冲突。

希特勒无疑迫切地想利用国家政府和巴伐利亚政府之间的差异。9 月 27 日，《种族观察者报》发表了一篇题为“施特莱斯曼和泽克特”的粗俗文章，诅咒这两个人将德国出卖给了法国，并计划在国际犹太人的支持下制造一个专制政权。这篇文章宣布这一点毫不奇怪，因为施特莱斯曼和泽克特的妻子都是犹太人。柏林政府命令拉绍去查封《种族观察者报》，同时要求逮捕三位自由军团的领导人——罗斯巴赫、海斯和艾哈特。两个命令都没有得到执行。拉绍拒不服从命令。使事态更复杂的是，在 10 月 4 日，卡尔查封了《种族观察者报》，因为它刊登了一篇题为“炮兵们！准备开火”的文章，它号召所有的爱国炮兵们参加冲锋队的行动，甚至提供了报到的地址。现在，卡尔的权威受到了挑战，他立刻投入了行动。在施特莱斯曼和泽克特遭到诽谤的时候，他可没有采取这样的行动。《种族观察者报》在 10 月 6 日至 14 日被查封，这不是因为它得罪了柏林，而是惹恼了慕尼黑。这就意味着损害柏林政府是可以的，而损害慕尼黑政府是不行的。

10 月 19 日，卡尔对包括拉绍的第七军区的指挥官训话，告诉他们柏林将纯粹的地方政治事务夸大为全国性的军事危机。他认为真正的问题涉及“两种世界观——国际的马克思—犹太主义和民族的日耳曼主义——的生死搏斗”，这种搏斗决定着德国人民的命运。他认为巴伐利亚必须在推动民族的事业中处于领导地位，他让颇有同感的听众相信他正在悄悄地破坏着“非日耳曼”的《魏玛宪法》，并且会用更好的、更日耳曼的宪法代替它。

希特勒对此不能再表述什么了。卡尔并非唯一对柏林政府发表煽动性言论的人。拉绍和赛瑟尔是三人团的另外两个成员，他们也有这样的感觉。事实上，当泽克特将军在 9 月 20 日因拉绍玩忽职守撤销了他的职务，以致他不能够再作为一名军官在德国军队里行事时，他的态度从被动的抵制转向公开的挑衅。拉绍的解职几乎立刻就被卡尔撤销了，卡尔马上就重新任命他为巴伐利亚军队的司令官，并要求第七军区的所有官兵宣誓效忠于巴伐利亚政府。柏林指责这种行为严重地违反了《魏玛宪法》。

10月24日，拉绍将军对巴伐利亚部队的指挥官、警察局的官员，以及“战斗联盟”的领导人（除了纳粹党人）发表讲话，提出了三种对付当前危机的可能方法：一是向柏林进军，宣布全国的独裁统治；二是以巴伐利亚为基础与柏林政府周旋；三是宣布巴伐利亚从国家中独立出来。他清楚地表明了自己的向柏林进发的观点。这样，拉绍公开站在了阴谋家的一边。按照约翰·惠勒—贝内特的说法：他现在完全成为一个卑劣的阴谋家，从那时开始，他必须和其他同样卑劣的阴谋家一道共事。三人团现在对进军柏林原则上达成了一致。他们将最初的军事计划变成了他们自己宏伟的规划。其中包括将艾哈特上尉从萨尔茨堡的藏身地——他在那里躲避联邦政府对他的逮捕——邀请到慕尼黑来，帮助从事政变的准备工作。计划中还包括将军队聚集在巴伐利亚北部边境，准备侵入共产党即将夺取权力的图林根和萨克森。

卡尔是一个迟钝的反革命君主主义者，他没有像其他人那样投入冲动的行动当中。他表面上对柏林的坚定的抵制只具有表面的坚定性。因为，这些抵制依赖于他目前在右翼民族主义分子中间所受到的欢迎，依赖于施特莱斯曼的政府不可能干预巴伐利亚的事实。这个政府正面临着多重的危机，其中包括飞速的通货膨胀，莱茵兰的分离主义，图林根、萨克森和德国北部其他地区左翼极端主义的崛起，涉及社会民主党和保守主义政党之间的斗争所引发的内阁危机。

然而，政治风云在共和国危机四起的年代里一直在飞速地变化。就在三人团计划向柏林进发的时候，政治风云又发生了变化。10月23日，汉堡发生了一次成功的共产党起义。10月底，国防军合法地获得《宪法》第48条的授权，侵入了图林根和萨克森，把两个州的共产党分子从州政府中赶了出来。这使得慕尼黑的阴谋分子，甚至没有理由以这两个州发生的共产主义的危险为借口向柏林进军。尽管施特莱斯曼内阁中的社会民主党人退出了政府，以此表示他们对联邦政府干涉两个州的内部事务这一非法行为的抗议，但是，他们的离去作为政府向右发展的一步获得了保守主义的欢呼。这意味着一个强大的、保守主义的、极权主义的政府形成了。卡尔现在开始形成了第二个直接向柏林进发的想法。他在准备妥协的同时，委派赛瑟尔上校去柏林探测政治状况的深浅。当赛瑟尔回到慕尼黑的时候，他带来了一个让人清醒的报告：北部德国不可能加入巴伐利亚反对柏林的政变，三人团这时也不再忙于他们的阴谋诡计了。到了11月的第一个星期，三人团秘密策划的危机气氛开始明显消退，对于希特勒来说，这简直是令人惊讶的。

然而，对于希特勒和其他在11月7日聚集在克里贝尔住宅中的阴谋分子来说，发动一场成功政变的机会依然被认为是成熟的，当然，先决条件是说服犹豫不定的三人团参与到这场政变中来。克里贝尔最初建议在11月10至11日发动政变，以配合1918年停火协议的五周年纪念。在10日夜晚，政变者们计划在慕尼黑城北荒野进行"战斗联盟"的野战训练。届时停止此项训练，直接将部队开往慕尼黑，夺取政权，宣布成立由鲁登道夫、希特勒和其他忠于政变的军官为首的新的国家政府。希特勒对这一计划表示反对，认为它包含了太多的不确定因素，相反，他建议阴谋分子就在第二天，即11月8日举事。这一天，慕尼黑的主要领导人将去听古斯塔夫·冯·卡尔在伯格布劳克勒发表的重要讲话，此地是慕尼黑最大的啤酒屋。希特勒认为"战斗同盟"可以轻而易举地封锁这座建筑，把这些要员作为人质，说服他们参与反对柏林政府的民族革命当中。希特勒的口才使七个阴谋分子同意了他的计划，他们进一步讨论了实施这一计划的细节。

尽管这个计划是不现实的，成功的机会也因为参与其中的许多阴谋分子的互相猜忌变得十分微弱。他们不仅彼此不信任，而且也不相信他们希望能够加入政变的三人团。正如阿兰·布洛克所认为的那样，至少有四个团体参与了啤酒屋的政变：一是希特勒和与他相关的右翼组织；二是巴伐利亚当局；三是柏林的中央政府；四是国防军。只有希特勒的目标是明确的。他要求与巴伐利亚政治和军事力量合作向柏林进军，随后建立一个新的独裁政府。然而，希特勒并没有领导一个统一的或一致的力量，他只能指望冲锋队的忠诚，而不是其他同盟组织的忠诚。这些组织受到克里贝尔的全权指挥，他是鲁登道夫的忠诚者。

至于巴伐利亚的民事和军事当局，那里交织着矛盾的动机和个人的野心。国务委员古斯塔夫·冯·卡尔是一个反革命的君主主义者。为了推翻柏林政府，恢复由鲁普里希特国王——他是韦特尔斯巴赫王室的继承人——领导的德国君主制，他玩弄起利用巴伐利亚军事资源的思想。但是，他又玩弄起恢复独立的巴伐利亚君主国的思想，这个国家和南部德国或者多瑙河联邦保持着松散的联系。对于希特勒和鲁登道夫来说，这些思想是令人厌恶的，对大多数德国人来说更是如此。卡尔不仅是一个糊里糊涂的政治家，也是一个单调的、没有棱角的人。正如他后来的行为所表现的那样，他几乎没有什么组织才能，更缺乏领导的素质。

卡尔军事上的伙伴是赫尔曼·奥托·拉绍将军，他似乎是德国总参谋部官员的原型：整洁、高贵，有着密密的鬈发和灰色的胡子，戴着夹鼻镜。尽管人们认为他是一个冷血的现实主义者，但实际上他是一个犹疑不定的政治阴谋家，他倾听许多不同的意见，但从来不明确表示赞成哪一个。拉绍不是一个巴伐利亚的分离主义分子。他支持当时占主导地位的思想，即柏林政府应该被一个国家的独裁政府所取代。

巴伐利亚三人团的第三个成员是汉斯·冯·赛瑟尔上校，他是巴伐利亚警察的头目，是一个聪明的、精力旺盛的总参谋部官员，他几乎单独地从过去的皇家巴伐利亚陆军的残余中，创立了给人印象深刻的警察部队，人数达到一万人。像卡尔一样，他是一个顽固的巴伐利亚君主主义者，又像鲁登道夫一样瞧不起普鲁士，但是，在所有其他方面他都是一个同样的反革命分子。赛瑟尔倾向于艾哈特上尉的步兵旅，他代表、武装了这支部队，然后把它作为“国家警察部队”派往巴伐利亚北部边境。根据主导的政治氛围的变化，赛瑟尔和希特勒的关系是友好的，也是实用的。赛瑟尔与三人团的其他两名成员拥有的东西太多，以至不愿意将自己的命运下注在危险的冒险活动上。只有出现压倒性优势的时候，他们才会承担起责任。否则，他们宁可坐山观虎斗，等待着支持胜利的一方。希特勒痛心疾首地后悔让他们参与政变的决策，正如他后悔指望其他的集团，而没有想到在这种大赌注当中只有指望自己。

对于现在由古斯塔夫·施特莱斯曼领导的柏林政府来说，当下的目标是阻止正在政治舞台上隐约出现的国内战争。为了阻止这场战争，施特莱斯曼需要国防军和它的指挥官汉斯·冯·泽克特的支持。因此，共和国政治未来的关键存在于军队当中。1923 年 9 月，确信无疑的迹象已经出现：国防军和政府的领导层尽管存在着巨大的分歧，但是在根本目标上是一致的，即保护现在的政府不受使它四分五裂的离心力的破坏。虽然施特莱斯曼和泽克特在本质上依然是君主主义者，但是他们认识到除非国内的法律和秩序得以重建，除非国外的友好措施能够得到维护，否则德国不可能恢复它的强国地位。为了达到这些目标，总理和将军决定通过共和国的合法机构来发挥作用。他们两人也放弃了任何非现实的想法，比如恢复君主制和建立保守主义的专制政权。他们甚至得出这样的结论：必须采用一切方法阻止抱有这些幻想的左派或者右派的极端分子。

泽克特将军相信，作为国家的卫士，军队的地位应该高于政治。尽管泽克特并非完全相信军队必须支持民主的共和国，但是，在研究了政治状况之后，泽克特认为只有军队才能保证国家的统一。在政变前的六个月当中，他的一些行动是十分模棱两可的，以致人们怀疑他正在玩弄着一种想法，将自己的命运和反共和国的右翼力量联系在一起。鉴于他难以理解和有时含糊其辞的言论，人们有充分的证据称他为一只“斯芬克斯”。但是，泽克特似乎至少形成了一个明确的看法，即让德国的军队处于政治的首位，这种看法在纳粹时期经常出现在军队当中，特别是当军队为一个犯罪的领导层服务的时候变得更为明显。按照泽克特的看法，军队必须服从合法的权力机构，但是他不喜欢这个权力机构所信奉的意识形态。他在这种困境中犹豫不定，因为从个人的角度出发，他不能接受他所效力的体制，这种体制的运作和德国军队的传统是相矛盾的。到 1923 年，泽克特得出这样的结论：尽管共和国存在着实施民主的缺陷，但是它对军队不再是个威胁。因此，他决定反对任何人以武装起义的方式威胁共和国。这样，当海因里希·克拉斯这位泛日耳曼主义的狂人劝说泽克特带头建立国家专制制度的时候，泽克特警告克拉斯不许参加这一煽动性阴谋，而他本人“将同左派和右派的革命者战斗到底”。

当慕尼黑的危机达到高峰的时候，冯·泽克特将军在两个场合中表示，他将保卫共和国的宪法以抵制任何政治派别的闹事。在 10 月的第一个星期，他依靠黑色国防军——这是武装力量中的准军事势力——镇压了一次政变，并且以最高谋反的罪名给政变的领导人判了刑。后来，他向图林根和萨克森的共产党进军。鉴于这种支持共和国的表现，是什么使希特勒或者鲁登道夫没有想到，他们反对共和国的政变会遇到同样严厉的抵制呢？不知是出于意识形态的乐观想法还是政治上的失算，希特勒和“战斗同盟”的领导人决定在 11 月 8 日推翻共和国，在伯格布劳克勒啤酒屋宣布一个新的国家政府的成立，随后向柏林挺进。

慕尼黑啤酒屋政变的地点是伯格布劳克勒，这是一家大型啤酒屋，位于伊萨尔河南岸，离慕尼黑市中心大概有半英里。虽然伯格布劳克勒被称为啤酒屋，但是，它实际上是一个大型的综合性旅店，周围有花园环绕，内有多种餐厅和酒吧。1923 年 11 月 8 日的晚上，主厅里挤满了高级官员、巴伐利亚的政界和社会精英，他们前来听国务委员古斯塔夫·冯·卡尔发表重要讲话。在主厅里，椅子和桌子靠得紧紧的，以至体态丰满、托着大号啤酒杯的女招待，只能勉强地穿过烟雾弥漫的屋子。

快到晚上八点的时候，阿道夫·希特勒乘着他红色的梅赛德斯－奔驰轿车来到伯格布劳克勒，在阿曼、罗森贝格和格拉夫的陪同下走出汽车，在那儿受到了汉夫施滕格尔的迎接，汉夫施滕格尔被认为是纳粹党与国外新闻媒体的联络人。这群人最后通过了警察设立的阻止未经许可的人进入的警戒线，几个在大厅里的政变者和他们会合在一起。通过连接演讲厅的大门，他们听见了卡尔以沉闷、单调的声音在对听众演说，低沉地无休止地谈论着“从人民到国家的问题”。汉夫施滕格尔给每个人买了三升啤酒，以放松紧张的等待。他后来回忆说给每个人花了十亿马克。

正当卡尔在说“我现在开始考虑……”的时候——这句话被汉夫施滕格尔讽刺为可能是那次演讲的高峰——躲在门后的阴谋分子突然冲了进来，戈林一马当先，指挥若定。在他身后是二十五名拿着手枪和机关枪的冲锋队员。其他的冲锋队员将整个建筑围了起来，堵住入口，并占领了建筑设施。当戈林和他的部队冲进摇摇晃晃的大门进入主厅时，拥挤的人群发出了惊呼。桌上的啤酒被打翻了。一些受到惊吓的听众躲到桌子下面，还有一些人爬到椅子或桌子上，这样可以更好地观察正在发生的事情。妇女发出了尖叫声，甚至在看到钢盔和机关枪时吓昏了过去。

希特勒和他的随从穿过人群，登上演讲席。希特勒爬到一张椅子上高声呼叫道：“安静！安静！”当没有产生任何效果的时候，他朝天花板放了一枪。人群一下子就沉默下来了。然后，希特勒就开始发布他著名的宣告：

> 国家革命在整个德国爆发了。六百名武装战士占领了这个大厅，没有人能离开这里。国防军和警察已经走出军营归于我们的旗帜之下。我们正在组建德国和巴伐利亚政府，克尼林政府和旧的国家政府废除了。

然后，希特勒将卡尔、拉绍和赛瑟尔推进一间偏室，疯狂地挥舞着手枪，努力使自己看上去十分神勇。但是，他穿着为这个特别场合选择的可笑的燕尾服，反而像一个可怜的小招待。当卡尔、拉绍和赛瑟尔被带到偏室的时候，据说赛瑟尔对卡尔、拉绍嘟哝了一句："好戏上演了。"当偏室的门被猛力地关上时，依然握着手枪、发出尖叫并且手舞足蹈的希特勒告诉他的三个俘虏：巴伐利亚政府被废除了，它只是新的国家政府的一部分。卡尔非常惊恐地被告知，他是巴伐利亚新的摄政官，和拥有绝对权力的新总理恩斯特·珀纳一起共事。对于其他一些新的任命，希特勒咆哮道："这个国家政府以后就是我，国家的军队就是鲁登道夫。拉绍是军事部长，赛瑟尔是警察总监。"

希特勒威胁他们说：如果他们不合作，他将枪毙他们，并且为自己留下最后一颗子弹。这种疯狂的歇斯底里并没有对三个人产生过多的作用。他们对希特勒宏大的宣告——他们三个人在新国家政府里依然是伙伴和领导——也没有感到激动。但是，希特勒是一个非凡的劝说家，他开始以更为理性的语气和三人团说话，特别是在希特勒宣布"鲁登道夫阁下"参与了政变，并且现在也要加入他们的行列之后，气氛渐渐发生了变化。

就在三个心不甘、情不愿的人质在偏室等待着鲁登道夫的时候，希特勒回到了主厅，听众们这时已经明显变得不安和缺乏耐心了。希特勒在这里进行了一场他一生最引人注目的表演，以至于亚历山大·冯·穆勒教授——他也是那天晚上的听众——认为它是一部"演说的杰作"，并且承认"过去他从未看到过听众的情绪发生如此迅速和戏剧性的变化，好像是魔术师给观众施加了魔法"。甚至三人团也受到了影响，开始相信希特勒肯定从不能轻易违抗的大众那里得到了特别的授权。而且，当鲁登道夫最终驾临并呼吁三人团的爱国良心的时候，他们的反对似乎被融化了，他们谨慎地同意向他们提出的计划。尽管卡尔、拉绍和赛瑟尔对将自己的命运交给希特勒心怀狐疑，但是，九点四十分，当他们不再受到拘禁，并在主厅欢呼的人群面前公开发誓支持这次政变的时候，这样的迹象一点儿都没有表露出来。

当戏剧性的一幕在伯格布劳克勒展开的时候，另一幕戏剧在慕尼黑城中上演。在那里，失控的冲锋队暴徒将恐怖统治施加到政敌和犹太人身上。社会民主党人艾里希·奥尔的家被冲锋队员冲击了两次，奥尔本人非常聪明地在那天夜晚躲了起来。奥尔头发灰白的妻子大为惊恐，家被洗劫一空，奥尔的女婿被绑架。在伯格布劳克勒和整个城市的其他地方，这些自称是雅利安法律和秩序的卫士拘留了许多人质。鲁道夫·赫斯和他的冲锋队员，实际上“逮捕了”整个巴伐利亚的内阁，其中包括总理克尼林和内务部长施魏尔，后来他们被带到乡下受到虐待，并受到死亡的威胁。这是后来发生的事情的征兆。

当冲锋队员追捕犹太人、拷打政敌的时候，由莫里斯和卡伦巴赫领导的希特勒突击队，冲进了社会主义者主办的《慕尼黑邮报》的报社，不加区别地破坏编辑办公室和记者办公室。他们的疯狂行为后来受到一位戴着万字徽臂章的警官的阻止。他没有让他们进行进一步的破坏，他认为应该为了未来的民族主义事业保留一些设备和家具。

同时，希特勒在伯格布劳克勒啤酒屋犯了一个致命的错误，他离开了自己的岗位，而去处理政变者对一些军营的不力接管。他离开了自己的指挥岗位，放弃了对这一政变中几个关键人物——卡尔、拉绍和赛瑟尔——的控制。但希特勒离开的时候，三个很不情愿的人质开始劝说鲁登道夫，借口他们能够在各自的总部更好地完成委派给他们的任务。他们信誓旦旦，以德国官员的名誉担保，他们一定会遵守这个晚上早些时候达成的协议。这样，鲁登道夫就让他们离开了啤酒屋。

当希特勒回到伯格布劳克勒的时候，他惊讶地发现三人团被允许离开，但是，鲁登道夫将军用简单的语言驳斥了希特勒的抗议：“我禁止你怀疑一个德国官员的名誉。”然而，希特勒现在已经越来越不信任德国官员了，因为他接管几个兵营的使命无疑失败了，执勤的国防军官员拒绝将他们的设施交给文官，除非他们得到上司的特别命令。

政变分子至少有一个了不起的成功可以夸耀。步兵军官训练学校的士官生将他们的军官逮捕，因为他拒绝支持政变。大约一千名身体强壮、武器精良的士官生向伯格布劳克勒进军，前来帮助政变分子。格哈德·罗斯巴赫中尉一人带领着这支部队。他是臭名昭著的自由军团的领导人，曾经在波罗的海战斗过，也支持过流产的卡普政变，后来作为一个秘密的自由军团成员在国防军中培养士官。他使士官生相信，他们在获得新生的德国国家军队中将成为精英团队——鲁登道夫团——的中坚力量。无疑，当士官生斗志饱满地到达伯格布劳克勒的时候，他们骄傲地接受了鲁登道夫的检阅。

11月8日的夜晚，尽管数千名冲锋队员和准军事部队云集在慕尼黑，但是，实际上只夺取了一个主要的军事目标，即恩斯特·罗姆的人夺取了军区司令部。夺取司令部是一系列行动的结果。罗姆和他的两千名冲锋队员，以及"奥博兰联盟"和"国旗队"的冲锋队员，聚集在另一个著名的啤酒屋洛温布劳，在等待着伯格布劳克勒的指令。当他们最终收到成功的密码时，喧嚣之声在啤酒屋里爆发。喜气洋洋的罗姆告诉聚集在一起的冲锋队员：巴伐利亚政府已经被废黜，在希特勒领导之下的新政府已经组成。罗姆命令他的人向伯格布劳克勒进发去支持政变，但是，一个通讯兵赶上了出发的队伍，命令夺取和控制军区司令部。走在队伍前面的是眼睛近视、身如纺锤、有一点痴呆模样的年轻人，他就是海因里希·希姆莱。

但是，到了这个时候，政变形势已经明朗了。一旦三人团被允许离开伯格布劳克勒，政变就失败了。拉绍在第十九步兵营的情报部建立了一个指挥中心，在那里，他自己的部队受到完全的控制。他宣布全面的战争警报，同时命令边远的国防军部队进入慕尼黑。凌晨两点五十五分，他给所有的德国广播电台发布了下面的信息：

> 巴伐利亚州全权国务委员卡尔、赛瑟尔上校和拉绍将军谴责希特勒的政变。在枪口下无奈作出的支持是无效的。请民众注意有人会滥用我们的名字。

尽管卡尔似乎对他的立场作了较长时间的痛苦思考，但是到了凌晨一点，他下定了决心以自己所能控制的所有力量抵制了这场政变。他起草了一篇措辞强硬的宣言告诫慕尼黑的民众：

> 一些野心勃勃的分子在进行欺骗和背叛，他们将德国重新觉醒的运动变为了令人厌恶的力量和暴力。我和拉绍将军、赛瑟尔上校在枪口下被迫作出的宣言是无效的。假如这个没有意义和没有目的的政变成功的话，那么德

国和巴伐利亚将一同跌入深渊。

然后，卡尔命令解散纳粹党和两个与它相关的战斗组织——“奥博兰联盟”和“国旗队”。他还宣布政府将暂时从慕尼黑迁到雷根斯堡。慕尼黑不再向柏林进军。现在倒是柏林在认真地考虑向慕尼黑进军了。11 月 9 日，在总理办公室紧急召集的内阁会议上，冯·泽克特再次被授予绝对的权力镇压这次政变。在给拉绍措辞尖锐的电报中，泽克特命令巴伐利亚的这位指挥官立刻执行命令，泽克特最后填上一句：“你必须这样做，否则我将亲自行动。” 埃伯特总统致德国人民的宣言也采取了同样果断的语气，它谴责政变分子犯了叛国罪，并警告德国人民：假如慕尼黑的疯狂行动成功的话，政府恢复经济的计划将会受到破坏。

随着凌晨的过去，政变分子渐渐地发现他们被三人团出卖了。国防军的部队尽管对政变有所同情，但是毕竟没有出现背叛的情况。城市中重要的权力中心——除了军区司令部被罗姆在早些时候夺取——依然控制在政府手中。希特勒潜伏在巴伐利亚政府中的第五纵队成员恩斯特·珀纳和弗里克被拉绍的人逮捕，关押在警察总局。事实上，政变没有超出伯格布劳克勒的范围，阴谋分子在那里越来越感到惊恐和沮丧，他们一直在问自己下面应该做些什么。

缺乏协调和信任现在付出了巨大的代价。部分过失肯定要归于希特勒个人。尽管他作为一个优秀的宣传家可能是完美的，但是他在这天晚上的领导能力是乏善可陈的。他轻易地激发了人们采取行动，但是，他处事诡秘，对人缺乏信任，这些都被证明阻止了协调的策略和周密的计划。直到那一天，希特勒的支持者才知道政变这件事。格雷戈尔·施特拉塞尔很晚才得到通知，他没有时间聚集他的三百五十人在 11 月 9 日凌晨到达慕尼黑。在政变失败之后，柏林的党员才知道发生了政变。希特勒的诡秘连同他多变的歇斯底里和妄想狂的气质，使他一生当中的多次行动受到了破坏。另外，无论何时，在失败将临的时候，希特勒总是处于震惊和愤怒的状态，最后陷

弗里德里希·埃伯特

入无底的绝望之中。因此,当政变快要失败的时候,他对随从说:“假如成功,一切都好;否则,我们只好上吊。”当然,无论是希特勒还是他的随从都没有上吊,但是,他们反对政府的政变肯定是一个要受到绞刑的重罪。当他们直面失败的时候,他们无疑在思考着这一行为的后果。在鲁登道夫将军的坚持下,他们最终决定向慕尼黑进军,以煽动民众和国防军支持他们的政变。

11月9日是一个阴冷的日子。中午时分,一支大约两千人的纵队开进了慕尼黑市中心。一些人看上去精神抖擞,做好了战斗的准备;一些人穿着临时准备的制服,显得衣衫不整。队伍中的一个人后来承认:这支纵队丝毫没有激发起信心,看上去像“一支不能和任何人开战的败军”。纵队分八列前进,政变的领导人走在第一排。希特勒和鲁登道夫位于第一排的中间,左右两边有戈林、克里贝尔、朔伊布纳—里希特、韦伯博士、格拉夫和慕尼黑冲锋队的团队指挥官威廉·布鲁克纳。希特勒的右边是鲁登道夫,左边是朔伊布纳—里希特,后者在较早的时候向希特勒吐露他有一个预感:这是他们最后一次走在一起。

当纵队到达跨越伊萨尔河、通往市中心的路德维希桥的时候,遭遇到一队被派到这里阻止这些政变分子的州警察。但是,相对势弱的“绿衣警察”并不清楚他们的真正职责,政变分子没有花什么力气就把他们制服了。当这支纵队继续向市中心前进的时候,这似乎起到了鼓舞士气的作用,他们一边前行,一边唱起了歌。他们穿过伊萨尔门,沿着塔尔大街行进,然后进入市中心的玛丽广场,在那里,万字徽旗帜在新哥特式市政厅上飘扬。冲锋队员占领了市政厅,控制了市议会,连市长也成了俘虏。玛丽广场上挤满了政变的支持者,在几个纳粹党的鼓动家——其中包括尤利乌斯·施特莱歇尔——的煽动下,支持者们变得疯狂起来。

尽管这支队伍在玛丽广场受到了热烈的欢迎,但是它无望地陷入了难以控制的人群当中。似乎没有人知道下面要往哪里走。有些人建议回到伯格布劳克勒去,有些人催促他们继续北进,前往陆军司令部,罗姆和他的人正被国防军囚禁在那里。鲁登道夫几乎是在匆忙之中作出了向前推进的决策,这个决策注定了这支队伍悲惨的命运。为了和罗姆会合,队伍必须穿过音乐广场。当队伍厌烦地走在通往音乐广场的路上时,拥挤的民众又减缓了行军的速度。他们靠近了国都大街,通过了右边的韦特尔斯巴赫王宫,陆军元帅会堂近在眼前。国都大街位于陆军元帅会堂的东边,通向音乐广场。就在国都大街通向音乐广场的地方,荷枪实弹的“绿衣警察”组成了一条警戒线阻止了这支队伍。

“绿衣警察”的指挥官米歇尔·冯·戈丁男爵是一个粗暴的年轻中尉，他决心阻止正在靠近的纵队，尤其是在发现这支队伍荷枪实弹，还上了刺刀之后。据说，当这支纵队离“绿衣警察”只有几步之遥的时候，希特勒大块头的保镖格拉夫大声叫道：“不要开枪！鲁登道夫阁下驾到。不要开枪！”这是徒劳的叫喊，可能只有几个人能听见。有人开了一枪，那天谁也不知道它是从哪里射来，随后就是双方激烈的对射。希特勒一直和朔伊布纳—里希特手挽着手，当朔伊布纳—里希特的心脏挨了致命的一枪时，希特勒被推倒在地上。尽管没有吃到子弹，但是，当希特勒被朔伊布纳—里希特推倒在地上的时候，他的肩膀脱了臼。格拉夫扑倒在希特勒身上，这也许救了希特勒的命。格拉夫挨了十一枪，胸部、胃部、肩膀和大腿都有弹孔。在希特勒的边上有一个穿黑大衣的大个子躺在血泊中，希特勒误以为他是鲁登道夫将军。在其他地方，纳粹党人也遭到警察的枪击，一共有十六名纳粹党人被杀，伤者不计其数。赫尔曼·戈林的腹股沟受到了枪击，他艰难地爬出了现场，后来得到一名犹太医生的照料，然后越过国境前往奥地利。希特勒放弃了他受伤和垂死的同志——后来纳粹主义神话的编造者们润色了这一胆怯的行为——匆忙逃进了由冲锋队的首席医生瓦尔特·舒尔茨博士驾驶的汽车当中。两天后，他在离慕尼黑三十六英里的汉夫施滕格尔一处居所里被逮捕。在参加向慕尼黑进军的所有阴谋分子当中，只有鲁登道夫和他的副官穿过了警察的警戒线，受到了保护性的监管。这次政变失败了。

对希特勒的审判

当希特勒在汉夫施滕格尔乡下的居所被逮捕的时候，他处于完全失望的状态。警察把他带到勒支河边的兰德斯堡要塞的时候，他甚至认为自己随时会被枪毙。但是，当他发现自己将以叛国罪和其他主要的政变分子——包括鲁登道夫——一道接受审判的时候，他立刻兴奋起来，因为他意识到他可能在公共讲坛上为他的事业找回声誉。毕竟这是一个彻底控诉这个国家的机会，是一个显示政变不是反对合法政权的犯罪行为，而是反抗“十一月罪犯”政府的高贵行为的机会。希特勒知道他所选择的实现自己目标的策略是错误的；他也知道他在自己的党外联合了不能信赖的同伴，除了推翻共和国这个目标，这些人的动机是模棱两可的，与他自己的动机是矛盾的。他发誓这种错误不会再次发生。但是，还有机会得到政治权力吗？像一个暴徒一样，希特勒为即将来临的审判鼓起了精神，希望在这个国家面前重新找回自己和自己的运动。

1924年2月24日，对希特勒叛国罪的审判在慕尼黑布鲁登堡街一所前陆军学校的特别法庭进行。整整四年前，希特勒在霍夫布劳豪斯剧院第一次在群众大会上讲演，并且展示了党的章程。除了希特勒，被告人还有鲁登道夫、罗姆、弗里克、珀纳、克里贝尔、韦伯、几个“战斗同盟”的领导人，以及三个活跃的冲锋队领导人——威廉·布鲁克纳、罗伯特·瓦格纳、海因茨·佩内特。另外三个审判完全被对希特勒的审判所淹没，它们涉及对《慕尼黑邮报》进行破坏的希特勒突击队成员，涉及在政府的印钞厂偷窃纸币或未经许可占用武器的政变分子。

审判无疑是一场政治戏剧，鉴于巴伐利亚不确定的政治氛围，它也许是为一个真正的减免刑期制作的。毕竟，在法庭上有两位在德国政治中最有争议的人物——鲁登道夫和希特勒，前者是第一次世界大战中的伟大战争英雄，后一位是在世的最伟大的宣传鼓动家。另外，为起诉做证的人——卡尔、拉绍和赛瑟尔——自己也卷入了政变之中，因此，这些证人被认为是难以公正的。假如巴伐利亚的右翼当局能够做主的话，他们宁可让这事秘而不宣。希特勒非常清楚这一点，因此，他准备利用自己道义上的优势，向那些穿着考究的原告显示，历史的判决是站在他的事业那边的。

因此，希特勒的前途绝对不是没有希望的。公共的感情也偏爱阴谋分子。甚至在这些表象背后，在司法部，也存在着对政变分子的强烈支持。司法部长弗朗茨·古特纳公开同情纳粹主义事业，后来因为他的这次支持，他得到了嘉奖，被委任为帝国的司法部长。首席法官格奥尔格·奈特哈特是一个狂热的民族主义者，他认为鲁登道夫是国家的财富，并且相信政变是一个“国家的行为”。助理法官们甚至更为喜爱政变分子。尽管希特勒在审判开始前并不知道这些优势，但是，他有一种直觉，感到法庭内外的氛围是偏向他的。正因为这个原因，他从审判一开始就采取了挑衅的姿态。不像鲁登道夫企图证明自己在政变中的作用是一个愚笨无知的人所发挥的作用，希特勒对他的行为承担了全部责任，他敏捷地转向起诉的证人，向公众显示卡尔、拉绍和赛瑟尔是同样有罪的：

> 事实上，在整个政变时期，赛瑟尔和卡尔和我们有着同样的目标，即推翻旧的国家政府……用一个专制的、民族主义的、反议会的独裁政府来替代它。如果他们申明他们不要采取武力，他们不要武装暴动，而实施所谓的压力暴动有多好，我十分后悔我没有对这类暴动留下任何记录、任何资料。革命是以前的反对者对一个政府的毁灭；政变是以前的统治集团对一个政府的废弃……假如事实上我们的整个行动犯下了叛国罪，那么，连续几个月来，他们除了煽动叛国什么也没有做，而我们却为此坐在被告席上。

希特勒阐述了事件的真相，即原告和被告追求的都是同一个目标：推翻一个罪恶的政府。他说，他的良心在涉及犯罪的问题上是清白的，因为反对一个1918年的叛徒建立起来的政府怎么能说是犯了叛国罪呢?他尖锐地补充说：“假如我被定犯了叛国罪，我会非常惊讶我没有在被告席上发现这一起诉应该控告的官员，因为他们为着同样的目的在斗争。”

希特勒所指的官员很明显被这种富有才气的雄辩表演弄得目瞪口呆，尤其是因为他的言论是以一种高尚的观点表达出来的，这样，它们反而阻碍了对身边真实问题——被告一方的犯罪行为——的客观考察。拉绍进行了愤怒和非常有效的回击，谴责希特勒缺乏现实感，幻想自己是德国的墨索里尼，实际上，他仅仅是一个政治上的吹鼓手。拉绍还对希特勒歇斯底里的人格做了精确的描绘，但是，他告诉法庭只有一个原因使他听从了希特勒“推翻政府的建议”，这是因为他在纳粹运动中看到了“健康的内核”，这一点损害了拉绍的可信性。另外，在反诘问的时候，希特勒使拉绍几次大发脾气，因为希特勒暗示这位将军要么是个懦夫，要么是个摇摆不定的胆小鬼，以至不能下定决心是支持还是反对政变。由于说话语气富有挑衅性，声音过高，希特勒受到了法庭多次要求降低声音、控制情绪的警告。他离开法庭时谴责拉绍是一个变节者，这简直是致命的一击，以至法官都因为他这一不可原谅的、丑恶的和鲁莽的行为指责了他。

最后，希特勒再次把自己描绘为命中注定要洗刷失败和背叛耻辱的人。他指出：政变没有失败，它是最终胜利的成功基石。在对法庭之外更多的听众演讲

时,他尖锐地提醒法官:他们没有资格对这个案件进行审判,因为它是特别的,只有“永恒的历史法庭”才能给予公正的判决:

> 先生们,你们是不能对我们作出判决的;历史的永恒法庭将对我们作出判定。你们的法庭将判决针对我们所作出的指控,而另一个法庭不会问“你或者你们有没有犯下叛国罪?”这个法庭将对我们,对指挥古老的军队的将军,对他的军官和士兵作出判定,作为德国人,这些人要为德国人民和他们的国家造福,他们自愿为这个国家去战斗,去牺牲。即使你们一千次发现我们有罪,历史的永恒法庭的女神将微笑地撕毁原告的起诉书和法庭的判决书,因为她将宣告我们无罪。

鉴于巴伐利亚司法系统友好的态度,希特勒并没有需要“永恒的历史法庭”的帮助。1924 年 4 月 1 日,慕尼黑的人民法庭挤满了同情希特勒的群众。法庭非常可笑的宽大判决,被一些人认为是真正的愚人节的玩笑。对于希特勒的案子,法庭在判决书上附加了一个前言,强调被告“纯粹的爱国动机和光荣的意图”,然后宣判了对他的六个月后可以假释的五年徒刑。法庭撤销了原告的要求:希特勒作为一个不受欢迎的外国人应该当场被放逐。因为这个要求不能适用像希特勒这样处处以德国的地位来进行思考和体验的人。

对其他阴谋分子的判决同样是仁慈的。克里贝尔、珀纳、韦伯也被判了五年徒刑,同时布鲁克纳、弗里克、罗姆、佩内特、瓦格纳被判了十五个月的徒刑,但立刻就得到了假释。鲁登道夫被宣告完全无罪。法庭上响起了一片喝彩声。在感谢了他兴高采烈的追随者的欢呼之后,希特勒离开了法庭,回到了兰德斯堡要塞的单人囚室里。他赢得了道义上的胜利,而民主共和国受到了严厉的谴责。在右翼的巴伐利亚,反对政府的阴谋只得到了微不足道的处罚,正如阿兰·布洛克所认为的那样:“在这个州,对叛国罪的处罚不过就是如此。在那里,对它的制度的谋反是最可能得到同情的。”

希特勒、鲁登道夫和其他同谋在 1924 年 4 月慕尼黑审判后的合影

兰德斯堡和《我的奋斗》

从 1923 年 11 月 11 日到 1924 年 12 月 20 日，阿道夫·希特勒在兰德斯堡要塞为他的叛国罪服最轻微的徒刑。要塞位于慕尼黑以西五十英里的勒支河树木成荫的森林峡谷里。和他囚禁在一起的大约有四十名纳粹阴谋分子，其中包括鲁道夫·赫斯、赫尔曼·克里贝尔、弗里德里希·韦伯博士、马克斯·阿曼和突击队的其他成员——贝希托尔德、赫尔曼·弗布克、瓦尔特·黑韦尔、卡伦巴赫、莫里斯。尽管监狱安置在以前的堡垒中，给人一种地牢的感觉，但是，整个设施实际上在 19、20 世纪之交是现代化的，给一些囚犯提供了舒适的单人囚室，囚室的外面是美丽的乡村风景。囚犯和守卫吃的东西比一般的水平要高。囚犯们被允许每天消费半品脱葡萄酒或半升啤酒。天气热的时候，监狱管理机构还会慷慨地每天供应双倍的啤酒。汉斯·卡伦巴赫因为偶尔会得痢疾，为了治疗，他被允许每天享用一杯白兰地，这一让步使卡伦巴赫积攒了许多瓶白兰地，他慷慨地和牢友来分享，特别是一个守卫被说服“一杯”的意思是“半升”之后，情况更是如此。

兰德斯堡要塞的士气非常高。整个地方很快变成了纳粹党活动的蜂巢。单人囚室装饰有党的徽章和个人的画像。在吃饭的时候，纳粹党人像一家人一样聚集

希特勒、鲁道夫·赫斯与其他阴谋分子在兰德斯堡监狱里的合影

在公共休息室里，他们在一张专门的桌子前坐下，桌上的谈话由元首主持，万字徽旗帜挂在他的座椅背后成为突出的展示品。当纳粹囚犯不再忙碌于监狱各种各样杂务的时候，他们就把时间花在打牌、团队体育活动、在监狱的花园里聊天散步上。他们组织了一支交响乐团，开办了一家小酒店，创办了一家要塞报纸，还从事一些自娱自乐的社会活动。信件纷至沓来，大多数是表示对他们的支持；邮包也如洪水泛滥，鼓舞着囚犯们的士气。按照汉夫施滕格尔的说法："希特勒的单人囚室看上去像一个熟食店，你可以用堆在那里的一切原料开办一个花店、一个水果店和一个酒店。"

与他的追随者有点粗鲁的行为形成对比的是，希特勒将时间更富有成效地用于思考过去和绘制未来的某种走向上。这种类似盘点存货的工作所需要的条件在兰德斯堡是非常有利的。多亏政府的这次判决，他有大量的时间思考他的未来。他后来多少有点儿公平地认为他的服刑"是政府付费的大学教育"。一般来说，他一天生活的开始是早晨六点起床，和狱友一起吃早饭。在回到自己的单人囚室之后，他会发现所有的东西都已经被一群狱友整理干净。因为在政变中他的肩膀脱臼，他依然忍受着偶尔的疼痛，典狱官免去了他所有的监狱劳动。早饭后，他将时间花在阅读或写作上，有时会观看一下狱友的活动。午餐是一种共享的仪式，由希特勒主持餐桌上的谈话，通常他会发布一些重要的指示。下午，他会回信和会见客人，进行每天必需的散步。晚餐后，他观看狱友的各种体育比赛，晚上八点回到单人囚室，十点上床。每天的生活似乎非常适合他，他体重增加了，并发现有足够的时间记录他个人过去的奋斗和他对未来的想象。

尽管希特勒相信，历史上所有伟大的运动都是靠富有说服力的雄辩术，而不是印刷的文字更为成功地造就的，但是，他依然渴望建立他的知识分子的凭证，企图证明虽然他缺乏正规教育，但他是一位有着自身权利的严肃思想者。从1924 年夏天开始，他每天花几个小时首先给莫里斯，然后给鲁道夫·赫斯口述他的思想，赫斯将自己快速的记录输入手提式打字机。最初，希特勒为他的大作选择了一个长而笨拙的书名——《四年半对谎言、愚蠢和胆怯的斗争》，但是，他的商务经理和出版人马克斯·阿曼聪明地将书名压缩为《我的奋斗》。希特勒在四个月中完成了这本书的第一部分，后来他声称为了一吐为快，他强烈地要求加快进度。阿曼希望希特勒对最近的政变写一篇报道，但是他严肃地拒绝了涉及过去的争论，或者沉溺于对近来政治对手的揭露，特别是他现在还是一个囚犯，容易受到官方的报复。这就是他选择了一种高傲方式的原因所在，它由哲学的抽象表达和没有攻击性的自传性印象所构成。

1924 年 12 月离开监狱之时，希特勒完成了这部书稿。但是，这个有点儿不成熟的手稿不得不由几个编辑——主要是施滕普佛尔神甫、汉夫施滕格尔和豪斯霍费教授——进行删节和修改。最终的作品依然是粗糙和浮夸的。甚至希特勒也承认，假如他知道他会成为德国的总理，他是不会以最初的形式出版这本著作的。一些爱开玩笑的党员取笑这部著作，建议将这本书称为《我的抽筋》或《我的痉挛》。无论有无经过润色，《我的奋斗》第一卷的副标题是《重要问题的解决》，它由慕尼黑弗朗茨·艾赫出版社于 1925 年 7 月 18 日出版。第二卷的副标题为《国家社会主义运动》，1926 年 12 月 11 日出版。直到 1930 年，《我的奋斗》都是分两卷出版的，后来它被合成一卷出版，类似《圣经》的大众版每本八马克。在纳粹党掌权之前，《我的奋斗》在德国销售了二十八万七千册，到 1945 年，一共销售大约一千万册，还被译成十六种语言，成为世界上最著名的著作之一。《我的奋斗》美国版由霍顿·米夫林出版社出版，在希特勒掌权期间，特别是在战争期间销得非常好。甚至战争结束后，《我的奋斗》依然在美国不时发现良好的市场。在 1925 至

《我的奋斗》精装本是纳粹帝国最通常的礼物

1945年间，希特勒从《我的奋斗》中挣得八百多万马克，这使他成为非常富有的人。在1945年之后，这本书的出版权归于巴伐利亚州，法定的意见是禁止出版此书的任何新版本。因此，《我的奋斗》对德国读者来说通过书店或公共图书馆是难以得到的，只有研究者才有机会通过学术图书馆接触到它。

《我的奋斗》的修辞风格具有强烈的侵犯性和宣传性，语气恳切而急促，使忠实的读者喘不过气来，迫使他们相信一个启示性的警告：罪恶的力量已经玷污了雅利安血统，毒化了社会，毁灭了世界。希特勒的文风是过度夸张、重复、华而不实、装腔作势和冗长的。混杂的意象和笨拙的思想具体化泛滥成灾。句法笨重而难以理解，没有必要的重复、论述方向的突然变化和孤僻的思想，使一切都变得更为浮夸。一位德国的文学批评家在其中发现了16.4万处语法和句法的错误。从批评思想的角度来看，书中也存在着许多论证上的谬误，其中最突出的是"要么全有、要么全无"的谬误、思想具体化的拙劣、模棱两可的表述、人为制造的前后矛盾、因果关系的倒置、草率而缺乏代表性的概括、错误的类比、无限制的绝对指令，以及无数从个人偏好出发的攻击。

从这种过度夸张的风格中推断出一个明确的心理结构是吸引人的。毕竟，风格是表现思想的标志，它表现了作者的性格。希特勒的心理类型显示出几个令人困惑的特色：一是倾向于将个人的失败或弱点合理化；二是特别偏爱建立在扭曲的自我心理投射基础上的变态幻想；三是对恶毒的力量所玷污的存在有着妄想狂式的恐惧；四是对表述作为绝对确定的信念、同时又建立在自利偏见之上的愚昧观点有着可悲的习惯。

具有悲剧意义的是，希特勒浮夸的文风和无耻的偏见，误导了当代许多人低估了《我的奋斗》的重要性。甚至历史学家由于厌恶它的语气和内容，一直没有意识到这部著作的重要性。当然，认为《我的奋斗》是一部冗长的、难以卒读的、沉闷的著作是完全正确的，它是反对理智的野心的产物，因此充满了一个没有受过完整教育的人的自命不凡的花样。但是，这一判断模糊了这样一个事实，即《我的奋斗》的风格和内容成为公共的政策。另外，这部著作不是不可读的，或者缺乏内容或连贯性。它显示了不凡的否定性力量，作者依靠这种力量将谎言或半真半假的东西扭曲成可见的现实。总之，这部著作证明了一个超级的宣传鼓动家的特性，他娴熟地激励他的读者分享他的仇恨，并且把这些仇恨完全投放到世界当中。希特勒写作《我的奋斗》是为了编织一个一贯的种族主义的世界观。他自传性的感想主要集中于创造一个普通人的神话，他出身于寒微而受人尊敬的环境当中，为了把德国从他的敌人中解救出来，他自愿放弃了他的艺术家事业。他让我们看到了他的童年、青春期和在维也纳斗争的岁月，它们的价值不在于客观的真实，而在于它们是我们可资利用的心理学上的资料，以便理解他的性格和偏见。

更为重要的是，作者为了纳粹党努力表达了前后一贯的世界观。希特勒的世界观不是建立在正规的学院传统之上，而是主要植根于虚假历史和神话学基础上的。在描述本书的一些本质因素之前，理解这一事实是重要的。它是一种建立在返祖性力量之上、而不是正规的体系或逻辑连贯的概念之上的普遍存在的情绪。它是一种富有动力的力量，换句话说，它存在于神话和部落的偏见当中。这就是为什么所有构建纳粹思想先行者世系——费希特、黑格尔、特赖奇克、瓦格纳、尼采——的企图，都是简约主义和还原主义的原因所在。希特勒和纳粹意识形态的其他代言人都是反知识分子人物，他们主要受到宣传目的的驱使。他们与存在于大众偏见中的思想——种族主义、神秘主义、健康时尚主义等等——有着密切的关系。希特勒对世界的认识大多来自种族主义的小册子。尽管《我的奋斗》参照了一些著名的德国作家，但是这些参照一直是误导和扭曲的。他取自这些作家的思想都被改变了，以适合他充满仇恨的心态。

总之，希特勒的世界观是一个偏见的体系，而不是建立在受到精心证明的前提、客观的论证、逻辑推演的结论之上的哲学。希特勒对此十分清楚。在政治方面，他相信在神话和情感领域比在科学和理性领域存在着更多的认知价值。从这个角度来研究《我的奋斗》，我们能够容易地确定四个主要的偏见：对历史种族主义的解释；对军国主义生活方式的偏爱；对自然和生活的社会达尔文主义的观点；将德国变成世界强国的信仰。

希特勒世界观的基础——也就是他所谓的“花岗岩基础”——是对雅利安种

族在生物学和文化上的优越性的信仰，这种信仰构成了他历史哲学和政治意识形态的基础。希特勒是一个粗鲁的种族主义者，他根据自然的类比来解释人性。但是，他对自然的概念不是18世纪启蒙运动仁慈的观点，而是残酷的达尔文的观点：自然是血腥的牙和爪，它一直喜欢最强壮或最能适应自然的人。另外，他假定了一个自然的法则，来提升他所谓的“更高贵的血统”。为了推动人类的进步，自然鼓励最强的人和最强的人交配，同时阻止虚弱的人的繁衍。由于我们干预了这一进程，我们违反了自然的秩序。

希特勒实际上相信，自然被赋予了理解力上的设计。例如，他坚信“自然会按照贵族的方式思考”，“对人类的种族纯洁”作出“某种矫正性的决策”，它不喜欢私生子，“对违反它的法则的行为进行毫不留情的报复”。希特勒似乎在这种对更高力量的无知偏见之上建立了放之四海而皆准的普遍原则。事实上，希特勒在整个《我的奋斗》当中都先入为主地相信诸如自然、命运、天意、慈悲女神、历史女神等等抽象的力量。不用说，这些力量支撑着他的信念。

希特勒假定人的力量和软弱只存在于血统当中。血统有优劣之分。除非我们人为地干预自然的贵族统治的设计，优等的血统必然战胜劣等的血统。在希特勒看来，当动物和自己种类的代表——山雀找山雀、燕雀找燕雀、鹳鸟找鹳鸟、田鼠找田鼠、狼找狼——交配时，最好的血统就产生了。任何跨越不同种类的杂交都会天生地产生软弱或贫瘠的种类。力量、适应力、智力是种族纯洁、斗争，以及优等种类互相交配的结果。

因为人性是自然的一部分，所以同样的种族纯洁的生物学法则也是可以运用的。自然也鼓励种族群体的明确分离，同时也促进在每个群体当中统一的特性。因此，白人、黑人或黄种人都寻求自己的种类。因为人类的种族群体在性质上是不同的，这样，交叉繁衍就会破坏种族的纯洁性并制造出低等的后代。当犹太人和雅利安人交配的时候，最低等的血统污染出现了。希特勒似乎感到因为没有哪个人类群体是通过进化形成的，因此，这几乎等于是跨种类的交配，是生物学的荒诞现象。

希特勒将人类划分为三个明显的、性质上不同的群体：雅利安文化的奠基人、文化的支撑者和文化的毁灭者。这种分类依赖于两个根本性的标准——自利的种族中心主义和种族主义的信仰，它们相信皮肤的颜色是文化成就的主要决定因素。只有雅利安人创造了文化;雅利安民族是人类的普罗米修斯,从“他明亮的前额中一直涌现出天才神圣的光彩”。希特勒勉强承认亚洲人拥有高等的文化,但只是因为雅利安人为他们提供了创造性的动力。例如,在缺乏雅利安人影响的情况下,日本人跌入深睡之中,直到 19 世纪,雅利安人将他们唤醒。其他的种族群体同样缺乏创造力,非洲人甚至不能成为文化的承载者。在十分明显的恼怒情绪中,希特勒公开指责了所有将原始的黑人提升到文化承载者水平的善意努力,他认为这将会以阻止有能力的雅利安人的进步为代价,这种努力是弄巧成拙的,也是不自然的。

至于犹太民族,因为它没有能力创造一种文化,因此它没有真正的文化。犹太人只是在剥削其他民族创造的东西。它纯粹是一种以其他健康文化为生的寄生虫,是“一种像有害细菌的寄生虫,假如有一个适宜的介质,它就会到处蔓延,越来越多”。犹太民族一直偷偷摸摸地生活在其他民族社会中,在那里,它在宗教社团的伪装下秘密地建立自己的国家。希特勒坚持认为,犹太民族的大谎言是它只是在宗教上与众不同,在其他方面,作为德国人就是德国人,作为英国人就是英国人。相反,希特勒坚信,犹太人“一直是一个具有自己明确的种族特性的民族,而不限于一种宗教特性”。

另外,正如《犹太人长老协议》所预示的,希特勒也相信存在着一个犹太人世界的阴谋。在他多年来对犹太人秘密诡计的长期调查中,希特勒表示他充满热情地相信历史的阴谋论。根据这种观点,犹太人是许多事件后面真正的原动力。换句话说,欧洲社会的巨大变化不是巨大的经济转型、革命或战争的直接后果——如普通的历史学家所认为的那样——而是躲在幕后的恶毒的犹太人秘密策划的结果。因此,每一件毁灭性的事件被希特勒妄想狂的心态揭示为是阴谋的犹太人策划的,这个犹太人可能是贪婪的高利贷放款人,可能是虚情假意的自由主义者,可能是议会民主派,可能是和平主义者,可能是布尔什维克分子,但最终的结果是一样的:犹太人煽动了社会的分裂,从内部掏空了一个社会,因此为最后接管世界作好了准备。

这种观点的非理性逻辑使希特勒得出这样的结论:犹太人肯定是魔鬼的化身、颠覆的妖精。作为一个充满幻觉的思想体系的结果,希特勒确实在幻想“罗圈腿的犹太私生子”潜伏在黑暗的小巷角落后面,企图实施强奸,从而玷污年轻的雅利安少女。在《我的奋斗》的许多段落，特别是在第一卷的第十章，他用了相当长的篇幅谈论了梅毒，明确地指出了一个潜在的恶性病理。整本书回响着黑暗的对血统被魔鬼般的犹太人污染、毒化的思考。作者对天性可恶的犹太私生子发出怒吼和咆哮，同时呼吁我们保护血统纯洁的神圣责任。这里列举一些希特勒给犹太人起的充满偏见的称号：

魔鬼的化身
雅利安血统的玷污者
腐烂的发酵物
吸血鬼
卖淫和梅毒的传播者
雅利安女人的强奸犯
有害的细菌
蛆
瘟疫
罗圈腿的私生子
散发污秽之气的动物
寄生虫
真菌
股票交易控制者
说谎大师
与众不同的种族的成员
傀儡的操纵者

希特勒激动地确信：一个民族的历史的伟大性依赖于血统的纯洁性。无论何时，当一个民族允许自身变得不纯，它“就是在违抗永恒的天意”。在其他地方，他认为种族污染是原罪。尽管犹太人严重地破坏德国的血统和精神，但是，德国人能够通过无情地从内部铲除低等的种类，阻止国外的种族从外部毒化日耳曼群体，恢复它的种族纯洁。

因此,种族国家具有确定无疑的使命:抚育出种族上最纯洁的、繁殖能力强的、健康的人种,最终,整个民族群体参与优生的种族运动。从这些限定出发,到希姆莱的种人农场(培育党卫军的精英),以及对劣等人种的灭绝(包括吉卜赛人、亚洲低等民族、残疾者、智力迟钝者、犹太人)仅仅一步之遥。要解除希特勒所构想的明确的、当下的种族污染,就要去保持血统的纯洁,在犹太人毁灭德国之前清除犹太人。对于希特勒来说,这是一个"要么全有要么全无"的前提,因为犹太人是"彻底毁灭德国的主要煽动者。无论在世界的什么地方发生对德国的攻击,犹太人都是制造者"。因此,德国必须构想出一个清除犹太人的国家政策。在一个预言性的段落中(它可以作为"对最终解决犹太人问题"的支点),希特勒甚至提出了一种最有效的方法去根除犹太人,那就是毒气。

> 在战争的开始阶段和战争期间,假如将一万二千或一万五千名希伯来的国家腐败者交给毒气,就像我们数百万最优秀的德国各阶级、各行业的战士在战场上被毒杀一样,那么,数百万前线的牺牲者就不会死得毫无价值。相反,及时消灭一万二千个无赖也许可以为未来挽救一百万守秩序的、有价值的德国人。

在设计未来纳粹国家的时候,希特勒一开始就让它变得十分清楚:种族国家必须建立在个人原则上,而不是多数人决策基础上。换句话说,国家必须像一个军事链条那样组织起来,命令来自为所有人决策的一个人。当有效的组织——无论是政治的、经济的,还是教育的——得到强有力的领袖的统治时,它们都会得到最好的管理。天才人物从来不是来自普选,他们是被优生抚育出来的。希特勒相信骆驼穿过针眼比普选发现伟大的人物要来得容易。他认为西方的民主进程鼓励了缺乏责任的平庸之才和习惯性的阻挠手段。他拒绝每个个人都拥有宪政权利参与共享治理的思想。在任何体制中,只有极少数被选出来的人行使着实际的权力,甚至在表面上建立在大多数人统治基础上的那些体制中也是如此。没有必要迷惑大众让他们相信自己能够行使实际的权力,必然是天才的领导人在为他们行使权力。这些领导人来自他们当中,表达他们的愿望,同时也表达国家的利益。人民的利益并非一直和国家的利益是一致的。事实上,大众经常充满了自私的渴望,因此,给予他们没有相应责任的权利,只会使他们从国家那里索取,而不是为国家作出贡献。

与他定义的堕落的西方民主相对，希特勒建议建立一个“德国式的民主”，民众自由地选择他们的领袖，然后给予他全权去做他必须要做的事。这里不存在动不动就利用阻挠手段的政党，或者去阻止大众给予领袖统治的特殊利益集团。总之，不存在任何令人讨厌的制衡力量去限制行政领导。这种不受限制的行政权在历史上起因于僭主政治，但是它被有意地忽视了。事实上，除了追求他自己个人的独裁权力，希特勒对国家毫无概念。在他的种族纯洁的国家中，权力一直由一个具有领袖魅力的天才领袖行使，他通过一党体制进行统治，将独裁的权力委派给他的下属。这是一个垂直的独裁授权的体制，国家元首位于金字塔的顶端，通过许多中间元首将权力一直向下延伸到每个德国家庭的父亲元首手中。

当然，德国人民的行政领袖们，必须依赖于合适的专家委员会向他们提出的建议。但是，这些委员会不服从人民的控制。它们的功能主要是提出建议。希特勒承认某种代表机构的重要性，但是只有在一党制的国家框架当中才是如此。他认为，这种代表机构应该被分为政治的和专业的议院，其最终的权力存在于它们各自的议院主席那里。为了确保这些议院之间的合作，希特勒建议让它们隶属于具有纯粹建议权的、具有调解性质的参议院。

希特勒对管理纳粹主义国家的程序的讨论是含糊的，也是草率的。除了“一个人作出决策”的思想之外，希特勒没有专门讨论一个现代工业国家应该如何管理。有证据表明，希特勒并非十分熟悉墨索里尼工团国家，在这个国家当中，社会经济的各个部分被组织进数量有限的国家控制的公司当中。但是，他在《我的奋斗》中或者后来的岁月中，都没有打算清楚地表明纳粹主义国家精确的组织结构，这引发了许多混乱、重复的工作，内部的争斗，以及缺乏在其他组织严密的极权主义国家出现的协调配合。

在对外交政策的评论中，希特勒采取了尖锐的泛日耳曼的立场，他认为德国的未来存在于对生存空间的征服中。但是，与许多战前的帝国主义者有所区别，他拒绝获得海外殖民地，因为德国不是传统的海上强国，它不应该再次纠缠于与大英帝国的争斗中。日耳曼帝国有权追逐扩张主义的政策，但是在海外追逐这一政策是错误的。为了获得英国的利益，再大的牺牲对于英国都是微不足道的，因为它是一个伟大的日耳曼国家，像德国一样有着进行领土扩张的要求。希特勒相信：如果英国和德国在世界不同的地方追逐它们各自的领土野心，它们就是天然的联盟。我们并不十分清楚希特勒如何或者为何希望英国支持它在大陆的统治地位，特别是自从他清楚地知道传统的英国政策是支持大陆强国的均势之后。他对英国的看法是由一厢情愿的想法和无知混合而成的。他假定英国人把法国人看作比德国人要大得多的威胁，因为战争使他们变成大陆上最强大的力量，因为法国人和英国人一样都是一种殖民的力量，因此对英国的海外利益来说是一个重要的竞争者。希特勒知道，英国人不想看见任何一个大陆国家成为世界强国，但是，他也相信英国人可能会支持德国成为世界强国，因为它的经济和领土利益不会侵害英国的海外帝国。

至于法国人，他们是“德国人民不可调和的致命敌人”。英国人可能不想使德国成为世界强国，但是法国希望德国一点儿力量都没有。希特勒认为法国人构成了致命的危险，因为那里犹太人的金融利益和狂热的爱国者正在联手毁灭作为一个国家的德国。他还发现法国人变得越来越“黑人化”，因此对德国形成了深远的种族威胁。希特勒尤其相信，法国对德国的政策自路易十四以来从来就没有改变，即鼓励德国分裂成一个个小国，同时建立对大陆稳固的霸权。为了阻止法国宏大的计划，德国必须寻找强有力的联盟，重新获得军事上的强大，并发现新的领土以满足人口的增长。在《我的奋斗》中，他十分清楚地表达三个问题：德国应该与英国和意大利联盟以抵制法国，打碎《凡尔赛和约》的枷锁，在它的祖先过去追逐帝国主义野心的世界其他地方——东欧——寻找新的生存空间。

希特勒相信，德国利益的自然空间在欧洲东部和幅员辽阔的俄罗斯。为了达到国家的强盛，获得世界强国的地位，人口不断增加的种族需要空间。假如德国把自身限制在《凡尔赛和约》分配的有限空间当中，它就不会成为一个世界强国。希特勒相信传统的欧洲中心主义神话：假如欧洲强国追逐无情的领土扩张和经济增长的政策，它们就能够统治世界。事实上，希特勒在用武力进行领土扩张和经济增长之间假定了一个直接的因果关系，他拒绝自由主义的民主观点：国家通过推行自由企业的和平政策也可以变得强大起来，正如战后的德国和日本后来所证明的那样。

希特勒将这些公然的帝国主义观点，以纯粹的马基雅维里主义和常是粗糙的社会达尔文主义的术语合理化，他坚持认为“强权是公理”；“结盟的唯一目的

意大利青年团和少年团在迎接墨索里尼

是为了战斗”;自然并不知晓政治的边界;征服俄国广大的空间,从种族和地缘政治的角度来看都是正当的,因为这一地区被“人类的渣滓”——犹太人、亚洲的低等民族和共产党分子——所占据。希特勒相信,攻打俄国可以达到一石二鸟的功效:消灭犹太人和共产党分子。

希特勒的目标是非常清晰的:在国内,他建议培育更高级的种族,清除“血统的不纯成分”和“非日耳曼的”思想——自由主义、民主主义、和平主义、共产主义等等;同时在国际上将德国提升到世界强国的地位。事实上,在论述战后未来联盟一章中,希特勒对德国人和世界作出预言和致命的威胁:“德国要么成为世界强国,要么一无所有。”

希特勒对实现这些宏伟幻想的方法也有着清晰的认识,即在资源和人力有限的情况下如何塑造一个相对小的国家,然后把它变为世界上最强大的国家。他通过毫不放松的宣传说服大众,使他们疯狂,直到最终使他们成为受到最佳组织的战斗力量,这样,德国大众就会执行他们神圣的种族使命。希特勒获取、维护和扩张力量的主要策略是宣传。没有宣传,要走进民众的心里,使他们具有使命感或目的感是不可能的。希特勒相信,成功的宣传并不依赖理性或逻辑,而是依赖信仰和激情。大众对含糊其辞的东西,或者对怀疑的思想习惯都是不满的。他们渴望确定性。为了进入他们的心——信念扎根较深地方——有必要教导他们疯狂而片面的信条。一旦群众建立了政治的信仰，要去动摇它是困难的。知识比信仰更容易被动摇。希特勒坚持认为，历史告诉我们："世界最重要的变化的驱动力，很少是以科学知识来鼓舞大众的，而是以一种疯狂的状态来统帅大众，以一种歇斯底里的状态驾驭他们"。

希特勒感到，一个运动的成功并不依赖于启蒙选民，而是依赖于对大众情感或不满的操纵。因此，希特勒没有对教育和宣传作任何区别。在他的心里，两者实际上是同义的。但是，宣传只是一种通向一个目的的方法，而不是目的本身。当然，政治的目的是权力，是生活自身的开端和结局。只有当宣传推动了一套稳固的意识形态观念的时候，它才是有效的。任何方法，无论受到怎样的谴责，只要能推动意识形态信念，都是正当的。通过呼吁大量的选民，现代的政治已经变得注重数量了，宣传家们必须一直专注于内在于集团心理当中的接受能力。换句话说，根据大众的心理接受能力，他们受到内在的限制，只能接受简单的思想。

> 所有的宣传都必须是通俗的，必须使宣传的精神水平适应最愚笨的人的理解能力，对于这些人来说，宣传是直截了当的。因此，宣传的精神水平被调节得越低，它所吸引的大众就越多……科学的东西用得越少，越考虑到大众的感情，它的成功就越是明显。

用无限的必要重复、一些清晰表述的观念、一些生动的图像进行反复灌输，是宣传的另一个功能。而且，因为宣传的目的是劝说而不是教导，因此诉求大众的情感比诉求大众的理性能力更为有效。通过演讲和大众集会的环境，宣传总是会更为有效。情感比思想更容易被打动，特别是当一个魔鬼般的演说天才释放出富有诱惑力的情感力量的时候，情况更是如此。希特勒相信大众比个人更敏感，更容易受骗。他们倾向于相信难以置信的东西。事实上，他们远比吞食小谎言更容易地吞食大谎言，这就意味着最大的承诺或主张，比谦逊的真理更具有说服力。希特勒还坚持认为：压倒多数的民众在性质和态度上是十分女性化的，他们的行动和思想更容易受到感情而不是冷静思考的影响。

最后，只有从民众的心里消除最后残存的怀疑，才能对他们进行成功的劝说。对一个问题所有方面的客观显现，是不可能完成这一点的，除非坚持认为只有一个方面是绝对真理。希特勒坚持认为，宣传的任务是排他地强调一个人所提倡的信条，并与错误的观点形成鲜明的对比。在政治话语中，没有灰色的地带，只有肯定或否定、爱或恨、对或错、真理或谎言。

宣传制造了第三帝国，也毁灭了第三帝国。在希特勒的世界，宣传本质上变成了目的，成为进化了的一种制度化欺骗。这种欺骗拒绝批评、自我纠正和有效的现实检验。精神的批判性或分析性的习惯被希特勒解除了，种族国家不需要这些犹太人或知识分子的习惯。在几处令人震惊的段落中，希特勒清楚地阐述了这样的观点：他将通过驱除知识分子和强调意志教育而不是大脑教育，来改变德国教育的整个方向。因为知识分子缺乏通过直觉去信仰的意志，因此他们对群体一致性构成了致命的危险。他们是受过过度教育的猿猴，"满脑子都是知识和理智，但就是缺乏健全的直觉，缺少精力和勇气"。他们的理论知识使自己疏远了健康的下层民众，以至在民族国家，人们经常要注射健康的血液，即将大众的血注入没有朝气的知识分子阶层。在实际的操作中，这种野蛮的偏见——社会的低等阶层比高等阶层更健康——后来被纳粹主义转变成一种统治行为，它以种族和政治正确而不是个人美德为基础，招募和提拔人员。

这些态度毫无疑问是建立在希特勒自己在奥地利学校体制中的失败的基础上的，但是，它们表达了一种广泛而普遍的对精英主义、集权主义学校体制的仇恨。尽管希特勒对德国和奥地利的学校体制言语上的敌视包含了粗糙的平等主义的含义，但是，除了着重点不同，事实上它是彻底精英主义的。来自上层阶级的知识分子官员不再得到提拔，但希特勒建议从种族纯洁和政治正确的候选人那里推荐无阶级的精英。在这些人当中，选择出来的精英将体验某种平等的同志之情、某种兄弟般的经历，希特勒将它们同第一次世界大战的战壕联系在一起。事实上，战壕教育将成为新的国家军队教育的典范。

理解希特勒思想的含义并非要求后见之明。在希特勒掌权之前，任何心平气和地用心研读《我的奋斗》的读者，都会毫无疑问地知道：假如这个人被授予绝对的权力，德国将会成为什么样子。

纳粹党的分裂

当希特勒在兰德斯堡服刑的时候,纳粹党“像一堆谷壳一样”四分五裂。这主要怪罪于希特勒。尽管过去的许多领导人在监狱的栅栏后面成功地领导过他们的运动,但是,希特勒决定暂时处于冬眠状态,而不浪费时间去将分裂的力量聚合在一起。只要他不能实施直接的控制,他就喜欢看到这个党处于混乱的状态。这种“要么全有要么全无”综合征是他典型的心理状态,可能也能说明以下的事实：他选择了最软弱也是最没有威胁性的随从来接替他的位子，这就是阿尔弗雷德·罗森贝格。

尽管罗森贝格企图在所谓的“大德国人民社团”的新旗号下将纳粹运动聚合在一起,但是,他缺乏鼓舞力的领导风格只能加速正在解体的进程。由于缺乏希特勒高度个人的、具有领袖魅力的领导风格,纳粹运动分裂成一大堆争论不休的小团体,它们相互之间为权力争斗,将它们的分歧上诉给狱中的领袖,而他似乎从不发布明确的指令,他喜欢分化他潜在的反对派。结果是,纳粹运动中强硬的人追随着他们自己的鼓手。罗姆急忙以新的名号——先锋营——企图重组冲锋队,实际上他设法在德国招募了三万名新成员;鲁登道夫企图激发纳粹党种族主义的派别,在阿尔布莱希特·冯·格雷费、格雷戈尔·施特拉塞尔和罗姆的帮助下,他组建了国家社会主义自由党；尤利乌斯·施特莱歇尔和赫尔曼·埃塞尔联手成立了大德国人民社团纽伦堡分部,削弱了罗森贝格的作用。

罗森贝格和他的反对者之间分歧的主要原因，集中在党在德国政治中的未来走向上。罗森贝格得到了格雷戈尔·施特拉塞尔、恩斯特·珀纳和埃里希·鲁登道夫的支持,他喜欢和其他右翼集团合作,并参与了 1924 年的春季选举。尽管希特勒认识到,党在未来成功的唯一希望是走合法的道路,同时参与民主的进程,但是,他强硬地反对和其他外部的集团合作而再次削弱党的力量。以前的纳粹党已经有了两个主要的继承人——大德国人民社团和国家社会主义自由党，前者主要以巴伐利亚为运作基地,后者的影响力在北方更为广泛。确实,两个党都对希特勒表示效忠，但是互相非难背叛了希特勒。两党联合的会议 8 月在魏玛召开,但没有解决悬而未决的差异。北方的集团支持鲁登道夫,把他作为替代的领袖,并带着怀疑的眼光审视南方的集团。这种正在进行的争执不仅削弱了激进的右派，而且尤其是在北方重新开启了过去一贯的怀疑：纳粹党是一个巴伐利亚党和一个南方德国党，它不是一个国家党。

尽管希特勒反对与其他的种族主义集团建立友好关系，但是罗森贝格继续和这样一些集团合作，最著名的是和“种族阵线”的合作，并且为 1924 年 4 月和 5 月的巴伐利亚州和全国大选努力组织各种各样的候选人参加竞选。在 4 月的州选举中，种族阵线——现在叫种族社会主义阵线——成为令人震惊的第三势力，排在巴伐利亚人民党和社会党之后，这一显著的成绩主要是由于巴伐利亚选民广泛同情希特勒的服刑。一个月后，种族阵线在国会选举中获得了将近二百万张选票。这意味着 472 个席位中的 32 个归种族社会主义阵线的候选人。但是，与巴伐利亚的州选举不同——在其中，大多数当选的种族社会主义阵线的成员是过去的纳粹党员——在全国选举中，只有十名处于国家社会主义德国自由运动麾下的前纳粹党员被选入国会，其中有施特拉塞尔、罗姆、费德尔、弗里克和鲁登道夫。

希特勒极为关注这些发展，因为它们威胁到自己的领导地位。随着他的一些追随者进入国会，享受着议会的豁免权和立法机关的薪水，希特勒越来越感到孤独和无力。他从兰德斯堡监狱的单人囚室里带着怀疑的眼光审视着他的追随者的行为。这个党已经分裂成充满争斗的派别，它内部的一致性受到了与外部力量机会主义联合的威胁。另外，希特勒的缺席造成了领导层的真空，正如以前所提到的，它正被罗姆、鲁登道夫、施特莱歇尔，以及新的闯入者，如阿尔布莱希特·格雷费、亚历山大·格莱泽、鲁道夫·布特曼和鲁道夫·哈泽所填补。

面对如此不断上升的纠纷，希特勒最初企图走一条老练的中间道路，耐心地倾听着来兰德斯堡看望他的许多使者不停的抱怨声，但没有明确地表示站在哪一方。但是，在 1924 年夏天，他决定卸去自己沉重的负担。他对那些想知道他到底在想些什么的人作出了惊人的宣言：

> 对我来说，处于如此的境地，在这里以任何方式进行干预，甚至承担责任，都是不可能的。因此，我决定从一切积极的政治行为中退出，直到重新恢复的自由给予我机会成为真正的领袖。因此，我必须通知你们：从现在开始，谁也没有权利假借我的名义行动，或者要求我的授权，或者以我

的名义解释什么东西。我还要求从现在开始，不要再写有关政治问题的信件给我。

就像希特勒 1921 年戏剧性地退出纳粹党一样，这一退出政治的宣言包含了一些重大的风险，同时也具有不少好处。它的短期效应是使希特勒退出了进一步对政党政治的涉足，甚至不再成为旁观者。这种不利之处被以下的事实所抵消，即希特勒把自己的责任抹得一干二净，其中包括他的追随者可能的失败、分裂的派别之间斗争所产生的消极影响，官方对他继续参与政治的怀疑，等等。希特勒十分清楚：他的假释是在 10 月 1 日，假如他卷入当前的矛盾，假释就会受到严重的危害。事实上，在 9 月份，巴伐利亚行政当局开始对发展惊人的冲锋队采取了行动，逮捕了它的大多数领导人。尽管希特勒和冲锋队没有直接的联系，但是，警察当局劝告，希特勒假释之后最好被驱逐出境。这一要求一直被拖延到 1924 年年底。鉴于这些不确定性，希特勒更乐意暂时摆脱党的事务，从而证明自己是一个模范囚犯。

1924 年 12 月 7 日，国会选举在德国举行。因为州选举在同一天也在普鲁士、黑森、不伦瑞克和不来梅举行，因此投票的气氛特别浓烈。结果表明，选票从极端的左派（共产党）和政治上有着差别的极端右派（各种民族主义政党）向温和的中间派转移。民族主义的右派在德国的每一个选区都失去了选票，其中最大的损失发生在巴伐利亚，在那里，民族主义阵线只获得了 5.1%的选票，而在 5 月的全州选举中，它还获得了 16%的选票。

极端主义的这种退步主要是德国经济稳定的结果，是国际舞台上大幅度改善氛围的结果。施特莱斯曼政府结束了鲁尔地区对中央政府的消极抵抗，同时消除了在整个德国发生革命的直接威胁。在耶尔马·沙赫特这位精明的金融现实主义者的领导下，印钞厂停止了印刷毫无价值的纸币的艰苦工作，沙赫特在国家总体资源的基础上发行了新的纸币金马克。稳定渐渐地回归了，由于在法国和英国，温和派开始代替强硬派，国际关系发生了巨大而可喜的转变，这种稳定在 1924 年春天又得到了巩固。协约国还安排了较为轻松的赔款支付。根据“道威斯计划”的条款——以美国银行家查尔斯·盖茨·道威斯的名字命名——年度的赔款支付减少了，同时国际贷款也变得可行起来，这样，德国就可能承担起《凡尔赛和约》的义务。到 1924 年夏天,政治稳定的措施也回归到德国国内的政治当中。尽管施特莱斯曼政府在 1923 年因为对右翼极端分子过于软弱而被替代,但是从 1923 年 11 月至 1924 年 12 月管理德国的两届内阁都任命施特莱斯曼为外交部长,这两届内阁都是由中间派威廉·马克斯执掌。马克斯的政府在 12 月被温和的保守派内阁替代,它由公务员汉斯·路德执掌,施特莱斯曼还是被任命为外交部长。

鉴于这些变化,特别是民族主义右翼在 1924 年 12 月 7 日选举中毁灭性的失败,巴伐利亚行政当局得出结论:希特勒和他现在已经死掉的纳粹党,不再是巴伐利亚安全的威胁,因此希特勒应该得到假释。将他驱逐出境的可能性不再是一个问题,因为奥地利政府通知巴伐利亚行政当局不要这个人回到奥地利。1924 年 12 月 20 日,希特勒的一位朋友、摄影师海因里希·霍夫曼开车来到兰德斯堡接走了希特勒。在兰德斯堡一个古老的城门边,靠着霍夫曼的小汽车,激动的希特勒手拿着帽子,披着风衣,摆出挑衅的姿势,留下了一张照片,然后前往慕尼黑,走进不确定的未来。

第六章

政治荒野的年月，1924—1929

魏玛共和国破裂

在魏玛共和国的中期（1924—1929），也是人们通常认为兴旺的或者黄金般的20年代，出现了国内繁荣的短暂回归和同时发生的国际关系的宽松。借助后见之明，现在我们知道主要依靠美国的巨大借贷——总数超过了二百亿美元——同时依靠西方列强对德国承担债务义务的更为宽松的态度，德国出现了和平和富裕。1924年，正如上述所说，德国达成道威斯计划，这个计划劝告法国从鲁尔区退出，减少赔款支付，安排德国从国外借贷更多资本的机会。在随后的几年，许多西方的借贷流入德国，创造了令人印象深刻的、使许多人相信1923年的危机已经消失的繁荣。德国将借来的资本用于两个有效益的领域：赞助公共行业的计划和投资工业的现代化。1923年，德国的工业产出跌到了1913年的水平，但是，到1929年它超过了1913年水平的四倍。

繁荣的回归相应地带来了在国际关系中地位的提高，这部分是因为西方列强认识到：在国际联系不断加强的经济秩序中，经济的繁荣依赖于合作，而不是对抗。这部分是因为一群更温和、更有能力的政治家现在主持着西方主要国家的外交政策，他们是德国的古斯塔夫·施特莱斯曼、法国的阿里斯蒂德·白里安和英

保罗·冯·兴登堡

国的拉姆齐·麦克唐纳。1925年，德国在洛迦诺签署了几个条约，发誓放弃以武力作为解决与比利时、法国、波兰和捷克斯洛伐克的边境争端的方法。1926年，德国参加了国际联盟。1928年，它还和六十四个其他国家一道，签订了《凯洛格—白里安公约》，这个公约呼吁对国际问题进行和平仲裁，谴责诉诸战争。

国际关系的这种缓和氛围连同向繁荣的回归，也降低了德国政治的温度。正如上面所提及的，在1924年的选举中，右翼的纳粹党和左翼的共产党都遭受了严重的损失。尽管由独立派汉斯·路德领导的新内阁倾向于右翼，没有得到社会民主党的支持，但是这一选举产生了一个更为温和的国会。1925年，在弗里德里希·埃伯特死后，魏玛共和国因为将德高望重的保罗·冯·兴登堡选为总统而重新获得人们的尊重。尽管兴登堡具有君主主义的信念，但是他依然小心地恪守他对共和国的誓言。

当然，共和国的政治生活依然不稳定，也不成熟。在1924至1929年，政府一直是中间派和温和的右翼政党脆弱的联合。马克斯主持了三个内阁，路德主持了两个内阁，社会民主党人赫尔曼·穆勒主持了一个毫无生气的内阁。在1928年5月的国会选举中，忠诚于共和国的社会民主党和其他政党似乎获得了新的生命，同时共产党和各种民族主义政党失去了重要的席位。纳粹党几乎全军覆没，只获得81万张选票和国会中的12个席位。新闻界以大幅标题的胜利姿态宣布"希特勒完了""纳粹党已经终结""鼓手没有敲响战鼓"。

确实，希特勒的政治生涯似乎到1925年已经停顿不前。在慕尼黑，纳粹党只剩下七百名成员。在1925至1928年期间，希特勒几乎生活在半退休状态，他在贝希特斯加登消磨了大量的时间。1928年，他在上萨尔茨堡的山坡上先是租用后来又购买了一处舒适的别墅，他大规模地修葺，并将其命名为伯格霍夫。他为自己建了一道围墙，只与党的亲信或喜爱的女人交往，并沉溺于对外甥女格莉·劳巴尔的爱恋之中。

尽管希特勒这些年可能被放逐到政治的荒野之中，但是曾经使他在政治上崛起的条件原本就没有发生什么变化。从表面上看，魏玛共和国似乎是繁荣和稳定的，但是许多确定无疑的迹象表明在深层存在着一些断层，这些断层一旦加重就会撕开共和国脆弱的生命线。其中最严重的问题是政治上的分裂、文化和代际的极端对立，以及我们所认为的德国社会的阴暗面。

共和国的出现是偶然的，几乎没有什么德国人理解或喜爱它的民主宪法。它的对手用凡尔赛的污名玷污它，而令人束手无策的社会经济问题又使它不堪重负。共和国发现自己几乎没有什么支持者，以至于一些愤世嫉俗者有理由将这个新政府称为没有共和主义者的共和国。

随着能够提供统一感和历史延续性的君主制的衰落，德国人变成了孤儿，他们分裂成敌对的党派、团体和组织。作为保守的民族，许多德国人更倾向于支持君主立宪制，而不是共和制。甚至那些乐意支持共和国的人——如古斯塔夫·施特莱斯曼、弗里德里希·迈内克、马克斯·韦伯或者托马斯·曼——也只是出于善意，而不是出于热切的信奉共和主义的原则才这样做的。真正将他们同共和国联系在一起的东西，是他们拒绝了所有现存的选择。其他许多涉及政治的人也是这样的，因此，人们可以认为，共和主义政府所建立的统治，对相关的每个人来说是受到最少反对的。不断增加的反共和主义集团相互仇视，其程度远超过它们对共和国的仇恨。对这一事实的认识，使得共和主义对于所有的德国人来说成为最没有分歧的选择。不幸的是，当德国人开始信奉极端的和单维的意识形态，同时放弃政治的合作以寻求武力解决问题的时候，这一事实并没有得到认识或重视。这种极端化在党派政治的领域尤为明显。

政党反映了传统的社会、宗教和地区的分裂，这种分裂在过去将德国人民相互隔离。甚至在政治光谱中，相近的政党也发现它们的差异远超过相似之处。在政治的左派当中，社会党人为国家和政党的未来走向相互厮杀。好战的左派（共产党和独立派社会党）谴责多数派社会党将革命出卖给德国军事—工业的精英，同时在整个共和国期间拒绝和后者合作。甚至当共和国的生命危在旦夕的时候也是如此。反之，多数派社会党也谴责好战的左派企图毁灭议会民主以寻求苏维埃的极权主义。

只要还存在着一个可行的民主的中心，声称拥护共和国的政党——社会民主党、民主党、中央党——之间就可能形成可以发挥作用的联合。但是，由南部德国人和天主教徒占主导地位的中央党内部就是四分五裂的，它经常发现自己很难和多数派社会党合作，因为多数派社会党缺乏强烈的民族主义或中产阶级的立场；另外，它的马克思主义意识形态总体上来说是与中产阶级的利益相对立的，尤其是与中产阶级的宗教信念相对立的。

中间偏右的政党，诸如德国人民党、德国国家人民党，甚至都不倾向于同多数派社会党或中央党合作。由古斯塔夫·施特莱斯曼建立于1919年的德国人民党坚定地支持财产权和教育的政策，将社会民主党贬为一个至今依然没有成功放弃革命原则的马克思主义政党。尽管施特莱斯曼希望德国人民党成为富有活力的、现实的自由主义政党，有能力与中间派和温和的左派结成联盟，但是，这个党却不断向右发展，在反动的德国国家人民党那里找到越来越多的共同之处。德国国家人民党是一个扩充了的战前的保守主义政党，其主要成员是西部的德国人，他们是城市的上中产阶级，思想观点特别反动。最初，它由前帝国的财政部长卡尔·黑尔费里希领导，在他死后，这个党落入顽固的出版大亨阿尔弗雷德·胡根贝格手中，他利用自己巨大的影响力和财富不仅使自己的党变得更为民族主义，而且对纳粹运动给予支持。德国国家人民党由一群心怀不满的、保守的民族主义分子组成，他们在魏玛共和国的政治混乱中漂流，缺乏强有力的领导或影响广泛的讲坛，但是他们一直能够接受一个复辟的君主制度或者一个保守的专制统治。

在纵览极端化的德国政党体制的时候，一个事实是十分突出的：在十个主要的政党中，没有一个是真心对共和国承担责任的。共和国最强有力的支持来自社会民主党和民主党，后来又得到中央党和德国人民党不冷不热的支持。处于政治光谱两个极端的政党逐步地蚕食了温和的党派，特别是在1929年大萧条之后，它们公然地宣称自己盼望着共和国的毁灭。愿意支持共和国的党派所组成的有效联合，从根本上说有三种可能性：一是社会民主党和支持德国国家人民党左翼的强有力的政党；二是资产阶级联合的政党，包括德国国家人民党；三是支持社会民主党右翼的政党。到1930年，由于进一步的意识形态的斗争、共和主义政党承受的沉重损失，以及极端的政党——左翼的共产党和右翼的纳粹党——在得票上的惊人增长，这些联合变得几乎不可能了。

共和国的政治基础也遭到了德国精英体制和集团的攻击，包括司法界、大学、军队及重工业的领导人。绝大多数法官对共和国缺乏同情，他们经常大胆地表述充满偏见的右翼观点，作出让保守主义满意的判决。另外，政治案件的法官作出的判决是因人而异的，对右翼罪犯通常是仁慈的，甚至作出无罪判决；对左翼罪犯则是严厉无情的。对应该放逐到奥地利的希特勒的仁慈判决就是一个代表。德国司法机关所发生的事情和德国执法机关所发生的如出一辙。执法机关的领导人在政治观点上即使不是反革命，通常也是保守主义的。

大学是制度化的保守主义和精英主义的堡垒。进入上层阶级以及成为精英学校的毕业生依然受到限制，同时，对共和体系的全面控制依然保留在具有坚定的保守和专制倾向的国家权力机构手中。如同过去一样，在整个共和国的年代里，得到强调的依然是纪律、秩序和对权威的服从。在学术界，反犹太主义相当盛行。在20世纪20年代，学术界的职位、工作总体来说极度稀缺，这又加剧了反犹太主义。学生们特别易于受到国家社会主义吸引力的影响，纳粹党在学生会选举中获得惊人的成功就是最好的佐证。

当然，军队是反对民主化最有力的壁垒。尽管从官方的角度来看，国防军自称位居政治之上，但是在戴着单片眼镜的鱼眼将军汉斯·冯·泽克特的领导下，国防军设法保留了它的传统结构和保守主义精神。当泽克特在1926年失去权力之后，国防军越来越放弃了它公开宣布的中立性，更为积极地参与政治。新的思想得到了国防军政治局局长库尔特·冯·施莱歇将军的集中体现，他要求修改《凡尔赛和约》，重整军备，以及在国防军和具有保守主义、集权主义倾向的政党之间进行政治合作。施莱歇本人就是一个十分醉心于独裁体制的人，他认为这种体制能够回避他所认为的令人讨厌的、自取灭亡的议会民主程序。这也是纳粹运动的一个主要目标，因此施莱歇和军队在纳粹运动中发现了某种他们认为为了自己的目的可以利用的因素。但是，这样做就意味着积极地和纳粹党进行合作。实际上，人们认为这就将军队变为共和国的掘墓人，同时使它成为纳粹极权主义兴起的参与者。国防军从来就不能使自己脱身于同国家社会主义的致命合作，因为它的精神气质具有同纳粹党共享的集权主义价值观的色彩，尽管它的领导人并非一直如此。尽管国防军在魏玛共和国时期作为一个组织人数不多，但它是一个强有力的、有凝聚力的力量。总体上说，它不是一个非工人阶级的军队，它所招募的人来自城市和保守主义的地区，它的军官主要来自军官家族，这就使它成为一个实际上的“非社会主义的”军队。我们应该记得，在战争期间，军队出现了最有力的反民主的起义。老一辈的思想融入军队气质中，并且在1919至1923年自由军团的精神气质中得到强化，最终在冲锋队中产生了彻底的反民主思想。

重工业的领导人也要求废除魏玛共和国的体制，因为它支持一个消费性的福利国家。《魏玛宪法》第163条承诺所有的德国人通过生产劳动获得生计，并且特别指出，如果没有工作的机会，国家将为工人的生存提供必要的措施。民主的奠基者甚至规定了基本福利的购物清单。尽管共和国依靠劳资双方的协议在社会经济方面得以运作，依靠共同决定、集体议价、强制仲裁以推动经济民主，但是德国的大企业逐渐以减少工资和福利的方法来反击劳工。

从性格上来说，大企业的领导人执着于封建精英主义的价值观，这在根本上与战后的现实是不合拍的。他们依然视自己为家庭的主人，犹如长官要求士兵一样，希望得到雇工们的尊敬和服从。反过来，企业主也以家长制的方式对待他的雇员。1918年君主制度的废除并没有改变专制的习惯。尽管亨利·特纳的观点——是军队而非大企业在带头反对共和国——无疑是正确的，但是大企业对魏玛共和国和整个社会政策是毫无爱意的。

除了这些政治和制度上的分裂，魏玛共和国也面对着强烈的文化上的分化，它们来自社会学家所谓的"现代化"进程。魏玛共和国经历了现代化的冲击，其遭受的力度远超出第二帝国，同时稳定能力又远不及第二帝国。从历史的角度来看，社会整体的谋生过程需要采用一定的方法和制度，现代化意味着这些方法和制度所发生的深远变化。从社会学的角度来看，这个变化涉及科层制、快速的城市化和大众教育的复杂模式。从文化的角度来看，它涉及对新的适合于大众而不是少数精英分子的表现形式的探索。现代化的推动方向是全新的，而不是陈旧的，通常是以损失传统和千百年来的生活方式为代价的。在通常的情况下，这种进程伴随着广泛的焦虑，但是，在战败及随后的混乱之后，这种进程的冲击力在德国远比在欧洲其他地方来得猛烈。

尽管德国在帝国时期经历了现代性的冲击，但是，洪水之门直到魏玛共和国时期才真正开启。这就是为什么在文化保守主义者的眼里，魏玛共和国同各种变化——时尚、风俗或者文化的观念——存在着因果关系的原因所在。从知识的角度来看，20世纪20年代的代表性特征是爱因斯坦的相对论和海森堡的测不准原理。两个理论假定了一个变动不居的宇宙，并且告诉我们所有的"事实"只是对不同的可能性的一种短暂的认知而已。真理现在似乎成为一种主观认知的功能，道德只是个人或集团的选择而已。因此客观的真理让位给文化的相对主义。真理存在于个体的观察者眼中。兴旺的20年代展示了一个道德不确定的年代，一代人被四年的战争弄得野蛮起来，他们似乎不再具有引导过德国经济繁荣时代的那一代人的道德标准。这种情况使所有的一切变得更为令人烦扰。许多年轻人，尤其是那些受到战争创伤的人表现出令人烦扰的心理失常症状：压抑、寻找替罪羊、妄想狂式的恐惧，以及进攻性行为。一些人在虚无主义的生活方式中寻找庇护所，一些人则在寻找救世主般的领袖，他能够补偿他们的牺牲，将他们引领到光荣的未来。一种尼采式的打碎旧时偶像——包括父母权威——的情绪弥漫在战后的思想氛围中。在这个不再稳定或者难以预见的社会中，对“美好的往日时光”的虔诚宣告，或者对基督教道德自以为是的吁求现在变得虚伪、平凡和空洞，从而产生了今朝有酒今朝醉的人生态度。毕竟，“一个人的生命短暂，而死亡的日子是无限的”。这些在柏林酒馆歌曲中得到充分表达的观点，表现了一种简单的人类需求，即在经历恐惧、痛苦和死亡岁月之后享受生活。

十年来，直到希特勒扯下兴旺的20年代的大幕，许多德国人享受着短暂的性爱的喜悦，体验着在一块有着严格纪律和公共一致性的土地上前所未有的自由感。纵情狂舞和从禁忌道德的隐秘领域中迸发而出的性爱控制了这个国家。从伪科学研究机构到赤裸裸的性表演和黄色文学，到处是性的表现，柏林正成为性自由的中心，那里的酒馆和妓院用各种诱人的招牌——“闺房之夜”“白奴交易”“女人和鞭子”——招揽顾客。尽管文化保守主义者声称对这些性的粗俗十分震惊，并进行了全面的谴责，但是这个卑劣的产业并没有它表面那样恶劣和无所不在。正如瓦尔特·拉克尔提醒我们的那样，传统的虔诚和自我约束依然在发挥作用，甚至在充满罪恶的柏林。然而，在许多有着保守主义倾向的德国人看来，这个世界已经脱节，是一个滋生着罪恶的地方。他们相信这个世界是令人悲观的共和国和它所执行的自由主义政策的结果。

一些历史学家所谓的第一个“现代”文化，事实上是保守主义的传统和创造性的试验奇怪的混合物。在20世纪20年代，德国的知识分子组成了现代性的先锋，他们清晰地阐述了许多我们依然在不同的领域——哲学、社会学、美术和自然科学——中使用的思想方式。前卫运动不断增生，繁衍出精神分析、知识社会学、表现主义、无调音乐、包豪斯建筑、存在主义哲学以及量子物理学。由马克斯·爱丁顿创立并得到汉斯·萨克斯、卡尔·亚伯拉罕支持的柏林心理分析学院,训练了一大批著名的心理分析师,其中包括卡伦·霍妮、弗朗茨·亚历山大、威廉·赖希、梅勒妮·克莱因,他们对心理分析作出了重要的贡献。在社会学领域,建立于1923年的社会研究学院支持批判性的马克思主义人道主义,与这个学院有联系的马克斯·霍克海默、西奥多·阿多诺、瓦尔特·本雅明、埃里克·弗洛姆、弗朗茨·纽曼在后来的二十多年里为社会科学提供了理论上的推动力,特别是在20世纪30年代这个学院搬迁到纽约之后。在文学领域有一条由璀璨的星星组成的银河——一些是传统的,一些是前卫的——照亮了整个战后的天空,他们当中有托马斯·曼和海因里希·曼、赫尔曼·海塞、贝托尔特·布莱希特、罗伯特·穆西尔、赖纳·里尔克、斯特凡·格奥尔格、戈特弗里德·本、阿尔弗雷德·德布林。在音乐方面也存在着新的倾向,像在诸如阿诺德·舍恩贝格、保罗·欣德米特、库尔特·魏尔这样的艺术家的不和谐的声响中一样,许多音乐表现了不安的感觉。建筑和美术比以往更为紧密,它们用新的思想和象征主义的表现方式进行实验。瓦尔特·格罗皮乌斯和包豪斯学派强调艺术和技术的结合,为了达到纯粹的形式和功能的理想,它们采用了钢材、玻璃、强化混凝土和塑料进行实验。最终,从理论物理学和存在主义哲学中产生了一种隐晦的、很大程度上是主观的、理想化的世界,这个世界强化了业已存在的涉及焦虑、不确定性和现代生活含糊性的普遍感情。

许多传统的艺术家、手工艺人、作家和文化评论家都谴责这种前卫运动,认为这是对过去经典原则的背叛。但是,他们的反对观点不仅仅是美学的,也是政治的。当他们发现画家明显地沉溺于不一致的形式和丑,音乐家将和谐舍弃在一边,喜爱不和谐的声音,作家将读者带入社会深渊的边缘,社会学家和心理学家谴责德国制度的不公正和压迫性的时候,他们发出了明确的抗议,强烈地指责这种作为整体的现代性文化。

对新生事物的反对一直来自政治上的右派,他们具有深远的文化悲观主义的观点。在奥斯瓦尔德·施宾格勒、阿图尔·莫勒·范登布鲁克、恩斯特·云格尔、埃德加·荣格的著作中,正在出现的大众消费文化被明确地谴责为庸俗、缺乏思想、物质主义、颓废和美国味的东西。尽管这些批判者鲜明地反对现代性,揭示它的弱点,但是,他们不必要的、耸人的夸张经常损害了他们的批评。但是,文化左派的批评家及其对资本主义和资产阶级生活的愚蠢的指责，同样也可以得到这样的罪名。在德国知识分子的典型话语中，左派和右派相互揭露过去的老底，而且愚蠢地向共和国及其所代表的东西发起进攻，即左派批判资本主义，右派批判民主。

在文化领域，正如在其他领域中一样，文化传统主义者和文化多元主义者之间出现了极端对立。前者在文化的所有表现方面鼓吹德国风格的统一性，后者对充满分歧的甚至对立的风格表示欢迎，因为这意味着一种更具有生命力和创造性的精神。这是一种带有重要的政治意味的文化分裂，因为纳粹党后来利用了保守主义右翼的文化批评观念，把它作为通往获得权力的工具。正如一位历史学家所认为的那样："对纳粹党最坚定的选举上的支持集中在一些上层社会的、职业的集团那里，它们对现代工业社会的发展持有极端的保留态度。"

德国文化碎片化的一个重要方面涉及深远的代际问题，其中的大多数来自第一次世界大战及其混乱的结果。在整个20世纪20年代，德国受到了安置大量多余年轻人这一问题的侵扰，年轻人找不到工作，在危机丛生的时代，不得不承受一系列重大的变化。妇女也发现自己面临着新的、经常也是困难的选择。第一次世界大战给予德国妇女力量感和自尊感，因为国家第一次把她们作为国家劳动力市场富有活力的因素。但是现在战争过去了，工作变得稀少起来，许多妇女被一种矛盾的要求弄得十分疲惫：要么回家做妻子或母亲，要么在劳动力市场与男人展开竞争。妇女在德国社会的地位依然具有明显的法律和社会的不平等性。她们的问题要么是跨代的，要么是代际的。她们在父母、祖父母、兄弟面前是谦卑的，受到歧视的。

父母、学校、教会及社会组织坚持认为，魏玛时期的青年人的问题是控制的问题。大多数这样的集团和机构固执地坚守专制主义的传统。在大约九百万青年当中，四百三十万属于各种各样的青年组织，它们当中有"工人青年运动""共产主义团""德国青年组织"，各种各样的教会组织，以及起源于19世纪徒步旅行组织的同盟运动。这些运动大多反对魏玛时期新的民主变化，同时显示了对种族中心主义思想和传统的偏爱。总体来看，年轻的德国人是骚动不安、迷失方向、与社会疏远的，只是出于一种随意的时髦，他们企图相互铸造更为紧密的情感纽带。不幸的是，这些应对机制经常是反动的、逃避的，并且最初包含了纳粹运动将要无耻地利用，甚至滥用的某些性质。这些性质带有天真的观点和模糊的渴望，例如对自然的泛神之爱、对祖国的神秘之爱、同性之爱、对一个没有工业和金钱的世界浪漫的渴望、对团体亲密关系的强烈需求、对英雄崇拜的喜好。1932 年，柏林的一位牧师哀叹道：

> 在德国政治中，代际的差异从来没有变得如此重要……我们的年轻人是反理性的……新的一代对自由主义一无所知，人们也没有期望他们知道自由主义……对一个领导人的想法，对一个许多志同道合的青年团体组成的同盟的想法，对一个宗教性的、种族中心主义文化的想法，来自年轻男女聚合为巢的传统，来自他们共同的远足和漫游……但是，由于这些年轻人当中的许多都有过失业的痛苦经历，所以政治极端主义能够投其所好地去控制他们。领导人的想法推动了对不稳定的奥地利的集权控制，对民众来说，热烈的情感成为冰冷的反犹太主义。青年团体聚集在一起对那些敢于对它们持异议的人进行激烈的斗争。

离经叛道的行为和犯罪活动在魏玛共和国的身上撕开了一条条裂缝。因为有了犯罪统计数据的汇集，战后这段时期见证了犯罪的剧烈增长。同时出现的是相应的道德水平的下降，这种现象印证了一个历史学家所指出的“讹诈心态”。20 世纪 20 年代有关柏林的故事通常包含的是贩毒者、妓女、杀人狂和臭名昭著的强盗。在整个魏玛时期，传染性的犯罪和政治暴力像瘟疫一样毒害着德国的主要城市：

> 柏林处于国内战争的状态。在没有任何预兆的情况下，仇恨突然之间在所有的地方爆发了。在街角，在餐馆、电影院、舞厅和澡堂，在午夜、早餐之后，在中午时分。刀鞭、啤酒杯、椅腿、灌铅的大棒四处飞舞。子弹将海报栏上的广告画射得千疮百孔，然后从公共厕所的铁皮屋顶弹了回来。在拥挤的大街上，一个年轻人遭到了攻击，衣服被扒，被痛打了一顿，血洒在人行道上。仅仅十五秒钟，一切就过去了，袭击者消失得无影无踪。

为了发现纳粹党未来的线索，我们需要理解这些德国生活更为阴暗的角落。通过一些早已存在的病理现象，我们发现纳粹党不仅从事犯罪活动，而且将这些犯罪活动在文化上规范化。正如阿兰·布洛克所说，因为纳粹党“将法律里外颠倒，将非法的变成合法的”，因此，获得一些对德国生活阴暗面的认识是重要的。犯罪经常提供了社会的镜子。我们还可以对此加以补充：当社会的领导阶层自身就在犯罪的时候，由一个社会制造的这类罪犯将大规模地犯下同样的罪行。

对战死沙场无动于衷的第一次世界大战，以及对谋杀、暗杀同样无动于衷的国内动荡的五年，给德国社会舞台留下了印记。这些经历使人类的生命变得一文不值，以至公众对野蛮和暴力不再感到惊奇。除了对暴力广泛的认可，对于骗子也有一种让人困惑的宽容，甚至赞扬。正如戈登·克雷格所提示我们的，这种对骗子和罪犯的关注，突出地体现在魏玛时期的小说和戏剧中。如雷菲施的《海边的杜尔》、托马斯·曼的《骗子费利克斯·克鲁尔的自白》、维基·鲍姆的《旅店里的小子》、贝托尔特·布莱希特的《三分钱歌剧》、韦德金德《凯伊特侯爵》。布莱希特的《三分钱歌剧》基本上是一部歌颂强盗的无政府主义的戏剧。它让我们去同情马奇斯这个强盗，因为他掠夺着一个腐烂的社会体制。有趣的是，在《三分钱》小说中——在《三分钱歌剧》上演六年后——马奇斯成为一家资产阶级银行的经理。在许多破产于 1923 年通货膨胀的德国人眼里，这是一个对骗子来说合适的位置。

犯罪行为也在银幕中得到了突出的表现。在弗里茨·朗格的电影中，警察的世界和罪犯的世界经常是互换的，以至观众很难说清楚谁是真正的坏人，谁是真正的好人。在他的影片《M》中，警察和地下罪犯实际上进行合作，使谋杀儿童者得到了审判。事实上，警察允许从前被判过刑的人组织新生社，这些组织表面的目的是照顾刚出狱的囚犯，帮助他们顺利地转向守法的生活。其实新生社经常是罪恶的巢穴，而不是再生的中心。警察对它们的宽容是便于跟踪犯罪的行为。尽管警察和罪犯的这种奇怪的共生现象经常有它幽默的一面，但是，它不幸地证明了在德国一些主要的城市中心令人困扰的社会趋向：使不正常的行为正常化，甚至对它们加以颂扬。正如戈登·克雷格所认为的那样：“一个颂扬罪犯的社会等于是在间接地告诉大家，罪犯所掠夺的社会是不值得保护的。”

这些电影部分描绘了一个脱了节的世界——如《卡里加里博士的内阁》《马

布斯博士》《M》，它们使观众直面精神不正常的权力机构、性谋杀、卖淫、对残酷永不满足的欲求。《M》的故事是根据杜塞尔多夫儿童谋杀犯库尔腾的真人真事改编的。在电影中他的名字叫M，除了声嘶力竭地表明他无法控制自己之外，他没有合理地对他可恶的犯罪进行解释。从表面上看，M是一个小资产阶级的代表——矮胖、顺从、爱挑剔。从象征和预言的角度来看，他也许还是第三帝国未来办公室谋杀犯的原型。

德国的电影制作者并没有努力去发现德国社会病理的表现。20世纪20年代发生过几起恐怖的系列谋杀案，一些甚至指向确定无疑犯下人吃人罪行的德国人。1924年圣诞节之后不久，人们发现布雷斯劳附近穆恩斯特堡的店主卡尔·登克杀害了三十个人，将他们做成"熏肉"出售，并且对受害者的受害日期和体重做了清楚的记录。在柏林，卡尔·威廉·格罗斯曼在德国各地骗取身无分文、无依无靠的年轻农村女孩，把她们引诱到家中，将她们切成碎片，把有用的部分卖给当地的屠夫，其余的部分被抛在鲁森斯塔德运河中。同时，在汉诺威，另一个相对说来面目并不凶恶、说话轻柔、外表温和、个头矮小的格奥尔格·哈尔曼骗取需要帮助的男孩。他给他们提供食物和饮料，和他们交朋友，然后邀请他们在自己家里过夜。在床上大吃大喝之后，他对他们进行性攻击，然后咬断他们的喉咙将他们杀害。除了体验了一次暴力的狂怒，在次日凌晨发现自己和死去的男孩在床上之外，哈尔曼不记得和这种攻击有任何关系的事情。哈尔曼和登克、格罗斯曼一样采用同样简洁的方式处理尸体。他忙碌地做起了生意，销售死者的衣服，把他们的肉进行精细的烹调，做成罐装肉销售。这种尸体包装成猪肉或小牛肉，在黑市上以较高的价格销售。

当哈尔曼被逮捕的时候，甚至在知道他要被处死的时候，他一直不露声色。事实上，对其即将执行的死刑发生了一场与自由主义者之间激烈的公共争论。自由主义者反对这一死刑判决，主张无期徒刑或者将他禁闭在精神病院。但是，因为精神失常而脱罪的可能性激怒了要求立即处以死刑的德国人。当哈尔曼最终服刑的时候，民众为他罪恶的行为编了许多歌曲，其中一首特别令人恶心，无疑是为了警告淘气的小孩：

> 等等，等等，等一会，

> 哈尔曼将要来看你，
> 提着他的短柄斧，
> 用你的身体做烟熏肉。

这种令人恶心的表现在当时被暴力弄得失去感觉的社会中，在残酷经常以冷酷的言语、恶毒的窃笑或肮脏的玩笑的方式被接受的社会中，是极为普通的。事实上，公众对残酷的宽容在战后的德国是令人惊恐的。无疑，这是多年血腥战争、国内动乱和大众饥饿的结果。但是，德国社会长期停留在黑暗的角落当中，停留在以幻想的形式，通过病态、腐烂、恶魔、残酷的主题表达的思想当中。甚至德国的童话故事也反映了集体无意识令人烦恼的阴暗面。尽管每个人都喜欢和欣赏格林兄弟，但正如罗伯特·怀特所提醒我们的那样，当我们知道他们的童话当中所包含的肉体和心理的残酷是那样的奇异时，我们一定会大惊失色的。

> 一位皇后煮食了自己的几个孩子；一个年轻人被要求和一具尸体睡在一起以保留尸体的温度；一位国王的女儿被几只熊撕成碎片，她的母亲被活活烤死；一位邪恶的继母被放进一个装满毒蛇的大桶里；一个小女孩的舌头被割去，眼睛被挖掉；一个美丽的少女被切成细块扔进装满一个尸体正在腐烂的大桶当中；一个小男孩被剁成碎块放进一个平底锅，做成一块布丁给他父亲吃了；一位继母打算吃掉孩子们的肺和肝；一位老继母砍掉了年轻女儿的头，从头上流出的血滴在说话……回想起来，等待汉塞尔和格蕾特尔的命运就是被烤掉吃了。

年轻的德国人所得到的教诲，就来自这样一些故事，其中包括对权威、纪律的服从和对陌生人（外国人和犹太人）的不信任。任性的违抗将导致可怕的结果，如被鬼吓死，四肢被砍掉。

神话故事不仅是集体心理神话制作功能的表现，也是塑造年轻人心灵的有力工具，因为它们成为父母们教育的手段。在德国的神话故事和传说中，占据主导地位的主题是对力量和权威的歌颂，对虚弱和“非德国人”的谴责。由于受到高级的或低级的浪漫主义文学潮流的滋养，德国的年轻人在抚养他们的母亲和专制主义的父亲的教育下，接受了这种思想，并在后来的学校、军队和工厂得到了强化。

在解释奥斯维辛集中营的时候，拉尔夫·达伦道夫尖锐地批评了德国社会"黑暗的角落"，特别是符合非德国种族部落成员的角色。无论是什么人，如果没有符合业已建立的仪式和信仰，或者感到身体缺乏理想的期望值——残疾、智障者和外国人——那么他们就可能立刻受到怀疑。按照达伦道夫的观点，德国的社会生活突出地表现在"被许可的行为极端狭隘"。当然，在每个社会中都存在着一种标准去划分什么是得到许可的，确定允许每个个体可以做的事情，以及允许社会禁止人们去做的事情。在德国，这一标准倾向于集体的或集权主义的道德观念或者期望。局外人——包括感到缺乏严格期望值的德国人——经常受到羞辱、拒绝、放逐，在纳粹党的统治下，受到逮捕、拷打和灭绝。在其他方面都是文明的国家，发生这种情况至今都使历史学家感到困惑。这个国家的人民总体上来说是具有宗教感的、守法的和友善的。在历史的某个阶段，因为德国人受到封闭的思想、宗教和政治体系的激发，在家庭、学校和工作场所受到制度化的强化，直到他们习惯每日的生活，因此，他们可能会显示出傲慢的、自大的、侵犯性的文化特性，同时使一切更具有破坏性。如果哈尔曼将他的残酷施加到诸如犹太人那样的外国人身上，他可能被认为是正常的，这并非难以想象。

当克劳斯·曼坐在慕尼黑的卡尔顿茶馆喝咖啡的时候，他发现希特勒坐在另外一张桌子前连吃了三块草莓馅饼。他仔细地观察了元首的脸，这位纳粹党领袖使他想起了最近在报纸的照片上看到的某个人，但是，过了一阵子他才将两者联系在一起：

> 这里只有昏暗的玫瑰色灯光、温柔的音乐和一堆堆点心，在甜蜜的田园情趣当中，一个留着胡须的家伙双眼模糊，有着固执的额头，正在与一些乏味的党羽聊天。当我叫招待员结账的时候，我突然想起一个与希特勒先生相似的人。他是汉诺威的谋杀者，他的案件在报纸上占了大的标题。他的名字叫哈尔曼。他们两人的相似是令人震惊的：没有光泽的眼睛、小胡子、残酷和神经质的嘴巴，甚至丰满的鼻子所流露的难以言说的粗俗。确实，他们两人有着相同的面相。

希特勒重建纳粹党，1924—1929

当阿道夫·希特勒在兰德斯堡监狱待了八个月回到慕尼黑时候，他决定将纳粹党重新建设为一个高度集中同时又富有活力的组织，这个组织将无条件地服从他的命令。他认识到：采用与其他准军事集团的合作进行军事政变来夺取权力的策略是一个致命的错误。从现在开始，纳粹党的使命是在民主的制度中，运用民主的方法去毁灭民主。严格的合法性成为他的命令。希特勒还开始设想这个新生的党将成为国中之国，是一个准备颠覆政府的秘密组织，最终不动声色地取而代之。一旦获得权力，纳粹党将舍弃民主，在他的控制下实行一党专政。

简而言之，希特勒认为他所需要的是一个有着广泛基础的政党，它能够吸引群众追随者，而不是浪费大量的时间策划阴谋活动以反对政府的精英军事组织。在兰德斯堡，他告诉前去探望他的吕德克说：

> 当我重新开始积极工作的时候，必须贯彻新的政策。我们不再以武装政变的方法获得政权，而是全力以赴地进入国会以反对天主教的和马克思主义的代表。假如能够靠投票而不是枪击去消灭他们，至少这一结果是得到他们自己的宪法的保护。任何合法的步骤都是缓慢的。迟早我们会成为国会的大多数，在那之后，德国才是德国。

在希特勒被释放的十四天后，他听从恩斯特·珀纳的建议，安排了与巴伐利亚新总理海因里希·黑尔德的私人会面，并做了假装虔诚的保证：他将尊重宪法，并不再求助武力。尽管黑尔德对希特勒过度虔诚的声明表示怀疑，但是他还是乐意听从了弗朗茨·古特纳的劝说，废止了对纳粹党及其机关报《种族观察者报》的禁令。黑尔德后来用勉强的观点——“野兽已经被驯服了”——使他这一大度的决定合理化。

在接到巴伐利亚政府解禁纳粹党的许可之后，1925 年 2 月 27 日，希特勒在伯格布劳克勒咖啡屋正式举行党的集会，庆祝这一欢乐的时刻。他面对四千名热情的、极度兴奋的忠实追随者发表了演讲，十分清楚地表明了他打算独自领导纳粹运动。他要求一年的检验期，保证假如情况证明是糟糕的话，他将不再掌权。但是，同时他告诉自己的追随者："我将独自领导这一运动。只要我个人对纳粹运动中所发生的一切事情负责，就没有谁能够安排我的决定。"

希特勒再次出现在引人注目的政治中心，疯狂的追随者对他报以热烈的支持，这一切都使巴伐利亚政府立刻采取了预防措施。1925 年 3 月 9 日，巴伐利亚当局禁止希特勒进行公开演讲，直到接到进一步的解禁许可。除了图林根外，德国其他大多数州——不伦瑞克、符腾堡、梅克伦堡—什未林——也发布了对他的演讲禁令。直到 1927 年 3 月 5 日，巴伐利亚才废除对他的演讲禁令。

德国大多数州正式禁止希特勒公开演讲，因此他决定在幕后进行积极的活动。他在慕尼黑和南部开始重建他个人信徒的网络。尽管一些成员要求他在北部重新设置党的总部，但对希特勒来说依然有更为充分的理由原地不动。毕竟，纳粹运动发源于此。核心成员、商业事务和党的报纸都在那里。另外，慕尼黑已经获得了一种作为纳粹活动中心的特别心理氛围，这里有大量的能够唤起对党的纪念的象征物——伯格布劳克勒咖啡屋、皇家马戏场、陆军元帅会堂和欧迪翁广场。

希特勒一旦描绘了党的未来发展方向的总体目标，就立刻以新生的热情投身到工作当中，在 1925 至 1927 年期间，他全神贯注于三个相互关联的问题：摆脱那些他认为已经是纳粹运动阻碍的人；在慕尼黑和南方建立忠诚的追随者的核心；压制党内人数正在增长的异己分子。

希特勒重组纳粹党所采取的第一个步骤似乎是疏远那些胆怯的党员，而不是解决分歧。事实上，他故意激起对抗以考验追随者是否忠诚，将有问题的分子剔除出去。有着独立思想的、坚持自己的事业与希特勒的不同的民族主义者，被随意降级。过去的支持者和坚定分子现在如果不承认他的绝对控制，都遭到清除。在纳粹党兴起时发挥过重要作用的鲁登道夫和罗姆不再适合新的秩序，成为累赘。在第二任妻子玛蒂尔德·凯姆尼茨的影响下，鲁登道夫越来越暴躁，越来越喜欢吵架，将大量的时间花在奇怪的种族主义和异教偏见的宣传上，这使得希特勒想起了兰茨·冯·利本菲尔茨和"神秘远方协会"的阴谋氛围。在天主教的巴伐利亚，无人接受这位将军反天主教和反南方的观点，这些观点也使希特勒特别怀疑这位将军在政治上还有什么用处。正如上面所提及的，希特勒对鲁登道夫的感情一直是含糊的，这无疑反映了这位前下士内心深处的不安，他依然认为自己从不奢望达到这位著名军阀显贵的地位。他从兰德斯堡监狱释放出来之后，就与这位将军进行了几次证实他们之间分歧的激烈会晤。结果是两个人分道扬镳。

罗姆也成为希特勒的障碍，因为他过于主张独立和意志的力量。希特勒在兰德斯堡监狱一直带着怀疑的目光注视着罗姆的行为。他特别批评了罗姆组织的新的先锋营。他认为这只是过去由变化多端和难以预见的各种势力构成的“战斗联盟”的过时翻版。很明显，罗姆没有接受 1923 年 11 月 9 日的教训，因为他依然在玩弄着与国防军一起发动军事政变的想法。他甚至考虑将冲锋队隶属于先锋营。希特勒对这些策略没有任何兴趣，他给罗姆提出了一个简单的选择：要么服从，要么辞职。1925 年 4 月 17 日，罗姆辞去冲锋队首领的职位。此后不久，他又辞去先锋营首领的职位。在度过了四年半退休时光之后——罗姆把它比作一个生病的动物的生活——罗姆离开了德国前往玻利维亚，成为这个国家军队的顾问。

鲁登道夫和罗姆是难以控制、不听从指挥的人，与希特勒个人圈子更贴近的是一些忠实的亲信，他们更容易得到信赖和驾驭。这些人构成了他狭小的社交圈子，他们在慕尼黑谢林街的总部管理着党的日常事务。希特勒选择了长着猫头鹰眼的菲利普·布勒（1899—1945）作为党的管理者，他是一个与众不同又谨小慎微的官僚。希特勒相信布勒能够执行自己可能发布的任何命令，后来的事实证明了这一点。1939 年 9 月 1 日，他执行了希特勒的安乐死命令，即用毒气杀害了十万多男女，包括孩子，因为身心上的缺陷，他们被认为不符合健康的雅利安种族形象。在党的总部，布勒身边还有同样缺乏想象力但具有竞争性的弗朗茨·克萨韦尔·施瓦茨（1875—1947）。施瓦茨在慕尼黑市政厅做了很长时间的会计，现在又小心翼翼地看管着党的总部的每一笔收入。第三个与党的总部有着密切联系的主要人物是希特勒同团的中士马克斯·阿曼，他与希特勒在兰德斯堡一起待了六个月，现在重新得到了党的出版社和其他所有新闻喉舌的领导职位。其他在 1923 年证明了自己的勇气的追随者也得到了职位的奖励：赫尔曼·埃塞尔被任命为宣传主管；戈特弗里德·费德尔成为党的意识形态的代言人；尤利乌斯·施特莱歇尔和阿图尔·丁特分别控制了法兰克地区和图林根州的党组织；赫斯继续作为希特勒忠诚的秘书，后来成为他的主要代理人；罗森贝格在解散了他所领导的“大德国人民社团”之后，担任了《种族观察者报》的主编，并且成为希特勒内部党派争斗的忠实爪牙；戈林依然在外流亡，直到 1927 年才返回德国。希特勒的几个忠实朋友——迪特里希·埃卡特、恩斯特·珀纳——已经死了，他最亲密的圈子由埃米尔·莫里斯、乌尔里希·格拉夫和海因里希·霍夫曼组成，他们依然对他忠贞不渝，给他提供有力的支持。希特勒生活在提尔希街一间狭小、简陋的屋子里，只和他的几个亲信或者汉夫施滕格尔一家、布鲁克曼一家、埃塞尔一家交往。尽管长期缺少资金，但是《我的奋斗》的稿费收入和党的经费的扩大，都使他有相当大的解决经济问题的实力，使他能够租用和购买上萨尔茨堡的别墅。也就是在这里，他得到了一位新管家的陪伴，她是寡居的同父异母的姐姐安吉拉·劳巴尔，她带来的十七岁的女儿格莉是希特勒的一生所爱。

尽管巴伐利亚的信徒们本能地聚集在希特勒的身后，但是，党的统一性在 1925 年一直受到严重的威胁，北部和西部的异议分子拒绝南部对元首不断增长的崇拜，他们批评南部集团在党章的社会主义条款中所承诺的是表面的口头恩惠。对于北部集团来说，党的创始人现在已经发生了转向，它们开始对巴伐利亚这个保守的、天主教的州产生了怀疑，认为它不像更为工业化的北部适宜作为党的富有创造力的基地。但是，这些北部集团坚持认为，为了获得工业化的北部选民的支持，为了在那里和社会民主党和共产党展开竞争，纳粹党必须为工人大众制订有效而至关重要的社会主义计划。

这就是为什么北部集团比南部集团更为认真地致力于社会主义的原因所在。北部集团还认为自己是“战士革命者”，为通过罢工、街头恐怖活动来使国家经济瘫痪的工团主义夺权策略辩护。因为希特勒选择了投票而不是子弹，他立刻拒绝了将这种方法作为主要的策略，因为它会疏远选民。他对激进的社会主义者提出的含糊的经济治疗方案感到不快。他们似乎将墨索里尼的社团主义国家的观念，和同样含糊不清的“德国式民主”的思想结合在一起。

在北部的异议分子当中有一群社会主义者，他们设法获得了对北莱茵兰地区（纳粹党的一个行政区）的控制。他们的事务官员约瑟夫·戈培尔是一个个头矮小、瘸腿的知识分子，他嗓音尖细，是一位哲学博士。戈培尔注定要成为纳粹党宣传机器的催眠大师，但在那个时候，他还是一个充满困惑的、年轻的知识分子，正在寻找政治的圣杯。在经受了一系列作为记者、作家和股票交易员的失败之后，这一探索引导着他成为国家社会主义的信徒。1924 年，他加入纳粹党，发现自己

1935 年,墨索里尼在罗马检阅法西斯青年团

具有政治宣传的才能,这种才能后来成为他取之不尽的宝藏,它可以将明显的谎言变为可信的真理,从日常事件中编造出政治上的神话。

除了戈培尔,北部异议分子最著名的领导人是卡尔·考夫曼(1900—1969),年轻的自由军团的斗士,北莱茵兰纳粹区党部的领导人;弗朗茨·冯·普费弗(1888—?),第一次世界大战的军官,自由军团的领导人,参与过卡普政变。这个集团以鲁尔的埃尔伯菲尔德为基地,把自己明确为反对巴伐利亚围绕在希特勒周围的那一帮人的中心。戈培尔和卡尔·考夫曼设法驱逐了北莱茵兰纳粹区党部的前领导人阿克塞尔·里普克,从表面上看,对他的指控是挪用党的经费,但事实上是因为他不够激进。

真正清楚地表达这种不满,并且成为这种不满的主要代言人的是格里格尔·施特拉塞尔。不知疲劳的格里格尔·施特拉塞尔被选为国会的代表,正在热情地推广他自己的国家社会主义思想。施特拉塞尔将下巴伐利亚区党部领导人的职位让给副手海因里希·希姆莱,自己花费大量的时间在德国中北部的工业区招募新党员。施特拉塞尔身边还有更教条的弟弟奥托。施特拉塞尔支持银行和重工业的国有化,认为这是社会正义的必要条件。他心目中的好社会是一个在种族上和谐的共同体,它建立在“德国的”社会主义而不是马克思社会主义的基础之上。无论是格里格尔还是奥托,都从来没有清楚地表述出他们所说的社会主义是什么,但是，两个人都感到希特勒和他的南部集团只是在纯粹的修辞或机会主义的意义上信奉社会主义。施特拉塞尔兄弟相信纳粹党正在转变成一个激进的反犹太人的、小资产阶级的政党，背弃了他们对工人的承诺。与这种倾向相对立，他们在北部德国进行大规模的社会主义宣传活动。

格里格尔·施特拉塞尔对民族复兴和社会正义充满激情，这种激情和他友善、快乐的个性结合在一起，给那些与他接触的人留下了深刻的印象，其中也包括约瑟夫·戈培尔，他在 1925 年 8 月 21 日的日记中写道：

> 施特拉塞尔在这里整整待了一下午。他是一个了不起的人物，一个大个头的巴伐利亚人，十分具有幽默感。他从慕尼黑带来了十分不幸的消息，都是有关党的总部的令人讨厌和肮脏的消息。一群坏东西围绕着希特勒。我相信赫尔曼·埃塞尔是罪魁祸首。我们将和施特拉塞尔一道组织起整个西部的党组织。这将给予我们抵抗僵化的慕尼黑官僚的武器。我相信我们能够说服希特勒。

格里格尔·施特拉塞尔和北部的异议分子组成了一个劳工委员会，这个委员会由德国南部和西部区党部的领导人组成，并且在施特拉塞尔的新杂志上传播他们的观点。这个杂志现在由约瑟夫·戈培尔编辑，刊物名叫《附加的信函》。在这个自由的杂志中表达的许多观点批评了慕尼黑人对资本主义温和的态度及其在组织能力方面的欠缺。许多投稿人的观点认为：慕尼黑的领导层——也许这不是希特勒自己，但肯定是向他提出建议的一帮人——正在将一个真正的工人阶级政党变为激进的、有着强烈的反犹太人基调的资产阶级政党。他们不再对慕尼黑迷信了，1925 年 11 月 22 日，这种态度在愤懑的党部领导人会议上第一次公开爆发出来。

1925 年接近年底的时候，格里格尔·施特拉塞尔为新党章提交了一个新的草案，他相信它将会加强 1920 年党章中社会主义的条款。施特拉塞尔当时的思想受到奥斯瓦尔德·施宾格勒的著作《普鲁士主义和社会主义》的影响。事实上，这位创作《西方的没落》的哲人曾经拒绝施特拉塞尔让他去担任《国家社会主义月刊》撰稿人的提议，但是，他认为施特拉塞尔“是我一生中遇见的仅次于实业家胡戈·施廷内斯”的最聪明的人，并且支持他的德国国家社会主义思想，认为它是比正在出现的纳粹党的反犹太主义和种族中心主义更为现实的方法。

假如施宾格勒真的看过施特拉塞尔的草案，他会修正他对施特拉塞尔现实主义的看法，因为这个草案是乌托邦和反资本主义成分混乱的结合品，以至于在劳工委员会内部引发了激烈的争论。施特拉塞尔的草案要求所有土地国有化，承租的土地由各州掌控；将超过一千英亩的地产拆分给农民耕种；所有至关重要的企业51%由国家拥有，所有不太重要的企业49%由国家拥有，同时都将10%留作雇工的福利；对企业管理上的控制依然保留在私人手中；驱逐在1914年8月1日进入德国的犹太人；恢复先前属于德国的所有领土。劳工委员会的一些成员，如弗朗茨·冯·普费弗，认为这个文件过于社会主义或布尔什维主义，同时，其他一些成员因为它在种族中心主义的意义上不够激进而对它进行了批评。戈特弗雷德·费德尔是最初的25条党章的作者，他通过非正规渠道拿到了施特拉塞尔的草案文本，他感到愤怒的是，希特勒还没有被正式通知它的存在。

为了消除劳工委员会成员之间以及他们和慕尼黑总部之间的分歧，1926年1月25日在汉诺威党部领导人伯纳德·鲁斯特的家中召开了一次会议。除了鲁斯特之外，主要的与会者是约瑟夫·戈培尔、弗朗茨·冯·普费弗、罗伯特·勒伊和戈特弗雷德·费德尔。会议议程包括三个主题：是否支持由国会的共产党代表提出的一个议案，即各州没收贵族的财产；施特拉塞尔草案的情况；党的组织化问题。除了科隆党部领导人罗伯特·勒伊之外，这些北方人都支持没收贵族财产的议案，有记录表明希特勒和慕尼黑集团对此不加以支持。在后来的全国公民投票中，德国的选民同意没收，但是，由于不到半数的合格选民对此议案进行了表决，因此，公民投票没有得到国会的批准。施特拉塞尔草案被束之高阁，修正草案的起草工作委派给了一个小组。但是，集中于党的未来领导权的讨论表明了这次会议的真正目的。一些代表对希特勒是否适合作为领导人表示怀疑，因为他是一个天主教徒、奥地利人，从1925年4月27日开始，他实际上是一个“没有国籍的”人。会议上也提到了可供选择的领导人和可供选择的组织化方式——一个集体委员会而不是单个的领导人；一个利益集团或协会而不是一个党。据说戈培尔竟然要求“将小资产阶级分子阿道夫·希特勒开除出党”。但是，最终，这个集团作出决定：一个领袖是至关重要的，希特勒可能比其他领导人更为合适；但是人们对此毫无热情。

当费德尔向希特勒详尽地汇报了汉诺威会议的情况之后，希特勒无疑下定了决心：在进一步的分歧彻底破坏党的统一之前采取断然行动。1926年2月14日，他邀请异议分子参加在班贝格召开的会议，会议的目的不是探求妥协的可能性，而是重建他个人的独裁统治。这次会议是展示希特勒威风的绝佳产物，它的目的在于让那些可怜的“北方兄弟”知道真正的权力存在的地方。这些北方人深深地感觉到，班贝格当地设法获得了相当可观的合格选民成为纳粹党员，而他们在人口最稠密的北方城市只骗得了二三十名党员。几个小时当中，希特勒用斩钉截铁和绝不妥协的语气发表演说，尖锐地戳穿了他们最珍惜的思想。尤其令戈培尔震惊的是，希特勒坚持纳粹党应该和英国和意大利结盟，并且指出他不喜欢对党的未来发表分裂性的言论。他十分明确地表示：党的统一要求无可争议的领导权和集中控制。

尽管异议者在那天没有完全屈服——事实上，他们只是在班贝格会议之后的几个星期暂时玩弄了一下向希特勒强硬的党的路线挑战的想法——但是他们本身过于分裂，以至没有抵抗住希特勒的意志。施特拉塞尔已经使自己相信：假如他离开这一分裂的党，他可能不能带走许多党员。不久，也就是3月10日，他在一次车祸中受了重伤，这次事故使他失去了他所需要的力量，来和希特勒做殊死的抗争。

同时，戈培尔也开始了迅速的转型。在听到希特勒清除了他最钟爱的一些幻想，特别是他相信德国应该追随布尔什维克先例的信念之后，戈培尔处于深深的绝望当中。他在日记中写到他对希特勒的反动言论感到震惊和沮丧。但是，希特勒对寻找信徒有着敏锐的眼光，他在戈培尔身上发现了某些对党十分有用的素质。因此，他决定争取戈培尔。希特勒邀请戈培尔4月7日至8日来到慕尼黑，用美酒和大餐招待他，慷慨地让他用自己的专车，允许他在伯格布劳克勒咖啡屋的大会上发表演说。在将昏了头的戈培尔一家送回鲁尔的埃尔伯菲尔德之前，希特勒任命戈培尔为鲁尔区党部的共同领导人，同时大度地原谅了他过去对慕尼黑领导层的错误判断。这些都使他更为惊讶。在贝希特斯加登的另一次会面中，希特勒又对戈培尔进行了特别洗脑，之后，所有滞留在他思想中的疑虑都得到了化解。戈培尔的日记以令人感到不安的细节记录了这个诱惑的过程：

1926 年 2 月 15 日：希特勒进行了两小时的演说。我被彻底击溃了。希特勒是什么样的人？一个反革命分子？他让人感到特别的笨拙和不确定。对苏俄问题全然一窍不通。意大利和英国是天然的盟友。这太可怕了！我们的工作是击溃布尔什维主义。布尔什维主义是犹太人创造出来的！我们必须成为俄国人的继承者！1.8 亿人！我一句话也说不出。我惊呆了。

1926 年 3 月 13 日：读阿道夫·希特勒的《南部德国问题和德国联盟问题》。这是一本特别清晰的、具有宏伟见解的宣传品。他是一个多么了不起的领袖！他再次消除了我心中众多的疑虑。

1926 年 4 月 13 日：早晨八点驾车到达伯格布劳克勒。希特勒已经在那里。我的心都快跳了出来。走入大厅，欢声雷动。会议安排得有条不紊。施特莱歇尔作了开场白。接着，我进行了两个半小时的演讲。当演讲结束时，群情激昂。最后，希特勒拥抱了我。我感到非常快乐。接着，希特勒进行了三个小时的演讲，十分成功，使人失去了自我。我们的心靠得越来越近了。我们提问，他作出精彩的回答。我爱他。他对问题经过了仔细的思考。我彻底恢复了信心。他是一个真正的男人，有着睿智的头脑，他可能是我的领袖。我向他的伟大和政治天才致敬。

在宣传的魔术中，一个最为成功的双人合作就这样开始了。因为希特勒发现了一位“编造博士”，他能帮助自己推销对元首的崇拜。约瑟夫·戈培尔来自莱茵兰地区工业重镇赖特，出身于一个天主教中产阶级家庭。童年时受到父母的溺爱，但是，矮小的身材和生理上的残缺从根本上影响了他对自我的认识和对世界的看法。戈培尔要么是天生残疾，要么是感染了诸如脊髓灰质炎或者骨髓炎这样的儿童疾病。因此，他的左腿比右腿短，这使他一生跛行，还必须使用特殊的鞋子和支架。在儿童时期和后来的生活中，他的残疾招来了怜悯的目光、恶毒的嘲笑和令人痛苦的轻视。

具有讽刺意味的是，这位唤起雅利安人完美和力量理想的未来的宣传部长，自己却是一个矮小的瘸子，经常受到人们的歧视。更具有启示意味的是：这些不幸的经历根本没有使他变得软弱，实际上使他的性格更为坚强，坚定了他证明自己和运用其非凡智力的决心，以便去主宰那些没有头脑的人，把男人作为自己的党羽，把女人作为自己的玩物。总之，戈培尔的残疾乃是他厌恶人类、将生命视为“粪土”、把人看作“贱物”的关键所在。赫尔穆特·海贝尔评述道：

> 他用怨恨消灭他的敌人；他还会突然将怀疑施加到他周围的人身上；他能用使人痛苦的敏锐剖析人性的弱点，只要这个弱点不是他本人的；他对任何高大的、尤其是优雅的人，有着十分情绪化的厌恶；他拼命地追逐着女人。这一切都来自他对自己身体残缺的从未消失的意识和感情。

尽管有着残缺和矮小的个头，但实际上戈培尔是一个长相俊美的人，他非常聪明，精力旺盛，具有相当的天赋。他的父母希望他成为神职人员，但是，戈培尔热切地投入德国文学的学习当中，1922 年在海德堡大学获得了哲学博士，并在 20 年代初期立刻加入了绝望的失业队伍。他努力征服文学世界的努力悲哀地失败了，这不仅是因为他所遭遇的时机不好，也是因为他的写作还不够成熟，没有超越感伤的浪漫主义故事的窠臼，这些故事都带有爱国主义的悲情色彩。然而，戈培尔不再进行诚实的个人批评，他认为是一些外部力量，特别是犹太出版家和作家使他没有成为一个成功的作家，通过对这些原因的谴责，他将自己的弱点外部化。

在追随希特勒和纳粹运动之前，戈培尔是一个分裂的、无根的人，没有信仰和事业。他拒绝了天主教的信仰，这使得他虔诚的父母大为惊讶。之后，他努力追寻着另一个新的目标。他承认：信仰什么是无关紧要的，只要我们相信某种东西就行了。最终他发现了自己新的信仰，它存在于一个活生生的人身上，他就是阿道夫·希特勒，而不是一个信条。把个人信仰推销出去，现在成为戈培尔生命中的神圣使命。

他的日记生动地见证了他正在进行的没有自知的自我欺骗，以及他完全清楚的对他人特别成功的欺骗。他是一位杰出的宣传家，有着清醒的拉丁人头脑，有着特别动听的嗓音，它特别有力，可以响彻整个演讲大厅。按照他的一位最好的传记作者的观点，他是使用德语最富有技巧的演说家。不像希特勒的演说“是感情的直接流露”，戈培尔的演讲是经过精心设计的，观点能够得到清晰的表达。最终，这个小个子博士的演说技巧得到了充分的运用，他几乎一手编织了元首的神话，以此来替代他自己心中的空虚。

随着戈培尔的转向，希特勒有效地压制了党内的分歧。但是，尽管获得了戈培尔的转向，希特勒也没有忽视格里格尔·施特拉塞尔的重要性。事实上，希特勒依然十分依赖于施特拉塞尔的专业技能，甚至委派他为党的国家宣传部长(1926)和党的国家组织部长(1927)。一些历史学家想知道，希特勒对施特拉塞尔过度的热心，是出于一种对计策上精明的敏锐感觉，还是出于怕回到过去的不安全状态。答案是、在希特勒的决策中可能同时存在着这两种动因，它们不仅挽留了施特拉塞尔，而且授予了施特拉塞尔另外的权力。希特勒可能认为施特拉塞尔在党内和一般群众那里具有普遍的影响力，这种影响力和他的组织才能超过了纳粹党内由“施特拉塞尔主义”左翼所代表的潜在分离力量。希特勒的这种行为短期来看是正确的，但长期来看则是错误的。在纳粹党成立的岁月里，施特拉塞尔对党是特别有用的，但是，当施特拉塞尔在后来的岁月里坚持自己的主张，并且发现希特勒正在政治当中编织欺骗和不诚实的网络的时候，他开始反对、抵制，甚至提出了辞职，对此他付出了最高的代价，即这些行为在希特勒的德国不可避免地要遭到清洗。施特拉塞尔一直能够将一个领袖的思想和国家社会主义的思想区分开来，认为后者应该处于突出的地位。对这个问题的立场远比对其他问题的态度重要，它最终决定着纳粹德国最高阶层官员的个人生涯，因为对纳粹党所有事务最终的检验标准是一个人对元首的忠诚，而不是一个人的能力、诚实或者正直。

到 1926 年夏天，希特勒重新获得了对党的完全独裁控制。另外，党的财政状况得到了改善，这使得希特勒在图林根的魏玛召开了一次盛大的党的代表大会，图林根是少数几个允许希特勒进行公开演讲的州。所有来自南方和北方的党的领袖出席了这次会议，并向阿道夫·希特勒致敬，他第一次模仿意大利法西斯式的敬礼样式向他们表示致意。

1926 至 1928 年间，希特勒和施特拉塞尔通过建立区党部、稳固上层领导地位、筹办党的代表大会、为区党部的领导人组织国会会议等举措，来加强党的组织的统一性。从策略的角度来看,希特勒认可了施特拉塞尔的计划,即在城市的工业地区建立一个强有力的据点。纳粹党希望根据这个计划,通过增加党章中的社会主义条款来赢得工人的忠诚。许多年来,希特勒不愿意去注意一些主要来自施特拉塞尔左翼的党的代言人,他们似乎要"将宣传的毒液倾泻在资本主义和腐朽的资产阶级身上"。

在1926至1928年的两年间,组织和选举工作的重点绝大部分集中在鲁尔工业区、柏林、汉堡及图林根—萨克森地区,在这些地方,社会民主党、共产党拥有工人大众的绝对支持。在这些地区,纳粹党组织链最虚弱的环节是柏林和汉堡。这两个城市的党组织处于混乱状态。为了拯救党的不利地位,出于精明的策略上的部署,希特勒委派戈培尔为柏林党部的领导人,交给他一个使人畏惧的艰巨任务:将"红色的"柏林变成一个纳粹党的坚强前哨。希特勒的赌博成功了,戈培尔能够控制吵闹的、缺乏组织的褐衫军,将他们变成一致的、受到意识形态约束的纳粹主义的先锋。但是,希特勒的柏林之战充满了煽动性的口号、大众集会和暴力,由于它采取的形式太具有威胁性,以至柏林当局和勃兰登堡州都对纳粹党的行为加以禁止。戈培尔坚忍不拔,继续作为具有煽动性的代理人,向反对派喷射着毒液,尤其是通过他自己的《攻击报》。这份报纸擅长辱骂、人格中伤、影射及追求轰动效应。戈培尔认为公众是无知的,无法理解复杂的事物,新闻的目的不是提供客观的真理,他和希特勒一样相信:新闻的主要任务是改变读者的观点,而不是向读者提供信息。因此,优秀的报刊文章就是印在纸上的街头演讲,在读者心中留下这样完美的印象:演讲者就站在读者的身边,试图改变他的思想。在1928年4月30日出版的报纸中,戈培尔作了最直率的辩解,在这一天,纳粹党公然与魏玛共和国敌对。

> 纳粹党是一个反对议会的党,出于正当的理由拒绝魏玛共和国及其所确立的共和体制。那么,我们在国会中做些什么呢?我们进入国会是为了从民主的兵器库里获得民主的武器。我们成为国会的代表,是为了用魏玛共和国自己的支柱去麻痹它的精神。假如民主特别愚蠢,给予我们自由旅行的特权,并为旅行发放津贴,那是它自己的事情。我们将采取合法的方式革新现存的状态。

1926至1928年的城市计划，想在德国的工业区将德国的工人大众变成国家社会主义的支持者，但是这一主要目标并没有实现。失败的主要原因之一是，希特勒固执地拒绝建立国家社会主义工会，因此严重地削弱了党在城市中的吸引力。尽管工厂的基层组织在柏林地区得到了自发的发展，并且后来在全国范围内得到扩大，变成了由瓦尔特·舒曼领导的国家社会主义基层组织，但是，希特勒反对与早已确立的工会进行竞争的纳粹党工会的想法。在意识形态上，他也根本反对强有力的工会组织的发展，因为它们是阶级分裂的工具，因此对经济有着致命的威胁。他对党的左翼作出的最大让步就是，宣传活动可以渗透到早已确立的工会组织当中。1931年，这种渗透活动在“进入工厂”的口号下得到飞速的发展，不过，在当时它基本上没有侵入天主教的或者马克思主义的工会组织。纳粹党没有引发工人阶级变节的另一个原因是：纳粹党的主要成员和它的政治吸引力主要定位于中产阶级，表达的是右翼的而不是左翼的社会经济和文化价值观。但是，纳粹党的吸引力远离下中产阶级。正如一些历史学家依然确信的那样，纳粹党在1929年的大发展并不存在于阶级的联合，而是源自在政治体制中它比其他任何政党都具有组织上的优越性。

最终动摇城市计划的是纳粹党在1928年5月选举中令人沮丧的表现，它显示出纳粹党既没有在工人中立足，也没有实质性地介入其他地方。纳粹党只获得了81万张选票，占选民的2%，因此在491个议席中获得了12个席位。代表党进入国会的人主要是中年的、有专业技术特长的、同时具有相当领袖魅力的人，他们是五位退役军官：瓦尔特·布赫、弗朗茨·里特尔·冯·埃普、赫尔曼·戈林、恩斯特·雷文特洛伯爵、魏纳·维利肯斯；五位专业人士：戈特弗雷德·费德尔、威廉·弗里克、约瑟夫·戈培尔、格里格尔·施特拉塞尔、约瑟夫·瓦格纳；一位工会官员：弗朗茨·斯托尔；一位机械师：德雷埃尔。

在分析了1928年5月的选举结果之后，希特勒和纳粹党的国家委员会决定将党的选举中心从表现极差的城市转向农村，在那里，纳粹党得到了稳步增长的支持，特别是在石勒苏益格—荷尔斯泰因、汉诺威乡村和巴伐利亚。希特勒感到，乡村的、民族主义的、中产阶级的选民更加容易接受国家社会主义的要求。在1928年，大多数德国人依然生活在小村庄和小城镇里；大多数德国人也具有强烈的民族主义和保守主义的观点。因此，纳粹党决定向这一人数众多的选民投其所好。1928 年 5 月 31 日出版的《种族观察者报》又指出了这一转向的另一个理由：乡村地区提供了另一个胜过中心城市的优势，即花费的精力、金钱和时间少，但是收效却远远超过大城市。另外，群众集会可能在乡村地区会产生更大的冲击力，因为这些会议在那里是新奇的，几个星期后还会被人们所谈论，而在大城市就不会这样，因为有许多与之冲突的事件出现。尽管希特勒没有完全放弃城市计划——因为对于他的政治优势来说就是要保持这样的幻觉：国家社会主义德国工人党是一个工人阶级的政党——但是为了把握住德国政治的轨迹，即广大的中产阶级、保守的乡村及军队，他下令作出了一个重要的方向性的转折。

这一新的民族主义—保守主义的策略，涉及纳粹党在行政管理上的进一步变化。甚至在 1928 年，希特勒和施特拉塞尔已经建立了一个高效的、富有弹性的、像军事机构那样建构起来的，同时又具有广泛社会吸引力的组织。班贝格会议使希特勒确信一个国家规模的政党尽管也鼓励一定程度上的地区性自治，但是首先要求有一个强有力的集中化的指导。它还要求有一个内在的纠偏机制以防止内部的冲突和外部的压力。1921 年希特勒重组纳粹党，采取了独裁统治，那时他就建立了一个从事内部调查的附属委员会，并且在一些特殊地区委派代表去监督党的各种地方机构的活动。随着党的仲裁委员会的重新设立，这一制度如今得到了巨大的扩张。委员会的目的在于控制党的下属领导者的忠诚和政治上的正确态度。希特勒亲自委任和解除这个委员会的成员，希望他们追随他的政策。他挑选了瓦尔特·布赫 (1883—1949) 这位退休军官、元老党员、党卫队领袖作为委员会的主席。布赫后来推举了他的女婿马丁·鲍曼，他成为元首王座之后的灰衣主教。

早在 1925 年，纳粹党就鼓励德国各个区党部“有组织地”发展，在那里，特别具有组织能力的天才招募着合格的党羽。区党部 (Gau) 这个词来自过去日耳曼部落把土地和民众分割到特定地区，构成居住区和行政单位的传统。尽管这个词在现代被误用了，但是纳粹党的体育组织和青年组织在全国范围内招募成员时重新使它获得了生命。在 1925 年之后，纳粹党广泛地使用这个词，用它来指称最高的政治单元。每一个区党部都有一个区党部领导人 (Gauleiter)管理，他是一个特定地区党的主要政治官员。1925 至 1928 年间，区党部得到自发的发展，但不符合国家和选举划定的现存区域。纳粹党在 1928 年 5 月的选举中跌入低谷,之后,希特勒决定修补他的组织结构,使它和自己获得选举胜利的目标一致起来。区党部与魏玛共和国的选举区更为紧密地一致起来。接下来,区党部被划分为地区党部 (Kreise) ,地区党部又被分为地方组织 (Ortsgruppen) ,在较大的城市,地方组织再被划分为更小的基层组织 (Zellen) 。

这是典型的希特勒富有灵感和浪漫的领导风格。他没有制定任何书面的文件或条令,来明确有关区党部或区党部领导人的特殊政策。希特勒似乎根据中世纪骑士和诸侯之间的封建关系塑造他对下属的理想样式。希特勒从他的“骑士”那里得到特定的区域或者采邑,然后再交给诸侯。作为回报,诸侯们在招募党员、交纳钱财和教育人民接受纳粹主义信条等方面, 对纳粹党的最高统治者具有特殊的义务。区党部领导人的权力由希特勒授予,讨他的欢心,也只有他才能罢免他们。区党部领导人在自己的区域里拥有相当大的自治权,服从慕尼黑巡视员的定期视察,他们是希特勒个人的行政代理人,是地方上的政治主管。尽管纳粹党不断地演变成一个具有现代样式的科层体制, 职业的政党工作人员替代了军事的冒险者,但是,它从来没有摆脱迪特里希·奥尔洛所说的“科层化的浪漫主义”,即以具有超凡个人魅力的元首为形式的个人化领导风格。希特勒激励他的追随者,并赋予他们以权力,但也要求他们忠诚、服从和崇敬。

1928 至 1929 年,希特勒不仅重组了区党部,而且将它们和共和国的选举区一致起来,但是,他也扩展党的结构,按照德国政府的机构对它加以塑造。在党的等级制的最高层是国家委员会,它由希特勒领导,内部设立一个秘书 (鲁道夫·赫斯) 、一个财政部长 (弗朗茨·克萨韦尔·施瓦茨) 、一个秘书长 (菲利普·布赫勒) 。国家委员会下面还设立几个下属的委员会。在 1930 年 7 月之前,纳粹党的办公室位于谢林街和科尔内留斯街黑暗的屋子里,但是,在接受了大企业一笔巨大的捐款之后,纳粹党的总部迁移到一个更为宽敞的、新古典主义风格的建筑中,它位于布里恩纳街,因为在那里工作的党员都身着褐色的制服,当地人又把它称为“褐屋”。

国家委员会控制着党的两个主要部门:第一个部门叫“进攻”,其职责是为选举胜利组织纳粹党, 由被任命为国家组织部长的格里格尔·施特拉塞尔掌管;另一个部门叫“建造”,它的职责是发展国家机构的机制,使纳粹党能够以此转化到新的国家当中，它由前总参谋部军官、自由军团的领导人、鲁登道夫的追随者康斯坦丁·海尔上校(1875—1955)掌管。第一个部门设有三个处：外事(汉斯·尼兰德)、新闻(奥托·迪特里希)、渗透和党的基层建设(瓦尔特·舒曼)。第二个部门由农业(瓦尔特·达雷)、经济(奥托·瓦格纳)、种族和文化(汉诺·冯·科诺帕斯)、内务工作(赫尔穆特·尼古拉)、法律问题(汉斯·弗兰克)、技术问题(戈特弗雷德·费德尔)和劳动服务(保罗·舒尔茨)构成。宣传是一个独立的部门，由希特勒直接控制。这个部门先是由格里格尔·施特拉塞尔掌管，直到他成为国家的组织部长；后来一直由约瑟夫·戈培尔掌管。

从1928至1930年的组织图表上我们发现了第三帝国未来的领导层。一些新出现的人物将在第三帝国扮演重要的角色。他们当中有未来纳粹党的新闻主管奥托·迪特里希(1877—1952)；希特勒的私人律师和纳粹党的法律处主管汉斯·弗兰克(1900—1946)；阿根廷裔的德国人、有着农业专家背景的瓦尔特·达雷(1895—1953)。达里是纳粹党"血液和土地"意识形态的信徒，这种意识形态鼓吹与土地紧密相关的要求，认为在文化和种族的双重意义上，这些要求优越于工业或者技术的追求。有两个重要人物并没有直接参与纳粹党的日常运作，但积极地代表纳粹党工作，他们是赫尔曼·戈林和威廉·弗里克。赫尔曼·戈林已经有四年没有出现了，他一直在奥地利和瑞典流亡。返回德国后，他恢复了和纳粹党的联系。身无分文的戈林能言善辩，聪明过人，很快在柏林得到了宝马公司销售代表的职位，建立了广泛的社交圈子。他重新进入党内，1928年被委任为十二个国会代表之一。他在党内的权力稳步增强：1932年成为国会议长；1933年在希特勒的新内阁当中成为不管部部长和主管普鲁士事务的部长；1935年成为国家航空部部长和空军司令；1940年成为帝国元帅和希特勒的指定继承人。威廉·弗里克博士(1877—1946)是一位律师和专业公务员，是希特勒最初的追随者之一。尽管弗里克参与了1923年的政变，但是他逃避了十五个月的监禁，同时国家社会主义自由党在1924年选举他为国会代表。1928年，他成为纳粹党的国会代表；1930年，他成为图林根州的内务部长和教育部长，利用这些权力，他破坏了这个州的法律判决和教育制度。作为教育部长，他猛烈地抨击了"黑人文化和爵士文化"，将民族主义的祷告引入到公立学校，并且任命了种族主义哲学家汉斯·F.K.京特(1891—1968)为耶拿大学社会人类学教授。弗里克是希特勒信任有加的顾问和喜爱的官僚。1933 年，他成为内务部长，从而也是将德国变为一党专政国家的关键人物。

重新架构的纳粹党建立在命令垂直下传体系的基础之上。顶部是希特勒和国家委员会，下面是区党部和金字塔底部的地方党组织。每一层都服从于它上面一级。希特勒只给下一级官员下达指示，这样通常避免了对这个体系的微观管理。在日常运作中，国家委员会直接向区党部传达指示，希望区党部领导人在他们的地域里实施政策，并且通过每月的汇报和定期的检查来控制他们。党的地方组织有时对区党部领导人的严格控制表示不满，但是它们对区党部领导人的抗议遭到了拒绝，而且这些抗议被例行公事地退回到相关的区党部领导人那里。

1928 至 1929 年间，纳粹党通过发展新的附属组织和先锋组织扩大自己的势力范围。与希特勒的极权主义思想——通过将所有德国人吸纳到国家社会主义之中以彻底控制他们的生活——相一致，德国出现了各种不同的纳粹党组织和联盟。希特勒相信：一支恢复了活力的群众政党实际上能够通过劝说或者强迫，使公民在不同的生活阶段加入相应的组织，从而控制他们的思想和感情，最终在国家社会主义制度下，没有人能逃避纳粹党的监视。正如过去所提及的，纳粹党已经创立了一个青年组织——国家社会主义工人党青年团，现在它成熟地发展为分成青年男女两个分部的希特勒青年团。国家社会主义德国学生联盟在布尔杜·冯·席拉赫（1907—1974）的领导下也得到了发展。席拉赫是一个年轻的希特勒的狂热追随者，后来成为希特勒青年团的领导人。另外一个青年组织是为中小学建立的国家社会主义少年联盟。

一些特别的专业组织也得到了建立，其中包括由汉斯·舍姆领导的、总部在拜罗伊特的国家社会主义教师联盟；国家社会主义物理学家联盟，在 1929 年党的第四次代表大会上建立，后来向兽医和药剂师开放；直到 1935 年才成为一个党组织的国家社会主义妇女联盟，是向妇女让步的象征，由帝国的妇女领袖格特鲁德·舒尔茨—克林克领导。包括最为专业和职业的联盟在随后的十年里得到了发展，其中著名的有德国劳工阵线、公务员国家联盟、国家社会主义律师联盟。

希特勒想要向大多数德国民众表现的党的形象，是纪律严明、服装统一和绝对服从元首的。希特勒确信这个形象将通过纳粹党的制服、游行、集会和党的大会强行地印在德国人的心里。1927 年，他召开了第一次著名的纽伦堡党员大会，它后来演变成狂热的群众盛大仪式。其特征是毛骨悚然的仪式、葬礼致辞、游行、火炬游行、为胜利或元首高唱的圣咏。希特勒每天还派遣突击队员在德国街头行走,使德国人民记得党的决心和力量。他希望自己的这些政治步兵传递出更为可信的印象：他们远远优越于那些政治左派缺乏纪律、衣衫不整的支持者。希特勒知道,任何权力机构的代表如何衣着、行走、谈吐,决定着许多德国人如何在投票箱中为他们投票。

纳粹党的士兵仍然出自冲锋队。1926 至 1928 年期间,冲锋队也经历了巨大的变化。1926 年 7 月,希特勒任命退役上尉弗朗茨·冯·普费弗为冲锋队首领。普费弗是杜塞尔多夫枢密院官员的儿子,他是第一次世界大战西部前线的军官,因为勇敢获得高级勋章。大战后,他建立了自己的自由军团,并参与了波罗的海、上西里西亚和立陶宛的各种冲突活动,同时也涉足了卡普政变,后来在大赦中被免除了所有的罪名,释放后继续进行反共和国的颠覆活动。1923 年,他积极参与了鲁尔的暴动,参加了民族主义社会阵线;1925 年,他加入了纳粹党。自从被任命为区党部领导人和威斯特伐利亚冲锋队领导人之后,他在党内的运气越来越好。他和考夫曼、戈培尔共同担任“大鲁尔区”区党部的领导人,不过因为内部的争斗,这种合作很快就结束了。在这一短暂的限制之后,希特勒邀请普费弗帮助重组冲锋队。

像大多数自由军团的领导人一样,普费弗本质上是反革命的右翼分子。他是一个信奉严格纪律的军人,一个单调乏味、讲究规则的行政管理人员,喜欢令人头痛的只取首字母的缩写,更不用说其他方式的缩写。普费弗的使命是创立一个纪律严明的政治步兵军队。一个悬而未决的问题依然是这种力量应该服从党的领导,还是脱离党的领导。1923 年的分裂在希特勒的脑海里依然记忆犹新,他认为冲锋队应该是纳粹运动的一个从属性分支,他希望它能成为纳粹运动一个附属的而不是相脱离的力量。冲锋队是他控制的一个工具,服从于政治的指导路线,严格地走合法的道路。

但是在实际运作中,冲锋队变成了一个草根性的组织,越来越难以控制,特别是一旦允许它在冲锋队领导的手中独立地发展,而这些领导人被授权根据自己的需要对它加以组织。部分是出于不安全的感觉,部分出于狡黠的认识——他在行政上缺乏能力,无法靠自己监督这样的组织——希特勒再次求助于来自传统军事中精英层的良才。普费弗被授予全权按照他认为合适的方式组织冲锋队，这意味着他控制了它的结构和领导层。作为冲锋队的首领，他也控制了党卫队和各种各样的学生组织。当时的党卫队还只是一种象征性的力量、一个青年人的组织。因此，真正潜在的问题是明显的：因为有太多的权力控制在独立的冲锋队首领的手中，他只对不断增加的褐衫队负责，因此这些权力可能对希特勒自己的领导地位产生了严重的威胁。希特勒考虑到这样一种可能性，这能够说明他对普费弗的选择：普费弗是一个正直和忠诚的人，但是他又是一个没有卓著功勋、不可能威胁元首个人权威的小人物。当希特勒替换了普费弗，并最终选择了更为独立的恩斯特·罗姆的时候，纳粹党和冲锋队双轨运行的困境再次表面化，最终在1934年6月30日的“长刀之夜”到达了顶峰。

普费弗开始重组冲锋队，使它成为富有弹性的纳粹党宣传工具。以自由军团为模式，普费弗将冲锋队分解成各种各样的单位。最小的单位是三到十三人的小队，然后是突击队、区队、旗队和旅。每个单位的指挥官根据单位的名称称呼：突击队长、区队长、旗队长、旅队长。他们的褐色制服最初来自在非洲殖民的德国士兵穿的卡其制服，后来，褐色与大地和土壤的健康联系在一起。

希特勒发布指示，只有党员才能加入冲锋队，这种政策企图制造出一个完全同质的、避免受到相关的准军事力量进行外部干预的组织。希特勒打算将各种各样的退伍军人组织加以整合，但是结果是令人失望的。此举可能对招募新人的工作产生了些微的影响，同时另外一些发挥作用的力量导致了冲锋队规模的稳定增长。

第一，在德国任何地区，党的最小的地方组织都可能是一个冲锋队的单位，因为很少的人就被要求建立一个冲锋队的小队。第二，纳粹运动也鼓励个人的主动性，同时对各种各样有关达尔文主义假设的争论熟视无睹。这一假设认为，最坚强的领导人将自然而然地出现，并组织起越来越大的冲锋队组织。第三，冲锋队不断地要求获得政治力量的光环，因此为许多新招募来的人确定男子气概、同志关系和生命活力是真实的。对于许多年轻的德国人——尤其是事业的——来说，冲锋队成了一个替代性的第二家庭，制服连同上面的徽章给予了其成员以尊严，在一些人那里，长筒靴加强了对权力和统治的欲望。第四，冲锋队不是普通的培养狭隘的精英主义或普鲁士主义精神的传统军队。在普费弗和罗姆的控制下，冲锋队没有形成严格的军衔意识。相反，他们都采取了轻松的同志关系，甚至和他们的团队打成一片。普费弗要让他的军队年轻而具有革命性，他让许多决策由较低的军官做出。只有最高的一些职位由普费弗任命，这些人往往是在旧军队中招募而来的。在其他方面，冲锋队成为年轻的军国主义者、理想主义者和反社会的暴徒的军队。在柏林的冲锋队当中，70%的人不到二十六岁，几乎 90%的人在三十岁以下。

在 1926 至 1929 年间，冲锋队得到了稳定的增加。他们到处出现在德国的街头，成为许多德国人日常的经验。在党的集会上，希特勒总是让他的冲锋队员沉浸在神秘的仪式当中，其间充满了效忠誓言和战旗展示。在 1929 年纽伦堡党员会议上，三万多名狂暴的冲锋队员聆听着希特勒的演讲，他告诉他们：他们身着的褐衫是光荣的象征。他希望数百万人很快就会渴望穿上它们。

希特勒没有能够想到数百万人很快就会聚集在纳粹党的旗帜下，因为这个党当时还十分弱小，在政治上还不突出。但是，1929 年夏天，希特勒已经完成了党的重建。尽管党及其附属机构依然不强大，获得选举的成功依然渺茫，不过，希特勒已经成功地奠定了一个组织良好的政党的基础，它的成员比德国所有其他政党的成员更为尚武好战，更富有责任心。当然，一些问题依然悬而未决。由施特拉塞尔及其追随者引发的党的内部分化依然暗中存在。冲锋队正在平行的轨道上发展，在一定程度上改变着党的方向，威胁着党的目标。党的经费依然十分匮乏，选举前景暗淡无光。但是，到 1929 年夏天，纳粹党成功地重组了自己，摆脱了一个政变失败的政党的形象。以下两个事件使它变成了对共和国产生巨大威胁的政党：一是围绕扬格计划的民族主义骚乱；一是更为重要的大萧条的开始。

扬格计划和大萧条的来临

1929 年 2 月，国际金融专家在巴黎聚会，寻找解决德国战争赔款的满意方法。这次会议的主席是美国银行家欧文·D.扬格。这次会议也是德国外交部长古斯塔夫·施特莱斯曼思想的产物，他不知疲倦地计划减少赔款的数额，劝说协约国撤出莱茵兰地区。在紧张的讨价还价之后，1929 年 6 月 7 日达成了协议，它要求德国三十七年内每年大约支付二十亿马克，同时分二十二年支付的协约国战争债务的附加赔款则有所减少。每年的支付方式比过去的道威斯计划也更富有弹性，只有一部分支付是强制性的，另外一部分是可以拖延的。这里没有有关外国干预、赔款代理机构可能的武断行为、赔款随生活费用的增加而增加等苛刻的条款。另外一次国际会议 1929 年 9 月在海牙举行，会议使巴黎的协议合法化，并同意了施特莱斯曼的建议，将降低赔款数额和协约国 1929 年开始从莱茵兰地区的撤军连接起来。这是施特莱斯曼的最后一次胜利。六年的过度疲劳和政治上政敌的诽谤使他患上重病。他死于 1929 年 10 月共和国最需要他的时候。

右翼民族主义分子攻击施特莱斯曼好多年了，对他采取的争取国际谅解的每一步骤都毫不留情地吹毛求疵。他们现在联合所有的力量去击溃扬格计划，对任何支持它的人加以攻击。1929 年 7 月 9 日，钢盔队的领导人组成了一个国家委员会寻求公民投票以反对扬格计划。这个委员会的首领是长着大脑袋的媒体大亨阿尔弗雷德·胡根贝格，他的德国国家人民党越来越像是纳粹党的“资产阶级的拙劣模仿”。已经崛起的胡根贝格设法召唤大多数政治上的右翼政党，包括纳粹党，从而粉碎扬格计划。他加速运用自己的媒体——报纸、广播及环球电影股份有限公司的新闻电影。他发动了一场爱国主义的和蛊惑人心的运动，其强劲力度给希特勒留下了深刻的印象。

《魏玛宪法》特别规定，假如 10%的选民要求对一个法案进行公民复议，复议必须服从于选民。胡根贝格的委员会一直策划着对名为“反德国人民奴役法案”的复议，它征集到了必需的签名人数。由威廉·弗里克起草这项法案要求政府废弃赔偿所依赖的道德根据，即《凡尔赛和约》的第 231 款，同时拒绝进一步的战争赔款。它还坚持协约国立即从莱茵兰地区撤军，同时要求任何签署了“纳贡金”的官员都应该以叛国罪论处。

尽管民族主义者发起了一场闪电般的战役以支持它们的公民复议，但是国会在 1929 年 11 月 30 日以 318 票反对、82 票赞成果断地拒绝复议。但是，这次复议的失败对纳粹党来说却是真正的胜利。几乎有五个多月，胡根贝格通过他的报纸网络和新闻媒体给希特勒提供了免费的抛头露面的机会，将他推荐给从来就没有听说过他或者他所领导的政党的人。另外，胡根贝格活动于其中的保守圈子也为希特勒开启了新的、有力的社会关系。

弗里茨·蒂森从20世纪20年代就一直支持纳粹党，是该党最重要的关系之一。紧随其后的是埃米尔·基尔多夫，他是德国工业的奠基人之一，控制着盖尔森基兴矿业公司、矿业工会的政治基金及西北钢铁协会著名的“鲁尔金库”。1927年，基尔多夫在埃森听过希特勒对工商人士的一次演讲，对他的民族主义倾向留下了深刻的印象。1927年夏季，埃尔莎·布鲁克曼作为中间人将这两个人带到了她的慕尼黑住所里。结果是基尔多夫被希特勒的魅力所折服，提供资金出版了一本小册子，内容是希特勒在布鲁克曼的住所里与他会晤时所发表的言论。最终，基尔多夫加入了纳粹党。基尔多夫后来改变了对纳粹党的看法，因为它对资本主义表现出明显的敌意，注意到这点是令人感兴趣的。1928年8月，他退出了纳粹党而返回德国国家人民党。但是，希特勒和胡根贝格以及民族主义者的合作使基尔多夫回到了纳粹党的范围当中。基尔多夫的态度在保守主义工商人士的圈子中可能特别具有典型性。他同时面对着纳粹党反资本主义的信条及其传统的民族主义的口号，因此在认识上是不协调的，对此他感到十分痛苦。

希特勒的政治天才在于他能够用本质上不同的思想培育德国社会各个分歧的部分。因此，当他贬低纳粹党激进的反资本主义和反犹太思想，同时模仿令人尊敬的中产阶级政治家的角色的时候，基尔多夫和其他的工商人士受到了欺骗，他们相信希特勒能够站在保守的民族主义的一边。在1929年，几乎没有人知道希特勒到底是个什么人。不同的人听到了不同的演讲，并且信以为真。工商人士听他说着讨好的话，里面没有提及反资本主义或反犹太主义的言论，他们没有察觉到他们正在和一个嗜血的反犹太分子和残酷的反社会分子打交道。这个人不择手段获得专制的权力。扬格计划和后来发生的与保守主义的联合，为希特勒获取最终目标提供了重要的推动力。但是，最大的灾难是大萧条的降临，如果没有它，希特勒永远只是一个极端主义小党的领导人而已。

魏玛共和国从一开始就被严重的经济问题所困扰。这些经济问题中的许多是第一次世界大战的结果。正如前面所提及的，这场战争在很大程度上受到不可靠的贷款和公债而不是税收的支撑，这导致了战后的通货膨胀，并且为1923年的财政崩溃创造了条件。但是，在三十年的扩张之后(1884—1914)，德国经济在感受到战争冲击之前已经显示出停滞的迹象。这种停滞的原因并不是战争，而是德国经济某种内在的或者说是结构性的缺陷。德国经济的致命弱点在于它的非竞争性和高度的国家控制的倾向。决策并不掌握在承担风险的、乐意对新的思想进行实验的企业家手中，而是掌握在谨小慎微的国家公务员、封建大农场主和特别依赖于国家支持的企业家手里。过多的小农场主缺乏生产能力、技术专长和足够的运作资本，这加重了德国经济体系的负担。另外，人数膨胀的城市小资产阶级主要由小店主和不断增加的白领组成，他们同样也缺乏竞争性，拒绝变化，在政治信念上经常是反动的，他们也降低德国经济的发展。

在经济问题的后面潜藏着相应的社会分裂。1924 年货币的稳定和外国贷款的大量涌入掩盖了潜在的虚弱。1925 年，德国工业的生产量已经恢复到 1913 年 95%的水平；在世界出口总量中，德国所占的比例从 1913 年的 13.2%下降到 1927 年的 9.1%，这一倒退要归结于战争的失败、《凡尔赛和约》强加的经济负担、德国商船的损失、领土的割让及金融债务。

从 1914 年到 1934 年，德国经济停滞不前。可怜的经济增长反过来导致了周期性的失业。甚至在 1929 年大萧条开始之前，失业依然保持在令人不安的高度，1926 年的失业率达到 10%。同时，对于大多数德国人来说，生活的一般水平在 20 世纪 20 年代的糟糕程度远远超过了战前。尽管工业产出的能力由于新的技术和自动化得到了很大提高，但是这种趋向并没有较大的消费购买能力相伴随，这种状况进一步减弱了已经滞缓的发展。管理精英和收入高的公务员共享了大量的工资和好处，与他们相比，许多德国工人入不敷出，为了工资，劳资双方发生了越来越多的争斗。正如上面所提及的，魏玛共和国建立在劳资双方经济的合作关系上，以保证福利国家的使命。但是，这种合作关系没有挽救恶化的经济力量。甚至在最好的状况下——稳定的经济增长、新的市场、技术创新、低劳动支出以及高生产能力——保持广泛的福利和权利都是困难的。到 20 世纪 20 年代晚期，特别是世界性的萧条开始之时，人们越来越清楚地发现：魏玛共和国已经承受不起过去的福利支出，更谈不上福利的增长。工商界就是这样看待当时的情景的，将共和国的经济问题归结为非理性的社会福利和投资资本的匮乏。另一方面，社会民主党将经济危机归罪于消费者购买力的不足，认为正确的补救方法是付给工人更高的薪水，并提供更好的培训和福利。双方从最严格的前提出发，但都不能阐释清楚经济的复杂性。实际上，这些复杂性远远超出了他们的僵化模式范围。因此，更危险的极端化和恶性的经济危机的条件已经被建立起来了。

同时，在1929年金融危机爆发之前很久，看不见的萧条就一直在折磨着德国的经济，这就是持续的、遍布整个德国乡村省份和乡村城镇的农业萎靡。农业问题是世界性的，但是它对德国的冲击远远严重于其他国家。受到特别严重冲击的是东埃尔比亚地区的农场主。战争剥夺了当地大农场主的市场，同时霍亨佐伦王朝对他们的保护也不复存在。他们缺乏资本和政府的保护，处于可怕的经济困境当中。到20世纪20年代中期，政治极端主义情绪在整个德国乡村蔓延，对农场主和农场工人产生了相似的影响。尽管农业的精英对近来已经加入普鲁士农场主行列的兴登堡总统施加了相当的压力，并设法接受政府稳定的补贴，但是危机依然难以减弱。纳粹党是农业危机的主要受益人，特别是他们把选举的主要精力从城市转向乡村，并且在农业危机的后面利用了它的社会和文化之源。

德国经济本质上是一间纸牌搭建的房屋。使它倒塌的原因是1929年在美国发生的经济大崩溃。自19世纪晚期开始，相互关联的世界经济已经存在。其中涉及国际货币体系，它允许一种货币自由地交换成另一种货币，允许在国际市场上产品的自由交换，允许对外国证券的资本投资。尽管第一次世界大战严重地破坏了这种局面，各国建立了关税壁垒，并趋向于自给自足，但是，相互关联的体系总体上说在20世纪20年代是占据主导地位的。因为金融债务和对满足自身需求的国外贷款的过分依赖，在战后数年中，德国深深地陷入在这种体系中。

在相互关联的世界经济中，最为重要的关键所在是美国。20世纪20年代的美国经济特别繁荣，但是，在繁荣的表面是严重的结构问题。首先，美国经济缺乏多样化，过于注重建筑和汽车工业。当这些产业在20年代中期收缩的时候，连锁效应将这种收缩扩展到相关的诸如钢铁、玻璃和橡胶等产业。第二，美国经济是以不可靠的信用、借贷和投资为动力的。第三，这种经济掩盖了在财富和贫穷上出现的广泛不平等，大约两万四千户家庭处于经济金字塔的顶层，其收入高于处于底层的六百万户家庭的收入。第四，工人的收入状况入不敷出，因此购买能力相对而言变得不足，没有能力吸收大量的产品。第五，几届共和党政府摇摆于在金融领域（它控制着银行和股票交易）放任自由的政策和偏爱高关税的干预主义政策（霍利—斯穆特法案）之间，这使得美国经济缺乏一贯性的管理。最后，也是最为重要的，从20年代初期开始，美国人就处于疯狂的投机当中，据说发财的捷径是进行股票和债券投机。到20年代中期，股票和债券的价值已经不合比例地远远超出它们的实际价值。1929 年 9 月，市场“震荡”，价格波动。一个月后，当受惊的投资者——当中的许多人是从银行借款来证券市场一搏的——突然抛售证券时，这一市场就崩溃了。疯狂的抛售开始了。在 1929 年 10 月 29 日“黑色星期二”，超过一千六百万股股票在极度恐慌的气氛中被抛售。当银行家和投资者精神崩溃，有的甚至跳楼自杀的时候，华尔街成为金钱的大墓地。到 1929 年底，美国的股票持有人失去了四百亿美元的面值，这个总额比第一次世界大战的耗费还要高。

股票市场的崩溃对恐慌心态带来了心理上的刺激，它也暴露了深层的经济虚弱，同时引发了美国历史上持续时间最长的萧条。到 1929 年末，有三百万人失业；一年后，这个数字又翻了一倍。一千家银行倒闭，许多工厂关闭，数百万失业的人徘徊在街头绝望地寻找工作。危机从金融业延伸到工业，从美国延伸到欧洲。美国对欧洲的贷款和投资立刻停止，破坏了欧洲，特别是德国战后繁荣的计划。因此，当美国的股票市场在 1929 年 10 月崩溃的时候，经济冲击波几个星期后就扩散到了德国，因为美国的贷款在很大的程度上支撑着德国迟缓发展的经济。结果是沉重的大萧条，在经济领域里可以同美国相比拟，但其政治上的意义远比美国来得可怕。

外国资本的撤出造成了一种可怕的下旋漩涡：贸易和生产戏剧性地下跌，工资和物价下滑，商店和工厂关闭，银行倒闭，失业癌症四处蔓延。在美国的股票市场崩溃之前，德国已经有三百万的失业工人。这个数字现在在稳步地增长，到 1931 年 9 月达到了四百三十五万，在 1932 冬季到 1933 年达到了六百万。这些骇人听闻的统计数字还不包括未登记的和做零工的工人。这些统计数字所显示的真正含义是两个德国家庭中就有一个是受到影响的。到 1933 年，许多德国人失业已经有五年之久。几乎德国社会的所有方面都受到了影响，特别是蓝领和白领的工人更是如此。甚至白领的公务员也不例外，虽然他们保住了自己的工作，但发现薪水在不断地削减。店主和商人忍受着物价和购买力的下滑，同时，农业工人由于持续的农业萧条也被一群群地解雇。如同在美国一样，德国街头到处都是精神沮丧和越来越愤怒的失业工人。这为希特勒上台表演的最后一场戏剧准备了舞台。

第七章

纳粹党掌权

议会民主的崩溃

1929 年 12 月，魏玛政府处于财政灾难的恐慌之中，面对着预期税收十五亿马克的短缺，同时企图资助失业保险计划，这一计划每年的耗费是按照 1928 年八十万失业人数计算的，在二百八十万失业工人的冲击下，现在的耗费是过去的三倍多。反过来说，财政危机又引发了政治的危机，这场危机远远超出了失业保险问题，涉及了议会民主自身的崩溃。对失业保险的争论使赫尔曼·穆勒的大联合政府分崩离析，同时开启了漫长的、分裂性的政治上自我毁灭的斗争。当魏玛政府在 1929 年将钱财耗费殆尽的时候，国家财政部长鲁道夫·希尔弗丁建议对烟草征税，同时将保险费从 3%增加到 3.5%。尽管希尔弗丁是一位社会民主党人，但是他恢复了提高税收和减少花费的极为保守的财政政策。这些措施引发了来自不同利益集团的直接抗议之声，并且导致了他的计划在国会中受到羞辱而告败。

但是，正如当时的一个笑话所说，魏玛共和国并没有被半个百分比的保险税率所吓倒；威胁反而来自左翼和右翼政治极端主义的再次爆发。假如德国人民对魏玛共和国及其领导人具有信心的话，那么，经济上洪水般涌来的、开始吞没他们的坏消息还是可以忍受的。但是悲哀的事实是：甚至在大萧条之前，德国人民已经对民主体制不存有多少信任了。最初对民主的攻击不是希特勒组织的，他无疑从民主那里得到了诸多好处；而是由军队中的政治阴谋家们发起的。一些有权势的军队阴谋家——特别是施莱歇将军——以两种方式破坏着穆勒的政府：首先是劝说兴登堡总统不要授权总理以紧急状态法令的方式通过他的财政计划，这几乎注定了穆勒的倒台；其次是积极推举海因里希·布吕宁为穆勒的继任者。

军事首领批评了穆勒政府没有积极地推行他们重振军备的计划，但是他们对1929至1930年凄凉冬天的真正恐惧是政府过于虚弱，以致无法坚决地处理德国经济危机潜在的、爆炸性的社会后果。事实上，在穆勒的内阁里就有格罗纳将军，他对发生在1918至1919年吞噬德国的内战记忆犹新，他决定用十一年前同样的方法来阻止一场灾难，即用军队压制国民的不安。作为国防部长，格罗纳将军和他的"养子""政治主教"库尔特·冯·施莱歇将军紧密合作，企图用来自政治右翼的专家团来替代穆勒的内阁。假如必要的话，这个专家团可以绕过国会，通过总统法令来解决国家危机。

在后来三年少数决定德国历史进程的人当中，没有谁像诡计多端的库尔特·冯·施莱歇将军那样更具有有害的影响。"施莱歇"这个名字在德语中有匍匐者或爬行者的意思，在许多方面也是他本人性格的写照。这个秃头和外表快乐的将军是一位极具天赋和聪明的官员，他在部队职位升迁的速度十分迅速。施莱歇1882年出生在勃兰登堡，来自一个古老的普鲁士军人家庭。他以优异的成绩毕业于一个军事学院，1900年作为一名副官加入了兴登堡团——第三步兵禁卫军。在兴登堡团服役时，施莱歇建立了一系列有用的关系，它们后来为他铺平了成功的道路，其中最重要的是与他的伙伴奥斯卡·冯·兴登堡——奥斯卡是未来著名的陆军元帅的儿子——的亲密友谊，还有与未来的军需部长威廉·格罗纳将军的紧密关系。也就是格罗纳这位军事学院的教官，将施莱歇置于他的羽翼下，并且一直提携他；甚至称他的被保护人为"养子"，在第一次世界大战期间，除了短时间在东部前线服役之外——这为他获得了一枚铁十字勋章——施莱歇是总参谋部的一位官员，在办公室的桌子后面花费了大量的时间。在真正快要结束的时候，他成为格罗纳将军的助手，帮助在君主制度崩溃之后重建一个自由军团，后来他又加入了新的国防军。从那时起，施莱歇就一直处于权力的神经中枢。他同陆军司令部的新长官冯·泽克特将军一道充满热情地决心恢复德国军队传统的结构；但是不像他的长官，施莱歇越来越坚信军队要在充满紧张的政治冲突中生存下来，必须放弃它所自诩的中立性政策，积极地参与政治。在泽克特的领导之下，施莱歇的角色相对是受到限制的。但是当泽克特被迫在1926年辞职的时候，这种状况开始发生了变化。此后，施莱歇的权力稳步地扩张，特别是在他过去的恩师格罗纳将军成为国防部长之后。他委任施莱歇担任国防军军部的新官职。这个新的岗位使施莱歇控制了所有的情报系统，同时授权使他成为军队和政府之间的主要联系人。当他的私人朋友库尔特·冯·哈默施泰因将军接替威廉·海耶成为陆军司令部的长官时，施莱歇的影响变得更为有力。由于施莱歇已经与兴登堡家族建立了社会联系，获得了兴登堡这位陆军元帅——他现在是魏玛共和国的总统和武装部队的司令——的信任，因此在1930年，施莱歇成为德国最有权势的人。他的间谍在决策权力中心四处游荡，他的特务窃听着朋友和敌人的电话，他知道德国所有的秘密。他毫无羞耻地通过泄露有所选择的情报或者散布一些狡猾的暗示来操纵新闻舆论。

不幸的是，施莱歇没有为建设性的目的运用他广泛的权力。他常常感兴趣的是为了私人的阴谋诡计或者各种各样卑鄙的控制去运用权力。实际上，他最终总是消灭了他曾经支持过的每个人。一个广为流传的笑话说：所有施莱歇支持的总理迟早要被他的鱼雷击沉。他追求权力，但不愿意承担责任。自负、没有道德、狡猾的施莱歇现在在充满矛盾的政治领域里浑水摸鱼。他越来越把自己看作是在王座后面造就国王的人。交朋友又背弃朋友，结仇人又与仇人结盟，他最终面对着的是一片荒原，上面点缀着他所制造的牺牲品，他不得不面临最大的恐惧——个人责任。这并不令人惊讶，这种恐惧是有充分根据的。他的一生都是一位办公室里的官员，丝毫没有准备在自己工作的世界之外建立广泛的共识，因此他并不适合正在衰退的魏玛共和国的政治性世界。从公平的角度而言，据说施莱歇绝对不是一个右翼的反革命；相反，他认为自己某种程度上是一个民主的将军，他支持旧式普鲁士军事社会主义的精神，甚至梦想建立士兵和工人的友谊联盟。尽管他喜欢搞阴谋诡计，显示出傲慢和虚荣，但是他依然是十分优雅、迷人和有教养的人。不过，德国深受其诡计之苦，直接或间接地毁灭了共和国，促使了希特勒的崛起。

作为施莱歇不断增长的影响的结果，国防军开始放弃了它政治上中立的原则。用约翰·惠勒—贝内特的话来说就是，“从作为国家的卫队和国家最终的权力来源，军队堕落为政治的掮客和党派的主人”。 通过幕后的阴谋，施莱歇劝说兴登堡取消对穆勒的支持，选择海因里希·布吕宁作为穆勒的继承人，从而推翻了穆勒的政府。按照施莱歇和军方的观点来看，与毫无生气、病恹恹的穆勒相比，布吕宁是一个远可以被接受的候选人。军界的希望是：布吕宁作为著名的中央党政客可以铸造出一个稳定的联合政府，它完全由中产阶级的政党构成。布吕宁也是一个著名的财政保守主义分子、军事拨款的支持者、《凡尔赛和约》的坚定反对者。最终，他有着良好的战争表现，这对于军方来说是一个可以信赖的标记，即他肯定是一个好伙伴。

1930 年 3 月 27 日，建立在五党——社会民主党、中央党、德国人民党、民主党和巴伐利亚人民党——广泛联合基础上的穆勒政府辞职，由中产阶级的海因里希·布吕宁领导的中产阶级内阁取而代之。新的总理是一个脑袋光秃、戴着眼镜、苦行僧长相的贵族，使人想起严肃的耶稣教士的样子，因此，施莱歇把他称为“大主教”。布吕宁出生在明斯特，是一位天主教醋商的儿子。布吕宁在许多德国的大学研究过法律、哲学和政治经济学，1914 年在波恩大学获得政治经济学博士学位。他不仅在大学而且也在战壕里度过了他的人格形成期。在第一次世界大战期间，他作为机枪小分队队长服役于西部前线。他目睹了许多手下士兵死亡，这一体验逐渐使他形成了斯巴达式的责任感和一种强烈的信念：最伟大的德行在于面对难以逾越的障碍时依然坚忍不拔。战后，他进入政府，成为亚当·施特格瓦尔德的助手。施特格瓦尔德是普鲁士公共事业部部长，后来成为普鲁士总理。1920 年，布吕宁担任了德国工会联盟的领导；1924 年，代表中央党布里斯劳选区成为议员；1929 年，成为中央党议员团的主席；1930 年 3 月 28 日，兴登堡任命他为总理。

尽管布吕宁是一个值得尊重的人，但是他不是一个可以鼓舞人的领袖。作为一个坚定的独身者，这位新总理在气质上是沉默寡言的，他躲避公共场合的注目，害怕人与人之间的亲密接触。布吕宁至多只是一个能力中等的公务员，在政党的核心小组会议和政治的小圈子中才感到舒适自在。正如海因茨·霍勒所指出的那样，布吕宁的天性是依赖个人关系，按照科层集权制的方式来解决问题，他像一个象棋大师在密室里策划着行动方案，对普通人的感情、偏见、恐惧和仇恨一无所知。

新的总理在政治上也不和普通的德国人接触。布吕宁实际上是一个浪漫的保守主义者，喜欢一些已经消失了的东西，比如恢复霍亨索伦王朝。布吕宁将上了年纪的元帅兴登堡偶像化、传奇化，把他作为恢复君主制的借口。布吕宁相信：在君主制重新建立之前，只要通过将总统的任期延长为终身，并把他看作过渡时期带着皇冠的首领，这个目标就可以得到实现。除了兴登堡事实上是布吕宁政治存在的理由之外，布吕宁的幻想与现实大相径庭。没有这位陆军元帅的支持，他的政府将很快崩溃，时间证明了这一点，因为这个政府不是建立在国会广泛支持的基础上的。

按照经济学的观念来看，新的总理在本质上是一个信奉自由放任的自由主义者。像美国的赫伯特·胡佛总统一样，布吕宁相信经济危机只是许多周期性低迷的一种，无需政府的积极干预，它最终将从谷底崛起而得以恢复。布吕宁认为膨胀的福利国家对经济增长来说是有害的。尽管最初这使得他亲近于大企业，但是他实际的财政政策在竞争的利益集团的压力之下得到了大幅度修正，从而在劳资双方都失去了相当的支持者。

1930 年 4 月 1 日，当布吕宁对国会进行演讲的时候，共产党的代表从座位上站了起来，高声呼喊："饥饿总理！"这个绰号一直是这位新总理整个任期里的污点。共产党代表无疑有充分的理由，因为新总理的经济计划是一个极端紧缩的计划，与德国社会的绝大部分相敌对。这个计划还特别自相矛盾。出于对平衡预算——他认为只要通过严格的节省政策就可以实现这一预算——的狂热崇拜，"饥饿总理"建议使用猛药，大幅度降低失业福利，征收"危机税"，减少赤字，削减科层机构和政府开支。总理的计划受到广泛攻击并不令人惊讶，甚至在内阁内部也被认为是残酷的和无法操作的，但是，这个严厉的第一次世界大战机枪小队的队长有着某种固执的责任意识，以苦为乐地固守着他的原则和事业。

到 1930 年 6 月——如果说不是更早的话——布吕宁已经深信不疑：德国的经济危机使政治的程序极端化，以致一个超越党派的、民主的解决方法不再成为可能。7 月 15 日，布吕宁在国会呼吁对他的紧缩计划予以支持，但是他得到的是冰冷的反应。他没有退却，也没有修正他的经济计划，也没有和社会民主党合作。相反,他威胁要援用《魏玛宪法》第48款,授权他解散国会,同时要求进行新的选举,无视国会反对通过他的计划。7月16日,国会的大多数代表——256票反对、193票赞成——反对布吕宁财政计划的主要内容。后来,布吕宁绕过议会的程序,并利用总统法令实施自己的计划,因此破坏了魏玛共和国作为基础的内阁责任原则。

无论如何,布吕宁都已经说服了自己:一个脱离议会的专家内阁,是超越小政党之间喋喋不休的争论的,与毫无希望的、极端化的国会相比,它是解决德国问题更好的工具。在这一点上他并非孤身一人。在布吕宁所属的阶级和有相同背景的人当中,特别是在保守的右翼圈子里,存在着对议会民主强烈的偏见。布吕宁相信国会是一个不适合作出超越党派决策的地方。充满麻烦的共和国已经证明:在国会中平衡各种冲突政治、社会和经济利益是不可能的。事实上,德国从来就没有真正的议会政府的传统。正如恩斯特·弗兰克尔所认为的那样,德国没有真正议会辩论的传统;没有灵活的议会谋略的传统;没有来自议员团体精神的议会风格;没有各种政治家操纵规则的宏大手笔,这些政治家对议会各种力量相互影响的游戏有着完美的直觉;没有对多数派凝聚在一起的议会的任何印象,因为议员们分享着权力,认为自己只是群体中的一个部分。

布吕宁与许多德国的政治家一样,对自己屈从于不同的要求和相反的要求存有普遍的敌意。他认为政治的内容远超出保护的含义。他信任一个由文官组成的国家,决策在其中依赖于具有奉献精神的、受过良好教育的、超越党派之外的公务员,他们将国家的利益置于政党的利益或者特殊利益集团的利益之上。根据这一观点,议会的作用应该限制在对立法规则的阐述范围,同时行政的功能应该控制在政府和它的行政部门手中。换句话说,许多与布吕宁背景相同的德国人都认为:议会在许多方面应该与政府真正的行政决策机构相分离;它的作用将被限制在对社会政策法律维护的范围,而不是操作的领域。

尽管《魏玛宪法》为议会民主创造了条件,但是依赖于极权主义方法的旧习惯最终更为强大。议会所代表的人民的意志和大多数人的意志,一定比统治良好的、有着极权主义倾向的、文官组成的国家本质上要好;这并非一条必然的法则。尽管如此,但有充分的理由表明,用更为广泛的政治制度比用虚假的民主更有利于当时的德国。在这种民主中,越来越令人怀疑的财政政策和起反作用的政治议程控制在缺乏代表性的内阁手中，控制在年老的总统手中。这位总统真正所效忠的不是共和国，而是已经消失的君主制度。

无论怎样，在兴登堡和他的保守主义随从的帮助下，布吕宁成功地破坏了民主程序。他借助于《魏玛宪法》第 48 款的宪法还未规定的策略作为主要的统治方法，毫不声张地接受了违宪，把它作为对议会民主的替代品。在经济状况恶化的情况下，他解散了国会，根据总统法令通过了自己的计划，并草率地要求在 1930 年 9 月举行新的选举。我们现在事后诸葛亮地发现，布吕宁当时犯下了几个致命的错误：第一，他将议会和党派在政治上边缘化，因此减少了集体决策的机会；第二，用紧急法令使统治得到支持，这使得他和年老的兴登堡陆军元帅机智的怪念头危险而紧密地联系起来；第三，在激进主义登峰造极和民众普遍疏远政府之时要求大选，从而进一步加速了政治极端主义的发展，1930 年 9 月 14 日致命的选举证明了这一点。

纳粹党的崛起和布吕宁的终结

希特勒知道：他的机会随着大萧条的来临到来了。依赖于他离奇的政治直觉，他不知疲倦地和受到大萧条伤害的民众从心理上建立密切的关系。他把自己打扮成普通的、有着关爱之心的人，同情德国人民的痛苦，并允诺他们会有根本性的变化。他的吸引力面对的不是特殊的阶级或意识形态，而是整个德国人民。他安抚着中产阶级对无法无天的恐惧，允诺恢复法律和秩序；他讨好保守主义，保证国家的复兴；他拍军方马屁，描绘了辉煌的新式军队的图景；他充满信心地向工人保证，在国家社会主义的管理下，没有人会面对贫穷和失业。总之，他提醒所有的听众，不要责怪这场危机，因为他们是这个体制的牺牲品。他知道他们痛苦的原因，能够确认其元凶，在德国人民的帮助下，他将发动一场解放战争，清除德国人民所受的痛苦，把他们领向辉煌的未来。

希特勒用尽了所有他能够积聚到的能量，一场演讲接着一场演讲，周游德国各地，开始讨好德国人民。在他身后是无所不在的纳粹党，它是一台真正的永动机。它的宣传力度、成员的信仰、领导人的组织才能正在吞没其他的政党。

年轻的民众尤其被纳粹运动梦想的热情所打动。他们认同它的极端倾向，欣赏它获得群众支持所采取的富有创意的策略。他们成群结队地加入纳粹党。冲锋队的成员跳跃式地增长，吸引着各方面的德国人——失业者、学生、老兵、工人和农民。冲锋队的名声开始获得了某种魔力，因为那些加入其中的民众相信：冲锋队将培养出德国未来的救世主。到 1930 年，得益于戈培尔博士制造神话的天赋，冲锋队也开始制造供未来冲锋队员学习的光辉榜样。

1930 年 2 月，年轻的冲锋队领导人霍斯特·韦塞尔被一个共产党员刺杀身亡。韦塞尔是一位刚刚去世的著名清教牧师的儿子。韦塞尔违背母亲的意愿加入冲锋队，放弃了在柏林大学的法律学习，与一个他爱上的妓女住在一起。1930 年 1 月 14 日，这位妓女过去的皮条客和几个“红色先锋”队员一道，冲进韦塞尔的房间，在搏斗中将子弹射进了他的嘴里。韦塞尔受到致命的枪伤，在医院里弥留了几天。约瑟夫·戈培尔和一些人每天都到他的病床前探望。后来发现，韦塞尔在戈培尔的《攻击报》上发表过一首富有煽动性的诗歌。这首题为《高高升起的旗帜》的诗歌，后来不仅成为冲锋队，而且成为整个纳粹运动的战争圣歌。当韦塞尔最终不治身亡的时候，戈培尔为这位死去的冲锋队员举行了精心安排的葬礼，把他变成了民族的英雄。葬礼上有召唤死者的丧钟、情绪忧郁的演讲，以及感伤的气氛。这时，共产党朝公墓的围墙里扔石块，哀悼者不得不躲在墓碑的后面。精心设计的庄严肃穆变成了血腥的斗殴。所有这一切都成了戈培尔宣传机器中的材料。正如戈培尔以前所写的那样，现在他真正能够“从谋杀者的身体中打出屎来”，并活剥红色的暴民。“当棺材停在冰冷的大地，门外出现贱民颓废的呼喊。死者依然和我们一起，他举起疲倦的手，召唤着微微发光的远方。向前越过坟墓，在路的尽头就是德国。”这种感伤主义的诗句后来成为一种正式的手段，纳粹党人企图用它来拨动容易上当的德国人民的心弦。

尽管纳粹党在富有活力地扩张，但是内部的摩擦继续制造着矛盾。大萧条再次开启了希特勒认为在不久前已经平息的党内对经济问题立场的争辩。奥托·施特拉塞尔及其追随者威胁退党，因为他们认为希特勒已经将自己出卖给资产阶级。辩论就此结束。施特拉塞尔固执地坚持他的恐怖主义政策，继续宣传暴力的阶级战争的信条和与苏联结盟的必要性。1930 年 5 月 21 日晚上，希特勒与奥托·施特拉塞尔在柏林的无忧宫饭店进行了最后一次对质，在场的还有奥托的弟弟格里格尔以及赫斯和阿曼。希特勒十分清楚地表明他不赞成施特拉塞尔的计划。在七个小时的热烈讨论中，希特勒对施特拉塞尔进行了严肃的批判，因为他没有让自己的战斗出版社为纳粹党服务，并且固执地坚持马克思主义的规划。希特勒把自己描绘成一个民族主义者，而不是一个马克思主义者，坚持认为他的真正目标是将日耳曼民族变为一个强大的民族，而这个目标是不能通过粗糙的平等主义或者阶级之间的战争获得的。希特勒一再提到他意识形态的直觉观念——种族、精英主义和自然法则。当这次会晤结束的时候，希特勒和施特拉塞尔之间的裂缝已经无法修补。施特拉塞尔以恶毒的语言对希特勒发起直接的进攻，谴责他背叛了社会主义，希特勒命令将施特拉塞尔和他的党羽驱逐出去。

尽管奥托·施特拉塞尔在某些工人阶级的圈子里有着相当的影响，通过战斗出版社各种各样的出版物，用社会主义的宣传对柏林和北部德国进行猛烈的攻击，但是，只有极少数人——包括他的弟弟格里格尔——跟着他叛党。施特拉塞尔的造反是一个信号：纳粹党并非铁板一块。随着数千名新的冲锋队员——他们的动机经常是为了金钱而不是意识形态的热情——的加入，这种不满很快就得到了发展，1930 年春天变成了公开的兵变。这次兵变的领导人是柏林冲锋队领导人瓦尔特·施滕内斯，他要求立刻从柏林党部领导人约瑟夫·戈培尔的专制控制下独立出来，要求为他自己和他的队员获得较高的薪水。施滕内斯强调了他的决定的严肃性，他宣布总罢工，直到各种不满得到平息。冲锋队的兵变主要是代表普通成员的行动，反对偏袒、低工资和领袖的独裁控制，而不是意识形态分歧的反映。许多普通的冲锋队员尽管不知疲倦地工作，但只获得极少的薪水。他们憎恨他们感受到的党的精英的腐败和高水平的生活。柏林的情况进一步恶化，以致戈培尔不得不求助希特勒亲自来恢复秩序。当知道兵变的冲锋队会严重破坏即将到来的 9 月选举时，希特勒急忙赶到柏林，走访了无数的啤酒屋，说服幻想破灭的冲锋队员们。他设法亲自恢复秩序。9 月 2 日，他撤销了普费弗冲锋队的领导职务，本人亲自领导冲锋队，强迫所有的冲锋队员宣誓忠诚地服从他的命令。他暂时听取了普费弗的参谋长奥托·瓦格纳的建议，之后，他联络在巴伐利亚的罗姆，要求他负责冲锋队的日常工作。1931 年 1 月 5 日，罗姆成为冲锋队的参谋长。尽管冲锋队的危机暂时得到了平息，但是，施滕内斯依然是冲突的原因所在，因此不得不在 1931 年 4 月被除去。但是，希特勒再次表示，他能够为自己的目的运用冲锋队的力量和革命潜力。他将冲锋队作为选举威胁和劝诱的工具为自己的目的服务。如果没有大约七万步兵的帮助,9 月 14 日选举的结果可能对纳粹党来说是完全不同的。

1930 年 9 月 14 日的选举代表着纳粹党命运的转折点，选举结果表明纳粹党人获得了巨大的突破,获得了 640 万张选票,占总票数的 18%,在 577 个议席中占据了 107 个席位。这使得纳粹党成为国会中的第二大党。社会民主党依然是最大的政党,但是从 1928 年上一次选举以来,它在国会中的代表从 153 位下降到 143 位。第三大党是共产党,它获得了 460 万张选票,因此代表人数也有所增加,在国会中得到 77 个席位。位于中间的自由主义政党——除了中央党——受到了选举的重创。中央党保住了自己的地位,议席从 62 个增加到 68 个。布吕宁依靠的一些右翼小党也损失惨重。从上一次选举以来,胡根贝格的德国国家人民党失去 200 万张选票,它在国会中的席位从 73 个减少到 41 个。

选举清楚地反映了德国政治的极端化,对于共和国的拥护者来说,共和国的敌人正占据上风。简单的计算就排除了某种亲共和政府的联合构架。随着左右极端主义的发展,对于布吕宁来说,指挥国会中的多数派已经是不可能的了。

纳粹党的崛起主要归结于使许多德国人破产和失业大幅度增长的大萧条。反过来说,大萧条又制造了一种普遍的对即将到来的政治混乱的恐惧,这种混乱导致了对民主体制信任的严重危机。许多德国人因为危机而谴责这种体制,把危机直接归罪为他们所设想的正在失败的民主。德国的中产阶级早就对从 1923 年危机中产生的共和国离心离德，现在他们把共和国的体制污蔑为犯罪的和无能的体制。保守主义学者们以大胆而急促的词语表达着反民主的思想。所有这些思想从报纸、书籍和杂志那里给困惑的德国人以震撼。保守主义的代言人认为：大众政治的来临标志着埃德加·J.荣格所说的“低等人统治”和平庸、粗俗的制度化。他们指控所有的民主形式——宪法、多党、选举——不适合德国的传统。他们嘲笑民主的原则,认为它们是由党派或鼓动家们编织的空洞的陈词滥调,以掩盖自我的利益和对权力的渴望。按照这些代言人的观点,民主具有内在的矛盾,因为飘忽不定的大众实际上不能明确目标、确立政策和管理自我。他们坚持认为：精英主义是生活的事实,它不可能被讨好大众的言辞遮羞布所掩盖。社会过去和将来都一直被精英所统治,被更强壮的、更有力的和更富有天赋的人所统治。甚至在民主社会中我们也能发现：富裕的少数人通常控制着权力的真正支点。正如奥斯瓦尔德所说的那样:“大众选择自己代表的基本权利只是纯粹的理论,因为实际上每一个得到发展的组织都在谋取自己的利益。”为了替代这一腐败的西方式民主,这些反民主的代言人期望着君主制的恢复,或独裁的总统制政府,或一个军事集团,或一个建立在施宾格勒“普鲁士社会主义”或者“德国式”公民投票民主——在这种民主中,大众将自己的命运交付给具有领袖魅力的独裁者——基础上的集权模式。

无疑,纳粹党人是流行的反民主理论的受益者,尽管他们没有创造这种理论。1930 年 9 月 14 日的选举显示了左右两翼极权主义情绪的存在,它们共同渴望着一个具有领袖魅力的领导人。右翼希望拆除平等主义的福利国家,期待着由公务专家管理的专制国家,以及建立在种族乌托邦基础上的和谐的民族共同体;左翼则希望建立一个无产阶级的阶级专政。希特勒利用了这些恐惧和希望,尽管他没有制造它们。

希特勒也没有制造导致民主体制崩溃的先决条件。正如上面所显示的,最初运用超越议会专制的人是布吕宁和兴登堡,后来又被巴本和施莱歇滥用。换句话说,德国在希特勒成为总理之前,已经为专制统治做好了充分的准备。

9 月的选举对纳粹运动产生了一个直接的“时尚效应”。正如约阿希姆·费斯特所观察的那样,加入纳粹党甚至成为一种时髦,特别是在皇帝的一个儿子奥古斯特·威廉成为纳粹党的成员之后。这种不务实的纳粹党人会不会动摇这场运动的革命狂热呢?更为严重的是,社会主义者和共产主义者——后来被称为“牛排纳粹党人”,即穿着褐衫,心却是红的——的加入是否会提出可靠性的问题?十分明显的是:许多新招募的人都是为了功利的目的加入纳粹党或冲锋队的。尽管如此,纳粹党有着足够的弹性空间容纳和利用他们。新近加入的社会名流使得纳粹党人受人尊重,并获得了合法性,但是他们没有弱化纳粹党潜在的极端主义。希特勒欢迎新的皈依者。他知道纳粹运动将改变他们,而他们却不能改变纳粹运动。

尽管纳粹党中头脑发热的人渴望在 9 月胜利之后发动流血的革命,但是希特勒坚持走合法的道路。不过,希特勒清楚地表明:纳粹党不是一个在多党制的体系中与其他政党讨价还价的议会党,而是一个旨在以独裁方式控制国家的革命党。1930 年 9 月 25 日,希特勒明确地阐述了这一观点。那一天进行了对几个违反所谓的《手表法令》的国防军军官的审判。此法令由格罗纳将军在 1930 年 2

月颁布，它对企图渗透军官团的极端分子提出警告，并且允诺任何监视和汇报颠覆行为的士兵可以立刻得到一份礼物——一块雕刻手表。希特勒在对这些军官的莱比锡审判中，十分公开地表述了自己的观点。这些军官被指控在国防军中扩散国家社会主义的宣传。希特勒告诉法庭，他在为权力的斗争中只受宪法的约束。他发誓，一旦获得权力之后，他将废除宪法，“建立国家的法庭，它们将被授权依法对那些使国家蒙受不幸的人作出判决。一些人头将可能合法地落地”。

这种对宪法和法治的蔑视，成为后来两年纳粹主义行为的标志。1930 年 10 月 13 日，国会在 9 月选举后第一次聚会，纳粹党人显示了他们对议会程序的蔑视。他们身着褐衫，傲慢地齐步走到他们的位子上，在整个会议当中，不是喝倒彩，就是发出咆哮声。在国会外面，戈培尔组织了对犹太人商店的袭击。同时，十万名钢铁工人在共产党和纳粹党的支持下，进行了大罢工，柏林处于瘫痪状态。法律和秩序的肌腱开始松弛了。

罗姆相信“占有街道是通往国家权力的关键”，他为即将到来的争斗全身心地投入组织冲锋队员的任务当中。他按照严格的军事路线重组冲锋队，将整个国家划分为五个“最高的团队”(Obergruppen) 和十八个团队 (Gruppen) 。冲锋队的最高组织是“团”(Standarten)，它按照部队团的建制组成，人数与过去帝国团的规模相当。空军、海军、医疗和工程这些专门的组织构成一个体系，进一步突出了新的冲锋队的军事属性。这个体系最重要的部分是国家社会主义机动军团，它的首领是阿道夫·许纳莱因少校，他是过去帝国参谋部的官员，从 1923 年开始就成为冲锋队的成员。1931 年夏天，冲锋队在慕尼黑还建立了为新的冲锋队员和党卫队员而设的培训学院。从 1929 年开始，党卫队的首领就是海因里希·希姆莱，不过这个组织当时依然隶属于罗姆和冲锋队。

正如人们所预料到的，大萧条使得数以千计的人加入冲锋队的行列，特别是在冲锋队为失业者建立了一个全国性的冲锋队员住宿和膳食网络之后，情况更是如此。同过去一样，冲锋队继续吸引着部分行为怪异的人，以及具有反社会倾向的人，他们寻求着保护伞以自由地发泄暴力和虐待的冲动。冲锋队并不是一个由志同道合的人士或社会精英组成的组织，它接纳所有在表面上宣誓效忠其原则的人。人们出于不同的原因加入这个组织：寻求庇护或者安全，逃避令人厌烦的生活，发现对暴力倾向的认可，把德国从共产主义那里拯救出来，塑造新型的军队,等等。正如彼得·默克尔所指出的那样,在标准的褐衫背后有几种类型的冲锋队员:请愿劝导者、请愿者、助选者、斗殴者和集游行斗殴为一体的皈依者。他们的共同特点是年轻,通过军事化和政治化的过程,成为纳粹党的政治步兵。

当罗姆在 1931 年 1 月接管冲锋队的时候,它的成员在十万人左右;一年后,这个数字翻了一番。到了 1932 年底,冲锋队变成了五十万人。这个部队不断发展,它的官员和士兵越来越视自己为未来新的大众军队的先驱。他们的目标在 1931 年还是不成熟的,即把自己嫁接在正规的国防军身上,最终以优势的人数取而代之。同时,冲锋队企图培养与国防军友好的关系,它降低激进的目标,把自己作为国防军附属的力量,以防止左翼的暴力或者国外的危险。这种支持性的态度欺骗了国防军的领导人,使他们产生了安全的错觉,并且在共和国的最后两年对冲锋队采取了自相矛盾的行动。

冲锋队深深地陷入可恶的、无休无止的煽动和暴力之中,由此政府拟订了许多秘密的议程。然而,阻止这种煽动和暴力似乎是徒劳的。1931 年 3 月,布吕宁发布了紧急状态令,禁止任何政党的成员穿着制服。纳粹党的回应是暂时用白衬衫替换褐色衬衫。只有当希特勒的命令受到违抗时,他才会采取反对冲锋队及其成员的行动。因此,当施滕内斯违反他"服从法律"的命令时,希特勒立刻在 1930 年 4 月将其解职。但是,当有人告诉希特勒冲锋队领导人的丑恶行径时,他明确地表示这与任何人无关。他说:冲锋队不是培养少女的道德学院,而是粗鲁的斗士的俱乐部。任何对冲锋队领导人私生活感兴趣的人,都会被排除在冲锋队和纳粹党的圈子之外。这似乎是默许罗姆和冲锋队最高领导层不可告人的私生活,因为冲锋队里里外外都知道,罗姆用他的同性恋朋友替换了普费弗的下属。希特勒用埃德蒙德·海因斯替换了施滕内斯。海因斯是一个有罪的谋杀者,因为有同性恋的行为,以前被驱逐出冲锋队。毋庸赘言,这种对反常行为的正式鼓励,将孕育出更多的反常行为。

同时,德国的经济状况继续恶化。1931 年 3 月,在漫长而秘密的谈判之后,布吕宁政府与奥地利签署了关税同盟协定,旨在通过制订对双方有益的关税,减轻大萧条的影响。尽管这个协定纯粹是两个主权国家之间的经济安排,甚至不是绝对双边的——因为它鼓励其他国家参加——但是,这个协议是对《凡尔赛和约》的侵犯,是走向政治合并的关键一步。法国人运用他们的金融和外交资源企图粉碎这个协定，他们抽回了在奥地利和德国的贷款，突然造成了奥地利最大的银行——信用银行——的崩溃，还引发了资本从德国的外逃。德国的两家超大型银行——多纳特银行、达姆施塔特银行——被迫关闭。到 1931 年夏天，经济形势进一步恶化，只是在美国的帮助下才得以避免彻底的经济崩溃。胡佛的延期付款计划使赔偿和战争债务拖延了一年。尽管国家银行的破产勉强得以避免，但是布吕宁政府在外交政策上可悲地失败了，因为它不得不放弃奥德关税贸易协定。另外，"饥饿总理"进一步增税，减少工资和失业福利，使经济危机更为复杂。

不足为奇的是，极端主义分子继续获得显著的成果。5 月份，纳粹党在绍姆堡—利普和奥尔登堡的地方选举中获胜。差不多在品尝了胜利的滋味之后，冲锋队的游行人员开始在全德国一路高歌："希特勒就在大门口。" 元首特别自信，5 月 4 日，他告诉《莱比锡最新通讯》的一位编辑说：

> （他将）拼命地敲鼓，直到德国人觉醒。他们称我是没有国籍的下士和一个房屋油漆工。依靠自己的手工劳动挣得每天的面包难道有什么不对?算总账的日子不远了。工业家、银行家、知识分子和官员，都在翘首以待一个最终能给国内事务带来秩序的人，他将把农民、工人和官员重新带回到德国的社会当中。

1931 年夏天，希特勒敲击起金融之鼓，展开了集资的旅行，他企图说服大企业支持纳粹党。尽管他没有筹集到大量的资金，但是，他能够和一些非常有影响的企业家进行接触。7 月，他在柏林和胡根贝格会晤；后来又和弗朗茨·泽尔特、西奥多·迪斯特贝格见面，他们是准军事组织"钢盔队"的领导人。希特勒同意加入他们新的"全国反对组织"以对抗政府。不久，他会见了施莱歇将军和冯·哈默施泰因将军，同时与布吕宁交换了意见，并再次拒绝了政府提出的合作意向。

1931 年 9 月 18 日，希特勒的私生活中发生了一件重要的事件，差一点断送了他的政治生涯。他的外甥女格莉·劳巴尔在位于慕尼黑摄政王子街的他们同居的屋子里自杀身亡。一段时间里，希特勒对他的外甥女日渐痴情，过度的关注使格莉有窒息之感，也使这位少女既高兴又惊恐。尽管汉夫施滕格尔认为格莉是一个"头脑空虚的荡妇"，但事实上，她是一个漂亮的、头脑简单的、快活的、不成熟的少女,幻想成为富人和名人世界关注的中心。最初,她对舅舅的影响力和权力肃然起敬,后来她越来越憎恨他傲慢的命令,这些命令使她感到像一个囚禁的犯人。从可得到的证据来看,有一点是十分清楚的:他们之间的关系不是普通的舅舅和外甥女的关系,而是暧昧的性关系。

尽管我们不会知道在他们的关系后面的真实故事,但是,我们肯定知道她是极少数成功地接触到希特勒内心世界的人,她击溃了他人为的表象,使他更加人性化,但也因此使他更为脆弱。在与格莉的相处中,希特勒显示了他在其他场合憎恨的特性——温顺、文雅、轻松、自发的快乐和同情心。甚至他扭曲的男性观念也在相处中暂时消失了,尽管这种感觉被他提升为一种个人宗教,而且,他对格莉的爱也不够强烈,以至没有改变这种感觉。没有多久,格莉发现她的舅舅剥夺了自己的意志和愿望,在他的压迫性控制下,她不再拥有自己的生活。她和希特勒的幕僚进行了厚颜无耻的乱交,其中包括埃米尔·莫里斯。她对希特勒嫉妒的控制作出了过度的反应。与此同时,她对希特勒与爱娃·布劳恩正在发展的私情大为光火。

1931 年 9 月 17 日早晨,希特勒准备出发进行竞选旅行。格莉同希特勒进行了最后一次交涉,她要求希特勒允许她前往维也纳,表面上这是为了更进一步的声乐训练,但更可能的是为了与一位年轻的艺术家重修旧好。在其同父异母的姐姐安吉拉(格莉的母亲)的默许下,希特勒设法破坏这一关系。他的态度十分强硬,禁止她前往维也纳。可能就是希特勒压迫性的控制和她埋藏在心里的对私通的羞耻感,促使了她的自杀。9 月 17 日晚上,她把自己锁在房间里,用希特勒的手枪自杀了。9 月 18 日上午,希特勒收到了这一令人心碎的消息,他急忙赶回慕尼黑,沉浸在悲哀之中,他最亲近的朋友都害怕他会结束自己的生命。

格莉·劳巴尔事件因为几个原因而具有十分重要的意义。第一个原因是,它代表着希特勒私生活的另一个转折点,他用相应的冷酷和残暴的态度强化了他扭曲的男性观念。他坚持认为,伟大的男人从不显示出任何感情,平静地位居于芸芸众生之上。现在他心爱的女人又紧跟他母亲之后死了,这样,他的信念似乎变得更加合法,做起来也更加容易了。尽管希特勒的悲哀是强烈的——这是破坏性的人格通常所具有的——但是这种悲哀没有导致根本的或者积极的改变。他将对格莉·劳巴尔的记忆变为不健康的崇拜,他封存了她的房间,将它变为一个私人圣地。他抓住每一个细微的证据，只要它们可能证实格莉不是死于自杀，而是死于悲剧性的意外事故。可能是为了弥补对格莉自杀的罪恶感，希特勒变成了一个坚定的再也不碰肉的素食者。

这个事件具有深远影响的第二个主要原因是：它直接证明了希特勒模糊不清的、秘密的、可能是异常的私人生活。也因为这个原因，希特勒和他的随从立刻采取一切可能的方法隐瞒这件事情。他们担心它可能会揭露出希特勒的真实面目，这个面目隐藏在被他自己构建起来的魅力领袖的形象之后。弗朗茨·古特纳和其他人一起立刻行动起来，他们不仅控制了丑恶的谣言，而且也成功地阻止了对这一神秘事件的全方位的公开调查。在没有受到审讯，也没有验尸官的报告的情况下，格莉被秘密地埋葬在维也纳一个安全地点。

总之，希特勒对外甥女的处理给我们提供了一个重要的看法，它远远超出了肮脏的私人丑闻。它从细微处展示了希特勒未来的新娘——德国——从与这个男人的私通中所能获得的结果。换句话说，格莉·劳巴尔事件使我们一下看清了希特勒与女人的关系，再次揭示了他没有能力去建立爱的联系，同时他具有强迫性—冲动性的需求，这种需求就是去控制和支配所有的人。尽管在他的生活中还有其他一些女人，但是，希特勒都不能维持任何单纯的爱的关系，因为他恨的能力——包括自己恨自己——远远超过了爱的能力。更深一层来看，他害怕女人，因为她们掌握着诱惑性的、威胁着他夸张的男性意识的力量。也许，这就是为什么他要求自己理想的女人是“一个可爱的、令人想拥抱的、天真的小东西——温柔、甜蜜、愚笨”的原因所在。假如这个记录是真实的，那么希特勒是没有能力以正常的身体感觉和情感去爱一个女人的。在与他有着亲密关系的女人当中，七个企图自杀，四个自杀成功。

假如让公众知道这些有关希特勒的事实，知道他全部破坏性的、变态的心理倾向，他的政治生涯就会立刻终结。实际上，他成功地掩盖了他晦暗不明的奥地利身世和奇怪的私生活。不允许任何东西刺破这种公众形象，其中包括：格莉的死亡；希特勒可能具有犹太人血液的暗示，甚至这种暗示是由他的亲戚说出的；他具有不正常性关系的谣言；甚至他与女人的真实关系的故事。任何不符合未来元首形象的蛛丝马迹都被忽略、消除或者得到恰当的处理。德国人直到第二次世界大战结束的时候才知道爱娃·布劳恩的存在，因为希特勒企图塑造一个传

纳粹集会是最豪华的行为艺术

奇——德国是他唯一的新娘。

在格莉自杀的三个星期之后，希特勒就与兴登堡进行了第一次会晤。谈话进展得不好。戈林舍弃了在瑞典垂死的妻子卡琳，陪伴希特勒参加这次会晤。与一位体现了德国历史重要方面的人物相处，希特勒感到极其不自在。兴登堡厌恶这位下士的长篇大论，特别是出自他误认为的波希米亚人之口。会晤之后，兴登堡告诉随从说："这位波希米亚下士想要成为国家的总理?永远不可能!至多只能做一个邮政部长。这样他就可以天天在邮票背后舔我。"

一天后，也就是 1931 年 10 月 11 日，希特勒出席了一个大型集会。它是右翼"全国反对组织"中的各种集团在不伦瑞克的巴特哈尔茨堡疗养浴场召集的。著名的军官、工业家和前统治机构的成员聚集在这里反对共和国及其政策。在他们当中，希特勒明显地感到不愉快。希特勒闷闷不乐，而且持不合作的态度，他拒绝了胡根贝格的午餐邀请，在冲锋队方阵通过检阅之后，他就匆匆离开检阅台。

在哈尔茨堡集会的一个星期之后，希特勒在不伦瑞克主持了一个更为令人满意的大型集会，它持续了六个小时，检阅了将近十万名来自北部德国的冲锋队员。希特勒神采奕奕。纳粹党正在大步前进。到 1931 年底，纳粹党员已经达到了八十万，冲锋队人数达到二十二万五千人，党卫队人数达到一万五千人。另外，纳

1931年10月，希特勒检阅冲锋队

粹党控制了三十六种报纸，拥有四十三万一千名读者的发行量。在1931年11月15日黑森州的国会选举中，纳粹党获得了37%的选票，在州议会的七十个议席中占据了二十七个。

但是，希特勒在不伦瑞克的集会上夸下海口：纳粹党离自己的目标只有一步之遥。这是过于乐观了。正如后来所证明的，通往权力的道路将是漫长而艰辛的。不伦瑞克集会之后不久，黑森州的行政当局在一间名为博克斯海默尔的农舍中获得了黑森区党部领导人起草的极具威胁性的纳粹党的文件。这个文件概述了纳粹党获权之后所要采取的紧急措施。一个纳粹党的变节者将文件交给了法兰克福的警察局长。"博克斯海默尔"的文件向公众展示了一旦纳粹党掌权德国人将遭遇的事情：高度的极权主义控制、冲锋队对各州部长的逮捕、对各种叛乱者的死刑处罚。尽管希特勒处罚了黑森区党部的领导人，同时拒绝承认他知晓这些文件，但是，激起他暴怒的不是这些文件本身，而是令人难堪的公开曝光。希特勒已经处于成功的边缘，他无法承受真相被揭露出来。合法道路的幻觉必须不惜一切地维持。必须小心翼翼地哄骗德国社会重要的组成部分——军队、行政机构、企业，使它们将国家社会主义看作政治左派唯一的替代品。

1932年1月8日，约瑟夫·戈培尔在日记中写道："追逐权力的棋局开始了。"

后来发生的事件证实了这一判断。1932 年充满了转瞬即逝的事件,但是棋局中关键的几招——将希特勒推向权力顶峰的事件——发生在政府办公室或者私人会客厅这些隐秘场所。在公共和私人这两个场合,希特勒都证明自己是一个一流棋手。当 1932 年过去的时候,他将彻底挫败对手的目标完全在自己的掌控之中。

1932 年 1 月 27 日,希特勒在杜塞尔多夫工业俱乐部演讲,俱乐部富裕的成员包括德国一些最有权力的企业家。希特勒穿着黑色的制服,打扮成保守的民族主义者的角色,上演了一出最令人心悦诚服的戏剧。许多听众第一次听他的演讲,期望的只是一个由下层煽动者进行的拙劣推销。他们大惊失色。希特勒用长篇的哲学思考击溃了他们的心理防线,然后又以恐吓的方法激发了听众的兴趣。他煽动共产主义幽灵的恐怖,警告有 50%的德国人倾向于共产主义。他提醒听众:假如国家社会主义不存在的话,德国的中产阶级将成为历史。他暗示道:他的纳粹党支持同样具有生命力的、使德国的大企业并因此使德国强大起来的价值观,包括努力工作、竞争、斗争、个人价值。他反对政治左翼的平等原则,以及对伟大人物的贬低。他说:一个人的伟大并不存在于所完成的事情的总和,而存在于所完成的非凡事业的总和。这就是他的听众所希望听到的。他说他不齿于做一个民族主义德国的小鼓手,因为政治家的成就是再次给德国人民注入新的信仰,而不是逐渐耗费他们已经具有的信仰。他最后对一个被重新激发起来的民族信仰的呼吁得到了“暴风雨般的、经久不息的掌声”。这次演讲没有提及反犹太主义和反资本主义,甚至他通常使用的口号也被适当地温和化了。

正如以往对这次会议的记录所宣称的,工业巨子们对演讲留下了深刻的印象,但是并没有因此放松自己的钱袋。亨利·特纳已经表示过:希特勒获得了进入大企业的通道,但是并没有获得进入自由流动的资金的渠道。无论怎样,他的目标从来不是将大企业主变成坚定的纳粹党员;他的目标是温和的,并且是可以实现的,即消除他们对政治右翼其他组织的影响。鉴于纳粹运动激进的性质——包括其社会主义的因素——假如希特勒想要避免疏远那些接受他的国家社会主义思想的工人阶级,他就必须回避与大企业过分的亲密。另一方面,他出于财政和政治上的原因需要大企业。这就是一种精细的平衡动作,它需要微妙的政治技巧。

1932 年在许多场合考验了希特勒的政治技巧,特别是在重大的公共场合。

1932年发生了不下五次劳民伤财的选举，其中包括四次议会选举和一次在普鲁士举行的州选举。这些选举给民主程序施加了进一步的压力。因为当时的德国选民更为关心的是失业人数，而不是选举的程序。到了这一年年底，德国选民已经对政党的阴谋诡计、政客们的虚伪言行和整个民主的程序本身都厌倦了。他们渴望结束政治上的争议。令人悲哀的是，许多德国人现在盼望着纳粹党把他们从更深一层的政治困境中解放出来。正如一位敏锐的观察家所说的：

> 我的朋友认为，国家社会主义厌恶议会政治、议会争论和议会政府，即厌恶政党的所有明争暗斗、它们的联合、它们的混乱、它们的诡计。这是普通的德国人拒绝“这帮流氓”的最终结果。它的目的是“把他们驱逐出去”。

到1932年5月5日，兴登堡总统的任期届满。他的随从劝说这位八十岁的总统为了祖国的利益再次参加竞选，这形成了相当大的压力。当时这位总统的身体每况愈下，显示出令人烦恼的衰老迹象。这位老人最初表示反对，推说自己已经老迈，越来越没有精力，但是最终他发现，随从们提出的他可能是抵制政治上无政府状态的最后堡垒的观点是合理的。布吕宁想在不进行新的选举的情况下延长总统的任期，但是没有获得国会的支持。这样，兴登堡不再进行另一次选举的希望化为泡影。因此，德国人要求在1932年3月13日进行新的总统大选。共产党推举他们的领导人恩斯特·台尔曼，他过去是一位运输工人，现在是一位忠诚于莫斯科和斯大林的技术工人。同时，民族主义者选择了西奥多·迪斯特贝格，他是准军事组织“钢盔队”的第二号人物。直到选举前的三个星期，第四个候选人才被推举出来，他就是阿道夫·希特勒。正如上面所提及的，从1925年开始，希特勒就是一个“没有国籍的”人，因此，除非他获得德国国籍，否则他没有资格获得公职。为了实现这一目标，他首先发现了一条法律条文，它规定德国的公民权可以自动地授予那些持有一个州公民权的人。下一步是在2月26日，希特勒用欺骗的手法获得了纳粹党控制的不伦瑞克州议员的任命，这使他自动地获得了该州的公民资格。现在希特勒有充分理由成为德国的公民了。

竞选激烈而充满分歧。希特勒乘坐轿车在德国到处活动，他承诺要发动“一场世界过去从未见过的竞选”。他的精力真是让人吃惊。事实上，在1932年，他一共进行了 209 场演讲，对于任何一个候选人来说，这都是空前绝后的。他的演讲灌制成五万张胶木唱片全面发行；宣传的影片很快销售给整个德国的剧场。约瑟夫·戈培尔是希特勒竞选总统职位的推动力，他出版了突出竞选主题的图片专刊。毋庸赘言，冲锋队方阵行进在德国街道上，高歌，呼喊，斗殴，将整个国家淹没在海报、标语和旗帜的海洋中。

尽管没有可与之相提并论的煽动——这种煽动能够使反对派纠合的任何东西化为乌有——但是，1932 年 3 月 13 日，兴登堡战胜了希特勒，赢得了重大的胜利。这位年老的总统获得了 18 651 497 张选票（占选票总数的 47%），希特勒获得了 11 339 446 张选票（占选票总数的 30.2%），共产党的候选人台尔曼获得了 4 983 341 张选票（占选票总数的 13.3%），迪斯特贝格获得了 2 547 729 张选票（占选票总数的 6.8%）。因为兴登堡没有获得半数以上的选票，宪法要求进行决选，以简单多数决定谁当选。

因此，第二次选举放在 4 月 10 日，鉴于上一次选举过多的暴力活动，政府限制了实际的竞选时间，只给出了一个星期（4 月 3 日—10 日），这使得希特勒调动他整个运动的力量变得十分困难。但是，希特勒设法以极为有效和聪明的方式利用这一短暂的时间。他规定了飞机的航线，在仔细挑选出来的随从——包括尤利乌斯·施莱克、尤利乌斯·绍布、威廉·布吕克纳、汉夫施滕格尔、奥托·迪特里希和海因里希·霍夫曼——的陪伴下，他开始了著名的"飞越德国"的旅行，在一个星期中访问了二十一个城市。

这些哗众取宠的姿态吸引了公众的注意，但是并没有带来选举的胜利。兴登堡赢得了 19 359 983 张选票（占选票的 53%），希特勒屈居第二，赢得 13 418 547 张选票（占选票的 36.8%）。兴登堡赢得了半数以上的选票，被重新选举为任期七年的总统，尽管几乎没有人认为他能够活到任期的结束。希特勒赢得了三分之一以上的选票，这是一个重大的成功，但似乎他的声望已经达到了顶峰。格里格尔·施特拉塞尔警告希特勒：党已经到达了它的顶点，希特勒应该放弃"孤注一掷"的策略而采取更为妥协性的方法，也许包括和其他政党合作。他还建议希特勒更多地关注于党的官僚机构的合理化，加强它的基层组织——区党部，同时拓宽区党部领导人和整个德国党的地方组织对话的渠道。

许多人感到纳粹党不可能通过选举很快获得权力，格里格尔·施特拉塞尔不是唯一一个有如此想法的人。在总统选举的三天之后(4 月 13 日),政府抓住机会重新获得了政治上的控制,宣布冲锋队、党卫队及希特勒青年团为非法组织,禁止任何政治团体穿制服。政府成员——尤其是格罗纳和布吕宁——一段时间以来惊讶地发现国民的混乱状态正在破坏国家的结构。国民混乱状态总的说来就是彼得·默克尔所贴切地称作的"愚昧无知的军队"所造成的后果,这些军队是一些装备精良的准军事组织,将近五百万人,出现在各个政治派系当中,不断地叫嚣反对共和国。没有一个州能够在忍受其内部出现这样竞争性的军队的同时,还期望能够生存下去。格罗纳将军对冲锋队的禁止是合理的第一步,但是由于政治上的诸多原因,它并没有深入下去,因为它没有宣布其他的准军事组织——如"国旗队""钢盔队""埃塞勒先锋队"——为非法。另外,格罗纳一点儿也没有想到,就是在他认为可能会受到欢迎的军方,禁止冲锋队被证明是一件极不受欢迎的事情。大多数官员反对这个禁令,一直准备浑水摸鱼的施莱歇开始在兴登堡耳边密语:禁令是一个错误,应该撤换格罗纳。施莱歇还将格罗纳的私生活告诉兴登堡:这位六十二岁的将军最近娶了他十分年轻的秘书,结婚只有几个月,就生了一个孩子。为了纪念著名的芬兰赛跑选手,这个孩子取名为"努尔米"。

到了这个时候,施莱歇还与各色阴谋家暗中勾结,其中包括恩斯特·罗姆、沃尔夫·海因里希·赫尔多夫伯爵——后者是一个变节的贵族,从 1931 年开始担任柏林冲锋队首领——以及其他高职位的纳粹党人。4 月 22 日和 5 月 8 日,施莱歇看望了希特勒,勾勒了他正在计划的反对现政府的卑鄙阴谋。魏玛政府将从格罗纳开始支离破碎。格罗纳的免职接着就会成为布吕宁自身垮台的催化剂。随着这一步的完成,就将组成总统制的内阁,议会将被解散,对冲锋队的禁令也将被废除。计划这一阴谋的机敏甚至让戈培尔也大吃一惊,他在日记中记录了他所感到的快乐,因为没有人对这些计划有一点儿察觉,至少是布吕宁本人。

当格罗纳未来悬而未决的时候,希特勒竭尽全力预防他不安分的、估计已经有四十万人的冲锋队,它已经脱离了控制,在德国的街头挑战政府的禁令。他要求他们发誓遵守党的合法誓言,他提到冲锋队员是党的同志,并且提醒他们"复仇的日子"将在快要到来的 4 月 24 日的各州选举之日降临。

但是,和他最初通过总统的职位来控制最高权力一样,希特勒通过控制个别州政府来征服国家政府的希望同样被证明是错误的。各州选举的结果与第二次总统选举一样。除了巴伐利亚,纳粹党在所有的州都获得了领先的位置,但是,它在德国的任何一个大州都不能获得唯一的控制权。纳粹党人分享了安哈特、不伦瑞克、图林根、梅克伦堡—施特雷利茨的政府。后来州选举的结果是纳粹党人获得了奥尔登堡、梅克伦堡—什未林两个小州政府的唯一控制权。在拥有德国五分之三人口的普鲁士,位居统治地位的奥托·布劳恩的社会民主党政府被纳粹党壮观的成果弄得晕头转向,只能作为一个看守政府维持自己的权力,直到在决选中能获得多数选票。正如在许多其他州政府一样,纳粹党代表右派,共产党代表左派,它们控制着大部分权力,阻止了可行的共和主义联合政府的形成,从而有效地瓦解了民主的程序。换句话说,"纳粹共产主义"绑架了政府。

1932 年 5 月 10 日,在重新召集的第一次国会会议当中,对于对冲锋队的禁令,戈林发起了愤怒的进攻,格罗纳起而回击。尽管格罗纳抓住了一些有根有据的地方反对冲锋队这个"国中之国",但是,他不断地受到吵闹的右派代表的嘘声和吼声,说话的头绪混乱起来。他变得没有主张起来,糊里糊涂,最后精神崩溃。甚至他的朋友也对此困惑不解。戈培尔后来在日记中高兴地记录道:"这种无能为力是过去从来没有见过的。我们用尖利的怪叫盖过了他的声音,整个大厅在笑声中颤抖、摇晃。最后,人们只能对他表示同情。这个人算是完蛋了。他在唱着自己的安魂曲。"戈培尔是对的。在施莱歇残忍地通知他过去的导师,他不再得到国防军支持的时候,格罗纳在 5 月 13 日辞职。

施莱歇的下一个牺牲品是布吕宁,他的政府完全维系在兴登堡的支持上。这位"饥饿总理"依然固执地继续着他保守的紧缩政策。但是,他并没有改善德国可怕的经济状况,他所选择的修补方法是自取灭亡和自相矛盾的。通过提高税收、削减工资和减少政府开支,他阻碍了投资,破坏了新的就业机会的出现,降低了消费支出,从而进一步加剧了失业和公众的痛苦。这些政策的冲击具有持续性的毁灭力,对于失业来说更是如此。在 1930 年纳粹党崛起的时候,失业人数大约是三百万人;仅仅一年后,这个数字上升到四百三十五万人。到 1932 年,它又上升到五百一十万人。布吕宁将萧条的责任推到赔款身上,希望他的政府能够使西方诸强将它废除。因此,他的大部分努力都用在外交政策的制定上,但是直到 1932 年 7 月,这些努力才产生实际的效果。这个时间来得太晚,以致对布吕宁政府没有产生什么有益的影响。无论怎样,赔款只是德国经济问题的一部分。布吕宁在处理这些问题上毫无建树。相反，他顽固地坚持自取灭亡的补救方法。除了心思善变、年老力衰的总统之外——这位总统快要进入布吕宁敌人的阵营了——他听不进任何人的建议。这加剧了德国的经济问题。

这一次还是施莱歇，在诽谤布吕宁的合唱中，他依然是唱得最响的一个。施莱歇警告兴登堡说：布吕宁是一个软弱的领导人，在抑制左翼和右翼极端分子方面，他可悲地失败了。他还暗示道：总理正变得越来越社会主义。企业家们对布吕宁的劳工部长亚当·施特格瓦尔德充满抱怨。他们谴责这位部长的背景和政策是反对企业的。布吕宁还面对着决定性的反对力量，它来自东埃尔比安的地主，他们在很大程度上依赖于政府的补贴，现在他们害怕补贴会被大幅度削减，或者完全取消，从而导致大规模的破产。从 1930 年开始，政府倾注了数百万马克用于东部援助，以加强东部的农业，但大部分被一些贪婪的地主占为己有，然后，他们购买游艇、豪华轿车、新居、马匹，或者在蒙特卡洛赌光了钱财。布吕宁威胁要结束他们的骗局。不少普鲁士地主开始向奥斯卡·兴登堡，然后又通过他向其父亲兴登堡总统鸣冤叫屈。正如上面所提及的，兴登堡总统近来也成为普鲁士地主。尽管他来自古老的普鲁士家族，但是他们并不拥有自己的土地。在他成为总统之后，一个重要的普鲁士容克地主集团决定将兴登堡和他们的既得利益更为紧密地联系起来，他们劝说几个企业家在西普鲁士的诺伊戴克买下另外一个大庄园。在兴登堡八十寿辰的时候，他们代表一个“满怀感激之心的民族”把这处庄园送给这位老兵。但是，几乎没有人知道这处地产实际上是立契转让给兴登堡的儿子奥斯卡的，其目的是在兴登堡死后逃避遗产税。

兴登堡近来在财政上可疑地上升到拥有土地的贵族阶层，要确定这在什么程度上影响他的东部援助决策或者对布吕宁的解职是困难的。布吕宁冷漠的态度和天主教信仰使这位老人从来没有真正喜欢过他。他还有点非理性地指责这位总理没有成功地延长他的任期，因此使他与共产党的台尔曼和波希米亚下士希特勒进行了两次令人羞耻的竞争。尽管兴登堡获得了胜利，但是他知道大量的德国人投票反对他，包括坦嫩贝格和马苏里安湖的市民，在第一次世界大战中，他在那里获得了传奇性的胜利。

5 月底，兴登堡决心除掉布吕宁。这位总理还被国外的良好迹象所哄骗，全然没有察觉自己的处境。1932 年 5 月 29 日，布吕宁被召见与兴登堡会面。总统以尖利的嗓音告诉布吕宁：他再也不会同意紧急法令或内阁的重组了，因为目前的政府是不受欢迎的。当布吕宁从震惊中回过神来的时候，他问道这是否意味着总统要求内阁辞职。这位老人回答道："是的，这个政府必须离开，因为它不受欢迎。"没有一句感谢或者遗憾的话，会见就这样结束了。第二天，也就是 5 月 30 日，布吕宁递交了辞呈，尽管从严格的意义上来说，总统并没有权力辞去总理。布吕宁完全可以前往国会去寻求支持。相反，他认为自己是为兴登堡服务的，总统是他的偶像和君主的化身。他被兴登堡的免职惊呆了，他不知除了和内阁一道辞职之外还可以采取其他什么行动。正如格罗·曼所指出的那样："布吕宁被解除了职务，因为他感到自己已经被解除了职务。这位前中尉军官感到，假如陆军元帅不希望自己留职，他就不能再发号施令。"

巴本和施莱歇时期

在挑选布吕宁的继任者的工作中，兴登堡再一次依赖于施莱歇不可靠的建议，施莱歇说服兴登堡，弗朗茨·巴本（1879—1969）是这个位置的最佳人选。大多数国人说不出新总理的名字，《法兰克福人报》毫不夸张地报道说：巴本的出现引发了许多人"大擦眼睛"，想看看这个人到底是谁。这位新总理来自威斯特伐利亚一个古老的贵族家庭，作为士官生，他追随父亲的脚步加入了第五枪骑兵团。他的军事生涯毫无建树，但是他的魅力和乐观为成功打开了重要的成功之门。1911 年，他成为总参谋部的官员，1914 年秋天，任德国驻华盛顿使馆的武官。在他为德国大使馆服务的同时，他天生爱好阴谋的倾向使他卷入了间谍活动。1916 年，因为阴谋破坏活动他被驱逐出美国。回国途中，他粗心地携带了秘密文件而被英国逮捕。在第一次世界大战剩下的时间里，他主要担任驻扎在巴勒斯坦的土耳其第四军的参谋长。战后，他辞去军职，作为中央党右翼的成员进入政界，在普鲁士议会（1920—1932）中代表他的选民的农业利益。

新总理喜欢待的地方是旧式贵族精英常去的地方，如严格限制他人进入的俱乐部、狩猎集会和富人名人的社交典礼。巴本是一个热心的、老练的马术高手，是保守的绅士俱乐部的主要代言人，这个俱乐部有影响的成员包括工业家、军官、政客和高层的公务员。俱乐部位于弗里德里希—埃伯特大街上，正好在国会的对面。巴本还是天主教报纸《日耳曼人》的共同编辑，这张报纸是保守主义和君主主义观点的喉舌。

除了建立一个牢固的上中产阶级的阵线反对左派的利益之外，新总理没有任何现实的计划去解决德国摇摇欲坠的社会经济问题。因为巴本是一个聪明的社交分子，他的熟人网络使他有机会进入不同的利益群体——高级牧师、军队领导人、企业家、土地贵族、知识分子——因此，施莱歇认为新总理可能能够使左派温和起来，甚至能够选择一些纳粹运动中较为优秀的分子。另外，巴本是一个机智和风趣的健谈者，这些素质使他取悦了兴登堡。总统亲切地用爱称称呼他。

但是，许多有思想的德国人对巴本的任命感到震惊，他们不得不怀疑现行的体制，因为它给出了一长串名不见经传、没有代表性的领导人。20 世纪 20 年代的总理——除了施特莱斯曼——都是些灰色的、单调的、扁平的、极易被人遗忘的人物。布吕宁是一个瘦骨嶙峋的苦行者，在国会中没有根基。巴本的情况更糟糕，愚昧、自命不凡、头脑空空，在国会没有任何支持。法国大使安德烈·弗朗索瓦—蓬塞对各种各样的政治人物发表过机敏而精练的格言式评论，他也因此而著名。在巴本被任命为总理之后不久，蓬塞告诉他的政府：“不论是巴本的朋友还是政敌，都觉得这位新总理很古怪。他给人的印象是不可救药的、无法根除的多变。他以浅薄、笨拙、虚伪、野心勃勃、虚荣、狡猾和善于阴谋而著称。”这些否定性的素质大多数圈内人都是知道的，但是并没有使幕后的操纵者将军感到不安。一个密友称巴本没有头脑，施莱歇对此置之不理，他说：“他不需要头脑，他只是一顶帽子。”

鲁莽的巴本很快就投入了工作，他组建了一个贵族的内阁，一点儿也不具有代表性，以致被授予“男爵和财主内阁”的称号，因为它的五个成员是贵族，两个成员是企业家。施莱歇为巴本谋得了总理的职位，因此他也得到了国防部长的职务。巴本和布吕宁一样缺少支持，甚至比布吕宁还不受人喜欢。更糟糕的是，他破坏了自己与中央党的关系。该党的领导人是路德维希·卡斯，他被布吕宁受到的待遇所激怒，同时被巴本接受总理职位弄得很不快活，因为巴本曾经私下保证过他不会在布吕宁之后接任总理职位的。因此，由于巴本没有和他的党站在一起，在面对整个左派的敌意时，至多只获得了民族主义冷淡的支持，因此，他的政府几乎完全受到总统的支配。纳粹党暂时同意支持巴本，只要他撤销对纳粹党的禁令,解散国会和要求新的选举。

1932年6月4日，巴本解散了国会，并且安排了新的选举时间在7月31日。6月15日,他解除了对冲锋队的禁令。这正是希特勒所盼望的。他知道巴本只是一个为自己掌权铺路的过渡性总理。纳粹运动的普遍情绪是乐观的,每个人都盼望着将要来临的选举，戈培尔在日记中写道：选举计划已经精密地设计出来,一个人只要按一下电钮,雪崩就会滚落下来。确实,随着冲锋队禁令的废除,德国的大街再次落入冲锋队员的手中。他们与反对派展开了极为暴力的冲突,以致使德国的绝大部分实际处于被袭击的状态。共产党人不满地宣布:“如果你不是我的兄弟,我就要你的项上人头。”纳粹党人的回答是:“冲锋队,前进!扫清街道!杀死犹太人!”冲锋队员无疑喜欢见到血流满地的情景。他们唱道:

> 血必须流,血必须流!
> 棍子如冰雹一样落下,血必须流!
> 让我们去粉碎,让我们去粉碎
> 令人讨厌的犹太共和国。

毫不令人惊讶，这种煽动性的言辞导致了1932年夏天德国街头血流成河。在6月的前三个星期,在普鲁士就发生了四百六十一起冲突,导致了八十二人死亡。将这些过激行为都归结于纳粹党是误导人的,因为共产党人也要为街头战斗负责。正如阿图尔·科斯特勒所回忆的:

> 在漫长而令人窒息的1932年夏天,我们与纳粹党人发生了不相上下的战斗。在柏林没有一天不死一两个人。主要战场是位于无产阶级居住区的、烟雾缭绕的酒馆。一些酒馆是纳粹党开会的地方，而一些是我们开会的地方。进错了地方就是冒险进入了敌人的区域。纳粹党人会不时地向我们开会的地方射击。这就如在芝加哥过去所发生的一样：一群冲锋队员驾车慢慢驶过我们的酒馆,向玻璃窗里射击,然后飞快地消失。我们没有纳粹党人的汽车多,我们借以复仇的汽车不是偷来的,就是向同情者借的。执行这一任务的人都是共产主义者战斗同盟的成员。我的汽车有时被我过去从未见过

> 的同志借走，几个小时以后归还，我什么也没有问，他们什么也没有说。那些为了游击战来取车的同盟成员，有时是来自柏林黑社会的凶险之人。有一次，前来取车的同盟成员出发前在我的屋子里乔装打扮了一下。他们粘贴着胡子，穿戴上墨镜、黑夹克和硬边礼帽。我从窗口看着他们离去。四个神色严肃、戴着硬边礼帽的绅士，钻进一辆可笑的红色小汽车里，看上去像送葬队伍中的随行人员。

最大的一次流血冲突被恰当地称为“血腥星期天”，它发生在1932年7月17日，当时，纳粹党侵入了共产党控制的阿托纳地区，这是一个位于汉堡西边的工人阶级社区。共产党从窗口和屋顶向正在进军的纳粹党人和警察护卫开火。进军的纳粹党人也还以颜色，至少有十七个人，包括几个警察被打死。这就是巴本解除对嗜血成性的冲锋队的禁令的后果。

但是，这位自欺的总理却得出了相反的结论。他指责共产主义者是妖魔，责怪普鲁士政府，尤其是它的警察部队，没有能维持法律和秩序。巴本用“血腥星期天”作为借口，反对奥托·布劳恩和卡尔·泽韦林的社会民主党看守内阁。兴登堡援引《魏玛宪法》第48款，授权巴本担任管理普鲁士的国家总监，罢黜了布劳恩和他的部长，而代之以自己任命的亲信。

正如先前所提及的，普鲁士议会如同国会一样被近来的选举弄得彻底瘫痪了，以至不可能再组成一个稳定的共和政府。纳粹党和共产党对议会施行有力的压制，使它的程序变得完全可笑。5月24日，议会再次被召集，布劳恩宣布他的政府辞职。第二天，普鲁士议会推选纳粹党人汉斯·凯尔为普鲁士新的总理。就是在这次会议中，纳粹党和共产党发生了疯狂的争吵。人数上占优势的纳粹党将共产党打出了议会。他们高唱霍斯特·韦塞尔的歌曲庆祝胜利。尽管要等到选举出新的总理，布劳恩才不再作为一个影子看守政府，但是，他对纳粹党和共产党的古怪行为感到幻灭和厌恶，以至拒绝再次走进议会，后来，他承认他的神经崩溃了。同时，这种僵局一直没有终止，对政府事务产生了巨大压力。有趣的是，同样的僵局也存在于德国其他的州，包括巴伐利亚、萨克森、符腾堡、黑森和汉堡。它们在州与联邦不同的层面上证明了议会政府的失败。

1932年7月20日，巴本迅疾地单方面采取行动，废除了布劳恩的政府。作为管理普鲁士的国家总监，他从那里夺取了行政权力，并任命弗朗茨·布拉赫特为首席代表接管普鲁士的内务部。伦德施泰特将军在大柏林和勃兰登堡实行戒严，接管了柏林的警察部队，逮捕了它的警察总监阿尔伯特·格尔泽辛斯基和他的副官伯恩哈德·魏斯，戈培尔和纳粹党人多年来一直对后者进行攻击，称他为"犹太人魏斯"。巴本对他的行为引用了三个理由：普鲁士警察没有维护法律和秩序；警察的领导层松散而且缺乏协调；普鲁士政府已经失去了民众的信任。前两个理由是错误的，因此不能说明联邦的干预是正当的。第三个理由是真实的，但是也不能说明联邦的行动是合理的。事实是：巴本和他的反动党羽从一开始就厌恶布劳恩的社会民主党政府，他们利用这次机会消灭了它。巴本后来冷漠地一笔勾销了这一事件，认为它是政治合理的行为，而不是一场政变或暴力行为，他认为这个法令真正的目标是共产党人，因为"他们处于关键的位置上，并且在普鲁士的关键事务中要求获得主导的角色"。这种侮辱性的逻辑实际上忽略了纳粹党控制了议会和国会的事实，但是不能消除掩盖一个明显的情况，即巴本的行为实际上正中纳粹党的下怀，因为它从权力的主要场所消除了最强大的共和政党，并且为八个月后在纳粹党的控制下降临的最后的权力调整奠定了基础。希特勒对巴本为他做这样肮脏的工作并开启了肢解民主国家的进程感到十分高兴。

巴本在一个方面是正确的：他的政变没有结束在普鲁士的魏玛联合政府。德国的选民要对此承担责任。社会民主党也应该分担一些责任，因为他们温顺地接受这种对宪政的暴行。他们所做的最大努力是发动了一场无用的向最高法院的合法起诉，但最高法院一拖就是三个月，最后作出模棱两可的裁决：它对巴本所作所为的法律适当性提出疑问，但是拒绝改变巴本新作出的安排。社会民主党的领导人没有采取决定性的行动，即没有纠集其准军事力量，也没有呼吁总罢工。个中原因是多年来的政治斗争已经使他们精疲力竭，他们确实对国内战争感到恐惧。面对受到国防军支持的政府，以及与之相伴随的所有右翼党派的敌意和它们鬼哭狼嚎的报纸，社会民主党没有真正的支持者。布劳恩继续处于"病退"状态，其他的社会民主党领导人收起了号角，逐渐从政治舞台上退出，他们最终不是流亡就是被关在纳粹党的集中营。

1932 年 7 月 20 日之后，某种极权主义政府的即将出现已经不可避免，只不过是从政治光谱的哪个极出现的问题。几乎没有哪位敏锐的观察者希望出现一个无产阶级左翼的专政政权。德国的左翼自身一直存在着严重的不和，它既不能在政治上合作，也不能使自己严肃的意识形态对大多数德国人具有号召力。1932年，大多数德国人依然生活在小城市和乡村地区，他们具有明显的保守性和右翼的意识形态。只有德国人在经济压迫和政治压迫的严酷环境下怒火燃烧起来，共产主义才可能成功。但是，只有共产党一厢情愿地认为，由于德国自身的经济问题，德国是被剥削的农民或工人主导的国家。一个投奔纳粹党的煤矿工人简洁地表明：当他在思考为什么"社会主义必须和国际主义维系在一起"的时候，他同时也在想"为什么它不能和民族主义更好地联合"。一个铁路雇员也表露了一种情感，他说："全世界工人阶级联合起来的口号对我没有任何意义。但是与此同时，国家社会主义对血缘社会的承诺，对所有阶级斗争的制止，产生了深深的吸引力。"

在巴本反对普鲁士政府的暴动十一天后，也就是1932年7月31日，德国的民主未来受到了另一次令人惊愕的打击。在这一天的选举中，纳粹党获得了举世震惊的胜利，它获得1370万张选票，在国会中获得230个席位，因此取代了社会民主党而成为德国的第一大党。其他两个反共和主义的政党——共产党和民族党——也大有斩获，使组成联合政府成为可能。三个主要的反民主政党——纳粹党、民族党和共产党——现在控制了356个议席，已经超过了德国国会608个议席的一半。

自从纳粹党成为国会中最大的党之后，它的朋友和敌人都清楚的是：不可能把纳粹党从一些甚至所有的对德国的治理事务中排除出去。在后来的六个月当中，围绕着总统周围的保守主义小圈子，试图用某种迁就的方案与希特勒谈判，不给他总理的职位，或者用几个内阁的职位来打发他。但是，出于对其意识形态信念的忠诚，希特勒拒绝了所有的提议。他要么全部占有，要么一无所有。他相信纳粹运动垂直的重心牵引力迟早会制服所有对手。在7月选举之后，他知道巴本的政府或者任何相似的政府不仅缺乏群众基础，甚至不能指望来自保守右翼的坚实支持。事实上，它唯一的支持依然是兴登堡总统的认可；但是，正如使布吕宁失望至极的是，他发现这种支持是不稳定的。阿兰·布鲁克清晰地展示了德国当时的困境："希特勒拥有1370万选民的力量，拥有100万以上的党员和40万冲锋队、党卫队的私人军队，他是德国最有权力的政治领导人。他站在德国所见过的最有力量的政党的前列,敲击着总理府的大门。”

8月5日,希特勒在靠近柏林的菲尔斯滕贝格会见了施莱歇将军,并且坦率地告诉将军他所需要的东西,即总理的职位和纳粹党所需的三个内阁职务(内务部、司法部和农业部)。另外,希特勒还需要普鲁士总理的职务,并要求控制它的内务部。尽管态度不明朗,施莱歇还是友好和鼓舞人心的。他给希特勒留下了这样的印象:将军要利用自己的影响帮助希特勒获得总理的职位。8月13日早晨,希特勒会见了施莱歇和巴本,这次会见显示保守主义阵营没有打算给予希特勒所需要的东西。当希特勒听到他们愿意给他副总理加上普鲁士内务部长两个职务的时候,他十分生气,咆哮道:要铲平马克思主义,发动另一场圣巴塞洛缪之夜的屠杀,让冲锋队员在德国街头自由三天。他的态度和言语使两位领导人感到震惊。当天下午,兴登堡召集希特勒出席一个会议,巴本、弗里克、罗姆都在场,他们问希特勒是否愿意加入现存的政府。希特勒的回答是:假如他能获得全权,他就加入政府。兴登堡不仅拒绝了这个要求,而且还严厉地训斥了希特勒。他要求希特勒和纳粹党必须更尊重宪法,必须更文明地对待政治上的对手。总统办公室随后立即向报界散发了这次会晤的消息,这样德国人就能够安心地认为总统没有把权力交给要完全控制这个国家的人,并且终止了他先前合作的承诺。希特勒感到了耻辱,暂时收敛了锋芒,他回到上萨尔茨堡,在那里思考他下一步应该做些什么。

1932年9月12日,国会再次召集会议,进行了几个小时的激烈争论。甚至在开会前,巴本就获得了兴登堡的同意解散国会,将11月6日定为新选举的日子。这次会议刚刚开始,共产党的领导人恩斯特·托格勒就提出一个动议,要求对巴本政府的不信任进行投票。巴本的地位明显动摇起来。他本来希望对他的经济计划进行几天的辩论,因此没有将授权他解散议会必需的紧急状态的文件带在身上。幸运的是,威廉·弗里克代表纳粹党代表团提出休会一个半小时商讨此议案,这样,巴本就赢得了时间。这个短暂的喘息机会使疯狂的巴本给总理府发出信息,并且得到了这些文件。当会议再度举行的时候,巴本挥动着他的红色公文夹,但是,国会议长赫尔曼·戈林显然对它视而不见,他坚持对托格勒提出的不信任动议进行投票。当投票在喜气洋洋的气氛中进行的时候,生气的巴本将文件摔在戈林的桌子上,在他的部长们的尾随下大步走出了国会。但是,投票在一阵阵欢笑的浪潮中继续进行着，最终以 512 票赞成、42 票反对通过了对巴本政府的不信任。从法律意义上来看，这次投票没有任何意义，但是从政治含义上来看，它是毁灭性的，因为它显示了德国的议会政府已经变得如此无能。德国选民的厌恶之情是可以原谅的，因为他们刚刚选出的国会只持续了几个小时。兴登堡总统对戈林在国会上的表现大为恼火，拒绝了戈林提出的投票合法的要求，因为它在解散命令发布之前就进行了。

然而，国会的解散对厌倦的、充满幻灭的选民来说是又一场选举。甚至纳粹党也难以保持以往选举的狂热程度。他们的资金也令人绝望地短缺，难以支付 1932 年一直在努力奋斗的竞选费用。党内的异端声音——尤其是施特拉塞尔——再一次呼吁妥协，谴责希特勒固执的极端政策。抓住每一根救命稻草的巴本希望纳粹党在频繁的选举中精疲力竭。这是戈培尔早些时候认识到的危险。他哀叹道：假如国家社会主义者在不久的将来不能获得权力，他们将在选举中被拖死。

事实上还是存在着几个鼓舞人心的迹象：纳粹党不仅在知名度上已经登峰造极，而且已经超越了公共道德的界限，以至许多德国人开始想知道是否它应该被授予政治权力。也许，最令人厌恶的事件发生在 8 月 10 日，它显示了冲锋队员到底是些什么人。那一天，五名冲锋队员冲进上西里西亚一个村庄里一位共产党员的家，当着这位共产党员惊恐万分的母亲的面，把他活活踩死。五名杀人犯被逮捕，并被判处死刑，但是很快就被纳粹党提升为烈士。希特勒自己还给被处刑的五个人发去了电报："我的同志们！面对着这最骇人听闻的血腥判决，我和你们团结在无限的忠诚中。从这一刻起，你们的自由对于我们来说就是荣誉问题。我们的责任就是反抗使这一判决成为可能的政府。"一些像哈里·格拉夫·凯斯勒这样的人被这一卑劣的谋杀惊呆了，而且更令他们吃惊的是，正在赦免这一谋杀的纳粹党获得了管理政府的千载难逢的机会。

由于希特勒对兴登堡总统的傲慢态度，以及 9 月 12 日戈林在国会的怪异行为，纳粹党的声誉大受损失。11 月 2 日，在即将到来的国会选举的前几天，纳粹党人进一步失去了支持，因为他们和共产党联合，支持柏林运输工人的大罢工。

综合这些事件可以部分解释为何纳粹党人在 11 月 6 日的选举中表现不如前三次选举。当选举的结果揭晓的时候，巴本削弱纳粹党的策略似乎部分被证明是正确的。从 1930 年 9 月以来，纳粹主义出现了第一次退潮。纳粹党失去了 200 万张选票和 34 个国会议席；它的国民支持率从 37.4%下降到 33.1%；国会中的代表人数也从 230 人下降到 196 人。

但是，11 月 6 日的选举没有解决任何东西，因为纳粹党和共产党依然控制着国会议席的一半。但是，巴本的地位正在不断地恶化，尽管他的政府在 6 月洛桑会议上取得了鼓舞人心的成功，因为它舍弃了扬格计划，并且终止了赔款。巴本的少数派政府依然是受人轻视的，实际上得不到什么支持。在主要的政党反对他的政府造成了僵局之后，巴本在 11 月 17 日辞职，不过他接受了兴登堡的要求看守两个星期的政府，直到组成新的政府。

11 月 19 日和 21 日，希特勒和戈林与兴登堡总统就希特勒的总理职务展开秘密会谈。老总统似乎已经乐意接受任命希特勒为总理的想法，条件是他能够在国会组成有效的大多数。如果说不是不可能的话，希特勒也知道这是困难的，因此他反对管理国家的总理是议会制的而不是总统制的提议，他需要像巴本一样有紧急状态权力的支持。兴登堡后来通过迈斯勒以书面形式对此作了回答：他不能接受希特勒的计划，“因为由你领导的总统制内阁，必然会变为一个一党专政的独裁体制”。

像风中柳树四面摇摆的老总统现在再次转向巴本。12 月 1 日晚上举行了一次决定性的会议，参加这次会议的人有：兴登堡、他的儿子奥斯卡、国务秘书迈斯纳、施莱歇和巴本。在会议中，巴本和施莱歇对如何解决近来的僵局提出了两个相反的协议。巴本的计划最为激进，它要求彻底废除《魏玛宪法》；由他继续留任；解散不听话的国会；用国防军和警察压制所有政治党派和利益集团；制定一部新的宪法，交由全体国民或新成立的立宪大会通过。相反，施莱歇概括地描述了一个较为温和的解决方案，他认为这个方案可以避免对宪法的侵犯，以及巴本的计划可能招致的国内战争。施莱歇企图劝说总统相信他能够通过组成一个大联合政府来打破政治的僵局。这个联合政府横跨整个领域，将军队中的温和势力、资产阶级的政党、社会民主党、工会，甚至纳粹党中的温和派别联合起来。他认为自己能够在新政府中吸纳施特拉塞尔和他的随从来分化纳粹党，从而减弱来自希特勒的威胁。巴本拒绝了这些等于是重复过去失败政策的阴谋诡计，总统勉强支持巴本，要求他组成新的政府。

尽管巴本似乎和老人一道赢得了胜利，但是，第二天上午（12 月 2 日）他却受到了令人震惊的失败。他的内阁——其中的成员两个星期来都得到了施莱歇的安抚——拒绝参加新政府，其理由是巴本推出的新政策可能会引发严重的公共秩序的混乱，甚至国内战争。尤金·奥特上校是施莱歇在国防部的同事，他通知内阁：一个研究刚刚得出结论，它质疑国防军是否能够处于紧急状态抗击来自左翼和右翼的威胁，并且显示出国防军没有能力对付由纳粹党—共产党联合举行的交通大罢工所引发的公共秩序的混乱。这种施莱歇式的鼓动加强了内阁对巴本的反对。这位上校还说：如果东方的波兰发动进攻，军队是完全没有抵抗能力的。

巴本被他的内阁完全抛弃了，他再次跑到兴登堡那里，抱怨施莱歇背叛了他，但是这位老人眼含热泪告诉狼狈的巴本：他现在改变了主意支持施莱歇。巴本后来回忆了这一幕：

> 他说："亲爱的巴本，假如我改变了主意，你也不要对我想得过多。我已经太老了，承担不起内战的责任。我们唯一的希望是让施莱歇碰碰运气。"当我握着总统的双手转身离去的时候，两大滴眼泪从他的双颊上滚落下来。我们合作的几个月结束了。几个小时以后，他送给我一张签名照片作为分手的礼物。也许这个签名可以判断我们两人之间的信任程度："我得到了一个同志。"

1932 年 12 月 2 日，施莱歇成为总理，并保留了国防部长的职务，同时自动地继承了巴本的职务，成为管理普鲁士的国家总监。几乎没有什么德军的领导人享有如此多的权力，但是，这一次权力的获得是以一长串牺牲者为代价的，他们是穆勒、格罗纳、布吕宁和巴本。现在，施莱歇站在了前台，他很快就发现他的影响并没有超出他在班德勒街的办公室。但是，这位将军拥有一些大胆的计划。他打算给予格里格尔·施特拉塞尔以副总理的职位，从而对纳粹党加以分化，同时在他的领导下，建立一个广泛的联合政府，其目标是联合从右翼的钢盔队到左翼的社会民主党之间所有的建设性力量。施莱歇也计划将冲锋队从纳粹党中分离出来，将它与其他的准军事集团合并，成为一个受到政府控制的附属力量，用于保护国家的边境，从而削弱冲锋队的尚武精神。

在12月3日柏林的一次秘密会晤上，狡猾的施莱歇正式给予格里格尔·施特拉塞尔以副总理兼普鲁士总理的职位。作为纳粹党组织部门的领导，施特拉塞尔几年来一直反对希特勒缺乏弹性的政策，几次选举的挫折使他更加坚信与其他友好的势力达成妥协是正确的。不像希特勒，施特拉塞尔不是一个意识形态的狂热者；另外，他对国家社会主义的信奉不是以一个人为中心，也不是以由更缺乏弹性的策略所支撑的缺乏弹性的教条为中心。尽管他对希特勒一直保持着难以解释的忠诚，但是，他被那些赢得希特勒信任的人弄得越来越清醒。他对汉斯·弗兰克吐露道："我发现希特勒似乎完全被像希姆莱和希姆莱那样的人所控制。戈林是一个残酷的自我中心主义者，戈培尔是一个跛足的魔鬼，罗姆是一个污秽的动物。这就是元首的卫队。简直太可怕了。"当希特勒得到施莱歇阴谋的风声之后，他召集施特拉塞尔和其他的党内领导人，在12月5日于柏林的皇帝宫饭店召开了一次特别会议，再次强调了他反对加入任何不是他领导的政府的严厉政策。这种自我阉割的行为肯定对施特拉塞尔造成了打击，因为在一天前，纳粹党在图林根的地方选举中遭到了毁灭性的失败，比11月的国会选举损失了40%的选票。但是，在周密思考之后，施特拉塞尔决定既不向希特勒挑战，也不接受施莱歇的提议。正如他所看见的，他只有一种选择，那就是辞去组织部门的职务和国会议员，至少在一段时间里远离政治到意大利度假。在度假之前，他预言性地对一位朋友说："我是一个带着死亡印记的人。无论发生什么，记着我所说的：从现在开始，德国已经掌握在一个奥地利人手中，他是一个天生的谎言家；控制在一位前军官手中，他是一个变态者（戈林）；控制在一个瘸子手中（戈培尔）。我还要告诉你最后一个最坏。他是披着人皮的撒旦。"

尽管施特拉塞尔辞职引发的直接冲击对党内的一些普通成员是毁灭性的，但是，纳粹党已经紧密地团结在希特勒周围，以至施特拉塞尔背叛的影响很快就被平息了。最高层领导很快集结在希特勒身边，发布有关施特拉塞尔行动的错误信息，最终打算把他变为一个"微不足道的人"。施莱歇以为至少有六十位纳粹党的国会代表会和施特拉塞尔一起背叛，但是没有一个这样做，这就证明了许多纳粹党的观察家一直知道的事实，即从来就没有一个"纳粹党左派"或"一个施特拉塞尔集团"的存在。

毫无疑问，在12月，阴暗和厄运的气氛笼罩在纳粹党的领导层。除了施特拉塞尔的背叛，还出现了其他的问题。党的财政枯竭；党内难以驾驭的成员，尤其是在冲锋队中的，情绪低落且难以控制；同时，党所得到的支持，尤其像在图林根这种传统的据点，也在飞速地下滑。戈培尔诅咒1932年为“永远的坏运”年，其未来的前景看上去灰暗无望。甚至希特勒在给威妮弗雷德·瓦格纳的信中坦言：他的政治梦想得不到实现，因为他的敌人过于强大。一旦他肯定一切都失去的时候，他将用一颗子弹结束自己的生命。在纳粹党外，人们也感到希特勒这颗星正在陨落。1933年1月1日，《法兰克福人报》发表评论说：由纳粹党发起的对国家的强大进攻已经被击溃。

致命的拥抱：保守主义精英选择了希特勒

纳粹的起死回生来得出乎意料，它起因于闷闷不乐的巴本，施莱歇过去损害过他，他现在更乐意拆他的台。1932年12月16日，巴本在柏林向保守的“男子俱乐部”演讲，批评施莱歇对待纳粹党的策略，暗示合适的行为不是去分裂或者毁灭它，而是负责地将它吸纳到政府当中。在这次会议之后，一位科隆的银行家库尔特·冯·施罗德接近巴本，他邀请希特勒和巴本到他在科隆的家里进行私下会晤，企图斡旋他们两人之间的关系。作为科隆“男子俱乐部”的主席，施罗德在纳粹党和政府当中建立了一个政治关系的网络。从政治的角度来看，施罗德是一个右翼保守主义分子，正认真地考虑加入纳粹党，而且已经和希特勒的两个主要经济顾问——罗伯特·莱伊和威廉·凯普勒——建立了紧密的关系。

事实上，正是凯普勒策动了这些步骤，使希特勒和巴本在1933年1月4日进行了决定性的会晤。在得到前来访问的海因里希·希姆莱的建议之后，凯普勒给慕尼黑发去了私人信件，告诉希特勒，巴本准备支持一个由希特勒主持的内阁，并乐意讨论具体细节，前提是这个会议必须严格保密。尽管希特勒过去被兴登堡和他保守的随从嘲弄过，但是，他还是决定屈尊降贵，接受与巴本的会晤。

尽管希特勒、赫斯、希姆莱在中间人凯普勒的陪同下一路上极为小心翼翼——这趟秘密的夜间旅行先是乘坐从慕尼黑到波恩的火车，在巴特戈德斯贝换乘了几次汽车——但是，在到达施罗德庄园的时候，他们惊讶地发现一个摄影师坐在庄园入口旁边，急忙给他们拍了几张照片。后来证明，希特勒随从中有一个告密者，他将这次秘密会晤的情报透露给名叫汉斯·策雷尔的著名报刊编辑，他又将这个情报详尽地透露给施莱歇和公众。

无法确定的是1933年1月4日在施罗德家中的谈话内容，因为巴本和施罗德在1946年的纽伦堡审判中对这次会晤作出了矛盾的供词。巴本声明他并没有破坏施莱歇的政府，反而是通过劝说希特勒去做副总理来加强他的政府。这种高尚的、为自己开脱的解释是令人难以置信的。假如巴本不是欺骗他过去的敌手的话，为什么他会安排这样的秘密会议，背着施莱歇进行谈判呢？施罗德毫不怀疑巴本对施莱歇非常恼火，希望他的政府在很短的时间里就分崩离析，然后推出一个由希特勒领导的新政府，而他甘愿在其中担任副总理。当然，这是一个月后才发生的事，但是极有可能直到1月4日，巴本一直在玩弄这个阴谋。这一点是有证据的：巴本的诡计很明显是反对施莱歇斗争的一部分，假如不利用纳粹党作为他野心的工具，我们如何才能解释这样一个事实——巴本将危机重重的纳粹党又拉回到政治的聚光灯下？

在施罗德家里进行的会晤——卡尔·迪特里希·布拉赫尔称它为"第三帝国的诞生"——标志着围绕在兴登堡周围的保守主义社团同纳粹党之间漫长、秘密的谈判开始了。"施罗德会晤"的直接结果是明显地提高了纳粹党领导层的士气。希特勒现在有理由相信：他没有通过自由选举的前门去获得的权力，但也许能够通过秘密交易和操纵的后门得到它。但是，正如过去对这一事件的记录所声称的那样，对于陷入财政陷阱的纳粹党来说，"施罗德会晤"并没有产生重大的经济效益。工业家们的保险箱没有打开，向纳粹党吐出大量的资金。相反，大企业的奉献依然相对是微不足道的。

假如"施罗德会晤"在财政状况的改变上是不成功的话，它在希特勒和他最亲近的党羽那里肯定产生了心理上的变化，因为每个人都强烈地感到他们再次获得了政治上的动力。就是因为这个理由，希特勒才加紧努力说服德国人：国家社会主义是未来的潮流。对这一要求的考验是1月15日的议会选举，它发生在一个农业小州利普，纳粹党人决定在这个州发动宣传攻势，希望获得骄人的战绩，以证明他们依然处于优势地位。尽管选举的结果表明支持率比1932年11月略微增加了4.8%，但是纳粹党人将这种微小的胜利吹成巨大的战果，宣布这一胜利反映了德国人民（总共才有十万人）的心声。但是，制造第三帝国的宣传将虚假变成了现实。许多德国人被纳粹党的报刊征服了，甚至连兴登堡和他的保守主义的随从也产生了良好的印象。这就是希特勒政治成功的真正要素。希特勒知道，成功依赖于他能够利用巴本和施莱歇之间的不和，依赖于他能够潜入权力真正存在于其中的圈子，这个圈子围绕着兴登堡总统，以及总统的儿子奥斯卡、国务秘书迈斯纳、巴本。

到1月中旬，施莱歇的地位不断地恶化。在分裂纳粹党的失败之后又接着发生了许多失败，其中最突出的是他没有能力建立一个广泛的、多党联合的政府。“国家农业联盟”有五百多万名成员，大量同情纳粹的分子渗透到这个组织之中。1月11日，代表这个富有影响力组织的农业领导人拜访了兴登堡总统，他们全面抨击了施莱歇的农业政策，认为它是共产主义的，这使总统大为惊讶。两天后，当施莱歇反对胡根贝格成为经济部长的时候，他失去了胡根贝格和民族党的支持。同时，中央党和社会民主党坚持坚定的反对施莱歇政府的立场。将军的日子快要结束了。

随后发生的是希特勒和围绕在总统周围的保守主义圈子之间的一系列私人会晤。现在看来，这些会晤似乎是充满诡计和耸人听闻的，它们当中的许多是在约阿希姆·冯·里宾特洛甫家中举行的，他是一个乏味的、自命不凡的、追求更高的社会地位的野心家，企图通过自己广泛的社会关系将自己嫁接到纳粹运动的花车上。1月10日、18日、22日这三天，巴本在里宾特洛甫位于达勒姆的家中会见了希特勒。第三次会晤是决定性的，因为巴本决定将兴登堡的儿子——他被普遍认为是一个无能的、麻木的自大狂——以及软弱的、唯命是从的国务秘书迈斯纳套进他的阴谋当中，从而组成希特勒—巴本的政府。为了使会议处于严格的保密之中，参加者绞尽脑汁掩盖他们的行动。小兴登堡和迈斯纳在妻子们的陪同下，在普鲁士国家剧院度过了一个夜晚，假装在欣赏瓦格纳的歌剧《爱情的禁令》。在休息期间，他们到处和人打招呼；但是，当最后一幕到来的时候，灯光暗了下来，他们从边门离开了妻子和剧院，跳进了出租汽车。他们一直待在出租车里，直到觉得安全无误的时候才告诉司机里宾特洛甫位于达勒姆的家庭住址，而且神经质地瞟着后窗，看是否有人尾随在后面。尽管他们确信没有人跟踪，但两个阴谋家在离目的地很远的地方就下了车，他们在黑暗和大雪中艰难地步行到里宾特洛甫的庄园。巴本已经等在那里，还有希特勒、弗里克和戈林。在几句玩笑之后，希特勒径直向小兴登堡走去，将他同迈斯纳分开，然后把他领到另一间屋子里进行了滴水不漏的谈话。两人进行了大约一个小时的谈话，与此同时，奢侈的戈林试图让剩下的人感到轻松愉快，他再次保证希特勒的要求是合理的，即总理的职位和不包括外交部长和国防部长的内阁职位。

至今没有人能够准确地知道希特勒和奥斯卡·兴登堡那天晚上谈论了些什么，因为两个人都没有谈论过这个问题。第二次世界大战之后，迈斯纳回忆道：在那次会晤结束后，他与小兴登堡同坐在出租车里。沮丧而陷入沉思的小兴登堡说，在希特勒身边工作是不可能的。事实上，奥斯卡·兴登堡在希特勒掌权后不久就飞快地从上校提升为将军，并且给诺伊戴克庄园又加了数千英亩的土地。这些都强烈地表示了希特勒在那天夜晚亲自征服了小兴登堡，他可能威胁要公布他过去丑闻的细节，同时会支持反对兴登堡总统的指控程序。

第二天上午，也就是 1 月 23 日，得到确实消息的施莱歇召见了国务秘书迈斯纳，询问他总统的儿子在前一个晚上说了些什么。据说，由于没有得到满意的回答，施莱歇径直走进了兴登堡总统的办公室。他承认自己没有获得对他的政府的广泛支持，并且要求总统支持四个紧急措施，即解散议会、将选举推迟三个月、宣布紧急状态、禁止纳粹党和共产党的活动。兴登堡拒绝了，认为这些可能会引发国内战争，并且提醒这位将军他提出的计划和巴本的一样，而在去年 12 月份他也是对此加以反对的。施莱歇认为，从去年 12 月以来，形势日益恶化，唯有对纳粹党和共产党采取一致的进攻才能免除政治上的大灾难。在与迈斯纳讨论了施莱歇的建议之后，兴登堡决心不予采纳。他决定甚至不给予施莱歇解散议会的授权，而他曾经毫不犹豫地满足了前两位总理的这个要求。十分明显，施莱歇也完了，但是，老总统在对后继者的选择上还是摇摆不定了一个星期。

在后来七天里举行了紧张的谈判，旨在在严格的限制下由希特勒组织一个政府。1 月 24 日，关键的会议在里宾特洛甫位于达勒姆的家中举行，这次会议构思了一个右翼的“民族战线”的政府，由作为总理的希特勒和作为副总理的巴本领导。第二天晚上，奥斯卡·兴登堡顺便再次访问了里宾特洛甫的家，显然他被拉进了上一个晚上策划的阴谋当中。同时，巴本安排了一次和兴登堡、“钢盔队”的两位领袖——弗朗茨·泽尔特、西奥多·迪斯特贝格——的会晤，要求他们支持希特勒领导的政府。胡根贝格开出的条件如下：他必须是新政府的经济部长，巴本是副总理，弗朗茨·泽尔特是劳工部长。巴本后来认为自己企图建立一个由希特勒领导的真正的代议制政府，这个政府同时受到负责任的保守主义势力的制衡，他以此为自己操纵性的交易辩护。当然，希特勒一眼就看穿了巴本的意图：巴本想安排自己的人占据内阁的重要位置来限制自己的权力。因此，当希特勒知道胡根贝格反对一位纳粹党成员担任普鲁士内务部长的时候，在 1 月 27 日几乎和胡根贝格闹翻。同一天，巴本召见了胡根贝格和里宾特洛甫，同时，戈林企图让兴登堡相信：纳粹党尊重总统职位和国会的不可侵犯性。到这个时候，甚至公众都越来越恼火地发现这样一个事实：他们最高层的政治家只是些窃听者和卑鄙的阴谋家。共产党的《前进报》恰如其分地报道了这种情绪。

> 希特勒和巴本，施特拉塞尔和施莱歇，胡根贝格和希特勒，巴本和胡根贝格，胡根贝格和兴登堡，无休无止地分分合合。阿尔文斯莱本在前面推，蒂森在后面推。施特拉塞尔将成为副总理，希特勒要求得到国防部长的职务，施莱歇要这个，兴登堡要那个。在这种没有德国人民参与的秘密政治中，谁能发现自己的出路？

兴登堡现在是一个受尽折磨的人，但是他逐渐听从于他认为能够相信的一些人的想法，其中包括他的儿子奥斯卡、巴本、迈斯纳。然而，在 1 月 27 日，他依然告诉几个前来看望他的高职位将军说：“先生们，你们不会相信我会把总理的职位授予这个奥地利的下士。”更使这位老人感到麻烦的是希特勒控制国防军的危险。假如他能够得到如下保证——希特勒对职位的任命能够受到值得信赖的保守分子的控制和制约，特别是国防部长的职位——那么他乐意支持由希特勒组阁的政府。事实上，他已经决定了接替施莱歇国防部长职位的人，他就是施莱歇的对手维尔纳·冯·布隆贝格（1878—1946），最近作为德方代表出席了日内瓦裁军会议。布隆贝格是东普鲁士军区的司令，兴登堡对他非常熟悉。但是这位老人并不知道布隆贝格还是一位坚定的国家社会主义的同情者。

1 月 28 日，施莱歇召集了他的内阁，并一致作出了假如总统拒绝解散议会就集体辞职的决定。然后，施莱歇前往总统那里重述了他的建议。老人直率地拒绝了他。在这个难得的“恶有恶报，善有善报”的时刻，施莱歇接受了他应得的惩罚。施莱歇受到了巨大伤害，他谴责老总统背着他进行秘密交易。疲倦的老总统指着天说：“我的一只脚已经在坟墓里了，我不相信以后我会在天堂对这次行动后悔。”分手时，施莱歇回答道：“做出这种背信弃义的事，我不相信你能进天堂。”

在离开总统办公室后，施莱歇依然不知道他的国防部长职务已经被撤换了。巴本、奥斯卡·兴登堡和迈斯纳设法说服老总统赶快行动，任命由希特勒—巴本领导的政府。老总统变得温和起来，催促巴本组建新的政府。希特勒利用这次机会投下赌注，要求得到四个主要职位：内务部长、民航部长、管理普鲁士的国家总监和普鲁士的内务部长。这些破釜沉舟的技巧是希特勒后来外交策略的典型特点，它们几乎摧毁了巴本精心设计的谈判，因为兴登堡又开始怀疑对这位波西米亚下士的任命了。当希特勒同意让巴本担任管理普鲁士的国家总监时，这位老人才安心下来。

在1月29日的关键时刻，一个谣言传遍了柏林：施莱歇和哈默施泰因将军计划出动波茨坦的卫戍部队逮捕兴登堡，掌握权力。尽管施莱歇没有进行政变的一点企图，但是他鼓励了他的代理人——哈默施泰因和阿尔文斯莱本——去威胁纳粹党，暗示他们兴登堡和巴本只比他们略微强一点而已。事实上，阿尔文斯莱本是在用迫在眉睫的政变谣言来恐吓希特勒，并提示施莱歇只要求保留国防部长职位，与他的合作比起依靠衰老的总统会对纳粹党更富有建设性，因为总统已经被狡猾的巴本完全控制了。

很奇怪，这些谣言对希特勒都产生了实际的益处，因为当总统风闻施莱歇可能采取行动的时候，他就下定了决心：他现在准备祝福希特勒—巴本领导的政府了。1月30日早晨，奥斯卡·兴登堡被派往安哈特火车站去迎接布隆贝格，并催促布隆贝格赶往总统府宣誓就任新的国防部长，从而避免绝望的施莱歇可能求助于政变的可能性。奇怪的是，当奥斯卡到达火车站的时候，哈默施泰因将军的副官也来迎接布隆贝格，副官要带他前往班德勒街而不是总统府。困惑不解的布隆贝格按照每个善良的德国人所做的那样，服从了兴登堡和最高的行政机构。

在布隆贝格作为新的国防部长宣誓后，为希特勒、胡根贝格、巴本和新政府其他成员出现的舞台搭建好了。胡根贝格宣称他反对新的选举，并且否定了所谓的施莱歇政变的威胁，认为它是不合事实的和没有意义的，这差一点儿毁了这个计划安排。但是，最终他获胜了。到十二点四十分，任命希特勒的消息传了出来。从皇宫饭店遥望总统府，希特勒的随从们看到愉快的赫尔曼·戈林将这个消息宣布给欢乐的人群。不久，希特勒的轿车出现在车道上。他加入了在皇宫饭店等候的随从行列，眼里充满了泪水，庆祝自己辉煌的胜利。假如没有施莱歇和巴本的阴谋，没有德国选民和政党的政治短见，没有“木制巨人”保罗·冯·兴登堡的老迈年高，这个胜利是不可能实现的。

结论

谁支持了希特勒？

随着阿道夫·希特勒被任命为总理，德国将陷入深渊，一个前所未有的黑暗年代。尽管希特勒大肆宣传的千年帝国只持续了十二年，但是，世界从来就没有在如此短的时间里见过如此邪恶的犯罪行为。编撰历史的结果使许多描述第三帝国兴亡的历史学家产生了幻觉。希特勒散发的邪恶使这十二年在历史的长河中显得格外突出，促使许多历史学家假定了许多谬误的或误导的理论，这些理论涉及政治的因果关系和心理动机。因为纳粹党对世界造成的破坏是巨大的，因此，历史学家假定这种邪恶必然根植于德国的历史和德国人的性格当中。具有讽刺意味的是，这种假设激发了某种从纳粹种族主义发展起来的，也是在第三帝国时期惯用的诽谤性解释。对于一些患有德国恐惧症的历史学家来说，纳粹的经历依然是一个中心，只有围绕着它，对德国历史的整体解释才能得到明确的表达。最为极端的是，这导致了将许多德国人或者历史事件扭变成希特勒和奥斯维辛的最初化身。过去犯下的罪行也被延伸到明天，因为希特勒的阴影已然跨越了现代，扩展到未来。

这种德国恐惧症倾向的对立面是对德国的辩解，它认为纳粹的经历是一个失常，与德国历史中过去的事件或体制没有关系。一些人甚至宣称纳粹的经历是一个独一无二的事件，是根植于历史时空之外的罪恶的爆发。这些观点和它们的对立面一样是不可信的，尽管它们可能满足一些德国人，因为他们相信他们自己是希特勒侵略欲望不知情的和无辜的受害者。一些修正主义的历史学家利用各种借口——比如无知（我们什么也不知道）、服从命令、同样的渺小（在那样的情况下你会和我们一样坏）、微不足道的拒绝——进行搪塞，企图以此来洗刷纳粹罪行。他们宣称尽管纳粹党人也许受到了误导，但是，他们要为德国创造最好的东西，并没有犯下对手们归罪于他们的大多数可恶的罪行。

本书的研究企图避开这两个极端，将国家社会主义的起源归结于一个跨度六十年的特殊环境，其中包括反犹太主义、民族主义、帝国主义、战败、《凡尔赛和约》、西方大国的报复性态度、灾难性的经济环境、德国不稳定的政治制度和党派、兴登堡及保守主义派系的短视、希特勒超凡的领袖天才。本书关于希特勒的研究支持了戈登·克雷格的观点："希特勒是独特的，是一种没有真正的历史的力量，他的德国性是虚假的，因为他从来没有感到自己的德国性，最终他还否定了它。他的政治视野的惊人的野蛮和性格上的道德空虚，使得在任何意义上都不可能将他与其他的德国领导人进行比较。他是孤立的。"

正如一句可笑的纳粹口号认为的那样：希特勒不是德国，德国也不是希特勒。提醒我们自己记住这一点是重要的。假如情况就是如此，那么是谁在支持希特勒？他所发动的运动的性质又是什么呢？在回答第一个问题的时候，在一开始就把它分成两个独立的、同时又不是一直关联的两个问题是重要的：谁是希特勒的追随者？谁投票支持希特勒？宽泛说来，这里有三种类型的追随者：出于信仰，出于社会经济的自我利益，出于机会主义或者赶时髦的动机。

出于信仰的追随者代表着纳粹运动最坚实的核心。他们几乎都是男性。这证实了纳粹党的一句大话：国家社会主义是男人的事业。这一核心主要由桀骜不驯的复员士兵组成，他们不能将天生的军国主义和魏玛共和国的民主信仰结合在一起。对于他们来说，"国家社会主义诞生于前线的生活，也只有了解前线的生活，一个人才能理解国家社会主义"。假如说存在着"纳粹党人"或"法西斯分子"的原型，那么他既不属于资产阶级也不属于无产阶级，而是一个在社会上无依无靠，认同于反革命的、种族的意识形态的局外人。尽管他来自中产阶级的背景，但并不真正认同中产阶级的价值观，因为他认为这些价值观是颓废和唯利是图的。同时，他也厌恶普通的大众和他们对平等主义意识形态的赞同。典型的纳粹党人视自己为介于中产阶级保守主义和工人阶级社会主义之间的第三种力量。辩证地说，他企图通过消除以上两者最为推崇的对立思想——民族主义或社会主义——对两者加以综合。法西斯主义是以上两种思想的混血儿，它的德国变种按照希特勒自己的内心冲突和妄想得到了明确的界定。

假如在魏玛共和国期间经济的稳定得到了恢复和维持，那么，纳粹运动是不可能有所作为的，它只会停留在一个小型的恐外团体的水平上，它由一群缺乏创新的、不称职的人所组成。但是，随着经济的崩溃——第一次是 1923 年，第二次是 1929 年——纳粹党吸收了一些被误导的同情者，他们出于经济上的自我利益加入了该党。他们受到了恐吓，相信只有一种选择，即资产阶级的毁灭和共产主义的胜利。下列集团先后逐渐参加了纳粹运动：下中产阶级，他们害怕失去社会地位；绝大部分更为富有的地主，他们害怕共产主义没收财产的政策而成为牺牲品；不再有梦想的工人，他们对国家的忠诚远远超过对阶级的忠诚。

但是，最终是希特勒的组织和领袖的天才，使得纳粹党对广大德国人的吸引成为可能。党的成员名单和选举资料显示：纳粹党对它核心层之外的人也能够产生吸引力，并且明显吸引了和它根本不匹配的社会集团。希特勒直觉上似乎知道，投票的方式不仅受到阶级关系，也受到集团偏见的决定。希特勒认为：假如他能成功地使大众受到国家的控制，同时使他们信服种族的偏见，他就能够有效地消除经济的差异，将不同种类的社会因素重组到一个民族的共同体当中。他是正确的。在 1923 至 1933 年间，他为这样一个大众党奠定了基础。大众党是一个新奇的概念，它使当时的大多数观察家困惑不解："通过宣称社会主义者、工人、民族主义者的三位一体，一位狂热的小资产阶级分子可以指导一场大众的运动，并且能够获得胜利，这样的想法在社会学意义上是新颖的、在政治学意义上是有害的，以至于它是难以理解的。"

因此，有关纳粹运动社会构成的问题就没有另外一些问题显得重要，它们与这场运动的能力相关，其中包括拓宽运动自身的基础，在魏玛共和国典型的小型政党中脱颖而出；吸引大众的支持。由于选举的实力构成了衡量大众支持的主要尺度之一，因此下面出现的问题是：是谁在投票支持希特勒?许多研究汇集了令人印象深刻的和详尽的资料，将选举的结果分解成详细的组成部分，企图显示来自不同的经济社会背景或宗教背景的德国人在 1924 至 1933 年的不同选举中是如何投票的。这些研究对传统的解释提出了严肃的疑问，这些解释认为，希特勒从忧心忡忡的下中产阶级那里得到了大部分的支持，因为这个阶级的成员害怕被工人大众所吞噬，因此投入了纳粹党的怀抱。确实，对投票方式的研究揭示了希特勒的魅力是超越阶级界限的。传统的解释认为，纳粹党在下中产阶级社区那里获得了全胜，与这种观点相反，最近的一些研究并没有找到纯粹的为选举的目的组织起来的下中产阶级的社区。由于没有纯粹的下中产阶级的选区，纳粹党如何在那里获得全胜呢？这些研究也揭示了对纳粹党最高水平的支持来自上层阶级和上中产阶级的地区。尤其在一些城市地区，越是富有，对纳粹党支持的可能性就越大。仔细的经验研究也攻破了一个神话：在德国，选举成功的关键存在于城市当中。正如上面所提到的那样，在两次世界大战期间的大多数德国人生活在乡村或者小城镇，那些将目标确定在乡村，尤其确定在北部清教地区的纳粹战略家熟悉这个事实。在那里，人民对党派的忠诚已经衰落，因此纳粹党成功的前景就十分看好。这就是为什么纳粹党在清教村庄和中等规模的清教城镇大有斩获的原因所在。

那么，是谁在支持希特勒？是德国广泛的但不是大多数选民在支持他。在 1932 年 7 月 31 日的自由选举中，希特勒的最高得票数为 37.3%，即每八票当中只有三票支持他。但是，假如德国的政治出现了极端化，其得票差数就高于任何其余党派，从而使纳粹党“成为中产阶级长期寻找的政党”。1932 年 7 月纳粹党的胜利产生了巨大的动力，使纳粹党能够利用其对手的虚弱和自己的组织化力量。对希特勒有所帮助的因素包括：敌对政党领导的平庸、《魏玛宪法》的缺点、对《凡尔赛和约》的普遍敌视、不断增长的极权主义情绪、统治精英层的关键分子的逐渐变节。希特勒利用了纳粹党策略和管理上的优势，以及自己的操纵天才，他完全欺骗了一个在 1932 年依然在阻碍他的唯一集团——围绕在总统兴登堡周围的保守主义派系。

魏玛共和国失败了，因为没有足够强大的共和主义者挽救它。在正常的年代，共和国还可能蒙混过关，其中期 (1924—1929) 温和的复苏证明了这一点，但是在充满动荡和混乱变化的年代，它的虚弱成了致命的缺点。在相互的恐惧和妄想中，许多德国人再次求助于“立竿见影的”集权式解决方法。假如右翼的、民族主义的思想占据了统治地位，这种解决方法自然出自政治右翼。

因此，国家社会主义是一种右翼极权主义，带有强烈的大众倾向和千年盛世含义。它是右翼的，因为对它的关键支持来自广泛的中产阶级中的保守主义者和民族主义者，来自传统的精英，来自军队。它的意识形态的主要成分——绝大部分是由希特勒创造的——是对 19 世纪最有权势的力量的聪明的德国式综合，它们是种族中心论的民族主义和国家社会主义。希特勒经常用充满理想的花言巧语掩盖这些力量中难以驾驭的、军国主义的性质，这些花言巧语对德国人来说充满了魅力，但是，事实上他正稳步地、越来越深地走入极权主义的泥沼。

尽管数以千计的德国人欢呼希特勒在 1933 年的成功，但是记录也显示，来自社会各阶层的许多德国人也被恐惧和忧郁所支配，他们强烈地怀疑希特勒会不受控制地向德国和全世界释放出污浊的洪水。一些故事，以及一个在乌尔施泰因出版社编辑部流传的可怕笑话表达了对即将来临的纳粹恐怖的怪异之感。1932 年阿图尔·科斯特勒在这家出版社工作，他转述了这个故事：

> 在中国明朝的第二个皇帝统治之时，有一个名叫王伦的刽子手。他是处决人的高手，他的名声传遍了帝国各省。那时，死刑是非常多的，有时一次就有十五或者二十个人被砍头。王伦的习惯是带着迷人的微笑站在断头台前，将弯曲的大刀插在背后，吹着快乐的口哨，一边向断头台走去，一边就以极快的速度将死刑犯的头砍下。
>
> 王伦有一个秘密的人生抱负，为了实现它他花费了五十年的时间。这个抱负就是一刀砍掉一个人的头，按照惯性法则，这个人的头依然留在他的脖子上，就如台布被极快地抽去，桌上的盘子纹丝不动一样。
>
> 王伦了不起的一刻在他七十二岁的时候到来了。在这个值得纪念的日子里，他必须将十六个死刑犯送去见祖宗。他像平常一样站在断头台前。他以无法模仿的快捷使十一个人头滚落在地。他的顶峰出现在第十二个人身上。当这个人走上断头台的台阶时，王伦的刀闪电般地划过了他的脖子，而他的头依然保留在原来的地方，这个人什么也没有意识到，继续往断头台上走。当他走到台上时，他对王伦说：

“残酷的王伦，你对其他人如此仁慈，为什么你要延长我等待的痛苦？”

王伦听到这些话，知道他一生的工作已经完成。平静的微笑出现在他的脸上。他十分有礼貌地对这位等待的人说：

“只要轻轻点点头就行了。”

正如阿图尔·科斯特勒补充的：“我们沿着德国民主城堡安静的走廊行进，彼此微笑着问候，只要轻轻点点头就行了。我们用手指推了推自己的脖子，确定我们的头依然牢牢地留在肩膀上面。”许多德国人在后来的十二年里，一直保持着这样的手势，其中许多人失去了他们的项上人头，再也不能把它们安上去了。

下　部

第八章

权力的稳固，1933—1934

纳粹党对政府的攻击

一旦纳粹党以民族振兴的幌子巧妙地混入政府当中，罪恶的结局几乎立即就开始出现了。希特勒采用了各种手法，只花了十八个月就消灭了他最棘手的政治对手。这些手法包括操纵舆论，秘密控制私人生活，获取极权主义控制的工具——警察、政府机构、大众传媒、经济和武装力量。希特勒的对手一个接一个地倒下。社会民主党人、共产党人、自由主义分子、保守的民族主义分子，由于意识形态上的幻想和公民意识上的软弱，很久之前就削弱了自身的力量。纳粹主义的胜利是在失败的意识形态和胆怯的对手破碎的后背上实现的。因为这个原因，克劳斯·爱泼斯坦对魏玛共和国的观点是无法反驳的："人们将一直保持对议会政党的责备，除了极个别的例外，它没有产生过烈士或者英雄，而只有不胜枚举的平庸之才，用对魏玛共和国肯定的认识去理解德国政治意识的所有尝试，都是注定要失败的。"

我们所回顾的这一时期——从 1933年 1月 30日希特勒被任命为总理，到兴登堡总统 1934年 8月 1日去世——具有奇怪的幻想和现实的双重性。公众对"民族的振兴"激动不已，但私下里也弥漫着对纳粹恐怖的恐惧。在国内和后来的国

希特勒的内阁

际政策中，希特勒到处放烟幕弹，公众面前说一套，私底下又说一套。他公开谈论自由与和平，同时秘密地准备着暴政和战争。他如此娴熟地玩弄着这些手法，以致德国国内国外的许多人都对希特勒真正的意图迷惑起来。

希特勒合法地获得了权力，但似乎是作为又一个政府的总理而已，因为在其中，法律是通过总统的行政命令通过的。在1月 30日至 3月 24日之间——在后一个日子里，希特勒的独裁赖以生存的《授权法》在胆怯的国会获得通过——一大堆行政法案以行政法令的方式通过。除了这一次希特勒用《魏玛宪法》第 48款剥夺了德国人民的民主权利之外，这似乎是以前三位总理的政策的延续。

保守主义者受到了欺骗，他们相信希特勒组织了一场保守主义和民族主义的革命；他们还欺骗自己相信他们能够控制纳粹党的领导人，或者使他们变得温和起来。直接对希特勒获权负责的保守主义分子——巴本和他的保守主义党羽——认为得到了不仅是总统也是负责武装力量的司令兴登堡的支持。担任副总理的巴本被要求，无论何时总理向总统汇报时，他都要在现场。他现在也是普鲁士的总理，这个位子使他控制了普鲁士的警察和行政机构系统。

希特勒的保守主义伙伴也安抚自己，认为纳粹党只拥有两个部长的职位——弗里克为内政部长，戈林为不管部部长和普鲁士内政部长。确实，只有一个主要的内阁职位，是不能与其他八个职位组成的合力相抗衡的。余下的内阁职位似乎牢牢地控制在保守主义者手中。康斯坦丁·冯·诺伊拉特男爵（1873—1956）是一个著名的旧式外交家，担任外交部长；维尔纳·布隆贝格（1878—1946）是另一个保守的民族主义分子，担任国防部长；阿尔弗雷德·冯·胡根贝格（1878—1946）是德国国家人民党的领导人、一位新的媒体大亨、一个虚假的革命者，担任商务和农业部长；弗朗茨·泽尔特（1882—1947）是准军事武装“钢盔队”的领导人，担任劳工部长；余下的三个内阁位置——弗朗茨·古特纳（司法部）、埃尔茨·冯·吕本巴赫（交通部）和卢茨·冯·什未林—克罗西克伯爵（财政部）——都控制在令人尊敬的民族主义者和传统的军事—工业联合体的支持者手中。正如愚昧的巴本向他的保守主义朋友所说的那样，希特勒已经成功地得到了“约束”。事实上，巴本对他在组阁和“雇用”希特勒的活动中所发挥的作用非常满意。他告诉一个神经兮兮的保守主义批评者说：“你需要什么？我得到了兴登堡的信任。在两个月里。我将把希特勒推到角落里，足以让他发出尖叫。”

在对希特勒和纳粹运动作出的判断中，巴本的话是最可悲的错误之一。巴本和他受到迷惑的同僚不仅相信他们能够控制善变的希特勒，而且也能控制纳粹有关“民族振兴”或者“民族革命”的口号，使它具有保守主义振兴或者革命的含义。他们在希特勒身后连成一体，确信民族的振兴真正针对的不是他们，而是政治的左派。当希特勒很快除去他们这些幻想的时候，他们自称是大为震惊，对希特勒的过度专制感到恐惧而退却。希特勒从来就没有掩盖他的野心。他十分清楚地表明，他并不想遵守议会的程序。令人好奇的是，为什么兴登堡—巴本—胡根贝格这个三人团伙——他们本身也不信奉议会政府——总是希望希特勒除了极权主义的国家之外，可以建立任何一种国家。因为极权主义的国家正是他们自己从1919年开始就从心底里一直渴望的。

在新政府由兴登堡总统主持宣誓就职之前，保守主义者实际上已经开始失去了控制。正如上面所提及的，除了胡根贝格的口头抗议之外，希特勒让这些新的内阁成员相信：国会应该被解散，新的选举应该在3月份举行，它将使已经控制了政府的纳粹党获得更多的德国民众的支持，建立消灭他们的政治敌人的舞台。随着这些步骤的实施，希特勒和他的所有前任一样，发誓将为德国人民的利益鞠躬尽瘁，遵守宪法和国家的法律，以两党合作的、公正的方式行使他的职权。

希特勒政府暂时显示出可以信赖的样子，欺骗了公众的虔诚，然后在2月1

日继续宣布一个彻底的计划，旨在重建德国人民的精神和政治的团结，尊重和保卫诸如基督教和家庭这样一些德国社会的支柱，通过两个宏伟的四年计划使经济重新具有活力，在和平的国家共同体中为德国重新获得平等大国的权利。当然，这是烟幕。希特勒利用这些虔诚的情感，只是为了掩盖他专制和好战的动机。2月3日，他出席一个秘密的会议，在那里，他被国防军的军官待如上宾，这时，他的这些动机就变得昭然若揭了。就如在相似的场合一样，这一次他对军队长官允诺，要以极权主义政府的形式开展一次彻底的国内变革，彻底清除马克思主义和民主的毒瘤。他还宣布要废除《凡尔赛和约》，使德国的军队再次具有火力，向东征服领土，给德国更多的生存空间。

希特勒的目标是清楚的：在自己所在的位置上传递出清晰的信息。他重复了戈培尔 1932年夏天的承诺："一旦获得了权力，我们就绝不会放弃它，除非我们成为尸体被甩出办公室。"希特勒还预言："一旦我进入政府，我就不打算离开它。"

希特勒的直接目标是运用《魏玛宪法》第 48款去削弱政府共和体制的民主性质。他确实没有去追求党内激进分子提出的一个目标，即引导一场社会和经济的革命。希特勒更喜欢通过国家现成的机构——其中包括正规军、大企业和行政机构——来进行工作，以获得他最终的军事扩张和征服的地缘政治目标。只要这些机构能够服从于他的意志，他就不打算改变甚至革新他们，他所偏爱的策略是渗透和调整，而不是革命。

新总理的第一个目标是使国会中立化，然后使自己放弃议会的体制。希特勒是能够在一个拥有议会大多数的联合政府中进行统治的。如果这样做，他就必须将中央党纳入他的政府。但是，希特勒估计中央党会要求一些让步以作为它支持政府的报答，因此他废除了一切组成联合政府的努力。他的下一个目标是解散议会，要求一次新的选举。毫无疑问，他对他认为是民主的文字游戏越来越没有耐心。他要废弃《魏玛宪法》，继续沿着极权主义的路线重建德国。希特勒告诉一群著名的实业家：计划在 1933年 3月 5 日举行的选举是德国的最后一次选举，假如它不是决定性的，那么，"决定性的结果必须以一种或另一种方式产生"。戈林进一步支持了这些观点，他说：即将举行的选举"无疑是下一个十年的最后一次，也许是下一个百年的最后一次"。

戈培尔有着世界上最邪恶的眼神

对普鲁士这个最大也是政治上最重要的州的控制，是控制德国其他州的前提条件。正如人们所回忆的，普鲁士政府在1932年就沿着巴本制定的更为集权的路线进行了改造。但是，普鲁士政府的完全统治在某种程度上受到了最高法院决定的制约，这个决定允许奥托·布劳恩和卡尔·泽韦林领导的社会民主党政府对即将举行的新选举实施临时监管。但是，与此同时，国家政府任命了一个它自己的普鲁士临时政府，巴本为总理，戈林为内政部长。1933年2月6日，巴本获得了总统法令，它要求立刻将依然在布劳恩行政当局手中的权力交给这个临时政府。这有效地违抗了1932年10月25日最高法院的决定，并且代表着另一次暴动，它并不有利于保守的民族主义者，而是有利于更为残酷无情的纳粹党人，他们为了自己的目的利用了这次机会。

就是在这个时候，冲动而残酷的戈林得到了自己渴望的东西，因为他知道："当他得到普鲁士司法部大楼新办公室的钥匙时，他就得到了通往权力的钥匙。"戈林有两个直接的目标：一是清除普鲁士内政部中不可靠的人；二是获得对警察力量的控制。戈林完全绕过了虚弱的、名义上的上司弗朗茨·冯·巴本，无情地将普鲁士警察纳粹化。他使十四位普鲁士警察主管退休，开除了许多下属的官员，任命冲锋队的首脑库尔特·达鲁格为"专职委员"，指派他清洗警察部门中的政治敌对者。库尔特·达鲁格是一名好斗的暴徒，因为头脑简单而获得"哑巴"的绰号。戈林也培养了自己的保镖——专职警察小组，并且将内务部彻底调整。戈林盯住内政部一个被称为1–A的不起眼的部门，它位于柏林的警察司令部，处理政治事务，并作为政治警察为整个国家提供情报搜集的服务。他任命鲁道夫·迪尔斯负责这个部门，迪尔斯是一个具有强烈的保守主义和反共产主义信念的官员，有很强的工作能力。当他和戈林弟弟卡尔的遗孀伊尔塞结婚之后与戈林建立了亲戚关系。当迪尔斯获得这个将与希姆莱发生危险的政治冲突的职位时，他承诺要将1–A转变为一个在普鲁士从未有过的权力工具。他的大话被证明并非狂言，因为1–A很快就从一个受制于警察总部的部门变成了秘密的国家警察，即未来的盖世太保，服从于内政部长的指挥。到 4月中旬，这个警察组织搬迁到阿尔伯特王子街自己的一个综合大楼办公。

戈林向那些幸免于内政部清洗和重组的人展示了他的计划，即鼓励所有层面的政府机构支持国家社会主义，采取最有力的手段反对政治上的敌手，尤其是政治上的左派。在给所有警察机构的一个命令中，戈林清楚地表明，警察官员在对待共产主义恐怖分子的时候，不需要小心谨慎，他们应该毫不考虑后果地使用他们的左轮手枪。他说："在执行任务的时候使用武器的警察官员受到我的保护。无论谁在执行任务时没有尽职都将受到惩罚。"这实际上等于是可以"随意射击"的命令。最坏的情况出现在2月 22日。当时，为了和据说是急剧增长的政治左派进行战斗，戈林选拔了冲锋队、党卫队和钢盔队的成员作为"辅助警察"。这些国家的准军事成员必须做的事情就是，在黑色或褐色的制服上佩戴白色的袖章，上面写着"辅助警察"的字样，这样他们就一下子成了警官，被许可威吓、殴打，甚至杀害"政治上令人讨厌的人"。正如阿兰·布洛克所认为的："这等于是将警察的权力交给了舞枪弄棒的匪徒。"或者以最近的例子来说，将这一权力交给了黑手党或者美洲丛林中的匪帮。

1933年 2月 27 日夜晚，德国国会失火。当火还在燃烧的时候，警察逮捕了精神错乱的、被发现在一所遗弃建筑里的荷兰共产党员马里纳斯·范·德·吕伯。许多书籍和文章都涉及国会大火，其中一些指责范·德·吕伯，一些暗示是共产党的所作所为，还有一些发现认为是在戈林或冲锋队首领卡尔·恩斯特的指挥下，纳粹党人实际上制造了国会的失火，然后利用了吕伯这位碰巧在国会火灾现场的著名纵火犯，以此作为借口对整个德国共产党进行全面报复。在后来的审判中，纳粹党人企图不仅将吕伯，而且将德国共产党领袖恩斯特·托格勒和三位保加利亚的共产党人格奥尔基·季米特洛夫、瓦西尔·塔内夫和布拉戈伊·波波夫牵扯进去，但是最后只有吕伯被作为唯一的罪犯被判刑处决。审讯从 1933年 9月 21日持续到 12 月 23 日，之前，最高法院搜集了许多火灾专家和目击者的意见，但是都没有发现任何证据证明火灾是共产党阴谋的结果。无论是谁对国会的焚毁负最终的责任——并且我们猜测可能是纳粹所为——毫无疑问，纳粹党人为了自身的目的很快利用了这次机会，他们扬言吕伯是共产党巨大阴谋的傀儡，需要彻底的手段粉碎即将来临的布尔什维克的起义。希特勒认为国会大火

燃烧的国会使得拯救魏玛共和国的最后希望破灭

是“来自天堂的信号”，并且在1933年2月28日，也就是大火的第二天，发布了题为“国家总统保护人民和国家法令”，这一文件终止了保证公民自由的《魏玛宪法》的七项条文。

> 因此，对个人自由，对自由表达思想的权利(包括出版自由)，对集会和结社的权利的种种限制，对邮件、电报和电话等个人隐私的侵犯，对房屋搜查的许可，对财产权的取消和限制都在法律的限定之外得到了许可。

另外，这一文件严格地剥夺了州的自治权，它主张：“在德国的任何州，假如没有采取必要的方法恢复公共安全和秩序，国家政府就可以暂时接管这个州的最高权力以恢复安全。”尽管人们认为，这个法令只是一个暂时的紧急状态的方法，但是它再也没有被废除。

这道法令是在3月5日的选举前不久发布的，它使得纳粹调集了整个法律的力量以反对它的政治对手。这场政治竞选在3月4日希特勒哥尼斯堡激动人心的演讲——“国家的苏醒之日”——中达到高峰，这场竞选也是到此为止最狂热和最具暴力的。政治对手遭到了围捕，他们的总部遭到了洗劫，他们的会议遭到了破坏。冲锋队和党卫队的辅助警察，以令人毛骨悚然的对“红色血战”的理由为借口，围捕了众多的左翼对手，同时让他们领教了纳粹政治教育的新方法。

令人惊讶的是，尽管纳粹党人使用了暴力手法，但他们并没有在1933年3月5日赢得半数以上的选票。纳粹党从39 343 300张选票中获得了17 277 180张，比上一次选举多得了550万张选票，但是依然少于半数(43.9%)。在民族党的帮助下——它获得了3 138 800张选票 (52个国会议席)——希特勒在国会获得了半数以上的议席。纳粹党的288个议席加上52个民族党的议席，从总共647个议席中获得340个，比半数多出17个。

选举的胜利给希特勒和他的追随者强有力的动力，依靠这股力量，他们推倒了依然将他们与政府的独裁控制相隔离的宪法之墙。在选举之后的日子里，纳粹党人利用了选举的成果，占据了地方和州的政府机构，使它们服从于纳粹党任命的“国家委员”的控制。鉴于3月5日选举的“全面的”胜利——正如戈林厚颜无耻地对当时情景的概括——州政府已经没有进一步存在的需要！在不到一个星期的时间，正式选举出来的州政府顺从地向当地纳粹暴徒掀起的暴乱投降。甚至在巴伐利亚，纳粹党人的整个接管没有出现大的波折。众所周知，该州的总理赫尔德早些时候还说他将逮捕踏上巴伐利亚土地的国家委员。按照卡尔·迪特里希·布拉赫尔的观点来看，巴伐利亚的接管是对“自上受监督的革命和自下被操纵的革命”的完美证明。纳粹党人非常清楚：正如在德国其他州一样，他们在巴伐利亚也不能依靠议会的大多数来获得权力。他们利用政府的紧急状态法令作为借口，自上指挥着暴动，并且利用当地的冲锋队和党卫队的突击队自下实施着革命。

因此，在3月9日，巴伐利亚区党部领导人阿道夫·瓦格纳在恩斯特·罗姆的陪同下，大步走进赫尔德富丽堂皇的办公室，要求任命里特尔·冯·埃普为巴伐利亚的国家委员。由于被兴登堡和国防军所舍弃，他只能无所作为地被解除职务。纳粹党人没有给任何机会，他们派遣了一支党卫队员组成的突击队前往慕尼黑电报局，得到了来自柏林的任命埃普为巴伐利亚国家委员的电报。在这一关键的时刻得到这一电报的是一位高大、金发的党卫队官员，名叫莱因哈德·海德里希。赫尔德投降了，暂时逃到了瑞士。当他回来的时候，他秘密地住进慕尼黑一家医院进行了一次手术。6月，他的一个儿子因为拒绝透露他的行踪而被关进了在达豪为政治的敌对者新建的一所集中营。

在新的纳粹政府，这种违法行为不再是例外，而正成为普遍情况。其他的州也一个接一个地落入这种“计划好的恐怖”当中。地方纳粹组织处于不安的状态，进行着充满暴力的抗议和煽动。接下来是一些纳粹国家委员的任命，他们接管地方政府以恢复公共的安全和秩序。在符腾堡、巴登、萨克森、黑森、汉堡、不来梅和吕贝克，都发生了同样的事情。在普鲁士，在戈林和弗里克监督下，纳粹党已经巩固了统治。在整个德国，冲锋队员以彻底暴动的方式，折磨着他们的对手，夺取了权力，获得了胜利。

最初，这种对德国传统和体制的混乱的、在很大程度上缺乏协调的进攻是耸人听闻的。事实上，恐怖的第一波浪潮总体来说是自发的、没有经过组织的。政治上的敌人被圈在废弃的军营、工厂和各种远离城市的地方，遭到残酷的对待。第一批集中营大多出现在柏林的郊区，德国中部为数较少，最为臭名昭著的是南部慕尼黑附近的达豪。在柏林，名声最坏的盖世太保监狱是哥伦比亚－豪斯，在那里，几百位共产党人、社会民主党人和犹太人在被送往集中营之前受到折磨和拷打。直到后来，这些未经批准的集中营才受到政府机构的监控，数量明显减少，管理变得标准化，成为恐怖的永久机构。达豪和奥兰宁堡是保存下来的最声名狼藉的两所集中营。另外新建的集中营主要是靠近柏林的萨克森豪森和靠近魏玛的布亨瓦尔德。尽管希特勒鼓励这种行为，但大多数集中营并非他计划建立。此种恐怖的爆发是多年来禁锢的纳粹侵略性的不可避免的结果。甚至在希特勒背后，在他的几个领导人当中，也存在着对国家权力工具加以控制的疯狂争夺。争夺导致了对罗姆的清洗，并导致了希特勒式样的多头怪兽的出现，他们是警察恐怖的头目希姆莱、国家机构的谎言者戈培尔、荒淫无度的暴君戈林。纳粹的疾病起源于巴伐利亚，也就是在那里，希姆莱和海德里希得到了柏林的戈林的支持，夺取了警察的权力，建立了集中营，最终在整个德国布下了监视、控制、威胁、拷问和“合法”谋杀的网络。

到了 3月中旬，伪装成“辅助警察”或者类似合法的国家代表的纳粹暴徒将所有种类的政治对手——富有的和贫穷的、著名的和无名的——均一网打尽，将他们处于“保护性监视”之下，拷打他们，并在许多情况下将他们杀害。马格德堡市长恩斯特·罗伊特对纳粹党的这种行径忍无可忍，被赶出了自己的办公室。他发了一份紧急电报给兴登堡总统，对纳粹党人的行动表示抗议。年老体弱的总统被隔离在不断增长的纳粹恐怖的现实之外，没有作出任何回答，而罗伊特在公众的视野里消失了，他被投进了集中营。在慕尼黑，弗里茨·格利希这位天主教杂志《捷径》的编辑，在办公室被纳粹暴徒打得血肉模糊，也被投入了集中营，最终在1934年7月1日罗姆遭清洗之后被谋杀了。弗里茨·布施在指挥德累斯顿国家歌剧院演出时，被喝倒彩，轰下了台，因为他持有反对纳粹的观点并且支持犹太人。5月，他和越来越多的德国人一道离开了这个国家。威廉·索尔曼是过去的国家内政部长，也遭到了党卫队员的毒打。康拉德·阿登纳是科隆的天主教市长和未来西德的总理，他被随便地免除了市长的职务，强迫退休。布鲁诺·瓦尔特这位莱比锡音乐厅交响乐团的犹太指挥，被禁止进行音乐演出活动。同样的命运也降临在其他非雅利安人的音乐家身上，其中包括奥托·克伦佩雷尔、阿图尔·施拉贝尔和埃米尔·富尔曼。

3月13日，政府宣布成立由约瑟夫·戈培尔领导的新的公共启蒙和宣传部，它的功能是将德国人生活和文化中不受欢迎的因素净化出去，使新的纳粹种族国家光彩四射。在任何地方希特勒都没有给戈培尔或其他高官以绝对的权力，他总是任命一些对手领导一些相互竞争的组织。这是生性多疑狡诈的希特勒惯用的伎俩。尽管戈培尔企图在德国人民的心中扩展力量和影响，但是他一直面对着一些竞争对手：作为科学、教育和民族教育部部长的伯恩哈特·卢斯特；作为国家出版领导人的马克斯·阿曼；作为国家出版主管的奥托·迪特里希；作为“元首的代表对整个纳粹党的精神培养和教育进行监控”的罗森贝格。

希特勒和兴登堡在波茨坦举行国会开幕庆典

3月21日，戈培尔帮助希特勒上演了一场宏大的调停大戏，它用民族主义的装饰板掩盖纳粹在德国颠覆法律、秩序和人类尊严的残暴行为。这一事件是在波茨坦加里森教堂的国会开幕式。3月21日不仅是春天的开始，象征着万物复苏，而且也是奥托·冯·俾斯麦1871年召开统一的第二帝国第一次国会的日子。“波茨坦日”是一个令人难忘的、具有欺骗性的政治大戏，它被用来哄骗德国人民相信纳粹党只是在实现德国保守的过去最优秀的特征。这一天以新教的圣尼古拉教堂的宗教仪式为开端，奥托·迪贝柳斯在那里进行了《假如上帝与我们同在，谁会反对我们?》的宗教演讲。来自中央党的天主教代表团和几个诸如希姆莱、埃普这样的纳粹党人出席了波茨坦地方教区教堂的仪式。一张位子是留给希特勒的，但是，这位总理却在他的宣传部长的陪同下向纳粹烈士墓敬献花圈。中午，庄严的国会开幕式在加里森教堂开始，教堂里安葬着腓特烈·威廉一世和他的儿子腓特烈大帝。钟琴和谐地奏出著名的德国赞美诗“永远行使着忠诚和尊严”。当希特勒和兴登堡进入教堂的时候——前者穿着双排扣礼服，后者穿着华丽的陆军元帅制服——观众正好得到了希特勒想要制造的一个印象：古老的普鲁士军队传统体现了旧式的荣誉、忠诚和爱国的价值观念，它现在正与新的、充满活力的德国连接在一起，而后一种德国的象征就是一个单纯的前线士兵阿道夫·希特勒。后来的明信片和海报描绘了这一对“元帅和下士”，它们企图唤起古老德国和新的德国的结合。

在进入教堂之后，兴登堡向皇家包厢里的皇太子和夫人鞠躬行礼；以前皇帝的座位有意被空着，被流放的皇帝在荷兰的多恩通过广播聆听演讲。先是演奏一首流行的赞美诗《让我们一齐感谢上帝》——用来歌颂腓特烈大帝在洛伊滕的胜利——然后，兴登堡作了一个简短的演讲，他劝说国会代表支持新政府。随后，希特勒进行了演讲，他提醒听众不要忘记魏玛共和国令人感到耻辱的岁月，但他用同样的语气宣布：自从他担任总理开始，一个不同凡响的新生已经发生。大多数现场的听众或在广播里聆听整个过程的人都被这个哄人的仪式所打动。公众隐隐地感到：在这个文字游戏后面，纳粹党正在建立一个新的极权主义国家，这个国家建立在对舆论和残酷力量玩世不恭的操纵上。

三天后，也就是3月24日，新的国会在克罗尔歌剧院集会，几个星期前，伟大的男高音理查德·陶贝尔在这里演唱了音乐剧《欢笑之乡》(奥地利作曲家雷哈尔的作品)中一些快乐的歌曲。现在，国会在这里批准一部新的法律，它是由希特勒递交的，旨在总体上取消国会和民主。

当代表们走近并进入歌剧院的时候，欢迎他们，尤其是非纳粹党代表的场景被巴伐利亚社会民主党的代表威廉·霍格勒忠实地记录下来：

> 克罗尔歌剧院前的大广场上挤满了身着黑装的人。我们听到野蛮的叫嚣:“我们需要《授权法》!”胸前佩戴着万字徽的年轻人傲慢地看着我们,挡住我们的去路,事实上我们是在推推搡搡中前行的。他们骂我们是“中央党的猪”“马克思的母猪”。克罗尔歌剧院中挤满了冲锋队员和党卫队员。集会大厅装饰着万字徽和类似的装饰品。我们社会民主党的座位被安排在最左面,冲锋队员和党卫队员在出口处排成一线,沿着墙在我们后面排成一个半圆形。他们的表情毫无善意。

一个名称委婉的文件在这种十分不稳定的气氛中被提交给各位代表,文件名为《终止人民和国家痛苦法》,也就是通常所指的《授权法》。这部法律是希特勒在后来十二年中建立自己权威的合法基础。因为《授权法》从根本上改变了《魏玛宪法》,因此需要三分之二的多数才能通过。当然,共产党已经被清除,但是,希特勒依然需要三十一张选票才能通过这项法案。他说服中央党投赞成票,条件是同意中央党的要求,即废除2月28日的法令,这项法令比现在提议的《授权法》走得还远。中央党领导人认为:无论怎样他们可能也无法阻止这部法律的通过;但是,他们希望假如他们支持了希特勒,希特勒就会尊重中央党的完整性和天主教在德国的利益,并且恢复被2月28日的法令废除的基本权利。希特勒口头上同意了这些条件,甚至答应将它变成书面的形式。在投票的那一天,中央党没有收到希特勒的信件。只有当弗里克以个人身份向中央党主席路德维希·卡斯保证信件正在邮寄途中的时候,中央党才同意投票支持这部法律。毋庸多言,信永远都收不到,希特勒既没有尊重中央党的完整性,也没有尊重它所代表的教会。

提议的《授权法》给予现政府许多权力,其中包括无须国会同意就可以通过法律;在必要的时候可以违背宪法;和外国缔结条约;将发布法律的权力交给总理。尽管这个文件坚持总统的权力不会受到侵犯,但是它将足够的权力交给了总理以保证纳粹党能够绕过兴登堡和他现在已经乏力的保守主义中间人——巴本和胡根贝格。当受到威胁的代表在1933年3月24日以441票赞成、94票反对通过《授权法》的时候,德国的民主遭到了希特勒的长筒靴的践踏。只有社会民主党有勇气投了反对票。

《授权法》是希特勒对政治对手的决定性胜利。他以一种典型的代表其性格的恶意快乐享受着胜利。我们一直在捕捉他在胜利和失败的一刻最真实的瞬间表情。在胜利的时候他目空一切，在失败的时候他自怨自艾，充满报复性。当社会民主党的领导人奥托·威尔斯在审议《授权法》的过程中进行最后一次演讲时，他满怀勇气和激情抨击了纳粹党的流氓行径，希特勒恼羞成怒，第二次登上讲坛，猛烈地攻击威尔斯和社会民主党人是陈腐的人，他用嘲讽的语气提醒他们："德国之星冉冉升起，而你们的星将要消失，你们的丧钟已经敲响。"

这些带有修辞色彩的威胁很快成为现实。威尔斯的同伴或受到攻击，或被关进监狱，或被流放。奥托·布劳恩是普鲁士的前总理，现在遭到了流放；威廉·索尔曼受到了纳粹暴徒的毒打；社会民主党的前领导人卡尔·泽韦林遭到了逮捕；社会民主党的国会议员尤利乌斯·莱贝尔在进入国会的时候，遭到纳粹党人的捆绑和堵嘴；甚至连最终以无望的姿态勇敢地反对希特勒的威尔斯本人，也在过去的几个月里浪费了宝贵的时间去约束自己的准军事力量，因为他不想做出反议会的行动，只要希特勒能遵守宪法。由于被希特勒挫败，威尔斯知道没有比流亡国外更好的了，他空想通过流亡的安全继续善意的斗争。其他一些人就没有这样幸运了。当纳粹党开始集结所有控制、恐怖和威胁的工具的时候，这颗"冉冉升起的新星"的残暴行径开始敲响无情的丧钟。正如阿兰·布洛克所言："街头暴徒控制了一个伟大的现代国家，平民区的人掌握了权力。"

一体化的方法和工具

3月 31日，中央政府通过了一部名为《各州协调一致临时法》的法律，它宣告州政府必须与国会中纳粹党的力量保持一致，授权各个州政府可以发布不符合州宪法的法律。在官方用语中第一次出现"一体化"(Gleichschaltung)这个词，纳粹党用来表示德国的机构与国家社会主义保持同步的进程。德语 Gleichrichter 这个词指的是一种设备，它让电流只朝一个方向流动，从而将交流电变为直流电。同样，代表着人民意志的元首引导着政策的流动，通过国家和党的机构下传给人民，这和奥威尔式的指导人民意志的老大哥形象是一样的。与这种设备相对应的是典型的纳粹心态。赫尔穆特·克劳斯尼克正确地指出："协调一致"不是纳粹的革命性策略，而是纳粹革命的本身，因为国家社会主义是渗透、掌握和协调德国的机构，因此也是渗透、掌握和协调整个德国生活的机构。

一体化是沿着两条相关的道路进行的：一是所有政府机构同步化；二是对所有公民进行群众动员，来支持国家社会主义事业。第一条道路涉及对所有政治对手和党派的清除；第二条道路涉及为了控制群众必须建立群众组织。

当重要的纳粹党人在州和联邦担任要职时，政府就首先保持了一致的步调。因为希特勒早就为这次接管小心翼翼地做了基础工作，所以他已经拥有一个预先选择好的对他忠心耿耿的班子，班子中的人都有预先安排好的职位。有 1933 年 2月 28日法令——它允许中央政府接管州政府的权力——的支持，纳粹党已经替换了许多州政府的民主代表，将自己的“委员”安排在关键位置上。在 1933 年 4月的第一个星期，希特勒把国家委员变为国家的地方长官 (Reichstatthalter)，从而使他们合法化和制度化。

这些国家的地方长官在任命和撤销州政府、制定州法律、任命和免除州官员等方面行使着完全任意的权力。他们的使命是保证对州政府的控制，强迫它们遵守总理的命令。他们是希特勒为了剥夺州的独立权力，最终废除《魏玛宪法》的联邦体系的工具。一共十八位国家的地方长官都是纳粹党人，他们当中的大多数人也是区党部领导人。因此，区党部领导人经常也是国家的地方长官。这是正在形成的政权古怪的一面，在其中，国家和党经常在并行的轨道上前行。为了保护自己无可争议的至高权力，希特勒没有让党和国家合并在一起，同时经常鼓励竞争的机构并存。对于一般的德国公民来说，正在形成的控制体制从外表上看似乎是无害的，因为旧的极权主义的行政服务很快就使自己适应了这一新的制度。但是，正如人们将要发现的，在法律和秩序规则的制度旁边，出现了越来越多邪恶的机制和机构，其中包括保护性的监视系统、盖世太保和集中营。

这种国家和党的二元性制造了过于重叠的管辖权、强烈的职业上的竞争，以及科层管理上的失误。另一方面，它也成功地消除了魏玛体制的大多数残余，因为它无情地消灭了所有政治上的对立面。到 1934年 1月 30日，名为《国家重建法》的法律发布，所有的州政府都服从于中央政府的权威。这一文件的发布之日正好是希特勒掌权一周年，它庄严地宣布德国人民超越了所有的政治冲突，被连接成一个不可分割的整体。尽管 1934年 1月 30日的法律没有废除州政府，但是它废除了选举产生的州议会，并且使现存的州政府成为中央政府的工具而已。

希特勒的一体化政策，也意味着消灭了所有有力的竞争性组织，其中最为显著的是工会。假如一体化意味着控制群众必须建立群众组织，那么政治控制的全面推进就必须是全力地对公民生存最有活力的地带——他们的工作场所——发挥作用。

因为德国工人阶级的核心没有向国家社会主义变节，依然保持着对社会民主党和德国共产党的忠诚，因此对于新政权来说控制这一关键部分的人口是至关重要的。为了实现这一目标，新政权采用了类似俾斯麦“甜面包加鞭子”的方法，即交替使用贿赂和威胁工人的方法。作为国会纵火案和旨在保护德国人民免于想象的敌人攻击的各种紧急法令的结果，劳工组织受到冲锋队和警察武装全面而恐怖的攻击。对整个德国可疑的工人居所的袭击，对工人的非法逮捕和拷打，对报纸的查禁，所有这一切都成为从 1933年 3月开始每天发生的事情。

鞭子后面是贿赂。根据戈培尔的建议，希特勒宣布 5 月 1日为“国家劳动节”，同时使它成为有薪假日，这是德国工人长期梦想和拥护的。纳粹党人制造了信任的气氛，然后就在 5 月 2日发动进攻，占领全德国的工会办公室，没收工会的全部财产。那些还没有处于“保护性监视”的工会主要领导人——如保罗·西奥多和彼得·格拉斯曼，他们批评希特勒对有组织的工人宣战——被逮捕和监禁。所有的工人组织被合并到德国劳工阵线当中，这个组织由罗伯特·莱伊领导，他是一个酒鬼（后来的绰号为“国家醉汉”）和自大狂。德国工人和雇主现在被强迫通过这个唯一的工会组织进行活动，这个组织与其说是为工人的需要服务，不如说是为国家的需要服务。

农业的协调一致和工业的协调一致相平行。在农业方面重要的控制工具组织是农业政治协会，它最初是由“血统和土地”的专家瓦尔特·达莱建立的，他的反动的农民意识形态经常显示出直接的反政府色彩，即反对政府对工业扩张和技术创新的重视。尽管其他的经济机构——诸如雇工协会或手工业、商业、工业组织——也一并被协调一致，或者用当时委婉的说法是“自我协调一致”，但是正如后来所看到的，作为整体的德国经济依然主要服从于市场力量和私人控制。

具有讽刺意味的是，在 1933年 7 月 14日“攻占巴士底狱纪念日”，政府发布了一部名为《反对新党建立法》的法律，它宣布：在德国只有一个政党，那就是国家社会主义德国工人党，并且禁止所有其他政党的存在和新政党的建立。这是所有德国政党的死亡证明。令人惊讶的是，德国的政党向纳粹党的暴政屈服是多么的温顺。两个左翼政党——德国共产党和社会民主党——长期在乐观的意识形态思想的指引下工作，悲剧性地低估了纳粹党而过高地估价了自己的绝对正确性，他们想象这种正确性建立在"历史的法则"之上，他们相信法西斯主义只是垄断资本主义历史阶段的一个短暂阶梯，而垄断资本主义又是不可避免地要让位给社会主义的。他们认为希特勒是资本主义的助手，接受了大企业的邀请，他很快就会毁了这个国家和他的党，从而敲响资本主义的丧钟。

路德维希·卡斯在1933年4月离开德国前往罗马，在他软弱领导下的中央党越来越关心的是天主教会的自由，而不是德国天主教徒的自由。该党相信教会在纳粹党的政权下依然能发挥作用。罗马教廷感兴趣的主要也是在国家社会主义的统治下保护教会的安全，因此乐意牺牲中央党以换取一个协定。因此，在1933年7月4日，中央党自愿解散。7月8日，副总理巴本和红衣主教帕西里签署了一个德国和罗马教廷的协定，根据这项协定，纳粹政府承诺保护罗马天主教在德国的完整性，允许德国天主教徒自由、公开的宗教活动。正如克劳斯·爱泼斯坦所言："曾经在政治上具有强大力量的天主教所遗留下的一切只是一个不断扩大的真空，这是五年来对民主和议会政府无能的、机会主义的、不充分信奉的结果。"

政治右派的投降是迅速的。德国人民党从20世纪20年代后期就衰落了。它的代表席位从在施特莱斯曼领导下的五十一个下滑到1933年3月5日选举的两个。德国人民党最后的领导人是爱德华·丁格尔代，他不得不同吵闹的极端分子、下降的代表人数和他的党员向纳粹党的变节作斗争。尽管在官方禁令之后，丁格尔代依然企图坚持，但是，在希特勒拒绝给予德国人民党成员政府非歧视的保证时，他还是勉强地解散了自己的政党。与名声受到损害的德国人民党相比，在1928年至1933年6月解散之间，德国国家人民党所扮演的角色对于它自身和德国来说是灾难性的。这一过失明显是由胡根贝格这个固执、狭隘的领导人造成的，他将自己的党拉到和希特勒一样的水平上，既毁掉了自己，也葬送了党。胡根贝格和许多保守主义追随者只是上层阶级客厅里的法西斯主义者，他们要用建立在"民族运动"基础上的新极权主义政府替代议会民主体制。他们在一种幻觉中忙碌，即纳粹党人是同一阵营的伙伴，这些伙伴相信民族运动意味着保守主义的运动。希特勒很快通过一些步骤将胡根贝格置于死地。胡根贝格在内阁中孤立起来，他在 6 月 27 日辞职，并且在同一天解散了他的政党。根据克劳斯·爱泼斯坦的观点："这是该党极其不体面的终结。在魏玛的大部分时期它不负责任的政策使德国的民主没有得到稳固。它从来就没有在主观上希望纳粹暴政的建立，但是它的政策客观上为这一目标发挥了作用。它成为它所制造的魔鬼弗兰肯斯坦的第一个牺牲品。"

希特勒政府在 7 月 14日通过的《反对新党建立法》规定：除了国家社会主义德国工人党之外，禁止所有的政党存在。那一天通过了几部重要的法律，而这是其中唯一一部进一步在德国扼杀自由的法律。这样，政府可以没收属于任何被认定与政府敌对的组织的财产；可以在不必进行详尽说明的情况下取消任何人的公民权；控制乡村居住并建立农场；控制公民投票，以确保对预定政策的舆论导向。另外，政府通过涉足新教教会的内部事务，使其结构集中化，并且使它服从于路德教会的"国家主教"领导。最后也是最不祥的，政府通过了一部名为《防止后代患有遗传疾病法》的法律，它使绝育合法化，并建立了可以运作的一系列生物学尺度，产生了涉及用毒气毒死十多万没有生存意义的德国人的安乐死计划。

7 月 14日之后，唯一保留的是一个以协调过的国会形式存在下来的议会空壳，它顺从地服从希特勒的命令去通过任何法律，无论该法律有多么古怪或者不公正。为了确保司法本身协调一致，纳粹党还起来反对法律体制。根据《行政机构重建法》的条款，纳粹党开除了那些"根据过去的政治行为"不能充分保证他们会完全支持新的国家的公务员。这意味着所有政治上的不可靠分子，都绝对地被从行政机构中驱逐出去。这部新的法律还引入"雅利安条款"，它将所有的犹太人从行政机构中清除出去，包括法院、法律专业机构、教育机构和政府服务机构。种族主义的第一阶段就此开始，而 1933年 4月 1日对犹太人商店的联合抵制正式地促发了这一阶段的形成。从此，纳粹德国开始稳步地采取驱逐犹太人、强迫集中居住和灭绝的政策。

7 月 14日这一天，这部可耻的有关行政机构的法令发布了，德国法官联盟主席卡尔·林茨在会见了希特勒之后骄傲地宣布："我们已满怀信心将一切交给了他（元首）。"接下来是将律师纳入由汉斯·弗兰克领导的、受到纳粹党控制的德国法律阵线和德国法学会。弗兰克的使命是在德国所有的州协调司法事务，同时在完美的国家社会主义基础上“复兴”德国的法律。在一些基本信条——“法律对德国人民是有益的”或者“法律必须通过健康的民族感情来加以解释”——的武装下，弗兰克和他的法律队伍开始颠覆法律的规则。正如后来所显示的，这些将整个德国的法律体系纳粹化的努力是完全不成功的，它们遇到了来自法律组织顽固而消极的抵抗。许多律师和法官企图继续认真和客观地对法律加以解释，尽管在政治案件中这变得越来越困难，因为纳粹党直接绕开正式的司法审判，建立了诸如人民法庭、特别法庭（特别法庭是在1933年3月21日国会纵火之后建立的）这样一些超出法律范围的机构。1933年10月在莱比锡最高法院前的誓词可以证明法律的一体化所达到的程度。这一天，一万名律师向希特勒敬礼，公开宣誓："以德国人民的灵魂宣誓，作为德国法律界的人士”，他们将追随“元首的事业奋斗，直到生命的终点”。

一位慕尼黑商人的妻子苏菲·汉德舒赫的案子进一步证明了最高权力机关对法律的颠覆。这位女士向州立法法院提出正式申诉，要求知道她的儿子在达豪集中营死于心脏病的全部细节。在令人恼怒和卑鄙的拖延后，她儿子的棺材最终被取出来，不过达成了不再打开的协议。但是，法院没有停止调查，因为一个年轻人在没有正当程序的情况下遭到逮捕，并且被移交给集中营，死于值得疑问的环境中。在对尸体进行检查之后，法院发现这位年轻人是被利器猛击头颅而死。法庭要求巴伐利亚警察进行进一步的调查。不久，警察传来消息，两名犯人在达豪集中营上吊自杀，一个是在10月17日，一个是在10月18日。州检察官办公室调查了这两个案子，发现两个人可能遭到了折磨和杀害。巴伐利亚司法部长汉斯·弗兰克博士将汉德舒赫和其他两个人的案子移交给了国家委员埃普和巴伐利亚内政部长阿道夫·瓦格纳，表示他不知道该如何处理这三个案子。汉德舒赫的案子已经发展到了这个地步，假如其他两个案子也以同样顽固的方式予以调查，那必然会直接揭露出所谓的“党卫队—警察—集中营的三角关系”。弗兰克建议以整个事件会有损州的名誉为借口将其掩盖起来。他还建议寻找一个合适的法律借口，并指示希姆莱通过向有关当局提出正式请求，停止对犯罪行为的调查。但是，处理案件的法律部门加紧了调查工作，甚至宣布将采取可利用的所有方法克服司法上的障碍。看来，巴伐利亚有关当局在反对希姆莱和海德里希的行动上赢得了一天的胜利。然而，他们只赢得了一天的胜利。希姆莱直接去找了希特勒，由他命令停止对整个案件的调查。法律失败了，谋杀在国家最高当局那里被合法化了。

蜂鸟行动：清洗罗姆

到1933年夏天，除了以下三个主要障碍，希特勒已经完全控制了国家：罗姆领导下的冲锋队不断发展的极端化；兴登堡总统依然行使权力；德国军队中传统派分子的影响。这三个集权控制的障碍是相互关联的。冲锋队的革命热情直接指向许多在德国社会受人尊敬的人物，包括资本家、将军、容克地主，以及罗姆所称的"胆怯的中产阶级"。经常可以从罗姆和他吵吵嚷嚷的冲锋队员那里听到好战的言辞，这威胁着希特勒正在打算建立的他的政府和传统军事—工业联合体之间微妙的和睦关系。由于希特勒快要得到绝对的权力，因此可以理解他非常担心罗姆会利用褐衫冲锋队员实施自己的专制权力。假如在斗争的年月罗姆是一份资产的话，那么现在他在两个方面就是一个负债：第一，他不愿意成为一个顺从的阵营的追随者，这对党的分裂形成了威胁；第二，他对传统的军事—工业联合体充满了仇恨，这可能毁灭纳粹运动自身。

正如罗姆的纳粹党对手在政府中追求关键的职位一样，他也集中精力发展自己的组织，将其规模扩大到四百万人，然后惊人地叫嚣：在第一次革命——它使得希特勒掌握了权力——没有完全成功的基础上需要发动"第二次革命"。他没有怀疑过希特勒的革命最终能够走多远，但是，到1934年夏天，罗姆看到许多现象，足以使他确信纳粹运动正在背叛它的原则。

正如上面所显示的，罗姆属于人数不断增加的雇佣兵，他们的存在是由战争和军事冒险主义塑造的，他们是"迷失的一代"，既不能也不愿意使自己去适应市民生活的日常规范。罗姆集团中的成员加入了日益扩散增生的右翼组织，这些组织在第一次世界大战之后纷纷出现。他们为这些"法西斯主义的先锋组织"——诸如自由军团这样的准军事团体——提供军事上的专门技术，希望这能使他们继续战斗、吵闹、饮酒。什么样的战斗，战斗的目标是什么——共产党人、和平主义分子、民主派人士、犹太人、软弱无力的人、普通的公民——都是无关紧要的。

约阿希姆·费斯特恰当地将这种态度刻画为“虚无主义的示威”，因为这些要求永远革命的分子除了示威和战斗，没有意识形态的信仰，没有长期的政治目标。

罗姆是这种心理特征的代表。他在回忆录——它的名字被恰当地取为《一个叛徒的故事》——中的第一句话说：“从孩提时代开始，我只有一个想法和希望，那就是成为一名战士。”他是一名非常优秀的战士，一个铤而走险的人，喜欢激烈的打斗，与粗野的人为伴如鱼得水，特别是在同性恋的圈子里更是如此。不像希特勒，他没有掩饰的才能，生硬而直率。罗姆是一个快乐的彪形大汉，讨厌装腔作势或故作高雅。任何散发世故、礼貌和修饰的东西——总之带有“文明的”东西——都和他的天性不相符合。他喜欢的地方是军营、乱糟糟的会堂和喧闹的啤酒屋。

从感情上来说，罗姆一直依附着希特勒，他错误地把希特勒作为自己的朋友，从纳粹党最艰苦的日子开始他就一直支持他。在希特勒从玻利维亚把他召回之后，他投身到重建冲锋队的艰巨工作中。他与希特勒的关系是紧密的。事实上，罗姆是少数几个被许可称希特勒为“你”的纳粹党成员之一。冲锋队的扩张，部分要归结为罗姆的领导能力和组织才能，部分要归结为不断增长的失业男性和在街头四处寻找工作的绝望的男人。就是这一私人的军队无情地占据了德国的大街，它是希特勒夺取权力的法宝。

但是，到1934年夏天，这支狂暴的私人军队及其性格暴躁的领导人，越来越变为希特勒控制所有权力的政治上的负担。罗姆的军队摆好了再打一仗的姿态，这次反对的是旧秩序本身，特别是传统的军队、贵族和商业大亨，他们是一群可恶的笨蛋，代表着法律、秩序、名望和庸俗的价值观。希特勒从这种倾向中看到了混乱。他现在已经结束了革命的浪漫之梦，希望从事管理国家的实际事务。罗姆感到希特勒就要向保守主义制度投降了。在他信赖的私人小圈子里，罗姆对转弯抹角的元首发起了猛烈攻击：

> 阿道夫腐烂了。他背叛了我们所有的人。他只和反革命分子交往。他的老同志们对他都不够好，所以他开始邀请这些东普鲁士的将军。他现在和他们结为朋友。阿道夫非常知道我需要什么，我已经告诉他许多次了。在德国不能再有皇帝的军队了。我们是不是在革命？必须有某种新的东西，明白吗？一种

新的原则,一种新的组织原则。将军们都是老式的守旧之人,他们从来就没有新的思想。但是阿道夫是一个也将是一个平民,是一个"艺术家"、一个梦幻者。他想就让我这样下去吧。他现在想要做的事情就是坐在山顶上扮演上帝,像我们这样渴望行动的人不得不苦苦地等候。要抓住去做真正伟大和新奇的事情的机会,这种事情是扭转乾坤的,这种机会是一生难逢的。但是,阿道夫一直在阻挠我,他要让时光流逝而指望奇迹出现。这就是为了你们的阿道夫,他要一揽子继承一个现存的军队,他要依靠"专家"去组合它。当我听到专家这个词的时候,我真是火冒三丈。他说他以后要使军队成为国家社会主义的。但是,首先他要将军队交给普鲁士的将军们。那么,革命的精神将来到底从哪里产生?从一群不可能在新的战争中赢得胜利的老顽固那里吗?你们谁也不要企图来愚弄我。你们正在葬送我们运动的整个思想和灵魂。

真正的事实是:希特勒没有计划毁灭罗姆或者冲锋队,他只是不知道如何去处理这个越轨的准军事武装。只要在通往权力的道路上他需要冲锋队,他就不会介意它的过分行为。甚至在他掌权之后,冲锋队依然是一个反对政治对手的暴徒俱乐部。作为辅助警察,在革命的开始阶段,希特勒还允许它扮演戏剧性的角色;但是,在国家已经被协调一致的时候,就不再需要私人军队了。事实上,冲锋队打算变为一支革命的人民军队,它是传统的保守主义军队最可怕的噩梦。冲锋队和它的领导人发现自己没有明确的授权,被挤压在国家、党和正规的国防军当中。国防军和希特勒达成了共同的目标,希望以此逃避"一体化",就某种程度而言也确实做到了这样,后来希特勒在与德国军队没完没了的冲突中发现了这一点。纳粹革命没有像俄国革命一样产生一支革命的人民军队。希特勒的成功之处在于将警察纳粹化了,并且控制了国家的主要官员,但是他显然没有将军队、国家的科层机构、法院和学校系统纳粹化。

但是,罗姆严重而悲剧性地低估了狡诈,误解了塑造其性格的意识形态的信仰。事实上,希特勒用正规军投下赌注,因为他知道没有保守主义将军们的组织天才,他长期的军事目标就不可能实现。希特勒对罗姆过去对纳粹运动的贡献大为夸奖,但是他也同样厌恶面对罗姆在新的纳粹帝国与他平分秋色,厌恶他想领导一支革命的人民军队。国防军也害怕自己被淹没在一支无产阶级的人民军队中。

在企图解决罗姆和冲锋队这一棘手的困境的行动中，希特勒最终在军队领导层和罗姆政治上的敌人两个集团的唆使下采取了行动。军队领导层主要有国防部长瓦尔纳·冯·布隆贝格、参谋总长瓦尔特·冯·莱希瑙上校、陆军总司令维尔纳·冯·弗里奇将军和年老的兴登堡总统。他们都要求希特勒对罗姆采取决定性的行动。

1934年4月11日，希特勒参加了在“德国”号巡洋舰上召开的军方最高领导层会议。这个会议从表面上看是一次纯粹的军事会议，研究海军的演习，但是，希特勒和军方之间的友好会晤达成了对罗姆命运的一致意见。作为对希特勒专制支持的回报，军方领导人在他那里得到了两个主要承诺：一是镇压罗姆的计划；一是保证维护军队的传统性质。

罗姆在党内的敌人和在军队中的敌人同样可怕。他最致命的对手是赫尔曼·戈林和海因里希·希姆莱，他们都通过铲除罗姆大有所获。正如以后还会提到的，戈林在1933年就在组合一个警察国家的框架上发挥了重要的作用。借助他的盖世太保(秘密国家警察)——它最初只是一个私人的恐怖小组——戈林消灭了希特勒的政治对手，为他的专制铺平了道路。在被兴登堡总统提升为将军之后，虚荣的戈林渴望获得合法性，他开始向传统的军事精英靠拢。1934年4月1日，戈林任命希姆莱为普鲁士盖世太保领导人，这是一个由懒惰和缺乏政治的持久力而促成的勉强决定。1934年，希姆莱逐渐建立了在党内扩大自己势力范围的舞台。他已经是巴伐利亚的警察总监和党卫队领袖。在他毫无道德的二号人物莱因哈德·海德里希的帮助下，他计划在整个德国编织自己的蜘蛛网。但是，为了达到这一目的，他必须消灭罗姆，因为党卫队依然是冲锋队的一部分，服从于罗姆的指挥。希姆莱开始了艰苦而耐心的工作，搜集冲锋队领导人的丑闻和人们对他们的抱怨。当血腥的清洗开始的时候，他身着黑衫的随从作为行刑队对他们身着褐衫的同志开始了行动。

尽管希特勒倾向于罗姆的敌人，但是，他对老战士的感情也使他确实感到难受。他对罗姆表面上的同志情义也并非完全是不真诚的。这位左右为难的元首甚至企图劝说他的这位老同志，不要再继续采用自取灭亡的政策去颠覆旧的秩序。1934年6月4日，罗姆和希特勒进行了四个小时的私人会晤，希特勒可能警告罗姆缩减冲锋队的行动，但是没有给他任何有关冲锋队在纳粹帝国中明确角色的暗示。但是，会晤产生了两个意外的结果：一是罗姆宣布自己愿意因“个人生病的原因”休假；二是让整个冲锋队也在7月份休假一个月。从事后的角度来看，我们现在知道，罗姆并没有计划在1934年去颠覆军队；他也没有认识到他快要掉进希特勒的陷阱。然而，由于有将近四百万人在罗姆的身后，他无疑是坐在一个火药桶上。这位冲锋队领导人继续鼓励庞大的游行、军事演习和大量储藏武器。正如约阿希姆·费斯特所观察的那样，这种紧张接下来控制了公众的情绪：“一年来，希特勒一直通过焰火、演讲、诉讼、政变和歇斯底里，使人民处于窒息的状态。现在，公众和希特勒都感到筋疲力尽了。”另外，没有受到多年来纳粹思想控制技术触击的富有洞察力的德国人，能够清楚地发现一年来纳粹控制所获得的成就——对政党的无情压制、威胁和折磨，对教会的刁难，再次出现的通货膨胀的幽灵，来自冲锋队的威胁，来自国外的不断增加的不信任。甚至年老神衰的兴登堡总统也感觉到，在德国出现了某种腐烂的东西，他对副总理巴本说：“巴本，事态正越变越坏。请把它们清理一下。”

巴本已经变成了一个政治上无能的人，现在却要竭力采取一个为时已晚、没有意义的反对行动。1934年6月17日，在两个政治顾问——埃德加·荣格和赫伯特·冯·博泽——的怂恿下，巴本在马堡大学发表了一个由荣格起草的演讲。在这个演讲中，巴本强烈谴责了新政府的过分行为，并且警告他的听众：“自私自利分子、道德匮乏、谎言、野蛮和傲慢，正以革命为幌子在德国蔓延。”这个演讲引发了狂怒。尽管戈培尔设法阻止这个演讲在德国广播电台播放，同时不让它在报纸上刊登，但是危害已经酿成。荣格催促巴本坚持到底，到兴登堡总统那里告状，亲自抗议政府对马堡演讲的压制。

6月19日，巴本和希特勒发生冲突，抗议戈培尔对他的演讲的检查，并且威胁将退出政府。这使希特勒受到严重困扰。对保守主义联合政府的破坏，以及对广泛的非法行为的参与，他必须对总统作出回答。总统又会作出何种回应使他忧心忡忡。作为总统和总司令，兴登堡依然可以终止他的政府，也许甚至可以终结他的政治生涯。但是，来自诺伊德克的消息表明，衰老而有病的总统估计已经不能活过两个月了。因此，希特勒把注意力转向巴本，答应同他一起去看望在诺伊德克的兴登堡。对于希特勒来说十分清楚的是：必须采取决定性的行动。随着兴登堡死期的临近,必须提出权力的继承问题。围绕在巴本周围的保守主义分子希望恢复君主政体。希特勒似乎在一段时间里玩弄着两种可能的游戏：一是自己当总统,然后任命一个著名的国家社会主义者任总理;二是直接将总统和总理的职务集于一身,成为德国的元首。有充分的证据表明：在1934年7月30日之前,希特勒已经倾向于将政府的这两个职位合并在一起。

6月21日,希特勒没有对巴本实现他的诺言,而是自己前往诺伊德克,表面上看是向总统报告他最近的意大利之行,实际上是为自己探明兴登堡还能坚持多久。困在轮椅里的总统清楚地表达了自己的态度：如果希特勒不能保持法律和秩序,他就宣布戒严令,让军队来管理这个国家。希特勒返回柏林,知道不能再浪费时间。在贝希特斯加登对许多事情进行了几天的仔细思考之后,他又回到柏林,命令逮捕埃德加·荣格,显然忽视了巴本的抗议。在元首背后,罗姆的敌人正渴望着行动,他们已经排好了准备逮捕和枪毙的名单。这些名单在主要的阴谋者——戈林、布隆贝格、希姆莱、海德里希——那里酝酿了许多次,每个人不是竞相增加“候选人”,就是争论是否将他们枪毙。这些邪恶的阴谋发生在他们阴暗的世界里,这似乎表明希特勒是在他们的操纵下除掉罗姆的。甚至在罗姆被清除的一周之前,希特勒还依然下不了决心,他告诉不同的冲锋队领导人不同的想法：他打算逮捕罗姆;他要开除他;甚至要补偿他。

但是,罗姆的敌手决定坚决消灭他。虽然只握有最不可靠的证据,但是他们却使自己和希特勒进入歇斯底里的状态,怀疑冲锋队反对政府的阴谋。巴本的两个顾问赫伯特·冯·博泽和古特尔·冯·奇尔施基在副总理官邸监视着正在进行的纳粹阴谋,他们敦促巴本尽快亲自和兴登堡一起来进行干预。他们作了最坏的假定,尤其是在荣格寓所的药箱里发现了字迹潦草的“盖世太保”之后更是如此。两个人恳求巴本给兴登堡施加压力,宣布戒严令,约束冲锋队和纳粹党的权力,撤销希特勒的总理职位,改组政府。

希特勒的随从现在感到行动的迫切,因为他们不能允许巴本说服衰老的总统,并强迫他采取措施反对希特勒。希姆莱明白,围绕在巴本周围的人都会惹是生非。对荣格寓所的进一步检查,得到了直接涉及博泽的有趣的文件。党卫队的侦探发现的各种资料中有一份设想中的未来非纳粹部长的名单,包括费迪南·冯·布雷多将军、博泽、埃里希·克劳斯纳(一个交通部的高级官员)和荣格本人。

6月28日，两位军队的主要领导人布隆贝格和莱希瑙将军队处于高度戒备状态，然后小心地躲在一旁，让纳粹的阴谋分子为他们干起肮脏的事情。军队的首领和纳粹的阴谋分子向希特勒发出了明确的信号，他正面对着两个潜在的威胁：一是受到巴本或他周围的人鼓动的保守主义阴谋集团；二是受到不忠的罗姆组织的即将发生的冲锋队暴动。也许为了哄骗假想的阴谋者产生错误的安全感，希特勒在6月28日离开柏林出席在埃森举行的区党部领导人约瑟夫·特波文的婚礼。很明显，就是在埃森，希特勒收到的依然是令人惊讶的错误信息，他最终吞下了暴动就要发生的诱饵。他现在决定除掉冲锋队和巴登周围的保守主义小团体。他委派陪伴他去埃森的戈林返回柏林，尽快准备对冲锋队和保守主义分子的打击。党卫队和党卫队保卫处接到了高度戒备的命令。这个命令产生了立竿见影的涟漪效应，在冲锋队的普通成员那里四散出恐怖的水波，他们似乎感到某种险恶的东西已经出现在面前。一些冲锋队的军官歇斯底里地向他们的部下惊呼："元首正在反对我们。国防军正在反对我们。冲锋队，到大街上去！"

围绕在希特勒和罗姆周围的阴谋越来越厚实。6月28日下午，希特勒访问了克虏伯的工厂；第二天，他视察了威斯特伐利亚的一些劳动营。未经修饰的照片显示了他身着皱巴巴的皮大衣，头发蓬乱，给人一种"谋杀犯犯罪之前"的狂野印象。6月29日下午，在维克多·卢策、戈培尔、他的副官威廉·布吕克纳和尤利乌斯·绍布、他的司机尤利乌斯·施莱克的陪同下，希特勒到达莱茵河边的巴德戈德斯堡，住进了德瑞森饭店。党卫队的区队长西普·迪特里希奉命立刻来到巴德戈德斯堡。迪特里希刚到达巴德戈德斯堡，希特勒就命令他立刻飞往慕尼黑等待进一步的命令。还没等喘口气，迪特里希就奉命行动。他从慕尼黑报告，他受命接管了驻扎在泰根塞湖边考夫林的两个党卫队连，考夫林是位于勒支河边兰德斯堡的一个小火车站。他将部队开进了巴德维塞，这是一个度假胜地，罗姆的随从正在那里愉快地度假，满心欢喜，一点儿也不知道正在等待他们的东西。

当这些行动在德国南部进行的时候，属于希特勒特别卫队的一千三百名党卫队员处于戒备状态，在利希特菲尔德的柏林干部学校做好了战斗准备。他们的目标是与考夫林的西普·迪特里希相呼应。柏林—利希特菲尔德军营在对罗姆的清洗当中也是主要的执行地之一。

7月1日凌晨两点，希特勒乘飞机离开波恩前往慕尼黑，降落在上维森菲尔德机场。区党部领导人瓦格纳和两个国防军军官报告冲锋队在慕尼黑发动了一场未遂的政变。这是一个明显的谎言，但它使激动的希特勒进入了疯狂的状态。他当场发誓要亲自前往巴德维塞，执行严格的审判。希特勒驱车前往内政部，在那里他气急败坏地召见了两位慕尼黑冲锋队高级官员奥古斯特·施奈德胡贝尔和威廉·施米特。施米特刚到，希特勒就向他扑去，撕掉了他的肩章，大声叫道："你被逮捕了，我要枪毙你！"和施奈德胡贝尔一道，施米特被关进施塔德海姆监狱，党卫队行刑队在那里等待着他们。

希特勒和他的同伴乘三辆梅赛德斯–奔驰轿车迅速前往巴德维塞。显然，他们并不在乎是否能在西普·迪特里希控制该地区之前到达那里。希特勒、赫斯和卢策坐在第一辆汽车里，紧随其后的是警察、党卫队员和戈培尔。希特勒把自己看作白衣骑士，直捣阴谋者的巢穴。他们到达巴德维塞的时间是早晨六点三十分。大多数游客住在汉斯鲍尔度假酒店，罗姆和他的手下就入住在这里，依然在熟睡之中。希特勒的手下手持上膛的手枪冲进了这家饭店。他们从老板娘的身边擦过——她嘴里还在嘀咕着她多么高兴看见这些贵客——然后一下拥进罗姆和他的手下正在睡觉的屋子。希特勒亲自逮捕了罗姆，称他是叛徒，命令他把衣服穿起来。埃德蒙·海因斯和另一个冲锋队员睡在一起，后来戈培尔将这段花边新闻进行了耸人听闻的处理，使它成为许多在巴德维塞遭遇到的令人恶心的场面之一。有人无意中听到希特勒在骂："你们这些猪，你们应该被枪毙。"

同时，在慕尼黑，区党部领导人瓦格纳正忙着围捕"受到怀疑的"冲锋队员，他们当中的许多人是在火车站被捕的。当希特勒回到慕尼黑的时候，戈培尔立刻与正在柏林的戈林通了电话，给了他一个名叫"蜂鸟"行动的暗号，这是一个前所未闻的恐怖浪潮。在慕尼黑施塔德海姆监狱、柏林—利希特菲尔德和其他地方，刺杀小组拷打和枪决了戈林和希姆莱拟订在死亡名单上的人，前者扮演了刺杀组织者的角色，而后者承担了执行者的角色。

里特尔·冯·卡尔是导致希特勒1923年啤酒屋政变失败的祸根，他遭到了逮捕和枪杀，他的身体在达豪沼泽地里被发现切成了碎片；伯恩哈德·施滕普弗尔神甫心脏中了三颗子弹，脊椎中了一颗子弹，因为他知道元首太多的事情。冲锋队的领导人被逮捕的时候，在面对莫须有的罪名的时候，一个个目瞪口呆，他们一个接一个地被投到施塔德海姆监狱，然后被迪特里希的行刑队枪毙。在柏林，巴本和奇尔施基被召集到戈林的办公室，并遭到软禁。巴本有幸躲过了一劫。同时，三十名党卫队员手持机关枪冲进副总理府搜寻博泽，一发现他，就把他射倒在血泊中。党卫队的杀手在整个柏林围捕和处决政治上的敌人。正在办公室工作的库尔特·冯·施莱歇和在他身边惊恐万分的夫人，被盖世太保的杀手射倒。布雷多将军在回应门铃时被射倒。埃德加·荣格在盖世太保秘密的单人牢房里遭到拷打之后被处决。格里格尔·施特拉塞尔是纳粹党的创始人之一，他在临近的一个单人牢房里被杀害。埃里希·克劳斯纳被枪毙在交通部。最想要逮捕的冲锋队要员之一卡尔·恩斯特正在前往马德拉度蜜月的途中，尽管他提出了口头抗议，但依然遭到逮捕，被推到行刑队的枪口下。

死亡也没有放过德国历史传奇剧的主要人物恩斯特·罗姆。在深思和犹豫之后，希特勒最终在戈林和希姆莱的纠缠下作出了处决罗姆的决定。希姆莱将执行的命令下达给西奥多·艾克这位达豪集中营心理变态的指挥官，他的格言是“容忍是虚弱的标志”。1934年 7 月 1日晚上六点之前不久，艾克走进了罗姆在施塔德海姆监狱的单人牢房，他给了罗姆一份《种族观察者报》，上面的通栏标题是“罗姆被逮捕和革职——对冲锋队的全面清洗”。艾克将一支只有一颗子弹的左轮手枪放到桌上。他告诉罗姆：“你的生命已经结束，元首再给你一次表现的机会。”他给罗姆十分钟的时间自杀。当罗姆拒绝自杀的时候，艾克和他的助手米歇尔·利珀特推开了单人牢房的门，对罗姆射出了两颗子弹，罗姆向后倒下，悲伤地喃喃说道：“我的元首，我的元首。”艾克挖苦地回答道：“你过去就应该想到这一点。现在太迟了。”一个杀手又向罗姆的胸膛射出子弹，结束了他的生命。

这个丑恶的事件后来被称为“长刀之夜”，有多少人在这个晚上死去从来就无定论。部分原因是戈林和希姆莱毁灭了所有有关血洗的记录。死亡的人数后来膨胀到几百甚至几千人，实际上可能在八十五人左右。德国人民被告知：罗姆阴谋反对纳粹党和政府，并且和施莱歇将军一起从事叛国行动，最危险的是他秘密地与一个大国的代表进行交易。这一切都是谎言，尤其是对罗姆与某大国代表进行协商的暗示更是如此。许多报纸出版了专刊，描绘勇敢的元首是怎样在巴德维塞清除同性恋的猪圈的。其中的含义是非常清楚的：德国人不应该对这些叛徒和“性变态者”有任何怜悯之心。

很明显，希特勒是在戈林、希姆莱和军队领导层的唆使下采取这一行动的，他试图让自己和国家相信：他拯救了国家，避免了数千生命可能的损失。7月13日，希特勒在对国防军演讲时显得非常疲劳，“他紧握着讲台的扶手，好像要失去平衡了”。他面对国家发表了激动的演说以证明行动的正当，他给未来的对手发出明确的信号：任何与国家挑战的人都必死无疑。他对这次血洗承担个人责任，并且骄傲地接受了“德国人民的最高法官”的角色，听众对他的这些言辞报以狂热的掌声。军队的成员以特别满意的心情聆听着他的演讲，当希特勒宣布国家只有一支武装力量的承载者，并且它就是军队的时候，他们显得十分高兴。国会一致赞成一部法律，它使这次凶杀合法地成为“国家紧急保护的方法”。

大多数德国人如释重负，并天真地相信，冲锋队恐怖的结束意味着法律和秩序的回归，戈培尔、戈林和希姆莱处于极度的兴奋中。军营里回响着欢呼声，军官俱乐部香槟酒杯碰得叮当作响。甚至兴登堡总统也给希特勒发去了电报，祝贺他“将叛国行为消灭在萌芽状态，把国家从极度的危险中解救出来”，尽管他对施莱歇的死亡和巴本的逮捕感到歉意。

1934年8月2日，年老体衰的总统死于诺伊德克。在他去世一个小时之后，总统和总理职位合为一体的消息就宣布了，这意味着阿道夫·希特勒将成为国家领袖和武装部队的最高指挥。同日，所有德国的士兵向希特勒宣誓：“在上帝面前，我将作出如下誓言：我将无条件地服从德国和德国人民的元首、武装部队的最高指挥阿道夫·希特勒，我将作好准备成为一名勇敢的战士，为了实现这一誓言，我时刻准备献出生命。”希特勒不受限制的独裁已经建立起来了。

第九章

极权主义的种族国家

人们用许多描述性的标签来归纳国家社会主义的国家性质。在20世纪30年代和40年代，“法西斯主义”这个词是流行的，50年代和60年代普遍采用“极权主义”这个词，后来则使用“多头治理的(polycratic)国家”或“种族国家”等名称。一些历史学家将纳粹帝国描绘为一个旧式的暴政，一个东方的宫廷，甚至不是一个国家。我们现在选择“极权主义的种族国家”这个词，因为希特勒的政治规划存在于种族主义的制度化，以及为了实现这一计划对极权主义手段的运用当中。我们还坚信：所有极权主义体制的本质存在于铸造一种新的、同质类型的人类存在，并且将这一人类存在用种族或者意识形态的术语加以概念化。因此，极权主义带来了人的标准化，这种标准化在纳粹德国是根据种族的概念构想的。约瑟夫·戈培尔说过：“国家社会主义革命的目标必然是一个极权主义的国家，它将渗透到公共生活的所有方面。”希特勒告诉赫尔

宣传部长约瑟夫·戈培尔

曼·劳施宁：这个极权主义国家的目标是制造一种新的、上帝般的人类存在。按照希特勒的观点，这就是为什么国家社会主义运动不仅仅是一个政治运动，甚至不仅仅是一种宗教，它是一种创造新人的意志。

这一新的极权主义国家存活在1933至1945年之间，它的动力存在于通过相应的党和国家机构进行控制的手段的构成当中，存在于种族计划的制度化，以及为了战争和征服对整个德国民众的发动当中。

纳粹德国大致被视为一个等边三角形，希特勒处于三角形的顶端，国家和党构成了三角形的等边。当然，几何上的相似物只是起到比喻的目的，因为纳粹三角形的三个角是很少相等的，国家和党的界限也不是能加以清晰勾画的。党和国家的官员有时是相互重叠的和双重的，从而制造了一种在一些人眼里由混乱的、互相竞争的机构组成的体系。这一点只有部分的真实性。这个体系是一个庞然大物，一头巨兽，但是它的组成部分——尽管会显示出周期的失调——运作还是相对流畅和有效的。确实，纳粹帝国无疑是人治的而非法治的国家，但是那些在纳粹党和国家机构工作的人恪守职责，在很大程度上符合久经考验的日耳曼传统——尊重秩序、效率，服从权威。事实上，纳粹德国最为突出的行为就是忠诚，作为整体的德国领导人和德国人民都将自己献给了希特勒。就是因为这个原因，任何对纳粹帝国的分析都必须从希特勒着手，然后接着讨论他的国家社会主义工人党、国家的机构，以及跨骑在两者之上的最为有力的组织——党卫队。

元首和元首原则

希特勒是纳粹德国，同时，纳粹德国是希特勒。这意味着希特勒的个性、领导风格及意识形态的信仰，塑造了政府的性质和第三帝国的生活。希特勒相信人治而不是法治，实际上，这意味着决策是在个人许可或者希望中，而不是通过行政程序或者正式的法律产生的。确实，纳粹体制受到它所拒绝的东西的限制，这些东西包括《魏玛宪法》的民主基础，以及使《魏玛宪法》具有活力的法律传统。从哲学的角度来看，新体制的精神体现在希特勒的言论中，在这些年里以不同的形式加以重复，这就是在德国只能有一个人的意志，这就是他自己的意志，其余的人必须对它完全服从。

但是，除了在种族和领土扩张的问题上元首有着毫不动摇的信念，他的意志并非一直是清晰的，在许多情况下它只是一种“奇想”。他天生的懒惰和决策的习惯，间歇性地在第三帝国的等级阶层中引发了相当大的混乱，从而促使更有力的、更无情的人按照他们自己的动机行事。这种结果就是经常发生的“极权主义的混乱”，它使许多历史学家误以为希特勒是一个“虚弱无力的独裁者”，较少参与自己政府的工作，没有能力处理日常的官僚政治事务，只好鼓励竞争和冲突，因此引发了“无休无止的冲突”、巨大的精力浪费，以及也许使胜利成果耗费殆尽的混乱无章。

在使自己卷入日常政府工作的意义上来看，希特勒确实很少参与自己政府的工作，无疑这一观点有一定的真实性。正如下面所显示的，这是他艺术家气质和对科层制普遍厌恶的结果。只有他的角色受到了质疑，或者只有当他的主要决策受到了挑战的时候，他对政府事务较少的参与才是其虚弱无力的表征。但是，这两种情况都没有出现。正如诺曼·里奇所指出的那样：“希特勒是第三帝国的主人。”阿道夫·希特勒是大众意志的化身，一直能感受到德国人民的最深需求。这一点在统治的精英当中是不证自明的公理。鉴于统治者和被统治者之间这种假定的紧密关系——这种关系被纳粹吹嘘为“德国的民主”——依赖于人民主权至上是没有必要的。当然也会出现偶然的公民投票，但是都是事后举行的，用来判定人民对给定的议题有何感受而已。

希特勒是按照教会的思路来构想自己的政府的，他对罗马天主教会表示敬意，视自己为永远正确的教皇。正如一个年轻的希特勒的崇拜者所说的：“假如天主教会认识到在所有的信念和道德方面教皇是永远正确的话，那么，我们这些国家社会主义者以同样发自内心的信念宣布，对于我们来说，元首在所有政治问题及其他影响人民的国家和社会利益问题上都显然是没有错误的。”在人类历史上，几乎没有出现过公共价值观和个人价值观如此完全的一致，个人的意志和胡思乱想构成了德国最高的法律。

同样无可争辩的是：希特勒的意志从来没有受到过严峻的挑战。他可能经常在没有书面指示的情况下进行运作，喜欢用口头的形式传达自己的命令，但是，事实是，这些命令具有法律的力量。在罗姆被清洗之后，希特勒宣布自己是德国的最高统治者，同时，他并不介入法律的程序，而是依靠他的同伙去做这样的事。不过,在任何他选择这样做的时候,他都保留了干预的权力。在马丁·尼默勒牧师被法庭宣布在煽动谋反的起诉上无罪的时候,希特勒说道:“这是最后一次在我宣布一个人有罪之后,法庭却宣布他无罪。”希特勒实现了他的诺言,他亲自改变了正式组成的法律机构作出的判决。

总之,希特勒的权力是不容侵犯的。德国的士兵、公务员、所有在纳粹组织中工作的人员,以及绝大多数德国人民都宣誓忠于阿道夫·希特勒。正如汉斯·布赫海姆所说的那样:领导的权力高于国家的权力,这是国家行政公认的原则,其结果就是,对国家行政权力的实际剥夺以有利于个人的权力。这种权力不受明确的法律规范和公共道德的约束。这样,纳粹党实际上相信他们已经征服了在西方世界曾经存在的国家的非个人性。

由此观之,对希特勒的个性和领导风格加以明晰的了解是关键所在,因为他的幻象和成见成为公共政策。对于希特勒来说,真实的情况同样适合于那些支持他的人,因为这些人以自己的方式体现了元首人格的特殊一面。

希特勒的领导风格建立在这样一种信念之上,这就是领袖必须获得强大的权力去从事他们必须去做的事情。这就是所谓的领导原则。一个人统治一个整体,但是,一个人授予下属他们所需要的领导权力,以便实现他们的最高统治者为他们建立的目标。这是一种逐级下派的命令链,有人称之为新的封建关系。这种类比是有道理的,因为纳粹的领导选择和领导风格有时是建立在“一群小元首通过强迫实行的效忠进行一系列可笑的再次分封”的基础之上的。但是,我们不能得出这样错误的结论:作为整体的纳粹体制因此是一种封建的非中心化,而不是极权主义的中心化。尽管纳粹帝国被一些由强有力的个人所管理的相互竞争的部门所分割,但是,这个国家是一个具有现代技术的、科层制的国家,它的目标是通过政府机构对国民生活的全面控制。希特勒实施着广泛而深入的领导,不受行政管理的政策或先例的控制。希特勒给予他的官员同样广泛的权力来完成他们的任务,同时鼓励高层下属之间展开激烈的竞争,他相信:最优秀的男人在自然选择的过程中将占据上风。假如一个合适的人处于合适的位子,这一原则就会产生奇妙的效果;假如一个不合适的人处于不合适的位子,结果就会是混乱、混沌和灾难。作为达尔文原则的结果,激烈的争斗从纳粹政体的出现到结束就一直没有平息过。有几件事情就足以证明这一点。戈林发动了对普鲁士内政部的全面接管，组织政治警察，然后继续扩展各种权力。但是在这样做的时候，他与也在扩展自己地盘的竞争者发生了冲突。在他负责“四年计划”的全权制订中，戈林与国家银行行长、经济部长、军事经济的全权代表亚尔马·沙赫特发生了冲突。具有说服力的证据表明，希特勒鼓励这样的冲突，因为他要利用戈林打破沙赫特和大企业、军方之间业已形成的联盟。

激烈的争斗在其他领域也十分盛行。海因里希·希姆莱在1933年夺得了慕尼黑警察首领的职位，接着，他以这个位子为基础蚕食德国其余的警察力量。他与戈林和戈培尔联手，设法铲除了主要的竞争对手恩斯特·罗姆，将党卫队建成了独立的力量，为极权主义的控制提供制度上的基础。约阿希姆·冯·里宾特洛甫在成为外交部长之前就建立了一个独立的里宾特洛甫办公室与外交部竞争；更坏的是，阿尔弗雷德·罗森贝格建立了自己的外交政策办公室，并开设了一个外交学校，为外交服务提供受过意识形态训练的后备干部。在第二次世界大战期间，汉斯·路德博士企图将里宾特洛甫从外交部长的位子赶下来，其借口是这位外交部长在精神上不健全。路德在争斗中失败，被送进了集中营。约瑟夫·戈培尔根据临时需要进行结盟，大家公认他是德国宣传无可争议的催眠大师。但是，矮小的戈培尔实际上不断地和工作在相同领域的纳粹同僚争斗，这些人包括马克斯·阿曼、奥托·迪特里希、罗森贝格和里宾特洛甫。尽管戈培尔聪明地建立了一个国家宣传的办公系统，但是他很快就发现，这些机构落入区党部领导人的掌控之中，而他们只对希特勒负责。

无疑，希特勒喜欢这样持续不断的冲突，因为这样使每个人都依赖于他。正如卡尔·迪特里希·布拉赫尔所指出的那样，希特勒以“无可匹敌的内行手法”使用了这种使每个人都依赖于他的方法。纳粹统治混乱的画面——一些人描绘了这种画面——是一种误导和错误。希特勒在内心深处是一个设计者和建筑师。他确实喜欢一反常态地行事，一点儿也不注意时间或者日常事务，但是，他能以惊人的纪律和坚韧工作。希特勒喜欢在孤独中进行设计，远离柏林混乱的氛围。因为这个原因，他经常前往上萨尔茨堡北坡靠近贝希特斯加登的伯格霍夫。从他山中的屋子可以俯瞰整个峡谷，在那里，他扮演着庄严的建筑师和幻想家的角色，发布大胆的计划，并希望他的部下无条件地执行。

希特勒一生都讨厌系统的工作，喜欢以艺术家而不是行政管理者的方式，直

帝国元帅赫尔曼·戈林

阿尔弗雷德·罗森贝格

觉和自发地作出决策。这一点部分地解释了他厌恶科层官僚的原因。当然也有例外，比如弗里克这样的人，他们能够不理会官样文章，执行希特勒要他们做的事情。随之而来的是：不能在希特勒身上指望什么行政的领导才能，因为他并不尊重行政的程序。埃伯特·施佩尔是希特勒最喜欢的建筑师，他经常想知道希特勒实际上是否在真正地工作。希特勒很晚才起床，安排一两个会议，但是从中午到傍晚他或多或少就懒散起来。另外一个观察者也注意到：希特勒完全不熟悉政府每日的工作，有一个很好的理由可以对此加以解释，那就是他一生从来就没有在政府岗位上待过一天。

除了是一位幻想的或者艺术家式的设计者之外，希特勒还是一位十分业余的人。事实上，施佩尔坚持认为："业余的性质是希特勒主要个性之一。他从来就没有掌握一个专业，在他所有努力的领域，他始终都是一个局外人。像许多自学的人一样，他对真正的专门知识的意思一无所知。"但是，这并不意味着他是无知无识的人。相反，他具有惊人的记忆力和令专家惊讶(甚至有时令他们恐惧)的快速反应能力。但是施佩尔注意到：当他遇到真正的专家时，他会感到不舒服和不安全。另外，他的技术知识——尤其是与军事事务相关的——完全是有限的，取决于他在第一次世界大战中的经验。正如后来的事件所证明的那样，他对新技术的发展没有任何感觉，尤其是对雷达、原子研究、喷气式战斗机和火箭。

当然，希特勒的风格是他性格的反映。为了理解他错综复杂的人格——他的许多方面永远都不会为理性的心灵所理解——不要将他妖魔化，不要将他描绘为暴躁的、无法控制的疯子，这是非常重要的。正如埃伯特·施佩尔所说的："假如在把希特勒描绘成独裁者时忽略了人类的特性，假如忽略了他的说服能力、他迷人的性格，甚至他炫耀出来的奥地利人的魅力，那么留下的只是推想和对他不真实的描绘。"

尽管没有受过良好的教育，希特勒依然具有高度智力水平。他如饥似渴地阅读，能够以令人信服的专业意见谈论数百个话题。在社交界，希特勒极为迷人，并讨人喜欢，尤其对于女人来说更是如此。事实上，他喜欢女人把他围在中间，尽管他和她们的关系停留在表面上。他对女人的欣赏是抽象的。他将她们理想化为一些类型，但他并不爱一个具体的有血有肉的女人。

与公众的看法相反，希特勒非常具有幽默感——正如施佩尔所指出的那样——尽管它经常被用来嘲笑别人。他会说："你知道战争什么时候结束吗？戈林什么时候才能钻进戈培尔的裤子？"他还是一个超级模仿高手，能够模仿不同的人物，扮演各种各样的角色。希特勒喜欢听笑话，自己则不太愿意说。特别是当听见一个好的笑话时，他会"放声大笑，有时会笑得前仰后合，经常在痉挛中流出眼泪"。但是，当粗俗的下属讲下流笑话的时候，他会显得不太舒服。

希特勒的另一个优点是对忠心于他的人也十分忠诚。他在秘书生日的时候送鲜花给他们；对司机和仆人非常有礼貌，经常坚持认为他们的需要先于他个人的需要；对忠诚的行为或突出的表现予以慷慨的奖赏；甚至念念不忘他的家人和仆人。他的老战友们只要不背叛他就可以为所欲为。他对他们的错误行为睁一只眼闭一只眼，并予以合理化，称它们为"合理的腐败"。

希特勒喜欢孩子，和他们在一起的时候，他显示出从未有过的轻松。许多他和孩子们在一起的照片——大多数孩子无疑是经过表演设计的——捕捉到这个人身上真诚的瞬间。他在许多方面是幼稚的，因此较容易和孩子而不是成年人相处。希特勒也喜欢动物，特别是狗和狼。在维也纳最艰苦的岁月，他一直省下一点儿面包，用来喂养小鸟或松鼠。因为这个原因，他仇视猎人，认为他们是自然最美丽的生物的谋杀者。

希特勒对艺术也十分热爱，其中包括戏剧、绘画、雕塑、歌剧，尤其是建筑。他在处理重要的、急需的政治事务中抽出许多时间去欣赏歌剧，参观美术馆，浏览艺术书籍，培育艺术家群体。在大战期间，他不断地使艺术家逃避兵役，一想到在战斗中他们会被杀死，他就会感到惊恐。希特勒喜欢让自己沉浸在理查德·瓦格纳、爱德华·格里格和安东·布鲁克纳的音乐中。他的朋友库比泽克在希特勒掌权许多年前就发现："希特勒在听音乐的时候，他变了一个人。他不再是狂躁的人，他变得安静、柔顺和驯良。"

尽管希特勒喜欢生活在奢华当中，但是他个人的趣味倒是简朴的。他既不抽烟，也不饮酒。在他的外甥女格莉去世后，他还放弃了肉食，成了一个素食者。希特勒避免个人的卖弄。他只有几套公务服装，甚至他的军服也是简朴的。不像戈林着迷于私人财富和华而不实的制服，希特勒对个人的占有不感兴趣。相反，一年又一年，他只有相同的套装、风衣、鞋子和帽子。他的领带一直能戴到破旧不堪为止。

阿兰·布洛克认为："假如希特勒心情好的时候，他确实是一个吸引人的同伴。"数百位人证明了这一事实：希特勒的个性力量不仅能够吸引，而且能改变那些受到他影响的人。见多识广的将军们最初决定将希特勒从"真正的"军事领域排除出去，但是在他的面前，他们改变了想法，并向元首的最高智慧表示佩服。希特勒的戏剧表演人格一直发挥着重要的作用，这一点经常是具有说服力的。希特勒著名的情绪迸发经常让将军们颤抖，直冒冷汗，但这通常也是在做戏。事实上，除了极少数例外，希特勒的暴怒不是自发的，而是自我诱导和算计的，以产生期望的效果。希特勒很好地利用了这些戏剧表演的天才，尤其是他催眠的眼睛。他的眼睛迷惑了受到它们影响的人。他的两只眼睛通常闪着蓝光，里面还带着少许绿灰色。他将自己的眼睛比作古希腊美杜莎的眼睛，它们刺透人心的一眼可以让一个人目瞪口呆。希特勒用眼睛说话，他企图用自己的戏剧表演天才来管理整个帝国。

从表面上看，一个令人印象深刻的奇观出现了。但是，在元首国家和元首崇拜闪光的外表下面，我们通过更为严密的研究发现一个带有严重心理紊乱和明显犯罪倾向的人。历史学家在希特勒的人格方面存在着分歧。甚至在他死亡五十年之后，公开的和私下的对希特勒的看法依然是含糊的、不明确的。尽管希特勒受到普遍的谴责，但是他依然使好奇者感到神魂颠倒，甚至觉得迷惑不解，同时，他的人格依然对专家提出了挑战。元首的人格似乎像变色龙一样难以把握，让人无法作出明确的判断；甚至当使他的政策得以产生的邪恶意图变得十分明显的时候，也没有什么专家对德国这位专制者到底是什么类型的魔鬼达成一致的意见。除了死不改悔的纳粹党人，对于所有人来说，希特勒是世界历史上邪恶的力量，是一个工于心计的、任性的、残酷的领导人。但是他的形象依然是模糊的，这证明了我们还无法去解释邪恶的或者致命的毁灭性。

许多年来，历史学家、社会学家、心理学家、记者提供了许多对希特勒的解释。一些人认为他是一个马基雅维里式的人，针对当下的需求调整自己的政策，但是，他也对绝对权力充满了渴望，从来没有停止对它的追逐。一些采取心理学方法的历史学家将他描写为一个临界人物，显示出了自恋的、妄想狂的、神经质的心理特性，这些都使他难以捉摸和无法预测。心理学家走得更远，认为他是一个恶毒的施虐受虐狂，也许带有分裂的人格。医学历史学家认为希特勒是一个瘾君子，忍受着安非他明的毒性，或者是诸如帕金森综合征这样的器质性脑疾病患者。这些理论中的一些是正确的，但是并不完全正确。尽管对人格变态的说法没有一致的意见，但是几乎没有什么专家不认为希特勒患有一种或几种人格上的变态。运用诊断上的或者历史上的(经验上的)证据，重新建立多种病症的轮廓是可能的，其中一些病症直接对纳粹德国的政策产生了影响。这些病症分为以下七个方面：

1. 严重的焦虑状态
2. 压抑的自杀思维
3. 邪恶的攻击行为
4. 精神混乱
5. 迫害性的思想
6. 身体症状
7. 反社会的(犯罪的)倾向

严重的焦虑状态。历史学家几乎达成了普遍一致的看法：希特勒是一个对所有事情都高度紧张和习惯性焦虑的人。他是一个严厉而又孩子气的人，经常深深地感到自己毫无价值，受到神经质的恐惧和妄想的折磨。他的一些强迫性行为，从本质上说是对生活的否定。他被一些病态的想法所纠缠，包括腐烂、断头、勒死、血液的不纯洁和性病。这可能能够说明他的洁癖和苦行的生活。希特勒非常关注健康的食品。他成为素食主义者和戒酒者的原因之一,是治疗几乎使他感到无望的胃病。希特勒也担心他身体的气味,他不断地服药以防肠胃胀气,但是这些药丸含有士的宁和阿托品的成分,完全可能产生毒副作用。他有太多的恐惧和焦虑,因此感到有必要将它们结合为一个他能够轻易地确认并与之一战的大恐惧,这就是犹太人有害的影响。约阿希姆·费斯特认为:"恐惧是希特勒心理形成时期主要的经验,极度兴奋的状态和深深压抑的心情相互交替,在后一种心态中,他只看到不公正、仇恨和敌意。"库比泽克在1905年所知道的年轻的希特勒,和1945年向整个世界挑战而深困在地下掩体中生病的希特勒并无二致,这是他刻板性的一个尺度。

压抑的自杀思维。尽管希特勒培育了一个拥有不可动摇的意志的外表,但是他对其生存的核心没有安全感,为没有意义的生存惩罚自己。像许多反社会的人一样,他害怕自己变得无足轻重。假如他不能成为伟人,他就会选择"零生活状态",甚至灭绝。这一态度在变态的人当中是普遍的,他们将现实二分成尖锐的对立面。自杀的主题贯穿了希特勒的一生。无论什么时候失败了,他总是陷入深深的绝望当中,随后是痉挛和大怒。正如下面还要提到的,当1923年政变失败的时候,他告诉惊恐万状的听众:"假如政变成功了,一切万事大吉;假如政变失败了,我们就吊死自己。"后来,在连续夺取总理职位失败之后,他再次扬言要自杀。就在他向德国人民宣布向波兰宣战的那一天,他几乎用同样的口气说:假如战争失败,他就不会活到结束——从他的有着钢铁般意志的元首那里,德国人民几乎听不到什么令人安慰的信息。

邪恶的攻击行为。希特勒的行动证明他具有邪恶的毁灭性。甚至在谈话中,他就乐于吹捧他所认为的重要的男性气质的美德,包括力量、强硬、残酷、权力。他的思想沿着这种思路朝着极端化的倾向发展。坚强的东西是力量的标志,温柔的东西是软弱的表现;有力的东西是正确的,而无力的东西是虚弱和错误的。在他的演讲中反复出现的短语是"不是……就是……",他在这里的意思是说只有两种选择——正确或错误、胜利或失败、力量或软弱。这种思想模式是强硬人物的典型特征,他们不能释放或者显示他们的感情,他们从人类的感情中退却出来,进入抽象观念的世界。希特勒欣赏进攻性的人物,因为他们在没有显示感情的情况下冷酷地表现了自己的权威。直到戈林失去宠幸为止,他一直是希特勒喜欢作为典范来推荐的人，因为戈林能在危机当中冷酷地行动，同时在他处死敌手的时候依然神情冷漠。希特勒甚至推崇他的最伟大的对手之一约瑟夫·斯大林，把他作为世界历史中最非同一般的人物之一，一个让人难以忍受的人。成吉思汗的游牧民族以无情的效率毁灭了城市，灭绝了敌国的男人、妇女和孩童，希特勒也认为自己和成吉思汗一样，并把他介绍给自己的将军。在元首的总部，一些机会难得的人忠实地记录了希特勒自然流露的自言自语，通过阅读这些材料，人们会发现阿兰·布洛克的看法："希特勒的思想是粗俗的，狡猾而残酷，有力但全无人类的感情，无知又不知羞耻。"

从他最初在维也纳遭遇艰苦的生活开始，希特勒形成了残酷和冷漠的对待他人的思想，后来他将这种思想理性化为伪达尔文主义的术语。这种思想主张生活是无休无止的为生存的战斗，在其中只有最强者才能获得胜利。希特勒将力量和对对手的攻击、侵犯相等同。他羡慕残酷，认为它是显示自身优越性的方法。他曾经向劳施宁坦承："残酷令人激动。残酷和天然的残忍。人们需要神圣的恐怖。他们需要令人发抖的恐怖，使他们在战栗中顺从。我不要集中营成为旧时代的监狱。恐怖是政治最有效的方法。"

精神混乱。希特勒是一个完全没有受过良好教育的人，缺乏在任何领域的扎实基础。正如我们所见，在年轻的时候，他毫无原则和区别，贪婪地阅读着书籍。他对世界的认识被可怜地扭曲，具有种族中心主义的特征。他不会说外国话，也从不到德国或奥地利以外的地方旅游。他爱幻想胜于现实，他的朋友库比泽克突出了他的这一特性。在对希特勒侵犯形式的分析中，埃利希·弗罗姆认为："假如将希特勒年轻时代的行为与他后来生活的资料联系起来，就会发现一种模式，即一种高度自恋的模式，它使一个人脱离世界，对他来说，幻想比现实更为真实。"但是，当希特勒非现实的观念受到挑战和质疑的时候，他会以愤怒和仇恨来作出反应；或者他会坚持认为他具有第六感觉，因此他会比别人知道得更好。众所周知的事实是：希特勒相信自己拥有稀有的预见能力，并且将一些决策建立在假定的洞察力上。人们会想起他的政治转化可能是以某种幻象为基础的，在其中有一种声音激励他为战败雪耻，拯救德国人民。在他一生的事业中，他相信这一发自内心的声音，同时命令他的随从也相信："无论谁向我表明忠诚，他都以自己的宣言和态度成为这一事业的选民之一。"他感到明显的魔鬼之力围绕在他的周围,他将它们客观化为有血有肉的犹太犯罪分子。无需奇怪的是：他一直在思考不可思议的东西,在他的话语中,痛苦地拒绝服从现实元素不可避免地出现了。

迫害性的思想。迫害性的情结是希特勒有缺陷的人格结构的基石之一。希特勒对复杂事件性质的认识,根本上是错误和混乱的,他总是将他的焦虑和恐惧外部化,责备巨大的外在力量超出了他的直接控制。他的演说天才就是企图说服德国人民相信：按照他的诊断，德国社会的疾病是世界犹太民族邪恶阴谋的结果。正如以前所揭示的,他的语言不断地带有宗教色彩：魔鬼的力量四处潜伏,随时可能进行“强奸”、灭绝或奴役德国人民的活动。因此,拯救存在于听从“血统的呼唤”之中,存在于听从一个人内在的民族意识当中。正在迫害德国人民的犹太人必须反过来受到迫害和灭绝。这里不存在任何选择,不是灭绝,就是被灭绝。

身体症状。希特勒的一生都受到身体症状和身体机能的困扰，他无休止地抱怨说不清的疼痛。他是一个受到焦虑折磨的抑郁症患者,不断地检查他的身体机能,测量脉搏,查阅医学书籍,热切地寻求有关疾病的建议和信息,吞服各种各样的药丸——感冒药、维生素、兴奋剂、防毒药,等等。他不信任任何人,在请教医生之前他先进行自检;当他寻求帮助的时候,他喜欢诸如西奥多·莫雷尔这样的非正统医生。莫雷尔是一个肥胖的、秃头的医学骗子,他使用兴奋药品使他的元首充满活力，但是这样做的结果可能是在第二次世界大战的后半阶段逐渐使他的病人中毒。

希特勒特别害怕癌症。他的母亲死于该病,一些富有说服力的证据表明：希特勒认为自己也将死于癌症。事实上,在1930年希特勒割除声带息肉之后,他就越来越相信自己活不长,他告诉埃伯特·施佩尔:“我将不久于人世,只要我还能支撑下去,我就必须实现我的目标,我的身体变得越来越糟。”他进行战争的决定很大部分取决于他认为自己不会活得太长，因此必须在去世前完成自己的伟大工作。正如亨利·基辛格所说:“历史还没有提供别的建立在医学假设基础上发动的战争的例证。”

反社会的(犯罪的)倾向。希特勒一生都仇视受人尊敬的、确定的或者“规范的”的体制。用汉斯·弗兰克的话来说,他是一个“麻木的心理变态者”,受到“完全原始的、任意的自我中心主义”的驱使,不受礼仪和习俗的约束。正因为如此,他仇视所有合法的、外交的或者资产阶级的习俗,所有体现了对他的冲动本我表现加以约束的社会价值观。假如将临床医学的标签运用到希特勒身上的话，那么它就是反社会的（犯罪的）人格。人们一致认为，希特勒受到几种可能的混乱状态的折磨；他肯定是强迫和强制并存的、做戏的、自恋的、妄想的，但是没有一种标签可以抓住他的典型性格。归根到底，他通常的品格反映在他的行为当中，而这一行为首先是变态。因此，我们的主要诊断是：希特勒是一个反社会的人物，他表现出通常与相类似的性格混乱有关的反社会倾向。

这种人格混乱的主要特征是根深蒂固的、对权威的情绪上的反感；它通常可以追溯到一个人在孩提时代和家庭生活中的经历。这种反社会的人物身上必然带有孩提时代在家庭中遭受背叛的印记。尽管这些人通常是聪明的、自然的或者可爱的，但是，他们实际上是冷酷、欺诈和喜欢操纵的。

正如以前所注意到的，希特勒通常生活在非法活动的阴影中，他的前三十年的大多数时间是在“反社会的环境”中度过的。在通往权力的道路中，他不断地与合法的权力机构发生冲突，并受到了九个月的监禁，这些经历都强化和证实了他的犯罪倾向。希特勒亲密的随从都反映出他的这种倾向：戈林是一个聪明的反社会分子和吸毒者，他无耻地掠夺他人的财富和物品；戈培尔是一个心理变态的说谎者和骗子，他在结束自己生命的时候命令妻子冷酷地杀害了自己的六个孩子；冲锋队首领恩斯特·罗姆是一个残酷的军事冒险者，带有明确的反社会倾向；罗伯特·莱伊是劳工阵线的领导人，是一个酒鬼和自大狂；希特勒的副手赫斯精神混乱，可能患有精神分裂症；马丁·鲍曼是希特勒的私人秘书和幕后操纵者，他卷入了对他过去的小学老师的谋杀；尤利乌斯·施莱歇是色情杂志《前锋》的编辑，是一个邪恶的种族主义者和性变态者；元首党卫队的领袖海因里希·希姆莱是一个神经质的抑郁症患者，他自封为检察官，冷酷地谋杀了六百万犹太人；希姆莱的得力助手莱因哈德·海德里希是一个残酷的心理变态者，因为不符合军官身份的行为被德国海军开除。

这样一些人物能够吸引希特勒并非出于偶然。他们是由同样的东西制造出来的。他们是一些“小希特勒”。除了赫斯以外，无论是他们还是他们的元首，都不能被说成是精神错乱。假设有缺陷的人格不可能成功地将自己的意志强加在整个社会之上，是一个严重的错误。在历史上，强烈的邪恶多次获得了胜利。无论怎样有缺陷，希特勒和他的随从都是些极端的狂热分子，具有令人惊讶的心理动力。他们对德国的机构发起了猛攻，企图使它们屈服于他们的意志。

纳粹党

1933年1月，不仅希特勒在一个高度的工业化国家获得了权力，而且使希特勒的胜利成为可能的纳粹党，都呈上升趋势。国家社会主义德国工人党在获得权力之后具有双重的功能。它是一个企图代表所有德国人民的大众党，但也坚持精英主义意识形态和领导风格。它的理想是充当信仰者的先锋，同时遵循某种精英主义原则，它至少在理论上按严格的等级方式组建自己的机构。正如迪特里希·奥尔洛所指出的那样，国家社会主义德国工人党在三个层面上运作：政治组织或称为管辖一定领域的干部组织；纳粹党的分支；附属组织。政治组织由它的领导干部组成。元首是党和国家的首脑。在党的一方，它的直接下属是鲁道夫·赫斯，他是希特勒的副手和"党的良知"，作为国家的部长，他有权协助政府的任何一个部制定政策或法律。赫斯的参谋长马丁·鲍曼渐渐掩盖了赫斯的光彩，他野心勃勃，工于心计，被称为"坐在办公室后面的马基雅维里"。

马丁·鲍曼

顶端的政治组织还包括党务总管菲利普·布赫勒；党的财政总管弗朗茨·克萨韦尔·施瓦茨和他的幕僚班子；党的组织总管，主要负责工作性质的说明和管辖权的解释；党内司法系统。其次的重要人物是国家党部领导人 (Reichsleiter)，在20世纪30年代后期一共有十八位，他们拥有专门的职位，管辖地方司法或被委派制定德国人民政治目标的任务。一般而言，国家党部领导人执行着没有特定领域限制的政策，同时服从于整个德国重要的社会或经济利益。十八位中最重要的人物是戈培尔（宣传）、弗兰克（法律）、罗森贝格（外交政策）、施瓦茨（财政）和布赫（仲裁法庭）。这个集团还包括诸如像维克多·卢策（冲锋队）和海因里希·希姆莱（党卫队）这样的准军事组织的领导人，以及极少数像戈林这样没有党的主要职务的人。

在国家党部领导人之下的是区党部领导人 (Gauleiter)，他们是纳粹党的地方领导人，管理着一个特定区域的纳粹党。他们直接对希特勒负责，他任命他们，反过来，区党部领导人指挥分区党部领导人（Kreisleiter），分区党部领导人又指挥地方组织领导人（Ortsgruppenleiter），地方组织领导人再指挥基层组织领导人（Zellenleiter）。每一个基层组织领导人在城镇管理四到八条街道，大约四十到六十户家庭。三十四位区党部领导人在他们的领地里是封建亲王，最终只向元首负责。对这个制度的不满之声明显来自基层组织领导人，他们的士气从来就没有高涨过。基层组织领导人是党的城镇办事员、传令员和邮差，普通的德国人不喜欢他们，认为他们是无能的暴君和好管闲事的人。

党的分支包括由巴尔杜尔·冯·席拉赫领导的希特勒青年团；由格特鲁德·舒尔茨—克林克领导的国家社会主义妇女联盟；国家社会主义德国学生联盟；国家社会主义汽车协会，这是一个有准军事义务的、专门的机动化组织；国家社会主义飞行员协会；由希姆莱领导的党卫队；罗姆被处死后由维克多·卢策领导的冲锋队。

党的第三等级包括与专业团体或者利益集团相关的各种各样的附属组织。党的这些社团肩负着将所有没有被党的分支触及的德国人融入纳粹思想中的任务。附属组织中最为重要的是德国劳工阵线，这个由罗伯特·莱伊领导的组织得到了国家社会主义的赞助。德国劳工阵线有超过两千万的成员，已经替代了魏玛共和国各种各样的劳工联盟和团体，它企图给相互竞争的社会经济利益团体带来持久的和平。由于在运作上有着巨大预算的支持，德国劳工阵线还发展了各种各样的分支机构，如企图丰富工人文化生活的“通过快乐获取力量”，还有寻求提高工作场所条件的“劳动之美”。其他的附属组织是国家社会主义福利组织、国家社会主义战争受害者救济组织、国家社会主义物理学家联盟、国家社会主义教师联盟、公务员国家联盟、国家社会主义律师联盟。

在 1933年 7月 14日，国家社会主义德国工人党成为唯一的国家政党，它面临着一系列从未成功解决的严重挑战，结果是在真正的正在出现的权力中心，纳粹党变成了一个空壳，包括希特勒和他的随从——希姆莱、戈林、戈培尔——在内的人建立了他们自己的帝国。另外，纳粹党和各种各样的国家权力机构展开了长期的斗争，这是一场既没有胜利也没有失败的冲突，它最终以对两个机构都十分有害的僵局而告终。一旦纳粹党将希特勒推到权力的顶峰，它就面临着严重的

德国纳粹劳动团是未来德国军队士兵的来源，同时也解决了严重的失业问题

身份危机。它是应该成为主宰国家的唯一力量，还是应该服从于国家成为支持性的、纯粹附属性的机构？这个问题在很大程度上是由希特勒在1933年7月初决定的，当时，他对此作了清楚的表达：革命的阶段已经过去，从现在开始，重点应该是发展而不是革命。这一观点有效地去除了在党的某些部门依然存在的推动力，它的目标在于把党作为激进变化的先头部队，对德国社会进行革命性的改革，犹如俄国在布尔什维克革命之后所发生的事情一样。出于以下几个理由，这类事情在德国没有发生。

首先，纳粹党在权威和领袖魅力方面不可能与元首竞争。在某种程度上这要归结于鲁道夫·赫斯软弱无力的领导能力。他是一个羞涩的、内向的人，他的一个信条就是完全服从阿道夫·希特勒。按照约阿希姆·费斯特的观点："赫斯是一个被动的极权主义者。和他在一起可以干任何事情，因为他喜欢感觉自己是一块捏在别人手中的蜡。"对于赫斯来说，元首是而且一直是正确的。在赫斯奇异的职业生涯中，他一直是元首软弱无能的副手，在主人的阴影下从事着没有前途的工作。他被允许进入公众的视线，只是为了表示他在群众集会上出现了，在那里，他向希特勒投去敬佩的目光。正如在兰德斯堡服刑时希特勒选择了没有能力的罗森贝格负责一样，他也选择了本质上是正派的但总体上没有决断能力的赫斯做副手。当然在纳粹德国，一个人的软弱是会被另一个人的力量所利用的。因此，赫斯邪恶的参谋长马丁·鲍曼在幕后伺机出击，培养自己的政治技术和操纵技巧，破坏他的主人和一些老同志的根基，使自己成为希特勒不可或缺的宠幸。当已经显示出精神混乱迹象的赫斯飞往苏格兰去执行徒劳无益的秘密使命的时候——表面上是进行一次和平的会谈——鲍曼很快就控制了纳粹党。尽管纳粹党在鲍曼的领导下重新获得了一些势头，但是，其内在的虚弱已经敲响了它的丧钟，对于纳粹德国来说，纳粹党已经无足轻重了。

除了赫斯软弱的领导能力之外，国家社会主义工人党还受到内部倾轧的扰乱。它的主要领导人不断进行权力争斗，为地盘厮杀，在党的社会计划方面一直不能持有一致的观点，这种状况造成了“惊人的无效率”。人们必然想起，那些在党内获得主要地位的人是一些进攻性的人，而且经常是一些没有原则的斗士，在他们的进攻行为中，纳粹好战的意识形态起着重要的作用。另外，他们的才能受到了教育和社会背景的限制。通常，他们是一些来自乡村或小城镇的对生活失望的小资产阶级分子。正如卡尔·迪特里希·布拉赫尔所言：“一个外省的、小资产阶级背景的、教育有限的、服过军役的、没有工作的人对于纳粹党员来说是普遍的。”他们对于党的社会使命从来就意见不一。一个围绕在劳工领袖罗伯特·莱伊周围的派别，希望真正的平等主义的社会，在其中，社会经济冲突的解决有利于社会的和谐和公社主义。他们认为纳粹党的社会目标应该是创造一个真正的人民共同体，将此变为现实的主要策略应该通过政府的“关心”，即采取慷慨大度的福利计划。但是，这个观点遭到了这个党派的几个关键领导人——尤其是赫斯、鲍曼和施瓦茨——的反对，他们没有拒绝满足德国人的需求，而是强调控制福利的重要性。一如纳粹德国的惯例，双方都希望希特勒表态，但是，他们发现元首似乎对双方都表示支持，而事实上拒绝作出最后裁决。

领导层的争斗和不一致，以及计划的含糊造成了迪特里希·奥尔洛所说的“惊人的无效率”，因为主要的官员企图保护他们自己自治的王国，在其中塞了许多没有能力的官员。腐败经常是盛行的，因为自我纠正的内在机制遭到顽固力量的抵抗。这种腐败的倾向在第二次世界大战期间得到了加强，那时，纳粹帝国得到了扩张，它远远超出了早已不能为它提供服务的管理机器了。

这些内在的虚弱使得纳粹党没有完全控制德国，更不用说改革它的基础结构了。国家社会主义德国工人党在一个高度工业化的国家获得了权力，它的主要机构——除了功能紊乱的政治体制——相对来说依然发挥着较好的功能。正如前面所提及的，希特勒需要的是统治而不是社会革命；他要使德国的主要机构完整无缺。希特勒知道，社会革命会带来与之相随的长期的混乱和机构部门的腐败，这将破坏他的领土扩张和征服的目标。

纳粹党的历史根本就不是历史，它只是一连串僵局和被束缚的发展。到1933年中期，德国处于社会动荡的剧痛之中，希特勒为了拔除纳粹党革命的针刺，开始严控党的言论。1934年中期，他通过削弱冲锋队粉碎了最后一股激进力量，其所造成的涟漪效应完全阻止了党实现对德国社会机构进行重大变革的努力。尽管纳粹党继续向这个国家的传统机构渗透，包括行政机构，但是倒退的情况依然是事实。传统的精英将自己嫁接在纳粹党上，部分是因为想保留他们过去的影响地位，或者是获得这一制度在扩张和胜利的时期可能带来的新的权力。几项研究显示了，纳粹党中并不存在平等化，倒退的情况实际上是事实：官阶越高，在其中精英的比例就越大。不争的事实是：没有一个普通的工人可以进入国家党部领导人的圈子。

到1939年，纳粹党拥有一百七十万名党员，大多数是男人。尽管他们称自己为国家社会主义者，但是工人代表非常稀少，而精英的数量大大超出比例。但是，它的核心依然主要是下中产阶级。纳粹党没有成功地变为精英组成的政党，它接受了太多的未经训练、缺乏考验的成员。纳粹党从一开始就受到一个在专业上有缺陷的小资产阶级斗士集团的领导，这些人极为好战，没有什么道德原则。总之，国家社会主义工人党是一个非常危险的政党，因为尽管它没有能力为历史建立任何肯定性的东西，但是，通过其内在的虚无主义倾向，它能够消灭整个社会结构。

国家体制

与纳粹党平行的是国家的机构。早在20世纪30年代，观察家们就被党和国家之间正在发展的复杂关系所困惑。第一个探索这种关系的系统研究是恩斯特·

弗兰克尔的《双重国家》(1941)，它集中研究了两个政府的存在：一是拥有特权的国家，在其中希特勒和他的官员作出特别的决策；一是业已建立的、合法的机构，它执行着日常的政府事务。弗兰克尔十分明确地认为：直到第三帝国终结，就是这个拥有特权的国家把持着主要政策的决定。

但是，“双重国家”的标签会引起误导，也许甚至本身就是矛盾的。这里只存在着一个由希特勒控制的国家。但是，假如将弗兰克尔的术语运用到政府功能上的话，那么它还是有用的，因为它们经常存在于这样一些官员手里，他们不仅属于党，而且在党和国家两个地方都拥有性质相似的职位和管理职务。戈培尔是国家党部领导人和国家社会主义德国工人党宣传的主管，但是他也占据了国家公共启蒙和宣传部部长的职位。瓦尔特·达莱是国家党部领导人，他领导着党的土地政策办公室及党卫队种族和移民定居办公室，同时他也拥有两个国家职务——国家食品部长(1933)和国家农业领导人(1934)。汉斯·弗兰克是纳粹党负责法律事务的国家党部领导人，同时也拥有多个政府职位——国家司法部长、国家不管部部长和波兰总督。希姆莱是党卫队的国家党部领导人及内政部德国警察的领导人，管理着一个越来越复杂的体制性的恐怖和种族主义系统，最终他替代弗里克(1943)控制了内政部。国家和党的关系变得越来越复杂，因为希特勒对政府科层制缓慢的步伐越来越不满意，他鼓励创建一些特殊的职位或组织以加快他认为对他的政策至关重要的特殊步骤。例如弗里茨·托德博士被任命为德国公路总监，负责建立一个新的州际公路，但是他的职位并没有被安排在运输部；相反，这个职位直接隶属于国家总理办公室和希特勒。正如马丁·布罗萨特所认为的那样，这是一些直接服从于希特勒，并且在帝国政府之外运作的特殊组织的典型模式。同样的事例是对康斯坦丁·希厄尔劳工服务处主管的任命，按照惯例，这个位子服从于国家劳工部长弗朗茨·泽尔特，但事实上，它变成了一个独立的组织，被安排去实施新的国家劳动服务计划，这是一个工作征召计划，据此，所有十八到二十四岁的男子都被要求进行六个月的社会劳动。

纳粹党企图将极权主义控制投射到世界的其他地方，而一些历史学家至今不加批判地认为，纳粹德国进行的是极权主义控制。但是，各种各样的国家官员或者党的官员所实施的双重而重叠的功能在进一步发展，这种发展似乎并没有证实极权主义控制的统一图景。因此，马丁·布罗萨特认为“多头治理”(polycracy）在描述纳粹国家的时候更适宜。“多头治理”意味着力量的多元状态和差异的存在，经常竞争的权力中心依靠对元首的唯命是从松散地聚集在一起。像“双重国家”这个词一样，“多头治理”是一个有用的启发性的概念，因为它抓住了纳粹帝国实际上通常如何运作的重大现实。但是，这个术语并没有表现出纳粹体制的本质或者它惯常的形态。国家社会主义国家是一个高度科层化的、技术上精密复杂的体制，它的最终目标是全面控制公民生活。实际上这种预期的控制没有成功，因为它受到了运作于其中的离心力的阻碍。但是它的惯常形态是极权主义的，纳粹党和国家机器在不同的层面上对此加以采用。极权主义的目标不是鼓励个人的自利，而是剥削他们以利于国家。

国家和党的舵手是阿道夫·希特勒。他有两个职位支撑：一是他从兴登堡那里得到的总统职位；一是他自己的总理职位。阿尔萨斯人奥托·迈斯纳（1880—1953）在第一次世界大战中是一位步兵军官，为德国管理乌克兰的国家州级办公室短期工作过。他是国家总统办公室的总管，忠心地为埃伯特、兴登堡和希特勒服务。1937年，希特勒还任命他为国家的部长。正如上面所提及的，迈斯纳是一个保守的君主制度的支持者，是一个旧式的职业官僚，他对兴登堡总统具有相当大的影响力。当希特勒将总统和总理两个职务合并之后，严格地来说，迈斯纳的职位就变得多余了。出于对保守主义精英的尊敬，他被保留下来。实际上，他的职位成了毫无权力的附加物，很大程度上减低到企求仁慈才得以保存的水平。

连接希特勒和他的国家部门的更为重要的机构是总理办公室，它的主管是汉斯·拉默斯博士（1879—1962），是一个专业律师和法官。拉默斯在内心深处也是一个保守的君主制度的支持者，同时具有强烈的民族主义信念。因此，作为一个无家可归的保守主义分子，他最初加入了胡根贝格的德国国家人民党，后来发现该党是一条死胡同，随后加入了国家社会主义工人党。希特勒选用他就是让他来做橡皮图章的，起草计划中的法律，处理与内阁科层管理相关的个人事务，作为内阁各部的联络人，基本上只是向希特勒报告正在进行的国家事务。拉默斯本质上是一个听话的技术专家，他能很好地完成交办的工作，和鲍曼一起成为希特勒的另一个自我。随着战争的开始，他的影响力迅速地衰退，这部分是因为他的主人穿上了战袍，部分是因为鲍曼成功地侵入了他的职权范围，从而使他成了一个传令员。当战后拉默斯被问及私下里是否知道犹太人命运的情报时，他一脸无

奥托·迈斯纳

汉斯·拉默斯

辜地回答道：他曾经问过希特勒“最终解决”是什么意思，希特勒拒绝对此进行讨论，只是说他已经给希姆莱发出命令去疏散犹太人。由于这种道德上的迟钝，加上他乐意将合法的橡皮图章加盖在希特勒犯罪的法令上，拉默斯在纽伦堡法庭被判处了二十年监禁，但是他只服了五年刑。

拉默斯的总理办公室被限制处理立法程序问题，而不是制订或起草法律。它只是希特勒和第三帝国增生的部门沟通的几个渠道之一。有关军事事务的议题最初安排给国防部，后来在1938年交给了武装部队最高统帅部，它是作为在威廉·凯特尔将军领导下的准军事办公室建立起来的。一般涉及个人事务的党国问题都由党的办公室处理。

直接在元首和这些机构之下的是国家的各部，它们各自拥有管辖的资格。在《魏玛宪法》时代，国家的各部通过内阁行使着相当大的权力和影响力，从而使内阁成为一个经常平衡总理权力的机构。在希特勒巩固其权力之前，他不得不通过内阁进行工作，内阁的大多数成员都是些保守的民族主义者；但是，一旦他将决策权集中在自己手中的时候，他就脱离了这些保守主义分子，让内阁自然死亡。第三帝国最后一次内阁会议在1938年2月5日召开。

希特勒拒绝这样一种观点：通过与民主程序相似的任何一种方式来作出集体决策。在第三帝国不存在一个共享的统治。希特勒直接与他的部长打交道，授权他们在自己的权力范围内像元首一样统治。在希特勒的许可下，他们能够起草法律和签署法令，而无需内阁、国会或其他法人团体的同意。反过来，希特勒希望他们无条件地忠诚，严格地固守在他们有资格管辖的范围当中，在没有通过总理办公室或者他本人的批准之前，这些部长之间不许讨论问题。

十六位国家部长对以下的管辖范围负责：(1) 外交政策，最初由康斯坦丁·冯·诺伊拉特负责，1938年后由约阿希姆·冯·里宾特洛甫负责；(2) 内政，由威廉·弗里克负责；(3) 公共启蒙和宣传，由约瑟夫·戈培尔负责；(4) 航空，由赫尔曼·戈林负责；(5) 财政，由卢茨·什未林·冯·克罗西克负责；(6) 司法，由弗朗茨·古特纳负责，1942年他去世后由奥托·蒂尔拉克负责；(7) 经济，先由亚尔马特·沙赫特，后由瓦尔特·丰克负责；(8) 农业，由瓦尔特·达莱负责，在1942年后由赫伯特·贝克负责；(9) 劳工，由弗朗茨·泽尔特负责；(10) 科学、教育、文化，由伯恩哈德·卢斯特负责；(11) 教会事务，由汉斯·凯尔负责，1941年他去世后，这个部被废除；(12) 运输，由尤利乌斯·多普穆勒负责；(13) 邮政服务，最初由保罗·冯·埃尔茨—吕本纳赫负责，1937年后，由威廉·奥尼索格负责；(14) 军备，由弗里茨·托德负责，1942年2月去世后由埃伯特·施佩尔负责；(15) 东部领土，由阿尔弗雷德·罗森贝格负责；(16) 国防，由维尔纳·冯·布隆贝格负责，1938年国防事务并入武装部队最高统帅部。最没有权力和最不引人注目的是财政部、农业部、劳工部、教育部、教会事务部、邮政部、运输部和东部领土部。有几个理由可以解释它们在制度的等级次序中地位较低。从一开始，希特勒就支持那些在他最关心的领域——为了领土征服进行国内动员——可以速见成效的组织机构。他几乎对技术性的问题一无所知，至多只是对财政、农业、科学、邮政或运输显示出一点儿业余的兴趣。另外一个原因是这些组织领导的类型。软弱或者没有能力的官员领导着财政部、教育部、教会事务部和东部领土部，而农业部、劳工部的领导人在意识形态上不牢靠，邮政部和运输部的领导人虽然有能力，但都是缺乏光彩的技术官僚，他们没有能力显示自己的权威，抬高自己部门的声望，或者抵制更富有侵犯性的竞争者的入侵。

财政部完全在卢茨·什未林—克罗西克伯爵的控制之下，他是一个有能力的、诚实的、工作有效率的官员，但是他为人软弱。他的主要缺点存在于他传统的精英主义知识背景。尽管克罗西克为人软弱，财政部依然相对地没有受到党的外

运输部长尤利乌斯·多普穆勒

部干预，原因有二：首先，几乎没有纳粹官员理解复杂的税收和预算程序；其次，国务秘书、纳粹党在财政部的官员弗里茨·莱因哈特一直保护着财政部不受党的攻击。结果是克罗西克通常可以独自做自己的事情，甚至在一些场合削减在军队或警察方面的过度耗费。克罗西克在普鲁士财政部的搭档是约翰内斯·波比茨(1884—1945)，他在这方面的工作更是敢作敢为，为了积极的反对行为，他付出了自己的生命。伯恩哈德·卢斯特(1883—1945)是科学、教育、文化部的领导，他过去是一位高中教师，后来因健康原因被教育系统辞退，但是更可能的是因为一次严重的性违规行为。从1925年开始，他成为国家社会主义德国工人党的成员，在1925年和1928年，他分别被任命为汉诺威和南汉诺威—不伦瑞克区党部领导人。1933年4月，希特勒任命了一个新的、重要的职务，希望他能改革德国的教育，以适合新的国家社会主义的模式。希特勒不可能选择一个更糟糕的候选人，因为卢斯特是一个华而不实的、不可靠的、没有办事经验的人。由于学校体制实际的运作依然掌握在州政府的手中，因此卢斯特从来就没有大范围地扩大自己的影响。州教育系统或党的官员——尤其是巴伐利亚的瓦格纳——告诉卢斯特少管闲事。卢斯特的主要业绩是创建了一个精英学校系统，即国家政治教育学院，打算为第三帝国培养未来的官员。但是，第三帝国存在着令人烦恼的风气，卢斯特与也对建立自己的帝国感兴趣的对手不断发生冲突。巴尔杜尔·冯·席拉赫和罗伯特·莱伊建立了竞争性的系统，即阿道夫·希特勒学校。甚至在自己的部当中，卢斯特也被纠缠在丑恶的权力斗争当中，与更具攻击性的威廉·斯图卡特发生冲突，希特勒不得不亲自来解决这一冲突，并达成妥协：斯图卡特被派往内政部，担任相同级别的职务。卢斯特被留了下来，整日惶恐不安，不被人尊重，直到战争结束。当时流传着许多有关他缺乏行政能力的笑话。其中最流行的是：卢斯特等于发布命令和取消命令之间最短的时间。

教会事务部是普鲁士议会的前议长和普鲁士前司法部长汉斯·凯尔(1887—1941)一手创造的。由于这个部努力去吸收福音派新教教会，因此可能是国家政府中最没有影响力的。政府要么企图将教会联合在国家社会主义主教的领导下，要么利用教会各派的门户之见，但每次它都遭到决定性的反对。凯尔不仅没有将“福音派新教教会”联合到统一的国家社会主义教会中，而且也没有压制“忏悔教会”的影响力，在尼默勒牧师的勇敢领导下，该教会对政府保持对立的立场。早在1938年，凯尔就放弃了吸收教会的努力，从而失去了元首的信任，变得默默无闻。当他去世的时候，他的这个部已经基本上不存在了。

另外一个虚弱的部门是成立于 1941年 11 月的罗森贝格的东部中央政治局，即东部领土部。罗森贝格在第三帝国的和平年代默默无闻，当希特勒向苏联发起进攻的时候，他重新获得了出头的机会。罗森贝格出生在俄国，声称对斯拉夫思想有独特的见解，这些见解都带有种族主义的气息。罗森贝格说服希特勒任命他为东部领土和它的管理方面的专员。国家军需部门表面上对罗森贝格负责，但是它们支持希姆莱坚持的压制和灭绝，不理睬甚至拒绝罗森贝格务实的建议——较为人道地对待东部人民，这使得他可怜的管理能力很快就暴露了。罗森贝格没有能力在无情的纳粹角逐的竞技场进行竞争。像希姆莱一样，他是一个种族主义幻想家；但是他又不像希姆莱，他相信灭绝是没有价值的。但是，他没有骨气地在东部执行着希姆莱的政策。

农业部控制在阿根廷出生的瓦尔特·达莱手中，这位“血液和土地”意识形态的信徒，相信农业应该通过血液而不是经济原则加以理解。按照达莱的观点，农民代表着德国经济的基础。国家有责任通过安置计划、乡村地区出生率的增加、对农村人口向城市移居不予鼓励的方法，来扩大其农民的基础。1931至 1938年期间，达莱是党卫队种族和定居办公室的主任。但是，他的反动信念越来越受到支持工业政策的人的反对。来自大企业及无依无靠的、持有抵制态度的和非组织化的农民越来越多的反对，阻碍了达莱的计划。在公开批评海因里希·希姆莱在东部领土的残酷方式之后，达莱在 1942年被免除了职务。

劳工部由弗朗茨·泽尔特 (1882—1947) 控制，他是“钢盔队”的前领导人和保守的民族主义分子，他越来越意识到他没有得到希特勒的完全支持，他也开始十分不喜欢希特勒，并直呼其名“阿道夫”。按照戈培尔的看法，这种感情是相互的，他注意到元首认为泽尔特是“一文不值”的。更有权力的纳粹党人开始侵入泽尔特的地盘，他们是四年计划的全权代表戈林、人力分配的全权代表绍克尔，以及劳工阵线的领导人莱伊。正如戈培尔后来所承认的:“这又是一个在领导人没有被免职部门就被一点点地掏空的事例。我们生活在这样一个职权不明确的国家当中。领导人之间和部门当中的大多数争吵都源发于此。按照我的看法,假如绍克尔或者莱伊替代了泽尔特的话,情况就会好极了。”

邮政和运输部最初控制在保罗·冯·埃尔茨—吕本纳赫手中，后来被分成了两个部，分别由威廉·奥尼索格（1872—1962）和尤利乌斯·多普穆勒（1869—1945)领导。奥尼索格是一位训练有素的数学家和物理学家,作为一位科学家他对通讯领域有着重要的贡献。因为德国的邮政系统还掌握着所有的电报和电话传送,因此奥尼索格首先进入了柏林的邮政系统,然后在1933年接管了国家的邮政系统。自从1920年开始,他就是一名纳粹党员,国家社会主义意识形态强烈激发了他。他还是菲利普·莱昂纳德“雅利安物理学”的支持者,这可以解释他进入原子研究领域并提供政府基金给曼弗雷德·阿登进行裂变研究的原因。尽管“神奇武器”给希特勒留下了深刻的印象,但是希特勒削弱了这一领域的努力,因为它并没有承诺立竿见影的结果。包括奥尼索格在内的许多德国科学家,都被排斥在较大的国际研究领域之外。他们让意识形态扭曲了他们的工作,同时也缺乏进取的态度以调动纳粹在政治上的支持,同大多数纳粹管理者一样,奥尼索格也面临着额外的问题,即不得不和内部和外部来犯的竞争者作斗争。运输部和邮政部的分离也是斗争的结果。

在1937年领导运输部之前，尤利乌斯·多普穆勒作为铁路专家服务于中国政府，有着丰富多彩的历史。1926年他是国家公路的总指挥,1933年他被希特勒任命为国家高速公路指挥部的领导人。作为一个特别有能力的管理者,多普穆勒得到了一批中立的、很大程度上对政治没有兴趣的专家,他希望能远离政治。但是,意识形态的变化之风也吹进了他的部里,尤其是在戈林四年计划的代理人随意介入政府各部内部事务之后。战争加速了这种发展,并且使运输部卷入了可恶的工作中,它根据希姆莱的国家保安总局的命令将数百万犹太人“疏散”到东部领土上。人们理所当然地认为：多普穆勒知道犹太人的最终命运,是他的铁路把他们送向死亡的。

最激烈的斗争发生在这样一些部里，希特勒期待它们去实现其伟大的设想——国家社会主义的制度化、种族净化和领土扩张的资源调动。公共启蒙和宣传部、司法部、内政部的重要使命是发动宣传,并且使纳粹党的种族信条合法化。军备和战争生产部(从1940年开始)、外交部、航空部、国防部(后来称为武装部队最高统帅部)的责任,是为领土扩张的目的负责调动资源。我在后面还要描述将要成为国中之国的党卫队,以及各种各样的协调和计划机构,以及联络辅助机构。

新成立的公共启蒙和宣传部是约瑟夫·戈培尔的个人采邑。它宏大的使命具有典型的极权主义体制的色彩:使民众"在精神上完全信奉国家社会主义的理想,最终彻底地屈服它,永远也不逃避它"。戈培尔是第三帝国真正的创造性天才之一,但是,他将他的天才抵押给了受到无能、自我仇恨、愤世嫉俗的感情伤害的扭曲的人格。从这些性格缺陷中,产生了一种通过国家社会主义和元首崇拜形成的"自我超越"的幻象。戈培尔狂热地以伪宗教的姿态制造了元首崇拜,因为就是从戈培尔那里,元首得到了幻想的满足。正如约阿希姆·费斯特所认为的那样:"元首这个词在希特勒那里意味着救世主、造物者和神圣的基督耶稣。"在和平时代,德国人民乐于相信戈培尔滔滔不绝的宣传。借助于他们的帮助,戈培尔热情地投身于完善政府谎言的黑色艺术当中。但是,从体制的观点来看,戈培尔不断受到许多障碍的困扰。尽管他机敏的智力受到人们的尊重,但是这位"小医生"遭到党和国家一些重要人物的嫉恨。他的日记里混合着对同事错误和愚蠢的抱怨,以及愤世嫉俗的观察。在自己的部里,他企图任用一批志同道合的、有工作热情的人,但是,他遭遇到来自传统文职体制的顽强抵抗,它在任命和提拔方面遵守资格和资历的严格规则。戈培尔不断地企图越过这个体制,坚持越级提拔和快速擢升他认为根据传统标准缺乏训练和没有资格的后备干部。到1942年,五分之二的高级公务员缺乏专业的训练,雇员人数越来越多,并且资格过于短浅。但是,戈培尔真正的斗争是与他的党内成员展开的。尽管希特勒让戈培尔控制了包括出版的宣传,但他依然任命马克斯·阿曼为整个国家社会主义出版的国家党部领导人和国家出版办公室主任,同时提升奥托·迪特里希为国家社会主义出版主管和派驻宣传部的国务秘书,负责向全世界其他地方通报纳粹的观点。这种职责不明和重叠的职位,引发了身居其职的官员之间的残酷斗争。戈培尔面临的情况更糟,他不得不和罗森贝格在文化领域、和戈林在艺术领域、和布赫勒在文学领域展开内部斗争。其他的部也认为宣传具有重要的功能,尤其是教育部和外交部。事实上,戈培尔与傲慢的、进攻性的里宾特洛甫展开了极度丑恶和持久的斗争。在戈培尔一无所知的情况下，里宾特洛甫说服希特勒，允许他自由地管理德国之外的宣传活动。

从 1934年到战争爆发，戈培尔的权威在逐步缩小，同时，有两个事件甚至差点让戈培尔在希特勒身边消失。第一件涉及戈培尔婚姻生活中发生的不忠，因为瘦小的戈培尔是一个玩弄女性成瘾的人。具体说来是一场热烈的爱情事件，这位宣传主管与捷克女演员丽达·巴罗娃私通。希特勒特别喜欢戈培尔的妻子玛格达，她是一位高大、金发、富有吸引力的女人，纳粹的宣传把她塑造为女人气质的典型；她也似乎真的爱上了希特勒，而不是她的丈夫。戈培尔很长时间里一直和巴罗娃在一起，甚至还想到了移民，但是他最终屈服于希特勒的意志而放弃了她。巴罗娃老老实实地返回了捷克斯洛伐克。第二件是第一件的回应。为了重新获得元首的欢心，戈培尔发起了许多事件，引发了 1938年 11月 8日至 9日臭名昭著的“水晶之夜”。这件事非但没有使戈培尔与希特勒重修旧好，而且实际上进一步损害了他的声誉，因为它在国外释放的后坐力过于强大。这一插曲是极其重要的，因为每次戈培尔的名声退潮时，他就会将反犹太主义作为一个策略来向元首谄媚。

战争初期，迪特里希开始动摇戈培尔的地位，他的权力进一步受到侵蚀。只有当战败初露端倪，后来又变得不可避免的时候，他的声誉才再次上升，恢复到早年斗争的岁月，戈培尔一直是以怀旧的心态回首那个时代的。制造一个敌人让人痛恨，制造一个含糊的理由让人支持，戈培尔的机灵变成了有价值的东西。他利用威胁和劝导，竭尽全力让德国人民相信胜利就在眼前。他在 1943年 2月和 3月的一系列著名演讲号召全体作战，堪称经典之作。他再次得到了元首的喜爱。戈培尔成为一个再生之人，宣传部成为一个制造希望和谎言的工厂。戈培尔告诉德国人民：他们正坐在一列行驶的火车上，没有人能够下车。他还企图欺骗他们：这列火车正向胜利驶去。

司法部和内政部本应该分别负责实施公正和强制实施公正，但是它们却在实施不公和威胁公民。1934年 2月 16日，政府通过了名为《司法行政管理转交国家法》的法律，据此，司法部并吞了前普鲁士的司法部，并且承担了对德国所有法官和法庭的最高控制。管理这一集中化体制任务的是希特勒的长期支持者弗朗

司法部长弗朗茨·古特纳

茨·古特纳，他是一个来自小镇的巴伐利亚人，具有小资产阶级背景。在第一次世界大战中，古特纳是一名前线军官，后来在法律界不断得到提升，最初是巴伐利亚司法部长（1922—1932），后来是国家司法部长（1932—1941）。尽管他是一位保守主义分子，无视纳粹党和其他右翼组织的泛滥，但是古特纳不是一个反革命分子，也不是国家社会主义的真正信奉者。像把他带到柏林的冯·巴本一样，古特纳是一个天主教保守主义分子，具有强烈的极权主义倾向，但不是一个法西斯分子或者杀人成性的种族主义分子。但是，他的权力是可以忽视的，他企图缓和纳粹体制的努力也是没有效果的。他对一位信得过的同事说："你无法想象，假如我不必进入司法部大楼，我是多么幸福。"关于希特勒，他说道："他让我说一句话，然后自己就说个没完，犹如急流一般，一路淹没所有的一切。他反对司法的先入之见是无法克服的。他的天性是无政府，对政治秩序的必要性毫无感觉。"古特纳为一艘正在下沉的船服务，并且他知道这一点。他能做的唯一一件事是通过拖延和阻挠做好善后事宜。但是，用生命作冒险努力从事这项工作的是古特纳的助手汉斯·冯·多纳伊，他是神学家和抵抗战士迪特里希·朋霍费尔的连襟。在古特纳和多纳伊的背后，纳粹新的司法机构的其他一些人正在逐步破坏德国保守主义的集权司法残余。其中一个人是古特纳的继任者奥托·蒂尔拉克（1889—1946），他是新的纳粹法院——人民法院——的首席法官，并且是德国法学院的院长。蒂尔拉克是一个具有攻击性的纳粹党人，不断地攻击出自司法部的决定，他谴责它们太"自由主义"了，都是不讲政治的分子促成的。在蒂尔拉克之后是人民法庭的继任者罗兰·弗赖斯勒（1893—1945），他是一位皈依国家社会主义的前布尔什维克政委。他全面地降低了德国的司法地位，愚蠢地为以下的原则作辩护：法官应该总是把自己放在元首的位置上，根据他的判决作出判决。但是，真正的政治斗争发生在内政部，它负责各州的联络工作、行政机构的事务和法律的强制施行等。在《魏玛宪法》的控制下，内政部至多只占有监督的权力，同时和各州分享大部分的管理责任。威廉·弗里克决定改变这种联邦主义的方式，而采用集中化的极权主义体制，依靠这一体制，德国将成为真正一体的国家。1934年，弗里克将普鲁士内政部和国家内政部合二为一，因此可能在德国建立了最有权势的中央集权化的政治体系。合并也意味着内政部的进一步"普鲁士化"。几百位普鲁士的公务员——绝大多数是清教徒——涌入新的内政部，留下了保守主义的印记。

从表面上看，《国家重建法》给予了内政部广泛的权力，它废除了代议制的州立法机构，将各州自主的权力移交给中央政府，使国家委任的地方长官隶属于国家内政部长。弗里克是一个快乐的人，公开宣布"一个世纪"的旧梦已经实现。德国不再是一个脆弱的联邦国家，而是一个强大民族的、中央集权的国家。但是，假如这个梦真的要实现的话，弗里克需要一个全面的计划在整个德国将政府的管理标准化，明确党和国家的机构权限和职能。确实，弗里克作了一些努力去解决令人恼火的权限重叠和资格的问题。这些问题从国家社会主义党掌权之后就出现了。但是，弗里克设想解决这些问题的改革遇到了两个主要的障碍：国家委任的地方长官、区党部领导人根深蒂固的权力和希特勒自己的权威。国家委任的地方长官不满意这样的想法：他们被降低为仅仅是内政部的代表，因此失去了独立自主的权力。他们绕过弗里克，向希特勒提出抗议，充满信心地等待着这个问题的解决。希特勒最终发话了，他什么时候都不想卷入国家部长(也就是内政部)与国家委任的地方长官之间有关法律解释的争议当中，除非涉及政治上的重大问题。正如马丁·布罗萨特所认为的那样，这将导致对被认为完全是"政治性"问题的武断解释，对这种现象的坚持破坏了国家部长对国家委任的地方长官和一些官员的优越地位，因为后者想要在一种自主的氛围中运作自己的权力，只服从于元首一个人的控制。希特勒显然不想要这样一种体制：在其中一个专门的组织或个人彻底地掌握了控制权，而他自己却被排除在外。

国家内政部和各州之间的联系一直保持在悬而未决的状态。国家委任的地方长官通常和内政部有一条交流热线，但是发布命令的热线连在希特勒那里。实际上，这些地方长官拥有广泛的权力，他们有权任命州政府的成员，有权任命州公务员，有权得到下一级国家或州机构有关所有政治问题的报告。他们的地位和过去的各类州负责人一样，权力没有被国家收回。为了提高行政管理效率，弗里克建议将国家委任的地方长官的职位和州长的职位合并起来，但是，他从来就没有给予一个明确的命令这样去做。只有在黑森和萨克森两个州,国家委任的地方长官和州长两个职位合并在区党部领导人手中。

弗里克甚至无法控制纳粹党对国家机构的侵入。弗里克成功地保留了批准地方官员任命的决定权,但是它只是名义上的,因为有一项附加条件：在第一次任命时,任命权控制在地方党代表的手里。假如州政府和党代表不能对已经作出的任命达成一致的意见,州政府有权第二次作出决定。

在涉及公务员的问题上,弗里克也和纳粹党纠缠不清。弗里克的理想是一个极权主义的行政机构系统,在其中,议会民主被一体的国家所取代,所有行政管理机构都被整合到内政部。正如我们所见,这一点从来就没有实现,因为它被党的官员,被希特勒,被整个即兴式的、将成为纳粹德国标志的计划体系削弱了。假如弗里克不能将党合并到国家的机构当中,党能掌握整个行政机构的管理吗?行政机构是一个精英体系,它由受过专业训练的行政管理人员组成,它是德国的骄傲。进入公务员阶层是受到限制的,它的入选人要拥有大学教育、可以被人接受的社会背景,并通过适当的国家考试。一旦通过试用期,所有公务员一生都被政府使用,不受政府任何变化的影响。大多数较为高级的公务员来自中产阶级或者上中产阶级背景,他们的心智是乏味、保守和守法的。公务员们在狭隘的人文或古典教育的信条中,也在同样狭隘的法律传统中接受训练,以德国政府官员的身份高高在上,远离民众。他们被认为是傲慢的精英。因为这个原因,人们就不会感到过于奇怪,尽管在某种程度上公务员依附于纳粹党人的精英主义和民族主义的主张,但是纳粹党人在知识和社会两个方面都抵制他们,而公务员也并不欢迎纳粹党人进入他们的行列。

在纳粹党人看来,他们一定要攻破德国这个权力和地位的堡垒。历史学家普遍一致的观点是：尽管纳粹党人渗入到行政机构的低层,但是在改变这一机构上毫无进展。毫无疑问,许多公务员从他们的特定岗位上被解除职务,一些是通过强制的退休,一些是通过简单的调离,但大多数依然留在岗位上。《行政机构重建法》在这一团体中没有带来什么变化,因为它的排外措施直接指向犹太人和社会主义者这两个团体,而它们从来就没有在文官机构中构成重要的成分。无疑,最早的纳粹党成员还能够获得行政机构的职位,甚至还可以使一些重要的公务员停职。但是,这一机构经受了一段混乱时期,并且进行了调整,甚至打算指派一些激进分子，以满足党的狂热分子的需要。专门为党的老战士准备的职位都是各种较低下的公务员职位。在严格的资格和资历作为提升规则的高墙之后，老派精英维持着自己的地位。尽管一些纳粹党人——如在他们各自部里的戈培尔和戈林——企图击碎这一高墙，但是这一体系证明在自我保护上具有相当的弹性。甚至是纳粹党人的公务员——包括弗里克——在旧式体系的文化中得到了训练，从专业和气质两个方面不能舍弃这一体系，而去支持一个主要建立在政治正确基础上的随心所欲的体系。

政府的去科层化因此从来也没有发生，尽管党内的一些狂热分子喜欢这样。纳粹党人可能已经渗入，甚至部分地腐蚀了文官机构，但是他们没有改变它。战争给文官机构一个喘息的机会，免遭了进一步侵犯。

尽管还没有对德国文官机构的最后结论，但是，可以确定地做出几个判断。德国国家机构继续运转的主要原因取决于它富有奉献精神的文官干部。不仅公务员继续有效地管理着自己的事务，而且有效地和他们的国家社会主义的主人合作，使得后者能够进行统治和征服。纳粹党一直在老一代“非政治化的”公务员那里得到支持，他们有着相似的极权主义倾向。激进的纳粹官员和非政治化专家勉强地互相讨价还价。可以这么认为：国家社会主义的统治确实是“极权主义文化”的产物。极权主义的国家管理机构惧怕民主的变革，同时把激进主义误认为是保守主义，它使得虚无主义能够发挥功能，甚至在明显的混乱中兴盛起来。

弗里克的内政部对法律的强制执行，以及对种族主义立法的法律认可，也负有责任。这个主题将在下一章讨论。关于警察的中央集权化问题，弗里克最初相信他的部代表着极权主义的中央集权，它已经获得了胜利，但是他很快发现，由于让希姆莱接管整个德国的警察部队，同时将党卫队建成一个越来越独立的机构，他正将权力的缰绳从手中滑落。尽管他向希特勒抗议希姆莱毫不留情的夺权，但是并不能阻止这位党卫队的领导人被任命为德国警察总监和内务部的国务秘书。换句话说，现在弗里克已经让希姆莱在他自己的部里东游西逛，同时在其他各个部门撒网，尤其是涉及出版、军队、交通控制、护照及有关警察官员的人事政策。无论是希姆莱还是他残酷的助手莱因哈德·海德里希，对弗里克这位表面上的上司都在进行着欺骗，不让他知道他们的秘密诡计。他们隐藏自己的行动，借助元首的权威来消除人们的抗议，并且引进一些头脑灵活的律师用聪明的诡辩掩盖自己的非法行为。到 20 世纪 30年代后期，弗里克已经变成一个顺从的部长，成为希特勒和希姆莱的橡皮图章。在战争期间，他失去了希特勒的宠爱，被解除内政部长的职务，担任了波希米亚和摩拉维亚国家保护官这一次要的职务(1943)。内政部落入海因里希·希姆莱和党卫队的手中。

仅次于党、政府机构和武装部队的是经济及其管理部门，它们构成了纳粹体制的主要成分之一。最初，经济部长是库尔特·施密特(1886—1950)，他是一家德国保险公司的前任执行官，1931年被引荐给希特勒。施密特后来被证明是一个过于小心、缺乏想象力和被动的人，希特勒在 1935年用亚尔马·沙赫特替换了他。沙赫特是国家银行行长，是德国少数几位有着国际声誉的经济天才。作为经济部长、国家银行行长和战时经济的全权代表，他在国家社会主义的第一个经济阶段发挥着主要作用(1933—1936)。沙赫特深得大企业和武装部队的信任，他大力推进三头并进的激活经济的政策，即大规模重整军备，政府赤字支出，政府和企业的紧密合作对东南欧新市场的开拓。

尽管沙赫特在大规模重整军备和公共劳动政策上与希特勒和纳粹党是一致的，他利用国家银行的金融资源去支持这些计划，但是，他开始在经济和道德两个方面对国家社会主义越来越表示怀疑。对罗姆的血腥清洗、对整个德国犹太人和犹太企业的攻击使他大为震惊。从经济的观点来看，他反对党反动的、在很大程度上是浪漫化的理想，即经济的基础是农民、小店主和手工艺人。他还认为对犹太企业和大百货公司的进攻是悲剧性的恐怖，它建立在对经济的无知和意识形态的狂热的基础上。1936年，当希特勒命令在经济方面来个大转变，进入第二个经济阶段(1936—1939)的时候，沙赫特和纳粹党决裂。希特勒要求经济要为全面战争的动员服务，他放弃了沙赫特对外贸的强调，而支持经济的自给自足，尤其在人工合成材料方面。为了实现这一目的，希特勒委派戈林负责四年计划，给予他绝对权力以完成自己的目标。

亚尔马·沙赫特

直到 1936年，沙赫特还有能力维护保证大企业独立的强硬措施。他还与军队中较为谨慎的人员(布隆贝格)紧密合作,因此对一些为了帝国扩张不计后果的计划发挥了约束作用。这一限制希特勒的障碍在1938年被彻底打破了,希特勒除去了军队和企业中那些小心翼翼的反对者,以及布隆贝格和沙赫特。就在这时出现了几个迫近的经济危机:严重的外汇短缺,惊人的货币贬值和黄金储备减少,越来越严重的税收问题,消费者不满,以及由重叠的经济机构引发的诸多问题。一些历史学家认为,这些危机构成了一个综合病征,它有充分理由促动希特勒选择战争作为解决经济问题的办法。

希特勒免去了有能力和有独立头脑的沙赫特的经济部长职务之后,只让他担任国家银行行长(至1943年),并选择了瓦尔特·丰克(1890—1960)作为新经济部长。希特勒跃入了第三个经济阶段,这一阶段与领土扩张和对外国残酷的经济剥削密切相关。丰克是一个精明、和蔼和随和的党员,他曾经是希特勒的私人经济顾问,随时准备服从命令。当希特勒任命他为经济部长的时候,他基本上依赖戈林确定未来工作的方向,并且紧密地与执行四年计划的官员合作。丰克很有忍耐的功夫,但是仇视戈林的多变和高压的政策。丰克也牵涉到抢劫被占领土的财富和从数百万犹太受害者那里劫财以储藏个人财富(包括黄金、宝石和现金)的事件。

丰克的经济部与创立于1940年的技术部门——军备部——紧密合作。该部由希特勒喜欢的专家之一弗里茨·托德(1891—1942)负责。正如上面所提及的,托德早在1923年就加入了纳粹党,修建了元首的高速公路。他还是四年计划主要的组织领导人。1938年,他建立了西壁防线。有一段时间,托德在政府正规的机构之外运作,主要对阿道夫·希特勒负责,而希特勒一直给予他热情的支持。在很大程度上,在担任部长一职之后,他继续以这种方式工作。他建立了一个巨大的组织,它的官员囊括了经济行动的广大范围,在整个战时经济背后越来越成为一支控制性的力量。当托德死于飞机失事之后,希特勒选择了他最喜欢的建筑师埃伯特·施佩尔做继任。在施佩尔的领导下,军备部成为1943至1945年间德国战争的主导力量。

到1938年,希特勒依赖他的政府支持他的宏大计划——发动战争以便为德国人民赢得生存空间。当时只有外交部支持他的这一目标,他自然不会不与它合作。但是,外交部——正如后面所描述的——里面都是些老派的外交官,他们反对希特勒的侵略政策。希特勒认为这个部是“一个知识分子的垃圾堆”。他尽可能地鼓励竞争性的组织，或者里宾特洛甫帮派的进攻性的暴发户们行动起来，从而绕过这些老派的卫道者。1938年，他免去了外交部长康斯坦丁·冯·诺伊拉特，以里宾特洛甫取而代之，此人不仅无知，而且没有骨气。

通过清洗难以管束又胆小怕事的领导人，希特勒压制了国防部。布隆贝格是兴登堡的被保护人，因为和一个曾经当过妓女的人结婚而受到羞辱；维尔纳·冯·弗里奇将军是陆军总司令，他耐心和谨慎的态度也不再适合新的精神，因此受到了同性恋行为的错误指控，被免去了职务。然后，希特勒重新组织了国防部，并置于一个新的机构之下，这个机构被称为武装部队最高统帅部，由顺从的威廉·凯特尔将军负责。在凯特尔的领导下，尽管武装部队最高统帅部中还存在着异议分子，对希特勒的目标或能力缺乏信心，但是它坚决地执行着希特勒的命令。总之，德国的军事领导人要么被胜利所欺骗，要么盲目地服从权威显得毫无能力。无论战争行为是多么的罪恶，他们都缺乏公民的勇气，顺从地尾随在他们罪恶的领导人身后，立正敬礼，按照命令行事。

有一个很好的事例可以说明我们对德国政府和它的领导人的看法。有这样一个人，他一脚站在纳粹党那里，一脚站在传统的军事部门那里。他就是赫尔曼·戈林。他身兼数职：航空部长、空军总司令、四年计划的全权代表、不管部部长和帝国元帅。

在纳粹的主要领导人当中，只有戈林是真正得到德国人民喜欢的。希特勒如神一般过于超然，戈培尔过于文气，而希姆莱则过于冷酷，没有感情，难以形成积极的印象。而戈林是一个快乐和热情的人，他设法给予新的极权主义机器以人性的外表。戈林在心底里是一个浪漫的保皇主义者，具有上层阶级的背景，这使得他能够进入

陆军元帅维尔纳·冯·布隆贝格

维尔纳·冯·弗里奇将军

高层的军事和社交圈子，也一直促使他去培养与过去的保守主义精英之间的关系。戈林也不是一个忠实的反犹太分子。他真心热爱和欣赏的教父有着部分犹太血统，他的一些亲密的朋友和同事也是如此，尤其是他的航空部的国务秘书。戈林是根据第一印象而不是种族特性来判断一个人的，这就足以解释他的名言："我决定谁是犹太人。"一个下属指控他家里的一些客人是犹太人，他就是这样回答他的。

但是，戈林具有的许多无可怀疑的积极性格——高智商、创造性、忠诚、领袖魅力、大胆——被他无耻的机会主义、贪婪、虚荣和道德的懒散所削弱。事实上，戈林被对立的两极深深地分割：对朋友慷慨，对敌手宽大，但是也具有报复性和惊人的自私。他的生活摇摆在强迫性的工作和自溺的暴饮暴食之间。他能在一段时期内对一项专门的工作集中精力，之后，就会堕入懒散，体重急剧增加。约阿希姆·费斯特将他比作"雇佣兵和纵情逸乐之徒的混合物"，H.R.特雷弗—罗普将他形容为"涂了香水的尼禄"。这些描绘无疑都抓住了戈林复杂人格的某些方面。

事实上，戈林像希特勒一样是反社会的人，带有与这种越轨人格相联系的所有性格特征：缺乏良知，行为冲动，刻意塑造良好外表，抗拒正常的权威。希特勒的越轨人格表现为：为了实现种族主义的乌托邦，对所有权威的彻底挑战；而戈林的越轨人格在目的上就世俗多了，即个人的虚荣和物质需要的满足。甚至他臭名昭著的残酷——希特勒一直作为榜样推荐给他人——也是机会主义算计的结果，而非来自对残酷的爱好。他的生活方式是一种拜占庭式的华丽。他拥有四座豪宅、一座猎屋、两座城堡，在柏林的莱比锡人广场还有一座帝王式的宫殿。他有自己的工厂、几百套制服、无价的宝石、一艘游艇和各种各样的汽车。在战争期间，他无耻地掠夺被占领土博物馆里的艺术宝藏和其他无价之宝为个人所用，他对所有物品表现得不屑一顾，认为自己毕竟是文艺复兴式的大师。与这种贪婪相匹敌的是对私人财富的无耻暴露癖。至少在和平年代，许多德国人能够原谅这种癖好，把它作为赫尔曼这位老好人身上一个可以宽恕的弱点。甚至他的粗俗也被认为是有趣的，如他的狮子在女士身上撒尿引起他的狂笑，他在自己的乡村庄园用公牛和母牛在宾客面前交配使他们大为震惊。这些古怪的行为和他快乐的公共外表得到了许多德国人的欣赏。

但是，从政治的角度来看，在很大程度上，德国人的命运掌握在这样一个人手里是致命的。在目标和行为方面，戈林从本质上来说是机会主义的和自私的。在这方面他的两大缺点是，令人作呕地服从希特勒和在关键时刻缺乏道德上的勇气。在希特勒磁石般的人格面前，他的自我像曾经膨胀一样，惊人地萎缩起来。他承认："我没有良心。"为了将这种道德的空虚合理化，他有时还毫无说服力地补充道："我的良心就是希特勒。"但是，他依然保持了足够的自尊，他认识到依赖于一个人的意志是如何让人难以忍受。对元首意志奴隶般的服从，开始折磨得他产生了身体痛苦。他向沙赫特承认：每次面对希特勒的时候，他都沮丧极了。甚至他的下属也认为：为了面对希特勒，他必须"从心理上振作起来"。

戈林对希特勒获得权力及后来的权力稳固发挥了作用，对发展德国空军也是有所帮助的，尽管他不像一些人错误地认为是它的创立人。在航空部长和后来帝国元帅的新位子上，戈林显示了不容怀疑的才干，但是他对人事的选择一直是不完美的。另外，他的经验也是过时的，他忽视了航空技术和设计的发展。尽管他建立了一支超过四千架飞机的庞大空军，其中包括一千一百七十六架轰炸机、四百零八架双引擎和七百七十一架单引擎战斗机、五百五十二架 JU-52型运输机，但是它的能力依然是有限的。它是一个短途的战斗组织，它的战斗机是为提供局部的空中优势设计的，它的轰炸机是为陆军提供战术支持设计的。空军的虚弱在战争的初期阶段就显现出来，成为主要负担，不过当时闪电般的胜利掩盖了潜在的问题。空军承受着航空燃料、机枪弹药和炸弹的短缺。训练设施和飞机生产不能为最初的损失提供足够的补充，当德国和苏联、美国开战时，这些问题更恶化了。在这一点上，戈林对空军常胜不败的吹嘘就像魔鬼一样缠绕着他。他没有在敦刻尔克消灭英国的远征军，没有在对英作战中胜利，没有摧毁苏联的空军，最重要的是，他没能阻止对德国城市二十四小时的饱和式轰炸。这一切失败都使他在元首和德国人民的眼里变得不值得信任。在他一生的这一转折时刻，他将控制权拱手让给他的对手希姆莱、鲍曼、戈培尔和施佩尔，逃避到享乐和对毒品的依赖中。没有人再受到他粗俗幽默的逗弄，因为过去的大话——假如有一架敌机能够进入德国领空，人民就可以叫他穆勒（一个普通的德国名字）而不是戈林——他受到公众的嘲笑。

除了这些国家部长，纳粹国家也建立了各种各样的有着特殊授权的组织，它们大多数相互独立地运作，通过总理府直接对希特勒负责。除了已经提到的总统、总理和各部以外,人们所称的“最高国家权力”还包括一些计划和协调机构和职务,如公路总监、领土规划办公室、国家青年理事会、国家资本总监、慕尼黑城市总建设委员会、林茨国家建设委员会、四年计划全权代表、外交政策私人委员会(它从来就没有开过会)、波希米亚和摩拉维亚国家保护官。在这些国家最高权力当中,还包括最高法院及国家银行等主要金融机构。

国中之国:党卫队

在这些国家机构当中,有一个越来越独立自治,与它们相脱离,最后发展为最邪恶的、最混杂的组织,这就是党卫队。党卫队一脚站在国家那里,一脚站在纳粹党那里。这个组织最初附属于冲锋队,开始是一个规模很小的精英护卫队,负责保护元首,后来发展成为纳粹党的警察部队;恐怖的国家警察部队;在拥有自己兵力的军队中的常规军队——武装党卫队;一个巨大的经济企业,它的触角深深地插入德国的大企业,后来又插入被征服的领土;一部大型的杀人机器,它监视着广大的集中营系统,民众在其中被拷打和消灭。如果没有这个阴暗的帝国,纳粹政权就不能对德国人民实施持久的、无反抗的控制。如同纳粹党一样,党卫队这只恶魔起源于20世纪20年代的巴伐利亚。就是希姆莱这个矮胖的、短小的、不好运动的、近视的、秃顶的巴伐利亚人,将这支最初极小的部队建成了第三帝国最可怕的犯罪组织。

海因里希·希姆莱是党卫队国家领袖,是希特勒的另一个自我,是无情的猎犬,正如有些人所认为的那样,是“纳粹主义”本身的人格化。希姆莱为人十分小心谨慎,做事专心,富有奉献精神,这个冷酷的、工于心计的人被施佩尔恰当地形容为“一半是学校的校长,一半是疯子”,他系统地组合了纳粹恐怖的主要工具——党卫队、警察和集中营。但是,他的目标不是为了恐怖而施行恐怖,而是为了建立和扩展一个纯粹的种族国家。这一种族主义的乌托邦热衷于绝育、“不值得生存的人的”安乐死、药物实验、“次等人种”的种族灭绝。为了实现这一目标,海因里希·希姆莱动用了他不断发展的帝国的权力和资源。换句话说,他的恐怖机器是他自己和希特勒种族信仰的产物。海因里希·希姆莱是一个最危险的人物,像历史上的大审判官一样,他是自己宗教的信仰者,即使这种宗教是荒诞的。

可以理解，历史学家企图通过检验希姆莱的过去以解释他的现在。确实，一个像他这样罪恶深重的人，必然在他的家庭背景和抚养过程中有许多阴暗的角落，但是忙忙碌碌的研究人员并没有发现什么戏剧性的东西，如儿童期受虐待、性损伤等。一些历史学家恼怒地放弃了努力，不甘心地承认希姆莱的青年期"出乎意料的正常"。他们认为：他出身于一个最普通的巴伐利亚中产阶级的家庭，因此，想从心理学的角度来解释这种无法说明的事情是徒劳无益的。这些观点不仅放弃了理性，而且表明他们对作为科学的解释人类行为的心理学缺乏信心。没有一个心理学的观念或者一套心理学的观念，可以解释这种恶毒的毁灭性行为，这可能是正确的；但是，不能因此得出这样的结论：没有什么心理学的理论，能够为理解侵犯性的行为和发现应对它的方法提供有用线索。

就海因里希·希姆莱来说，他无疑来自一个外表"正常的"中产阶级家庭，但是，更为仔细的调查发现：在希姆莱的成长中，家庭产生的作用并非有益于一个成熟的、自治的、具有适应力的人格的发展。他的父亲戈伯哈德·希姆莱是一个极端严厉的、学究气的、特别守法的学校教师。他是可怕的极权主义的典型，在第二次世界大战结束甚至之后，这样的人物在德国的学校系统中十分普遍。希姆莱教授的父亲（也就是海因里希·希姆莱的祖父）是一个警察总管，具有坚定而严厉的极权主义习惯，就是以同样的原则为基础，教授培养着他的孩子，教育他们特别注意整洁、秩序和服从。因为格布哈特·希姆莱有一段时间里是巴伐利亚海因里希王子的教师，因此，王子欣然答应成为海因里希·希姆莱的教父。他和他的两个兄弟格布哈特（生于 1989年）、恩斯特（生于 1905年）都被教育要尊重贵族。他是怎样尊重自己母亲的呢？在父亲的督促下所写的日记中，他只提及过母亲两次。但是，从其他的资料来看——包括信件——他的母亲似乎非常娇惯他，以至心理学家称呼他为"母亲的孩子"，直到他遇见了阿道夫·希特勒这位楷模，他一直从母亲那里寻求对父亲严厉管教的解脱。

年轻的希姆莱有一个王子作为教父，因此他梦想成为一个无畏地领导部下为祖国而战的军官。不过，几个障碍使他无法实现自己的梦想。首先，尽管希姆莱是一个优秀的学生，但是他不爱运动，也没有自信心，因此不可能成为一个伟大的军官。事实上，他父亲动用了所有的关系才使他进入军官训练学校，但是到战争结束时，他才被派往前线，那时他只有十八岁，没有从事哪一种职业的明确目标。他没有完全成熟以应对混乱的战后时期，以及作为一个无依无靠的年轻人正在体验的身份危机。他具有缺陷的人格，存在于他试图解决其身份危机的方式当中。

他选择去学习农业，而不是传统的声望很高、能够走向专业职位的学科，这令等级意识很强的父母感到失望。我们可以把这时的希姆莱看作一位慕尼黑技术大学的普通学生，他在一个非常有限的社交圈子里活动；在日记里书生气地记录下最平凡的日常事务——刮胡子、洗澡、睡觉；用储蓄明细表、票根、付款通知单、车票票根保存了完整的记录，这些东西在屠杀后还保存了下来；从来不在规则的生活之外寻求冒险。尽管逐渐发展的性确实使他神魂颠倒和感到困扰，但是他没有委身于任何女人，通常是躲在常规和礼仪的面具背后。但是，这并没有使他去干预别人的闲事，他对所有的人都给予无情而充满仇恨的评判。例如，他盛气凌人地评判他未来的嫂子，认为她是一个不适合格布哈特的女人。同时，他沉浸在种族主义文学当中，并且加入了战后混乱的岁月里在慕尼黑扩散的右翼运动。

1922年，希姆莱获得了农业学科毕业证书，但是工作前景既渺茫又遥远。他做了一段时间肥料研究的技术助理。他是孤独的、漂泊的和没有安全感的。但是在 1923年 8月，也就在慕尼黑流产的政变之前，他加入了纳粹党，在这次暴动中，他在罗姆的分遣队中担任一个次要的角色。随着政变的失败和希特勒在兰德斯堡的监禁，希姆莱的生活和他所加入的党似乎分崩离析了。他再次产生了移居俄国或者拉丁美洲并专心从事农业工作的想法。但是，在希特勒被释放，以及党得到重建之后，希姆莱产生了新的希望。当他作为格里格尔·施特拉塞尔的代表成为下巴伐利亚地区的组织者时，他的运气好转了，因为希特勒还任命他为一个新组建的、小型的精英组织的副队长，这个组织大约由二百名突击队队员组成，任务是保护元首和维持党的会议秩序。希姆莱现在来到了他人生的十字路口。他已经怀疑自己的罗马天主教信仰，因为它只是一种由严厉的教育强加的不牢固的思想和习惯。这位忧心忡忡的年轻人依靠新的权威（希特勒）和替代性的宗教（国家社会主义）以解决身份危机。换句话说，希姆莱不是用个人质疑和自发实验的方式来选择自由，他逃避了自由，进入另一种束缚当中。他对希特勒和纳粹党的服从无疑是一种形式的转换。像许多纳粹党人一样，他发现了自己的救世主，并至死追随着他。大约就在同时,也就是1928年夏天,他选择了一个安全的婚姻,娶了一位波兰籍的护士玛格丽特·康策佐渥,此女比他长八岁,是一个清教徒,离过婚,是他的双亲不希望他娶的媳妇。尽管两个人在气质上相似——极端的节省、整洁、工作努力,但是他们的婚姻是不幸福的。尽管希姆莱在表面上服从中产阶级的价值观,并且刻意模仿,但是他后来一直有一个情妇,并且成为两个私生子的父亲。

1929年1月,希姆莱被任命为党卫队国家领袖,在冲锋队和它的领袖的阴影下,这个职位依然不重要。但是,希姆莱设想他的黑衫队士兵会胜过普通的街头斗殴者;他梦想将他们转变成精英的种族干部,因此仔细地挑选出最聪明、身体最强壮的人。这些人将成为纯净种族新工作的前卫。这时的希姆莱受到瓦尔特·达莱的种族主义理论魅力的影响,希姆莱是在一个青年德国乌托邦团体阿特马斯遇到达莱的,这个团体信仰在20年代早期由种族主义青年组织发展的回归土地运动。阿特马斯要求新的东方移民定居点,征服低级的斯拉夫民族,培育出新的条顿农民以开创德国的血液和土地再生物和精神上的复兴。从阿特马斯当中产生了一些著名的党卫队种族主义分子,如希姆莱、达莱和未来奥斯维辛集中营的指挥官霍斯。

在战斗的年代,没有趣味又感情平淡的希姆莱做事十分专注,他逐渐建立了自己的精英组织。新的成员根据以下条件选拔:身高至少5.8英尺,官员从1750年、士兵从1800年开始是纯正的雅利安人的后代。健康和卫生的条件也在考虑之列。希姆莱对种族的纯正性十分执着,偏爱高大、金发、蓝眼的类型,这种人的类型同自己带有蒙古人长相的、对他自己的种族主义理想实际是讽刺的面貌形成了鲜明的对立。他痴迷于身体的耐力、北欧人的俊美或种族的纯洁(无论它意味着什么),这无疑暴露了他身上强烈的不安全感。他忍受着各种各样的精神和肉体上的疾病,其身体表征是:剧烈的头痛、大肠炎、胃痉挛、肌肉疼痛。费力克斯·科尔斯滕是希姆莱后来的男按摩师,他为焦虑不安的希姆莱舒缓肌肉疼痛,他的日记见证了希姆莱的幻想和痴迷。像希特勒一样,希姆莱是一个神经质的臆想病患者,他生活在乖僻的素食者的世界中。

正如一些人所认为的那样,希姆莱可能真的是一个"精神分裂症患者",一个"肛门情结的施虐受虐狂",或者是一个"强迫症的"人物,但是这些术语都不能抓住这个人本质的历史特征。正如 H.R.特雷弗—罗普早就注意到的那样,希姆莱是大审判官的原型、心灵麻木的狂热分子。尽管个性是温和的、挑剔的、严厉的和清廉的,但是他能够为了抽象的理想杀害数百万生灵。希姆莱的理想是种族主义的乌托邦,在这个乌托邦中,一个新的雅利安基督拯救了世界。他一直盯着未来的候选人的照片,探查着党卫队成员的生活,甚至严格禁止他们和未来的新娘结婚,除非她们进行了种族上的甄别。为了维护后代种族的纯正性,每一个党卫队成员都被要求保存记录家庭事件和关系的宗谱。早在 1931年,达莱就加入了希姆莱的参谋机构,组建了种族和移民定居办公室,负责制订种族的规范,引导对欧洲人种划分的研究,制订在东部领土重新安置德国殖民者的计划。

从这些最初的工作中突显出来的是希姆莱的信仰：人类种族能够在生物学上得到提高,他知道完成这一使命的标准和技术。在一段很短的时间里,希姆莱在慕尼黑附近一个养鸡场工作,他似乎相信人类的繁殖本质上像畜牧业一样,以孟德尔定律为基础,一百二十年后,德国人"外表上会变成真正的日耳曼人"。通过绝育或禁止德国人和犹太人及其他劣等民族通婚的严格种族法，清除在德国基因库中不受人喜欢的特征,繁殖出一种金发、碧眼、高大、运动员模样的超级种族是可能的。1931年 6月,这样一个标本式人物正在党卫队寻找工作,他到希姆莱工作的农场来拜访他,此人成为希姆莱最亲近也是最残酷的随从,帮助他完善正在发展的党卫队帝国。这个人就是莱因哈德·海德里希,这位二十四岁的前海军军官因为不称职而被德国海军开除。海德里希是哈勒音乐学校一位著名男高音和指挥的儿子。这位年轻人富有音乐天赋和体育天才,在一个严格的天主教家庭长大,在这个家庭当中,整洁、秩序、纪律和高度的成就是每天要接受的命令。海德里希性格内向,还有几分羞涩,他很难找到亲密的朋友,经常通过傲慢的行为和进攻性的自我肯定来补偿自己的缺点。他通常自行其是,同学们经常回避他,后来的海军同事也是如此。当有关他父亲是犹太人的谣言四起的时候,这样的情况变得更为厉害。在学校,海德里希有时被同学嘲笑,暗示他是一个犹太人。没有任何可信的证据表明海德里希的父亲是一位犹太人，但是这一论断一直伴随着他杀人的一生,并且可以说明他经常表现出来的显著的自我仇视。从他的家庭背景和青春期的斗争中出现的是一个扭曲的人格,对自己的身份感到不确定,渴望赞同和认可。在相对短暂的一生中,海德里希是一个破碎的和没有安全感的人。

在所有主要的纳粹领导人当中,海德里希最符合被大肆吹捧的雅利安理想。他身材高大、细长、金发、英俊,尽管他的马脸、长鼻、冷酷的嘴、外突的牙使他漂亮的面貌失去了光泽。他的声音和笑声又尖又高,同事给他起了“山羊”的外号。他特别聪明,而且富有体育天分,尤其在跑步、游泳和剑术方面。但是,这些能力不能和他性格的力量相比。他被海军开除是因为遗弃旧友另寻新欢,由于过于无情,使得被抛弃的女友精神崩溃。这个事件证明了海德里希对待他人缺乏道德的人性。人是海德里希的工具而不是目的,他毫无道德地利用他们来获得他所需要的东西。因此,一些历史学家将海德里希描述为完全没有道德的人,只有文艺复兴时期的罪犯才能与之相比。像希特勒一样,他一直在思考不可思议的东西,不受法律或社会习俗的约束。确实,他像是希特勒最喜欢的儿子,但是,甚至元首也受到这位年轻人自负的野心、无礼的傲慢、厚颜无耻的冷酷的些微威胁,他不得不用暴露他被怀疑是犹太人的威胁来控制他。在海德里希的葬礼上,希特勒将他比作“铁石心肠的人”,只有布克哈特的评论——“年轻、邪恶的死神”——才能与这个绰号相媲美。

希姆莱和海德里希的伙伴关系是天下无双的,因为它增强了两人身上潜藏的毁灭性力量:希姆莱对细节毫无感情的关注;海德里希表面温和而内心恶毒,缺乏道德而又十分沉着。他们像两只鼹鼠在党和国家的体制中打洞,目标只是颠覆法律和控制权力。这些方法包括:渗入党和国家的机构,在关键位置上安插自己的心腹,通过敲诈和逮捕消灭对手,并且一直扮演着忠心耿耿、天真无邪、一无所知的公共官员的角色,他们只是在做对德国有利的事情。

1933年春天,在希姆莱和海德里希开始夺权的时候,他们还是年轻人,一个三十三岁,一个二十九岁,很大程度上还不为公众所知。1933年3月9日,希姆莱成为慕尼黑的警察总监,他利用这个职位作为他扩张党卫队和警察的运作基地。4月1日,希姆莱被提升为巴伐利亚政治警察的指挥官,这使他能够控制警察机构的州际网络和达豪集中营。海德里希实施着希姆莱宏大的计划,保证所有关键的位置都控制在忠实的纳粹党人或者能力强的机会主义分子手中。海德里希最有能力的官员之一是海因里希·穆勒(1900—1945),过去他并非纳粹党人,而后来却获得了“盖世太保穆勒”的外号,这个人野心勃勃,很快就通过盲目的服从和没有道德的行为获得了自己主子的信任。作为后来国家保安总局第四处(也就是盖世太保）的处长，穆勒参与了无数毫无人性的犯罪行为，成为欧洲最令人害怕的官员之一。尽管穆勒作为弗朗茨·约瑟夫·胡贝尔和约瑟夫·迈辛格的同事过去和纳粹作对，但是海德里希还是发现穆勒是自己的同类，是一个有着控制欲的技术人员，乐于为任何只要提拔他们同时给予足够的空间让他们施展才能和爱好的政权服务。穆勒和他这种类型的人通常来自殷实的中产阶级家庭，在宗教的氛围中长大，参加过第一次世界大战，最终在巴伐利亚行政管理机构服务，后来成为他们纳粹主人忠实的随从。

在帮助希姆莱获得对巴伐利亚和德国大部分地区的警察越来越多的控制权的同时，海德里希也在稳固着自己的机构使协助工作变得可能，它就是在 1931 年建立的纳粹党党卫队保安处。党卫队保安处最初只是一个很小的团体，由年轻的、受过良好教育的理想主义分子组成，艰难的时代使他们失去了工作，作为不被社会接受的漂泊者，他们一直在追寻着某种意识形态的信念。例如海德里希的副指挥卡尔·阿尔布莱希特·奥伯格（1897—1965），他是汉堡一位医学教授的儿子，参加过军队和自由军团，然后在 20年代的大多数时间里东游西荡，没有稳定的职业，直到最后加入国家社会主义德国工人党并在安全部门工作。相似类型的人还有海德里希的主要官员，其中许多人在这个依然不明确的领域是业余水平的。维尔纳·贝斯特博士、奥托·奥伦多夫、莱因哈特·霍恩教授、弗朗茨·西克斯教授、赫伯特·迈尔霍恩博士都是律师，赫尔穆特·克诺亨博士是一个在文学上有所抱负的人，冈特·达尔昆是一个记者，瓦尔特·舒伦贝格是一个有抱负的情报人员。事实上，这是一个冒险、监视、搜索间谍的氛围，它吸引着大批的年轻人进入党卫队保安处。正如瓦尔特·舒伦贝格这位未来的间谍主管回忆的：“最优秀的人都乐意加入党卫队而不是党的其他机构。”这些人并不知道，一旦落入了这个系统，他们就会和一些非常令人讨厌的人一起工作，服从没有道德和非法的命令；但是，他们不是让自己离开这部杀人机器，而是为自己的行为寻找合理的借口，使自己成为国家雇佣的杀手。

最初，对于党卫队保安处应该是什么并不明确，包括情报工作、秘密服务、党的调查人员、准警察组织。有时，党卫队保安处负责所有这些事情，使自己忙于和反对势力作斗争。到 1937年，它已经拥有三千名成员和四万个告密者。这些监察斗士们企图发现什么呢？党卫队保安处有时和盖世太保联手，有时和盖世太保相抵触。它的密探首先针对“主要的敌人”,大多数为政治的敌手或嫌疑者、共产主义者和社会主义者、工会成员、神职人员等等。在主要的敌人被消灭之后(1933—1935),第二阶段攻击的或者是对“种族敌人”,先是犹太人,后来是“亚洲的劣等人”。党卫队保安处负责犹太人事务的部门吸收了一个叫阿道夫·艾希曼的人,他成为犹太复国主义的专家,并且负责犹太人的移民,勾勒了全世界犹太人组织的可怕名单,假定它们组成了一个联合的整体,并存在着一个世界性的犹太人阴谋。换句话说,意识形态思想编造出敌人不确定的力量,这些敌人必须被揭露和无情地消灭。这种思想使人想起了调查人员的信仰,据说他们制造“女巫”是为了证实正在繁衍的、与她们作斗争的官僚机构的合法性。从1933年到1938年,党卫队保安处与其他组织大力合作,从德国的公共生活中去消灭犹太人,剥夺他们的公民权,破坏他们的生存方式。从1938年到1941年的强制性移民,反过来导致了最后一个阶段——从身体上消灭犹太人——的来临。在大战降临之前,“最终解决”已经是清晰可见的了,只是实施它的计划和方法还没有制订出来。

在建立控制系统的时候,希姆莱和海德里希不仅建立了党卫队,尤其是它的保安处,而且花费了大量的精力渗透到德国的警察系统。在合并了除普鲁士以外德国所有州的警察机构之后,希姆莱基本上控制了整个德国的警察。盖世太保依然在戈林的控制之下,直到1934年春天都躲避着希姆莱。1934年4月20日,正在与弗里克和冲锋队争夺盖世太保指挥权的戈林同希姆莱联合,他任命希姆莱为“盖世太保总监”,舍弃了先前的盖世太保领袖鲁道夫·迪尔斯。当然,希姆莱依然服从于作为普鲁士总理的戈林、作为内政部长的弗里克、作为冲锋队和党卫队的领袖罗姆。在“长刀之夜”期间,希姆莱的黑衫党卫队刺客清除了罗姆,党卫队成为一个独立自主的组织,并获得了对盖世太保的控制。弗里克企图将盖世太保置于内政部长更为有效的监控之下,在与弗里克长达一年的争斗之后,新的盖世太保法在1936年2月颁布,它使得各种各样的盖世太保办公室对内政部长负责,但是它也规定了盖世太保地方办公室对盖世太保柏林办公室负责。这就留下了一个悬而未决的问题,哪一个机构——是内政部还是盖世太保柏林办公室——对管辖冲突具有最终的裁定权。四个月后,也就是6月17日,希特勒将所有的警察部队置于希姆莱的控制之下,使他成为内政部中德国警察的领袖。弗里克只是名义上负责,但实际上,希姆莱和海德里希按照他们自己的需要管理着警察。6月

28日，希姆莱重组了德国警察系统，组建了新的“安全警察”。

“安全警察”这个词过去广泛地应用于整个警察。在魏玛共和国时期，警察分为两个部分：行政警察和执行警察，前者涉及日常的人员手续和交通管理；后者有四个主要的执行和行政分支，包括刑事警察、城市警察、政治警察和风化警察。希姆莱打算从更为重要的执行警察那里剥离出两个最重要的分支——刑事警察和政治警察，并组建安全警察，由海德里希控制。留给库尔特·达鲁格的剩余部分合并为普通警察。这样，安全警察由希姆莱在1934年4月从戈林那里接管而来的盖世太保及刑事警察、风化警察构成。

在完全掌握了控制和恐怖的工具之后，希姆莱的势力稳步地渗透到德国的国家机器当中，削弱了诚实而守法的官员的工作，并建立了党卫队、警察和集中营的三角关系。尤其是在普鲁士，希姆莱冷酷的策略瘫痪了传统的行政事务系统。穆勒被调到柏林，成为盖世太保的头目和最终解决犹太人问题的关键人物。执行灭绝数百万无辜民众的杀戮人员正在集结之中。除了“盖世太保穆勒”，这里还有前汉堡警察局长布鲁诺·施特莱肯巴赫，他在波兰建立了第一个犹太人区，并且组织了臭名昭著的特别行动队围捕、杀害犹太人及“亚洲的劣等人”；党卫队地区总指挥奥斯瓦尔德·波尔被指定建立一个庞大的党卫队企业经济联合体，这些企业建立在苦役、敲诈和谋杀的基础之上；瓦尔特·施塔勒克一直到死都是A特别行动队的指挥官，这个小组跟随着北方集团军穿过波罗的海进入列宁格勒，一路残酷杀戮；阿图尔·奈比是刑事警察的头目，他是第一个在“到东方去服劳役”的幌子下，热切地自愿在波兰灭绝犹太人的人；埃利希·冯·德姆·巴赫—泽勒维斯基在清洗罗姆时因非同一般的残酷而获得荣誉勋章，他受希姆莱委派在整个东方和游击队作战，消灭了无数的对手和犹太人；奥托·奥伦多夫是B特别行动队的指挥官，他至少要对清除九万名公民负责，其中大多数是犹太人，地点位于比萨拉比亚和克里米亚之间的南俄罗斯；西奥多·艾克是一个残酷成性的反社会分子，他管理着整个集中营系统。

在这些残酷的人背后是一些思想敏捷的律师，他们企图将明亮而合法的装饰板安装在敲诈、拷打和国家杀戮之上，这些人是维尔纳·贝斯特、莱因哈特·霍恩、弗朗茨·西克斯、赫伯特·迈尔霍恩。在给党卫队的使命加以美化的活动中不乏知识分子。最有趣的是冈特·达尔昆，他是一位年轻的记者，有着杰出的才能。

他是党卫队的杂志《黑色军团》的主编，这是一本装帧华美又充满诡辩的宣传周刊，也是一本带有调查色彩的杂志，许多人读它，许多人也害怕它。得益于党卫队保安处巨大的告密网，这份杂志热衷于尖锐的批评，其中包括对党的高级干部行为的看法。但是它最喜欢的目标是犹太人、教会人员和犯了错误的官员。这本杂志因为显示了党自我批评的迹象，同时将调查报告至少建立在一些事实基础上，因此受到广泛欢迎。1937年销量为 189 317册，到战争结束之时，达到 75 万册。

党卫队被大多数德国人——包括参加它各种各样分支机构的人——视为一个高贵的精英组织，这个组织只接受最优秀和最聪明的人，认识到这一点是重要的。这是纳粹“上光”政策的一部分，即以最高贵的理想主义掩盖侵略性的、不道德的目标。还有什么比加入一个精英卫队更为理想的事情吗？从头到脚都是清教徒的黑色，卫队的使命是保卫元首及党和国家的机构。因此，加入党卫队的渴望是相当强烈的，尤其在上层阶级。最初，党卫队主要由前自由军团构成，但是在1933年之后，上层阶级和前贵族的精英不断拥入。1933年夏季之后，希姆莱不仅停止招募，而且不断清除机会主义分子、酒鬼、同性恋者和血统不明的人。他需要一个精英的组织，成员经过严格的训练，具有团队的精神。希姆莱利用耶稣会的模式，目标是对他新选拔的人来一个完全彻底的重塑。被选中的人必须经过两年严格的训练，然后才被允许进行“亲族宣誓”。整个训练建立在宗教观念之上，形成对荣耀、忠诚及权威无条件服从的崇拜。座右铭“我的荣耀就是服从”镶嵌在所有党卫队成员的头脑里，镌刻在所有党卫队的旗帜上。

党卫队的忠诚归根结底就是对元首的信仰，对德国伟大的扭曲的感情，在科学真理的幌子下对种族主义思想的灌输。党卫队病态的领袖们用不正常精神的圈套将这些浅薄的思想隐藏起来。只有那些承受了由一个军事组织发明的对人的尊严进行最恶劣的心理攻击的人，才能在这个组织中生存下来。随后，他们会感到自己成为一个具有特殊使命的、独特的兄弟组织的一部分而得到了再生。作为这个兄弟组织的成员，他们不再受到德国任何一个法庭的约束。党卫队拥有自己的荣耀法庭。希姆莱制订了这样的原则：一个受过法律教育的人不能从事法律工作。这毫不奇怪，因为党卫队的成员视自己为精选出来的人物，他们以处于一种特殊结合中的同志相待。但是，正如汉斯·布赫海特所观察的那样：这些结合不是建立在性格力量基础上的，因为这种力量尊重个人的尊严，而不是依靠对上级和局外人掩盖虚弱、过失和失败。他们自己的残酷和施加在别人身上的严刑极为相似，并且使得施加这种残酷变得极为轻易，因为这种行为他们已经亲自体验过了。对冷酷的美化书写在党卫队队员机器人般的脸上，表现在十足的残暴和蔑视当中。这些代表雅利安优越性的样本人物，用这种残暴和蔑视虐待着他们的对手。对于党卫队队员来说，“不可能”这个词被假定是不存在的。他的生命之氧就是斗争；就是无条件地服从权威；就是压制感情或激情，因为它们意味着温柔；就是对次等人的蔑视；就是对局外人的傲慢行为；就是与自己同类的内在结合。

这自然引出以下的情况：极权主义恐怖的核心部分集中营，只能交付给这些毫无人性的技术专家。希姆莱培植了一种特殊的由党卫队队员组成的自愿组织。这支队伍长期充当集中营的警卫队。这些组织被称为“骷髅部队”，它的成员戴着黑帽子，上面刻有头骨和两根交叉骨头的纹章。希姆莱委任管理集中营的人是西奥多·艾克，这位残酷的心理变态者，将所有集中营中的一系列残忍而罕见的惩罚规范化。他坚持认为：要以刻骨的仇恨对待每一名囚犯，把他们视为国家的敌人。他还使分级惩罚成为惯例，这种惩罚由八天、十四天、二十一天、四十二天隔离囚禁组成，囚犯每四天才能得到一次“热餐”。体罚由党卫队队员轮流执行，以便每一个警卫都可以在其他囚犯面前鞭打一些囚犯。囚犯不断受到威吓和骚扰，尤其是在大小便的时候。一些人因为动作太慢而被推进了大粪池。1937年10月，十名囚犯在布痕瓦尔德集中营的粪坑中窒息身亡。各种可以想到的侮辱都被施加到囚犯们身上。对于囚犯来说，被小便从头浇到脚，在烂泥地里打滚，被吊在树上学布谷鸟叫，把双臂放在脑后下蹲做“萨克森敬礼”姿势，或者在施虐狂设计的刑讯室里腐烂和窒息，都是司空见惯的。

集中营没有打算让任何人生还。它的使命是施加惩罚，在每个集中营大门上镌刻的委婉标语“劳动创造自由”下，让每个囚犯拼命劳动来剥削他们，最终的使命是灭绝某些目标明确的团体——犹太人、吉卜赛人和“亚洲的劣等人”。一个集中营的指挥官对新到来的囚犯明确表述这一使命，他咆哮道：“忘记你们的老婆、崽子和老窝，你们将在这里像狗一样死去。”

尽管有四个特定的团体——政治对手、“劣等民族”的成员、罪犯和反社会分子——被定为集中营的目标，但是每一个德国人都有理由为自己的安全担心。这种对潜在的政治恐怖的感受，受到了希姆莱的促动，它远远超出了战前启用的数量不多的集中营(达豪、布痕瓦尔德、萨克森豪森、弗洛森堡、毛特豪森)所呈现的现实。但是,这里无疑存在着一种挥之不去的感觉:一个看不见的、恶性的帝国癌细胞正在德国的警察系统中扩散。

现实实际上和人们的感觉一样。到 1939年秋季,党卫队被组成了四个分支:一是普通党卫队,主要由兼职人员构成,他们将自己的正规工作和自愿在晚上、周末为党卫队服务结合起来;二是党卫队保安处;三是党卫队军事组织,在 1939至 1940年的冬季被重新命名为武装党卫队,即党卫军;四是集中营警卫部队,被称为"骷髅部队"。

1939年 9月 27日,国家警察和盖世太保机构被整合为一体,由海德里希和国家保安总局领导。这个恶魔般的官僚机构包含七个处:一是人事处,由布鲁诺·施特莱肯巴赫负责;二是法律事务处,由维尔纳·贝斯特负责;三是党卫队安全处,后来成为国内情报处,由奥托·奥伦多夫负责;四是盖世太保,由穆勒负责;五是刑事警察处,由阿图尔·奈比负责;六是国外新闻服务处,最初由汉斯·约斯特负责,后来由瓦尔特·舒伦贝格负责;七是意识形态研究和评价处,由德里特尔负责。除了国家保安总局之外,希姆莱的帝国至少包括不少于八个其他主要部门,最后四个部门是在第二次世界大战期间发展起来的,包括希姆莱的私人办公室,由他的参谋长和希特勒的联络官、党卫队旅队长卡尔·沃尔夫负责;种族和移民定居办公室,由党卫队地区总指挥达莱负责;党卫队法庭,由党卫队旅队长保罗·沙菲负责;负责行政管理事务的党卫队总局,由奥古斯特·海斯梅耶负责;行动处,为武装党卫队司令部提供保护,由汉斯·约特勒负责;人事处,负责安排党卫队突击队;经济和行政处,由党卫队区队长波尔负责,这个处监视着一个巨大的企业联合体,同时也管理着集中营的金融事务;重新组织的党卫队总局被称为党卫队地区总指挥海斯梅耶服务站,这个部门接管了对纳粹精英学校——国家社会主义教育学院——的监控。

党卫队的机构和第三帝国的机构重叠,并对后者进行渗透,它们的繁殖给予了党卫队险恶的光环,使得一切变得更为邪恶,因为事实是:没有局外人知道希姆莱帝国的任何细节。但是,尽管希姆莱给他的帝国蒙上了神秘的面纱,但是他的权力并不是绝对的,因为正如海因茨·霍勒所揭示的那样,权力不断地在希姆莱主要的骑士手中转来转去,因为军队继续作为德国主要的战斗组织施行着特权。还有一个因素是：海因里希·希姆莱——他的权威在党卫队里从来没有受到过挑战——和他自己的组织一样，依然像狗一样献身于他的元首。党卫队存在的理由包含在它的每个成员对元首的誓词中：

> 我向你阿道夫·希特勒宣誓，
> 忠诚、勇敢的德国元首和总理。
> 我向你和你任命的上级宣誓，
> 至死服从命令，
> 上帝保佑。

我们对纳粹极权主义国家进行了完整的审视，在那里，一切都开始于也终结于希特勒。

第十章

纳粹德国的生活

大众诱惑的美学和心理学

在纳粹帝国走进历史之后的许多年，那些对第三帝国的生活记忆犹新的老人都回忆道：他们当时被纳粹运动的公共景象和活力所感动，它们促使着民众共同参与其中。这个政权使民众失去了自我，并且使他们成为配角加入没有间断的宏大场面中去，这些场面由一个有着戏剧天才的人物安排和指挥。人们必然想起：希特勒不仅是一个士兵政治家，而且是一个对美有着敏锐眼光的艺术家。他知道劝说需要转变，转变在最深的层次上需要感情而不是头脑。像充满激情的瓦格纳分子一样，希特勒鼓励大众制造的庆祝活动，这类活动具有相当的激情力度，以至参与其中的人将经历一次“从蠕虫成为巨龙一部分的变形”，同时感受到重新充满活力、获得力量和得到拯救。

甚至在今天，当我们观看莱妮·里芬施塔尔拍摄的党的集会的辉煌纪录片《意志的胜利》时，我们依然能够身临其境地感受到强烈的感情冲击，它将大众卷入热情的疯狂爆发之中，卷入集体的、几乎是宗教性的对一个人的崇拜当中。因为此人必然要拯救德国。希特勒了解德国人。进入他们心里最安全的道路，是唤起他们宗教的、浪漫的敏感性。在希特勒之前和之后，没有一个德国的政治家能

希特勒和莱妮·里芬施塔尔、冲锋队新的总管维克多·卢策在一起

够与民众建立如此亲密的感情关系。

纳粹德国的生活受到强烈的、出乎意料的感情和激情变化的控制。德国人很少感到过安定、放松或者自我平静。他们一直被推进公共的活动当中。有人将纳粹德国的生活比作一个受过动员的士兵，他通过行军、唱歌、游行，或者参加剥夺其私人角色的活动来履行他的职责。用理查德·格隆伯格的话来说："这个政权无边的推动力来自这样一种能力，它使越来越多的德国人认为自己是一位立刻可以舍弃自身的无名战士，而不是一个植根于公民生活的个体。"戈培尔更加直率地坦言：在第三帝国，没有哪个德国人感到自己是一个属于自己的公民。在政府的哄骗、骚扰和直接威胁的压力下，无论老幼，德国人的生活得到了协调，产生了完美的团体意识，这就是极权主义国家的理想。

纳粹设计了独创性的仪式以击溃个体性，包括行军方阵、群众集会、使公众对旗帜和制服产生崇拜、公共纪念会、无处不在的纳粹式敬礼。当然，最著名的是精心安排的群众集会，经常安排在晚上，元首或其他纳粹领导人向规模不等的群众发表讲话。通常安排的火把游行使个体的差异融化到集体的和谐之中。这些狂热的集体陶醉剥夺了个体的理性和意志。在辉煌的场景中（如由埃伯特·施佩尔设计的主教之光，探照灯照亮夜空，产生了身处大教堂的感觉），或者在明亮的太

"希特勒领导我们前进"宣传画

阳下排列完美的冲锋队编队中，纳粹政权成功地复制了自己的最高理想，即一个掠夺者的国家对弱者不会显示出任何怜悯的理想。这是从古老的亚述帝国之后，世界再也没有看到的邪恶之美。

剥夺个人私人角色的另一个方法是将他们同家庭的纽带孤立或分离开来，号召他们经常性地参加党的会议，在那里，他们特别容易受到宣传的影响。理查德·格隆伯格提醒我们：其中许多会议开始都有一个仪式。而每一个人穿着同样的制服，是另一种剥夺他们个性的方法。从心理学或者美学的观点来看，制服是一致性和强迫的集体身份的象征。在德国的生活中，带有明显徽章或勋章的制服一直是受人尊敬的对象。纳粹加强了这种习惯，并且制造了现代一些最引人注目的徽章。掩藏在伪宗教圈套中的公共仪式是培养公共身份的另一种方式。像法国大革命一样，纳粹运动对日历进行了更改，以便和新的国家纪念日或假日统一起来。一年的第一件大事是在1月 30日，这一天希特勒被任命为总理。2月 24日是纳粹党历史中重要的一天，党的信徒庆祝二十四条章程的周年纪念和国家社会主义德国工人党的建立。3月，纳粹政权设立了英雄纪念日，引导十四岁的青年加入希特勒青年团或德国女子联盟。4月 20日，整个国家庆祝元首的生日，这一天通常出现的是对元首天才和领导才能的泛滥成灾的赞美。5月的第一天是休假，直到纳粹掌权德国工人才获得了这一假期。在5月当中，德国人还会得到提醒，想到母性对千年帝国未来的重要性。庆祝夏至和冬至代表着纳粹运动中的异教成分，这种活动在党卫队队员那里普遍受到欢迎，但是总体上被大众所忽视。9月在纽伦堡党的会议上有最宏大的、经过精心设计的展示。10月，来自德国各地的农民庆祝丰收节，他们在威斯特伐利亚哈默林附近的布克堡穿着传统的服装游行。纳粹的一年，不是以圣诞节、而是以庄严的纪念1923年11月9日政变失败而结束的，活动由当年的参与者组织。老斗士们行军到陆军元帅会堂，在那里希特勒亲自与死去的英雄亡灵对话。纳粹政权还不断地督促民众为公共利益工作，参加党的活动。在将真正的慈善动机用于潜在的政治目的上，约瑟夫·戈培尔无疑是一位无可争辩的大师。一个著名的仪式是星期天炖食大会，它的目的是鼓励共同的分享感和助“冬季救济运动”一臂之力。“冬季救济运动”是一个慈善组织，它的建立是为了帮助

希特勒在1936年的纽伦堡集会上

失业和贫困的人。纳粹为了自己的目的利用了公共慈善活动，安排了公共聚餐，诸如希特勒、戈林这样的著名人物都参加了这项活动。

当然，最著名的仪式是纳粹式敬礼，它最夸张的形式是两腿并拢，立正直立，向前倾斜地伸出右手，手掌向前，坚定地高呼："希特勒万岁！"通常来说，并非所有的德国人都喜欢仪式，只有那些热衷于功名而勤奋工作的人才乐此不疲。有的德国人发明了一些有独创性的方法以规避这种爱国心的公开展示，他们或者喃喃低语，或者做出软弱无力的手势，或者有意避开在公共场合与朋友或熟人见面。喜剧化的夸张富有传奇色彩。1933年，有人看到德累斯顿一名妇女让她的女儿"到街对面的姑妈那里，敬上一个小纳粹礼"。尽管公共统一的行为当中带有某些令人难堪的因素，但是，大多数德国人感到纳粹政权比共和国、甚至君主政权更加亲善。事实上，纳粹政权利用了民主的同志之爱；它以一种其他政权不曾有的方式触动了普通德国人。也许这是因为希特勒是以普通人的面貌出现的，他也因此被普通人授予了权力。美国记者多萝茜·汤普森第一次会见希特勒的时候，把他描述为一个"不修边幅的、几乎是无精打采的人，他的面部表情像一幅漫画……一个小人物原型"。

因为这个原因，纳粹政权不断地诉求于民众，这不仅是一个聪明的马基雅维里式的阴谋，而且体现了它坚定的"使元首和大众和谐一体"，将统治者和被统治者用神秘的领导关系连接起来的信念。假如纳粹创建一个有机的大众共同体的理想是建立在提升生活价值观念之上的话，那么它本质上不是消极和不切实际的。希特勒贬低了有机共同体生活的理想，用野蛮的种族主义和民族主义偏见使这种理想黯然失色。事实上，希特勒彻底贬低了在国家生活中已经成为责任的某些德国传统，建立了自己邪恶的帝国。他将体现在国家青年运动中的理想主义引导到好战的目的当中；进一步利用已经普遍蔓延的军国主义；把种族的民族主义嫁接到生物—种族主义的范畴当中，从而复兴了这种民族主义；将残忍和非理性浪漫化；把德国的极权主义发展到顶峰，即盲目的服从。

但是，他用最高贵的论调掩饰了这些反常的行为。希特勒和纳粹党人公开相互吹捧，呼吁最崇高的理想，但是，塑造"荣耀""牺牲""勇气""力量""无私"这些词汇的动机是不诚实的。据说，希特勒的诡计是运用按照他自己扭曲的灵魂设计的"疯屋"镜子来扭曲德国生活的积极价值观。霍华德·贝克尔透彻地观察到：

爱德国的一切，变成了恨非德国的一切；浪漫的理想主义变成了对思想的轻蔑；对身边价值观的忠贞，变成了对其余人类所持有的价值观的否定；坚定的独立性变成了虚张声势、好战凶猛的侵略；对当选领导人的忠诚，变成了对暴君盲目的服从；对健康身体的尊敬，变成了“我们用我们的血液思考”这一公开的反理性；对孩童的热爱变成了对炮灰的培养。

对于局外人来说，当时的德国生活似乎是倒退到原始部落状态。一位作家认为，国家社会主义的一些方面使他想起了中部非洲的一个部落；另一位作家认为，第三帝国使他想起了威廉·戈尔丁的《蝇王》，在这部小说中，文明的孩子受困于一个海岛，他们听从领导人杰克荒谬而孩子气的幻想回归到原始的状态。希特勒是一个成年的杰克吗？他轻视弱者，杀害无辜，欣赏无缘无故的残酷，以自己的快乐为法令，要求对原始象征符号的彻底崇拜，需要不停的行军和高歌。

在这里可能没有什么疑问的是：希特勒和德国之间的关系是一种诱惑的关系。德国人听任自己被一个聪明的反社会分子所欺骗和诱惑，希特勒也知道如何去利用他们的力量和虚弱。当然，假如没有积极的参与就不会受诱惑。屈服的行为意味着意志的悬置或者放弃。将每一件错事都归咎于希特勒是不真实的；将德国的罪恶感和内在的虚弱归于希特勒这个替罪羊是适当的。德国人是心甘情愿的参与者；正如卡尔·荣格提醒我们的，“假如这个人物不是集体歇斯底里的反射意象”，他们就不会参与得如此彻底。

令人好奇的是，当一切都过去，冷静的思考最终替代不受控制的激情的时候，许多被解除了魔咒的德国人被过去发生在自己身上的事情惊得目瞪口呆。卡尔·雅斯贝尔斯非常好地总结了这一点，他承认“在过去的十二年里，我们身上发生了一些事情，它们似乎重新铸造了我们。我这样形容这件事：魔鬼暴风雨般地袭击了我们，把我们和他们一道卷进了使我们看不见、听不到的混乱之中。我们体验了类似于中世纪后期巫术中邪的东西”。

青年和教育

对德国青年的发动，是国家社会主义最重要的目标。从德国经历了飞速的工业化之后，年轻人——尤其是中产阶级背景的——结成了青年团体，以反对老一代人庸俗的道德观念和价值观念，以及现代工业文明带来的物质主义需要。从更大的文化视角来看，各种各样的德国青年运动——可以回溯到旧帝国时代的旅游运动——必然被视为反对主流的、资产阶级的和工业文明的文化抗议运动。这些抗议运动对德国来说并非少有的现象，它们似乎代表着浪漫主义抗议的再次爆发；它们最终建立在业已确立的主流文化和反文化力量之间永久的紧张之间，前者坚守反直觉的僵化和古典的秩序，后者坚持天生固有的直觉和浪漫主义的抗争。

从表面上看，年轻人的抗议主要表现在逃避现实的行动当中。这些行动采取了以下一些形式：远足旅行，围着营火唱民谣，将共同的兴趣和仪式用于性的亲密关系。其中也包括对德国民族遗产的感情的培养。埃伯特·施佩尔表达了他们这一代人的感情：

> 我们这一代人当中的许多人寻求着与自然的这种联系。这不仅仅是对中产阶级生活狭隘性的浪漫主义抗议。我们也逃避越来越复杂的世界所提出的要求。我们感到我们周围的世界已经失去了平衡。在大自然，在高山，在河谷，我们能够感受到宇宙的和谐。

这种天真抗议的另一面是它深远的、反革命的冲动，因为这些年轻人中的许多人并不要求面对现代世界的生活现实，而是逃避它进入乌托邦的幻想之中，这些幻想可能成为未来的一个模型。第一次世界大战也孕育了新的、更为尚武的青年团体（如青年联盟），它们使得士兵和为祖国的光荣自我牺牲的思想变得崇高起来。纳粹主义为了自己的目的利用了年轻人理想主义的或者反革命的抗议。当希特勒1933年掌握权力的时候，希特勒青年团一共才有十万七千九百五十六人，但是在巴尔杜尔·冯·席拉赫的领导下，它将发生戏剧性的变化。席拉赫的野心是将德国所有的青年运动置于希特勒青年团的保护之下。到1933年末，席拉赫已经协调了大多数青年运动，并且稳步地蚕食一些残留的不守规矩的组织(如天主教青年组织)。1936年12月1日,席拉赫成功地将自己的组织从内政部中分离开来,使它成为直接向希特勒负责的最高国家机构。1936年12月1日的法律表述道:“全国青年在希特勒青年团当中被组织起来”;“所有的德国青年,除了在学校和在家学习外，还要在希特勒青年团中根据国家社会主义的精神接受身体的、智力的和道德的教育,以便服务于国家和社会”;“教育希特勒青年团团员的任务委托给国家社会主义德国工人党德国青年部的国家党部领导人。”这部《希特勒青年团法》并没有使入团成为强制性的,但是颁布于1939年3月25日的第二部法使入团成为必须。

1939年初,希特勒青年团的人数达到了八百八十七万人。其组织结构被划分为男女两个分部,每个分部当中还有两个支部,一共四个支部:

1. 德国少年团,吸收十到十四岁的男孩;
2. 希特勒青年团,吸收十五到十八岁的男孩;
3. 少女联盟,吸收十到十四岁的女孩;
4. 德国女子联盟,吸收十五到十八岁的女孩。

所有的青年必须由他们的父母或者监护人登记；违者将受到罚款或者监禁的惩罚。加入仪式充满了宣誓和祈祷,充满了对元首、祖国忠诚和服从的庄严勉励。

希特勒青年团的座右铭是:“元首,下命令吧!我们服从。”

许多依然在独立思考的德国父母越来越清楚地发现，希特勒青年团是一个国家青年组织,它的任务是将元首的思想灌输给青年。年轻人受到了青春理想主义烟幕的欺骗。实际上,希特勒青年团同过去那些天真的、有点儿男童子军味道的团体完全不同。尽管“青年一定要由青年来领导”的格言受到纳粹领导人的尊崇,但是青年人的领导都是纳粹国家的代表,他们对灌输具有侵略性的党的精神远比对培养青年的成长更感兴趣。德国再也没有自由自在的外出旅行。每一件事情都呈现出军事色彩,用一个历史学家的话来说,这种色彩使一代德国青年变得让人难以忍受的粗野和好战。年轻人不断地被召集和点名;像服从命令的士兵一样报到。他们的外出是半军事的：行军,按照严格的规则搭建帐篷,进行半军事的比赛,歌唱带有意识形态气息的歌曲(如“升起我们的旗”“神圣的祖国”“士兵

希特勒少年团团员

德国女儿团的小团员们——纳粹政治无所不在，元首无所不在

德国少女联盟的成员向元首致敬

希特勒青年团准备野营训练

希特勒和孩子们在一起

扛起了步枪”“展开鲜血染红的旗帜”),使用口令和标语(“希特勒安康”“希特勒是德国,德国是希特勒”“血液”)。

那么,这些青年受到的教育——尤其在学校——是什么呢?在纳粹统治时期,教育的主要目的是制造出一种新人。根据纳粹的理解,他是强壮的、具有种族自我意识的,他为国家骄傲,对元首忠诚。因为德国的教育体制传统上就是极权主义的,因此除了给予它强烈的种族主义因素之外,不需要在革命的意义上对其加以改变。尽管如此,纳粹政权最初在所有的层面上都热衷于清洗教学人员。这次清洗由文化部长伯恩哈特·卢斯特领导,结果是全面地解雇在意识形态上不值得信赖的教师,尤其是犹太人。教师也被迫加入国家社会主义教师联盟,它作为纳粹政权的监督机构监视着整个德国的教师。国家社会主义教师联盟也负有责任用八至十四天的必修课向教师灌输纳粹思想,这些课程在全德国的专门营地里举办,集中于在国家社会主义政权下德国教师的责任。纳粹对德国教育的控制也采取了学校体制严格中央集权化的形式,并将中学重新组织为三大块,强调科学、现代语言、古典文学的专业化。在大学的层面上,德国学生联盟按照新的体制精神领导着大学生活和思想的协调一致。雅利安阶段——要求“雅利安”种族的背景是担任公共职务的先决条件——到1933年中期清除了大批优秀的犹太教师。1935年,元首原则正式对大学施加了影响。根据这一原则的精神,只要有机会,纳粹党便会安排一个新的纳粹校长,这位校长反过来又会任命一位政治上正确的教务长,教务长再任命合适的系主任。在这种体制下,因杰出的教师队伍而获得世界声誉的德国大学承受了在质量上稳步而惊人的下降,但是这些情况对于一个为自己的反知识倾向感到骄傲的政权来说并不重要。

在对教学人员经过了这些侵犯之后,各个层面的教师除了极少数的例外,都能和党的路线保持高度的一致,其服从的程度可谓亦步亦趋,以至整个政权不需要对教师进行广泛的监视。确实，在纳粹政权的控制下，德国教育的内容在其主要的哲学内容和课程框架上都有了明显的变化。

从哲学的角度来看，纳粹教育家需要德国的年轻人获得强烈的种族主义和侵略性的思考模式。因为忠诚、服从和为国家服务构成了新政权的主要美德，因此培养和奖励这种教育优先权的思维习惯必须建立和发展起来。分析的思想习惯自然受到了怀疑，因为这些方法是教育青年去提出疑问，使自己的思想开放或者具有宽容性。就是这个原因，纳粹教育家对纯粹的分析思考普遍地不信任。现在被作为首要特征接受下来的教育，是对意志的而非心灵的教育。

教育的主要目标是生产出健康的种族类型，对于它来说，知识只是工具而非目的。聪明被视为是轻率的标志，并不受到鼓励。个人的主动性和鼓励青年人独立思考的"西方"习惯也遭遇了同样的命运。在《我的奋斗》中，希特勒明确地表达了大众教育就是为了大众服从这一观点：

> 民族国家必须指导全面教育的方向，它主要不是吸收知识，而是培养完全健康的身体。处于第二位的是心智能力的训练。这里再次强调一下，处于第一位的是性格的发展，尤其是提高意志力和决断能力，这种发展与教育相关，目的是培养既快乐又骄傲的责任心，最后一位的才是科学教育。

希特勒坚信：知识分子对大众的影响是阴险的，因为它一直在颠覆着集体的统一性。知识分子毁灭了信仰，因此他们不能激励社会产生伟大的行动或功绩。希特勒接着认为："一个人即使没有受过好的教育，但是身体健康，具有完美和坚定的性格，充满了快乐的决断力和意志力，他就会比一个柔弱的天才对民族共同体产生更伟大的价值。"希特勒对赫尔曼·劳施宁说：

> 我的教学是艰难的。必须清除每一件虚弱的东西。我的骑士团城堡将铸造出一种让世界在惊恐中颤抖的年轻人。我需要一种残酷的、有集权意志的、无所畏惧的、无情的年轻人。他们必须能够忍受痛苦；他们不能是温柔的和虚弱的。他们的眼中肯定放射着自由而崇高的食肉动物之光。我需要我的年轻人强壮和美丽。我将用所有的体育科学来训练他们。我需要爱好运动的

> 青年。这是首要的也是最重要的事情。我将采取这样的方法去消除两千年来的驯化。我将获得一个纯粹、高贵的自然材料，我将用它来创造一个新的德国。
>
> 我不需要知识教育。知识糟蹋了我的青春。我喜欢让年轻人去学习他们自身的游戏冲动自由选择的东西。他们将以最艰苦的磨难向我显示如何征服死亡的恐惧。这是踏向英雄青年之路的一步。我的骑士团城堡将构造出一个美丽的、创造性人类的、供人们崇拜的形象。他是一个自我克制的“基督”，他将为人类成熟即将降临的阶段做准备。

因为纳粹教育的目标是制造听话的追随者，并推动扩张和征服，因此灌输思想和体育运动是纳粹教育圣殿的两大支柱。教育的目标不是支持自我发现，而是教育年轻人像国家社会主义者那样思考。因为这个原因，教师不是教导者和知识的传输者，而是一个战士，他在文化—政治的前线服务于国家社会主义的目标。确实，在这一前线的战斗具有不同的性质，是用不同的武器在斗争，但是它依然是重要的，因为这一斗争是为了人的灵魂。

新的纳粹超人首先必须身体强壮。因为这个原因，德国的学校给体育教育分配的时间从1936年的一个星期两三个小时增加到1938年的一个星期五个小时。整个体育教育的课程也得到了修订，这反映了纳粹政权对纪律和身体健康的重视。越野赛跑、足球、拳击被增加到活动的清单上，因为它们提高了攻击的精神和身体的优越性。学生必须通过严格的身体能力标准，它们是入学和毕业要求的先决条件。假如在体育方面表现一直不好的话，就会成为开除的最有力的理由。作为核心要求的体育的重要性，也意味着体育教师在学校是受到尊重的，甚至是地位优越的，他们对毕业报告的评语经常比其他科目重要得多。

学校科目也被纳粹化。例如德国历史受到了无耻的歪曲，以符合国家社会主义的模式。一位有领导地位的教育家甚至鼓励学生通过“德国的血液”去解释德国的历史，而不管它实际意味着什么。传授历史的重点没有放在文本资料或者客观性上，而是放在历史戏剧性和激发灵感的方面。同样，德国教师被迫在教学中突出北欧传说和英雄人物。阅读材料的性质也经历了戏剧性的转变，尤其在低年级，在那里，战争故事和英雄探险代替了神话故事或动物故事。在一本名为《坦嫩贝格战役》的书中，我们阅读到下面血腥的一段：“一个苏俄人阻挡入侵者的道路，但是奥托的刺刀刺穿了他的肋骨，他呻吟地倒了下来。奥托的面前放着一枚朴实无华但高贵的、他梦寐以求的铁十字勋章。”

课本中点缀着一些冷酷的以方阵行军的战斗队伍的画面，与兔子、知更鸟的画面放在一起显得极不协调。为了激发对纳粹事业的热情，只要有可能，总是采用元首的图画或故事。在“元首来了”的故事中，一个名叫克劳斯的少年在小镇上热切地等待着元首的到来：

> 今天，克劳斯的母亲无须把他叫醒。他自己从床上一跃而起。今天是一个重要的假日。万字旗在窗外飘扬。商店的橱窗里陈列着元首的许多画像。孩子们爬到了树上。当掌旗兵开道经过之后，克劳斯举起了他的右手敬礼。不一会，克劳斯听见了远处传来的欢呼声。声音越来越近，不久，克劳斯看见了元首。他站在一辆汽车上友好地向大家挥手。克劳斯竭尽全力地大声呼喊“元首安康”。多么不幸，元首已经过去了。但是克劳斯依然在不停地呼喊。

但是，在德国教育系统中发生的最令人困扰的一些变化，当属引进了种族主义的故事。元首的话被引用：“根据种族纯洁的需要，男孩或者女孩在离开学校的时候必须接受全面的教育。这将为我们的国家地位的种族基础创造先决条件，反之又为今后的文化发展提供安全的基础。”从1933年9月开始，种族主义教育在德国学校成为必修科目，但是因为没有官方课本，几乎没有什么德国教师明确地知道应该如何传授这一神秘的东西。许多教师从纳粹种族主义哲学家(如罗森贝格、古特纳)那里做一些读书笔记，将“头盖骨的测量”引介到课堂上。

正如在德国社会的其他领域一样，在教育领域，纳粹政权创造了训练的双轨体制，一个是针对普通的德国人，一个是针对未来的、“眼睛里放射着自由而崇高的食肉动物之光”的“纳粹领导人”。这一新的体制反映了纳粹德国领导人个人风格的特点，他们随意地制订计划和进行调整。从理论上说，希特勒对他的雏鹰寄予厚望，在他们年幼的时候就从他们的父母那里夺来委以英雄的任务。他们参加了希特勒青年团，然后一步一步地通过纳粹规定好的一系列过程——纳粹精英学校、劳动服务、军事服务、婚姻，然后是在党的骑士团城堡进行进一步的政治教育，最后是在党的大学接受教育。所有这一切的目的是将每一个德国人同国家和纳粹意识形态紧密地结合起来，以至他们永远也不能再获得自由。希特勒在最令人惊骇的一次演说中——这次演说的录音被保留了下来——解释了“不自由”的德国青年的理想。他轻松而虚伪地说：“他们在余生不会再有自由。”任何爱好自由的人都将对此感到惊恐。但是，1938年 12月 4日在场的听众对下述言论却感到热情澎湃：

> 这些年轻人什么也不必学，他们只要按照德国人的样子去学习，去行动。这些在十岁就加入我们组织的男孩第一次呼吸到新鲜的空气，四年后，他们将从德国少年团加入希特勒青年团，在这里再待上四年。我们不准备把他们交还到那些制造我们的阶级和地位障碍的人手中。我们将立刻把他们送入党，送入劳动阵线，送入冲锋队或党卫队。假如他们在那里待上十八个月或者两年还没有成为真正的国家社会主义者，他们就会去参加劳动服务，在那里经受六七个月的德国铁铲的锻炼。假如在六七个月之后依然存在着阶级意识的残余或者以自己的社会地位为荣，武装部队将接管两年的进一步教育，当他们两年或四年之后归来的时候，为了防止他们再次回到旧习惯当中，我们会把他们立刻送到冲锋队或党卫队那里，他们在余生不会再有自由。

实际上，理想的奴役形式从来就没有实现过，因为元首的领导风格在性质上过于善变，以至不能促成一种协调一致的方法。但是，三种主要的精英学校——是不同的纳粹领导人头脑的产物——实际上得到了发展，它们是国家政治教育学院、阿道夫·希特勒学校和骑士团城堡。第四种精英学校是由纳粹哲学家罗森贝格构想出来的，但是从来没有超出计划阶段。1933年 4月 20日是元首的生日，教育部长伯恩哈德·卢斯特以官方名义献给希特勒一件不同寻常的生日礼物，它是被称为国家政治教育学院的精英教育系统。第一批三所国家政治教育学院就是将位于波茨坦、普伦、科斯林的普鲁士干部学校纳粹化。到 1938年，一共有二十一所国家政治教育学院，其中四所在奥地利，一所在苏台德。1943年，最高达到了三十九所。

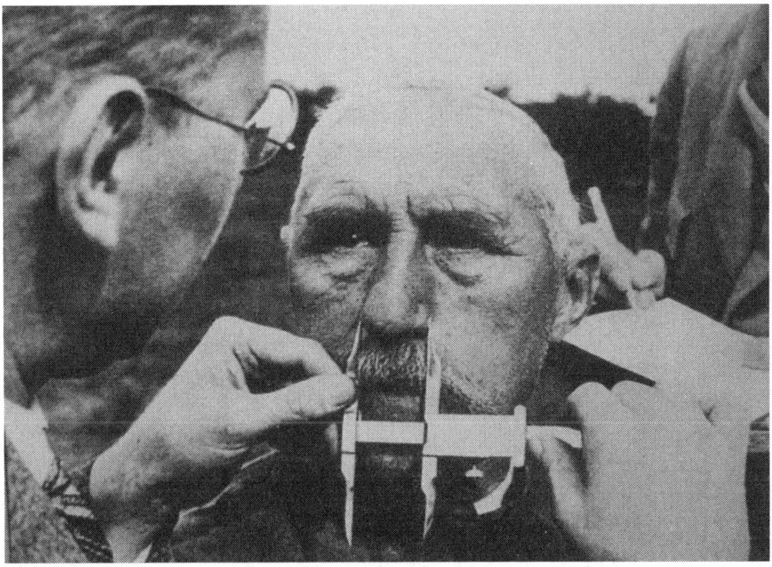

种族鉴定

尽管国家政治教育学院最初由伯恩哈德·卢斯特的国家教育部管理，但是早在1936年，就被希姆莱的党卫队接管。它们的主要使命是训练注定要成为未来政府领导人的政治战士，因此重点自然放在政治思想的管束和身体的锻炼上。课程突出知识的操作或实用的一面。技术和军事的课程占据了主导地位，由纳粹青年领袖、党卫队队员和政治上可靠的年轻人授课。认为对未来领导人特别有用的课程是拳击、战争演习、划船、航行、滑雪、射击、驾驶摩托车等等。课程按照严格的军事路线安排。班级被称为排，每天的活动包括日常操练、团体活动、整队集合和其他相关的军事活动。学生在严密的监视下被督促讨论意识形态问题；他们还被强迫用六到八个星期的时间与普通的德国人深入接触，帮助农民秋收，和工厂工人或煤矿工人一道干苦活。在这些装点门面的向平等主义作出让步的背后潜藏着这样一种思想：让未来精英们去了解普通德国人的需要，间接地抵消新的纳粹学校内在的精英主义。

实际上，这种矛盾的目标证明是不切实际的和不可能实现的。国家政治教育学院事实上只是一个培养傲慢的、受教育不完全的技术人员的基地，这些人幻想自己是天生的领导人。从理论上讲，新的国家政治教育学院向所有的德国人开放，但事实上，青年人必须得到党的地区领导的推荐。除了智力方面的能力，还有身体的健美、政治上的可信赖性，被选择的干部还应该具有“种族上的纯洁”。这个含糊的名称具有对血液和土地的神秘请求，它渗透到国家政治教育学院整个教育经验中。夜晚围绕着营火的浪漫活动或者充满感情的纪念仪式，对刚毅、祖国、元首的赞美，这一切都是国家政治教育学院学生生活所固有的方面。这些场合总是伴随着歌声——“我们站在哪儿，哪儿就有忠诚”“宁死不受奴役”——伴随着阅读冰岛的古诗集《埃达》，伴随着欣赏亨德尔的音乐。这些仪式背后的目的是点燃潜在的理想主义，并且将一种团队精神注入学员，也即这个学院的座右铭：“相信、服从、战斗。”

1937年4月20日，又是元首的生日，第二种精英学校——阿道夫·希特勒学校——在波美拉尼亚的克劳辛西诞生。这一计划是罗伯特·莱伊和巴尔杜尔·冯·席拉赫共同努力的结果，他们要为党和希特勒青年团建立一个专门的领导干部学校，在德国教育的一般结构之外发挥作用。因为卢斯特不要莱伊干预他对国家政治教育学院的管理，因此莱伊和席拉赫在希特勒的批准下建立了一个可供选择的新系统。

阿道夫·希特勒学校的使命是为党和希特勒青年团推荐未来的领导人。最初，莱伊和席拉赫设想为每个区设立一个阿道夫·希特勒学校，但是因为党费不足，所以1942年只建立了十一所学校。尽管设想从十二岁最优秀的人当中选拔人才，但是阿道夫·希特勒学校的学生实际上来自千差万别的、教育不等的背景。从社会的角度来看，大多数学生来自小资产阶级家庭。学校的课程和国家政治教育学院相似，十分强调意识形态的科目和预备军事训练。

第三种精英学校是骑士团城堡。这个学校招收已经通过希特勒青年团训练，获得了阿道夫·希特勒学校的文凭，在劳动营和军队服过役的青年，让他们在骑士团城堡的政治教育环境中接受最高的经验。阿尔弗雷德·罗森贝格甚至梦想挑选出杰出的学生，迫使他们在党的大学里经受进一步的教育，但是这个宏大的计划从来就没有变成现实。

三个庞大的骑士团城堡分别位于波美拉尼亚的克劳辛西、上巴伐利亚和艾菲尔，它们打算各招收一千名干部。入校的最低要求是：入选者必须是“完美的”，年龄在二十五岁到三十岁之间，必须是纳粹党员。新学员来自相对低微的社会背景，甚至是更为低微的教育水平。他们的训练至多适合于小职员、党的中层官员，而不是真正党、国家和军队的高层领导。事实上，局外人嘲笑骑士团城堡毕业生有限的能力，称他们为“金色野鸡”，因为他们身着褐色制服但心智有限。

总体来说，国家政治教育学院是唯一成功的纳粹学校，这主要是因为他们植根于德国的军事教育传统。它模仿英国的公立学校，包括它管理上的集权制度。对上层阶级的父母极具吸引力，他们认为这些学校是旧式军官学校的继承者，因为它突出了精英主义和团队精神。其他的纳粹学校就过于即兴和缺乏协调，以至和德国的教育制度没有太大的区别。

事实上，作为整体的纳粹的教育工作缺乏整体筹划或实质内容。纳粹党至多是将意识形态薄薄的一层装饰板铺在德国的教育上。并不令人惊讶的是：十二年不足以破坏“欧洲两千年的文化遗产”。但是，纳粹党的思想灌输能够误导和误用整整一代年轻人，在第三帝国的统治下，这一代人总体上是感到快乐和充满活力的，但是后来也认识到他们“也是被阿道夫·希特勒耗干和毁灭的人”。

妇女和家庭

纳粹党人基本上把家庭看作为国家提供未来士兵的再生产工厂。当然，它没有当众宣布这种公然的野蛮思想。纳粹的艺术激发了作为庇护所的传统家庭意象：家庭成员在关爱的支持下相互联系，没有任何疑问地承担着他们被分派的角色。数以千计的海报或明信片将这种场景理想化：受到良好养育、长着金黄头发的孩子得到了呵护备至的“雅利安”父母的支持。这是在玩弄口是心非的游戏。纳粹要从德国父母那里得到更多的孩子。德国的出生率在20世纪初一直非常高，但是到了 20 世纪 30年代却完全达到了零增长，这在纳粹领导人那里引发了巨大的恐慌。

为了赢得人口战争的胜利，并且使德国人的后代遍及整个欧洲，纳粹党剥夺了妇女获得平等权利的机会，将流产定为有罪，抨击同性恋，禁止卖淫，从而促使大家庭的产生。纳粹党还提供了各种金钱刺激去鼓励人口的再生产，其中包括婚姻贷款、儿童抚恤金和慷慨的家庭津贴。纳粹政权不断地抨击那些不要孩子的自私夫妻，这种态度被官方谴责为颓废的或“西方的”。举办的展览还显示诸如像 J.S. 巴赫这样伟大的德国人是有着许多孩子的父亲。“享受孩子”是经常被使用的口头禅。另外，纳粹党还发动了真正的母亲崇拜活动。每年的8月12日——这一天是希特勒母亲的生日——都是一次向德国的母亲们表达情感的大好机会，最能生育的母亲将获得奖励。德国母亲的“光荣十字勋章”分三个等级：金质勋章授予八个以上孩子的母亲；银质勋章授予六个以上孩子的母亲；铜质勋章授予五个以上孩子的母亲。

在这种外表后面是邪恶和毁灭性的目的。事实上，纳粹党人视家庭为国家未来士兵的孵化器。换句话说，纳粹关于家庭的花言巧语是表面上虔诚的含糊话语，掩盖了恶毒的意图。在健康和正常的意义上，家庭是独立自治的安全岛屿，保护它的成员免于国家的严控。因此，极权主义的政府不能容忍这些与体制相分离的岛屿。同时，极权主义的国家企图将家庭单位变成国家政策的延伸来对其加以改变。在极权主义的统治下，国家企图吸纳作为独立单位的家庭，破坏血缘的纽带关系，取而代之以新的替代关系，尽管这种行为会导致家庭成员之间的仇视。一旦从家庭中抽去了血缘的关系，留下来的就是一个空壳，它的地位就被国家所替代。但是，这种事情没有在德国发生，这生动地证明了家庭的历史力量和它的反弹力。

大家庭的前提是妇女待在家里而不是出去工作。因此，纳粹党树立的妇女形象是母亲和用人的传统形象。玛格达·戈培尔是一位金发的、高大的、有魅力的女人，她成为官方推广的第三帝国妇女气质的理想。她作为宣传主管的丈夫对第三帝国妇女的角色发表了如下见解：“妇女的使命是变得美丽，将孩子带到这个世界。这绝对不是听上去那样粗俗和不时髦的话。雌鸟为雄鸟打扮自己，为雄鸟孵蛋。作为交换，雄鸟为她寻找食物、提供保护、驱赶来犯之敌。”当然，雄鸟并不希望雌鸟过分地打扮自己，口红、粉饼和其他化妆品被普遍认为是不自然和颓废的。过度化妆被认为是向魏玛共和国和整个西方虚假矫饰氛围的全面倒退。在纳粹党人对这一问题的声明中，他们一直喜欢将活泼简单的雅利安美女同西方民主社会任性、放纵、浓妆艳抹的女人相比照。

在对德国女性的庄严的赞美后面潜藏着反动的男性偏见，严守着过时和单向的老套形象来约束妇女的发展。大多数纳粹领导人对女人的真正看法和希特勒一段表面谦逊实际带有侮辱性的评论是一致的：“一个女人必须是可爱的、让人想拥抱的、天真的小东西，她们温柔、甜蜜和愚蠢。”在1936年9月对国家社会主义妇女联盟的一次家庭演讲中，他表示了他真正想从妇女那里得到的东西——他能用作炮灰的孩子。“假如今天有一个女法学家非常有成就，她的隔壁生活着一个有着五个、六个、七个孩子的母亲，这些孩子都是健康和得到很好抚养的，那么，我乐于表达的是：从我们民族永恒的价值观念的角度来看，生育了很多的孩子并且把他们养大成人的母亲，为了未来回报了我们民族，所获得的成就自然越大。”因此，女性从此被排除在法律之外；纳粹还发动全面的宣传攻势使妇女被排除出男人主导的传统行业，如医疗和教学。妇女甚至被认为没有资格担任陪审团的工作，因为“她们不能逻辑地思考问题，不能理性客观地思考问题，她们被激情所控制”。正如上面所提及的，国家社会主义很少让妇女涉及政治，因此“德国的复兴”被视为“男性的事件”。

在希特勒的世界里，妇女是装饰性的兴奋点，只有在放松的时候才被允许进入男人的世界。因为希特勒缺乏去爱的能力，缺乏与女人亲密交往的能力，他更喜欢和男性为伴，更喜欢严肃和意志的世界。妇女的角色对于元首来说是首先生育孩子。将妇女贬低为种族顺从的生育者的角色一再地得到证明，因为这种观点和妇女在纳粹等级制度中的遭遇是一致的。例如马丁·鲍曼的夫人冷静地接受了他丈夫的艳事，马丁·鲍曼成功地勾引了女演员曼佳·贝伦斯，还得意扬扬地将这件事写在 1944年 1月给夫人的信中，他夫人对这种道德上的不检点既不嫉妒，也没有心神不宁。事实上，她还建议建立一个三人家庭，这样的安排可以为其他德国人树立一个榜样，因为这种家庭可以为德国人生育更多的孩子。她认为曼佳在种族和生物学的意义上是十分有价值的，不能不去生育孩子。格尔达·鲍曼向她的丈夫十分真诚地建议道：“你对曼佳肯定是有价值的，你会发现曼佳和我每年轮流给你生一个孩子，而你一直有一个身材苗条的女人陪伴你。”一位历史学家称这件事为纳粹的作物轮种原则。

纳粹德国的研究者通常忽视了德国母亲所发挥的支持性角色，她们促进了德国男人的侵略性冲动。对德国母亲这种角色的忽视可能存在了相当长的时间，其原因可能要归于这样一个事实，正如埃里克·H.埃里克森曾经评论的：“社会和历史研究者愉快地继续忽视一个简单的事实：所有的个体都是由母亲生育的；每个人曾经都是一个孩子；民族和民众都开始于哺乳期；社会是由许多代处于从孩子到父母的发展过程中的人构成的，他们注定会吸纳历史的变化，同时继续为他们的下一代人创造历史。”摇动摇篮的手统治着世界。哺育子女的母亲能够哺育杀手。假如德国的男性能够心安理得地发现侵略相对是容易的，那么，哺育的过程肯定已经提供了心理上的支持。

纳粹党人从先前的几代德国人那里继承了某些文化模式，这些模式强烈地塑造了侵略性和极权主义的人格。有六个模式尤其值得关注。第一，从文化的角度来看，对社会来说，男性被认为比女性更有价值，因为他们保护着国家，并且为它的生计而战。第二，父亲被认为是德国每个家庭中的国王，他拥有神圣的权力，并希望家庭的其他成员无条件地服从他。第三，妇女的主要作用是生育孩子，接受作为保姆的角色。第四，人们希望德国的妇女在她们自己很小的生存空间——家庭——中活动，但是，在这个有限的空间中，人们允许她们掌握稳定的权力。她们的目标是保持一个一尘不染和有秩序的家庭。第五，婚姻的角色在大多数问题上被严格地二分。责任要么被交给丈夫，要么被交给妻子，前者在外挣钱，后者负责家务。共同的责任只是例外而非常规。第六，对孩子的养育也同样分层，男孩注定要在世界中竞争，女孩注定要成为主妇。

在哺育孩子时，德国妇女积极地培养这些特性。纳粹进一步扭曲已经被夸张的极权主义价值观，这种扭曲强调了人格中潜在的破坏性。克劳迪娅·昆茨更大胆地将纳粹侵略行径的很大一部分责任归于德国的母亲，她们有意或无意地使“一个杀人的国家以母亲的名义成为可能”。她认为：她们的共谋在统计学意义上也得到了证实，因为她们大批地投票支持希特勒，而且热烈地为他欢呼。她们支持着如此公然的沙文主义的政党，其中的原因只能是一个：许多德国妇女具有高度的自我欺骗。正如男人一样，妇女被错误的承诺和空洞的口号所欺骗，这一点可以由格特鲁德·舒尔茨—克林克的经历所证明，这位妇女领袖以官方的名义表达了数百万德国妇女的心声。

这位未来的妇女元首早在二十多岁的时候就参加了政治活动。那时，她的丈夫是一位冲锋队员，在一次示威游行中死于心脏病。她决定在他的位置上继续战斗。她相信——正如她后来所鼓动的——德国妇女的指导原则不应该是“与男人争斗，而是和男人一道去争斗”。她在1928年加入纳粹党，后来成为国家社会主义妇女联盟在巴登(1930)和黑森(1931)的领导人。1934年1月，她接管了妇女的劳动服务部，一个月后，被委任为国家社会主义妇女联盟和德国妇女劳动协会的国家领导人。一年后，她被提升到很大程度上是象征性的位子上，即德国妇女领袖，以国家社会主义的精神代表妇女的利益。

此时的格特鲁德·舒尔茨—克林克才三十二岁，而且已经有很多孩子。从身体来看，她是纳粹妇女的典型：高大，金发碧眼；为人谦逊但又固执己见，骄傲自大，而且多产。她相信自己有关妇女的口号："价值平等，类别不同。"她并不了解男性纳粹领导人对妇女角色持有彻底反动的观点，尽管这些观点都是些陈词滥调。当克劳迪娅·昆茨在1981年采访舒尔茨—克林克的时候，她依然是一个坚定的纳粹党人，为她的行为进行诚心诚意的辩解，声称在她的领导下，妇女发挥了一个"大家庭的功能"，没有人从中退出，并且纳粹领导人都是完美的绅士。这种对罪行完全的否定大有人在，他们像舒尔茨—克林克一样，曾经坚决执行着希特勒的命令。

宗教和教会

德国一直承受着内部宗教和政治的分歧。在中世纪末，德国是一个地理上的名称。它摇摇欲坠的帝国——日耳曼民族的神圣罗马帝国——被各种离心力量弄得四分五裂，使真正的权力控制在封建的诸侯手中，这些诸侯维护着非中央集权的国家行政制度。也就在这个时候，其他欧洲国家正在向中央集权化的方向发展。新教改革促进了宗教的分裂，这些分裂又进一步弱化了一个同质的民族国家的发展。当德国最终被新教国家普鲁士统一的时候，内部的分歧并没有因为权力的集中得到医治。一个新的普鲁士化的德国本质上是一个新教的国家，因为霍亨索伦王朝与路德教会是紧密合作的。因为在统一战争中失败的奥地利被排除在德国之外，德国只有三分之一的人口是天主教徒。在这个帝国之中的天主教徒痛苦地意识到自己属于少数人的地位，他们根据政治路线组织起来，尤其是在俾斯麦发动了反对罗马天主教会的文化战争，并且这场战争对德国发生了影响之后。这导致了罗马天主教中央党的发展，这个党企图保护天主教会在德国的利益。

就在宗教的分歧继续处于难以平息的紧张状态的时候，基督教本身也不断受到包括唯物主义、世俗主义和科学理性主义的现代性力量的攻击。同时，基督教在反对现代性的时候也受到了种族主义和异教意识形态的破坏；各种各样的种族主义集团和作家都在侵略性地推动种族主义和异教意识形态。在受到种族主义激发的各种运动中，有两个宗教分支在第一次世界大战之前开始占据统治地位：一个是消除了“犹太”或者“罗马”特性的“日耳曼”基督教；一个是强调自然—太阳崇拜的新异教主义。在新的德国基督教中，耶稣被变成一个坚定地握着剑而不是戴着荆棘冠的雅利安人。

无疑，博爱、谦逊、慈善和信誉等基督教精神被这些颠覆性的力量所扭曲，这使得向正在兴起的极权主义运动的挑战变得困难起来。在已存在的教会当中，一股强大的力量在整个战后时期继续信奉着好战、尚武的政策，这种思想态度的产生是自然的，因为几百万青年人的战死引发了人们对德国社会的厌恶。在有缺陷的德国教会体系中，这还不是唯一反常的现象。另一个反常的现象是持续的反犹太主义。也许这种反犹太主义最强有力的表现发生在巴伐利亚，那里反犹太人的宗教偏见有着相当长的传统，上阿默高上演的受难剧突出了犹太人是耶稣的谋害者。这只是正式的教会赞助的活动之一，它反映了反犹太主义的普遍情绪。另外一些活动还有到代根多夫的朝圣，它是纪念一次中世纪的仪式谋杀和一份由一位天主教神甫编辑的反犹报纸。总之，无论正式或非正式地，业已存在的教会倾向于强化正在上升的纳粹运动的某些方面，而并不知道在多大程度上这种行为会破坏教会的自治。几乎没有几个信徒认识到，他们的基督教信仰同纳粹的意识形态根本上是不一致的。

另一方面，纳粹党对基督教和党的意识形态之间的不相容不抱有任何幻想。马丁·鲍曼抓住了纳粹国家和宗教问题的本质，他曾经说过：国家社会主义和基督教是不可调和的。希特勒完全赞同这样的观点，他还断言：“总有一天，我们要处于这样的位置上，在那里，只有十足的傻瓜才会站在讲道坛上向老妇人布道。”纳粹党人对基督教有一种形而上的仇恨，因为他们认为它是来自犹太人的信仰，这种信仰被守财奴式的传教士所强化。纳粹运动是自现代早期被世俗意识形态所推动的反天主教的反映，它只能被解释为“在所谓基督教的西方病入膏肓的信号”。西方社会在形而上已经枯竭的灵魂，使得真正的意志相信不可能的事情，出现了“血液与土地”的伪宗教，它是基督教世俗的替代品，将最终的意义集中在当下的时空，而不是未来。在这个意义上，纳粹党人是后来出现的雅各宾派分子，他们计划进一步将西方社会非基督教化，并且用一种新的、更为真实的“雅利安至

强迫犹太人挂上自我羞辱的牌子

上论”的福音取而代之。

实际上，纳粹政权没有清楚地表明一个前后一贯的、具有积极性质的思想体系。那些依然对精神超越有所需要的纳粹党人求助于一种被称为“上帝信仰”的模糊信念。这类最低限度的信念被一种新的异教实践所美化。“上帝信仰”运动得到了纳粹党的正式认可，把它作为业已存在的基督教会的真正替代品。到 1939 年，正式注册的“上帝信仰”的成员有 341.1万人。

纳粹党显然是在为最终清除敌对的信仰铺路；但是，历史的页面是不可能在一夜之间被撕去的。与此同时，党内的思想巫师鼓励着浪漫的新异教主义，这是通过纳粹的活动、不间断的压力和对业已存在的教会的迫害，从而形成的宗教仪式的替代。作为对基督教内部颠覆的一部分，纳粹的狂热分子鼓励在有关出生、婚姻和死亡的仪式上去除基督教的影响。其他破坏基督教和德国人民之间心理纽带的努力涉及对基督教日历和基督教节日的攻击，这和法国大革命中的行为如出一辙。1938年，学校里不再允许上演颂歌和基督降生的戏剧，“圣诞节”这个词被“圣诞季节”这个词所替代。

与新政权相关的两个主要教会——天主教和路德教——的作用是矛盾的。

教会躲过了"协调一致",因为纳粹党人过于忙碌于消灭他们的反对者,同时因为他们对教会在第三帝国的作用缺乏长期的规划。无疑,更为热情的纳粹党人梦想着一个在新的纳粹主教领导之下的新"日耳曼"宗教。甚至在纳粹掌握权力之前,一群国家社会主义德国工人党的福音派的支持者就联合在一起,他们要求将福音派教会——它分裂成路德派、加尔文派和联合派三个分支以及二十八个地方教会——统一为国家教会。这些纳粹的新教徒要求代表他们所指称的"积极的基督教",事实上,它只是一个带有神学术语的、掩盖不深的种族主义意识形态。他们坚持认为,上帝使雅利安人的生活方式变得神圣,种族的混合是不道德的,应该通过合适的法律来阻止进一步的种族污染,尤其是由犹太人造成的污染。

这些积极的日耳曼基督徒——正如他们所自称的——要求立刻将所有的福音派教会在 1933年 4月 3 日至 4日的会议上"协调一致"。这似乎表明"一个民族、一个国家、一个元首"的格言得到了修正,还应该包括"一个教会"。各州的教会在教义或仪式上都是自治的,但是对教会的全面管理控制在国家政府的手中。假如这个建议得到实施,那么教会的精神自治就会受到损害。"积极的基督徒"还需要一个国家主教和一个国家宗教大会。在充满恶意的争吵之后,他们在 1933 年 9 月选举希特勒的新教教会事务顾问路德维希·穆勒为新的国家主教。

但是,由少数福音派基督徒强加到多数人身上的种族排外思想遇到了坚决的抵制。当"积极的基督徒"在普鲁士全州宗教大会上获得了三分之二多数时,这个大会批准了一个提议,它要求雅利安血统是担任神职的前提。马丁·尼默勒牧师劝告的教友组成了一个牧师紧急联盟。

从这个牧师紧急联盟中产生了忏悔教会。教会的领导人马丁·尼默勒牧师最初是支持纳粹政府的,后来当他发现了纳粹暴政的真面目时却成为其最坚定的反对者。在第一次世界大战时,尼默勒是一位潜水艇指挥官,在混乱的战后时期,他皈依了基督,并成为柏林最受欢迎的传教士。尼默勒牧师正确地意识到"积极的基督徒"首先是法西斯分子和民族主义者,其次才是基督徒。确实,"积极的基督徒"宣称上帝不仅在《圣经》当中,而且在历史事件或个人当中显示自己。因此,对于国家社会主义者来说,希特勒显然是被派往世界来拯救德国的上帝使者。一个热情的信仰者表达了这样的思想:"耶稣基督以希特勒的形式被派到我们当中。"而忏悔教会的成员与这种想法是格格不入的。

1933年11月13日，“积极的基督徒”在柏林运动场召开群众大会，公开要求从犹太人的枷锁中解放出来。大柏林“德国基督徒”领导人莱因哈德·克劳斯鼓动信徒拒绝《旧约》以及《新约》中他归于圣保罗的言论，他全面地谴责了圣保罗卑躬屈膝的神学，以及道德上的替罪羊精神。但是，在大多数德国新教徒的眼里，克劳斯的蒙昧主义显然败坏了“积极的基督徒”运动，甚至国家主教穆勒也相信克劳斯已经走得太远了，并且解除了他的职务。结果是积极基督徒的影响不断地下降。1934年3月31日，福音派教会忏悔宗教大会对国家社会主义的需要和基督教会的需要作出鲜明的区分，明确地表示上帝的启示只存在于启示录当中，而不存在于其他文本或事件当中。

1934年10月20日，达勒姆的忏悔派宗教大会宣布了一个教会紧急法案，因为纳粹政府取消了教会的宪法基础。这次宗教大会要求所有的牧师抵制新的教会管理机构的管理。1934年11月，忏悔教会产生了一个临时的教会领导机构，宣布它是福音派教会的合法代表，而不承认穆勒的团体。希特勒作出进一步的努力，强迫同化福音派教会。他任命普鲁士司法部长汉斯·凯尔作为教会事务的部长，但是像他的前任穆勒一样，凯尔也失败了。希特勒“协调一致”的企图没有成功，但是他并没有阻止纳粹党采取下一个步骤：对教会中大胆的反对者采取报复手段，其中包括尼默勒，他后来遭到逮捕，在各种各样的监狱和集中营中被监禁了七年。当教会在1935年公开拒绝整个种族主义世界观的时候，纳粹政权逮捕了七百名牧师，并且严格限制了神职人员的公民自由，许多教徒遭受羞辱。到30年代后期，新教徒放弃了公开抵抗，服从于希特勒的专制。

福音教会内部面对着纳粹化，而罗马天主教教会代表了一个更有组织的对纳粹统治的敌对。但是，它并没有在抵制纳粹的暴政中显示出任何更为成功之处和勇气。两个因素给予了天主教徒比新教徒更多的力量：一是天主教会是国际化的，因此受到威胁的可能性较少；二是天主教会最初有一个政党——中央党——在推动它的使命。

但是，像新教徒一样，天主教徒认为他们能够和希特勒谈判，让他作出重要的让步。作为对《授权法》支持的回报，中央党希望纳粹政权不会干预教会的内部事务。回首历史，我们很难了解为什么教会在它许可希特勒颠覆其政治权力的基础——它的政党、联盟和无数的青年组织——之后，还希望自己不受干扰。教会似乎被希特勒安抚性的花言巧语和虔诚的声明所哄骗。确实,当 1933年 6月 20日弗朗茨·巴本与梵蒂冈谈判协定的时候,这些和平性姿态得到了强调。

教会中更为敏锐的观察家——包括红衣主教帕切利这位未来的庇护十二世,他作为梵蒂冈的国务秘书签署了这个协定——认识到:希特勒与教会谈判的主要目的是巩固他在国内的控制。这类批评家怀疑希特勒可能正在竭尽全力消除纳粹党之外的德国所有组织的影响。但是,几乎没有人察觉到他会离成功如此之近。同时,德国的信徒被他的公开保证所安抚:只要教会坚守另外一个世界的和形而上的事务,他就不会干预它们的事务。但是他也不祥地补充道:在世俗的或政治的事务中,纳粹的政权绝对地控制着德国公民的生活。大多数德国天主教徒或清教徒都十分迟钝,没有意识到纳粹的意识形态是包容一切的,它要对所有的德国人拥有绝对的权利而无视他们的宗教联系。

无疑,没有多久,纳粹政权就开始颠覆罗马天主教会的影响,这引发了一系列来自教会官员的相关抗议:纳粹政府正在侵犯保证宗教公共自由的协定条款。当这些抗议没有实现其效应的时候,福尔哈贝尔红衣主教在 1936年 11月 9日安排了一次与希特勒的私人会晤。福尔哈贝尔发现元首十分开通,甚至对宗教问题总体上表示友好,但是当谈及 1935年的种族法及对那些患有遗传疾病的人实施绝育的时候,两个人的观点出现了根本的差异,元首勃然大怒,他告诉红衣主教:他不能忍受教会对这些问题的干预。

福尔哈贝尔的这次会晤尽管是热烈的,但是没有能够促进教会和纳粹政权之间的关系。因为官方对天主教徒的约束继续在收紧,以至在福尔哈贝尔会晤希特勒仅五个月之后,教皇被迫发表了一个名为《如焚的焦虑》的通谕,谴责国家社会主义者对教会的进攻。这个通谕在全德国教堂的讲道坛上宣读。纳粹的回应是不断增加对教会的攻击,诽谤教会成员。数百名修道士和修女在报纸上受到嘲笑,然后受到法庭提审,捏造的起诉从金融的非法行为到性失常。约瑟夫·戈培尔过去是一位天主教徒,现在却组织起诽谤的战役,集中对牧师的不道德行为进行耸人听闻的控诉。为此进行了几次"不道德行为"的审判以满足公众好色的趣味,同时,这些审判被用来消除"黑色牧师"对德国人生活的影响,数百名修女和牧师被宣告有罪,关进了集中营。

没有什么问题能够使德国的两个基督教会联合起来坚决反对开始于 1939

年 9月的纳粹的安乐死计划。这个计划可以追溯到 1933年 7月 14日的一项法律，后来这个计划登峰造极，对无法治愈的精神病患者采取绝育和“仁慈”的死亡措施。这里争论的问题不仅是人类生命神圣的根本原则，而且是一个凶残的国家将集体杀戮制度化的邪恶。现在我们知道这些仁慈的杀戮为劣等种族，尤其是犹太民族的灭绝铺平了道路。不幸的是，只有极少数牧师——最著名的是大教主克莱门茨·冯·加林——公开地对这种邪恶提出了抗议。

尽管个别牧师的许多英雄主义行为在第三帝国时期被记录下来，但是教会机构——无论是天主教还是新教——都悲剧性地没有鼓起基督徒的勇气去阻止纳粹犯下难以言说的反上帝和反人类的罪行。这种体制性的神经虚弱——尤其在梵蒂冈方面——将永远是基督教历史上的污点。因为当教会面对纳粹邪恶的明白无误的证据时，它至多选择了以微弱的抗议作为回应，而不是激起民众的反抗，这种道德近视——无论是个人的还是集体的——从来没有人像尼默勒牧师那样捕捉得那样尖锐，他的评论是令人难以忘怀的：

> 首先，纳粹追捕犹太人，但我不是犹太人，因此我没有反对；然后，他们追捕天主教徒，但我不是天主教徒，因此我还是没有反对；然后，他们追捕工会成员，但我不是工会成员，因此我依然没有反对；然后，他们追捕我，但已经没有人来反对了。

纳粹统治下的文化状况

尽管纳粹党人喜欢吹嘘德国文化的优越性，但是，文化成就的质量在第三帝国经受了一个迅速的、惊人的衰退。戈林反复地说过：“无论什么时候我听到‘文化’这个词，我都想摸我的左轮手枪。”无论这是否是杜撰，这一粗野的话语表达了纳粹精英分子普遍的情绪。事实上，戈林只是重复着元首的粗俗。希特勒一段时间实际上在玩弄着清除知识分子的想法，不过后来又认识到了一个明显的道理：伟大的知识分子实际上推动了文化和科学的进程。

尽管纳粹领导人对文化问题表现出粗俗态度，但是令人惊讶的是，有许多处于领导地位的知识分子——至少是最初——给新政权正式祝福。当然，许多知识分子——尤其是那些有着犹太背景的——从一开始就反对纳粹的事业。希特勒刚刚获得权力的时候，许多知识分子就纷纷离开这个国家。作家托马斯·曼和亨利希·曼、斯特凡·茨威格和阿诺德·茨威格、弗朗茨·韦费尔、雅可布·瓦塞尔曼流亡到国外。包豪斯学校的大师瓦尔特·格罗皮乌斯、密斯·凡·德罗、马塞尔·布鲁尔被谴责为颓废者，他们前往美国定居。画家马克斯·贝克曼、奥斯卡·考考斯卡、库尔特·施维滕斯前往更为友好的国家。电影导演弗里茨·斯特恩贝格和弗里茨·朗格前往美国，玛莲·黛德丽和一大批不太知名的男女演员也选择了同样的去向。音乐家和作曲家也成群结队地离开这个国家，他们有保罗·欣德米特、奥托·克勒姆佩雷尔、库尔特·魏尔、汉斯·杰尼内克、恩斯特·托赫、阿诺德·勋伯格和里夏德·陶伯。心理学家马克斯·韦特海默、威廉·斯特恩、西格蒙德·弗洛伊德也放弃了他们的祖国；哲学家和神学家保罗·蒂利希、恩斯特·布洛赫、恩斯特·卡西尔、库尔特·戈尔德斯坦、埃利希·弗罗姆也是如此。德国科学界还失去了阿尔伯特·爱因斯坦、弗里茨·莱舍、理查德·库兰特、詹姆斯·弗兰克、马克斯·玻恩和其他一些杰出科学家。

总之，大约有二千五百位作家或自愿或被迫离开了德国，从而导致了德国文化严重的贫血。但是，许多德国作家、艺术家、音乐家和科学家非但没有离开德国，而且在纳粹的统治下获得了不凡的成果，其中包括维尔纳·海森堡、奥托·哈恩、马克斯·普朗克、格尔哈特·霍普特曼、戈特弗里德·本恩、马丁·海德格尔。为什么这些人最初会积极地响应希特勒的运动呢？首先，从传统的意义上来说，德国的知识分子不涉及政治，因为政治会玷污精神生活。但一些人不能抵制一个政权公开的赞美，它借用他们的名声为他们认为的新革命服务。还有人受到了欺骗或者自欺，相信在第三帝国当中文化存在的可能性。

那些为纳粹政权大唱赞歌、鼓吹它是一个创造性实验的人，很快就发现了文化被纳粹国家所利用，根本没有自由可言。文化像其他所有事情一样受到了“协调”。1933年 3月，宣传部长约瑟夫·戈培尔宣布文化和政治从此成为同义词，当年 9月，国家文化委员会宣告成立以实现这一目标。这个委员会处理文化生活的各个分支——绘画和雕塑、文学、音乐、戏剧、电影、广播和出版。假如德国的艺术家、作家或音乐家要发挥他们的创造性才能，都必须加入这一组织；但是该组织不允许非雅利安人加入。戈培尔担任了这个委员会的主席职务。

戈培尔的文化委员会绝不只是一个进行监控文化行为的代理机构。正如希特勒在经济或外交政策领域鼓励内部冲突一样，他也允许其他部门参与文化事务。罗森贝格的国家社会主义德国工人党意识形态训练和教育管理委员会，来自他早期的德意志文化战斗同盟，它成为国家的另一个监察者，监视作家，建立黑名单，鼓动焚烧图书，清空博物馆中的“非日耳曼”艺术作品。

戈培尔和罗森贝格特别热心于清洗普鲁士艺术学院中的犹太人和现代主义分子。在 1933年 2月，文学部的主任亨利希·曼和艺术部的主任凯塞·科尔维茨签署和发表了一个请愿书，呼吁共产主义者和社会主义者在即将到来的 3月选举中联合起来，以阻止德国“坠入野蛮状态”之中。

作为对这一挑战的回应，纳粹在普鲁士的文化高级专员伯恩哈特·卢斯特通知学院院长，除非反对者沉默下来，否则他将废除这所学校。科尔维茨和曼立刻提出了辞职。戈特弗里德·本恩被选来领导新的文学部，他起草了一个全面的解决方案，要求人们放弃所有进一步的政治行为，同时全身心地投入国家的复兴工作当中。尽管有几个人(阿尔弗雷德·德布林、托马斯·曼、里卡达·休赫) 选择了辞职而不是在这样一个文件上签字，但是学院的大多数人在本恩的解决方案上签了字。

1933 年 5 月，纳粹分子在焚烧不符合严格的国家社会主义思想的图书

1933年5月10日，德国文化史上一个惊人的事件——焚毁书籍——发生了。诗人海因里希·海涅曾经预言性地认为：从焚毁书籍到焚毁民众只有一步之遥。这个特别的"清洗行动"由德国学生联盟执行，其目标是从图书馆和书店清除非日耳曼或者外国的作品，尤其是犹太人的作品。全德国的大学举行大会，在会议上，学生、教授和党的官员相互比拼，对纳粹的政治正确表示忠诚。戈培尔调动了整个媒体机器记载了这一值得后人纪念的事件，将焚烧书籍的行为合理化。他说：

> 同学们，德国的男人和女人们！极端的犹太知识分子的时代现在已经结束了，德国革命的成功再次给予德国精神以正确的道路。你正在从事一件正确的事情，在深夜将过去罪恶的精神交付给火焰。这是一个强烈的、伟大的、具有象征意义的行动，它在世界面前见证了这样一个事实：十一月共和国（魏玛共和国）已经消失了。从它的废墟上飞起了一只具有新精神的凤凰。过去正埋葬在火焰中。未来从我们心中的火焰中升起。我们的誓言被火焰所照亮：我们的国家、民族和元首阿道夫·希特勒万岁！

这个事件以焚烧书籍圆满完成。九位学生代表分别负责九类图书，对有问题的图书提出控诉，然后把它们扔进火中。

羞辱创造性精神的另一个方法，是在"堕落艺术"这一轻蔑的称呼下展示相关的作品。它采取了将可耻的艺术进行展览的形式，1937年先在慕尼黑后来在柏林举办的展览最为臭名昭著。展览向观众展示了堕落艺术的代表作品，大多是现代艺术，它们和希特勒乏味的新古典主义趣味不相一致。纳粹党人喜欢那些尽可能"像画的"艺术；他们也喜欢那些"具有贵族气概的"或者"具有英雄气概"的人物。慕尼黑的展览在十分恶劣的条件下陈列表现主义艺术作品，灯光灰暗，还伴随着有纳粹趣味的高级传播者的辱骂性描述。

在慕尼黑的德国文化之家，纳粹党人显示了自己的艺术偏好。文化之家所在的大厦被吹嘘为新帝国第一件美丽的作品，但是却被慕尼黑人称为"雅典火车站"。德国公众看到了野蛮权力的新文化样板作品和色情化的感伤。这座建筑本身受到希特勒的启示，带有十足的新古典主义色彩。排列整齐的柱子没有任何修饰，处于良好的军事秩序之中，传递出一种整洁的美感。在这座大楼里，观众看到了阿诺·布雷克尔绘制的肌肉强健的巨幅裸体画，以及阿道夫·齐格勒带有性诱惑的少女画。

这种国家认可的艺术，代表了元首最高的希望和最深的激情。这位愿望落空的建筑师和屡遭挫折的艺术家，偏爱“所有能够使他的作品荣耀和使他的骄傲得到夸大的最大型的东西”。在他的艺术幻想中——在这方面，施佩尔对希特勒是放任地纵容——希特勒设想着新的、庞大的首都，它的模型在柏林艺术学院显要的地方展示出来。当施佩尔的父亲发现儿子狂热地沉浸在建筑巨大狂当中的时候，他惊呼：“你快彻底疯了。”在靠近国会的地方，希特勒需要一个巨大的会议厅，它是一个有着圆屋顶的建筑，足以使得圣彼得教堂相形见绌。圆顶直径为八百二十五英尺，大得足以容纳十二万五千人来景仰领袖。还要建一个巨大的凯旋门；一个新的大型总理府——这是唯一一个事实上得到完成的主要项目；将能够容纳一百万人的阿道夫·希特勒广场；超过传说中的尼禄黄金屋的希特勒宫殿；连接以上这些不朽建筑的宽广大道。

至于这种建筑规划的社会取向，纳粹的领导没有在人性的意义上作出任何贡献。人民实际生活、聚会、工作、游玩和社交的地方是次要的，因为在希特勒冷酷的世界里，建筑是为千年设计的，远比活着的人的需要重要得多。假如说民众得到重视的话，那么他们只是作为大众群体得到了重视。整个德国的公共建筑反映了这种建筑上的幻想。最令人生畏的建筑之一是纽伦堡巨大的党的集会地，演讲台的后面矗立着廊柱，以适合可以容纳四十万人的钢筋水泥建造的体育场。甚至纳粹时期的公共娱乐也立足于庞大性，为1936年奥林匹克运动会在柏林修建的体育场就是一个证明。这个巨大的体育场由维尔纳·马尔希设计，突出了巨大的内部空间以强调人民

希特勒、赫斯、施佩尔一起研究建筑计划

共同体的感觉。尽管体育场十分庄严，但是希特勒依然感到奥林匹克的场地太小，他决定用新的纽伦堡帝国运动场来避免这一缺点，它容纳的观众是柏林体育场的四倍，对此希特勒如果还有什么要说的话，那就是它将成为千年万世的奥林匹克体育场。

总之，纳粹的艺术是庞大的、非个人的和千篇一律的。民众被修剪掉了所有的个性，仅仅成为一个表达假定为永久真理的符号。审视纳粹的建筑、艺术或绘画，一个人可以很快得到这样一种感觉：表情、形体和色彩都要服务于宣传的目的；它们都是纳粹的价值——权力、力量、坚强和北欧人的美貌——程式化的表述。

在视觉艺术和建筑领域发生的事情很快就渗透到其他艺术形式当中。音乐学院受到了国家文化委员会的影响。像在其他地方一样，这里的目标也是一样的：将德国的音乐从犹太人、外国人和现代主义者那里解放出来。瓦格纳的歌剧是元首的热爱，音乐纯洁的监察者怀疑任何企图超出瓦格纳的人。任何超出布鲁克纳和普菲茨纳的音乐都被谴责为“未来主义的堕落”。理查德·施特劳斯因此几乎让人无法忍受，尤其是在他和犹太作家斯特凡·茨威格合作创作了喜歌剧《沉默的女人》之后。由于施特劳斯的世界性影响，他没有受到粗暴对待。保罗·欣德

纳粹最令人生畏的集会仪式

米特是位多才多艺的现代作曲家，他因为自己的作品反复受到检查，最终移居美国。1934年，国家艺术委员会不许他的新歌剧《画家马蒂斯》上演，因为这部歌剧诋毁了纳粹政权，其中的一幕对纳粹焚烧图书进行了控诉。欣德米特还被指控与犹太音乐家合作，并且创作了一部不道德的喜剧作品《新的一天》，这部歌剧中的女主人公在一个浴缸里表演。指挥库尔特·富特文勒为欣德米特进行辩护，但结果是，因为这一辩护他亲自向戈培尔道歉。这并没有使他免于纳粹党人的报复，他失去了柏林爱乐乐团指挥及国家歌剧院指挥的职位。

纳粹党人将一流的天才驱逐出境，阻止与官方观点不一致的新颖思想，结果是在几乎所有的艺术领域，他们提供了令人难堪的低级作品。根据托马斯·曼的观点："这也许是一个迷信的想法，但是在我眼里，任何从1933年到1945年德国印刷的书籍比毫无价值还要严重，任何人连碰都不想碰。它们充满着血腥和耻辱，应该化为纸浆。"被允许出版的图书大体上限制在以下四个主题——战争、种族、土地和纳粹运动。最为流行的主题之一涉及第一次世界大战中前线战士装腔作势的豪言壮语。"作为精神体验的战争"是两次大战期间一个突出的文学类型。恩斯特·云格尔将这种文学类型提升到光辉灿烂的审美高度，只要为了祖国，战争的恐惧和死亡的神圣是值得赞美的。尽管战争产生了令人胆寒的损失，但是，战争故事的流行证明了在德国生活中军国主义根深蒂固的热爱。除了云格尔之外，另一个歌颂战争的著名作家是维尔纳·博伊梅尔堡，他过去是一位官员。他竭力再现了战争的残酷意象，并且用一位批评家所称谓的"过于感伤的"同志友情将战争神圣化。

表现犹太人和共产主义者共谋的宣传画

这些作家所共同拥有的，是对现代主义的拒绝和对保守的德国价值观的肯定。这些价值观被假定存在于农村的封建意识形态当中，并且得到了对极端的伪古典主义或者苍白的现实主义的审美偏爱的恰当美化。在文学中，典范的作品是"血液和土地"之类的小说，在其中，质朴的、与土地紧密相连的农民社会，抵挡着企图摧毁它们生活方式的异己的局外人。这类小说中最流行的是赫尔曼·隆斯的《狼人》，这本小说建立了"血液和土地"这类小说类型，在第一次世界大战之后，激发了自由军团士兵的杀戮行为。

体现在纳粹文学中的主题之一是历史的种族性，即一群人是如何在历史发展的进程中确定自己身份的。作家们企图集中表现德国人民历史中的不凡片段，强调德国对欧洲的使命，分析北欧人永不变更的种族本质，抵御颠覆性的或者非日耳曼的力量，它们包括犹太人、共产主义者或者西方的自由主义者。这种潮流中最杰出的作家有：欧文·吉多·科本海耶，他的《建造中的小屋：当代形而上学的要素》(1925) 被普遍认为是罗森贝格《20世纪神话》(1930) 的先驱；约瑟夫·魏因赫伯，他是一位植根于奥匈帝国文化传统的泛日耳曼民族主义者；汉斯·格林，他的畅销书《没有生存空间的民族》(1926) 包含了与希特勒《我的奋斗》一致的种族和空间的观点；恩斯特·云格尔是"前线一代"的英雄，他通过一系列小说、诗歌、散文、日记将法西斯主义的生活方式提升到光辉灿烂的审美高度，其中最著名的是《钢铁风暴》(1920)、《作为内在体验的战斗》(1922)、《风暴》(1933)、《火焰和血》(1925)、《冒险的心》(1929) 和《总动员》(1931)；约瑟夫·戈培尔，他不仅是希特勒的舞台设计者和宣传者，而且是作品多少有些许价值的作者，在他的小说《米歇尔》(1929) 中，他制造了纳粹文学的典范，包含了所有相关的法西斯主义的主题：第一次世界大战战壕里的同志之情、战后的混乱、具有钢铁般意志的理想主义的德国青年、血液比大脑的优越性、种族和元首神秘的关系、共产主义者和犹太人腐蚀性的权力、母性和家庭的理想、用国家社会主义英雄式的生活方式抗击资本主义堕落的生活方式。

论述日耳曼民族性的著作一直强调血液和土地的紧密关系，结果是产生了一种新浪漫主义的信仰：民族的命运与在特定的地理空间的有机的扎根密切相关。"血液和土地"文学的大量出现，满足了这种官方发起的需求，这是一种赞美与日耳曼性相关的独特因素的需求。

假如纳粹党人没有在更高的文化层面上留下任何有价值的东西的话，那么，他们是德威特·麦克唐纳所称的大众崇拜的真正创造者。这个集团热衷于低级的卖弄、过分装饰的媚俗和大规模的虚张声势。另外,纳粹党人也通过广播、电影这样的媒体方式来推销他们大众崇拜的产品,从而竭力发展了这种推销的技巧。

散布大众崇拜的主要技术工具是广播,它在1933年受到戈培尔宣传部的控制。在魏玛共和国时期,广播电台由国家运作,属于邮政系统,但现在很快合并到纳粹的宣传机器当中。所有的地方电台被征用,服从于新的国家广播公司,同时,新闻的采集控制在由汉斯·弗里茨彻领导的无线服务小组。国家广播委员会组织支持大多数收音机的生产。为了获得尽可能多的听众,纳粹政权鼓励生产便宜的收音机,其中最著名的是"人民收音机",售价七十六马克;"劳工阵线收音机"将纳粹党的信息传送到工厂;还有一种小型收音机,被人们普遍称为"戈培尔的大嘴巴",售价仅仅三十五马克。德国的收音机拥有者必须每月支付两马克以获得收听国家控制的广播的权利。用广播委员会主管尤金·哈德莫沃斯基的话来说,国家控制的广播是用来"以各种形式,掀起政治操纵、愤怒、宣传的幻想波澜"。

事实正是如此。德国人被词汇和音乐混杂在一起的真正的闪电战所淹没。每天的节目通常分为三个部分:政治广播、音乐和广播剧。在政治广播中,纳粹有两个著名的发明——社会接待和特别通报。社会接待将领袖的话下传给他的民众,将民众聚集在公共收音机前以共享纳粹的经验。当民众聚集在工厂、酒馆、党的办公室及公共广场聆听政府广播的时候,所有工作都停止下来。这个行为被宣传主管认为是古代日耳曼公众集会的现代对应物。宣传部甚至在全德国的公共广场安置了六千个"高音喇叭柱子"。另一项发明是特别通报,它以一段从大型交响乐团演奏的圆号音乐为先导,随后宣布假消息,通常为纳粹的又一个胜利,最后是播放感恩颂歌和国歌,在静默三分钟之后是一段进行曲。1941年后,当纳粹的胜利消失的时候,葬礼进行曲成为每天播放的节目。

音乐节目有轻音乐和可以接受的古典音乐。前者是民间歌曲或者通俗名曲,后者主要是巴赫、莫扎特、贝多芬的作品和意大利的歌剧。爵士乐是第三帝国的"禁果",因为四个主要的理由被严格禁止:它过于即兴难以适应极权主义的模式;它是退化的黑人或者犹太人散布的音乐,是对粗俗的性欲的表现;它没有稳定的进行曲的节奏,这种节奏对重复性的宣传信息的传播是至关重要的;它过于个性化不能适合团体思想的理想。但是,尽管爵士乐受到官方的谴责,它的录音和乐团依然受到民众的欢迎，特别是在中上层阶级以及“摇摆青年”那里，他们已经厌倦了纳粹党人提供的单调的音乐节目。

在1934年，纳粹党人每星期向萨尔播放广播，并且在那里发放了大约四千台“人民收音机”以影响全民公决的结果。广播的政治优势变得明显起来。尽管萨尔回归德国是毫无疑问的，但是有90%以上的人投票支持部分是广播战的结果。同样的事情可能是对奥地利的吞并。纳粹政权还将目标瞄准外国。在靠近柏林的西森建立了一个规模巨大的、有十万千瓦功率的广播电台，将纳粹的宣传散布到全球六个地区：北美、南美、非洲、东亚、南亚和澳大利亚。

从1939年9月1日开始，德国人被禁止收听外国的新闻广播。1940年5月，所有国家的广播电台同步播音，在大日耳曼广播公司的支持下只播放一个节目。其构成是新闻、军事状况、政治评论、新闻杂志和音乐。在被占领国家，纳粹政权发现建立有效的控制方法是困难的，因为在诸如军队、宣传部和外交部这些相互敌对的机构之间存在着竞争。戈培尔的角色在这里消失了，国家委员或者军事指挥官通常控制着广播电台。在代号为“和谐”的控制下运作的电台网络是为了阻止外国的广播，从而减少它们的听众。“和谐”最臭名昭著的电台是新英国广播电台，它发出威廉·乔伊斯的声音，他是一个变节的英国人，他将纳粹的宣传传播给他的国人。

纳粹党人还广泛地使用了电影，因为他们认识到——用戈培尔的话来说——电影是最有影响的获得广大观众的一种手段。1933年7月，戈培尔建立了一个新的电影办公室，后来把它合并到国家文化委员会的一个分支机构当中。作为自己电影信贷银行的头目，他预付相当数额的经费给电影制作人，当然他们必须信奉国家社会主义。另外，政府对四个主要的电影制片厂——UFA、巴伐利亚、特拉、托比斯——进行调整，把它们置于新的由政府掌握的、并由弗里茨·希普勒领导的UFA的控制之下。

在第三帝国期间，一共拍摄了一千三百六十三部故事片，分为两个类别：宣传的和娱乐的。一般来说，它们全部都附带“德国一周新闻影片”，它是德国人民接受外部世界信息的唯一视觉来源。大多数电影是简单的娱乐片，发挥逃避现实的作用。戈培尔坚信：过多的宣传，尤其是恶劣的宣传会产生反面的效果。因为这个原因，他给予导演、编剧和演员相当大的自由来生产影片，只要他们远离政治的主题。但是，结果是乏味的一致性。大多数娱乐片提供了在纳粹政权保护下无忧无虑的、毫无污点的生活景象。高票房的电影通常是浪漫片、喜剧片和冒险片或者音乐剧片。最受欢迎的女演员是一些外国人，这让人感到非常有趣，如匈牙利女演员和歌手玛丽卡·罗卡，她在军队中特别受欢迎；黑发、热情的瑞典明星扎拉·林德；浪漫娇弱、金发碧眼的瑞典女演员克丽斯蒂纳·索德鲍姆；戈培尔的捷克斯洛伐克美人丽达·巴洛娃。其他一些久负盛名的德国女明星是保拉·威斯利、海德玛利亚·海斯埃耶和伊尔丝·维尔纳。最受欢迎的男明星是埃米尔·詹宁斯、海因里希·乔治、魏利·比尔盖尔、魏利·弗里希。一直很受欢迎的喜剧演员——比纳粹帝国的时间要长——是西奥·林根、汉斯·莫塞、海因茨·鲁曼，以及永远不会被人忘记的汉斯·阿尔伯斯，他继续扮演着自由自在的航海者、贵族和像慕赫豪森男爵这样的胆大妄为的冒险者。

纳粹党人生产了许多直接用于宣传的影片，其中大多数在票房上是失败的。有一个类型围绕着美化党和它早期的烈士。在这一方面三部精心摄制的影片十分突出：《冲锋队——男人的热情》，用于歌颂冲锋队的业绩；《希特勒男孩》，讲述了一个被共产主义者杀害的希特勒青年团团员的故事，他的名字叫赫伯特·诺克斯；《汉斯·韦斯特马》，记述了纳粹英雄豪斯特·魏塞尔的生平和壮烈牺牲。纳粹党人四个主要的反犹太电影是：《罗伯特和伯特兰姆》(1939)、《红色盾牌》(1940)、《亲爱的犹太人》(1940)、《永远的犹太人》(1940)。这些电影中的一些由于过于邪恶以至引发了公众的普遍反感。以《亲爱的犹太人》为例，英国的电影版本改编自莱昂·福伊希特万格的小说，小说的主人公是一个半是犹太人、半是基督徒的人。戈培尔制作了更为恶毒的反犹太的版本，并且威胁导演魏特·哈尔兰和几个著名的明星参加制作。这部电影引发了人们的强烈反响，以至放映后犹太人在维也纳遭到殴打，一位犹太老人被一群正好碰上的希特勒青年团团员蹂躏致死。《永远的犹太人》是弗里茨·希普勒导演的纪录片，是一部淫秽的、充满仇恨的电影，它将犹太人描绘为地窖里的老鼠，到处寻找洞穴，进而接管世界。旁白的声音装腔作势，类推出这样的结论：犹太人像老鼠一样，如果不加以消灭，他们就将接管世界的经济。

没有什么人观看这类粗俗的电影，大部分粗制滥造的宣传史诗片的命运也是如此。其中最著名的影片是《小店主奥姆》(1941)，它是一部令人难堪的笨拙的电影,讲述了英国人对南非布尔人的虐待。还有大量的历史影片,题材集中于腓特烈大帝和俾斯麦这样的德国英雄,演员奥托·格布尔因为在约翰·迈耶的《腓特烈》(1936)和魏特·哈尔兰《大帝》中扮演腓特烈而过上了优越的生活。另外两部有关俾斯麦的民族主义史诗由沃尔夫冈·利本埃勒导演,它们是《俾斯麦》(1940)和《退役》(1942)。最壮观的史诗片可能是戈培尔的《最后的呐喊》,它由魏特·哈尔兰花了三年时间导演,再现了普鲁士小城科尔堡对拿破仑军队的英勇抵抗。这部电影的结尾场景是战争快要结束时,几千名德国士兵身着古代的衣装,面对着正在向前推进的苏俄士兵。戈培尔希望这部电影能给德国人民注入狂热的决心。

纳粹宣传唯一伟大的成就是莱尼·里芬施塔尔的两部辉煌的电影——《意志的胜利》和《奥林匹亚》,因为这位导演打算以纪录片方式使它们成为记录历史的电影。希特勒亲自劝说里芬施塔尔制作一部1934年纽伦堡纳粹党大会的纪录片,并且告诉她他需要的是艺术性的、直观的记录,而不是令人厌倦的党的影片。里芬施塔尔抵制了众多不一致的意见和强烈的反对,尤其是来自戈培尔的,因为他对导演与希特勒的亲密关系十分不满。里芬施塔尔设法制作了一部有艺术价值的、具有技巧性的名作,向世界显示从希特勒身上散发出的领袖魅力,以及这种魅力对观众产生的作用。她天才的拍摄工作运用了动态和技术创新,展示了行军队列的全景流动、制服的不断更换、军旗的行进,从而使人们产生了参与其中的幻觉。里芬施塔尔将同样的艺术效果和才能运用到1936年柏林奥运会当中,她用两个部分组成的视觉大餐展示了运动员的美、力量和忍受力。在突出杰西·欧文斯这位美国黑人的成就的时候,里芬施塔尔显示出了不起的勇气。

无论在艺术上是优秀还是粗俗,第三帝国的电影一直具有宣传的目的,即使在它假装变得完全是对现实感伤的逃避的时候。正如齐格弗里德·克拉考尔所说:德国电影始终企图灌输“极权主义的信条,即集权的主要魅力是保护社会免于分裂”。因此,在世界战火熊熊燃烧的时候,一个人依然可以逃避现实,至少通过电影的幻象逃避上几个小时。纳粹文化像纳粹电影一样是建立在空洞承诺和残酷欺骗之上的空头假话。

经济和劳动力

纳粹的经济发展于 20 世纪 30年代，在当时业已存在的普遍经济模式中代表着一种反常现象。尽管纳粹政权称自己为国家社会主义，但是历史记录显示：这种经济只是带有极少数社会主义的成分，因为大企业和私有制普遍没有被触及。同时，德国的经济也不是资本主义的，因为国家不断地侵占生产工具。正如弗朗茨·诺伊曼很久以前就注意到的，事实上，纳粹经济既不是社会主义的，也不是资本主义的，它是两种体制奇怪的混合。给它定性的最好方法，是称它为和平时期的战争经济。

希特勒拒绝这样一种观点：德国能够通过增加了的生产能力和与其他国家的和平相处来支撑民众的生计，他很久以前就选择了在东欧征服新的生存空间的好战政策。因此，德国的经济必须适应这种政治要求。无论如何，希特勒都一直坚持政治的优先性：国家运用地缘政治的要求来驱动自己的经济。希特勒和马克思的假定是对立的。马克思认为社会的经济基础决定意识形态的上层建筑。对于这位德国独裁者来说，用来实现其意识形态目标的经济体制是无关紧要的，只要它能成功地实现这一目标。这可以解释希特勒在这一问题上的意识形态灵活性，同时可以解释纳粹德国几种经济类型——竞争经济、垄断经济、指令经济——存在的原因。正如诺伊曼所认为的那样：纳粹经济体制的组织是实用主义的，它唯一受到“为了战争的发动所必需的效率和生产能力的要求”的指挥。假如这意味着鼓励大企业、支持强有力的企业家（克虏伯、西门子、蒂森、伯尔西希、克劳斯、马菲）、提倡强制性的卡特尔化、取消没有效率的小企业、补贴工业的话——这导致了在许多方面政策似乎是相互矛盾的——那么，纳粹政权是乐意在意识形态不一致的指控上冒一下风险的。

在希特勒掌权之后不久，他在经济事务上的机会主义就显示出来了。1933年 1月，最为紧迫的问题是如何减少失业。不像真正社会主义的信仰者——他们依然按照没收大型工业企业的思路来思考——希特勒并不打算纯粹为了意识形态的需要去解散大企业。他过于机会主义，因此不会在经济极度低迷的时候去破坏经济组织。他相信这既不能推动长期的战争计划，也不能解决短期的失业问题。

“帮助希特勒建设，购买德国商品”宣传画

因此，为了使大企业放心，希特勒任命财政专家亚尔马·沙赫特为国家银行行长。他还清楚地向不同的利益集团表明：他是乐意在经济事务方面做尝试的，只要这一实验不破坏经济效率和生产能力。为了刺激经济，希特勒放弃了布吕宁通货紧缩的政策，而求助于大胆的政府赤字消费计划。莱因哈德计划是根据财政部长的姓氏来命名的，该计划将十亿马克分配给各种各样的公共经济计划，其中最著名的是国家高速公路网络的建设；该计划还允许国家对私营建筑企业以补贴，用于维修旧房和扩建新的住房；最后，该计划还免除税收以鼓励工业或农业企业的设备扩充。

在这些计划中，高速公路建设捕捉到了所有德国人的热情。尽管这个计划在魏玛时期就已经拟订，但是，希特勒很快利用了这一计划的有用性和大众对它的欢迎，并把它变成了对纳粹政权功绩的宣传。在希特勒富有才能的军备部长弗里茨·托德的控制下，三千公里的高速公路在1933年至1938年之间完成。官方的照片显示了数以千计的勤奋工人在建设“元首公路”。这些照片创造了一种所有民众一体的社会，在这个社会中，阶级或者特权服从于整体的利益。

高速公路的建设无疑刺激了经济，因为它提供了工作，并且重新使汽车工业

希特勒收到的四十九岁生日礼物——“大众”汽车的模型，这种型号的汽车一共生产了三十万辆用于战争

具有了活力。它也鼓舞工人大众的士气，获得了那些被新高速公路向每个人开放的思想打动的人的忠诚。1938年的政府通告强化了这种情绪，即它将很快地将“大众”牌汽车市场化，它的价格很低，只有九百九十德国马克，相当于当时的二百三十五美元。计划中的“大众”牌汽车由费迪南·波尔舍教授设计，它的价格要在“没有阶级、专业、财富差异的每个德国人的承受范围之内”。尽管承诺到1940年生产十万辆“大众”牌汽车，但是翘首以待的购买者一辆也没获得，因为生产汽车的工厂转向为战争生产。

赤字消费没有自动地解决失业的问题，但是与大规模的重整军备相连，在20世纪30年代，希特勒提出的充分就业目标稳步实现。在获得权力仅仅三天之后，希特勒向军队的要员允诺，他将扩大武装部队的规模以粉碎《凡尔赛和约》，实现他的最高目标——将东部欧洲日耳曼化。重整军备的花费在1933年到1938年稳步上升。

希特勒当下的经济目标是自给自足，这是一个受到德国缺乏一些关键能源的状况所支配的目标，如天然橡胶、铜、贱金属、矿石、燃油。为了实现这一目标，希特勒授权他的经济顾问威廉·凯普勒建立一个机构，研究发展替代品或者合成品的可能性。凯普勒的机构很快就开始了对替代橡胶、合成脂肪和贱金属的研究。

这些最初的措施很快得到了巨大的扩张，因为两个主要的大型公司——I.G.法本和温特绍尔——从政府那里获得了有钱可赚的价格，为武装部队开发合成产品。I.G.法本是首家接受国家补贴的开发合成燃料的大公司。温特绍尔是一家大型的制造碳酸钾的公司，1934年，它和几家主要的褐煤生产厂家建立了一个国家支持的公司——布劳克尔·本钦·A.G.，它的使命是生产合成汽油。其他的公司探索合成纺织品和金属的开发。合成材料的开发对武装部队是至关重要的，尤其对格奥尔格·托马斯少校来说更是如此，他是武装部队中最坚定的自给自足的鼓吹者。

尽管重整军备无疑以减少失业、刺激工商业支撑了经济，但是并非所有的部门得到了同样的效益。消费品没有像坦克或者飞机那样得到同等热情的支持。重整军备的另一个消极的副作用是，经济的集中化和政府对经济的控制进一步加强。由重整军备引发的第三个问题是贸易逆差。因为德国依然在很大程度上依赖进口，尤其是诸如橡胶、燃料、金属等关键的原材料，这样，大量的资本花费在国外。假如德国能够成功地加强它的出口市场,来自这些众多的进口的损失可能会得到补偿。但是,德国的出口却在稳步地减少,这要归因于政府所确立的经济重点,归因于在原材料价格上扬的同时成品价格的下降,归因于外国政府的关税定额,归因于外国人对购买德国商品的嫌恶。

1936年夏天,世界开始将目光聚焦在柏林奥运会,阿道夫·希特勒在他上萨尔茨堡的鹰巢写了一篇属于最高机密的备忘录,它论述了经济策略和重整军备。这个文件在很大程度上与奥林匹克的和平精神及国际社会的善良意志是矛盾的,它反映了希特勒对德国重整军备缓慢速度的不满及其坚定的观点:德国经济必须符合在四年内进行战争的需要。

希特勒任命戈林为新四年计划的指导者,授权他"发布法令和通行的行政规定",并"向所有的行政机关(包括国家最高行政机关)及党的所有机构(包括它的组成机构和所属组织)发布指令"。尽管戈林不懂经济,但是他还是以一贯的热情投身到这项新的任务当中,因为他知道元首的指令能够使他成为德国经济的指导者。

在戈林严厉的方法控制下,进口大幅度地缩减,工资和物价控制得到实施,红利被控制在6%的范围当中。为了实现自给自足,戈林对大企业既利诱又威胁,使它们扩大生产合成橡胶、纺织品、燃料和其他稀有商品。这一政策的高峰是建立了赫尔曼·戈林工厂,这些工厂是在德国中部开采低等级的铁矿石。这些准社会主义计划耗资四亿马克,其中的70%股份由政府所有,同时,私营企业被强迫购买余下的股份,年利为4.5%,并且必须持股至少五年。

赫尔曼·戈林的计划被人们贴上了强盗组织的标签,它尽可能地偷窃和掠夺德国的企业,因为它强迫私人企业接受并不受欢迎的贷款。在这个意义上,人们想起了17世纪英国君主强制实行的"强迫贷款",这些君主威胁银行家们为他们花费甚大的投机担保,因此引发了破产和革命。鉴于纳粹政权严密的控制,特别是因为这个政权在德国人民当中很受欢迎,革命的可能性似乎在30年代还十分遥远,但是国家破产的可能性是真正的危险。国家财政部长什未林·冯·克罗西克后来估计:从1933年到1939年9月,公共花费达到了一千零一十五亿马克,其中的60%用于重整军备。同期,政府的收入只有六百二十亿马克,另外还有由铁路和邮政产生的二百亿马克。剩余的赤字被所谓的国家信用所掩盖,其中最具有创意的“冶金研究兑换券”，它的名字是根据一个虚构的机构命名的。冶金研究兑换券有四个主要的国防承包人以十亿马克担保，使政府承包人接受“冶金研究兑换券”背书的付款，其金额由国家银行贴现。沙赫特对此运作系统一直严格保密，以便隐瞒德国庞大的重整军备。

尽管缺乏准确的统计证据，但是人们通常认为戈林的努力离希特勒在1936年8月的备忘录中所提出的期望相距甚远。戈林失败的原因是多种多样的，一些存在于他善变的人格当中，一些存在于德国科层制度的复杂性质当中。对于戈林来说，与其用现有的机构建立一个能够合作、协调政策的有效组织，不如和敌对的机构展开内部的战斗。

这些冲突不仅是权力范围的，而且也体现了德国经济应该如何管理的不同观点。亚尔马·沙赫特最初是以政府贷款和税收来支持重整军备强有力的拥护者，不过他后来越来越怀疑继续这一建立在枪炮加黄油基础上的政策的可行性。在和平时代强制性地推行持久的战争经济已经产生了严重的问题，如不断上升的外债、支付赤字的平衡、原材料的短缺。沙赫特将各种政策加以结合，从延长支付外债的期限到“新计划”——政府通过这一计划来调节进口，并且与东欧各国签订双边贸易协定——在减少外债和贸易赤字方面做出了成绩。尽管如此，在1935年，沙赫特的所作所为并不能应付经济优先所带来的危机。沙赫特现在是经济部长和战争经济的全权代表，他没有足够的资源支付德国继续执行的“枪炮加黄油”的政策所需要的庞大的原材料和食品进口。由戈林领导的自给自足的鼓吹者们认为：德国可以在食品和原材料方面获得自立。由于有希特勒的支持，这些人获得了高于沙赫特和力主工业出口的人的权力。1937年11月26日，沙赫特辞去经济部长的职务，被更为顺从的党棍瓦尔特·丰克所替代。丰克领导的经济部现在与戈林办公室的关系越来越紧密了。

普遍一致的观点是：德国经济缺乏“枪炮加黄油”政策的资源。但是，从这个结论或者其他在1939年浮现的经济问题中并不能得出这样的观点：希特勒选择战争是为了逃避迫在眉睫的经济崩溃。到1939年，希特勒拥有比世界上任何人都更好的装备；而且，他依然使消费者在相对高的水平上保持满意。另外，德国也没有出现严重的通货膨胀，工资处于稳定的状态。希特勒决定在1939年步入战争，是建立在意识形态基础之上的，在某种程度上，也是建立在与他的身体状况相关的非理性恐惧之上的。

在考察纳粹政权是如何管理经济的时候，注意到各种社会团体是如何受到这一政权的影响是重要的。无疑，大规模的重整军备对于大企业来说，同时在略微低的程度上，对德国的中产阶级来说是一个好运。对于大企业来说，重整军备为工业扩张和利润开启了新的机会，所有企业获利更多，因为工会被破坏了，雇主对雇员可以采取高压管理。但是，这些利益伴随着相应的政府对企业事务的介入。政府现在告诉企业应该生产什么和应该生产多少，利润应该是多少，工资应该支付多少，应该在哪里建设新厂。除了供应商或者大的国防生产的承包商的分承包商之外，小企业主得到的只是可怜的利益。当犹太人的企业被“雅利安化”——即没收和被廉价销售——的时候，许多企业也发了横财。尽管纳粹宣传要拆除德国的大型百货商店，其中许多是犹太人拥有的，但是事实上鲜有被拆除的。最大的商店赫尔曼·蒂埃茨康采恩通过希特勒的亲自干涉完整无缺地被保存下来，仅仅重新命名为赫蒂埃。事实上，它继续由犹太所有者管理了一段时间。

技术精湛的工匠一般都从纳粹经济的政策中获利，这部分是因为技术工人严重短缺，尤其在建筑和国防工业领域；部分是因为纳粹的意识形态一直颂扬独立的工匠。为了保护自己免于开放的资本主义市场竞争，德国工匠一直支持由代表各种手艺的强制性的基尔特组成的技术阶层。1933年 11月，纳粹政府通过了一项手艺行业法案，这项法案要求工匠业只能在它们的业主属于适当的基尔特，并拥有“资格证书”，最后在政治上值得信赖的时候才能运作。基尔特得到了重组，根据不同的行业垂直地划并到国家级的基尔特当中，同时在地区的层面上，它们又在贸易委员会中平行地连接起来。从理论上来说，这个系统与中世纪的社团阶层相似，但是，它实际上服从于严格的政治控制，因为纳粹官员在所有的层面上监视着这一体系。

在犹太人的商店门口张贴“不要购买犹太人商品”的告示

农场主是德国经济中的可怜虫。当纳粹夺得权力的时候，农业已经走过了五年的危机。为了扭转这种状况，纳粹政权为自己建立了三个目标：通过保护主义获得自给自足；通过新的农民秩序的建立激活农业；建立代表农场主利益的组织。政府通过了一系列旨在全面控制市场和价格的法律，并企图通过《帝国世袭农场法》来稳定土地所有权（这项法律旨在保护负债的农场主免于即将发生的破产），同时管理有利于男性的继承权，禁止世袭农场的买卖。另外，纳粹政权制定了一个土地规划项目来鼓励新的农庄去重新安置人口。所有这些富有野心的目标引发出一个巨大的官僚系统——国家食品集团，它由瓦尔特·达莱控制，得到各州、各地区、各地方不同层面的领导人的支持。尽管这一计划庞大，有着财政和保护主义的措施，但是德国的农业没有达到达莱和其他农业计划者制订的目标。正如人们所预料的，自给自足没有实现，因为达莱反动的意识形态将保护主义和自我毁灭的反市场政策结为一体。

农业短缺很快就扩展开来，尤其在富庶地区更是如此。在帮助财政上受困的农场主方面还是获得了一些小成功，但是，花费在消除农场债务上的金钱主要是有助于较大的农场主的利益。另一方面，纳粹政权的再安置计划是一个令人悲哀的失败，因为大庄园依然没有受到触动，同时也因为只有少量可耕土地适于分给移民定居者耕种。另外，尽管这个政权提高农场主的形象，但是，德国人继续大规模地移居城市。到1939年，农业失去了一百四十万人口，他们在工业那里获取了较高收入，从而引发了农业劳动力的严重短缺，这种短缺通过强制年轻人在夏季从事农业服务得到了部分的缓解。在纳粹德国，没有人感到饥饿，但是，富裕是例外而非正常的现象。

与农业工人不同，在国家社会主义统治下，受雇于企业或工厂的德国人通常在经济上获得了利益。尽管工人失去了罢工和集体讨价还价的权利，但是他们得到了有报酬的工作。在大多数德国工人的心里，政治上的损失被他们所感觉到的实实在在的奖励所抵消。正如先前所指出的那样，当时特别需要有技术的劳动者，尤其在国防工业领域。在那里，技术是非常宝贵的。另外，政府在被称为"劳动之美"的"通过快乐获取力量"的计划下，竭力提高劳动条件，并且对优异成就给予慷慨的奖励。罗伯特·莱伊的办公室管理着"通过快乐获取力量"计划，这个计划通过提供娱乐机会向工人大献殷勤。

"通过快乐获取力量"计划的目标是普通工人，它提供了便宜的国内和国外假日旅游、有补贴的戏剧表演、展览会、运动会和远足旅行。这些活动使得这一计划表现了纳粹政权获取工人好感的努力。“通过快乐获取力量”组织渐渐发展成为一个大型企业，获得了两艘大海轮，并且通过得到资助的“大众”汽车闯入了汽车工业。这种汽车最初被称为“通过快乐获取力量的大众”。1938年，大约十八万德国人参加了航海旅游，一千万德国人参加了各种各样的“通过快乐获取力量”的活动。德国当时有两千万劳动大军，这意味着每两百名工人当中就有一名参加了航海旅游，每三个当中就有一个离家参加“通过快乐获取力量”的某个活动。通常从柏林到摩泽尔河的一周旅游——包括旅行、食宿和导游——可能花费四十三马克；从柏林到上巴伐利亚的旅游可能花费三十九马克；从柏林到博登湖的两周游的广告价格为六十五马克，在意大利两周全境游也仅花费一百五十五马克。

根据官方的宣称：“通过快乐获取力量”组织与马克思主义没有兑现的承诺相比，提供的是实绩而不是辞藻。尽管这个组织可能是自利的，但事实上纳粹政权可能有理由把自己作为“真正的社会主义”。另外，纳粹政权甚至企图在所有劳动成员那里鼓励一定程度的平等主义，其部分是意味深长的，部分是不适当的和可笑的。劳工前线的领导人和“通过快乐获取力量”的指导者罗伯特·莱伊博士承诺将德国工人从自卑的感觉中解放出来，促进国家共同体的情感。他预言，德国的工业将成为公社思想的堡垒，它的工作场所将成为瞭望塔。这些高尚情感的目标在于某种强制性的公社快乐。这些情感要么得到蔑视，要么受到憎恶，被视为对德国工人私生活好管闲事的干预。

事实上，纳粹政府削弱了工人的独立性。随着工会的解体，他们的利益控制在名为劳工托管员的国家官员手中。随着在1934年1月20日通过的《国家劳工秩序法》的颁布，一个建立在准封建基础上的不同的劳工关系制度开始实施。新的安排用“工厂共同体”的观念替代了工人和雇主之间自由的集体讨价还价。在这种观念中，工厂的雇主和雇工以共同接受的纽带和义务为基础，为公共的利益工作。取代在资本主义制度下常态的雇主和雇工之间的冲突，在这种新的封建制度下是相互的信任。假如出现了冲突，它们将通过信任委员

“建设自己的家园”宣传画

会和荣誉法庭得到内部解决。这两个机构没有任何真正独立的权威。它们在很大程度上由听话的纳粹党人组成,完全遵从雇主的命令。国家的劳工托管员组成最终上诉法庭,甚至他们也成为通常站在雇主一边的政府的代理人。

1935年2月采纳了进一步管辖劳动力的措施,即引进了“工作簿”。它严格限制工人选择工作,并使他们的流动服从于严格的政府控制。没有包含工人资格和历史详尽资料的工作簿,德国工人就不能得到有报酬的工作。

1935年夏天,所有十八到二十四岁之间的男性必须参加六个月的义务劳动。到1939年,妇女也不再拥有自由的选择权。义务劳动给纳粹政权提供了廉价的劳动力和教育年轻人的另一个机会。大多数人对这种劳动感到恐惧,尤其是上层阶级的年轻人,他们憎恶和社会下层人一道花费六个月的时间从事忙碌的工作。

人们对第三帝国的社会政策提出了一些重要的质疑。假如这种质疑存在的话,那么在什么程度上纳粹带来了一场“社会革命”?他们是在追求“现代化的”还是“革命的”政策?尽管带有意识形态色彩的术语“受到抑制的”,应该以相当怀疑的眼光加以审视,因为没有人知道“正常的”社会是什么样子的,但是德国的问题确实是一个受到抑制的资产阶级工业社会的问题。一个社会的发展不像一个生物有机体的发展,在其中,各个阶段是合乎规范的和可以预计的。当西方的社会学家或历史学家运用“受到抑制的”这个术语来提及社会—工业发展的时候,他们是把英国—美国“先进的”或者完全“现代化的”的工业体系作为一个合乎规范的向导。与它们相比较,不够工业化的社会因此被认为是“受到抑制的”,或者缺乏“成熟性”,或者缺乏“现代性”,这一错误的假设是,我们可以从一个社会或者文化的发展中抽象出社会发展无可置疑的方法,将它运用到所有社会或者文化上。

对德国“受到抑制的”发展这一问题没有清晰的答案,而对以下问题作出更为引人注目的回答也许是可能的:在什么程度上第三帝国在社会层面上是功能不良的?一个社会是否由于自身深陷于矛盾之中而不能运作?答案显然是否定的。尽管纳粹有关德国已经到达了和谐国家共同体的宣传显然言过其实,但是,正如一位历史学家所公正指出的,社会现实的表层“令人吃惊地平静”,这证明了希特勒对社会政策所采用的“胡萝卜加大棒”的方法的有效性。另一方面,德国主要政治集团拒绝西方工业民主模式,但它依然没有找到可行的替代方式。直到

1933年，政治的左翼才不再将马克思主义的革命作为目标，这种革命不是按照民主体制就是按照极权体制来构想的；同时，政治的右翼追求多种混合的模式，从阿卡迪亚的民族主义乌托邦到极权主义的商业制度。像达莱、希姆莱这样一些纳粹党人的极端种族主义观点，从来就没有得到严肃的对待。这些观点可以追溯到城市出现之前的、甚至封建的社会经济环境中，戴维·朔伊鲍姆正确地给它们贴上了“拒绝社会成长的”彼得·潘意识形态的标签。希特勒抑制了这种反动的乌托邦，因为他知道现代世界的战争不能靠土豆或卷心菜，而是钢和铁。

从社会的观点来看，国家社会主义没有内在的实质。按照马丁·布罗扎特的观点，它是寄生的，以许多德国人喜爱的、经常是幻觉的梦想为食。它从浪漫的画面和过去的陈词滥调，从好战的、英雄的家长制或者专制主义的时代、社会和政治制度中提取它的理想。但是，所有这些东西被转变成人们喜欢的先锋派，转变成极权主义的民族主义口号。贵族统治的精英主义观点，变成了种族主义的“优秀种族”的“血统高贵”，君权神授的高贵理论让位给人民欢迎的国家元首。

意识形态的印象部分地捕捉到国家社会主义的本质，即它的目标是制造一次种族主义的而非社会主义的革命。假如国家社会主义是一次真正的革命推进，那么它存在于对德国生物学变革的努力当中，存在于用种族来替换阶级的努力当中。只是在最近十年来，历史学家才从人类学的视角而不是社会学的观点，将焦点聚集在纳粹的种族主义政策上，指出早期涉及的阶级、社会地位、分配公正等等社会学范畴并没有揭露国家社会主义的本质。这种人类学解释应该受到欢迎，因为它们将纳粹的政策清楚明白地表现出来；它们证明了在理论或者实践上无论多么矛盾，纳粹的领导层都在追求着“生物学的政策”，因此假如忽视了第三帝国种族主义的制度化，那么对纳粹德国的任何解释都是不全面的。种族主义的制度化和纳粹一样是怪诞的，但也是纳粹所能进行的唯一一场真正的革命。

种族主义和反犹太主义

在纳粹德国，种族和政治是紧密相连的。这个国家和它所有的机构旨在追求将德国人变成更高大、更纯粹、更健康的种族。纳粹无情地在几条总体上来说前所未有的道路上行进：强制性的绝育、种族通婚的禁止、安乐死，总之是对认为在种族和道德上低人一等的群体进行迫害，它们由犹太人、吉卜赛人、反社会的人、同性恋者和精神疾病患者组成。

国家伟大的主要决定因素是种族而非阶级，与这种想法相连的是这样一种观点：一个社会可以通过完美的优生方法来提高种族的血统。许多德国的种族主义思想家早已发出惊人之语，警告德国的人口正在被生物学上的低等人——穷人、虚弱的人、精神不正常的人、反社会的人——所退化。他们繁殖的数量远远超过了社会发展所需要依赖的少数精英。一群“种族卫生学家”对公众关于这一问题的争论施加了影响。最初，他们很少关心种族或者种族性，而是正在降低的出生率和精神病院里不断增多的病人。尽管早期的种族卫生学家并非都是种族主义者，或者并不热心于一个特定的政治意识形态，但是他们的同情心倾向于民族主义和保守主义的右翼。正如前面所显示的，在这些种族主义卫生学家当中有著名的出版家、遗传学家和人类学家，其中包括出版家尤利乌斯·弗里德里希·莱曼，种族主义科学的鼻祖阿尔弗雷德·普罗耶茨，著名的生物学家弗里茨·伦茨、尤金·菲舍尔、赫尔曼·马克曼和奥托马尔·冯·费许尔。他们的知识中心是为人类学、人类遗传学、优生学建立的威廉大帝学院，领导人是尤金·菲舍尔，他表明了富有激情的、具有宗教感的信仰：在种族的意义上使德国人完美是重要的。

纳粹吸收了种族卫生学中的一些信条，并把这个学科转换到种族主义政治行动的领域。弗里茨·伦茨——《种族和社会生物学档案》的编辑和慕尼黑大学的种族卫生学教授——在 1921年发现没有一个种族能够被排列在另一个种族之上或之下，因为不存在允许这样的结论出现的科学标准，虽然伦茨能谨慎地作了如此说明，但是纳粹在运用必要的政治标准来作出如此判断时可没有什么良心不安。

用鲁道夫·赫斯的话来说，国家社会主义从根本上说就是“实用的种族主义科学”。第一个种族主义法律是 1933年 7月 14日颁布的绝育法，它紧随新的种族办公室、种族主义杂志和种族主义协会而出现，全名是《预防后裔患有遗传疾病授权法》。这项法律要求假如个人患有某种明文规定的疾病，他就可能被绝育。但是，遗传疾病的范围是广泛的，在科学上是含糊的，以至许多在其他方面是健康的人可能受到了绝育。有九种类型的疾病被列在名单上：天生低能症、精神分裂

强迫犹太人用牙刷清洗人行道

症、躁狂抑郁症引发的精神错乱、遗传癫痫症、哈廷顿舞蹈病、天生盲眼、虚弱、严重的生理变形，最后一种作为补充附加在这个基本的名单上，它就是慢性酒精中毒。

人们记得，直到这一法律通过之时，绝育才变得合法起来。由此可见，这一法律的激进性质是十分明显的。遗传健康法庭由被认为是中立的、和蔼的医学专家组成。它的建立没有掩盖新计划的激进主义，尤其是因为这些法庭是不受公共监督的。尽管为这些健康法庭工作的医生自命在审判过程中是有客观感和尊严感的，但是，狂热的医生经常犯下公然的不公正行为，他们查出了许多人，其中女人多于男人，他们假定这些人患有"低能症"。绝育的施行只依赖于同型结合的而非隐性的携带者。这一规定几乎是无用的。因为这是一个错误的假定，即企图被清除的疾病是按照孟德尔的单基因而非多基因的传输原则遗传的。据估计，将近四十万人在1933年新计划开始到1939年秋这一计划终结期间接受了所谓的"希特勒切割"，即男性切除输精管，女性结扎输卵管。

对于种族主义卫生有着巨大影响的一年是1935年。这一年通过了三部法律，经常被称为《纽伦堡法》。它们重新界定了公民权，禁止"种族污染"，并且要求新人在被允许结婚前接受医学检查和听取忠告。前两部法律是希特勒为了使1935年纽伦堡党的大会带有戏剧性的东西在最后一分钟作出决定的结果。希特勒感到过去已经制订的计划过于单薄和缺乏冲击性。上一年在种族问题，尤其在反犹太主义问题上是相对平静的。现在，党的忠实成员受到诸如格哈德·瓦格纳这样的种族主义专家的怂恿，争取一个新的禁止异族通婚的法律。9月 13日，内政部犹太人办公室主任伯纳德·勒泽纳得到命令乘坐一架飞机前往纽伦堡制订这项新的法律。勒泽纳一到目的地就和两位内政部的同事——汉斯·普芬特纳和威廉·斯图卡特——推敲出最初的草案，但是它遭到了拒绝。9月 14日，起草人在弗里克的寓所里碰面。他们挤在一个音乐室，普芬特纳在一架大钢琴上，斯图卡特则在一张沙发上工作，最终起草了几个可供选择的、强硬程度不同的草案。当这个筋疲力尽的小组大约在午夜完成工作的时候，希特勒要求起草一部对付公民权的法律。他们很快就在一张菜单的背面起草了这一法律。9月 15日凌晨两点三十分，希特勒接受了一个较为温和的禁止异族通婚的法律——它由内政部起草小组推荐——和国家公民权的草案。

禁止异族通婚的法律叫《德意志血统和荣誉保护法》，它禁止德国人和犹太人之间的婚姻和性关系，禁止犹太人悬挂国旗，禁止犹太人雇用四十五岁以下的德国女性公民或者亲近血缘的女性，规定了违反这些规则所应得到的各种各样的从劳役到罚款同时监禁的处罚。《德国公民权法》对公民和国民加以区分，前者是德国人或者有亲近血缘的人，拥有充分的政治权利；后者是属于这个国家的居住者，但是只享有保护而没有政治权利。犹太人最初对这种区分感到放心，因为它毕竟承认他们是具有一定权利的国民。特别让人感兴趣的是，单身妇女也被归于国民行列。为了使犹太人和德国人的区分合理化，威廉·斯图卡特和他的法律顾问汉斯·格劳伯克——此人后来作为阿登纳的波恩内阁的主要助手再度露面——提供了以下官方评论：

> 国家社会主义反对人人平等的理论，反对个人相对于国家在根本上不受限制的自由的理论。必须无情地认识到人的不平等和建立在自然法则基础上的他们之间的差异。个人权利和义务上不可避免的差异来自种族、国家和民众性格上的差异。

但是，《德国公民权法》依然使“谁是完全的犹太人”问题不够清晰，这个问题在纽伦堡大会之后，在种族主义的和法律的专家中引发了激烈的争议，最终导致这个法律出现了一个附录。这些法律专家将一个“完全的犹太人”确定为祖父母和外祖父母当中有三个犹太人的人。那些犹太人成分较少的人被贴上了混血儿的标签，并且被划分为一级混血儿（祖父母和外祖父母当中有两个犹太人）和二级混血儿（祖父母和外祖父母当中有一个混血儿）。那些被确定为一级混血儿的人依然可能被认为是完全的犹太人，假如他们属于犹太宗教社团；或者嫁给了犹太人；或者在1935年6月15日之后与犹太人结婚生下的后代；或者与犹太人非婚生的子女。

毋庸赘言，准确地确定谁是犹太人——现在还受到了宗教标准的影响——制造了官僚机构的噩梦，因为它涉及搜集不确定记录的“家庭调查者”的成绩。然而，确定谁是混血儿具有致命的重要性，因为一旦决定消灭犹太人，它可能意味着生存或者死亡。

1935年10月18日，第三个主要的种族主义法律——《德国人民遗传健康保护法》通过，它要求要结婚的新人在结婚前接受医学检查。这个立法背后的目的是，在对种族的危害发生前对其加以阻止。这个法律还禁止患有遗传疾病或者传染疾病的人结婚。假如将要结婚的人通过了必需的医学检查之后，他们就会从公共卫生管理机构收到“结婚身体合格证书”。作为广泛的公共健康体系的一部分，全德国建立了婚姻咨询中心。这些中心由医生和护士供职，他们给将要结婚的新人检查身体，发放健康证书。没有这些健康证书，是得不到结婚许可证的。

这些种族主义的法律体现了纳粹领导人最深层的愿望。首先，它们表达了种族主义集团妄想狂似的思想，他们纠缠于可能污染德国基因库的“劣等血统”的人。当新的罪名——如种族背叛、种族不忠——被设立的时候，希特勒在《我的奋斗》中疯狂的咆哮现在转化成了法律。与犹太人睡觉或者与其他“非日耳曼血统的”携带者结婚都是种族的背叛。用人工方法阻止德国人自然繁殖也是种族的背叛。流产被限定为对德国人身体侵害的犯罪行为。

德国血统的玷污者分为几个范畴，它们是种族的、社会的、医学的，而且经常是含糊不清的：吉卜赛人、“莱茵兰私生子”、“与社会格格不入的人”、同性恋者、精神病患者、犹太人。不同种族特性的人在德国一直是受到怀疑的。除了犹太人，没有哪个民族受到过比吉卜赛更残酷的待遇。两个主要的吉卜赛团体——辛提和洛马——在15世纪移居到德国和其他欧洲国家。许多吉卜赛人最初来自北部印度，他们皈依了基督教，但是这并没有使他们免受歧视，因为他们被认为不是德国人，因此被认为是劣等的。所有与他们有关的东西——粗野的外貌、游牧习惯、语言和习俗——都使他们与好德国人的风度格格不入。根据纳粹新的学术领域“犯罪生物学”的观点，吉卜赛人越来越被视为习惯性的小偷和罪犯。因为所有这些理由，纳粹最终尽可能多地围捕吉卜赛人，将他们投入集中营。可能就是在1939年9月21日在柏林由党卫队保安处处长海德里希主持的一次会议上作了一个决定，这个决定的执行导致了吉卜赛人问题的最终解决。在第二次世界大战期间，整个辛提和洛马家族同犹太人一道在波兰的灭绝营中被杀害。

尽管德国没有任何本土的黑人，但是，大约有五百名所谓的“莱茵兰私生子”，这些孩子是法国占领军中的黑人同德国女人生育的孩子。甚至在魏玛共和国时期，弗里德里希·埃伯特把这些孩子的出现比作黑色的耻辱。当纳粹党人刚刚掌权的时候，他们就命令“莱茵兰私生子”在相关的健康机构登记。下一步是涉及更为机密的诡计，它就是强迫性的绝育。

同性恋者也遭到了歧视，因为他们也玷污了德国人的血统。追溯到1871年，《国家刑事法典》第175款特别规定：男人之间的性关系构成了犯罪行为，会受到监禁的惩罚。尽管第175款从来没有改变，但是在魏玛共和国期间它的强制性不如在皇帝时代那么严厉。希特勒一直对同性恋睁一眼闭一眼，因为在冲锋队里它十分盛行。但是在罗姆遭到清洗之后，随着变态性行为的可怕故事的曝光，希特勒开始支持对同性恋的严厉处置。新的思路来自希姆莱的一句话：每一个党卫队的同性恋者“都将根据我的命令被送到集中营，如果企图逃跑将被枪决”。也是希姆莱建立了中央登记处，登记所有已知的同性恋者和与他们斗争的官员。对同性恋者的迫害在30年代后期加快了速度，许多人被送到集中营，他们在那里受到羞辱、拷打和杀害。在第三帝国期间，可能有将近一万四千名同性恋者遭到了监禁。

1938年，国家刑事办公室总算发现了一个最为宽泛的范畴——反社会的人——依靠这个范畴可以给人类的行为定罪。这个办公室将那些不想适应人民共同体的人定义为反社会的人。这些人包括懒汉、吉卜赛人、乞讨者、娼妓、酗酒者，以及所有“害怕工作的”流浪者或行为怪异的人。“害怕工作”是纳粹党通常羞辱人的另一个绰号。标有“反社会的人”称号的人都会得到“保护性的监禁”，被送到集中营，并根据《预防后裔患有遗传疾病授权法》将他们绝育。这无疑是一个极大的讽刺：掌握德国国家权力的罪犯并不按照较高的法律规范或者程序，而是按照一些人是否选择从属于这个犯罪的政权来确定犯罪的性质。纳粹的回应不是将他们加以修复，而是监禁甚至消灭。用这些极端的方法，纳粹党人确实相信他们能够连根拔除“反社会的人”。1942年，司法部长奥托·蒂拉克为了解决使“反社会的人”一直监禁的问题，把他们全部移交给党卫队，这样他们就可以通过劳动被灭绝。纳粹的司法部门和党卫队行刑队员联起手来。

除了吉卜赛人、同性恋者和“反社会的人”，还有另外两类无辜和无助的“劣等种族”是纳粹选择出来加以灭绝的，它们是患有心理疾病的人和犹太人。纳粹种族主义分子一段时间内傲慢地扬言要消除德国患有心理疾病的人，但是基督教的意识依然非常强劲，足以阻止安乐死计划的实施。“安乐死”这个词正如在希腊语中所指称的那样是一种轻松或者仁慈的死亡；另一方面，正如一些种族主义生物学所认为的那样，它也可能意味着消灭“无用的饭桶”。事实上，纳粹党人分不清这两种意义，把一种或另一种作为消灭患有心理疾病的人和犹太人的精神力量。在纳粹的宣传中，消灭“不值得生存的人”或者“自然的错误”是一个受到喜爱的话题。1936年，德国医生赫尔穆特·昂格尔出版了一部畅销小说《使命和良心》，在其中，一位美丽的年轻女人，也是一位天才的钢琴师忍受着多发硬化症，她企求丈夫，一位可爱的医生，通过安乐死来解除自己的痛苦。在感情上，她的丈夫不忍再看到她遭受痛苦和日渐衰弱，给她注射了致命剂量的吗啡，同时，一位朋友演奏着令人安抚的浪漫钢琴曲陪伴着她的最后时刻。这位医生被指控为谋杀，但是被宣告无罪，因为他的行为是一个仁慈的行为，而不是谋杀。这部小说后来被拍摄成名为《我控告》的故事片，进一步引发了公众的话题。

当舆论似乎发生了转变，赞同对无望的病痛者实施安乐死的观点的时候，纳粹领导人依然相信在安乐死的态度上过于激进的时机尚不成熟。1935年，据说希特勒告诉国家医生领导人瓦格纳博士，安乐死必须等到战争爆发，因为到那个时候执行这个任务才更容易。1938年冬天，希特勒收到了一位德国父亲的请愿书，他要求终结他肢体残缺的儿子的生命，现在看来这是实施安乐死计划的催化剂。希特勒对他的私人医生卡尔·布兰特博士下达了命令，结果是建立了名为严重遗传疾病和天生疾病的科学登记国家委员会。这个委员会是一个情报交换中心，处理由医生和助产士送来的询问如何处置涉及残疾病例的报告。这些报告由三位医生进行评判，红色加号表示处死，蓝色减号表示存活，问号表示需要进一步评判的可疑病例。被标有红色加号的孩子通过致命的注射结束生命。

1939年夏天，希特勒要求国家医生领导人瓦格纳的继任者莱昂纳多·孔蒂博士制订一个成年人的安乐死计划，但是，最初的行动就被纳粹党党务总管菲利普·布赫勒和他的助手维克多·布洛克掌控了。这两个人制订了有组织的、掩饰性的计划，以至于这一得到希特勒亲自授权的计划无法追溯到源头。安乐死计划的代号“T40行动”根据位于柏林蒂尔加登街 4号总理府相关的政府部门命名，它是谋杀儿童计划的延续。表格被发送到所有医院的收容所，确认安乐死的候选人。正如在杀害儿童的运作中一样，病人的表格上标有处死的符号或者需要更高一级的“审核员”进一步分析的问号。

实际的杀害行动在六个选定的收容所里进行，它们是靠近斯图加特的格拉芬奈克、靠近林堡的哈达马尔、靠近萨尔河边的伯恩堡、哈韦尔河上的勃兰登堡、靠近林茨的哈特海姆和靠近皮尔纳的松讷斯坦因。受过特别训练的党卫队医生和护士进入杀人设施中，做好实际操作的准备工作。病人在伪装成淋浴或者货车厢的毒气室里被杀害，毒气室被充入了一氧化碳。然后尸体在专门建立的火葬场被焚化。因为这些行动发生在德国内部，消息很快就被泄露出来，地方行政当局对收容所里或者被发现奔驰在乡村的“杀人盒子”里发生的可怕行为十分警觉。难以控制的场面也发生在一些收容所里，在那里，正式职工经常竭尽全力保护他们的病人脱离党卫队杀人者的掌控。受害者的亲属报告牧师和司法当局，要求立即采取行动来抵制这些犯罪分子。一位法官甚至发起了对布赫勒的起诉，他为此付出了提前退休的代价。克莱门茨·冯·格伦主教是天主教会上层少数几个敢于提出抗议的教士中的一个，他进行了几次有力的布道反对安乐死计划。1941年 8月，希特勒终止了这一计划，可能是因为它所产生的反对性意见，但更可能是因为这一计划实现了它最初的目标数字。到 1941年 8月杀戮终止时，已有七万零二百七十三人被终结了生命。但是在安乐死计划中得到完善的杀戮方法现在延伸到新的、更庞大的目标——犹太人。

反犹太主义是给纳粹运动提供能量的仇恨。从希特勒获得权力的那一刻起，犹太人在整个德国受到了围攻。只在两个短暂的时期得到了暂缓：一是1934年，希特勒忙于清洗他自己的队伍；二是1936年，纳粹德国作为柏林奥运会的东道主，为了宣传的需要暂时悬置了反犹太人的行动。希特勒反对犹太人的四个阶段是：(1) 合法化的歧视；(2) 强迫性的移民；(3) 重新安置和强迫性的犹太人定居点；(4) 灭绝。从年代学的观点来看，前两个阶段从1933年到1939年第二次世界大战爆发，后两个阶段从1939年到1945年。

正如前面所提到的，随着纳粹统治的开始，对犹太人的攻击以自发的和有组织的两种形式发生。1933年4月1日，戈培尔根据希特勒的指示，组织了对全德国犹太企业的攻击，显然是教训国际上的犹太人，因为他断定他们对新政权进行了诽谤。希特勒变态的推论是：伤害国际上犹太人最好的方法是向他们的"德国同伙"发起进攻。1933年发布了一系列法律，旨在剥夺犹太人的权利和生存。在希特勒于1月夺取权力之后不久，犹太人就从法官、律师和教师的职位上被解雇和强迫辞职。《行政机构重建法》引进了"雅利安主义"作为获取行政机构职位的先决条件，自动地将所有犹太人从行政机构中排除出去，从而导致了此类职位的犹太人的解雇或强迫辞职。

相似的法律层出不穷，它们包括将犹太人从其他专业领域——评估员、陪审员、商业法官——里排除出去的法律(4月7日)；从专利律师中排除出去的法律(4月22日)；从与国家保险机构相关的给保险者治病的医生(4月22日)、牙医、牙科技师(6月2日)中排除出去的法律。反对德国学校过于拥挤的法律严格限制了在德国公立学校招收犹太人(4月25日)。6月6日，《行政机构重建法》得到修正，补上了漏洞，以便将犹太人从名誉大学教授、大学讲师、公证人等公共服务领域中排除出去。1933年9月下旬和10月上旬，三个附加的手段对犹太人实施打击：第一是禁止政府雇用非雅利安人和嫁给非雅利安人的人；第二是将犹太人从诸如艺术、文学、戏剧、电影等文化和娱乐的领域中排除出去；第三是《国家出版法》，它将所有的报纸置于政府控制之下，并引用"雅利安条款"，成功地将犹太人从第四阶层(新闻界)中排除出去。

在1934年的相对平静之后，政府在1935年再次对犹太人发起攻击。正如我们所见，这导致了纽伦堡种族主义法律的诞生，这些法律宣布德国人不能同犹太人结婚或者与他们发生性关系。犹太人在政治上也被剥夺了公民身份，尽管在纳粹德国它并不意味着什么。更富有意味的是完全剥夺犹太人的财产。剥夺措施开始于戈林担任四年计划的全权代表，在亚尔马·沙赫特辞去经济部长并由更为顺从的瓦尔特·丰克接任时，这些措施得到了加速实施。考虑到战争，四年计划设想没收犹太人在德国的所有财产。4月 22日采取了最初的步骤，这一天发布的法律禁止以雅利安人或者伪雅利安人的所有权掩盖犹太人的企业。这个法律明确规定：假如一个企业的所有者是犹太人，它就是犹太企业。

尽管到 1938年纳粹党人认为他们最终明确了谁是犹太人的问题，但是他们继续构想出更多的策略，以此来使每个犹太人现形。海德里希的党卫队保安处建立了一个专门的分支机构——犹太事务组，专门负责犹太企业和组织的认定。同时，内政部也忙于紧盯着犹太人，确保犹太人不改变自己的姓名。犹太人姓的问题一直是一个争论的问题。在纳粹党获得权力之前，政府就努力阻止犹太人改变先前强加给他们的德语发音的姓以掩盖自己犹太人后裔的身份。为了能够轻易地确定身份，纳粹党人禁止了这样的姓名改变，还雪上加霜地规定所有男性犹太人采用"以色列"的名，所有女性犹太人必须使用"莎拉"的名。1938年 10月，护照的限制生效。

纳粹党在许多方面——尤其是施特莱歇的淫秽出版物——推动了对犹太人的仇恨，这种仇恨在这时得到了积聚。实际上，犹太人被排除在所有的经济活动之外，同时，犹太人无论是到电影院、剧院、游泳池、旅馆还是旅游胜地，都会遭到袭击。村庄竞相以"没有犹太人"为荣，骄傲地对这一事实大做广告，张贴"此地犹太人不受欢迎"的标语。公园的凳子上也清楚地标明"雅利安人"或"犹太人"的字样。德国的犹太人被遣送到令人恐惧的、阴暗的、充满不安全的不毛之地。他们可能在没有正当程序的情况下遭到逮捕，然后被送到集中营。他们的财产可能因为极其微小的理由受到控制和没收。他们没有法律的支撑。

1938年 11月，对于纳粹党来说，一个出乎意料的机会降临了，他们上紧了螺丝。1938年 11月 7日，德国驻巴黎使馆的一位秘书恩斯特·冯·拉斯被十七岁的波兰学生赫舍尔·格林茨潘刺杀，以报复纳粹政府对他的双亲和五万其他人的虐待。1938年 3月，波兰通过了一部法律，它规定剥夺在波兰境外生活了五年的波兰侨民的公民权利。这部法律将目标专门锁定在大约五万在德国居住的波兰犹太人，波兰政府不希望他们回到波兰。格林茨潘的父母从 1914年开始就生活在汉诺威,因此自行失去了国籍,并且被盖世太保同其他波兰犹太人一道投入靠近波兰边境的集中营,那里是一个不毛之地,他们在可悲的条件下受到保护性的监禁。年轻的格林茨潘通过他的绝望行为向全世界发布抗议的消息。

纳粹党人很快就报复了。在11月9日庆祝啤酒屋政变周年的时候,希特勒同意了戈培尔的建议,在全德国发动"自发的"对犹太人的示威,同时狡猾地建议"冲锋队应该得到许可进行一次尝试"。结果导致了一场后来被称为"水晶之夜"的臭名昭著的大屠杀,整个德国到处是火焰,犹太教堂和商店的碎玻璃四散在德国的街道上。纳粹暴徒四处横行,毁掉了将近一千家犹太人的商店,杀害了将近一百名犹太人,围捕了一共两千六百名犹太人,并把他们一并赶进了集中营。紧接着"水晶之夜"出台了一些措施,强化了对犹太人的歧视。政府以厚颜无耻的傲慢方式,将引发11月9日和10日暴行的原因归罪于犹太人,同时控制了保险公司为犹太人财产损失赔偿的资金。另外,犹太人被强迫缴纳了一亿马克作为"贡献"。犹太人还被禁止进入剧院、电影院、音乐会和公共展览会。犹太人的孩子被禁止在公立学校就学。

纳粹现在开始发动第二阶段的反犹太人行动——强迫性的移民,竭力消除德国的犹太人口。实际上,犹太人在1933年希特勒一上台就开始了移民。在1933年到1938年11月,有超过十五万犹太人自愿离开了德国。但是,"水晶之夜"之后,在奥地利被吞并之后已经实行的强迫性疏散得到了加强,它迫使另外的十五万犹太人离开了这个国家。这些强迫性疏散的主要执行者之一是阿道夫·艾希曼(1906—1962),此人在1933年加入党卫队,随后进入海德里希的党卫队保安处,作为"专家"在犹太人移民组工作。1938年,海德里希委派他在维也纳建立一个中央办公室负责犹太人的移民工作,这个机构成功地对十万奥地利的犹太人进行了强制性的移民,他们当中的许多人去了巴勒斯坦,而一些人则在捷克斯洛伐克、荷兰、比利时、英国、美国、法国、澳大利亚、加拿大和南非找到了避难所。艾希曼的办公室忙于将犹太人驱逐出奥地利,剥夺他们的金钱和财产,他因此在1939年被调往柏林,在帝国保安总局的四处负责驱逐犹太人。在第二次世界大战期间,该处围捕了三百多万犹太人,将他们驱逐到东部的犹太人聚居区和集中营(第三阶段)。最终,在1941年春天,根据希特勒灭绝犹太人的命令对他们进行身体消灭。

“水晶之夜”遭到袭击的犹太教堂

“水晶之夜”遭到袭击的犹太人的商店

希特勒对犹太人的宣战明显来自他的公开演讲和他在《我的奋斗》中的言辞。1939年1月21日，他告诉捷克外交部长他正在计划消灭犹太人；犹太人不能逃脱因在1918年11月9日的所作所为应该受到的处罚，这一天是德国政治崩溃的开始，希特勒一直将这种崩溃归结为犹太人。一个星期后，希特勒在自己获得总理一职周年纪念日上，向国会发表了演讲，对犹太人公开发出以下威胁：

> 在我的一生中，我经常是一个预言家，并且经常因此而受到嘲笑。在我为权力斗争的时候，就是犹太人首先嘲笑我的预言，我当时说我有一天会接管这个国家的领导权，并用它来接管整个民族的领导权，然后再解决犹太人的问题。他们的嘲笑是喧闹的，但是，现在我认为他们是在笑话自己。今天我将再一次成为预言家：假如欧洲内外的国际犹太金融家再次成功地使国家陷入世界大战之中，那么，结果不是地球的布尔什维克化，不是犹太人的胜利，而是犹太种族在欧洲的消亡。

第十一章

通向战争之路，1933—1939

两次大战之间的强国

希特勒在20世纪30年代伟大的外交胜利，不仅是他狡猾的、不计后果的策略的结果，而且是第一次世界大战历史后果的产物，这些后果包括传统大国体系的崩溃、西方民主政体的虚弱、美国孤立主义的政策、妄想狂的苏联机会主义策略。第一次世界大战改变了强国的传统关系，给希特勒留下了快速利用的真空地带。

在第一次世界大战之前，欧洲列强是英国、法国、俄国、意大利、奥匈帝国和德国。这六个国家当中，只有法国和英国作为主要强国从灾难性的冲突中脱颖而出。俄国被革命和内战所削弱，落入共产主义者手中，他们既怀疑西方民主政体，也怀疑法西斯主义的国家；奥匈帝国已经崩溃；意大利被社会经济的冲突弄得四分五裂，并且感到受到胜利果实的欺骗；德国战败了，并被解除了武装。只有法国和英国保持了表面的稳定，但是它们政治上的效率受到两个主要弱点的损害：一是缺乏共同的目的；二是缺乏来自美国的支持。劳伦斯·拉福尔认为："欧洲的战争过去从来没有削弱过一个强国。"假如美国在战后与两个欧洲的强国联手，法西斯的侵略可能会得到阻止。不幸的是：美国的战时理想主义只是对战争进行的意识形态辩护，而对开展和平运动毫无帮助。这需要长期的承诺，而这是美国不愿意承担的。几乎没有美国人认识到：没有新世界的巨大资源，旧世界几乎没有任何机会获得和平和民主的重建。

在希特勒 1933年掌握权力之后，他决心修改欧洲政治的路线。因此，德国成为变化的催化剂，相反，英国和法国被战争的不安全感和恐惧给惊呆了，它们追逐着在本质上保护性的战略。尽管英国和法国计划将它们一战时的联合带入战后，并且为了维持和平进行合作，但是，他们在战略上是不同的。法国相信，只有彻底的军事优势和旨在孤立虚弱的德国强有力的外交安全安排才能维护和平。另一方面，英国首先寻求消除产生国际冲突的决定性因素。它们越来越感到德国在《凡尔赛和约》中所受到的待遇与它的大国地位是不相称的，而它所受到的耻辱不论在短期内是多么成功，也不能使它成为中欧稳定的力量。当然，法国人也认识到德国不会永远处于从属的地位，但是在没有德国和平意愿的有力证据的情况下，他们不愿意修改《凡尔赛和约》中严厉的条款。当这些和平的迹象没有得到体现的时候，尤其是在希特勒 1933年掌权之后，法国人保持了强硬的路线。

不幸的是，法国人的决心被 20年代发生的事件削弱了。1920年，美国参议院拒绝了《凡尔赛和约》，这个国家退缩到孤立的状态之中。从欧洲事务中退却出来，不仅毁灭了一直稳定欧洲局势的英—美的优势地位，而且将沉重的负担压在了法国人身上。法国人是《凡尔赛和约》最坚决的维护者，他们对违反该和约的行为做出的抵制进行了辩护。正如第二章所显示的那样，在 1923年，法国人侵入鲁尔地区以强迫执行和约中的赔偿条款，他们谴责德国人违反了这些条款。这一单方面的行动是在没有得到战时伙伴的支持下发动的，从而使法国受到了广泛的批评。由于德国"消极复仇"的回应破坏了德国的经济，使得未来的赔偿变得越来越困难，从而使法国搬起石头砸了自己的脚。法国人从来就没有忘记这次对德国的灾难性袭击，除非得到绝对的支持，否则他们决心终止这类干预。人们也越来越认识到：促进德国"人为的弱势"，要求永远消除德国的势力，占领德国的主要领土，但这也加深了德国人的敌意。法国人发现自己处于深深的困境之中：挫伤德国的经济实际上动摇了他们自己心理上的安全感。面对七千万人口的德国，并且因为失败和不合时宜的入侵策略，也被它一度的朋友所批评和抛弃，法国人需求发展一个旨在孤立德国的复杂的安全网络。这就是著名的安全区，用来在四周将德国包围起来。最后，为了将这种复杂的战略完善化，法国人建立了自己的防御墙——马其诺防线，以进一步阻止德国的入侵。但这种防御性工程的奇迹，对支撑法国人的安全感也被证明是不充分的，似乎这种不安全的水平与花费在防御方面的金钱同步增长：法国人在防御方面花费得越多，他们对德国的安全感就越少。假如马其诺防线是防御的物质防线的话，那么，法国与较小的欧洲国家复杂的联盟体系就代表着它抵御德国的心理防线。根据阿诺德·沃尔福斯的观点，法国外交政策很大一部分就是以相互支持的条约和联盟的谈判为中心。法国人实际上不仅在高墙之后，而且在紧密编织的法律的堑壕网络中将自己保护起来。由于法国的外交政策不自然地集中在对德国未来进攻的恐惧上，因此，法国的外交官们发现自己在狭小的空间蠕动，它阻碍了更富有创新的反应的实现，并且把这种成见变成了自我兑现的预言。

英国更乐意做出让步以“矫正合理的委屈”，这是两次世界大战期间英国外交语言的关键短语。人们认为，英国人愿意接受谈判的基础是，他们普遍认为德国在《凡尔赛和约》中受到了不公正的对待，这一条约中的一些强硬的方面必须得到温和的处理或者废除。一些历史学家将英国的修正主义态度归结为它长期坚持的、立足于进化的经验主义传统的信念：所有人类的法律或者习俗最终是暂时的，因此必须服从于变化。

尽管英国人支持法国，但是他们对将德国变成一个次要国家感到忧虑，因此积极支持新的魏玛共和国站稳脚跟。这一政策取决于这样一个事实：一个重要的德国在大陆可以对法国产生力量上的平衡。

因此在20世纪30年代，英国和法国经常处于目的不确定和相互不信任的状态当中。在对待东欧的问题上，也经常处于矛盾之中。法国与诸如波兰、捷克斯洛伐克、南斯拉夫这样一些国家建立了联合的网络，视这些国家的领土完整同自己国家的领土完整为同样重要的事情。相反，许多英国的政治家似乎对希特勒在东欧的领土野心显示出令人惊讶的厌倦，在一些情况下还认为这些领土是德国扩张合适的地区。他们无疑希望希特勒通过向东的扩张减少对英国海上和帝国地位的威胁。这可能威胁了法国在大陆的利益，或者破坏了英法对纳粹侵略的共同抵制，不过这些情况并没有引起坐在扶手椅中的英国战略家们的特别重视。

希特勒的外交政策

希特勒的外交政策建立在种族主义和扩张主义思想基础上。没有什么比 A. J.P.泰勒的断言更具有误导性了，它认为：希特勒仅仅是一个传统的大陆政客，并不比其他同时代的政客更邪恶或厚颜无耻，他想作为一个大国来提升德国的利益，不过他的所作所为超出了历史学家通常的假定。事实正好是相反的。希特勒代表着种族优越性的残酷政策，运用了无情的恐怖手法，对“劣等民族”进行征服，不断获取“生存空间”。正如前面所提及的，他相信雅利安民族处于生物—文化进化的顶峰，注定要在德国的领导下征服世界。他预见雅利安民族一步一步地渗透到整个欧洲最终乃至整个世界当中。在希特勒的思想中，种族的概念是与空间的概念紧密联系在一起的。他认为：一个民族的伟大不仅依赖它的种族血统，而且依赖于它比劣等民族更为巨大的再生产能力。这样就需要可资利用的土地。将一个种族限定在一个有限的空间中，等于是事先关闭了历史伟大的可能性。他警告道：假如日耳曼人民将自己限制在 1914年确定的边境之中，那么他们注定处于附属的状态。希特勒喜爱无情的扩张政策，这些政策使人想起了泛日耳曼主义者和相似的吞并主义者的言论。在这个意义上，谈论 1890年到 1933年之间德国外交政策的延续性是完全合理的。第二帝国时期的外交政策也是侵略性的和扩张主义的，但是执行这些政策的人是一些保守主义的战前精英，他们在欧洲外交的传统框架中小心翼翼地工作着，这种态度被希特勒认为是可耻的。甚至像海军上将冯·铁毕子这样的军国主义者也赞同谨慎的冒险。尽管“先发制人战争”的概念甚嚣尘上，皇帝在 1914年好战的宣言——“现在就打否则永远不打”——就是证明，但是很少有德国的外交家喜欢把战争看作比和平的方式更高的策略。

对于希特勒来说，战争不是外交政策的最后一招，而是实现德国国家目的的首选工具。格哈德·魏因伯格表明了战争取向策略的重要地位。依靠战争而不是和平，意味着预期对手完全地让步。在谈判中，纳粹党人似乎一直处于心理优势的状态，不像他们的对手，他们认为战争是可以接受的，甚至是首选的冒险。正因为这个理由，在谈判过程中，希特勒的要求一直是作为有待处理的僵局，而不是朝向双方的妥协被提出来的。希特勒还认为，与大国签订的条约仅仅是短期的手段，它们的目标要么是分割敌国的领土，要么是回避一个特定的威胁。不论在怎样的情况下，谈判的过程应该被严格地限制在单边条约而不是复杂的多边条约当中，因为后者会紧紧地约束一个国家。一个条约是通往一个特定目的的工具，一旦达到了目的，这个条约就可以撕成碎片。最终，扩大德国空间和种族的政策在德国的外交领域带来了令人注目的变化，因为它需要新的像希特勒一样思想和行动的侵略性政客。

在《我的奋斗》中，希特勒宣称："德国要么成为世界的强国，要么就没有德国。"这一宣言是他性格的标志。假如德国要成为世界强国，合乎逻辑的是它必须征服必需的生存空间。希特勒相信：一个小国只有将它所有的能量奉献给权力意志才能去渴望历史的伟大。希特勒认为自己是造就日耳曼伟大的意志的催化剂。他还相信民族的再生可能由一个制度化的尚武的冲动所实现。所有仁慈的价值观念都必须连根拔除，因为仁慈的人是不能参与征服世界的行动的。他设想了一个坚强的、残酷的、服从的、充满决心的年轻人，他热爱战争和征服。希特勒曾经说过：一位优秀的将军应该像一条由他的元首控制的疯狗。在与赫尔曼·劳施宁一次富有启发性的讨论中，希特勒坚持认为，国家社会主义教育的主要目标是培养所有德国人拥有问心无愧的残暴习惯。

里宾特洛甫和新纳粹外交政策

当希特勒成为总理的时候，德国外交部充斥着传统主义分子，他们在第二帝国中成长，依然表现出旧帝国的君主主义思想。他们当中的许多人来自深深扎根于德国历史的家族，一些人——如国务秘书伯恩哈德·冯·比洛——不相信一个下士能成为德国的总理。当希特勒成为总理的时候，忧惧的气氛笼罩着外交部，尽管希特勒来倾听专家建议的希望还是存在的，但是，元首很快就打消了这些希望。作为一个下士和失去社会地位的奥地利小资产阶级分子，希特勒一直深深地仇视保守的传统主义精英分子。他讨厌他们上流阶级的习惯，但同时也勉强地意识到，在实现他的野心勃勃的外交政策中他们的重要性。然而，到 1934年中期，希特勒开始替换一些过于小心谨慎的、在威廉大街占据主导地位的外交官。因为他先前忙于巩固权力，清洗政治对手，同时修补国内经济，因此，只有在这些处理停当之后，他才在外交政策方面显示了自己的思想。他依靠同样的在国内事务领域已经产生了巨大效果的方法，即通过运用官员的专门任命来绕过传统的渠道，这些官员不对传统的指挥链负责，而只对希特勒保持个人的忠诚。

就是采用这种方法，约阿希姆·冯·里宾特洛甫作为“裁军问题专员”逐步而巧妙地进入了外交政策的领域；同样，冯·巴本后来以部长的职位前往维也纳，“不受外交部职权的限制，而只对希特勒个人负责”。另外，正如在国内事务领域中的所作所为一样，希特勒在外交政策领域也鼓励建立竞争性的组织。由于这个原因，里宾特洛甫自己的外交机构——里宾特洛甫办公室——成为外交部的直接竞争对手。同样，当1931年建立的纳粹党外交委员会开始涉足过去应该由外交部负责的事务的时候，同样的情况又出现了。总之，在外交事务领域和在国内事务领域一样，纳粹党人回避、孤立、削弱且经常是毁灭传统机构的有效性。德国外交部长康斯坦丁·冯·诺伊拉特是一位沉默寡言的、略微有点谦逊的老式外交学派的绅士，他从第一次世界大战开始就是一个专业的外交官，担任了许多公使和大使的职务：1919—1922年，在哥本哈根担任公使；1922—1930年，在罗马担任大使；1930—1932年，在英国担任大使；1932年6月，在巴本的内阁中担任外交部长。

与旧式的诺伊拉特相比较，新的纳粹外交官的典型是里宾特洛甫，他是一个侵略性的、没有原则的暴发户，他将指导纳粹的外交政策路线。里宾特洛甫1893年生于韦瑟尔，父亲是职业军人，母亲患有结核病，里宾特洛甫只有9岁的时候，她就因病去世了。由于肺结核，他失去了长兄，他自己可能也受到了这种疾病的感染，在十八岁的时候，他的一个肾不得不被切除以阻止这种疾病的扩散。他在洛林的梅茨这座著名的兵营城市就学。在那里他的表现并不出众，但是他的一位老师奥托·梅斯勒描绘了这位未来的总统秘书：“充满虚荣心，但十分有进取心。”约阿希姆没有完成他的离校考试，但是却说服他的父亲让他到国外旅游并学习外语。

约阿希姆发现他的姑妈格特鲁德·冯·里宾特洛甫支持他的计划。格特鲁德来自这个家族有头衔的一方，她后来领养了约阿希姆，从而使他获得了梦寐以求的尊称——“冯”。通过他姑妈慷慨的经济资助，约阿希姆和他的弟弟罗塔尔1907年在格莱诺伯勒的一所寄宿学校学习。一年后，他父亲成为中校，并且又结了婚，不过由于长期和皇帝的外交政策不一致，他辞去了职务，靠退休金和储蓄度日。理查德·里宾特洛甫一直是一个优雅的人，有着积极的社会生活和广泛的社交圈子，他的儿子模仿了这一习惯。

在第一次世界大战之前的最后几年，约阿希姆和他的弟弟罗塔尔在加拿大度过了几年。约阿希姆做了好几份工作，其中包括加拿大太平洋铁路公司的计时员。当大战爆发后，里宾特洛甫返回德国，设法加入了第十二轻骑兵团，尽管他的一个肾已经被切除。他作为一个军官在东部前线服役，并且受过几次伤，后来被指派担任参谋，先在柏林，后来在君士坦丁堡的国防部机构担任语言专家，除了这些，没有人知道他在战争中做了些什么。

当战争结束的时候，里宾特洛甫发现自己失业了。但是他具有一些有用的资产：他英俊、迷人、聪明，对许多不同的事情有着肤浅的知识。作为一个冲动的社交家，他渐渐地进入了上流社会，进入了安妮利斯·海克尔的心，她是一位富有的发泡香槟酒制造商的女儿。在与安妮利斯这位“优雅的”但并不美丽的女人结婚后不久，里宾特洛甫成为海克尔公司的合伙人，这个职位使他周游了欧洲，并且使他建立了重要的关系。

里宾特洛甫通过自己早就熟悉的弗朗茨·冯·巴本结识了希特勒。巴本将里宾特洛甫作为中间人来劝说希特勒在他的政府中担任副总理。当里宾特洛甫将这个计划传递给希特勒的时候，这位纳粹领导人发表了两个小时的长篇大论，他清楚地表明，他要么获得绝对的权力，要么一无所有。里宾特洛甫似乎被希特勒的歇斯底里所控制，以至从这一刻起，他一直是一位“深信不疑的、改变过去信仰的、全身心投入的”希特勒主义者。他加入了纳粹党，开始献计献策以引起他心目中英雄的注意。尽管在希特勒就职之后疯狂追逐职位的活动中，里宾特洛甫几乎被忽视，但他执着于客厅游戏的艺术给希特勒留下了印象。十年间，在新贵们的陪伴下他对此已经驾轻就熟。

但是，作为一个真正的纳粹党人，里宾特洛甫利用了他能发现的每一个关系来稳步提升自己，同时也不乏攻击性。他的政治直觉告诉他：希姆莱和党卫队在未来的纳粹国家将扮演关键的角色。因此，他加入了党卫队，并且确信自己受到了新兴的纳粹精英高层成员的注意。具有讽刺意味的是，里宾特洛甫一生都感到他必须证明他比保守主义的同伴们更为优秀，但是，现在他企图显示他能和新的一群纳粹求职者们一样冷酷无情，具有侵略性。

1934年4月，里宾特洛甫的第一个职务是裁军的全权代表。尽管里宾特洛甫表面上对诺伊拉特和外交部负责，但是在与诺伊拉特讨论问题之前，他被要求先向希特勒汇报。1934年，里宾特洛甫建立了自己的外交政策办公室——里宾特洛甫办公室，它的总部设在正对着威廉大街74—76号外交部的旧俾斯麦宫。里宾特洛甫在这个办公室安插了像自己一样野心勃勃但又缺少训练的业余人士。这个混杂的机构由业余记者、商人和希望在党内成功的人员组成，它的任务是搜集和估价国外情报，但是这个机构很快就开始介入外交部原有领域的事务中去了。

希特勒对里宾特洛甫的活动产生了深刻的印象，他任命里宾特洛甫为“德国特别事务特使”，这使得里宾特洛甫有权绕过诺伊拉特。这个新星开始升起，尤其是1935年受到赞许的德英海军协议签署之后。1936年，希特勒任命里宾特洛甫为英国大使。尽管自吹喜欢英国上层阶级的生活方式，但是里宾特洛甫并没有真正理解英国人的气质或性格，他严重地低估了他们反抗入侵者的能力。

人们普遍认为：里宾特洛甫出使英国让德国为难。里宾特洛甫条顿式的大话带有傲慢的印记，这冒犯了英国人的感情。他的举止是追求社会地位的人招摇的和令人窘迫的表现。德国使馆的夫人们被告知不要对王室行屈膝礼，据说里宾特洛甫在接受国王召见时向国王敬纳粹礼。英国的报纸欣然报道：“里宾特洛甫向国王敬纳粹礼。”

在这一点上，傲慢的里宾特洛甫相信自己的幸运之星会和希特勒一道升起，他毫无顾忌地告诉高层纳粹党人他将成为下一任外交部长。当希特勒听到这一风声的时候，他立刻召见了里宾特洛甫，劈头盖脸将他训斥了一顿。“你以为你是谁?”最后对他提出了严厉的忠告，希望他举止更为检点一点，尤其是在外国人面前。里宾特洛甫彻底垮掉了。他认为自己的事业到此结束了。

但是，风向的变化偏向于里宾特洛甫。到1938年，希特勒追求越来越具有侵略性的外交政策，但是感到自己受到了外交部和军队当中传统主义者的约束。他感到需要一个比小心翼翼、口齿不清、平庸的诺伊拉特更善于变通和富有侵略性的外交部长。这就是里宾特洛甫的机会。他早就发现了希特勒野心的秘密。他专注于希特勒的每一句话，尤其是涉及他热衷的计划。为了今后参考之用，他将希特勒的长篇大论编成档案，当时机成熟的时候，他将以自己的方式将这些思想表达出来。这使得希特勒相信里宾特洛甫是一个有远见的人，应该得到最高的支持和尊重。里宾特洛甫利用另一个手法也获得了巨大的效果，即行为举止比希特勒还像希特勒，并且用元首的进攻性打消元首的疑虑。几年中，里宾特洛甫使自己充分适应希特勒，以至于他实际上成了另一个希特勒。约阿希姆·费斯特认为：里宾特洛甫没有任何内在的本质，希特勒的观点无论多么非理性对他来说都是正确的和可能的，理由十分简单，因为它们是由希特勒提出的。我们知道，对于里宾特洛甫来说，一个问题只有在希特勒判定有趣的情况下才会有趣。假如希特勒对它失去了兴趣，那么里宾特洛甫随后也会失去兴趣。由于对希特勒的完全服从，里宾特洛甫醒来的时候永远在预先思考着他主人的想法，将他自己的想法和主人的奇思怪想调整一致，然后出现的时候显示出百分之百希特勒的样子。

甚至在纳粹党人马屁风行的内部圈子里，里宾特洛甫也受到了普遍轻视。戈培尔曾经恶毒地评说道：除了里宾特洛甫，每一个党的领导人至少有一个值得赞美的品质，“他沽名钓誉，娶富家女人，用欺骗的手段获取地位”。鉴于这些话的来源，我们应该谨慎地对待这一判断，但是它无疑显示了里宾特洛甫在纳粹当中应有的评价。里宾特洛甫被希特勒弄得昏头昏脑，被财富和权力所俘获，他将所有他可能具有的美德出卖一尽。1938年 2月 4日，希特勒任命里宾特洛甫为外交部长，他立刻投入工作去改变外交部。在他的领导下，外交部很快就被剥夺了所有政策制订的功能，成了希特勒和里宾特洛甫的特权。根据戈登·克雷格的观点，外交部成为一个速记办公室，它的工作人员就是被要求根据命令从事。据说在波兰危机的时候，里宾特洛甫警告外交部的工作人员：谁敢表达和他不同的观点，“他就会亲自枪毙他，并且在元首面前承担责任”。

穿过危险区，1933—1937

1933年 1月，希特勒获得了权力，外交政策问题必须服从于更为紧迫的经济和政治问题。希特勒在国内的地位十分脆弱，因此对外只能采取调和的姿态。这样，他采取了一个聪明的对外拖延和谈判的政策，同时在国内巩固他的地位。这个策略与 1923年灾难性的啤酒屋政变之后所采取的策略如出一辙，当时他这样做的目的是欺骗魏玛政府，好让它相信他是一个受人尊敬的政治家，他完全通过合法的或者宪政的手法在获取权力。现在，他运用相同的烟幕弹来糊弄西方大

国。这种掩饰在国外事务和国内事务中产生了同样的效果:

> 迄今为止,我们成功地将敌人留在黑暗之中,他们不知道德国真正的目标,正如1934年我们国内的敌人从来就没有发现我们正朝什么方向行进,我们的合法誓言只是诡计。我们要合法地获得权力,但是我们并不要合法地运用权力。在1925年,他们可以逮捕我们两人,那么一切都终结了。不,他们让我们渡过了危险的境地。在外交政策方面情况也的确如此。1933年,法国总理应该说(如果我是当时的法国总理,我会说):"一个新的德国总理是写作《我的奋斗》的人。这部作品论述了所有的问题。这个人是我们不能忍受的。要么他消失,要么我们前行。"但是,他们没有这样做。他们不管我们,让我们穿过了危险区,我们能够在危险的暗礁中航行。当我们准备就绪,装备精良,并且超过他们的时候,他们才发动了战争。

希特勒无耻的两面派政策——在公共场合是一套,私下里又是一套——在他成为总理之后不久就被发现了。在担任总理三天之后,他与军方的领导人进行了会晤。宴会之后,陆军总司令库尔特·冯·哈默施泰因将军和一些挑选出来的高级军官聆听了希特勒两个小时的讲话。当希特勒讲话的时候,赫斯特·冯·梅伦施泰因少校躲在幕后,记录了元首讲话的要点。希特勒告诉持怀疑态度的听众他计划改变整个国内政策,即使这意味着用武力使那些拒绝自愿皈依国家社会主义的人就范。他说德国只有靠武装力量才能得到拯救。因此,强大的军队是绝对必要的。从政治的角度来看,这位新总理要求一个最强硬的极权主义秩序,根除诸如马克思主义和民主这样的国内毒瘤。从国际的角度来看,希特勒强调废除《凡尔赛和约》及在日内瓦获得完全平等的重要性。他还向军方领导人承诺他将恢复征兵,关注军队规模的根本扩大。他表示鉴于德国现在脆弱的地位,这一行动充满了危险,但是,又暗示可以以寻求武器装备的平等为借口在日内瓦进行谈判,同时秘密地准备较大规模的军备。他还提及法国为了阻止德国获得军事上的对等进攻德国的可能性。他说时间会告诉我们法国是否有真正的政治家,他们是否敢于现在向德国发动进攻。为了让他的军队领导人放心,希特勒很快又补充道,法国向德国的进攻是绝对不可能的。法国不可能直接进攻德国,相反,它会依赖于东欧的附属国来执行它的命令。希特勒最后告诉军事领导人生存空间是他的政府外交政策的最终目标,就此他结束了这富有高度启发性的谈话。他以明确的词语谈论了东欧的日耳曼化,这样可以安置德国过多的人口,并且使下滑的经济得以复苏。尽管希特勒没有成功地说服这些持有怀疑态度的军队领导人,但是,有人听到其中的一个人对这位"艺术家下士"发表了讥讽的评论:无论怎样,"没有一位总理如此热心地支持国防"。

当希特勒私下为重整军备、征兵、战争作准备的时候,他在公开场合依然向德国人民和西方世界保证:他希望的只是和平和正义。借助西方国家潜在的罪恶感,希特勒运用了威尔逊式的理想主义语汇以反对他们,他给世界留下了他支持自决、正义和持久的和平的印象。1933年5月17日,希特勒对国会发表了一个经过精心准备的和平讲话,讲话中充满了公共诈骗的诡计,在整个30年代他反复使用这些产生了巨大效果的诡计,而世界却对此毫不怀疑。这次讲话先是谴责《凡尔赛和约》,认为它必须对国际不稳定的现状负责,并且他提醒世界这个条约的文字和精神对德国来说都是不公正的,甚至德国过去的敌人现在都承认这种不公正。他提醒他的西方听众:《凡尔赛和约》将日耳曼民族归类为国际贱民,并利用"战争罪"作为稍事遮掩的经济剥削政策。这个条约既不平等,在经济上也不谨慎。他断言:赔款的政策给国际金融市场带来了巨大的灾难,人为地扭曲了进出口的方式,停滞了国内经济的恢复,导致了世界范围的萧条和失业。除了引发了这些特定的经济问题之外,《凡尔赛和约》还不公正地使"胜利者和被征服者"这对可恶的原型无限制地永久化。

在结束他的"和平演讲"的时候,希特勒再次坚持德国将遵守《凡尔赛和约》裁军的条款。他谴责那些控告德国实际上拥有了远远超过十万人的部队。十万的军力是《凡尔赛和约》有关条款所许可的,它是对德国尊严的诋毁。诸如党卫队、冲锋队、钢盔队或者辅助警察这样的准军事力量是政治性组织,它们的目的被限制在国内法律和秩序恢复。法国或英国现在拥有的军队与德国相比不合比例,是巨人和侏儒的关系。由于这样的情况存在,那么,就没有理由让国家社会主义的政府在日内瓦裁军谈判中玩猜字谜的游戏。其实,希特勒是在告诉西方国家假如它们裁军,他就不会武装自己。接着他又暗含杀机地说:对德国的歧视政策如果继续下去的话,就会导致德国退出日内瓦会议和国际联盟。

尽管日内瓦谈判的德国首席代表鲁道夫·纳多尔尼在说服协约国做出大的让步上获得了实质性的进展，但是，希特勒并不真正想在日内瓦认真和谈。1933年10月14日，当他认识到法国将进行裁军时，他宣布德国退出裁军大会，并且终止它在国际联盟的成员资格。尽管他料想到几乎没有什么国家会有反响，但是，希特勒还是十分聪明地在民主许可的光圈中掩饰了他的决定。他在退出日内瓦会议的当天宣布，他会将自己的决定交给全民公决。12月12日，德国人民以95.1%赞成、4.9%反对的绝对优势通过了希特勒的政策。

1934年1月26日，希特勒让外交圈子大吃一惊，他宣布与波兰签订不侵犯条约。根据《凡尔赛和约》的结果，德国自从被迫向波兰割让领土之后，准备与波兰进行战争，索回但泽、西里西亚、波森和其他失去的领土是不证自明的政策。公众对波兰的仇视在但泽和但泽走廊激发了一系列冲突，历届魏玛政府都追求民族统一的政策。希特勒颠倒了对波兰的传统政策，但是这种颠倒形式远远超过内容。1934年1月，希特勒真正担心的是，波兰现在是在约瑟夫·毕苏茨基领导下的强硬专制政权，它可能利用在但泽和别处的德国人引发的煽动性事件作为干预的借口，而当时他对这种干预的回击一点准备都没有。正如他不无讥讽地对但泽参议院议长赫尔曼·劳施宁所言："我们与波兰签署的所有协定纯粹具有暂时的意义。我并不打算和波兰保持认真的关系。"

尽管希特勒与波兰的亲善使他在德国的外交和军事圈子里受到了广泛的批评，但是他的决定在外交和心理上取得了辉煌的胜利。他证明了自己的和平意图，减少了在东部前线的压力，在东欧破坏了法国的安全体系。波兰、捷克斯洛伐克、罗马尼亚、南斯拉夫是法国在东欧的联盟。但是，波兰人总体上开始对集体的安全安排，尤其是波兰在反抗德国入侵中的关键作用产生了强烈的怀疑。使波兰离开集体安全路线的人是毕苏茨基的助手约瑟夫·贝克，他是一个富有才气，同时具有神经质的上校，追求着一种堂吉诃德式的政策，即维持德国和苏联之间的"绝对平衡"，他低估了希特勒的危险，而过高地估计了共产主义的威胁。

法国外交部长让—路易斯·巴尔都是一位精明的现实主义者，他对希特勒最终的外交政策不抱有任何幻想，企图通过缔结一系列相互防御条约来对抗希特勒对法国集体安全体系的进攻。巴尔都的政策具有两个特色：一是坚决抵抗德国潜在的入侵；二是以调解的姿态将德国约束在地区性的安全条约当中，从而缓解防御联盟的强硬态度。法国外长向苏联和波兰提出建议，希望维护这一安全安排，但是波兰人坚决拒绝了他的想法，而苏联人见风使舵。1934年，巴尔都在马赛被刺杀，他的计划终止了。他在外交部的继任者皮埃尔·赖伐尔没有成功地建立孤立德国的壁垒。

正当希特勒企图突破德国的外交孤立的时候，1934年发生的两个事件使他的政权的性质成为公众的焦点。第一件是6月对罗姆的清洗；第二件是奥地利的纳粹分子在7月没有成功地推翻奥地利政府。尽管对罗姆的清洗是纯粹的国内事务，但是它显示了纳粹党人是冷血杀手，至少很快向世界显示，在没有恰当约束的时候他们可能会做出什么事来。更为严重的是，至于外交政策，7月流产的纳粹政变加剧了德国和意大利关系的恶化。

1933年，希特勒企图与意大利建立紧密的关系。正如先前所提到的，在《我的奋斗》中，他坚持认为德国在欧洲有两个天然的盟友——意大利和英国。他将墨索里尼视为贴近自己思想的人，视为代表意志和命运的人，他使得德国的民主侏儒得到了羞辱。但是墨索里尼并没有回敬这种恭维。事实上，他对希特勒私下里充满敌意，并且公开地反对元首在外交政策上的计划。这位意大利领袖知道希特勒将日耳曼血统的人融合到德国当中的意图，这在《我的奋斗》开头的段落里得到了表述，并且在1919年纳粹党的党章中得到体现，这种意图包括生活在南蒂罗尔的奥地利人。根据1919年的《圣杰曼条约》这一地区移交给了意大利。

这样的主张对意大利的主权产生了严重的威胁，因此墨索里尼强烈反对德国重整军备，并且公开谴责希特勒退出世界裁军大会。乌尔里希·冯·哈塞尔是德国驻意大利大使，他谈论了德国—意大利关系的恶化，并且注意到意大利视德国的重整军备为公然的威胁，它对德国行动的反对之举与法国一样激烈。墨索里尼将自己塑造为坚定的奥地利独立的保护者，并且坚定不移地反对德国对奥地利的吞并。1934年3月17日，墨索里尼与奥地利和匈牙利签署了罗马协议，并要求更为紧密的合作和经常性的磋商。

出于对墨索里尼反对德国政策的重视，希特勒后来公开放弃了德国对南蒂罗尔的领土要求。他派遣弗朗茨·冯·巴本和赫尔曼·戈林去见墨索里尼，甚至送去了私人信件，在其中他解释了德国的重整军备是一个道德的需要，是摆脱《凡尔赛和约》枷锁的必要步骤，这个和约使德国没有了防御能力。当墨索里尼对这

陶尔斐斯在奥地利的一个体育场发表集会演讲

些主动表示无动于衷的时候，希特勒决定亲自求助于这位意大利领袖。1934年6月他到达威尼斯。两个独裁者的第一次遭遇是极其冷淡和形式的。希特勒心里挂念的是罗姆和冲锋队，而不是意大利或者国际关系。另外，希特勒给意大利的领袖留下了十分可怜的印象。他穿着黑色的商务套装，不断地拨弄着灰色的毡帽，像一个德国官僚机构中的小职员。相反，意大利的领袖身着华丽的法西斯制服来回走动着，在气度上远远超过了希特勒。

德国—意大利关系的最低点发生在威尼斯会晤的一个月后。一群奥地利的纳粹党人在德国的支持和财政帮助下，企图在维也纳发动一场政变。尽管奥地利的纳粹党人成功地谋杀了奥地利总理恩格尔伯特·陶尔斐斯，但是他们很快就被警察和军队所粉碎。墨索里尼怀疑德国介入其中，并且对事态的发展特别恼怒，他命令意大利军队进入奥地利边境。除了保护奥地利的独立之外，墨索里尼在这一流产的事件中还有着自己的利益。他喜欢陶尔斐斯，当他将总理去世的消息告诉正在罗马作为他私客的总理夫人的时候，感到非常不安。意大利的领袖谴责希特勒要对这次暴行负责，称他为“可怕的性堕落者”和“危险的蠢货”。

希特勒个人可能并没有卷入奥地利的政变，但是他鼓励奥地利的纳粹追随者进行颠覆活动，反对陶尔斐斯的政府。他派往奥地利的外交官都是些第五纵队的成员，他们被要求颠覆奥地利政府，为纳粹的最终接管做好准备。由于远离奥地利的国内事务，同时忙于稳固自己在德国的统治，希特勒没有去控制奥地利的事态。但是，在得到政变失败的消息之后，希特勒很快就否定德国参与了这一阴谋。

希特勒对奥地利的策略显示了他外交政策的邪恶性质，他将颠覆作为发展德国利益的工具。尽管希特勒把愤怒的否认、和平和善良意愿的虔诚姿态作为烟幕，掩藏自己侵略性的外交政策，但是他从来就没有改变过，这同他在奥地利失败的政变之后所表现出来的情况是一样的。他用愤怒的道德词汇否定了整个事件；将逃匿的刺杀陶尔斐斯的凶手移交给奥地利政府；解除了国家社会主义工人党巡视员西奥·哈比希特的职务；召回了德国驻维也纳的大使卡尔·里特博士；最后，他以迁就的姿态任命弗朗茨·冯·巴本为驻维也纳的大使，巴本刚刚从对罗姆的清洗中留下一条命，希特勒无疑希望这位温和的阴谋家能够帮助他在奥地利获得权力，就像在早些时候帮助他在德国获得权力一样。

希特勒在1934年的退却只是暂时的。尽管对罗姆的清洗和奥地利的政变已经显示出希特勒政权的一些本质，但是西方国家并没有达成一致的集体安全的一贯政策。墨索里尼在外交政策上十分狡诈，以至于没有确定策略，同时他也不愿意屈从于法国或英国的领导。法国受到一系列国内巨变的严重震荡，这些巨变导致了达拉第政府的垮台，使外交事务屈从于国内问题。英国拒绝采取任何反对德国的行动。事实上，保守党的著名成员——其中突出的有赫特伍德的艾伦爵士和洛锡安爵士——要求对德国亲善，因为他们被法国与俄国的谈判所惊吓。外交大臣约翰·西蒙爵士反对巴尔都孤立德国和复活战前法俄关系的计划。现在，俄国控制在共产主义者手中，对于任何西方政府来说，和布尔什维克贱民结盟都是政治上的鲁莽行为。直到他自己和俄国结盟使这种策略不再成为可能为止，希特勒都有效地利用了这一红色怪物。

1935年给外交事务带来了重大进展。1月13日，萨尔河谷地区的公民以压倒优势的票数要求重新并入德国，这个地区因为《凡尔赛和约》已经从德国分离了十五年。尽管在这个德国人占据主导地位的地区德国人的选票已成定论，但是希特勒将这一结果吹嘘为伟大的纳粹党的胜利，他告诉德国人民十五年的不公正已经结束了。

2月，法国和英国政府企图再一次对一个更为平等的军备条约和其他有关安全的问题进行谈判，但是，希特勒机敏地作出了模棱两可的回答。当约翰·西蒙和安东尼·艾登爵士要就这些问题亲自与希特勒进行商讨时，元首借口自己患了重感冒。他并不打算把自己限制在军备问题上，或者使德国约束在多边的条约当中。另外，希特勒最近刚刚得到有关英国 3月 4日白皮书的消息，除了其他事务，它还介绍了得到增强的军备，因为“德国正在大规模地重整军备，无视《凡尔赛和约》第五部分的条款”。这是对德国军事行动完全准确的评估。1935年 3 月 8 日发生了一次著名的“星期六惊人之举”，希特勒宣布德国建立空军。这是为他计划在下一个周末发表的宣言放探测气球，这个宣言就是德国将恢复征兵。同一天，诺伊拉特通知英国大使元首在巴伐利亚度十四天的假期，之后他将非常高兴地会晤约翰·西蒙爵士和安东尼·艾登。这给了希特勒两个星期的额外时间来加强征兵和重整军备的心理冲击。3月 16日又发生了一次著名的“星期六惊人之举”，希特勒宣布他正在恢复普遍兵役制，将把军队扩展到三十六个师，共计五十五万人。

从复杂的感情到热烈的支持，对希特勒宣言的反应是多种多样的。3月 17日——英雄纪念日——安排了一场盛大的军事阅兵来庆祝德国军事的复兴。在陆军元帅奥古斯特·冯·麦肯森这位唯一尚存的旧帝国军队元帅以及其他军队高级军官的陪伴下，希特勒登上阅兵台给军旗佩上荣誉十字勋章。之后，在数千观众快乐的欢呼声中，希特勒检阅了军队。

对希特勒违背《凡尔赛和约》最初的反应惊人地温和，仅仅是向国际联盟提出严肃的抗议和呼吁。当希特勒最终屈尊会见约翰·西蒙和安东尼·艾登的时候，他对他们迁就的姿态也感到吃惊。他将自己说成是救世主，保护欧洲免于布尔什维主义的统治，他还将自己比作在滑铁卢出现的布吕歇。他笑着说：“当布吕歇在滑铁卢提供支持的时候，难道威灵顿首先要去问外交部的法律专家普鲁士的军队是否符合有效的条约吗?”希特勒的官方翻译保罗·施密特博士回忆道：仅仅在两年前，假如德国的政治家提出希特勒在与西蒙和艾登会谈时提出的要求，那么日内瓦的天空会塌下来。但是，希特勒以自己的信念和逻辑描绘了德国的情况，他提醒他的客人德国是一个伟大的国家，因此在道德上它有资格建立与自己的国际地位相当的军队。尽管西蒙和艾登是谨慎小心的，但是他们相当镇定地接受了希特勒的观点。

但是,西方诸强十分关心4月11日在马吉奥里湖边的斯特里沙召集的会议。墨索里尼领头要求采取断然行动,但是英国人从一开始就清楚地表明:他们不喜欢对德国加以制裁。意大利、法国和英国政府谴责了德国对《凡尔赛和约》的违背,发誓支持《洛迦诺公约》,并且一致保卫奥地利的独立。一个星期后,也就是1935年4月17日,国际联盟也谴责了德国对《凡尔赛和约》的违背,但是没有采取经济或者军事的制裁。

斯特里沙会议团结精神的勇敢表现在本质上是空洞的。仅仅两个月后,情况就变得越来越明显,越来越令人困惑:参加斯特里沙会议的西方诸强几乎没有什么共同之处,在反对希特勒的行动上也显得半心半意。1935年6月,里宾特洛甫前往伦敦与英国就一个海军协议进行谈判。英国默许德国开始重整海军军备。根据这个协议,德国的水面舰只数量被限制在英国舰只的35%,但是德国的潜艇可以拥有和英国一样的规模。英国对希特勒做出的主要让步是默许他进行重整军备,因此,希特勒在赢得一个大国的支持上——如果说不是信任的话——迈出了第一步。希特勒一直认为这个大国是德国的天然盟友。

为了赢得德国第二个"天然"盟友——墨索里尼的意大利——希特勒不得不暂时不做出行动,让事态决定他的下一步。1935年10月3日——这一天令文明世界惊讶——墨索里尼开始入侵埃塞俄比亚。这位意大利的领袖一段时间里用扩大的海外帝国辉煌的幻景诱惑意大利人民。不论是法国人还是英国人对亚的斯亚贝巴都没有太大的兴趣。事实上,法国人多次默许了墨索里尼的计划。因此,当英国在日内瓦要求国际联盟对意大利领袖进行制裁以至让世界都感到震惊的时候,法国人却公开反对英国不一贯的外交政策。法国人不明白为什么英国人要去损害和意大利的良好关系,同时去支持一个最近刚刚背信弃义的国家,还和它签订海军协议以结为盟国。正如阿兰·布洛克所认为的那样:"英国人似乎是倒立的,把事情都看颠倒了。"他们将墨索里尼视为敌人,将与法国的关系弄得紧张起来,更为重要的是,他们使建立一条共同反对未来德国入侵的阵线变得十分困难。

这些事件最终的受益者是希特勒,他很快就利用了埃塞俄比亚危机来服务于自己的目的。他拒绝参加国际社会对意大利的声讨,从而赢得了意大利独裁者的感激。希特勒知道埃塞俄比亚的冒险将使意大利的注意力从奥地利转移出去。由于在海外忙碌，在墨索里尼的战略议程上，大陆问题被放置到次要的位置上。希特勒的算计被证明是正确的。他默许意大利在埃塞俄比亚的冒险，从而直接提升了德国和意大利之间的关系。另外，意大利的侵略使斯特里沙阵线破裂得难以修复，使墨索里尼疏远了西方列强，从而使希特勒从敌对的包围中得到拯救。

希特勒越来越确信：西方列强想方设法避免战争。他相信只要不直接攻击他们，他就能免于危险的报复。他的策略现在十分清晰：无情地推动侵略性的议事日程，在他厌战、胆怯、有着强烈安全意识的对手那里发现最没有抵抗力的地方。希特勒伟大的心理优势在于他完全没有踌躇犹疑；他可以不择手段达到他的目的。

希特勒在外交政策上的第一个真正赌博发生在1936年3月7日，当时他再次占领莱茵兰。英国和法国都知道希特勒正计划在莱茵兰发动一场军事政变，混乱而毫无效果的军事调动在幕后进行着以准备抵抗。法国人连同他们的捷克和波兰盟国至少能够调动九十个师来抗击德国的入侵，而德国人刚刚开始重整军备，只有可怜的军力可以调遣。因此，希特勒的将军们处于高度的紧张状态。不像希特勒，他们是按照传统的军事条件而不是政治条件来思考的。另外，希特勒将自己的思考建立在直觉基础上，他感到国际危机是一场意志的战场，而不是战争的战场。他是正确的。当德国人以仅仅二万二千人的部队和一个警察分遣队开进莱茵兰的时候，法国人却消极地站在一边。德国人占领了一个要地，从那里，法国人能够打击德国权力的核心。

当军事冒险展开的时候，甚至连希特勒也变得非常激动。他后来称挺进莱茵兰的四十八个小时为"我一生神经最痛苦的时刻。假如法国人进军莱茵兰，我们只好在两腿间缩回我们的尾巴，因为我们能够处置的军事资源完全不足以组织一次普通的抵抗"。他的忧惧甚至在西方列强将不会采取任何军事对策的时候依然持续着。因此，希特勒调动了富有技巧的宣传攻势，目的在于让他吓坏了的对手放松。他坚持认为他的行动受到最近法国和苏联之间结盟的激发，这是一个完全打破了欧洲均势、破坏《洛迦诺公约》的结盟。他认为对莱茵兰的占领仅仅是对德国领土的重新占据，因此完全符合正义和公平。他以可怜的、也是明显妥协的姿态强调了这种对道德公正的肯定；他向法国和比利时提出了一个互不侵犯的条约；建议在西部边境的两边建立一个新的非军事化地区；向德国的东部邻国也提出互不侵犯条约；他甚至建议重返国际联盟。法国驻德国大使安德烈·弗朗索瓦·蓬塞恰当地总结道："希特勒打了对手一记耳光，然后大声声明：我给你带来了一些和平的建议。"

当一切都过去的时候，希特勒在没有遭到严重反抗的情况下找到了自己的出路。毫无疑问，西方的都城充满了焦虑的磋商和虚弱的抗议，但是最终什么也没有发生。毕竟，希特勒的理由似乎是公正的。莱茵兰是德国人的，而不是法国人的。洛锡安爵士总结了英国人对德国行动的典型看法："他们毕竟只是进入了自己的后花园。"同时，希特勒将莱茵兰的重新军事化提交给了德国人民，征得他们的同意。1936年 3月 29日，在全民公决中，德国人民以 98.8%的大多数同意希特勒的行动。

在希特勒重新占领莱茵兰四个月后，西班牙爆发了国内战争。墨索里尼给佛朗哥以巨大的支持。希特勒给予了适度的许诺，派遣了象征性的部队，包括秃鹫飞行军团、一个坦克营和一些技术顾问。在第二次世界大战的彩排中，德国显示了与战斗的法西斯运动的团结，同时也测试了它的飞行员、飞机和军事战术。秃鹫飞行军团后来因炸毁西班牙城镇格尔尼卡和它的居民而成名，这使世界预先观摩了空军饱和轰炸的情景，毕加索在 1937年巴黎国际博览会西班牙馆展出的壁画中强有力的图像，令人痛苦地捕捉到这一场景。

西班牙危机是西方外交的重要转折点，因为它使墨索里尼作出了与希特勒结盟的决定。两个独裁者现在发现他们第二次联手反对西方列强：第一次是希特勒支持墨索里尼入侵埃塞俄比亚；第二次是在西班牙的共同事业。罗马和柏林的轴心基础已经建立起来。当法西斯主义者巩固他们在西班牙的胜利时，法国发现自己在边境上面对着三个法西斯国家——西班牙、德国、意大利。希特勒以最小的资源耗费获得了战略上的巨大胜利，赢得了佛朗哥、墨索里尼的好感，测试了新的军事装备，将墨索里尼的注意力从布里纳关口转移到地中海。

到 1936年后期，法西斯诸国走得越来越近。里宾特洛甫背着外交部开始与柏林的日本武官就建立统一的反苏阵线进行谈判。1936年 11月 25日，德国和日本签署了一个正式的反共产国际条约。里宾特洛甫认为这个条约是他本人的胜利，它意味着德国放弃了对蒋介石的支持，同时承认了日本在满洲里的傀儡政权。

意大利那不勒斯人声援德国和意大利结盟

1937年，希特勒在公开场合的演讲基调开始发生戏剧性的转变，他抛掉了神圣的和平伪装，热衷于好战的诽谤。1937年 9月，纳粹德国和法西斯意大利加固了它们的友谊。两个极权主义国家的官方互访引人注目地增加了，最终发展到 9月 25日至 30日意大利领袖对德国的国事访问，意大利还加入了反共产国际条约。希特勒将所有的宣传机器停了下来，设法用不知羞耻的吹捧——你是“所有时代孤独的人中的一个，历史无法检验你们，但是你们创造了历史”——和令人敬畏的军力展示迷住他的客人。结果正如 F. W. 迪金恰如其分地描述的：两个人之间“残酷的友谊”开始了，这一友谊将注定毁掉意大利的领袖。

在墨索里尼访问德国的眼花缭乱的五天之后，希特勒和军队、外交的主要官员举行了一次重要会议。人员包括国防部长维尔纳·冯·布隆贝格、陆军司令维尔纳·冯·弗里奇、海军司令埃利希·冯·雷德、空军司令赫尔曼·戈林和外交部长康斯坦丁·冯·诺伊拉特。这次会议的记录由弗里德里希·霍斯巴赫上校保存下来，后来在纽伦堡作为证据证明德国预谋发动对世界的侵略战争。

希特勒公开扬言他的目标是依靠向欧洲和俄国扩张领土来支持德国的种族社会。希特勒重复着他长期以来信奉的信念，十二年前在《我的奋斗》中就得到了表述，最近又在第二本未出版的书中再次得到阐述。他告诉他的副官们，德国以

墨索里尼在1937年9月访问德国时与希特勒的合影

最低的消耗换来最大的收获是通过生存空间的获取，而不是通过经济的自给自足或者与其他国家的经济竞争得到的。为了保护德国东部和西部两个侧翼，直接的目标是吞并奥地利和捷克斯洛伐克。

纽伦堡审判和后来的历史学家赋予这个文件以更深远的意义。这次会议不是希特勒侵略战争的催化剂；它是希特勒试探他的军事将领的方法。从他们小心翼翼的反应——如果说不是直接惊讶的反应——来判断，希特勒知道他必须对最高指挥层进行重新组合，以便得到那些像"疯狗"一样服从他命令的将军。

希姆莱和海德里希的阴谋给希特勒提供了重组他难以驾驭的军事参谋机构的机会，他们两人自命是纳粹的检察官，一段时间里忙于收集高级军事领导人的秘密档案，因为他们要使军队置于党卫队的控制之下。在清洗罗姆之后，希姆莱获得权力组建三个党卫队团以发挥某种令人讨厌的、在"长刀之夜"已经使用的警察职责。但是，弗里奇认为党卫队对军队事务的进一步介入是难以接受的，他竭力反对希姆莱将党卫队变为战斗单位的计划。于是，希姆莱成为弗里奇不共戴天的敌人，他开始在希特勒耳边私语：弗里奇和军队正在策划反对他的阴谋。

两件丑闻帮助希特勒清洗了军队的指挥层。1938年1月，希特勒收到一个情报：国防部长布隆贝格的第二次婚姻是一大社会难题，希特勒在上个月还亲自参加过他的婚礼。事实表明，比将军年轻得多的夫人——他的前任秘书埃娃·格林——曾经是一个注册妓女。弗里奇劝说希特勒为了军队应该解除布隆贝格的职务。布隆贝格当然的后继者是弗里奇本人，但是，阴谋变得复杂起来，因为希特勒将希姆莱提供的情报——弗里奇犯有同性恋罪——已在手上压了两年了。两年来，他没有根据情报采取什么行动，很明显，希特勒认为弗里奇是无辜的，后来证明也是如此，但是这一情报对他是十分有用的，可以作为清除弗里奇的工具。总理府上演了戏剧性的一幕，弗里奇面对着他的控告人，他是希姆莱和海德里希精心安排的一只诱鸽。弗里奇通常是一个沉着的人，这次他失去了理性，希特勒以此为借口宣布他有罪。弗里奇被迫辞去职务。尽管弗里奇后来被军事荣誉法庭宣告无罪，但是他没有被重新起用。

1938年2月4日，希特勒宣布布隆贝格和弗里奇辞职，任命瓦尔特·冯·布劳希奇为陆军总司令，提升赫尔曼·戈林为陆军元帅。布隆贝格的继任者为希特勒本人，他宣布自己亲自指挥武装部队，并且很快就接着用武装部队最高统帅部替代旧的国防部，他对该机构全权负责，同时将新的武装部队最高统帅部的日常事务交给顺从的凯特尔，好挖苦的德国人给他起了一个新名字"拉凯特尔"，它在德文中的意思是"马屁精"。

布隆贝格和弗里奇事件不是第一次也不是最后一次插曲，它暴露了德国将军们的神经脆弱。尽管将军们时不时地表现出迟缓的自作主张的姿态，但是，通常随后就是可悲的服从，他们一直屈从地在元首的意志下俯首称臣。在顺从的军队的支持下，希特勒在外交政策方面开始了一系列危险的冒险。首先是奥地利危机，在希特勒调整军队指挥层，并用进攻性的里宾特洛甫替换温和的诺伊拉特仅仅一个星期之后，吞并奥地利就发生了。

吞并奥地利

希特勒是奥地利人，他一直坚持认为自己的祖国是德国，"共同的血统属于共同的帝国"。在1933年掌权之后，他积极支持奥地利的纳粹党，并且催促他的追随者参与反对奥地利政府的秘密活动。正如上面所提及的，当陶尔斐斯总理被刺身亡，政变被奥地利当局镇压的时候，这一政策带来了相反的结果。陶尔斐斯的位置由陶尔斐斯内阁成员库尔特·冯·舒施尼格接替，刺杀的凶手受到了奥地利政府的审判和处决。希特勒一时感到窘迫，发誓对政变一无所知，并且公开保证尊重奥地利的政治和领土完整。

但是，在奥地利政府做出进一步让步的时候，希特勒背地里只是在等待时机。1936年7月，希特勒驻维也纳大使弗朗茨·冯·巴本与奥地利达成"君子协定"，据此，希特勒答应尊重奥地利的主权。两个国家保证在外交政策上保持紧密的合作。这个协定还要求放松双方发起的宣传战，大赦政治犯，取消对旅游者的经济限制。最为重要的是，奥地利—德国的协定迫使奥地利政府允许国家反对党成员分享政治责任。因为国家反对党的成员是“赞成吞并分子”，因此，希特勒得到了重要的政治让步。“赞成吞并分子”中来自摩拉维亚的阿图尔·塞斯—因夸特博士在第一次世界大战中是一个高级授勋官，在维也纳大学获得法学博士学位。大战后，他在维也纳的法律事业非常成功，并加入了几个民族主义组织，其中包括家园守护者。当希特勒获得权力的时候，家园守护者被奥地利的纳粹党接管，塞斯—因夸特与纳粹事业产生了紧密的关系。但是，直到 1938年奥地利被德国吞并之后，塞斯—因夸特才加入纳粹党。1937年，塞斯—因夸特被委派到联邦国家委员会，即奥地利内阁。在这个位置上，他成为希特勒颠覆奥地利的关键人物。

希特勒强行及时地解决奥地利问题的决定成形于 1937年 11月，到这个时候，元首基本可以确定墨索里尼不会伸一个指头去拯救奥地利，他强烈怀疑其他主要强国会出面成为奥地利的保护者。1937年 11月 6日，意大利领袖通知里宾特洛甫，他已经告诉法国人假如奥地利出现危机，他是不会反对德国的。11 月 19日，为了试探希特勒对各种政治问题的态度，未来的英国外交大臣哈利法克斯勋爵在伯格霍夫会见希特勒。尽管哈利法克斯前往德国参观戈林的“国际狩猎大展”，他还是受张伯伦首相的委托利用这次机会探测希特勒的意图。哈利法克斯很快就发现希特勒想的是奥地利和捷克斯洛伐克。希特勒坚持认为：德国和奥地利的紧密关系必须显示出来，因为两国人民都希望如此。另外，对苏台德地区日耳曼人的野蛮态度必须立刻终止。希特勒表示德国的意图是完全和平的；他坚决否认国外关于他在东欧有潜藏的动机的评论。哈利法克斯被希特勒维护和平的严肃承诺所打动，因此做出了特别许可，即只要不使用武力，英国准备寻求任何解决的方法。他还专门提到了奥地利、捷克斯洛伐克和但泽，传达了明确的态度：英国政府没有发现任何理由说明为什么在这些地区德国的委屈不能得到弥补。由于哈利法克斯大致反映了张伯伦的想法，因此希特勒推断，假如吞并奥地利，他可能会在英国那里得到中立立场。法国的想法与英国的并没有明显不同，法国外交部长伊冯·德尔博斯的话十分明显，大意是就某些奥地利国内机构进一步与德国的机构同化的问题上，法国并不持有根本的反对意见。

在收紧奥地利脖子上松弛的绳子之前，希特勒所要知道的就是这一切。问题仅仅是如何完成对奥地利的颠覆。十分明显，希特勒偏爱和平的解决方法，并不想激起军事上的对峙。他认为骚扰和威胁的策略也有助于舒施尼格政府被更听话的亲德政权所替代的目的。

同时，舒施尼格的选择很快就变得越来越少。他被盟友所抛弃，他甚至不能确信得到自己民众的支持，他们当中的大多数多年来经受了纳粹宣传的狂轰滥炸，私下里倾向于被德国吞并。2月，舒施尼格不情愿地同意了巴本的建议，在贝希特斯加登亲自会晤希特勒。这是奥地利独立终结的开端。

1938年2月12日寒冷的早晨，奥地利总理和他负责外交事务的国务秘书吉多·施密特前往上萨尔茨堡，开始了他们致命的旅程。他们来到边境，与巴本会合，巴本向两位简要地介绍了即将与元首的会谈，并且告诉他们不要为高级将领的出现而焦虑。当他们到达伯格霍夫的时候，希特勒亲自会见他们，并把他们领进了私人的书房。当希特勒不耐烦地将他们的意见丢在一旁，并且开始滔滔不绝地攻击奥地利背叛历史的时候，奥地利总理几乎对其惊心动魄的观点不知该说些什么：

> 奥地利的整个历史（希特勒恶毒地抱怨）就是一个难以解释的具有高度背叛性质的行为。在过去是这样，今天也好不到哪里。历史的悖论现在必须到达它迟到的终点。我现在能告诉你的是，舒施尼格先生，我完全决定结束这一切。德国是强国之一，假如它能解决自己的边境问题，没有人会提出意见的。

纳粹的旗帜悬挂在维也纳街头

当希特勒低沉着嗓子说话，而且进入自我诱发的愤怒的时候，舒施尼格在坐椅里很不舒服地扭动着，他是一个老烟枪，但是未被允许在元首面前抽烟，因此神经变得格外紧张。他温顺地承受了两个小时的谩骂。希特勒把自己描绘为“历史上最伟大的德国人”,他告诉这位奥地利总理谁也无法阻止他,他可以在任何乐意的时候进入奥地利。因此,他对奥地利在边境建立工事这一微不足道的努力感到特别恼怒。边境防御和西方国家作出的无意义保证都不能阻止他坚决解决奥地利问题。除非奥地利政府同意他的全部要求,否则他将用武力达到目的。当然,作为一个有理性的人,他更喜欢和平的解决方式;但是,除非舒施尼格立刻有所行动,否则他不能阻止德国的复仇以夺回它的损失。

> 舒施尼格先生,仔细考虑一下。我只能等到今天下午。假如我要告诉你什么的话,那么就是你要逐字地理解我的话。我不相信诈骗,我的过去就是最好的证明。

在对另一个国家的元首说出这些无理的威胁之后，希特勒突然恢复到一个具有魅力的主人的角色,招待奥地利总理吃午餐。他以通常自言自语的习惯,滔滔不绝地谈论起各种各样的话题,让舒施尼格吃惊的是,他大肆吹嘘要建一座世界上从未见过的摩天大厦。午餐后,希特勒先行离开,将奥地利人留在那里猜测着他为他们准备的下一个惊人之举。下午三点钟左右,舒施尼格在里宾特洛甫和巴本的陪同下,阅读了关系到奥地利未来的文件草稿。当他阅读文件的时候,他认识到这是真正的最后通牒:奥地利政府将撤销所有抵制纳粹党的禁令,释放所有囚禁的亲纳粹煽动者,任命塞斯—因夸特为内政部长,授予全权强制执行以上这些条款。另外,又一个亲纳粹分子埃德蒙·冯·格莱斯—豪斯特劳被任命为国防部长,德国和奥地利的军队就一些共同的问题紧密合作,其中最著名的是军官的交换。最后,希特勒的最后通牒坚持将奥地利吞并到德国的经济系统当中,他指派另一个亲纳粹分子汉斯·菲施伯克为他未来的财政部长。

舒施尼格对这些提议的含意大吃一惊，因为他知道它们将会导致一个独立的奥地利的毁灭。里宾特洛甫强烈地请求舒施尼格接受希特勒的要求,或者接受严重的后果。当头昏脑胀的奥地利总理发现希特勒出现时,他最糟糕的疑虑得到了确认。希特勒明确告诉舒施尼格,他不会对这个文件草稿做一丁点儿修改。假如舒施尼格不签字的话,他将出兵奥地利。诈骗产生了功效。舒施尼格同意签署这个文件,但是他告诉希特勒,根据奥地利宪法,只有总统威廉·米克拉斯才拥有同意这个协议的合法权利。舒施尼格补充道：他将尽自己的努力劝说总统接受这些要求，但是不幸的是他不能保证一定能得到总统的同意。希特勒愤怒地对着奥地利总理叫嚷："你必须保证得到它。"当舒施尼格回答他不能作出这样的保证时，希特勒猛地打开自己书房的门叫喊道："凯特尔将军。"他对舒施尼格威胁道："我等会再和你谈。"然后将舒施尼格领出书房。当凯特尔毕恭毕敬地一路小跑进入元首的书房听候命令的时候，希特勒只是露齿而笑地对他说："没有什么命令。我只要你在这里等候。"但是，在元首书房外面，焦急的奥地利人被德国将军的出现吓坏了，他们感觉受到了威胁，随时有被逮捕的危险。半个小时之后，舒施尼格被召回到希特勒面前。这一次，希特勒假装非常宽宏大量，他夸张地宣布："我已经决定改变我的想法，这是我一生中的第一次。但是，我警告你这是你最后一次机会。我多给你三天时间去执行这个协定。"

心理压力使年轻的奥地利总理筋疲力尽，他温顺地在希特勒的文件上签了字。作为最后一次羞辱，希特勒将舒施尼格的建议搁置在一旁，即他们会晤的新闻稿应该确认1936年的协议。希特勒坚持认为："不，你首先必须满足协议所提出的条件。新闻稿上只会说：今天元首和奥地利总理在伯格霍夫签署了协议。仅此而已。"

舒施尼格和施密特拒绝了元首的晚饭邀请，驱车下山返回萨尔茨堡。当奥地利人沉默不语地回想着他们受到的羞辱时，多嘴的冯·巴本——他决定陪同他们到边境——友好地闲聊起几天来发生的事情，他自满地对舒施尼格评判道："好的，现在你看到元首有时是什么样子了。不过，我确信下次情况会大为不同。你知道，元首也是绝对迷人的。"

当舒施尼格开始实施他与希特勒签署的协议的条款，任命塞斯—因夸特为内政部长时，他看到了他早已经知道的情况：对政府的控制正从他手里滑走。在3月的第一个星期里，他实际上利用了孤注一掷的、也是致命的权宜之计：决定举行全民公决，询问选民是否还喜欢一个自由、独立和基督教的奥地利。通过征求选民的意见，舒施尼格希望选民会报以有利的裁决，从而动摇希特勒关于大多数奥地利人喜欢被吞并的武断结论。这一行为给予舒施尼格几分道义上的胜利，他可能利用它来抵制希特勒用武力解决奥地利的进一步尝试。舒施尼格知道，事实就是这样，奥地利在政治上的地位是站不住脚的，因为没有一个强国愿意帮它一把。但是他也相信，民意测验的胜利将给予他道义上的优势，他可以据此反对希特勒。当然，选民也可能作出不利的裁决，在这种情况下，整个举措不仅会变得徒劳无益，而且会导致自我毁灭。由于这个原因，舒施尼格竭尽全力组织公民投票以求得令人满意的结果。他打算在选民面前提出的主张是"为了奥地利和舒施尼格同在，我们需要一个自由的、日耳曼人的奥地利，一个独立的、社会主义的奥地利，一个基督教的、团结的奥地利"。这个主张显然是自利和含混的。3月9日，奥地利人被告知全民公决将在四天后举行，他们有两个选择——投票要么说是，要么说不。另外，舒施尼格自己的政党"祖国阵线"——纳粹党苍白的翻版——负责监督全民公决的选举委员会。因为从1930年开始没有举行过选举，符合条件的选民登记在奥地利也没有得到维持，因此舒施尼格有信心认为他能够得到满意的结果。

舒施尼格宣布全民公决似乎使希特勒受到非常大的惊吓，但是他很快就从震惊中恢复过来，并采取了行动，因为他不能冒被民意测验击败的危险。除非结果是预知的，并且这个结果预示着吞并奥地利，否则不能允许全民公决的出现。

计划在3月13日进行的全民公决因此没有举行。塞斯—因夸特和格莱斯—豪斯特劳是舒施尼格内阁中两位亲纳粹的部长，他们直接从柏林接受命令。他们通知舒施尼格希特勒要求推迟全民公决。一段深思熟虑之后，舒施尼格接受了纳粹的要求。两个纳粹助手立刻冲到电话机旁——在生死攸关的一天，他们已经有好几次这样做了——向戈林通报了舒施尼格的决定。戈林从柏林指挥着维也纳的纳粹党人执行希特勒的命令。当戈林听到舒施尼格已经同意推迟全民公决的时候，他知道舒施尼格不能再进一步地掌握他的要求了。带着不计后果的政治赌徒的傲慢，他要求舒施尼格在一个小时内辞职，并且任命塞斯—因夸特为舒施尼格的继任者。这些命令由武装威胁所支撑，同时使一切都更具羞辱含义，因为事实上这些命令是由被委派的继承人——顺从的中间人塞斯—因夸特——来传递的。

这些挑衅性行为受到了舒施尼格和奥地利政府的强烈反对。但是，面对赤裸裸的武力，舒施尼格宣布准备辞职，成为第一个屈服的人。尽管舒施尼格证明是一个好对付的目标，但是对于总统米克拉斯来说——任命和辞职工作取决于他——情况稍微有些不同。他接受了舒施尼格的辞职，不过反对对塞斯—因夸特总理职务的任命。他一直坚持到午夜时分。直到那个时刻，他发现每个人都舍弃了他，他也只好不情愿地投降了。这样，奥地利就被纳粹接管了。

整整一天，戈林都在忙于通过电话分派工作。这些电话交谈的磁带录音在战后被发现，它们特别具有启迪作用，因为它们证明了纳粹领导人对法律和司法玩世不恭式的不尊重。在这一天结束的时候，政变完成了。塞斯—因夸特现在成为总理，但是他没有获得选择内阁成员的选择权。这些职位事先已经被在柏林的戈林选择停当，他通过电话向在维也纳的小舅子许布纳大声传达着自己的命令。在令人惊讶的电话对话中——也有较为轻松的一面——戈林任命了各种职位，我们能听到背景中的鸟鸣声：

> 现在听着，弗朗茨，你去接管司法部，根据元首表达的希望，你还要暂时接管外交部。至于内阁的其他职位，菲施伯克接管商业部；卡尔滕布鲁纳接管安全部。

尽管戈林通过遥控策划着吞并工作，但是当地奥地利的纳粹党人绝不是无所事事的。甚至在总统米克拉斯同意任命塞斯—因夸特为总理之前，他们就把首相府当作自己的家，清空了别人的办公桌，好像他们已经拥有了这幢大楼。正如舒施尼格后来悲伤地评述的那样：

> 突然，我注意到大厅里又出现了一批剪短发的年轻人。一个年轻人没说一声道歉从我身边一擦而过。他回过头来，带着故意挑衅而傲慢的笑容，上下打量着我。然后继续往前走，猛地关上了大门，好像在自己家里一样。我在后面盯着他，突然明白了“侵略”不是在边境而是在这里发生的，在总理府。盖世太保来了。

奥地利的命运是注定的。塞斯—因夸特被选作扮演犹大的角色，他至少希望保持独立的外表。在这一点上，他犯下了严重的错误，因为两天后，也就是原定的全民公决举行的日子，一项法律生效，它宣布奥地利为德国的一个省，它不再叫作奥地利，这是希特勒憎恨的名字，而被叫作奥斯特马克。

希特勒违反了条约和承诺，而且最令人惊讶的是，他兵不血刃就再次达到了自己的目标。确实，当他进入奥地利的时候，奥地利人显得异常热情。大街上都装饰着带有万字徽的旗帜和鲜花，他像一个东方的君王进入维也纳，热切地接受着八万维也纳人响彻云霄的欢呼。

为什么希特勒能够获得这一侵略行动的胜利，而没有一个西方国家作出坚决的抗议呢？舒施尼格还抱有一丝幻想，当墨索里尼长久以来将注意力从奥地利转向地中海的时候，他依然是奥地利独立的保护人。这种转向的结果是，墨索里尼与德国更加亲密，创立了罗马—柏林的轴心关系。当奥地利报应之日到来时，意大利便舍弃了它。到 1938年春天，墨索里尼已经确信：吞并是不可避免的，对于意大利来说，卷入德国和奥地利之间的冲突是不明智的。舒施尼格征询意大利的建议时，他得到的答复是按照自己的良心行事。

意大利明显抛弃了舒施尼格，让他自己拿办法。希特勒是完全正确的，他在贝希特斯加登告诉舒施尼格，他与墨索里尼的看法完全一致。但是，在吞并奥地利的那一天他似乎感到相当的疑虑，他给墨索里尼发了一封亲笔信，试图说明他的行动是合理的，并且答应不会重新提出从 1919年就开始生活在意大利的蒂罗尔人的问题。黑森的菲利普亲王将希特勒的信交给了墨索里尼，并打电话告诉希特勒，意大利领袖以非常友好的态度接受了整个事态，希特勒心怀感激，简直就要窒息了，他发誓要不畏艰险地支持意大利领袖。

> 希特勒：请告诉墨索里尼，为此我永远不会忘记他。
>
> 亲王：当然。
>
> 希特勒：永不，永不，永不，无论发生什么。只要解决奥地利的事务，我将不畏艰险和他走在一起，无论发生什么。
>
> 亲王：当然，我的元首。
>
> 希特勒：听着，我将签订任何协议，我不再害怕任何可怕的军事状态，它们曾经一直存在着，我们也一直担心卷入冲突当中。你可以告诉他我非常感激他。我永远也不会忘记。
>
> 亲王：当然，我的元首。
>
> 希特勒：我永远也不会忘记，无论发生什么。他任何时候需要任何帮助

快乐的维也纳人庆祝德国与奥地利合并

的话，或者处于任何危险当中的时候，他都可以确定我将忠于他，无论发生什么，即使整个世界都反对他。

亲王：当然，我的元首。

在意大利对这次冲突袖手旁观的同时，舒施尼格还可以求助于法国和英国。

他这样做了，但是两个国家的回答都是否定的。法国的政治家说了不少陈词滥调，但是当事态发生的时候，他们什么也没有做。德国大使在向柏林汇报的时候描绘了这次危机中巴黎的总体气氛，“至今有一种态度非常流行，极为典型，它是一种面对两个德语国家更为紧密的联合的无能为力的感觉，这种联合是在外交和法律两个层面上发生的”。法国人过去冒险与德国开了两次战，现在他们不想再开一战。因此，德国大使汇报道：在许多地方，法国人都在说“结束奥地利”。除了法国的普遍冷漠之外，另一个事件使法国丧失了任何干预的可能性。3月 10日，也就是在奥地利被吞并的前一天，卡米耶·肖当内阁瓦解。因此在 3月 11 日，法国甚至没有政府。

英国的情况有点不同。安东尼·艾登激烈地抗议贝希特斯加登协议，并且和其他几个领导人一道——最著名的是丘吉尔——企图再次使《斯特里沙宣言》生效。不幸的是，在奥地利人和英国人的交流中，前者将他们与希特勒之间问题的严重性给弱化了。正如戈登·布鲁克—谢泼德所言，这种态度实际上挖了艾登的墙脚。艾登辞职，引发了奥地利问题的内阁危机。正如里宾特洛甫向希特勒准确地汇报的那样，英国将不会主动行动。

吞并以及实现吞并的方法带来了深远的后果。希特勒再一次赌博成功。他开始确信，他无情的权力政治的策略被证明是正确的，它是反对厌战的、动摇的对手唯一有效的方针。吞并不仅使希特勒越来越相信国际勒索和恐吓的有效性，而且在外交领域里产生了深远的结果。它提升了两个法西斯专制暴君——希特勒和墨索里尼之间的友谊，也进一步使欧洲强国两极化。吞并的另一个重大结果是德国战略地位的大幅度提高。随着维也纳受到希特勒的支配，他获得了直接进入整个东南欧的通道。从维也纳到捷克斯洛伐克、匈牙利和南斯拉夫只有一步之遥。

苏台德危机和慕尼黑绥靖

从 1937年 11月开始，希特勒一直向他的军队首领描绘着他的侵略计划。这位德国独裁者确信，西方国家不会帮助奥地利和捷克斯洛伐克。每一次与西方外交官的会谈似乎都肯定了他的判断。当奥地利在 1938年 3月没有遇到任何困难就落入他的手掌时，他决定逐步增强他的侵略野心。尽管希特勒准备为苏台德问题进行一场战争，但是他十分希望他的厌战对手屈服于他的要求。他的策略是创造一个好战的氛围，刺激西方国家进行主动的外交行动，迫使捷克人作出让步。他的王牌是民族自决；他的最终目标是消灭作为国家的捷克斯洛伐克。

正如前面所注意到的，新的捷克斯洛伐克由古老的波希米亚、摩拉维亚省和奥地利的西里西亚部分地区的疆域组成。新的捷克国家的核心部分四面环山，大约由三百万说德语的居民组成，他们厌恶作为捷克斯洛伐克国民的新地位。众所周知，他们是苏台德的日耳曼人，对布拉格新的民主政府来说，他们代表着一种特殊的威胁，因为他们构成了一个潜在的国中之国。政治上的怨恨被经济上的艰难所加剧，产生了纳粹党人为了自己的目的可以利用的不稳定的氛围。

捷克斯洛伐克是一个善治的、进步的国家。人民勤劳，并为他们的历史遗产感到骄傲。另外，托马斯·马萨里克和爱德华·贝奈斯这两位共和国的创始人，是捷克人民最具口才和远见的政治家。捷克人民对德国不抱丝毫的幻想，他们主要与法国和苏俄签订了一系列协定和条约，希望阻止德国的入侵。捷克斯洛伐克是国际联盟的成员，并且是建立小协约国的主要倡导者。不像西方国家渴望与希特勒妥协，捷克人一贯拒绝与纳粹党谈判，而喜欢将自己的信心建立在完善的军事防卫和盟国的承诺上。

但是，根据希特勒的偏见，捷克斯洛伐克代表着他所厌恶的一切：斯拉夫的劣等人，对民主的信仰，与法国和苏俄的友好。在吞并奥地利之后，希特勒非常清楚地表示“他将在不久的将来粉碎捷克人”。这不是因为捷克斯洛伐克有三百万苏台德人，而是因为它是实现自己最终领土意图的绊脚石。当然，希特勒发现，在为三百万苏台德日耳曼人寻求民族自决权的烟幕后面掩盖自己的目标是有用的。

同时，他依赖于西方国家的厌战心理和对苏联的怀疑。他估计西方国家在认真地考虑军事干预之前，会对布拉格施加巨大的压力；他也猜测捷克斯洛伐克的盟友法国和俄国是不会共患难的朋友，当自己的安全处于危险中的时候，会放弃它们的捷克盟友。俄国对捷克斯洛伐克的支持取决于这个前提：除非法国政府首先承担它对捷克斯洛伐克的义务，否则它对布拉格的保证是不会生效的。法国

捷克斯洛伐克苏台德地区支持纳粹的恐怖主义分子

不太可能在没有英国支持的前提下做到这一点。

因此,捷克安全的关键所在取决于英国。人们可以假定,一个四周都处于极权主义国家威胁的新生民主政府,能够在英国那里发现领土和政治完整的强大保护者。但是,事实正好相反。由内维尔·张伯伦领导的英国保守党政府不相信捷克政府,因为它的政治影响力远远超出它的领土规模。过去,欧洲曾被小国拖进世界大战,张伯伦决定阻止这种情况再次发生。早在 1938年 4月,他就告诉达拉第他不相信希特勒要毁灭捷克斯洛伐克,但是,假如这件事发生的话,他也不知道英国能够做些什么去阻止它。

事实真相是,许多西方政治家越来越将捷克斯洛伐克看作一个政治上的包袱,是一种违反地理格局的不谨慎安排。事实上,在新的捷克斯洛伐克国家当中的离心力量是十分强大的,以至于不仅德国人,而且捷克人、波兰人、匈牙利人都要求在新的联邦当中拥有越来越多的自治,这加强了希特勒的断言:捷克斯洛伐克是一个历史的错误。它似乎注定是这样一个国家,内部被离心的力量撕裂,外部受到虎视眈眈的大国的威胁,不断被自己的朋友所抛弃。

在捷克斯洛伐克,希特勒的特洛伊木马是苏台德日耳曼党,它由康拉德·汉

莱因 (1898—1945) 领导，此人是一位退役军人和体操教练，从 1935年开始就拿着纳粹党的薪水。在 1938年 3月 28日与希特勒的一次秘密会晤中，汉莱因收到的指示是从布拉格政府那里要求超出它所愿意让出的、越来越多的自治，并且继续毫不留情的宣传攻势和煽动。当汉莱因回来的时候，他拒绝从捷克政府那里得到的几次合理的提议来安抚种族的紧张局势，并以他自己所谓的卡尔斯巴德计划 (八点计划) 来加以对抗。这个文件本质上是建议建立一个国中之国，要求捷克政府修改整个外交政策，同时通过货币赔偿来纠正给苏台德的德国人带来的历史不公正。捷克政府轻蔑地拒绝了这一所谓的合理提议，因为它意味着捷克主权的终结。

捷克政府对卡尔斯巴德计划的拒绝，迫使希特勒寻求另外的颠覆捷克独立的策略。4月 21日，希特勒和凯特尔讨论了许多可选择的策略，他们勾勒了一个在 10月 1日执行的“绿色行动”计划，它要求对捷克斯洛伐克实施入侵。希特勒甚至研究了制造一个合适的意外事故的可能性——例如德国的一位部长在布拉格遭到暗杀——以作为入侵捷克的借口。这不是他第一次抱有如此罪恶的想法。在吞并奥地利之前的几个月，他就想暗杀德国大使和武官，并归罪于奥地利，以作为入侵这个国家的借口。约翰·惠勒—贝内特不无讽刺地认为，这些暗杀自己大使 (巴本) 的阴暗想法给予“普鲁士国王的冒险”这个词新的、更多的不愉快含义。

政治观点的氛围——尤其在德国军队的一些圈子里——并不赞成希特勒所计划的入侵。陆军参谋长路德维希·贝克将军和几个高级别的军官都反对希特勒好战的领土要求，因为他们感到德国对战争没有做好充分的准备。尽管在得到陆军总司令布劳希奇半心半意的支持之后，贝克辞去了参谋长的职务，但是他依然继续和几个密谋者一道私下反对希特勒。这构成了后来德国抵抗运动最初的核心。除了贝克，这些人还包括前莱比锡市长卡尔·格德勒、1938年 2 月之前的驻罗马大使乌尔里希·冯·哈塞尔、埃尔温·冯·维茨勒本和埃利希·霍普纳将军、谍报部门成员汉斯·奥斯特上校、东埃尔比安地主埃华德·冯·克莱斯特。这个集团要求一旦希特勒发起对捷克斯洛伐克的攻击，就对他实施逮捕，并将他送往人民法庭审判。

同时，捷克总统爱德华·贝奈斯基本上愿意满足汉莱因最初的要求，但是为了与希特勒此刻一直在增加的要求相一致，他们打算会晤一次，因此汉莱因突然终止了谈判，前往德国等待进一步的指示。在德国，汉莱因发现希特勒正和他的将军们进行意志的战争。还有迹象表明，西方国家将要支持捷克斯洛伐克。因此，汉莱因回国继续他的游戏，直到时机成熟。整个1938年夏天，纳粹党人制造了持续的危机气氛。德国的报纸和广播以歇斯底里的言辞谈论着捷克人对苏台德日耳曼人所犯下的可怕暴行。希特勒重新起草了“绿色行动”的指示，它的开场白是：“在不久的将来，用军事行动粉碎捷克斯洛伐克是我不可更改的决定。”在推延了几次之后，发起进攻的日子定在1938年10月1日。宣传攻势不断增强，在纽伦堡党的大会的最后一天，希特勒在众多听众面前发表了恶毒的演讲，他对捷克人的挑战在此登峰造极。

希特勒的演讲是在捷克斯洛伐克发起总暴动的信号，但是由于捷克政府宣布了戒严令，并很快压制了纳粹的恐怖主义行动，因此没有发生什么事变。很明显，捷克斯洛伐克的崩溃不会来自内部。确实正如阿兰·布洛克所言：“精神的失败不是来自布拉格，而是来自巴黎。”在巴黎，混乱是每天的常态。达拉第和他的内阁就行动的正确方针进行了激烈的争论，一些人认为，必须对希特勒的入侵予以积极的抵抗；一些人坚持，法国不应该在捷克斯洛伐克的问题上冒战争之险。主张妥协的人认为：英国对捷克斯洛伐克的支持是冷淡的，苏联从来就不会出手，德国过于强大，军事的准备还不充分，无论如何，在法国予以援助之前，捷克斯洛伐克就会遭到蹂躏。由于没有能力调和这些不一致的观点，达拉第把责任交给了张伯伦，而不是希特勒，催促他与希特勒协商出一个可以接受的结果出来。

9月13日，张伯伦给希特勒发了一封电报，提议亲自与元首会晤，希望和平解决捷克斯洛伐克的危机。年长二十岁的英国首相第一次乘飞机来拜访希特勒，这极大地满足了希特勒的虚荣心。据说，他接到张伯伦的电报之后惊呼道：“真让人有从天而降之感。”9月15日，张伯伦和希特勒在伯格霍夫会晤。希特勒十分友好，但固执地认为苏台德的日耳曼人必须回到德国的怀抱中。会晤结束后的张伯伦确信，希特勒不是随便说说的，他似乎也决心给捷克人施以重压来解放苏台德的日耳曼人。回到英国后，张伯伦立刻做起了法国人和捷克人的工作，企图说服他们满足希特勒的要求。

9月22日，张伯伦再次飞往德国，这一次是在莱茵河的戈德斯堡会晤希特勒。当他到达科隆的时候，他得到了最高的外交礼遇，党卫队卫兵向他致敬，乐队为他演奏了“上帝保佑吾王”。在通往戈德斯堡的彼得堡饭店的路上，英国国旗和万字旗迎风飘扬，喜悦的人群把他作为和平先驱来欢呼。在同英国大使磋商之后，张伯伦坐船穿过莱茵河与希特勒在德里森饭店会晤。他确信战争已经被化解。他有充分的理由乐观，因为自从一个星期前贝希特斯加登会晤之后，他对捷克人哄骗和施压，让他们接受了希特勒的要求。在第一次和第二次与希特勒会晤之间，张伯伦事实上获得了英国和法国之间的协议，它被作为既成事实强加给醒悟的捷克人民。这个协议特别强调了在不举行全民公决的情况下，将苏台德移交给德国。张伯伦对自己的成果非常满意，但是，当他与希特勒会面时，急躁的独裁者告诉他：“我非常遗憾，最近几天发生了一些事情，这样的解决方案不再有任何用处。”

张伯伦把自己的政治生涯下注在这一和平计划上，他被希特勒反复无常的行为弄得非常恼火和困惑。毕竟他给了他认为希特勒想要的所有东西——苏台德——但是现在希特勒想要在一个特殊的日子——10月1日——占领苏台德，他声称过程太长会被捷克人所利用。他现在要求捷克人立即从苏台德撤出，否则将派部队驱逐他们。

整个会晤都是希特勒的表演：先是戏剧性的爆发，然后又诉诸理性和常识。当张伯伦准备离开会晤地德里森饭店时，希特勒紧随其后走上露台，他轻声地对首相说道：“对不起，我期望向你展示莱茵河美丽的景色，但是现在它被大雾所遮盖了。”9月23日，张伯伦企图再次使希特勒恢复理性，他给希特勒去了一封信，指出德国军队现在进入苏台德要求这些领土割让的危险。他补充道：这将肯定迫使捷克人采取措施，并进一步破坏“一个星期前我和你同意一同解决问题的基础”。

1938年9月，希特勒和张伯伦在一起

希特勒收到这封信的时候勃然大怒，他在回信中重复了先前的要求。张伯伦以一张冷漠和礼貌的便条作为回应，并指示霍拉斯·威尔逊爵士和内维尔·亨德森爵士起草一份德国提议的备忘录转交给布拉格，并且准备离开德国。很明显，受到张伯伦的决断的影响，希特勒在9月23日晚上十点三十分安排了一个进一步的会谈。在这次会谈中，张伯伦收到了一份备忘录，它要求捷克人在9月26日上午八点开始从日耳曼人占据主导地位的领土撤出，在两天之后完成这一行动。英国首相正确地指出这不是备忘录，而是最后通牒。希特勒指着标题窘迫地回答道，这个文件被称为备忘录。这时，张伯伦把英国人的矜持丢在了一旁，他谴责希特勒破坏了他维护和平的真诚努力。张伯伦突然爆发的愤怒震动了希特勒，他亲自修改了备忘录，将时间延伸到10月1日，这个象征性的姿态没有改变提议的内容，因为希特勒依然坚持军事占领。他对这一宽宏大量的“妥协”十分满意，并且对张伯伦表露了真心话：“你是唯一使我作出让步的人。”张伯伦恢复了精神，他带着新的希望离开了；他甚至表达了这样的情感：一种特别的信任正在他们两人之间滋长。至于元首，他说了一句虚伪的话，这句话后来在世人眼里成为犯罪的证据。他强调：捷克问题是他在欧洲作出的最后的领土要求。

但是，当张伯伦带着他的“备忘录”——也就是他早些时候所称的最后通牒——回到英国时，他的内阁坚决地拒绝了。战争现在似乎即将来临。为了向希特勒提出最后呼吁，张伯伦派霍拉斯·威尔逊爵士带着给希特勒的私人信件前往德国，通知他尽管捷克政府拒绝了戈德斯堡提议，但是这里依然存在希望，即这一问题可能通过德国和捷克斯洛伐克的直接谈判得到解决，英国在其中充当中立的仲裁人。

威尔逊在9月26日与希特勒会晤时，希特勒处于愤怒当中。当希特勒的翻译施密特博士读到“捷克政府认为这个提议是完全不能接受的时候”，希特勒从椅子上跳了起来，他咆哮道：“不存在任何进行谈判的基础！”他径直朝大门走去。离开留在他书房的客人是外交上的失礼。当走到书房大门的时候，他感到有点儿不对劲，因此“像一个生气的小青年”走回来听讲这封信剩下的部分。当施密特读完信后，希特勒大声叫嚷，抱怨德国人受到“黑人般”的待遇；他一点儿也不在乎英国或法国是否会因为捷克斯洛伐克对他加以袭击。他说：他将以戈德斯堡提议为基础与捷克人进行谈判，但是，没有任何东西可以阻止他在10月1日前占领苏台德。在英国使节刚刚离开不久，他说：假如威尔逊真正要知道德国是如何感受的，那么应该听一下他即将在柏林体育场发表的演讲。

当威尔逊在9月27日星期二第二次拜会希特勒的时候，也就是体育场演讲的第二天，他发现希特勒甚至变得更不妥协和好战，他尖叫道：他将踏平捷克斯洛伐克，而不管法国或英国会威胁做出什么行动。这次会晤结束后，威尔逊确信：除非妥协，否则真的会为捷克斯洛伐克的问题进行一场战争。事实上，希特勒并没有完全排除谈判解决问题的可能性，尤其是因为他的军队领导人几乎一致反对与法国和英国开战。德国的民意也反对战争。9月27日下午，一支全副武装的机械化师穿过了柏林城向群众展示军威，但是群众并没有显示出什么热情，这使得希特勒认清了民意所向。

当希特勒规定的最后期限即将到来的时候，欧洲诸国政府准备迎接战争。这时，墨索里尼成为使每个国家脱离战争的关键人物。由于担心整个欧洲的大战，意大利又没有作好战争准备，因此，意大利领袖对希特勒施加了相当的压力，要他推迟最后的期限，重新考虑由伦敦和巴黎提出的建议。他派驻柏林的大使阿尔贝托·阿托里科向希特勒转达自己的呼吁。同时，张伯伦对9月27日希特勒的来信作了最后一次答复，建议为了裁定捷克—德国问题召开一次国际会议。意大利领袖敦促希特勒同意这一建议，同时自愿参加这次会议。9月28日午后，希特勒同意张伯伦的提议，并根据墨索里尼的建议，挑选慕尼黑作为会议的地点，并给伦敦和巴黎发出了邀请，但是布拉格或莫斯科不在邀请之列。

慕尼黑会议被普遍认为是内维尔·张伯伦注定遭受厄运的绥靖政策的顶峰。回过头来看，绥靖政策似乎在政治上是无法得到辩护的，甚至是胆怯的，但是，在那个时候，它被作为具有聪明的政治才能的行为得到了普遍的赞扬。推动这种行为的东西与其说是无知或胆怯，不如说是恐惧和罪恶感：害怕出现又一场残酷的战争；对德国被剥夺了一个大国的地位并对它加以羞辱感到有罪。另外，绥靖者痛苦地意识到他们缺乏军事上的准备。还有他们对共产主义的恐惧远远超过了对希特勒的恐惧，这一心理事实随着时间的流逝对今天的我们来说是模糊的。

在英国绥靖者当中包括首相内维尔·张伯伦、约翰·西蒙、塞缪尔·豪尔、哈利法克斯勋爵；法国的绥靖者包括法国总理爱德华·达拉第总理、达拉第的外交部长乔治·博内。尽管这些人可能在政治上是幼稚的，但是当中没有一个人被说成是亲纳粹或者亲德国的。对他们最好的表述是——也许并不充分——他们是真诚的。对这些绥靖者公平合理的判断是，他们没有一个人预先就有一定程度的无耻，而在对付希特勒的时候，政治家们是不能缺乏这一点的。但是，约翰·惠勒—贝内特无疑是正确的，他说："张伯伦先生的想法存在着悲剧性的可怕和悲哀的成分。他认为自己的智力与希特勒不相上下，他能够和希特勒交换忠诚。根据纳粹过去的毁约记录，他同希特勒打交道时的轻信应该受到责备。"同样的评价也适合达拉第这个"没有意志力量的爱国者"。在第一次世界大战中他是一位勇敢的战士，但是出于与同时代大多数爱国者共享的坚定信念——法国不能再被拉入相似的大屠杀中，他从战斗中脱身。法国总理是不幸的，他被一群道德和能力上均不确定的人所包围。

慕尼黑会议召开于 9月 29日至 30日，是一个虎头蛇尾的会议，是对希特勒有关捷克斯洛伐克问题毫不妥协的要求的认可。9月 29日，希特勒在德奥边境墨索里尼的火车上与这位意大利领袖会晤，他一点儿也不掩饰自己好战的态度，他告诉意大利领袖准备对捷克斯洛伐克进行闪电战，紧接着对法国发动战争。墨索里尼企图缓和一下盟友的鲁莽，建议希特勒在求助于战争之前先给这次会议一个机会。事实上，墨索里尼是慕尼黑会议的主持人，并且定下了这次会议的基调。因为他是与会者的代言人，因此能够减轻激动和笨拙的希特勒所面临的一些社会压力。两个独裁者一身华丽戎装，在这时向全世界显示法西斯的意志力量和民主体制虚弱的对比。

慕尼黑会谈的基础是由墨索里尼提交的备忘录，但实际上它是由德国人准备的。这个文件只是戈德斯堡提议的翻版，只是稍微进行了一点儿修改。希特勒唯一的让步是在 10月 10日之前，他不再占领所有将要移交给德国的捷克斯洛伐克地区。这次国际会议由四个签字国组成，将决定哪些领土由日耳曼人占主导地位，并以此划定边界。

9月 30日，协议签字。第二天，德国部队就进入了苏台德。由于控制了协议的实际施行，希特勒成功地将会议上一些碍手碍脚的障碍清除出去。全民公决被忽略了，国境是根据战略军事线而不是民族地理的考虑划分的。结果是，二十五万日耳曼人依然生活在捷克斯洛伐克，将近一百万捷克人依然生活在德国占据的领土上。总之，捷克斯洛伐克失去了一万六千平方英里的土地，其中包括它最富裕的工业基地，移交了其最重要的军事要塞，眼睁睁地看着它的交通网络遭到彻底破坏。贝奈斯总统被迫辞职，流亡国外。他的继任者埃米尔·哈查博士放弃了捷克斯洛伐克与苏俄的联盟，并且对波兰的要求作出了让步，在10月 10日将泰琛地区放弃了。10月 2日，捷克和匈牙利边境根据维也纳会议——会议由意大利和德国主持——上匈牙利一方的利益进行了改动。

捷克斯洛伐克的终结近在眼前，英国和法国保护残余的捷克斯洛伐克的神圣宣言是空洞和不足为信的。希特勒已经获得了主要的胜利。他夺取了苏台德，破坏了法国安全体系，将苏联从欧洲的联盟体系中排除出去，孤立了下一个牺牲者波兰。难怪他的声望在德国一直如日中天，以至军队中反对他的阴谋还没有形成强大的力量之前就分崩离析了。约德尔将军在日记里表述了德国高层指挥官的观点：

> 《慕尼黑协定》签署了。作为国家的捷克斯洛伐克终结了……元首的天才和甚至他不躲避一场世界大战的决心，再次不动一兵一卒赢得了胜利。我们依然希望那些不轻信者、虚弱者、怀疑者得到转变，并永远保持下去。

当德国人在慕尼黑庆祝胜利的时候，绝望的大幕悬挂在一些人头上，他们知道欧洲的未来会出现什么。温斯顿·丘吉尔将《慕尼黑协定》描述为卑鄙的投降协议，“是第一个降临在英国和法国的巨大灾难”。他将希特勒的和谈方法比作一系列敲诈。他说，在贝希特斯加登、戈德斯堡和慕尼黑，赌注被不断提高：“他用手枪提出一英镑的要求。当他获得了一英镑，他又用手枪提出了两英镑的要求。最后，这个独裁者同意获取一英镑十七先令六便士，其余的以善意的承诺留给未来。”丘吉尔以预言的口吻补充道：“你将发现在一段时间里，也许几年、也许几个月就可以证明，捷克斯洛伐克将被纳粹政权吞没。”

捷克斯洛伐克的毁灭

具有讽刺意味的是，对《慕尼黑协定》最满意的人恰恰是从中获益最多的人，他就是阿道夫·希特勒。元首已经将自己投入好战的状态当中，但是感到被侏儒

英国人为张伯伦的妥协谈判带来的和平欢呼

般的妥协者所削弱了。他也认识到假如坚持自己最初的策略,他就可敲诈到更多的让步。他相信张伯伦在慕尼黑抢了他的镜头,剥夺了他胜利进入布拉格的权利。希特勒对慕尼黑之后的目标不会再犹豫——完全肢解捷克斯洛伐克。

在1938至1939年的整个冬天,希特勒探究了打破英—法联盟的可能性。当法国大使弗朗索瓦·蓬塞在接受另一个外交职位前作最后告别的时候,希特勒利用这个机会提出了旨在使两国关系正常化的共同宣言。希特勒在六千英尺高的山峰上建了一座亭台,只能通过支撑在岩石上的电梯才能到达那里。希特勒和大使在此处进行了谈话,他嘲笑"白人文明"的伟大、英国人的不妥协和结束传统法—德差异的重要性。希特勒甚至宣布,他愿意尊重现存法—德的边境,并敦促两国就相互的利益问题进行磋商。希特勒高高地栖居于世界之高处,站在能看到群山全景的巨大环形屋子里,当时整个景色"沉浸在秋天的暮色"之中,法国大使认清了希特勒的性格,但是也为此而苦恼:

我知道他是多变的、虚伪的、矛盾的、不确定的。同样一个人,外表温厚,对自然之美十分敏感,在茶桌上对欧洲政治表达了理性的观点,但是也能够一会儿变得极端狂暴,一会儿变得野性的狂喜,一会儿变得野心勃勃充满幻觉……可以确定：他不是一个正常的人。他是一个病态的人、一个半疯的人、一个出自陀思妥耶夫斯基小说中的人物、一个被魔鬼控制的人。

1938年12月6日，当里宾特洛甫访问巴黎时，法国和德国的共同宣言签署了。就在企图破坏法—德之间关系的同时，希特勒也忙于为和意大利建立牢固的军事同盟铺平道路。在慕尼黑，里宾特洛甫提议在德国、意大利、日本之间建立军事同盟，并且在1938年10月末访问罗马的时候，他敦促墨索里尼签署结为联盟的条约。意大利领袖依然不太愿意使自己这样过于依赖德国，但是，到新年开始的时候，他下定了决心，尽管直到1939年5月22日，作为德国和意大利结成军事联盟的《钢铁协定》才最终得以签订。

希特勒瓦解捷克斯洛伐克残余部分的策略，依靠对多民族、多语言国家内部分离主义倾向的利用。苏台德日耳曼人在为希特勒瓦解捷克斯洛伐克铺平道路中实现了自己的目的，但是在慕尼黑会议之后，轮到斯洛伐克人和鲁塞尼亚人来完成这一进程。在德国的压力下，捷克人被迫允诺斯洛伐克人和鲁塞尼亚人实际上的自治，包括建立自己的准自治的议会，这个议会对布拉格的中央政府几乎没有效忠的关系。甚至连这种集中化权力的放弃也不能让希特勒感到满足，他纵容斯洛伐克人提出完全自治的要求。1939年2月12日，希特勒与斯洛伐克民族党领导人贝拉·图卡博士和斯洛伐克日耳曼少数民族代言人弗朗茨·卡尔马辛在总理府会晤。与会者达成了迅速和相互满意的决定：斯洛伐克从捷克斯洛伐克脱离，元首有自由安排的权力。图卡用卑躬屈膝、俯首帖耳的声调说道："我将自己人民的命运交到你的手中，我的元首；我的人民等待从你那里得到完全的解放。"

为了阻止整个国家的解体，捷克斯洛伐克总统埃米尔·哈查做出了殊死的努力，他解散了鲁塞尼亚政府和斯洛伐克政府，并且宣布了戒严令。这一行为使希特勒又惊又恼，1939年3月13日夜晚，希特勒提醒这两位斯洛伐克傀儡领导人斯洛伐克的未来确实是严峻的，除非宣布从捷克斯洛伐克中独立出来。假如不是这样的话，受到事态的支配，他就会离开这个国家。3月14日，在布拉迪斯拉发，斯洛伐克的大多数代表宣布一个独立的斯洛伐克成立。

在斯洛伐克宣布独立的同一天，哈查博士和他的外交部长弗朗齐歇克·切瓦尔科夫斯基做出了最后的努力来挽救捷克斯洛伐克的统一，亲自向希特勒求助。

舒施尼格一年多前在贝希特斯加登会晤了希特勒，哈查这次对柏林的访问是那次会晤令人悲哀的再度上演。哈查的表演尤其可怜和悲怆。哈查是一位没有政治经验的老人，来到柏林时并不知道希望得到什么，更不知道该做些什么。哈查企图迎合他强大的主人。当知道希特勒对贝奈斯和马萨里克的真实感受时，他故意使自己疏远他们的立场，宣称自己一点儿也不了解这两个人，并且不同意他们的政治观点。他甚至考虑捷克斯洛伐克的建立首先是否是一个好的想法，并且承认斯洛伐克的独立可能是不可避免的。但是，他希望希特勒给予捷克人自由的生活和国家的独立。

希特勒没有允许哈查完全地表述自己的立场，他表明了自己一定要侵入捷克斯洛伐克的决定。假如捷克人抵抗，那么他们将被镇压；假如没有抵抗，他将会非常慷慨地给予捷克人一定程度的自治。他要求哈查前往德国的唯一理由是避免无谓的流血。接着，捷克总统被移交给里宾特洛甫和戈林进行另一番恐吓。当戈林威胁假如捷克人不放下他们的武器，他就要用他的空军毁灭布拉格时，哈查心脏病发作。希特勒的私人医生莫雷尔博士很快就使他苏醒过来，他给哈查打了一针使他再度受到折磨，直到他的国家屈服。哈查给布拉格去了电话，劝说他的内阁不要抵制希特勒即将进行的入侵。然后，他签署了已经准备好的公报。这个公报以虚情假意的谎言掩饰了对一个值得尊敬的人和他的国家的卑鄙做法：

> 双方一致认为：所有努力的目标必须是在欧洲中部保卫安静、秩序和和平……捷克斯洛伐克总统宣布：为了对这一目标有所贡献，并实现这一最终的和平，他满怀信心地将捷克人民和国家的命运交给德国元首。元首接受这一宣言，并表达了他的意图，即让捷克人民处于德国的保护之下，并保证他们的独立发展符合自己特点的民族生活。

希特勒欣喜若狂，他冲进秘书的办公室，让他们亲吻他，并且高呼："孩子们，这是我一生最伟大的一天，我将作为最伟大的德国人进入历史。"两个小时后，德国军队进入了捷克斯洛伐克。到3月15日黄昏，希特勒踏上了前往布拉格的道路，他在哈拉德辛城堡住了一夜，骄傲地俯瞰着自己刚刚获得的财富。捷克斯洛伐克不再存在了。希特勒行动的速度制服了西方的政治家，他们只是发出一些虚弱的抗议而已。但是，这些抗议也被希特勒扫在一边，他说他已经根据捷克斯洛伐克总统的建议拥有了这个国家。波希米亚和摩拉维亚保护国被建立起来，它的第一任保护官是诺伊拉特。但是，管理这个保护国的真正权力控制在康拉德·汉莱因和卡尔·赫尔曼·弗兰克手中。

作为德国保护国的波希米亚和摩拉维亚刚刚建立一天之后，斯洛伐克也要求处于德国的保护之下。元首愉快地表示效劳，他派出德国军队进驻斯洛伐克，至于鲁塞尼亚，纳粹党人则将它交给了匈牙利人。这些事件发生得如此之快，以至于彻底吓坏了西方国家。甚至在英国或法国大使提出抗议之前，希特勒已经从对布拉格凯旋式的访问中回国，保护国也建立了起来，与斯洛伐克的协定也得到了签署。

希特勒震惊和瞒骗了西方国家，但是他现在已经达到了它们所愿意忍受的极限。在西方人眼里，希特勒是一个谎言家，是对世界和平的威胁。捷克人不是德国人，侵吞一个外国不是民族的自决。甚至绥靖的主谋者也看到了不祥之兆。

最后的危机：波兰

埃米尔·哈查将捷克斯洛伐克的命运交到元首手中只有四天，里宾特洛甫就给立陶宛政府发出了最后通牒，要求归还德国在1919年割让给立陶宛的一块狭长的领土——梅迈尔。希特勒的要求被接受了，1939年3月23日，梅迈尔被德国吞并。

但泽是希特勒外交议事日程的下一个项目。里宾特洛甫在1938年10月和波兰大使约瑟夫·利普斯基讨论了将但泽归还给德国的问题。与利普斯基及后来和波兰外长贝克上校的讨论相对是友好的，但是没有结果。波兰人认为但泽问题是不可谈判的，他们愿意与德国向好的关系方向发展，但是不愿意作出大的让步。在捷克斯洛伐克危机过去之后，对波兰政府的压力逐步升级。里宾特洛甫告诉贝克，波兰未来的存在依赖于它和德国的关系，他接着提出了新的要求：波兰交出但泽，并允许德国人建造一条穿越走廊并使但泽与德国相连的境外公路。反过来，里宾特洛甫承诺德国将保证波兰西部边境，并暗示在乌克兰找块地方作为未

德军进入布拉格

来的领土补偿。里宾特洛甫的方法和过去纳粹党对波兰的政策是一致的。希特勒将波兰视为反对苏联的盟国，因为它的政府具有强有力的极权主义性质，它的人民明显地表现出了反共产主义、反俄国人，甚至反犹太人的倾向。不幸的是，由狡诈的约瑟夫·贝克指导的波兰外交，在保护波兰敏感的地缘政治地位——德国和苏联的缓冲器——方面过于缺乏一贯性，并带有机会主义的色彩。贝克梦想着一个"第三欧洲"，复活的波兰成为从波罗的海到黑海中立国家集团的首领。尽管明显倾向于德国，但是贝克梦想在德国那里有所收获，将但泽合并到波兰，最终甚至吞并东普鲁士、西里西亚和波美拉尼亚。但是，这种野心所要求的支持绝不是一群小国家所能提供的。

在这一点上，英国出乎意料地给波兰提供了援助。伦敦在一段时间里一直收到即将发生的针对但泽行动的不祥报告，这刺激了英国首相，使他对波兰人承担了不同寻常的义务。1939年 3月 31日，张伯伦在下院宣布：英国将无条件保证波兰的领土完整。当听到这个消息的时候，希特勒勃然大怒，发誓"要将他们一锅煮了，闷死他们"。1939年 4月 3日，希特勒对他的军队领袖发布了新的指令：对最初的获取但泽的计划进行较大程度的扩展。《白色行动》是希特勒针对波兰设计的三个可能的行动之一（其他两个涉及保卫边境和控制但泽），目标在于毁灭波兰的军队。与这一行动相关的计划一直准备至1939年9月1日。

4月28日，在墨索里尼侵入阿尔巴尼亚之后，希特勒对国会发表了严厉的演讲，以回应罗斯福总统给希特勒和墨索里尼的电报，电报要求两位独裁者保证维护大约三十个国家的独立。人们都认为，这是希特勒给人留下最深印象的演讲，讽刺尖锐，并具有非同寻常的煽动力。那一天，激动的纳粹傀儡们济济一堂于国会当中，由热情的赫尔曼·戈林领头。当希特勒拖长着音调念着罗斯福名单中每个国家的名字的时候，他们齐声咆哮，表示罗斯福认为德国将入侵巴勒斯坦、冰岛、土耳其、瑞士等国想法的荒谬。

希特勒向国会演讲之后的四个月是风暴前的平静。希特勒在贝希特斯加登度过了与世隔绝的时光。但是在幕后，当希特勒的军事领袖们准备进攻波兰的计划的时候，军事准备也在飞速地进行。两个主要的外交行动也即将实施，就是与意大利的《钢铁协定》和与苏联的《德苏互不侵犯条约》。

5月6日，意大利外交部长齐亚诺邀请里宾特洛甫访问意大利，再次让忧心忡忡的意大利人了解德国未来的意图。德国针对波兰的好战行为一段时间里使齐亚诺非常惊讶，他正确地得出结论，波兰将成为纳粹侵略的下一个牺牲品。墨索里尼关心的是，希特勒在意大利还没有作好准备的时候，就发动了全面的欧洲战争。齐亚诺带着意大利领袖的备忘录急忙与里宾特洛甫进行会谈，备忘录指出意大利在三年之内是不会作好战争准备的。里宾特洛甫在这次会晤中掩饰得非常好，坚持认为在提出进一步的要求之前，德国也要求延长和平的时间，这使得齐亚诺深信不疑。当齐亚诺打电话给意大利领袖告诉他会谈如何成功的时候，这位意大利的独裁者命令齐亚诺发布新闻：德意联盟已经建立起来。两个星期后，齐亚诺前往柏林正式签署《钢铁协定》。

《钢铁协定》体现了两个法西斯国家所有的军事观点。两个国家保证站在共同的阵线上对付敌对的国家，一旦发现陷入与其他国家的敌对状态中，它们将提供相互的援助。这个协定事实上到底如何坚硬将留待后世证明，但是那些看到这个协定的人明显没有受到它军国主义目的的震动。无疑，协定的导言谈到了对和平的维护，但是它将和平和生存空间的获得并置在一起，而两者是不相匹配的目标。无论怎样，这个协定在柏林受到外交上的空前认可，希特勒也极为满意。

在4月28日演讲之后的几个月，希特勒不再在公众场合出现，他在等待中观察西方国家对波兰的义务是否是严肃的。他收到的情报虽然不是确定的，但似乎表明英国和法国可能会兑现他们对波兰的保证。这使得希特勒暂时停止了对波兰的行动，因为对这个国家的进攻可能会使他在东线卷入与苏联的冲突当中，同时使他在西线暴露在英—法的联合进攻之中。英国对波兰的无条件保证和贝克对他的建议的拒绝迫使希特勒外交图谋上的改变。起码希特勒暂时不得不咽下他意识形态上的傲慢，与苏联达成协议。他收到的情报表明，西方国家正企图和苏联谈判以孤立德国，因此他认为避开意识形态更为必要。英国和苏联的谈判从4月中旬开始就一直在秘密进行。6月 16日，苏联外长马克西姆·里特维诺夫建议苏联、英国、法国签署一个三方的互助协定。但是，谈判被拖延了下来，因为英国对一个强力支持的互助协定缺乏热情，在没有推出另外的协定的同时拒绝了里特维诺夫最初的想法。里特维诺夫这个倾向西方、被纳粹党人称为“犹太魔鬼”的外交家，被维亚切斯拉夫·莫洛托夫所替代，此人对同西方国家签署集体的安全条约没有什么兴趣。

斯大林反复表明这样一种观点：苏联不应该让自己受到西方国家的操纵去和德国开战。其他的一些情报也让希特勒相信，毕竟苏联人能够接受实用主义的想法。他后来向墨索里尼承认，与共产主义者联合“对我来说似乎是与我最初的想法、我的观念、我先前的承诺决裂”，但是这并没有使希特勒看不到纳粹和苏联协定的短期效益。首先，与苏联的伙伴关系将使德国避免在东西两线开战。事实上，德国军队中的一些人长期为这一政策辩护，尤其是冯·泽克特将军，魏玛共和国外交部负责 1922年俄国和德国签订《拿帕罗条约》的人也赞成这一政策。希特勒相信，和苏联站在一起，他能成功地孤立波兰，并且摧毁西方国家的意志，以致他们不会给波兰提供援助，因为这意味着同德国和苏联同时开战。第二，与苏联联盟可能会带来重要的经济利益，因为能够获得稀缺资源。如果没有这些资源，德国就不可能发动战争，或者抵制另一场经济封锁。

希特勒极不情愿地继续着与斯大林的谈判，这对斯大林来说也是同样真实的。秘密会谈的两个月充满了相互猜忌，毫无结果。对波兰进攻的最后期限越来越近，希特勒逼迫苏联人赶快作出决定。最终，在 8月的第二个星期，希特勒授予里宾特洛甫全权到莫斯科谈判。但是，俄国人将这样一个访问限定在贸易关系及对东部欧洲影响的范围上，这是过去的协议。斯大林和莫洛托夫明显地知道，希

1939年8月23日，斯大林接见里宾特洛甫，庆贺条约的签署

特勒已经不耐烦了。德国人和西方国家拉拢着俄国人，而俄国人沉住气等待和观望着谁可能赠送更多的礼物。

8月20日，在苏联一方进一步的拖延和保留之后，希特勒不情愿地将意识形态服从于现实的必要性，亲自给斯大林去了电话，要求他接见自己的外交部长，他被授予全权签署互不侵犯条约及有关外交问题的特别草案。8月21日，在希特勒度过一个难眠之夜考虑斯大林是否会赞同自己急切的要求之后，纳粹驻莫斯科大使舒伦贝格伯爵电告了斯大林的答复：他感谢希特勒的来信，并且宣布《德苏互不侵犯条约》实际上算是签署了。8月23日，里宾特洛甫抵达莫斯科，并受到欢迎。这个条约的细则直到1945年德国的档案落入美国人手中才得以公开。当时，公众只被告知纳粹党和苏联人签署了一个有效期十年的互不侵犯条约。实际上，两个国家都保证在对波兰的战争中提供相互的支持，并且同意以明确的地域划分来瓜分这个被征服的国家，东部归苏联，西部归德国。在秘密草案中，爱沙尼亚、拉脱维亚、芬兰和比萨拉比亚分配给了苏联。

条约签订的消息震动了世界各国首都，包括东京。苏俄人不可调和的敌人日本人目瞪口呆，一个法西斯主义的领导人竟然同一个共产主义的领导人联合。同样的惊恐也控制着西方左翼知识分子和共产主义者，他们正企图徒劳地使政治领域与自己的良心一致起来。结果是许多人放弃行动，服从于消极的政治策略，这可以很好地部分解释法国在1940年希特勒的冲击下很快就崩溃的原因。

当里宾特洛甫飞往莫斯科的时候，愉快的希特勒决定招待伯格霍夫武装部队的高级指挥官。希特勒和他的军事领袖们在过去有过坦诚的会晤，但是这一次会晤是一个现代国家领导人对贩卖战争最露骨的展示。他用自负的词汇谈论自己，并且嘲笑西方国家是由蠕虫而不是真正行动的男人领导的。他反复摇动着手指，吹嘘他每次关于他的对手的所作所为的预言都是成功的。因为他和斯大林的联合，英国和法国就不可能帮助波兰。现在，他获得了他所需要的波兰的部分地区。但是，每一件事情都依赖于他的存在和他的政治能力。他处于政治权力的顶峰，博得了德国人民绝对而不容争辩的信任。除了这些，其他有利的条件是：法西斯国家出现了具有强烈意志的人物，如意大利领袖和佛朗哥，相反，西方国家表现出政治上的软弱。今后的两三年，情况可能会出现逆转。也许甚至会出现这样一种机会：他被一个罪犯或疯子所消灭。出于这些理由，希特勒认为最好的开战时间就是现在。

希特勒继续说，从军事的角度来看，无论是法国还是英国，都没有作好战争准备。它们没有机会去支援波兰。由于在心理上厌战，它们完全不可能首先发动战争，而且肯定不会穿过中立国家比利时、荷兰或者瑞士。进一步而言，德国无须害怕经济上的封锁，因为它要求苏联向它提供所需要的小麦、牛、煤、铅、锡。元首说：他唯一害怕的事情是“在最后一刻，一些猪猡向我提交的是一个调停计划”。

希特勒的将军们被这一表演弄得目瞪口呆，尤其是即将与苏联的联合，他们的心情并没有像希特勒所希望的那样乐观。因此，午饭之后，希特勒对他们又进行了一次鼓劲演讲，提醒他们假如德国紧密团结，积极备战，对对手毫不怜悯，凭良知勇敢地前行，胜利是不可避免的。他说：最强大的总是正确的。他会找到一个合适的借口来发动战争，不管这个借口是否令人信服。最后，胜利者永远不会被问到他说的是否是真理。对于战争起源和行为的判断，始终依赖于战争的结果——胜利或者失败——而不取决于正义或者不正当。

> 勇敢地行动起来，八千万人民必须得到他们有权得到的东西……成吉思汗不动声色地杀害了数百万妇女和儿童……因为战争的目标不是到达某一特定的疆域，而是在肉体上消灭对手。因此，目前只有在东部我才能恰当地安排我的行刑队，无情地执行命令，毫不动情地终结许多有波兰血统、说波兰语言的妇女和儿童的生命……波兰的人口将减少，德国人将在那里定居……至于其他地方，苏俄的命运也是一模一样……在斯大林死之后——他是一个疾病缠身的人——我将攻击苏联。那里将开始德国统治世界的黎明。

武装部队最高统帅部的将领向希特勒致敬

一位从头至尾聆听这一煽动性演讲的与会者告诉我们，在希特勒大声叫嚷他将毫不留情地杀死所有“有波兰血统、说波兰语言”的男人、女人和儿童之后，戈林跳到桌上，“又是感谢，又是承诺，血腥味十足，然后像野人一样跳起圈舞来”。这种不受拘束的贩卖战争的表现，应该使那一天在场的更为精明的将军们确信：纳粹政权所热衷准备的战争规模巨大、范围广泛，以致其结果只可能是德国的毁灭。但是，他们服从了元首的意志，哈尔德将军就是一个事例，他们学究气地记录了元首演讲的要点，但是省略了不相关的对消灭劣等男人、女人、儿童的论点。

在签订《德苏互不侵犯条约》之后，就没有什么东西可以阻止希特勒进攻波兰了。在8月21日到9月1日第二次世界大战爆发之间，发生了一连串避免军事冲突的外交行动，但是，这一行动完全是徒劳无功的。令人感兴趣的是，哈利法克斯和西方的绥靖者们依然相信，新的慕尼黑条约是可能的，给了希特勒但泽将满足他的胃口。甚至连墨索里尼在1939年8月也不能阻止希特勒了。事实上，齐亚诺已经警告过意大利领袖，在纳粹和苏联签订条约之前，德国已经在准备战争，而且会把意大利拉入其中。与里宾特洛甫在萨尔茨堡进行私下讨论之后，齐亚诺达到这样一个必然的结果：“里宾特洛甫，你需要的是什么？但泽？走廊？”里宾特洛甫毫不犹豫地回答道：“我们需要战争。”

当驻柏林大使亨德森企图让希特勒确信英国政府准备抵制他侵入波兰，同时，戈林的瑞典朋友伯格·达勒鲁斯在英国和德国之间进行徒劳的穿梭外交以避

弗朗茨·哈尔德将军

免战争的时候，元首党卫队的宠臣们正在仔细地设计着 8月 22日希特勒对将军们的承诺，即“为了发动战争”去找出一个“宣传上的理由，无论它是否可能”。这一宣传上的理由就是伪造的对波兰边境附近格莱维茨德国广播电台的袭击。在进攻波兰的前夜，海德里希命令党卫队保安处的分遣队身穿波兰军服在德国—波兰边境发起“事端”。其中一个事端就是假冒的波兰士兵控制了德国在格莱维茨的广播电台，在话筒中高呼反德国的口号，然后撤退。为了给这次上演的进攻以“逼真”感觉，党卫队保安处的人员还在四处留下一些身穿波兰军服的尸体。这些尸体是集中营的囚犯，他们被注射了致命的毒药而参与了这场闹剧。

1939年 9月 1日，希特勒向国会宣布，他“已经决心以过去几个月来波兰人对待我们的方式同样对待波兰人；今天晚上，波兰的正规军第一次在我们的国土上开火。从清晨五点四十五分开始，我们予以枪弹还击，并且从现在开始以炸弹还击炸弹”。9月 3日，英国、法国在没有收到要求德国立即放弃战争的回应之后，向德国宣战。一个月后，但是从象征意义上看可以追溯到 1939年 9 月 1 日，希特勒签署了一个备忘录，授权一些专门的医生对难以治愈的疾病准予仁慈的死亡。这就等于发动了所谓的安乐死计划以“消灭没有再生能力的生命”，这些计划最终杀害了十多万人，它们还成为毒杀犹太人和其他劣等人的固定形式。两种战争——一个是军事的，一个是生物—种族的——同时发生了。

希特勒和斯大林竞相羞辱波兰人

第十二章

闪电战：德国权力的扩张，1939—1941

战争心理和战争能力

第二次世界大战是希特勒的战争：他挑起了它，扩大了它，竭尽全力地将它坚持到痛苦的终局，甚至开战的日子也是他选择的。因为元首相信自己是一个垂死的人，他所有的幻象成为绝望的紧迫感。在最初的日子里，他相信时间还在他的掌握之中，他能够拖延重大的事务，并与对手妥协。从1937年开始，他相信他的日子快要结束了。1939年，他已五十岁了，不能再错失良机了。正如上面所提及的，在战争爆发前的一个星期，他与自己的军事领袖们会晤，他说战争不能再拖延了，因为“所有的一切由于我的政治才能而在根本上是依靠我，依靠我的存在……但是，我可能在任何时候被一个罪犯或者一个疯子所消灭。没有人知道我会活多长时间。因此，战争最好从现在开始”。希特勒的军事首领们既没有同意他对时机已经成熟的预见，也没有分享他对战争的激情。他们担心发动一场欧洲战争，因为他们知道德国在关键的战争物资上特别依赖于国外的资源，它没有能力打一场持续的战争。但是，由于习惯在政治问题上不发表意见，他们服从参与了希特勒的战争，尽管私下他们怀疑他是否能够获胜。亚尔马·沙赫特对希特勒军事随从的描述可能最接近真相：

> 将军们是真正应该受到责备的。我不能理解军国主义的心理。希特勒说:“让我们开始战争吧!”他们整齐地并拢脚跟,然后说:“战争?为什么服从呢?确实,它是自然而然的,让我们参加战争吧。”就拿哈尔德将军来说吧。他对希特勒来说一点儿用处也没有。1938 年他还打算帮助我将希特勒踢出局。后来希特勒说我们就要开战了,突然,哈尔德赶紧说:“战争?太好了,一切就照你说的办。”没有想过任何理由,没有想过任何选择,绝对没有。

希特勒对德国政治的控制是强有力的, 以至于没有人敢反对他的意志。因此,当他宣称在德国历史上没有人获得如此的信任和权威的时候,这是毫无夸张之处的。希特勒所受到的广泛欢迎是无法抵御的,同时,德国人民对战争也毫无心理上的准备。当宣布对波兰发起进攻的时候,没有出现任何兴高采烈的情景。正如一个美国记者所报道的那样,与 1914 年不同,这里“没有激动,没有欢呼,没有兴高采烈的场面,没有鲜花,没有战争的狂热,没有战争的歇斯底里”。对国家的爱驱使着大多数德国人支持战争,尽管许多人无疑都持有和赫尔曼·戈林一样的看法:“假如我们战败的话,上帝会垂怜我们的。”甚至当元首知道英国和法国向德国宣战的时候,他也暂时变得沉默不语。他带着诅咒的声调对他的外交部长说:“现在做些什么?”现在所发生的是世界历史上规模史无前例的悲剧,它将以五千五百万人民的生命为代价。希特勒将德国人民带入犯罪和残暴的泥潭,以致“德国”这个名字对全世界许多人来说依然是一个诅咒。

20世纪世界大战的胜利不仅是在战场上赢得的,而且是在后方的工厂、实验室、后勤中心赢得的。当希特勒写“现代战争首先是经济战争,经济战争的要求必须得到优先权”的时候,他声称已经理解了这一显著的事实。但是,作为主要的军事首脑,他却是根据这样的假设行事的,即胜利主要依赖于对敌人实施一系列快速的、粉碎性的打击,他们的信心受到恐吓和摧毁,以至不再能够进行抵抗。当然,这种策略完全适合希特勒的脾气,因为在他通往权力的道路上,他就是这样制服自己的政治对手的。希特勒的方法本质上是恐怖主义的,因为它主要集中于心理的威胁和残暴力量的运用。将恐怖和暴力的运用作为军事策略的唯一方法是自取灭亡的。希特勒似乎并不理解假如恐怖威胁只是把恐怖作为目的,敌人抵抗的意志就会加强而不是削弱。他似乎也并不明白迅速的“粉碎和掠夺”策略如果没有长期的后勤计划和人道地对待被占领土人民，就可能包含了未来失败的种子，尤其是假如这场战争变成了持久的摩擦。

希特勒选择了容易做到的、迅疾的、不需要总体战争动员的战役。最初，它支撑着后方的勇气，达到了它的目的，因为它制造了一种幻觉，似乎战争无需太大的痛苦就能发动起来，经济依然能够围绕着“枪炮加黄油”运转。只要德国在前方每次运用闪电战的策略，成功的机会是非常大的，但是同样的策略在与两个大国对抗时是注定要失败的。到1941年，德国被苏联和美国所纠缠，难以脱身。尽管苏联在1941年还不是经济上的巨人，但是，在人力上、在政治权力的集中上、在对祖国强烈的热爱上，这个国家具有发动战争的强大潜能。希特勒从来也不清楚美国的力量，它主要存在于这个国家的经济资源当中，但是它的力量还超过了这一点，因为它具有高度发展的技术和科学能力，拥有自以为是的决断精神，这种精神一旦出现就可能变成一种强大的心理力量。甚至希特勒在面对如此优势力量时也不得不改变自己的策略，但是令人惊讶的是，直到斯大林格勒战役之后，甚至在1944年之后，他才放弃闪电战策略。但为时已晚。希特勒将德国拖入了不可能获胜的战争之中。

“胜利属于德国”宣传画

在1939年秋季，全世界都将德国武装部队视作世界上最有效率、最守纪律的战斗部队，它在波兰、挪威、丹麦、荷兰、比利时和法国的胜利加强了对它作为一台“庞大机器”而不可战胜的感觉。但是在这种表象后面，德国军队的运作是糟糕的，它的管理方式是混乱的，它脆弱的生命线所依赖的资源是匮乏的。

在理论上，德国的军事—工业联合体似乎是一台结构十分良好的机器；事实上，它是由相互倾轧的组织和人物构成的混沌。希特勒妄想狂的风格加强了这种混乱。但是，在整个战争期间，他在纳粹体制

获得十字勋章的德国士兵——十字勋章是对德国军人的最高奖励

中保持了无可争议的权力。正如战争鼓励了敌对状态一样，战争甚至也增强了他的权力，因为每个人都不得不视他为最高的仲裁者。一位历史学家将纳粹的战争机器描绘为一座“笨重的、六边形的金字塔，希特勒则坐在塔顶”。另一位作家将它比作一个东方的“朝廷，它的统治力量是微不足道的，但其阴谋诡计的能力如同一个苏丹统治的国家是难以估量的”。因此，它的组织行为机制就带有这样的特点：相互竞争的领地、相互重叠的权限、强烈的嫉妒、来自上层的互相矛盾的决策。

关于德国如何进行战争的最突出的事是集中协调的匮乏。德国人从来没有通过一个像参谋长联席会议的机构协调过战争工作。指挥的决策通过希特勒作出的“元首的指示”，以书面形式直接传递给相应的机构。1939年8月30日确实建立了一个叫作国防内阁委员会的专门执行机构；它的常设委员会——国防委员会——由赫尔曼·戈林、威廉·弗里克、鲁道夫·赫斯、威廉·凯特尔将军、瓦尔特·丰克、汉斯·海因里希·拉默斯组成。但是，这些人之间存在的敌意及缺乏协调阻碍了战略的有效实施。掌权的戈林被证明是狡猾和不可信赖的；他的虚荣和越来越强的毒品依赖，使他根本不适应持久的官僚体制的工作。

自从希特勒将控制武装部队的总统办公室同他自己的总理办公室合并之

威廉·凯特尔将军

约德尔将军

后，发动战争的正规机构就逐渐成形了。在兴登堡去世后，希特勒就迫使所有德国士兵向他宣誓。1938年，他还攫取了对国防部的控制权，并用新的武装部队最高统帅部来替代老的国防部。这个新的组织作为希特勒管理所有军事事务的执行内阁行使职权。就是通过武装部队最高统帅部，所有的指示不受法律约束，下传到相应的国家部门。

正如先前所提到的，武装部队最高统帅部建立于1938年2月，由威廉·凯特尔领导，他是一个好的管理者，但也是一个希特勒极易控制的没有骨气的人。尽管凯特尔将军拥有武装部队最高统帅部首领的头衔，并且与国家部长平级，但是他没有统帅权。武装部队最高统帅部由四个部门构成：一个负责国防军作战指挥；一个负责国外情报；一个负责补给；一个负责一般的军事事务。四个部门中最重要的是国防军作战指挥部，整个二次世界大战都由阿尔弗雷德·约德尔将军负责。约德尔将军是一个富有抱负的、能力过人的、特别忠诚的军官，他拥有丰富的军事才能，他对细节敏锐的观察力得到了普遍的尊敬。约德尔的部门是希特勒军事机器的中心，因为就在这里，所有作战细节被仔细地制订出来，各种命令就是从那里传送到陆、海、空三军最高指挥部来指导战争的进行。下列部门处于约德尔的庇护之下：国防（瓦尔特·瓦尔利蒙负责）、武装部队新闻关系（埃利希·费尔基贝尔负责）、武装部队宣传（哈索·冯·韦德尔）、法律（鲁道夫·莱曼）、军史（瓦尔特·舍夫负责）。

武装部队最高统帅部设在柏林蒂尔比茨河岸边，尽管约德尔和凯特尔很快就搬进了新总理府，在那里，他们和希特勒的联络副官鲁道夫·施蒙特上校、戈林的私人联络官海因里希·博登绍茨将军构成了德国的五角大楼。

在武装部队最高统帅部之下是各军种——包括陆海空三军——的最高指挥部。反过来说，这些分支机构有各自的部门和管理程序。

这些军事分支机构里都是些训练有素、能干的、富有敬业精神的官员，他们依然表现出第二帝国时代的军事价值观，尽管有些在战场上表现突出的军官已经皈依国家社会主义了。军事历史学家普遍认为，德国国防部队的组织结构、人事制度和训练优越于大多数其他的军队。1939年士气极度高涨，官兵的技术能力也非常高超。假如这个系统有什么弱点的话，那么它存在于长期以来德国人服从的习惯、对德国人能力过高的估计，以及对敌人，尤其是俄国人和美国人过低的估计当中。

但是，德国军事的弱点不是决定它失败的最终因素：德国人进行战争的致命弱点是战争所依赖的资源匮乏。真相是希特勒没有资源去发动一场全面的战争。尽管在合成能源方面取得了一些进步，但是，德国依然有一半以上的能源供给上依赖于国外进口。各种资源供给各不相同：橡胶够用两个月，镁够用四个月，铜够用七个月，铝够用十二个月，锰够用十八个月，钴够用三十个月。德国几乎45%的铁矿石依然从瑞典进口。冶金领域对国外资源的依赖在有些方面是惊人的：锌为23%，铅为50%，铜为70%，锡为40%，镍为96%，矾为99%。在某些领域，尤其是在铬、钨、钼、钒方面，德国完全依赖从国外进口。

尽管德国是世界主要工业强国之一，并且在1933年就大规模地重整军备，但是，它的军备生产能力是受到限制的。装备程度高，但装备生产能力低。格奥尔格·托马将军就主张深度武装的政策，这就意味着大力扩张重工业以确保军火的不断输出，以便打一场持久的消耗战。但是，希特勒选择了高程度的装备以支持他的“闪电战”。除了在合成燃油和橡胶领域，闪电战的战术并不要求德国工业生产能力的广泛组合。这种战争还保证了后方的安全。消费品继续可以买到，社会混乱被控制在最低的程度，从而制造了和平时代正常生活的幻象。当希特勒耗尽了他廉价的胜利，发现自己与世界的主要强国打起消耗战的时候，他才开始进行全面的战争生产，但已经为时已晚。

希特勒很少想到战争所需要的财政支持。德国的黄金和外汇储备在1939年9月几乎消耗殆尽。用来支持金融的方法包括工资的冻结、对烟酒和戏票附加税的征收，以及对收入采取分级征税。纳粹政权通过对消费品的削减控制花费，将花费变成储蓄。它承诺储户的损失将在金融上帮助庞大的战后建设计划，这个计划会使每个德国家庭拥有一栋住宅。

综观1939年德国的胜利前景，我们会发现一幅这样的画面。德国具有最初的优势，因为纳粹政权已经将民众组织起来以符合战争和侵略的需要。作为大规模重整军备的结果，德国人赶上甚至超过了主要的西方国家。从军事战术的观点来看，德国人在逻辑思维和战术思维上也更高一筹，这后来在波兰和西线都得到了证明。最初希特勒面对的是与德国不相上下或者弱小的对手，如波兰、法国、英国、比利时，那时它们在极大程度上既不乐意开战，也没有作好开战的准备。希特勒联合了日本、意大利和苏联，同时美国对他也没有进行干预。这些优势在希特勒战略错误——尤其是对苏联的入侵和对美国的宣战——的冲击下最终发生了改变。德国的弱点变成了致命的负担：拙劣的政治和军事上的协调；关键资源的短缺；不一贯的和非理性的领导层；最终还有蓄谋的阻碍和抵制。正如B.H.林代尔·哈特所认为的那样，希特勒具有策略，但不具有理性的宏大策略。他的使命是扩张、征服、对被占领土人民的无情镇压，以及对劣等种族身体上的消灭。无论一般的德国人在执行这些任务时多么具有技巧和能力，这种野蛮的使命将激发整个世界奋起反抗。如果再加上纳粹制度的内在弱点和这个制度所拥有的反社会人物，我们就可以轻易地认识到为什么纳粹的纸牌房不久就轰然坍塌了。

闪电战和胶着战：1939年9月1日—1940年5月10日

德国人在不幸的波兰身上试验闪电战术。闪电战包括运用快速移动的机械化先头部队，采用步兵攻击队及战斗机群支持先行的地面部队这一空对地协同作战的复杂系统。政治上也是战术上的考虑促使了希特勒对闪电战的依赖。当对波兰发起进攻的时候,他知道西部一侧十分危险地过度暴露出来了。对波兰的战争需要一百万步兵、一千五百架战斗机和将近一千辆坦克,他只在西部边境留下一支空架子部队,只有三十二个师,而法国和英国有七十六个师,人数大大超过了德国一方。希特勒猜想他的西方敌人缺乏发动一场对德国协调一致的快速入侵的意志,他指望德国军队的效率能获得在波兰的胜利。巨大而开阔的波兰平原是坦克作战的理想场所,就是穿越了这一开阔的地带德国军队才通向了胜利。1939 年 9 月 15 日,德国部队深深地插入波兰,以至于害怕被剥夺胜利果实的苏联人从东部侵入了波兰。正如一位美国记者所描绘的那样,波兰像“一个半熟的鸡蛋”被碾碎了。华沙沦陷,波兰政府流亡英国,胜利者继续分割战利品。

希特勒获得了波兰走廊和但泽城。波兰中心地区的其余部分成为德国的受“保护国”,置于残暴的汉斯·弗兰克管理的所谓督政府的控制下,此人后来由于反人道罪行被绞死在纽伦堡。正如人们所预料的,斯大林吞并了东部波兰的大部分地区,并且很快占领了立陶宛、爱沙尼亚和拉脱维亚,从而明显将苏联的边境延伸到东部欧洲。希特勒认为苏联的这些所得只是临时交换,在他和西方国家妥协或者击败它们之后就会终止。为了有助于实现这一目标,他与苏联缔结了一系列经济上的协议,涉及大宗的苏联原材料与德国制造品之间的交换,并且包括为在西线发动战争提供经济安全的基础这样的交易。

波兰的迅速战败加强了希特勒对德国战无不胜的信念,并且使他更加大胆地依赖于闪电战,并把它作为赢得这场战争的主要战术。他认为运用旨在瓦解和粉碎临近敌人的快速打击将使他能够扩展自己的经济资源基础,并且获得足够的时间打一场持久战。在战争的初期阶段,这一战术摧毁了英国和法国的意志,掩盖了德国的弱点:不充分的供应系统、贫乏的兵员补充程序和经常性的通讯中断。

在征服波兰仅仅三个星期后,希特勒突然将自己描绘成一个和平使者,他带着仁慈的和平意图从 10月 6 日开始接近西方国家。正如希特勒所期望的,一旦他的意图遭到拒绝,他就会为进攻法国作好准备。在一条慌忙拟就的指令中(这个指令后面是给武装部队最高统帅部首领凯特尔将军冗长的备忘录),希特勒要求通过卢森堡、比利时、荷兰向法国进攻。冬季对法国发动进攻的可能性似乎是

德国第八军团行进在华沙街头

1914年战役缺乏想象的重复，这使将军们大为惊讶，以至其中一些人又认真地打算对此加以抵制。但是，由于相互之间缺乏信任，加上进攻一直延迟到次年春天，这样，不满的将军们打消了他们的阴谋计划。

希特勒闪电战术的迅疾使西方国家大为惊讶，它们几乎不知道该做些什么。法国人认定也许什么也不做是最好的回应，他们在坚固的马其诺防线后面大挖壕沟，等待着德国的进攻。西方国家的首都将儿童和妇女大规模地疏散到乡村，在最初一阵惊恐之后，人们又逐渐地放松起来，生活似乎回到了正常状态。炸弹没有落下，大多数人预计的恐怖毒气攻击也没有发生。闪电战变成了与德国人的胶着战。德国人隐藏在自己的齐格弗里德防线后面，面对着在马其诺防线后面大挖壕沟的法国人。

在征服波兰之后，希特勒一直处于神经紧张状态，他知道只有在法国和英国被彻底击败之后他发动的战争才会真正获胜。在波兰获得的难以估价的经验使得数年苦心经营的军事准备取得了最高的成就，它支撑着希特勒的信念：德国的武装部队在战术上优于同盟国能够投入战争的任何部队。但是，希特勒也觉得德国的军事优势并不能无限期地持续下去，他必须在对手还没有积聚力量与他对抗的时候快速地发起攻击。

一名瑞士士兵在德瑞边境线上警戒

也就是在这个时候,希特勒的将军们,尤其是布劳希奇和哈尔德企图劝阻他不要对西方立刻发起进攻,他们列举了各种技术上的问题以使希特勒相信德国军队没有作好与英法联军作战的准备。在布劳希奇和哈尔德的后面,1938 年反对希特勒的力量再次聚集起来,开始重新商讨政变的可能性。希特勒很快就解决了这次挑战。他将布劳希奇召到总理府,给了一顿痛骂。胆怯的陆军总司令差点精神崩溃,他立刻和所有阴谋组织脱离了联系,并且顺从了这一事实:陆军司令部必须服从希特勒的军事指挥。由于恶劣的气候条件,当希特勒推迟了最初安排在 11月的第二个星期对法国的进攻时,正在积聚的反对希特勒的阴谋也崩溃了。

在高军阶的将军们讨论除掉希特勒的可能性的时候,1939年 11月 8 日,一名卑微的木匠约翰·格奥尔格·埃尔塞在伯格布劳克勒啤酒屋竟然安装了一枚炸弹企图将他炸死。埃尔塞是一个沉默寡言的、谦逊的流动工匠,修理家具和时钟机械。尽管他在 20年代短时间地参加了军事共产主义组织,但是他是一个温和的工会分子,强烈地信仰人类的尊严和社会的平等。他对纳粹的侵略政策十分吃惊,因为他感到这一政策会使德国进入另一场悲剧之中,他坚决认为阻止这场大灾难的唯一方法是刺杀希特勒。他知道希特勒每年都会在伯格布劳克勒演讲,然后参加对 1923 年 11月 9日死去的英雄的追思活动,庆祝 1923 年啤酒屋政变周年。他在小心地检查过啤酒屋之后，决定将炸弹安装在位于演讲坛后面木质面板的柱子当中。他移居慕尼黑，在啤酒屋吃饭，在啤酒屋关门之前不久藏身于储藏室。别人都离开之后，他就出来对柱子工作几个小时。每天晚上，他都在水泥柱子上钻孔，仔细地将碎石装入袋子。同时，他非常专业地掩盖他的工作，没有人注意到柱子被动了手脚。埃尔塞在1939年8月5日开始工作；11月6日，他装了炸弹，并将爆炸时间定在11月8日晚上九点二十分，这是希特勒准备演讲的时刻。但是，坏天气导致希特勒取消了飞往柏林的计划，不得不改乘火车。因为这个原因，希特勒决定缩短行程，只演讲一个多小时，在炸弹爆炸前十三分钟离开了现场。六位老战士和一名女招待被炸死，六十三人受伤，其中一人后来也死去。

希特勒逃脱了第一次重大的谋杀。埃尔塞在逃亡瑞士边境的路上被逮捕，他供认自己是单独行动的谋杀者。但是希特勒和盖世太保不相信他；他们怀疑这是一起涉及英国情报部门的案件，因为两个英国间谍S．佩勒·贝斯特上尉和R．H．史蒂文斯上尉正好在荷兰边境被捕，他被认定卷入了刺杀希特勒的阴谋。但是，事实并非如此。埃尔塞和两位英国间谍被作为“特殊囚犯”送往萨克森豪森集中营。盖世太保认为埃尔塞迟早会招供他是受雇于英国的。在数年刑讯逼供之后，1945年4月9日，埃尔塞最终还是在达豪集中营里被杀害。

同时，希特勒依然全神贯注于对西线的进攻，德国的高层指挥忙于入侵的会议和计划。最初的计划在哈尔德的支持下由总参谋部拟订，它要求德军穿过比利时中部发起主攻。这个任务交给了由费多尔·冯·博克领导的B集团军，同时，格特·冯·伦德施泰特领导的A集团军在博克的右翼进行第二次打击，穿过阿登森林。但是，伦特施泰德的指挥官埃利希·冯·曼施泰因激烈地认为，这个计划是第一次世界大战施里埃芬计划的苍白重复，因此不可避免地会被法国人所预见。在对整个计划进行富有才华的修正当中，曼施泰因认为主攻的目标应该穿越阿登森林，这是一个密集的森林地区，被普遍认为装甲部队无法穿越。

费多尔·冯·博克元帅

对曼施泰因建议的争论还在继续的时候，

埃利希·冯·曼施泰因元帅

格特·冯·伦德施泰特元帅

一个意外的事件迫使人们接受了穿越阿登森林的计划。空军少校赫尔穆特·赖因贝格尔被派遣给库尔特·斯图登将军做参谋,帮助制订在荷兰和比利时作战的空运计划。1940 年 1月 10日，因暴风雪他被迫降落在比利时默兹河畔梅舍伦小镇附近。赖因贝格尔携带着最高机密的地图和有关在西部即将进行空运的命令。尽管他企图焚毁这些文件,但是,在他被比利时当局逮捕的时候,只有部分文件得到了销毁。逮捕他的人发现了充分的证据显示了德国人计划的主攻目标,尽管他们也怀疑这些计划可能是故意的骗局。

希特勒最终决定给予曼施泰因的非常规计划以支持,将重心从 A 集团军转移到 B 集团军。回头看来,这是一个正确的决定,因为穿越比利时的主攻直接遭遇了法英最有实力的军队和其他一大堆障碍,包括河流、运河、堡垒和城市。这样的进攻可能会使德国人获得佛兰德斯地区，但是并不能实现德国人最主要的目标,即切断同盟国的交通,并阻止同盟国部队的退却。严酷的战线使人想起第一次世界大战的情景,这场战争将会保持一系列的进攻和反攻,德国人可能会再次在拉锯战中消耗殆尽。

传统的军事思维不相信成功突破阿登森林的可能性，但是曼施泰因和古德里安认为这一地形不是不可穿越的,任何困难都会被出其不意所抵消。一旦大批的德国坦克走出森林覆盖的阿登,并穿过默兹河,就会发现自己出现在佛兰德斯平原,这是一个理想的坦克作战地形,离海岸线只有一步之遥。

古德里安在指挥坦克作战

与德国攻击性的计划相反，法国的战略思想完全是防护性的和无功效的。法国总司令莫里斯·甘末林将军建议以得到加强的强大左翼来支持比利时，从而能够以同样的军力回击他所猜想的德国人的主攻。在南部，他只是安置了象征性的军力，而且装备也十分简陋。因此，甘末林使得防卫的关键地带变得十分脆弱，德国人如果能够突破阿登森林的边缘，就能够轻易地进入同盟国的后方，瓦解它们的联系，使它们陷入包围之中。

在被围困的列宁格勒，孩子们依然在废墟边上课

1939年11月，俄国人企图扩展他们对波罗的海的影响范围，向芬兰发动了进攻。但是，芬兰人进行了顽强的抵抗，击退了准备不够充分的苏联部队。芬兰是一个西方民主国家，与斯堪的纳维亚其他国家有着紧密的联系。尽管获得了道义和物质上的支持，芬兰人还是不得不逐渐向人数占绝对优势的俄国人屈服，签署了一个和平条约。这个条约将卡雷利亚地峡、维堡城这样的战略要地，以及汉戈这样的海军基地割让给苏联。这实际上是将苏联的边境向西推进了七十英里，并

且缓解了列宁格勒的压力。

直到这个时候，同盟国依然沿着一条完全被动和消极的道路行进，看上去更像是旁观者，而不是交战国。希特勒在东部灭绝波兰人，与此同时，在帮助盟国波兰的问题上，英国人和法国人在军事方面无所作为。在希特勒占领波兰的时候，假如它们能够用自己可以调动的一切力量对鲁尔地区发动进攻，那么，它们是可以重创德国的，也许可以迫使希特勒请求和平。但是，这类事件并没有发生。另外，希特勒在东欧压倒一切的胜利在西方制造了这样一种根深蒂固的看法：德国军队是战无不胜的。这无疑又在法国强化了潜在的失败主义观点：又一次毁灭性的战争在所难免。西方国家不断地发现自己处于接二连三的事件当中，对敌人的主动挑战作出了消极的反应。芬兰提供了另一个例证。在是否向同俄国人作战的芬兰人提供援助，并利用这次机会控制挪威的纳尔维克港、瑞典的铁矿区(获得瑞典的铁矿石对德国来说是至关重要的)问题上，一直存在着争论。反对者认为，进攻中立国家是对国际法的侵犯，并且芬兰从没有首先提出帮助的请求。当芬兰要求苏联休战的时候，这一计划被舍弃在一边。后来，西方国家推行了早些时候由温斯顿·丘吉尔提出的一个计划，在挪威海岸布设水雷，但是，到那个时候，希特勒已经采取计划击溃他的对手了。

当芬兰战争依然在猛烈进行的时候，海军上将埃利希·雷德和德国海军紧密监视着挪威海岸线，预测同盟国可能对挪威的进攻；因为它们想支持芬兰人，并且使德国人不能在瑞典基律纳获得大量的铁矿石供给。迄今为止，希特勒并没有在战争中赋予德国海军重要角色。1939年 8 月，他允许战列舰“格拉夫·斯皮”号和“德意志”号起锚进入北大西洋，但是在一段时间里并没有与英国舰队交战。希特勒还让潜艇处于待命状态，下令不要袭击同盟国的船只。但是，当西方国家拒绝和谈的时候，他同意对所有同盟国海军部队发起全面进攻。

希特勒对大海没有真正的感觉，他完全不熟悉海军作战，因此很少干预海军事务。1939年 12 月，他命令对如何从海上对挪威发起进攻进行研究。通过阿尔弗雷德·罗森贝格，海军上将雷德开始与挪威纳粹党领导人维德昆·吉斯林接触，他表示在德国帮助下，他能够在挪威举行一场暴动。希特勒在 12 月接见了几次吉斯林；但是，希特勒的注意力集中在其他一些事务上。一次巨大的打击损害了自尊心，从而改变了他对挪威的看法。1939年 12 月 13 日，“格拉夫·斯皮”号被英国的三艘巡洋舰围堵在乌拉圭海岸，并受到严重创伤。在亲英国的蒙得维的亚避难三天之后，舰长汉斯·朗斯多夫决定拆除军舰，此事令西方国家大为高兴。1940年2月，一直陪伴着“格拉夫·斯皮”号的供给舰“奥尔托马克”号在挪威水域被英国的驱逐舰捕获，它所运载的三百名早些时候被“格拉夫·斯皮”号逮捕的英国水手全部被释放。希特勒命令对挪威和丹麦发起进攻，将全权指挥权交给尼古劳斯·冯·法尔肯霍斯特将军。

1940年4月9日，德国军队从停泊在哥本哈根的煤船中出现，他们接管了这座城市和整个丹麦。同时，德国的运煤船在德国海军的陪伴下向纳尔维克、特隆赫姆、斯塔万格进发。在德国船只将军队运输到沿海战略要地的同时，飞机将伞兵空投到挪威的主要城市——奥斯陆、特隆赫姆、卑尔根、斯塔万格和纳尔维克。到4月9日夜晚，挪威的大部分地区控制在德国军队手中。但是，在纳尔维克，德国海军承受了巨大的损失，运载爱德华·迪特尔将军的两千名山地士兵的十艘驱逐舰与英国海军交战。在巨大的暴风雪中，五艘英国驱逐舰穿越了德国驱逐舰停泊的海湾，并且将它们全部击沉。希特勒命令迪特尔将军不惜一切代价守住纳尔维克，但是迪特尔将军最终突破了同盟国军队设置的陷阱退到了瑞典。当希特勒在法国击败同盟国军队的事实越发明显的时候，在挪威的英国远征军撤出了纳尔维克，迪特尔将军回到纳尔维克，挪威和丹麦才完全被纳粹所控制。在挪威，政府实际上交给了吉斯林，他的名字成为卖国贼的同义词。挪威王室逃离了这个国家，但是在丹麦，王室成员成了纳粹占领军的俘虏。在斯堪的纳维亚国家当中，只有瑞典在整个战争期间保持了脆弱的中立。

针对西方的战争

1940年5月10日清晨五点三十五分，希特勒发动了对西方的进攻，向比利时、荷兰和卢森堡不宣而战。坦克编队和摩托化步兵团聚集在这些国家的边境。按照冯·克莱斯特将军的话来说：“假如装甲集团单列成一条线，它的尾巴一直可以延伸到东普鲁士的柯尼希堡，而它的头部在特里尔。”在对西线军队的每日命令中，希特勒说：“为日耳曼民族的未来决战的时刻到来了……今天开始的战争将决定下一个千年日耳曼民族的未来。”

一名法国男人看到溃败的法国军队途经马赛时流下了眼泪

德国发动的战役的最初所向是从陆地和空中打击荷兰，它被设计得犹如一场娱乐游戏。德国伞兵从天而降，占领包括海牙、鹿特丹的主要神经中枢，控制重要的桥梁、城镇和机场。为了恐吓荷兰人迅速投降，德国空军进行了几次毁灭性的袭击，尤其是针对鹿特丹。当斯图卡俯冲轰炸机一波又一波地毁灭这座城市，全世界为之震惊了。在德国空军捣毁了荷兰的防卫、伞兵控制了战略要地的同时，德国常规军从东部进入荷兰，引发了普遍的恐慌、混乱和道德沦丧。到入侵的第三天，德国装甲师在鹿特丹与空运的部队会合。两天后，也就是 5 月 15 日，荷兰向德国投降，威廉敏娜女王和荷兰政府逃往英国。

对比利时的征服几乎同对荷兰的征服一样也十分顺利。在 1920至 1936 年期间，比利时和法国结盟，但是希特勒对莱茵兰地区的重新军事化没有遭到反对，这使比利时人相信法国是一个可疑的盟国，也许中立是避免德国另一次攻击的最安全的方法。但是，比利时人没有作好准备，马其诺防线是用来保护法国边境的，因此没有沿着比利时边境延伸。

对比利时的进攻是由瓦尔特·冯·莱希瑙将军指挥的第六军团担负的。它的主要任务是控制横跨阿尔伯特运河上的两座大桥，以及比利时最新也是最牢固的边防堡垒——埃本·埃马尔。这个堡垒位于靠近默兹河和阿尔伯特运河交汇处的马斯特里赫南部几英里。比利时人希望坚固的堡垒至少能阻挡德国人的进攻两个星期。但是,正如在荷兰一样,桥梁和诸如埃本·埃马尔这样的堡垒都在伞兵大胆的夜袭中被占领。桥梁没有受到丝毫损伤,埃本·埃马尔堡垒被一个只有八十人构成的滑翔分遣队所夺取,他们降落在堡垒的顶部,困住了一千二百名堡垒的守卫者,直到德国的正规步兵团迫使这些守卫者投降为止。在获得了比利时防卫的关键所在之后,德国开始涌入西部比利时,向代尔河防线推进,在那里,退却的比利时人和法国及英国的军队会合在一起。对于同盟国的军事指挥官来说,德国的战略似乎是1914年攻势的再次上演,德国军队穿过低地国家的平原进入法国。但是,对西部比利时的进攻仅仅是一个假象;真正的进攻在丘陵起伏、树木丛生的南部比利时的阿登地区。因此,当同盟国的军队准备对付德国军队对中部比利时代尔防线的主攻时,伦德施泰特的A集团军的先头部队——尤其是古德里安的装甲师——正急速地穿过树木丛生、丘陵环绕的南部比利时。当希特勒的传令官告诉他同盟国的军队已经上了圈套的时候,他兴奋不已。后来希特勒回忆道:“当敌人沿着整个前线行进的消息传来时,我兴奋得流下泪来。他们落入了我的圈套。就我们来说,向列日推进只是我们的诡计。我们必须让他们相信依然恪守着过去的施里芬计划。”

在进攻展开的第四天,冯·克莱斯特将军的几个装甲师——其先头部队由大胆的古德里安领导——穿过法国边境,直奔色当附近的默兹河岸。传统的战略会暂时缓口气等待后续的步兵和炮兵,以确保成功地渡河。但是,古德里安决定立刻渡过默兹河,在古德里安以西四十英里由埃尔温·隆美尔指挥的小股部队也是这样做的。5月14日,古德里安的三个装甲师安全渡过默兹河,击退了一支虚弱的法国军队的抵抗。然后,古德里安的装甲车一路向西,碾过了默兹河的最后一道防线。现在,通往英吉利海峡海岸的道路洞开了。

古德里安将军

德国的最高统帅部和希特勒在兴奋之余也被这一出乎意料的好运弄得有点不安。伦德施泰特希望在他的左肋进行一次猛烈的冲击,但是没

有任何反应。古德里安热切地赞同恢复追击，让法国人疲于奔命，他成功地让希特勒同意他扩大立足点。这正是古德里安一直等待的向前推进的借口。5月16日，他扩展了自己的立足点，并且向西朝瓦兹推进了五十英里。他大胆的主动进攻给其他紧随着他的战车车轮的指挥官一个信号。德国坦克现在行进在比利时境内同盟国左翼之后的宽阔走廊中。

法国装甲部队惊慌失措，毫无效率，大部分缺乏协调，德国的坦克师几乎没有遭到任何抵抗。法国人丧失了机动性。德国人攻击的速度使他们完全失去了平衡，他们依然不知道这次进攻的目标是巴黎还是英吉利海峡海岸。要不是这种混乱如此具有悲剧性的话，它就是充满喜剧色彩了。正如克莱斯特将军所报告的那样：

> 当我的一位参谋给我带来法国广播电台的一段摘要时，我正在朝大海的半途中。这个摘要说位于默兹河的第六军团的指挥官已经被解职了，吉罗将军接任了这个职位。我正在读这一摘要的时候，房门打开了，一名举止优雅的法国将军被带了进来。他自我介绍是"吉罗将军"。他告诉我他正乘坐装甲车视察他的军队，发现自己处于我们的军队当中，他没有想到我们的军队进军如此神速。

法国最高指挥部的瘫痪和士气低落渗透到陆军部队当中。英国将军阿兰·布鲁克斯称法国军队是毫无纪律的乌合之众，也许这一评判是刻薄的断言，但也是有合理性的，因为法国军队的战斗精神确实是令人吃惊的退化。不仅德国的坦克撕破了法国人的防线，而且德国空军完全控制了空域，随意地轰击着退却的法国军队。法国的公路上四散着丢弃和毁坏的设备，到处是向南方逃难的难民，他们阻碍了自己部队的行进。同盟国之间的联络实际上已经崩溃，尤其是在法国人将司令部迁移到布里亚尔之后更是如此。在那里，只有一条电话线将法国最高指挥部同他的部队和外部世界联系起来，在中午十二点到下午两点间这条电话线切断不用，因为这时接线小姐要享用午餐。

法国人被奇袭制服的主要原因是，他们依然在心理上依赖于牢固的防线，并且认为可以将德国人控制在北部的河流上。正如利德尔·哈特尖锐地评述的："法国人受到第一次世界大战缓慢运动方法的训练，在心理上不能适合新的速度，它使法国人普遍陷入瘫痪。法国人致命的虚弱既不是装备的数量，也不是装备的质量，而是理论上的。”甚至德国人都不敢完全相信装甲师的成功。当事态进行得如此顺利的时候，他们怀疑这里一定有诈。5 月 17 日，希特勒临时决定暂停向西的进攻，直到第十二军团到达，并在安纳河构成一个保护盾牌。如果采取协同抵抗策略，法国人应该可以稳住阵脚，但是他们没有这样做。古德里安在收到停止前进的命令之后几乎辞去了他的职务。到 5 月 20日，他攻占了亚眠，到达阿布维尔城外的海边。

当古德里安靠近英吉利海峡港口的时候，他的坦克在英军的屁股后面横冲直撞，没有遭到任何抵抗，而这支英军正在比利时和博克的陆军较量。5 月 22 日，布伦被德国装甲部队所隔离；5 月 23 日，加莱也被占领。在短短的五天内，德国人穿过索姆峡谷抵达英吉利海峡海岸，完成了对在比利时身陷困境的同盟国军队的包围。法国、比利时和英国的军队被推向大海，那里只有两个港口——敦刻尔克和奥斯坦德依然是开放的，可以作为逃跑的通道。古德里安离敦刻尔克只有十英里，并且支撑其右翼的莱因哈特的装甲部队到达了运河，在艾尔、圣奥美和格拉夫一线建立了三个立足点。敦刻尔克成为身陷包围的英法联军最后逃窜的港口，正当古德里安准备发起最后进攻的时候，希特勒取消了这次行动，使得注定灭亡的敌人得以逃亡，也许还可以来日再战。

用什么可以解释元首会作出如此难以解释的命令？直到陆军跟进保护装甲部队暴露的侧翼之后，希特勒才愿意进军到英吉利海峡海岸。他担心法国人可能会在索姆河设立新的防线。他告诉他的将军们在佛兰德斯的战争实际上已经获得了胜利，现在他们应该全神贯注于法国的战争。

5 月 24 日，希特勒在离比利时边境大约二十五英里的明斯特艾弗尔——西线司令部就设在那里——召见布劳希奇，告诉他：伦斯德将军同意了自己的计划，已经停止了坦克的前进，并重新组合向巴黎挺进。布劳希奇提出了严厉的抗议，指出伦德施泰特将军的坦克离敦刻尔克只有十四英里，在包围英国军队方面处于极好的位置，而博克的军队离敦刻尔克依然还有三十四英里。但是，希特勒极端低估了让二十万英法联军逃窜的潜在危险性，他提醒布劳希奇：对于法国来说，真正的战争并不在敦刻尔克。

敦刻尔克撤退的英军涉水走向船只

希特勒相信博克的军队可以应付敦刻尔克之战，因此无须将装甲部队暴露在这个运河密布的国家当中。他根据在第一次世界大战中的经验，认为坦克在佛兰德斯是无用的。另外，赫尔曼·戈林使希特勒相信空军将阻止受困的英法联军所有大规模的逃窜。英国两个坦克营在阿拉斯对德国向敦刻尔克挺进部队的侧翼进行了一次小型抵抗，按照利德尔·哈特的看法，这使得希特勒相信他应该保护自己的重型装甲部队。最终，一些历史学家认为希特勒停止进攻的命令是一个策略，能够使他在未来与英国进行谈判，达成妥协。但是，似乎更为可能的是希特勒的这一命令是出于军事上的原因，尽管它是错误的。空军被证明并不能在敦刻尔克海岸毁灭英国的远征军。这是因为一段时间里出现了恶劣的天气，而且当飞机发动攻击时，炸弹落在松软的沙滩上，只形成极其微小的伤害。另外，英国的战斗机在海面上进行了大规模的巡逻，击落了大量的德国飞机。因此，希特勒停止进攻的命令加上空军虚弱的表现，使得英国能够利用一切船只——常规的海军舰船、伦敦码头大客轮上的救生船、泰晤士河上的拖船，以及各种私人游艇、钓鱼船、驳船、大型游船，正如丘吉尔所说的，凡是海岸边一切可以运用的船只——将人员加以疏散，将近八百六十只船被用于解救受困于敦刻尔克的英法联军。

总共有三十三万八千名英国和同盟国的士兵在敦刻尔克得到了疏散，其中绝大部分是法国人。只有两千人在途中因沉船失去了生命。假如敦刻尔克不是同盟国的奇迹，那么，它确实代表了导致德国最终战败的几个错误中的第一个错误。确实，希特勒得到了大量英国远征军丢弃在海滩上的设备，但是，有什么可以和"拯救一支军队相比拟呢？依靠它的核心和结构，英国能够独自建立自己未来的军队"。

德国在法国的最后战役发生在 1940年 6 月 5 日，也就是在夺取敦刻尔克的第二天。德国人对整个前线进行了大规模的调整，他们很快将进攻从西北部调整到南部，在那里，替代甘末林的新法军总司令马克西姆·魏刚企图建立一条漫长的前线，它从索姆河一直延伸到安纳河。法国人设法组合出六十六个师，但是其中有十七个隐藏在牢固的马其诺防线，作为新前线的最后一环。同盟国新的前线比过去的漫长，但是要脆弱。另外，法国失去了三十个师，而且只能指望两个英国师的支持。

德国人为最后对法国的进攻使用了三个集团军的所有部队。由博克领导的 B 集团军被指派首先对索姆河下游发起进攻；由伦德施泰特指挥的 A 集团军将跨越安纳河；最后，由威廉·里特尔·冯·莱布指挥的 C 集团军将从齐格弗里德防线后面出现，向马其诺防线发起攻击，将残存的法军牵制在前线的远东地区。装甲部队再次得到运用，十分之六的装甲部队划给了博克。在索姆河下游，霍特指挥着第五和第七装甲师；中部面对的是佩罗纳—亚眠地区，有克莱斯特的四个装甲师，同时古德里安的四个装甲师面对着安纳河。

博克的B集团军在1940年6月5日对索姆河下游发动了进攻，但是，法国人顽强的抵抗使这条战线坚持了两天。但是，在博克的最右翼，隆美尔的装甲师在第三天突破了法国的防线。在一个集天才与灵活于一体的大胆行动中，隆美尔的坦克通过两座狭窄的铁路桥越过了索姆河，法国人没有破坏这两座桥的目的是未来准备反攻，他们以为桥面承受不了重型坦克。隆美尔拆除了铁轨和枕木，沿着狭窄的路基，将他的坦克和运兵车直接送过了两座铁路桥，仅损失了一辆坦克。隆美尔的坦克及跟进的其他德国部队，现在可以如潮地穿越这个洞口。6月8日，隆美尔以快速进攻打破了防卫的均衡，深入混乱的法国防线四十九英里，到达了安纳河南段的卢昂。隆美尔没有理睬匆忙积聚起来的法国人的防御，命令他的装甲师直奔英吉利海峡海岸。6月10日，他到达靠近圣瓦雷里的海岸，切断了退却的法国第十军，迫使它在6月12日投降。

尽管隆美尔的突破是相对容易的，但是发自索姆河右翼的进攻遇到了殊死抵抗。直到6月8日，克莱斯特装甲部队的左翼才击破法军在亚眠的防线，向南朝奥斯尼河的下游地区挺进。自从伦德施泰特的A集团军在安纳河一线获得了快速突破之后，德国最高统帅部在6月9日决定将克莱斯特的装甲部队移交给古德里安，以扩大他在安纳河的突破口。八个装甲师沿着莱姆河两侧向南开进。古德里安的右翼6月12日夺取马恩河畔的夏隆，6月17日夺取弗朗索瓦省的维特里，6月14日夺取夏芒，6月15日夺取萨奥尼河。7月17日，古德里安到达了瑞士边境的庞塔里埃。当古德里安将庞塔里埃的陷落电告武装部队最高统帅部的时候，回复有些怀疑。“你们的信号是错误的，”并且指出，“估计你是指萨奥尼河畔的庞泰勒尔。”由于庞塔里埃离萨奥尼河有六十英里，古德里安也仅在一天前跨过这条河流，因此德国最高统帅部对将军的断言表示怀疑是可以原谅的。但是，古德里安以无可争议的证据回电道：“毫无错误。我就在瑞士边境的庞塔里埃。”古德里安的大胆和独立性再次击败了武装部队最高统帅部的小心。他和也用坦克穿越难以置信的路程的隆美尔一道，成为西线战役的主要英雄。他恰如其分地获得了“快速海因茨”的绰号。

古德里安对庞塔里埃的占领孤立了依然在马其诺防线抵抗的法国部队。他命令他的坦克向北进入孚日和阿尔萨斯，与莱布指挥的C集团军紧密合作攻击马其诺防线。6月19日，基希纳的第一装甲师与弗里德里希·多尔曼将军的第七军会师，并且将四十万法国军队围困起来。

随着魏刚脆弱的索姆河和安纳河前线的崩溃，法国政府放弃了巴黎，德国人于6月14日占领了这座城市。6月16日夜晚，法国总理保罗·雷诺辞职，并要求贝当元帅组织一个新的政府，主要目标是与德国谈判，签订停战协议。

当希特勒听到贝当元帅希望停战的消息时兴奋得蹦了起来。但是，瞬间的愉快很快就被更为强烈的复仇情感所取代。他决心让法国人体验1918年11月在香槟森林德国代表团被迫承受的同样的耻辱。因此，他作出指示：将1918年费迪南·福煦元帅在其中向德国代表团指定停战条款的木制餐车从巴黎博物馆中取出，放在香槟森林同样的地点，这个地方靠近法国停战纪念馆。

对于希特勒来说，这场胜利是个人胜利和复仇的历史时刻。温暖的6月，香槟森林中巨大的榆树和松树构成一片小小的空旷之地，希特勒从自己的大轿车里走出来，想到将要向法国人指定停战条款，心里涌动着满意的潮水。哥伦比亚广播公司的记者威廉·夏勒目睹了这一事件的过程，他在日记中记录了希特勒胜利的历史瞬间，描绘了希特勒在参谋的簇拥下大踏步地走着，以挑衅的姿态"将整个身体和当时的心情和谐地融为一体"，他手叉着腰，耸起肩膀，两腿分得开开的。夏勒的描绘是正确的："希特勒已经到达他流星般生涯的最高峰"，并且为1918年的失败复了仇。

尽管这个停火协议的实际条款留了一线希望，因为并非法国的所有领土都被德国占领，但依然是极为严苛的。只有法国西北部成为被占领土，其余部分依然处于贝当元帅的控制之下。希特勒甚至愿意放弃德国对法国舰船和殖民地的要求。法国解除了武装，遣散了军事人员，并同意向德国支付占领的费用，直到战俘释放、和平到来为止。贝当政府在未占领区寻找适当的首都，最终选择了疗养胜地维希。一旦英国被击败，法国政府被允许回到巴黎。

同时，巴黎处于德国的控制之下，万字徽旗在埃菲尔铁塔顶上飘扬。6月23日，希特勒在他喜欢的三位艺术家——建筑师埃伯特·施佩尔和赫尔曼·吉斯勒、雕塑家阿诺·布雷克尔——的陪同下到达巴黎，参观了主要的景观。元首的随从参观了现代巴洛克歌剧院、埃菲尔铁塔、凯旋门；带着敬畏的心情在拿破仑墓流连；满怀激情地赞美协和广场宏伟的背景。最后，他们来到蒙马特高地，但是希特勒发现圣心教堂非常乏味。三个小时之后，希特勒完成行程。他现在是大陆的君王和主人，处于权力的顶峰。德国内部的反对派从战争开始一度不断涌现，现在绝大多数安静下来了。在大多数德国人眼里，希特勒不仅是一位杰出的政治家，也是“一位历史上最伟大的军事领导人”——这是凯特尔 1940年 6 月痛哭流涕的赞美。真实的情况可能是：同盟国军队是脆弱的，而且缺乏领导；曼施泰因使阿登战役成为一个战争的概念；机动的坦克战是前卫的军事理论家大脑里的产物。但事实依然是：希特勒在很早之前就识破了敌人在政治和军事方面的虚弱，对曼施泰因给予有力的支持，同时在德国军队内部对依赖装甲部队还存在着相当的反对意见的时候，他就认识到德国的陆军应该得到装甲师的支持。正如阿兰·布洛克所认为的那样：“假如希特勒要对德国军队后来的灾难负责的话，那么，他有资格对 1940年的胜利分享主要的功劳。德国的将军们对此无功也无过。”这是一个被充分采纳的观点，但是，布洛克认为，将军们无功也无过是值得争议的。事实上，将军们既有功又有过。军队对早期的胜利是有功劳的，同时，希特勒干预和错误安排对后来的失败也负有责任。

法国突然而灾难性的失败在西方国家当中散布了沮丧的气氛。它们在疑问：一个伟大的国家如何可能忍受这样耻辱性的失败，如何可能在几个星期里就被完全粉碎?在寻找替罪羊的行动中，许多法国人同第一次世界大战中的许多德国人如出一辙。他们坚持认为，他们不是被击败的，而是被出卖的。但是，事实是更为庸俗的。毫无能力的将军们和毫无生气的政治家们领导着法国人。当德国的军事铁锤出乎意料地、压倒一切地砸下来的时候，结果只能是恐慌、退却和军事上的失败。

英国之战

1940年 5 月的第二个星期，绥靖者内维尔·张伯伦的无能政府陷入耻辱。温斯顿·丘吉尔曾经预言性地警告过德国的危险，现在这一预言被证明是正确的，他成为首相和孤立的、麻烦丛生的英国的领导人。丘吉尔是一个具有勇气、韧性、伟大的政治才能及卓越雄辩能力的人，希特勒发现了强硬的对手。

1940年夏天，英国是一个受到围攻的岛国，正为生存而战。它十分孤立，几乎没有什么生存机会。唯一的希望在于能够经受住希特勒的暴怒，进而找到强大的

德国轰炸机在泰晤士河上空

盟友。对于希特勒来说，法国的突然崩溃使他无仗可打。早在 1924 年，希特勒出版《我的奋斗》的时候，他就坚持认为英国是德国的天然盟友，作为对自由地控制大陆的报答，他乐意给予英国对海外的自由控制。元首的这种观点部分可以解释他并没有全身心地积聚入侵的力量，以及 1940年夏、秋两季在对英国的轰炸时所持的并非一致的态度。希特勒对英国从来就没有施行全面的战争；他希望英国最终认识到持续这场无法取胜的战争的无效，从而最终与德国达成和平协议。

但是，英国人没有这样做，于是他命令德国最高统帅部制订一个名叫"海狮"的入侵计划，计划要求用九万人的军力乘坐大约一千条大小不等的船登陆到英国海滩。这个异想天开的计划所面临的问题是，在 1940年夏天，德国的海军根本就没有水面舰队，它的大部分大型船只都在挪威战役中损失了。另外，德国的海军几乎没有两栖登陆的经验。尽管希特勒设想有一个庞大的海军，但是海军的建设进程时断时续。同时，希特勒命令对英国最初的进攻由空军完成，这一想法的出发点是在大举进攻之前弱化英国的防卫系统。因此，1940年夏天，帝国元帅戈林聚集了庞大的战斗机群和远程轰炸机群，其目的是摧毁英国的军火工业，并且威胁其民众屈服。尽管德国的军力几乎是英国的两倍，但是，在这场著名的英国之战(1940年 8 月—9月)中，心理优势明显在英国一方。英国人保卫着祖国以抵御外来的入侵。一段贴在公共汽车上的伦敦方言很好地表达了这种倾向："你们还有什么可怨?我们已处于绝境，是不是这样?我们正在家门口打仗，是不是这样?"英国人还有其他一些优势：他们拥有雷达，这使得他们的战斗机能够预先获取即将到来的进攻警报；他们能够制造和德国人一样多的飞机（一个月超过六百架），并且他们的飞机——尤其是"喷火"和"飓风"飞机——在技术上优于德国的"梅塞施密特"或"斯图卡"。最终，按照英国空军元帅休·道丁的话来说，英国是幸

伦敦空战的场景

被炸毁的考文垂大教堂

丘吉尔视察被炸毁的伦敦城南住宅

躲避轰炸的德国儿童

运的，因为它拥有一位一流的战略家，他的耐心、勇气及思维的敏捷都与帝国元帅戈林神秘莫测的个性形成鲜明的对比。

假如德国人集中所有的力量攻击英国的飞机场和飞机，也许可以击溃皇家空军。但是，戈林将德国对机场的攻击变为对港口、造船厂及一些主要城市的攻击。对英国的最后一波攻击发生于9月7日到11月13日，这就是著名的大规模空袭，主要是针对重要的工业中心，如伦敦和考文垂。在整个9月，德国的战斗轰炸机每天晚上都对伦敦和英国的其他城市发起空袭。这些恐怖进攻非但根本没有摧毁英国民众的意志，反而加强了他们的抵抗决心。

对德国最高统帅部来说越来越明显的事实是：英国不可能在空袭下屈服，每天的生命和材料损失极为巨大。根据战后英国的数据，到 10月底，皇家空军共击落德国战斗机和轰炸机一千七百三十三架，而英国的战斗机共损失九百一十五架。这样的损失对于德国最高统帅部来说是非常昂贵的，这也为海军领导人推迟入侵的建议提供了恰当的辩解。因此，在 10月 12 日，希特勒将“海狮”计划无限期地束之高阁。现在回过头来看，英国之战对所有英国人来说是一场英雄的行为，尤其是对几千位战斗机飞行员来说更是如此。他们每天进行着胶着的混战，将力量用到了极限，能以将近二比一的比例击落德国的飞机。正如丘吉尔所言：“在人类历史上，从来没有这么多的人从这么少的人那里得到如此巨大的恩惠。”

地中海战场：巴尔干和北非，1940—1941

尽管希特勒依然认为德国只有消灭了西方，才能对苏联发动攻击并最终战胜它，但是，他现在说服自己的是：英国从大陆的撤出意味着德国的西侧不再有任何危险。由于不能用空袭使英国屈服，他就决定先征服苏联，然后用它巨大的资源打击英国，使英国俯首称臣。甚至当英国之战正酣的时候，希特勒就不再疑虑：苏联而不是英国是德国的首要敌人。1940年 6 月中旬，苏联占领了波罗的海各国，希特勒认为这是对芬兰和波罗的海的威胁。6 月 28 日，斯大林还从罗马尼亚那里吞并了比萨拉比亚和北布科维纳。希特勒十分清楚与苏联算账是不可避免的。1940年 8 月 14 日，十四位新陆军元帅手持元帅杖聚集在总理府，希特勒坦率地告诉他们他准备同苏联决战。

1940年 9月 27 日，德国、意大利、日本在柏林签订了三国条约，这个条约的目的是在欧洲和远东的“大东亚”建立“新秩序”。三个国家同意相互支持，共同反对加入英国一方的国家，尤其要包括潜在的亲英国家的名单中的苏联。人们也十分清楚这项条款也包括美国在内。尽管在最后一刻德国人将三国条约的情况告诉了苏联人，但是斯大林相当惊讶，他怀疑三个国家迟早要来反对他。为了欺骗斯大林,希特勒暗示没有不让苏联人加入三国条约的任何理由。莫洛托夫被邀请前往柏林讨论条约和其他有关德—苏关系的主要事务。事实上,希特勒正悄悄地忙于入侵苏联的准备工作。当 1940年 11月 12 日莫洛托夫到达柏林的时候,他的德国主人妄称与英国的作战进行得很好。他们希望苏联加入三国条约,根据明确的地缘政治的影响范围划分世界。按照这一幻想,意大利人和德国人向南进入非洲,苏联人进入近东和印度洋,日本人夺取南亚和东南亚。莫洛托夫没有相信这些玄虚的幻想,他固执地坚持于具体的现实问题:德国在芬兰和巴尔干地区想要干什么?在欧洲的"新秩序"意味着什么?这次会晤不仅没有收获,反而加深了业已存在的猜疑。莫洛托夫和里宾特洛甫之间举行的一次古怪的会议最终结束了这次会晤。这次会议在一个因英国皇家空军夜袭柏林而建立的防空掩体中进行。据说当两个人单独在一起的时候,里宾特洛甫对莫洛托夫说:"现在我们在一起。为什么我们不去分割呢?"莫洛托夫回答道:"英国人会怎么说?"里宾特洛甫说英国不再是一个强国,对此莫洛托夫给予了一个有名的回击:"假如是这样的话,我们为什么躲在这个掩体里?这些落下的炸弹是谁的?"莫洛托夫和斯大林都不相信希特勒对北非的妄想,但是斯大林并不怀疑希特勒正在迅速地准备向他发起进攻。到 1941年 6 月入侵的时候,斯大林还在尽力安抚希特勒;他甚至提高经济供应的程度,加派额外的列车前往德国。

当希特勒一心东进的时候,西线的战争依然在进行。他的军事顾问认为除了空袭,打击英国还有其他方式。例如,海军上将雷德反复催促希特勒可以在更为有利的战场打击英国。比如地中海,在那里,西班牙、意大利和维希法国都可能与德国结成联盟给予英国的帝国地位以致命打击。于是,1940年,希特勒亲自进行外交活动,拜会了佛朗哥、贝当和墨索里尼。但是,他没有建立起地中海联盟,因为他并不想平等地对待这些国家,而只是视作虚弱的卫星国,它们的命运存在于为德国的战争提供服务当中。10月 23 日,希特勒乘坐铁路专车在西班牙的边境小镇会见了佛朗哥。他答应归还直布罗陀以报答西班牙站在德国一边,但是这一点并没有打动这位西班牙领袖,他拒绝了希特勒的傲慢。在持续了九个小时的缠人谈话中,佛朗哥成为第一个令人惊讶的人物,他在私人交往中控制了元首的意志。之后,希特勒承认他宁愿被拔掉三四颗牙齿,也不再做这样的事了。佛朗哥狡猾的逃避之后是贝当元帅的模棱两可,这位老战士对一位朋友的话概括了这种

希特勒和墨索里尼的关系发生了变化，意大利在法西斯统治上先行了一步，但是在军事实力上和德国不可同日而语。

情景："花了六个月讨论了这一计划，花了另外六个月忘记这一计划。"当疲惫的元首见到墨索里尼的时候，他受到了更大的震动。10月28日，希特勒的私人列车开进了佛罗伦萨，意大利领袖在火车站会见了希特勒，他带来了新闻：当天早晨，胜利的意大利士兵已经越过了阿尔巴尼亚边境向希腊挺进，这是元首企图阻止的行为，因为他正确地推断意大利的军队是虚弱的，他会将德国拖入它难以应付的巴尔干泥淖之中。阿兰·布洛克正确地认识到："法国战败之后，德国就事事不顺心。英国拒绝谈判，西班牙人和法国人证明是难以捉摸和不可信赖的。直布罗陀依然在别人手中，法国的殖民帝国依然没有得到控制。"

墨索里尼对希腊的进攻证明是令人麻烦的失败。意大利军队装备十分糟糕，军队士气极低。从外交的角度来看，意大利领袖的侵略行为没有得到很好的建议，而且十分愚蠢。当墨索里尼激起新动荡的时候，希特勒成功地平息了巴尔干地区的国家。南斯拉夫和保加利亚对希腊的领土存有要求；俄国人也被诱入偏袒一方；英国可能占领希腊并获得东地中海的立足点来对抗意大利的行动。使问题更糟糕的是意大利军队的拙劣表现，它遇到了希腊军队的殊死抵抗，不得不在12月撤退到阿尔巴尼亚山区，在那里坚持到1941年春天。

希特勒从来就没有把地中海作为主要的战争舞台；墨索里尼对巴尔干的入侵迫使他推迟了实现真正的愿望——入侵苏联——的时间。因此在1941年春天，他极不耐烦地加快了外交和军事上的速度，希望尽快解决巴尔干问题，以便能够向苏联人发起进攻。

意大利领袖傲慢地将地中海称作"我们的海洋"，并且提出了与其实际军事力量远不匹配的令人难以接受的要求。他要求尼斯、科西嘉、突尼斯和东阿尔及利亚脱离法国，要求苏伊士运河脱离英国。在获得利比亚和昔兰尼加之后，他在

1940年9月12日向埃及发起了进攻。为了指望巴尔干成为他下一个征服目标，他从阿尔巴尼亚转向南斯拉夫和希腊。但是，希腊国王乔治二世拒绝了意大利领袖在东部希腊建立战略军事前哨的要求，由于得到英国军队和物资的支持，他在十四天的时间里将入侵的意大利军队驱逐出了希腊。1940年12月9日，英国人在埃及发起反攻，重新夺取了西迪·巴拉尼、索卢姆、拜尔迪耶。在1940年12月到1941年2月之间，英国人一共俘虏了二十万意大利人，并且对利比亚和昔兰尼加构成了威胁，重建了通往印度洋的水道，解放了埃塞俄比亚，将海尔·塞拉西国王重新送上王位。这是第一次一个被轴心国占领的国家得到了解放。在克里特岛建立了一支小型的空军部队之后，英国人已经十分靠近巴尔干了，以致对罗马尼亚的油田构成了威胁，这些油田是希特勒专门用来为德国的战争服务的，因此至关重要。

随着意大利人在希腊和北部非洲的失败，希特勒害怕英国可能在整个地中海占据统治地位，这将威胁维希控制的法国在北非的殖民地及意大利南部大陆。因此，1940年12月希特勒发布了几道命令，目的是支撑他软弱的意大利盟友。他命令戈林将几支空军部队调往意大利南部，在那里对英国在北非和地中海的阵地发起进攻。他还命令创建一支专门的沙漠坦克师，后来将它交给埃尔温·隆美尔指挥。1940年12月13日，他发布了名为“马利塔行动”的第20号命令，要求在罗马尼亚南部建立一支强大的部队，在1941年令人满意的天气条件出现的时候，这个罗马尼亚的行动基地将成为借道保加利亚、保证爱琴海北部海岸——假如必要的话，也包括希腊大陆——的跳板。希特勒的指示建立在四个国家友好合作的基础上。这四个国家——匈牙利、罗马尼亚、南斯拉夫、保加利亚——把德国和希腊隔离开来。这些国家在外交和经济上都受到德国的威胁，抵抗就会自取灭亡。海军上将霍尔蒂以极权主义的方式统治着匈牙利这个依然半封建的国家，他喜欢希特勒，加入了三国联盟，并允许德国军队通过他的国家向罗马尼亚挺进。罗马尼亚是一个在年轻的国王米哈伊尔统治之下的君主政体，但是实际上它受到法西斯独裁者安东尼斯库元帅的统治，它也加入了三国联盟，并邀请了七万名德国“教导团”前来罗马尼亚，表面上是训练罗马尼亚的部队，实际上是占领罗马尼亚的油田，并可借道进入保加利亚。1941年2月28日，这些德国“顾问”进入保加利亚，保加利亚的统治者鲍里斯国王是元首的支持者，在德国军队占领他的国家一天后就保证合作，并成为三国同盟的成员。1941年 3 月，希特勒邀请南斯拉夫总理德拉吉萨·塞特科维奇和外交部长辛卡尔·马尔科维奇前往伯格霍夫，并把属于希腊的萨罗尼基送给他们作为加入轴心国的报答。1941 年 3 月 25 日，塞特科维奇在维也纳签订条约。兴高采烈的希特勒对他的外交努力十分满意，他告诉齐亚诺：如果天气好的话，希腊的情况将在几天内得到解决。但是，当塞特科维奇和马尔科维奇回到贝尔格莱德的时候，塞尔维亚的高级官员立刻将他们逮捕。这些官员已经推翻了摄政王保罗亲王，并且以年轻的彼得二世取而代之，同时拒绝了同德国的联盟。

希特勒慌忙在总理府召集了战争委员会，决定如何惩罚不妥协的南斯拉夫人。无论什么时候，当情况与他的意愿不一致的时候，希特勒总是向眼前的每个人发泄愤怒，并且采取冲动行为平息他复仇的愤怒。这也是在南斯拉夫危机中所发生的一切。希特勒被贝尔格莱德的“背叛行为”所激怒，他迅速地将对苏联的入侵推迟了一个月，以便处理这一事件。他命令以军事的方式彻底消灭南斯拉夫。他愤怒至极，即使新政府表示效忠，也要消灭这个国家。4 月 5 日至 6 日的夜里，德国部队开进南斯拉夫，同时轰炸机群领头飞向贝尔格莱德，实施希特勒的“惩罚行动”，共炸死了一万七千市民，并毁坏了这个城市的大部分地区。同时，其他德国部队也从在巴尔干半岛的基地侵入希腊。4 月 12 日，德国军队从南部和北部抵达贝尔格莱德，迫使规模小、装备差的南斯拉夫军队在 4 月 17 日投降。希腊战役的速度也是如此，只持续了四天。希腊军队投降，带有万字徽的旗帜飘扬在雅典卫城。

1941年 5 月 4 日，希特勒对国会发表了胜利演讲。这次演讲十分著名，它企图为墨索里尼将德国拉入巴尔干战场开脱。希特勒强调：巴尔干战役真正的动因在于英国企图在这一地区获得立足点，以及南斯拉夫对德国进行了不可饶恕的侵犯。事实上，元首是被墨索里尼的失败拉入巴尔干的。这些失误的结果继续在这个战场上耗费着他的精力，而对于这个战场他却毫无兴趣。因此，在处理了南斯拉夫问题之后——他专横地和墨索里尼一道将南斯拉夫分割了——他企图补偿墨索里尼在非洲的损失来继续扩展自己的势力范围。在隆美尔将军的领导下，德国部队被派往非洲。这支部队的摩托化装备并不充分，但是在 3 月 24日就对英国的阵地发起了进攻，十二天后就重新征服了意大利人在前几个月失去的

德国炮兵在雅典卫城警戒

领土。在5月下旬(5月20日—27日),德国伞兵从英国人手里夺得了克里特岛,从而获得了一个极好的空军基地,从那里德国人可以进攻英国在埃及、巴勒斯坦和伊拉克的阵地。事实上,假如希特勒在地中海战场投入更多的军事力量——正如海军上将雷德和隆美尔将军所督促他的那样——德国就可能给予英国在中东的帝国地位以致命的打击,这是一个比夺取伦敦还要致命的打击。正如阿兰·布洛克所认为的,希特勒的直觉在这场战争的关键点上极大地损害了自己。

他的副手和指定继任者也损害了他。1941年5月10日,鲁道夫·赫斯进行了一次秘密的、后来被证明是无效的任务,他飞往苏格兰,希望使英国人同德国人谋和。对这次奇怪的行动引发了无数的猜测,但是有一点是可以特别确定的:赫斯已经在纳粹的等级制度中消失一阵子了,他需要通过做一些不平凡的事情重新得到元首的信任。还有一个证据表明:赫斯已经显示出某种严重的精神病问题。我们并不清楚英国人究竟如何对待赫斯,他们将他关押起来,并告诉世界在战争结束之后,将把他作为战犯处理。有一点可以肯定:英国人驯服了他,他告诉英国人有关希特勒准备进攻苏联的计划。戈培尔告诉我们,当希特勒得知这个消息时,眼泪纵横,看上去老了十岁,但是这并没有阻止元首宣布:赫斯在显示出严重的精神问题的迹象之后,现在已经彻底疯了。不过,这很难让德国人接受,因为他们依然清楚地记得,在1939年9月1日,希特勒公开告诉他们应该绝对信任他指定的接班人。

赫斯可能透露进攻苏联的情报似乎没有引起希特勒的关注，他依然决心加紧执行这个计划。甚至在1940年秋季他陷入地中海战场的时候，他真正的关注点还是苏联。消灭布尔什维主义和世界犹太人构成了希特勒的中心目标。相反，意识形态的理由一直促使他避免和英国进行一场漫长的战争。他对英国赞赏得多，但知道得少。随着资源消耗到极限，希特勒知道他不能同时在两条战线进行消耗战，并且苏联的失败将使其他的考虑变得无足轻重。希特勒在1941年已经在两条战线开战的观点是不能接受的，但是这也不是希特勒在1941年春天所设想的。在一系列辉煌的战役中，希特勒分别以四个星期和八个星期战胜了波兰和挪威；用五天战胜了荷兰和比利时；用六个星期战胜了法国；用十一天战胜了南斯拉夫；用三个星期战胜了希腊，包括夺取克里特岛。北非的大部分地区也在他的控制之下。随着这些征服，他已经成为西方世界的主人，他被大多数德国人——包括他的将军们——颂扬为历史上最伟大的指挥家。为什么对苏联的征服应该有所不同呢?1940年末和1941年春天劝他仔细考虑进攻苏联的人后来说，他反复说服自己他将在苏联取得快速和轻易的胜利。他需要证明他即将采取的行动是合理的，而这种需要又是如此持久，以至于发展成为一种自体中毒。希特勒用宏大或彻底的判断来证明自己的观点，他认为“苏联是一具泥塑的巨人，是布尔什维克化的荒野”。他决定在几个星期里解决对苏联的战争，他劝告约德尔说：“我们只要对着门踢一脚，整个腐烂的大厦就会轰然倒下。”他让自己信服这一征服的回报是巨大的，因为从乌克兰的大量资源当中，无尽的财富将流入德国；因为苏联的一切都将成为德国的面包篮，骄傲的雅利安殖民拓荒者将在东部做出美国开拓者在西部所做的事情。当然，一路上总是有阻碍的，正如美国西部总是有不同寻常的地形和红皮肤的土著人，但是，这些障碍将被他的征服骑士无情地碾成粉末。

巴巴罗萨行动：入侵苏联

1941年6月22日早晨七点，约瑟夫·戈培尔在广播中宣读了元首致德国人民的宣言：

> 经过深思熟虑和几个月的沉默，我现在可以自由地说话了。德国人民！现在进军正在进行，世界上从未有过如此庞大的规模。今天，我已经决定再一次将德国和我们人民的未来交给我们的士兵。愿上帝保佑我们，尤其是在这场战斗中。

像希特勒已经给德国人民带来的惊人之举一样，这一宣言也是一个既成事实，因为对苏联的入侵已经在几个小时前就进行了。希特勒在苏联前线聚集了令人可怕的、人类战争史上从来没有积聚过的军队：一百五十三个师(超过三百万人)，六十万车辆，三千五百八十辆坦克，七千一百八十四门大炮，二千七百四十架飞机。德国军队还得到十二个罗马尼亚师、两个半斯洛伐克师、十八个芬兰师的支持；后来，入侵部队还加入了三个意大利师和一个西班牙“蓝色师团”。

这支庞大的军队在极其秘密的状态中聚集起来，当6月22日凌晨七千多门大炮的火光照亮天空的时候，当雨点般的炮火和巨大的毁灭落在俄国人脆弱的防线上的时候，德国监听站不断地接收到俄国人的信息：“我们正受到攻击，我们该怎么办?”俄国人的直接反应是逃跑、重新组合、整顿在德国人入侵之后产生的巨大混乱。

希特勒对苏联的进攻依然遵循着他早期闪电战的通常模式。在空军快速的、令人惊讶的袭击之后——它使苏联失去了大部分依然停留在地面上的四千架飞机，这是令人震惊的损失——装甲纵队在钳形围攻战斗中分割了苏联的军队。德国军队被分成三个集团军：北方集团军，由威廉·里特尔·冯·莱布元帅指挥；中央集团军，由费多尔·冯·博克元帅指挥；南方集团军，由格德·冯·伦德施泰特元帅指挥。正如在法国和波兰一样，德国坦克部队与一般的陆军相分离，被组建成四个军团，由著名的坦克指挥官——埃尔温·冯·克莱斯特元帅、海因茨·古德里安上将、赫尔曼·霍特将军和埃利希·霍普纳将军——指挥。尽管德国集团军在北部向列宁格勒、中部向莫斯科、南部向乌克兰推进，但是希特勒对巴尔巴罗萨行动的指挥没有清楚地圈定明确的地域目标。最终的目标是消灭苏联的军队，而不是对苏联城市的占领。

希姆莱特别灭绝行动队执行的对市民的第二次攻击极其可怕，它使得德国国防军承担的对苏联的军事进攻相形见绌。几乎没有人认识到希特勒针对苏联的战争不仅仅是一场传统的战争，它还是一场种族—生物战争，这种战争的最终目标是对“犹太的—布尔什维克的知识分子”的灭绝。在入侵苏联前三个月的一次军事会议上，希特勒预先警告了那些被选来指挥苏联战役的高级指挥官：

> 进攻苏联的战争不可能以一种骑士气概的样式展开。这场斗争是意识形态和种族差异的斗争，必须用前所未有的、无情的、毫不手软的残酷来引导意志。所有的军官必须去除陈腐的意识。我知道发动战争的这种方式的必要性已经超出了你们这些将军的理解能力，但是我绝对地坚持认为：我的命令必须毫无抵触地得到执行。苏联的政委是直接反对国家社会主义意识形态的执行者，因此必须被全部清除。

按照约德尔将军的观点，希特勒将这些残酷的方式理性化了，他向将军们指出：苏联没有在海牙会议上签字，因此没有权利得到它的对手的人道对待。事实上，希特勒认为俄国人是低人一等的，苏联的领土是布尔什维克化的荒原。他相信俄国人只适合做奴隶，一旦置于德国人的统治下，他们就必须被无情地征服。他强调：“没有什么比在那里教育这些民众更为糟糕的错误了。为了我们的利益，俄国人只要认识路上的路标就足够了。现在，他们不识字，他们应该永远这样。”同样，德国的征服者也无需做些什么去提高俄国人的健康。希特勒更喜欢俄国人肮脏和不讲卫生。他宣称在任何情况下，俄国人“很少活过五十或六十岁。给他们接种是极为可笑的想法。根据这样的情况，我们必须将我们的律师和卫生专家搁置在一边。对于俄国人来说，没有接种，也没有肥皂除去他们的污秽”。

对俄国人的征服——尤其是消灭它的领导层——被委派给海因里希·希姆莱及四个由秘密警察和党卫队保安处人员组成的特别任务部队——灭绝行动队。另外，按照官方的“征服、统治、剥削”的精神，专门的国家委员被委派来管理战线后方的区域。希姆莱和海德里希确立了这一野蛮政策的基调，他们以口头方式批准执行东部任务的部队的领导人杀害所有的犹太人、亚洲劣等民族、共产党官员和吉卜赛人。由希特勒发布的命令加强了这一政策。在一个命令中，他亲自免除了对军事人员杀害平民的刑事起诉；在首先颁布于 1941 年 3 月 31日的臭名昭著的《政委命令》中，他给予部队指挥官全权以清除政治委员。希特勒的观点渗透到无数指挥官的思想中，他们经常默认纳粹狂热分子的激进方法。在6月22日进攻之前，德国最高统帅部向三百万士兵发布了指导方针，它要求“给予布尔什维克的煽动者、游击队员、破坏者、犹太人无情和有力的打击，并且消灭所有积极和消极的抵抗者”。

所有的眼睛都盯着德国庞大军队的辉煌进展，几乎没有人注意到在后方地区纳粹正犯下的暴行。但是，可怕的事实是希姆莱的追随者紧跟着武装部队的脚跟，全方位地围捕共产党官员、犹太人、知识分子和其他“颠覆分子”，将他们关进临时建立的集中营，毫无人性地将他们杀害。

德国装甲部队的神速、空军总体上的优势地位、陆军的昂扬士气、所有军种的出色协调，都给德国的进攻戴上了战无不胜的光环。入侵的最初三个月似乎证明了希特勒的预言。7月初，北方集团军到达波罗的海的里加；一个月后，中央集团军征服了白俄罗斯，夺取了斯摩棱斯克，离莫斯科只有两百英里；最后，在南部，德国人占领了乌克兰首都基辅，俘获了六十六万五千人，截获了大量的物资。通往莫斯科的道路已经打开，因为南部的进攻已经消除了对中央部分侧翼的威胁。由于这个原因，陆军最高指挥部催促希特勒在中央集中主要的攻击力，对莫斯科形成压力。假如希特勒能够集中在一个目标上，并且将作战方针和战地指挥官协调一致起来，苏联可能在1941年秋天就被踢出战局。但是，希特勒在几个目标上摇摆不定。他浪费了宝贵的时间，并且无休止地使他的将军们感到灰心丧气。当对苏联战役刚刚开始之际，他强调夺得波罗的海诸国和列宁格勒的紧迫性；不久，他热切地卷入南方的作战方针，旨在围攻在乌克兰的苏联军队。当这似乎就要实现的时候，他又对向莫斯科发起决定性的进攻犹豫不决起来，开始强调占领列宁格勒的重要性，希望和芬兰军队相连，切断摩尔曼斯克的铁路。尽管将军们一致劝告向莫斯科发起正面攻击，但是希特勒有意让中央集团军处于停顿状态，直到伦特施泰德在第聂伯河和伏尔加河之间消灭了苏联军队，扫清黑海沿岸，并且对伏尔加河和高加索地区形成扇形攻势。希特勒的作战方针建立在冯·克劳塞维茨的格言基础上，即最终的胜利不依赖于政治或者地理上的考虑，而是依赖于在战场上消灭敌军的方法。问题是到1941年，希特勒的苏联战役一切顺利，就是缺乏消灭敌军的方法。他不断地变换目标，过度地延伸了自己的战线——

德军对苏联实施闪电战

从波罗的海到黑海有一千英里——并且没有在任何一个部分实施致命的打击。

尽管潜在的麻烦端倪初现，但是德国人对取得的胜利仍感到高兴。在毁灭了苏联空军，并且对苏联陆军施以毁灭性的打击，俘获了一百多万俘虏之后，入侵者对新年之前的最后胜利充满了信心。10月 3 日，陆军元帅冯·博克终于向莫斯科方向发动进攻。在此前一天，希特勒在柏林体育场发表了血腥的演说，在这次演说中，他吹嘘苏联实际上已经被踢出战局，而且永远都不会再崛起了。他以夸张的体态对听众说：

> 苏联俘虏的数字已经达到了二百五十万人。根据我们所掌握的材料，缴获或者摧毁的大炮达到了二万二千门，缴获或摧毁的坦克超过了一万八千辆，摧毁、损坏、击落飞机一万四千五百架。在我们军队的后面，德国的空间是 1933 年我刚获得领导地位的两倍，已经有四个英国那么大。

但是，希特勒犯了一个致命的错误，他假想红军已经完蛋了，并且预言三个星期后他就会到达列宁格勒。绝不是希特勒一个人有这样的错误判断，大多数德国的高级指挥官员也是这样认为的。这些错误的判断建立在错误情报的基础之上，建立在对“低劣的”俄国人带有偏见的假定之上，建立在一厢情愿的反共的想法——布尔什维克政府和他的部队是低效的——基础之上。第一次世界大战中苏联军队的拙劣表现、30年代苏联对军官阶层的清洗、1939至 1940年冬季苏联对芬兰毫无光彩的战役、在战争的第一个夏季苏联对德国大规模进攻的无力抵御，都造成了德国对一个低劣的苏联军队的估计。

由于不能抵御德国的最初入侵，俄国人就一个劲地退却，把德军越来越深地拖入内陆。同时，俄国人进行猛烈的阻击战，明显地减缓了德军的推进，使得许多德国指挥官想知道俄国人到底有多么强大。德国人对俄国人似乎无边无际的人力资源感到恐惧。阿兰·克拉克在其对巴巴罗萨行动的戏剧性描述中恰当地表现了这一点。

> 首先是狂喜；德国人数着人头，测量着他们行进的路程，与他们在西线的胜利相比较，他们得出结论：胜利就在面前。然后是不信：如此不计后果的耗费不可能持续，俄国人必然是在诈骗，过不了几天他们就将精疲力竭。后来是某种经常出现的不安：无边无际的、没有目标的连续反攻、用十个俄国人的性命换取一个德国人的渴望、领土的广袤和荒凉的地平线。

德国指挥官贝恩德·冯·克莱斯特上校预言似的将德国军队和一头向一群蚂蚁进攻的大象联系起来：“这头大象将杀死数千只蚂蚁，甚至数百万只蚂蚁，但是，最终它们将战胜这头大象，将它吃掉。”不仅在人力资源上存在着巨大的悬殊，而且天气也在帮助苏联人。就在希特勒于柏林体育场的快乐演讲四天之后，苏联的秋雨季节到来了，它滞缓了德国人的前进步伐，士兵、马匹、坦克和机械化交通工具拼命地穿过暴雨、沼泽森林和泥泞的道路。直到 11月，当霜和冰冻使道路便于行进的时候，德国人的推进才慢慢恢复过来，但是当初冬气温降到零下三十度后来甚至零下六十度的时候——这是最坏的生存记忆——接下来的是致命的停顿。因为希特勒将苏联战役建立在闪电战的胜利上，因此，持久战的前景让德国人毫无准备。恐慌在整个德军中蔓延。古德里安给他的妻子写信说：“天气冰冷，无处藏身，衣物短缺，人员和设备的损耗都非常大，燃料供给状况非常糟糕，这一切都使得一个指挥官的责任成为一种痛苦。这种状况持续的时间越长，我就越是会被自己将要承受的巨大责任所压垮。”

尽管德国进攻部队的前锋到达了莫斯科郊区，看到了“反射着夕阳之光的克里姆林宫的群塔”，但是整个德国部队的推进事实上停顿了下来。另外，斯大林获悉了一个帮助他扭转战局的战略情报。希特勒并不知道，斯大林有一个德国间谍理查德·佐尔格，他在德国驻东京使馆工作。10月 4 日至 5 日，他向斯大林报告，日本拒绝德国进攻苏联的建议，同时，日本正在准备进攻美国的计划。根据这一情报，斯大林将他的整个远东部队——十四个西伯利亚师(二十五万人)，连同一万七千辆坦克和一千五百架飞机调往莫斯科前线，从而躲避了几乎确定无疑的失败。1941 年 11月 4 日至 5 日，俄国人用充满活力的西伯利亚部队发起了强大的反击，动用了由一流的、以军事才能永载史册的指挥官领导的十七个军，这些指挥官包括：伊万·科涅夫、安德烈·维拉索夫、弗拉基米尔·格沃诺夫、康斯坦丁·罗科索夫斯基、米哈伊尔·卡图科夫、瓦西里·库茨涅佐夫、列夫·米哈伊诺维奇·多万特。苏联人以巨大的代价击溃了德国人。片刻之间，整个德国前线出现了崩溃的迹象。由博克指挥的中央集团军几乎到了分崩离析的边缘。包围莫斯科的两侧有着二百英里长的前线，疲倦的指挥官们在那里突然感受到了 1812 年拿破仑惨败的战役，他们采取了突然的战术撤退。戈林的空军动弹不得。坦克大部分无法发动，因为要花几个小时才能将发动机解冻；枪炮被冻塞了；润滑油冻住了坦克的履带；望远镜的镜片结了冰；数千士兵被冻死，因为他们没有分发到任何冬装，而且他们带皮毛底的靴子因为太紧反而成了理想的冷导体。由于受到惊人的伤亡的困扰，在整个前线，战斗力连一半都没有发挥出来。老练的和未经任命的军官相继阵亡，没有经验的军官取而代之，以至可以经常看到中尉当了营长，中士领导着一个连。

相反，俄国人对进行一场冬天的战役做好了较为充分的准备。他们的士兵得到了比自己的脚掌大两号的靴子，能够在空隙中填塞报纸或稻草。俄国人还采用专门的冬季燃油和润滑油；他们的部队更熟悉地形，更为强烈地受到保卫祖国免于崩溃的激励。在最初持续了几天的神经崩溃之后，斯大林将苏联民众聚合起来保卫祖国和首都，他撤出了南部和东部的防守，集中一切力量向向前推进的德军阵地猛扑过去。难怪一位吓呆了的武装部队最高统帅部军官感受到了苏联部队进攻的犀利，他惊呼："我们做梦也没有想到有这么多人从苏联内陆涌出来扑向我们……我能预见到未来几天和几个星期的形势图：直到现在我们部队的蓝色标志依然在地图上占据主导地位，敌人的红色标志只是零星地四散在其中。不过从现在开始，从列宁格勒到亚速海，厚重的红色尖头在前线的每个部分伸出来，直指德国的心脏。"更为糟糕的是，俄国人正在采用先进的兵器。他们首次将大批新式的T-34坦克投入反攻。面对T-34厚实的装甲，德国传统的37毫米反坦克炮弹毫无用处。

1941年12月7日，元首在他拉斯滕堡的狼穴中思考着这一正在发生的灾难，他又收到了另一个致命的消息。将近午夜，一位新闻官冲进了希特勒的办公室，向他宣布日本人偷袭了美国珍珠港的舰队。元首立即表现出异常的兴奋，他高兴地拍着大腿，高声喊道："这是一个转折点。"希特勒司令部的联络官瓦尔特·赫威尔后来说道："对于我们来说，现在输掉战争是不可能的。我们现在拥有一个在三千年里从来都没有失败过的盟国，另一个盟国意大利不断征服，但一直是站稳脚跟的。"

希特勒显然面对着这场战争的十字路口。在对苏联发动进攻之后，他就注定

日本袭击珍珠港

意大利海报：东洋武士刀劈珍珠港

要与美国纠缠在一起。尽管罗斯福政府正式宣布了中立政策，但是美国总统对纳粹的威胁没有幻想。1940年9月，罗斯福送给英国五十艘驱逐舰作为护航之用，以回报租用英国在纽芬兰和加勒比海海军基地九十九年。同时，美国开始征兵，并投入十七亿美元用于军事目的。1940年11月，罗斯福总统要求国会同意《租借法案》以支援所有为维护自由而战的国家。尽管希特勒对美国的挑衅小心谨慎地回应，但是，在1941年3月，德国和美国离交战越来越近了。这些现象包括：德国船只在美国港口被扣押；美国占领格陵兰，并且把它作为支援英国的前沿基地；冻结所有轴心国的资产；宣布《大西洋宪章》，表明美国与英国在拯救和平上的合作；作为护航的美国舰船可以向在美国中立区遭遇到的轴心国舰船射击。

尽管希特勒并不十分看重美国，但是他没有忘记美国巨大的资源和它的生产能力。因为这个理由，当战争在1939年9月开始的时候，他建议对美国采取小心翼翼的态度。德国的报纸对美国及其领导人的攻击是低调的，海军——尤其是德国的潜艇——还得到指示，要避免可能引发美国人干预的任何意外事件。1939年10月，希特勒否决了用潜艇封锁英国的决定。但是，罗斯福并没有让希特勒轻松地执行这样小心翼翼的政策。美国总统在许多场合清楚地表明，他厌恶德国的政权，并且准备采取一切可能的手段来支持这一政权的受害者。但是，罗斯福的干涉主义政策受到了《中立法案》条款和国会内外孤立主义者的限制。1939年11月，《中立法案》得到修订，允许出卖武器给盟国，但是以“现金交易为基础”。

1941年12月9日，罗斯福宣布：他认为德国的罪行和日本袭击珍珠港是同样等级的。希特勒立刻给他的潜艇下了命令，进攻所有被发现的美国船只。1941年12月11日，希特勒向美国宣战。大多数历史学家将希特勒的宣战描述成疯子的行为，是一个重大的错误。他们认为，向世界上经济最强大的国家宣战，同时自己的军队正陷入与世界上第二号强国的拉锯战，这无疑决定了德国的战败。

1941 年 12 月 11 日，希特勒向美国宣战

希特勒的宣战很难被解释为对日本的忠诚。事实上，日本在 1941年 4 月与苏联缔结了中立条约，并且尊重它的每一个条款。另外，日本没有支持希特勒，它的中立甚至被人指责为破坏了希特勒对莫斯科的占领。毕竟斯大林在他的首都阵地用西伯利亚的部队抵御了德国的进攻，这些部队是从俄—日军事前线调集过来的。另外，希特勒可以延缓对日本的义务，要求日本进攻苏联以回报他对美国的宣战。

在日本袭击珍珠港之后，为什么希特勒就立刻向美国宣战呢?在大战结束之后不久，美国国务院派出一个专门的专家代表团前往德国，就希特勒的战争行为对纳粹领导人进行审讯。在希特勒向美国宣战的问题上，这个代表团一无所获。似乎没有人掌握这个令人莫名其妙的问题的真正线索。

尽管确定的答案可能永远都没有人知道，永远被埋葬在非理性的动机当中，但还是能获得这一问题的某些答案。首先，希特勒对美国的宣战是虚荣的元首任性的挑衅行为，在受到美国一年的刺激之后，公开地打一记"愚蠢的"罗斯福的嘴巴是让元首开心的。12 月 11日，希特勒在国会进行了演讲，在这次演讲中，他证明了自己决定的合理性，并且用陈词滥调谈论了魔鬼般的美国犹太人唆使罗斯福对德国进行干预，并且把罗斯福作为拯救他们欧洲同类的工具。在这些陈词滥调背后，希特勒真正的动机显露了出来：他对美国的宣战是他种族主义政策逻辑的顶点。元首现在发现自己受到两个仇敌的对抗：美国和苏联，犹太人将这两个国家结合在一起。在1941年12月11日演讲的结束语中，他十分清楚地表明：盎格鲁－撒克逊—犹太人—资本家的世界和布尔什维克的世界组成的共同阵线并不令他惊讶。正如格哈德·魏因伯格思考过的那样，希特勒长久以来就想对美国发起战争可能是真实的，但是希特勒知道他首先需要的是有一支庞大的海军来实现这一点。在缺乏海军的情况下，日本人却给他提供了机会。他可以依靠代理人与美国进行海战，直到他准备用自己强大的海军与美国作战。正如一些历史学家所认为的，希特勒对美国的宣战植根于他无意识的自我毁灭的强烈欲望当中，这也可能是真实的。由于深深地意识到他没有能力赢得这场战争，或者甚至没有能力继续德国的征服行动，他病态的追求毁灭的欲望现在转向了自己的民众。假如德国不能赢得这场战争，这就意味着他被德国背叛了，它就应该遭受全面的毁灭。

1941年12月11日，希特勒可能并没有察觉到他向美国宣战是一个重大的失误，以及这一失误将要引发的致命后果。除此之外，他的关注点集中在正在崩溃的莫斯科前线，集中在反击一些指挥官失败主义的思想，这些军官主张战术上的撤退。希特勒认识到：突然撤退无论组织和执行得多么好，它都会造成毁灭性的战败的心理印记，因此，他坚决禁止战场上的指挥官向苏联人交出一寸土地。在12月16日的命令中，他下令必须坚守整个前线的防御阵地，违令者将得到严惩。那些依然认为可以立刻独自行动的指挥官，被立刻解除了职务或者受到军事法庭审判。陆军元帅伦特施泰德没有成功地攻下罗斯托夫之后命令部队撤退，因此遭到免职处理。冯·布劳希奇多次忍受了希特勒愤怒的发泄，在俄国人反击的那一天辞职。奥托·福斯特将军在下令第六军团撤退之后被解除了职务。在面对几乎被全歼的情况下，冯·施波内克将军成为最后一位下令从克里米亚的刻赤撤退的指挥官，他被判处了死刑（后来得到减刑）。霍普纳将军由于撤出了装甲部队被开除出军队。莱布元帅在没有攻下列宁格勒之后退休。施特劳斯将军被解除了对第九军团的指挥权。在战争进入最为血腥的阶段之前，几乎一半处于顶层的德国将军被解职、调职、受到羞辱或者军纪惩罚。尽管隆隆的灾难性雪崩已经发生，但是将军们没有能力认真反对希特勒破坏性的错误。尽管有为自己开脱罪责的借口，但是他们不仅缺少道德的勇气，而且背叛了保护国家利益的传统，他们清

德国军队在克里米亚大肆屠杀游击队员，图为妻子、母亲在寻找死难的丈夫、儿子

楚地看到希特勒的所作所为违背了德国的最佳利益。

希特勒1940至1941年冬季的进攻在人力和物资上都是不计后果的。一百多万人失去了生命，难以估价的物资浪费了。希特勒将一百五十三个师用在苏联战场上，但是到1942年春天，其中只有八个师可以参与作战。然而，严酷的现实并没有阻止希特勒1942年春天在所有前线发起新一轮的攻击。在地中海，希特勒计划展开两个大规模的行动：赫拉克勒斯行动，即占领马耳他以保护隆美尔在

非洲军团司令隆美尔

北非的供给线；埃塔行动，即征服埃及、苏伊士运河和中东，这是一个宏大的战略，被恰当地称为“伟大计划”，目标在于和日本一起对大英帝国形成巨大的包围圈。在东部前线，希特勒命令对南方发动主攻，它的主要目标是有着巨大石油资源的高加索，以及顿巴斯和伏尔加河边的斯大林格勒这两个工业基地。希特勒认为，这样就可以粉碎苏联经济，然后再给布尔什维克的心脏莫斯科以最后一击。

现在回想起来，尽管这些进攻计划证明是希特勒的最后一搏，但是 1942 年似乎还是德国占上风的一年。1942 年春天，在上一年 12 月受到英国第八军团阻截的隆美尔非洲军团开始对英国发起大规模的攻击，这一攻击使得西方国家陷入恐慌之中。5 月，隆美尔占领了托布鲁克，在 6 月的三个星期中，他跨过了埃及边境，威胁了同盟国在整个中东的阵地，似乎它马上就要崩溃了。隆美尔在离开罗只有七十英里的阿拉曼停止了前进，在开罗，英国部队在第二次世界大战的天才将领之一伯纳德·蒙哥马利爵士的领导下，深挖壕沟，并得到重组。

德国潜艇在大西洋对英国补给线发起了野蛮和无情的攻击，相比之下，它在北非的损失显得微不足道。当英国不能被空军所征服的形势变得十分明显的时候，希特勒就竭尽全力尽可能多地击沉美国补给英国的船只，以达到饿死英国从而使它屈服的目的。希特勒以五十六艘潜艇开始了这场战争，但是在1940年，潜艇的生产急剧增加。到1942年1月，潜艇数量增加到二百四十九艘，威胁着美国向英国供给军火、原材料和食品等重要物资。德国潜艇以法国和挪威相对安全的港口为基地，给同盟国向英国船运物资造成了巨大的损失。另外，日本对珍珠港的攻击迫使美国将它的部分舰队转向太平洋，因此进一步减少了在大西洋已经承担过多任务的护卫舰队。在1942年上半年，德国潜艇击沉了四百五十吨船运物资，其中包括通过北部海域到摩尔曼斯克的水路向苏联人运输的重要供给。

尽管1941至1942年冬季给苏联暂时的喘息机会，但是在1942年初，苏联人对胜利的期望并不比英国人好。苏联不仅失去了四百五十万人的生命，而且它富裕的领土和工业资源已经落入德国人手中。由于将受到威胁的工厂从西部地区大规模地转移到伏尔加河地区和乌拉尔地区，苏联逐渐从最初的损失中恢复了元气。根据戈登·怀特的观点：到1941年底，“一千三百六十家大型企业和大约二百家较小的企业被拆卸，和大多数工人一道通过铁路向东迁移，并且在新的建筑中很快得到了重新装配”。1942年，苏联的战争生产稳步提高，在大多数领域达到了惊人的程度，尤其是在坦克（每月二千辆）和飞机（每月三千架）生产方面。

但是在1942年春天，开始于1941年12月的反攻逐渐消失了；由铁木辛哥元帅在4月制订的拙劣计划几乎毁灭了红军的进攻能力。在南部，苏联对德国在克里米亚阵地的进攻成为一场彻底的灾难，导致维拉佐夫将军和他的所有参谋人员被俘。在1941年秋季被提升为第十一军团司令的冯·曼施泰因将军接受了元帅权杖，他攻克了克里米亚半岛和塞瓦斯托波尔的堡垒。希特勒对德国的这些胜利非常高兴，他决定将司令部从拉斯滕堡迁移到乌克兰的维尼扎，在1942年7月17日至10月31日期间，他在那里亲自指挥着东部战役。在给他的指挥官发出的命令中，希特勒乐观地写道：“对铁木辛哥集团军发起的攻击出乎意料地得到了迅速和有利的进展，这使得我们可以假定我们很快就可以从苏联那里得到高加索，获得它最重要的石油资源及英国和美国之间的交通线。由于失去了整个

一名游击队战士站在被德军绞死的战友的尸体前发誓复仇

顿涅茨克工业区，这将对苏联予以后果难以估量的打击。”在南方集团军攻占罗斯托夫两天后，它的装甲军团正逼近斯大林格勒。

第十三章

欧洲新纳粹种族主义秩序

纳粹对大陆的占领

希特勒的闪电战是如此的迅速，敌人的失败又是如此出乎意料的突然，以至于纳粹党人并没有制订出长期的计划来管理他们占领的领土。但是，在战争爆发后的一年多的时间里，希特勒成为欧洲大陆的君王和主人。只有六个国家——爱尔兰、瑞士、瑞典、西班牙、葡萄牙、土耳其——设法保持了中立和独立。其余的欧洲国家都以不同的方式落入了德国的势力范围。多瑙河流域国家——匈牙利、罗马尼亚、保加利亚作为卫星国依然保持了一定的自治权，芬兰在短暂的中立之后也成为希特勒联盟的准伙伴国。甚至意大利也逐渐滑落到屈从于纳粹政权的地位，尤其是在一系列军事上羞耻性的失败之后，因为墨索里尼不得不依靠希特勒从这些失败中解脱出来。

德国人运用三种方式来统治被征服的领土：公开的吞并；占领和管理；通过纳粹追随者间接控制。在希特勒政府征服波兰之后，他公开吞并了过去的波兰走廊，将波兰的西里西亚并入德国的西里西亚，将波兰领土的其他部分并入东普鲁士。波兰的残余部分被称为“督政府”，由汉斯·弗兰克统治，他认为自己是“波兰国王”，只允许波兰有限的自治权。被吞并的领土被划分为两个省：西普鲁士（后来被重新命名为但泽—西普鲁士)，包括但泽、马林韦尔德和布罗姆堡；波兹南(后来被称为瓦尔特兰)，包括波兹南、霍恩萨尔扎和卡里施。另外，纳粹分子还吞并了波兰卡特维兹和济赫瑙两个地区，将前者并入西里西亚，将后者并入东普鲁士。在波兰所有这些地区，纳粹分子使用了德国法律、行政管理机构、警察和教育，剥夺了非德国团体的公民权，并严重地剥夺了它们的经济和文化活动。桀骜不驯的、抵抗新主人的波兰人遭到囚禁，或者在督政府当中被处理干净。

在西部，希特勒吞并了比利时边境的尤本、马尔梅迪、莫里斯奈，这些地区是第一次世界大战之后转交给比利时的。卢森堡大公国最初抵制纳粹的入侵，首先受到了军政府的统治，后来才受到文官政府的控制。1940年 8 月，希特勒任命科布伦茨—特里尔区党部的领导人古斯塔夫·希蒙为卢森堡的行政长官，交给他的任务是将这个古老的大公国合并到德国当中，并且将它的居民“日耳曼化”，这意味着清除一切非日耳曼的文化传统，强迫它的年轻人在德国武装部队服役。1942年 8月，卢森堡被合并到希蒙管辖的领地，被重新命名为“摩泽兰”。

同样的命运也落到阿尔萨斯和洛林，这是德法两国有着几个世纪争议的两个地区。根据前几十年发生的战争，1871年它们被交给了德国，1919年又被归还给法国。在最初的军政府当中，两个省分别由两个区党部领导人管理：罗伯特·瓦格纳，他是巴登区党部领导人和国家委任的地方长官，他接管阿尔萨斯；约瑟夫·伯克尔，他是萨尔巴拉廷区的党部领导人和国家委任的地方长官，他接管洛林。正如在卢森堡，德国的管理机构继续对新的领土“日耳曼化”，毫不尊重非德国居民。法国的官员被解除职务，法律、金融、教育机构被更新，德语被强行引进。尽管与法国签订的停战条款阻止了公然吞并阿尔萨斯，但是，两个区党部领导人依然将两个省作为德国的财产，这一现实突出地表现为斯特拉斯堡为阿尔萨斯的首府，萨尔布吕肯成为洛林的首府。

由于南斯拉夫在 1941年春公然挑衅希特勒的计划，希特勒因此对南斯拉夫进行了恶毒的报复。以此为借口，他要将斯洛文尼亚的三分之二从南斯拉夫分离出来，从而将德国的领土延伸靠近亚得里亚海。这些领土过去是奥地利哈布斯堡王朝的王室领地，包括下斯蒂里亚、科林提亚和上卡尼奥拉，隶属于现存的斯蒂里亚、科林提亚区。最后，当希特勒入侵苏联时，他吞并了比阿里斯托克，这是1939年被苏联夺去的一块领土。

当德国还在进行战争的时候，希特勒就喜欢将被征服的外国领土作为附属国来占领和管理。因此，正如上面所提及的，波兰的残余部分被汉斯·弗兰克所占领、管理和掠夺。在丹麦、挪威，德国占领军与德国的文职官员联手，在政府当中最初扮演了温和、谦虚的角色，因为希特勒认为斯堪的纳维亚人是雅利安人的同族。在丹麦，王室被保留下来，但是，挪威的王室和议会都逃到了英国。丹麦人保留了相当程度的政治自治，并且有幸得到几位良善的德国人的监控。1942 年夏季开始，情况发生了变化。那时严重的动荡导致了更为严厉的控制，特别是在党卫队地区总指挥维尔纳·贝斯特的统治时期。在挪威，德国人最初直接通过国家委任的地方长官约瑟夫·特波文进行统治，此人是埃森区党部领导人。比利时和法国的两个西北省——诺尔和加莱海峡由德国在布鲁塞尔的司令部管辖。希特勒认为这一地区具有战略重要性，因为从进攻的意义上来说，它可以作为进入英国的跳板，从防护的意义上来说，它是保护鲁尔工业区的缓冲器。亚历山大·冯·法尔肯豪森将军是一位强烈的反纳粹分子，在比利时，由他领导的德国军政府保护了当地的民众免于恶劣的、过分狂热的纳粹官员的迫害，这种情况一直延续到 1944 年 7 月 13 日，那时，希特勒最终满足了希姆莱固执的要求，即建立一个文职管理机构。荷兰没有出现同样的情况，在那里，阿图尔·塞斯—因夸特这位国家委任的纳粹地方长官提出了一个攻击性的日耳曼化政策，为了德国的战时经济对荷兰进行剥削。除了诺尔和加莱海峡两省和边境地区的“隔离区”——从索姆河口到日内瓦湖，法国的被占地区由司令部设在巴黎的军事管理长官办公室管辖，第一任长官是奥托·冯·施蒂尔普纳格尔将军，第二任长官是他的堂弟卡尔·海因里希·施蒂尔普纳格尔将军。后者是 7 月 20日企图谋杀希特勒的策划者之一。除了军政府，法国还要服从停战委员会的控制，该委员会的任务是监视停战条款的执行，直到和平协定的签署为止；受制于德国外交办公室的影响以及纳粹官员频繁的干预，这些官员代表着希姆莱、戈林、绍克尔和施佩尔。在法国，游击队的活动愈演愈甚，到 1944 年夏天演变成双方暴力冲突的大爆发。

纳粹对被征服的苏联领土的侵占，构成了新秩序最富有野心的一部分。四个主要的大区在计划建立之中，它们是奥斯特兰、乌克兰、莫斯科公国和高加索，但是只有前两个被建立起来。奥斯特兰大区由石勒苏益格—荷尔施泰因区党部领导人海因里希·洛泽负责，管辖立陶宛、拉脱维亚和爱沙尼亚三个波罗的海国家和白俄罗斯。由于幅员辽阔，这个地区又被划分为四个分区，每一个都根据它主要的领土命名：立陶宛由阿德里安·冯·兰特博士负责；拉脱维亚由奥托·德雷克斯勒博士负责；爱沙尼亚由党卫队副总指挥卡尔·西吉斯蒙德·利茨曼负责；白俄罗斯由威廉·库贝负责。最为混乱的地区是白俄罗斯，在那里，库贝不断地和有权势的纳粹官员进行争斗，招致他们的痛恨。假如不是一支俄国的游击队在他的床下放置炸弹送了他的命，他就会被纳粹分子撤职或者处死。也被分成几个分区的乌克兰包括基辅、沃尔西尼亚—波多里亚、契托米尔、尼古罗耶夫、德涅伯罗彼得罗夫斯克、陶里达。乌克兰大区被认为是德国在苏成功的关键，因为乌克兰被期望成为第三帝国的粮仓。罗森贝格力劝和乌克兰人结成联盟，但是他被希特勒、希姆莱及乌克兰行政事务的头领埃里希·科赫所支配。科赫可能是纳粹挑选出来负责这一地区的最为腐败、最没有能力的官员，“特别愚蠢和残忍”。他的残忍和剥削留下了一个广为流传的笑话：“斯大林要给对苏联作出突出贡献的人颁发勋章，但是他非常遗憾，因为应该得到这枚勋章的科赫不能在适当的位置上亲自接受它。”

德国对苏联的统治整体上来说几乎是普遍残酷的，没有得到良好的建议。尽管德国人被当作解放者受到民众的欢迎，尤其在乌克兰，但是他们的残酷总是引起恐怖主义和游击队活动凶猛的反抗。德国人拒绝招募受到轻视的反对共产主义的斯拉夫人入伍，强硬地反对武装他们的想法，从而失去了可能导致胜利或失败巨大差异的重要支持。另外，使战俘挨饿，或者残酷地让他们劳动致死都是毫无益处的，是罪恶的和不道德的。希特勒委任希姆莱作为他在苏联领土上的执行官，并让他承担一项双重任务——使日耳曼人在被征服的领土上移民定居，同时奴役低人一等的斯拉夫人，这就注定了德国人的战败。希姆莱残酷无情地执行着他的任务，毫不理会道德、军事，甚至经济上的考虑，这使得德国人受到苏联人的彻底仇视。1942 年战争发生转向的时候，他们也受到了苏联人同样的待遇。

苏联其他被占领的地区——克里米亚、莫斯科周边地区、高加索——都是德国征服区域的外围。地理距离和变化的军事前线，确定了这一外围的边界。高加索的油田是德国战争能力的关键所在，但是在这一地区建立的军事管理部门尽管工作有效，并且深受当地民族团体的欢迎，但只持续了一年多。德国对克里米亚的控制持续的时间也不长，这个地区被完全日耳曼化，成为夏季的天堂，因此，希姆莱的党卫队直到 1944 年才离开那里。

在希特勒世界的其他地方，主要是靠间接控制和对当地满足纳粹需要的随从的依赖。正如前面所见，捷克斯洛伐克作为一个自治国家在战前就瓦解了，并且为德国人闪电般进一步占领的国家提供了一个可以运用的模式。前捷克斯洛伐克的西半部成为德国的保护国，有一定的地方自治权；但是东部的斯洛伐克成为实际上的附庸国，由一个亲纳粹的政权统治，其领导人是天主教神甫约瑟夫·梯索。纳粹对唯命是从的追随者的依赖最突出地表现在挪威，在那里，维德孔·吉斯林为纳粹的控制铺平了道路，成为这个国家的总理。之后，他宣布反对党为非法，并且通过他的法西斯国家主义党和纳粹军队进行专制统治。在维希法国，贝当元帅管理着一个极权主义而非法西斯主义的政权，希特勒允许一定程度的自治，希望法国能加入他的事业当中。尽管法国败在德国手里，但是它依然支配着海上帝国的资源，拥有一支海军和商业舰队。但是贝当拒绝积极参与希特勒的新秩序。他顶住了巨大的压力——尤其是来自内部的合作派皮埃尔·拉瓦尔和海军上将让·弗朗索瓦的压力——成功地抵制了希特勒的图谋。到 1942 年底，希特勒失去了他在法国的机会。法国的海外帝国超出了他的控制，法国也撤退了。1943 年春天，希特勒失去了在北非的基地。为了保护南部一侧，他开始占领法国的全境，由德国的军事管理部门治理，并且任命陆军元帅格特·冯·伦德施泰特为法国的最高军事官员。

在欧洲东南部，希特勒在匈牙利、罗马尼亚和保加利亚三个卫星国主要依靠当地的亲法西斯统治者，他们是匈牙利的米克罗斯·霍尔蒂海军上将、罗马尼亚的米哈伊·安东尼斯库元帅、保加尼亚的鲍里斯国王。总之，在德国强大的军事力量的掩盖下，希特勒更喜欢给墨索里尼留下一个控制了巴尔干半岛的幻觉。南斯拉夫在 1941年被分割为三个傀儡政权：由法西斯分子帕韦利奇领导的克罗地亚；由军事合作者米兰·内迪奇领导的塞尔维亚；由主要被意大利控制的当地法西斯分子组成的委员会领导的黑山。克罗地亚的民族主义分子是狂热而嗜血的杀人犯，他们企图驱逐或灭绝所有的塞尔维亚人、穆斯林和犹太人，在帕韦利奇领导下的乌斯塔沙运动将国家投入一场血洗中。塞尔维亚的统治也好不到哪里。德国人最感兴趣的是掠夺波尔铜矿，他们对仁慈地统治这个国家毫无兴趣，并且和反共产主义的内迪奇合作，对这个国家的人民施以暴力。在游击队领导人铁托元帅和德拉扎·米哈依洛维奇的带领下，民众对他们的压迫者进行了报复。在希腊，希特勒选择了一个支持性的角色，让墨索里尼成为空头指挥官。事实上，纳粹保留了对希腊和巴尔干半岛实际上的政治控制。尽管南斯拉夫西北部的沿海地区、塔尔马提亚、黑山、阿尔巴尼亚被奖给了意大利，但是整个巴尔干半岛事实上处于德国武装部队的控制之下。但是，这种情况后来表明是行政管理上的灾难。表面上，陆军元帅威廉·李斯特是东南部最高的指挥官，从在萨罗尼加的司令部发号施令管理着这一地区；但是，他的权限并非一直得到希特勒任命的塞尔维亚指挥官路德维希·冯·施罗德的认同。李斯特必须监管希腊的两位指挥官，其中一位指挥萨罗尼加—爱琴海地区，另一位管理南部希腊地区和克里特岛。但是，事实没有什么改观。尽管做出了各种各样的行政变化以使这种情况合理化，但是，德国在巴尔干的政策依然是重叠指挥和相互掣肘，这是由好干预的纳粹党魁——希姆莱、戈林、里宾特洛甫——推行他们自己的事务所引发的。

总之，纳粹对欧洲的占领和管理有几个共同的性质是可以确认的。第一是希特勒有意识地没有选择在被占领土上建立一个统一的政府体制，因为他担心一些人可能会建立一个能够提出挑战的强有力的权力基地。犹如在第二帝国中一样，在希特勒的新帝国中，他采用了同样的操纵性的政治策略，这种策略在那时已经成为他的第二天性。为了进一步促进角逐，为自己保存对所有决定的最终权力，他鼓励竞争的官员和党魁相互敌视。这种管理方式建立在秘密和缺乏信任的基础之上，在国外和在国内一样，引发了相同的危机，严重损害了对战争的指导，导致了战争的失败。

另一个共同的性质来自这种统一性的缺乏和组织上的混乱。在所有的被占领国家，纳粹分子再次上演了相似的两败俱伤的冲突，几年来，这些冲突一直在国内的赛场上进行。希特勒手下的高官将他们的竞争扩展到新的疆域。个人或组织事务的冲突没有什么地方比在苏联那里更为明显。在那里，罗森贝格、希姆莱、绍克尔、戈林和武装部队都不断地为争夺地盘作斗争。

但是，纳粹分子在共同的目标上是完全一致的。那就是统治、管理和剥削。无疑，纳粹分子对待一些被占领土的人民（斯堪的纳维亚人、荷兰人、比利时人、希腊人）比对其他的人民要仁慈一些，但这只是程度问题。纳粹分子也鼓励当地的法西斯组织，如挪威的吉斯林领导的法西斯国家主义党、荷兰的国家社会主义党、丹麦的由弗里茨·克劳森领导的纳粹党,以及比利时的由列昂·德格雷尔领导的、代表瓦隆人的纳粹党。但是,这些组织并没有得到平等的对待,这部分是因为德国纳粹分子内在的种族优越感，部分是因为希特勒害怕他们可能会建立自己带有扩张主义政策的、自治的法西斯主义国家。希特勒至多在纳粹新秩序当中给予他的外国同伙一个辅助的角色以共同作战，或者允许他们在武装党卫队当中指挥自己的军团,如列昂·德格雷尔就是这样的。

最后,纳粹新秩序只是一个奴隶帝国,一个组织化的压迫、剥削和灭绝的巨大体制。它不具有任何人道的理想。它所留下的一切就是丑恶和难以言说的罪行。

纳粹的罪行

纳粹分子对被占领土人民犯下的罪行是罄竹难书的,无法一一细列。总体而言,可以分为以下两个部分：一是对固定资产和流动资产的有组织剥夺;二是对个人和作为目标的种族团体的侵犯。按照被占领土地理上的位置和人口的种族构成,这些罪行的性质是多种多样的。东部和东南部的欧洲国家比西部和北部的欧洲国家受到更严重的非人对待。纳粹分子认为,斯堪的纳维亚人、荷兰人、佛兰芒人是种族上的同类,他们最终将分享欧洲新秩序中的统治地位。生活在日耳曼民族西部、南部的人——法国人、西班牙人、意大利人——被认为种族质量较为低下,但是值得策划成为潜在同盟。另一方面,东部和东南部欧洲的人民被认为在种族上低人一等,只适合做奴隶。例如波兰人,他们将被随心所欲地根除,从而给新的德国移民定居者留下生存的空间。残余下来的波兰将屈从于被希特勒称之为“魔鬼计划”的掠夺政策。在波兰、苏联和巴尔干国家,有权有势的德国人随心所欲地进行掠夺。尽管欧洲的其余部分没有受到如此无耻的待遇,但是,形式是相似的。德国的金融代理机构没收了其他国家的财富,征收高额的占领费用,没有理由地剥夺或扣押土地或者地产为德国所用。为了保证原材料和粮食从被占领土那里稳定地获得,德国人夺取了它们的银行系统,为了自己的目的加以操纵。在与其他货币结算时,德国马克出奇的高,这使得德国人能以有利的汇率购买商品。所有被占国的经济都受到德国金融代理机构的严密监控，它们在实现“大领土经济”的掩盖下,声称自己的工作是为了德国经济和被占领土之间“利益的相互整合和连接”。

“相互整合和连接”这个术语来自赫尔曼·戈林，他的意思是指掠夺和剥削。事实上，奢侈逸乐的戈林是一个最大的掠夺者，尤其是在欧洲艺术的宝藏上更是如此。戈林要么亲自、要么通过他的代理人，从博物馆、私人艺术交易人或者被占领土富裕的收藏家那里搜罗有价值的艺术品。他的收藏之多足以填满几个博物馆，以至不得不分散在德国各地。战争结束的时候，在戈林的庄园及许多古堡、修道院、山洞发现了许多著名大师的作品，包括哈尔斯、范·戴克、戈雅、伦勃朗、委拉斯开兹、鲁本斯、提香、拉斐尔、大卫、克拉那赫派、布歇和弗美尔。和希特勒的官方政策相一致，戈林和其他像罗森贝格一样的纳粹党收藏家把这种掠夺行为合理化起来。希特勒计划在林茨建造一个世界上最大的博物馆，世界上最伟大的艺术财富都将在那里展示。根据 1944 年 7 月一个详尽的“获得品”的内部报告，纳粹官员掠夺了大约二万二千件艺术品，其中包括五千八百二十一件绘画作品。

对个人犯下的罪行可以分为五个大类：一是奴隶劳动；二是虐待战俘；三是拷打和处决人质；四是残酷和罕见的人体实验；五是有组织的暴行。

一旦一场持久战的可能性成为现实，纳粹的领导层就决定发动一场经济战争，其残酷的程度和他们发动的军事战争一模一样。策略千变万化，但是总体上可以用“粉碎和掠夺”加以概括。也就是说，先用快速的闪电战来粉碎敌人，然后夺取被征服领土的原材料，无情地剥削有利于德国需要的所有劳动力。戈林授命对被占领土进行经济剥削，他无情地认为：“在过去，统治就是掠夺。现在，外在的形式变得越来越人道。但是，我还是赞成掠夺，大量地掠夺。”希姆莱以相似的语言表达了党卫队的观点。1943 年 10月，他在波森对党卫队的主要将领发表了演讲，他宣称：“无论这些国家是富裕还是充满饥饿，唯一能使我感兴趣的是它们能为我们的文化提供奴隶。我对其他的事情没有兴趣。”戈林和希姆莱都在希特勒那里得到了暗示，他们对被占领土的感情不是什么秘密。希特勒在司令部无休无止的独白中，给被占领土问题定下了基调，在蓄谋已久的残酷上，他超过了任何人。惊奇于东部领土巨大的空间，他设想了一个全面剥削的政策：“我们的指导性原则必须是，这些人只有一条理由可以生存，那就是在经济上对我们有用。我们必须再集中精力抽取这些领土上可能抽取的所有东西。”至于“可笑的数亿斯拉夫人”，希特勒建议“将他们当中最好的人加以塑造，以适合我们的需要，把其余的人封闭在他们自己的猪圈里。任何同情当地居民的人，任何使他们文明化的人,都将被直接送往集中营”。

在纳粹征服者所需要的所有资源当中,劳动力是最为关键的,因为战争已经严重地耗尽了德国境内已利用的劳动人口。在同盟国中,妇女填补了征兵产生的空白,但是希特勒绝对反对将妇女征召进战时工业当中。相反,纳粹官员从身体强壮的囚犯和被占领土的平民中征募外国劳工。这一政策在波兰战争爆发后不久就开始实施了,并一直持续到战争结束。到 1941年底,有将近四百万外国人在德国工作,其中大多数是波兰人,他们被汉斯·弗兰克督政府的强征方法无情地围捕起来。尽管获得了如此大量的劳动力,但是越来越清楚的是,在几个前线同时展开的战争所需要的工人是 1941年可利用的两倍。因此在 1942 年 3 月,希特勒建立了一个名为“劳工分配全权代表”的办公室,任命图林根区党部领导人弗里茨·绍克尔负责这一新的劳动力部门。绍克尔的工作是获得、分配和剥削所有的外国劳工,他有效而残酷地从事着这一工作。绍克尔的代理人在城市的广场、教堂、电影院或者其他民众大量聚集的地方围捕外国人,然后用货运卡车将他们送到德国。这样他们才完成了自己的配额。

仅仅在一年中,绍克尔就围捕了将近二百一十万外国劳工,到 1944 年中,总数已经达到七百万。除了这七百万在德国的外国劳工,还有七百万男女劳工在自己的国家为德国的战时经济生产军火、商品,或者修建工事。尽管德国的雇主并不普遍虐待他们的外国劳工,尤其是来自西欧的,但是他们对这些劳工的基本人类需要漠不关心。至于来自东欧的劳工,德国的征服者基本上把他们当作奴隶来对待。数千名苏联战俘被赶进入侵之后临时建立的集中营,许多人因营养不良或者疾病而死亡。纳粹分子后来逐渐地使意识形态服从于经济的需要,开始调动这些囚犯从事战时劳动。虽然如此,对待被占领土人民的纳粹政策必然导致反抗和阻挠。

纽伦堡审判的四大罪状之一是“战争罪”,即对诸如《海牙公约》和《日内瓦公约》这些国际条约及国内法或国际法基本准则的全面侵犯。战争罪包括对平民的谋害、虐待,对人质和战俘的处决,对大量平民的屠杀。纳粹分子被判定具有以上所有罪行,一些特殊的组织被挑选出来作为主要的罪犯,它们是党卫队、冲锋队、总参谋部、武装部队最高统帅部、帝国内阁、国家社会主义德国工人党的领导核心、盖世太保及党卫队保安处。这些组织当中，国家社会主义德国工人党的领导核心、党卫队、盖世太保、党卫队保安处被确定为“犯罪组织”，但是这个判决一直并将继续在相当程度上引起争辩和论战。

但是，不可能受到质疑的是，对所有年龄层和所有国籍的人们犯下的许多罪行，都是由纳粹许多机构承担和批准的。对保护战俘权利的《海牙公约》和《日内瓦公约》的侵犯每天都在东部前线发生，在西部前线就很少发生。正如上面所提及的，希特勒把对苏联的战争当作意识形态的战争、一场生物学意义上的灭绝战争，在 1941年 6 月 6 日颁布的臭名昭著的《政委命令》中，他命令对共产党官员当场枪毙，为了证明这一行为的合理性，他不仅借助意识形态理由，也借助一条没有根据的借口：苏联人从来没有签署过《日内瓦公约》。结果是波兰和苏联的战俘遭到了难以言说的残暴对待。与武装部队合作，党卫队和警察官员对战俘进行审查，当场枪决共产党的官员。受伤或者生病的战俘也转交给所谓的警察官员，然后作为“无用的饭桶”被枪决。剩下的战俘不是被囚禁在集中营，或送往德国作为奴工，就是让他们饿死。在至少五百五十万苏联战俘中有一半死去。当然这种奇怪的虐待不仅是犯罪，而且是愚蠢的，因为数千苏联战俘，尤其是乌克兰战俘，最初欢迎作为解放者的德国人，他们愿意在他们所认为的反对共产主义的战争中支持德国人。尽管有些战俘已经由安德烈·弗拉索夫组织被编入国家解放军，但是，希特勒一直拒绝利用俘获的苏联军队的想法，他不信任所有的苏联人，认为变节者只是宣传上有用的工具。

西方战俘得到了较好的对待，但是，虐待事件和明目张胆的犯罪依然时有发生。带有虐待狂心理的集中营的指挥官，经常虐待和枪杀“企图逃跑的战俘”。1942 年 10月 18日，希特勒发布了绝密的突击队命令，要求突击队在执行任务时，务必将所有的敌人一律格杀——无论穿制服还是不穿制服的。为了回应同盟国的饱和轰炸，被俘获的同盟国飞行员经常遭到愤怒的德国人的攻击，被当场处死。1944 年 3 月，七十五名皇家空军军官从西里西亚萨根的空军第三战俘营逃跑。一些人立刻被抓获，一些人不久被警察逮捕。后者根据希特勒的命令被枪毙。同月，两名英国军官因为离开棚屋向飞越集中营的同盟国的飞机欢呼，在巴伐利亚的艾希施泰特被枪毙。一个多月后，也就是 1944 年 5 月 21日，希特勒颁布命令：凡是用机关枪扫射德国的交通设施、平民或者伞兵的飞行员，一律就地枪决。1944 年 9 月，四十七名同盟国的飞行员在毛特豪森劳累至死。一次最臭名昭著的对战俘的杀戮发生在 1944 年 12 月 17 日的巴尔吉战役中，党卫队在马尔梅迪用机关枪冷酷地枪杀了七十一名美国士兵。

如果说没有更糟糕的话，对平民的虐待也经常是与对战俘一样严重。在欧洲东部，对待平民的官方政策是掠夺他们的财产，迫使他们不断地工作。这种行为的理由是："我们是统治民族，必须牢记最底层的德国工人在种族和生理上也比此地的平民宝贵千倍。"任何反抗的人都将受到严厉的惩罚。平民对德国军队进攻的直接结果是德军围捕人质，然后将他们枪决。在纽伦堡，凯特尔将军和其他军队的指挥官面对着几十条他们曾经下达的命令，它们详尽地展示了涉及拷打人质的罪行。在占领法国期间，几乎有三万名人质在那里被杀害。同样，波兰有八千，荷兰有三千，巴尔干半岛有数千，希腊有将近一千人也遭到了杀害。在每一个德国占领的国家，都有人质被逮捕和枪杀，要么是公开的，要么是秘密的。这些行动的规模因不同的国家而不同。在欧洲东部，每杀害一个德国人或一次破坏行动将枪杀五十到一百名人质。一个当地的德国军官坦率地承认："我毫不犹豫地告诉大家，每杀害一个德国人，将用一百九十九个波兰人来抵命。"在枪决之前经常是严刑拷打。

> 在讯问当中采取拷打几乎是一条普遍的规则。拷打通常采用拳打脚踢、皮鞭抽、链子锁上几天的方式，没有吃饭和清洗的时间。或者把受刑者浸在冰水里，淹在浴缸里，给洗澡水充电，电击身体上最敏感的部位，烧灼身体的某个部位，拔除指甲。

施加在生活于德国控制下的平民身上的最残忍的恐怖主义条令之一，是 1941年 12 月 7 日希特勒颁布的《夜雾法案》，根据这个法案，对德国占领军犯有抵抗行为的人将在"夜雾"当中被枪决和逮捕，以致他们的家人不知道发生了什么事情。

在奥斯维辛和德国的其他集中营，囚犯因为任何一个可以想象的理由遭到虐待。其中最邪恶的行为之一，是纳粹医生将人作为医学研究的实验品。正如一位医生所言：门格尔和他的同伙将囚犯作为最便宜的、比老鼠还便宜的实验动物。从 1942 年 8月开始，在达豪集中营，西格蒙德·拉舍尔博士对大约三百名囚犯进行了冷冻实验，其中包括犹太人、吉卜赛人、波兰人、苏联人。博士将他们丢进冰水当中，其中一些是裸体的，一些穿着飞行员的制服。博士观察他们的身体对冰冷的水是如何反应的，研究要让他们复原可以采用什么方法。拉舍尔和他的助手仔细地记录了囚犯对这些实验的反应的每一个细节：嘴中的泡沫、痛苦的抽搐、死亡时喉咙里发出的声音，以及半无意识的状态。当囚犯的体温低于摄氏 26.5 度的时候，拉舍尔采用各种各样的方法又将他们弄活过来，这些方法包括在浴缸、电热毯中快速加热、透热疗法、药物，以及其他古怪的治疗，比如用妓女通过性交来刺激和提高冻僵的囚犯的体温。

拉舍尔降低体温的实验得到了希姆莱和武装部队的赞助，他们正在努力寻找较好的方法去处理极度寒冷对身体的侵害。因此，纳粹的医生不具有任何道德的目的，他们认为做这些实验是为了挽救生命。实验者生命的丧失显然没有使他们感到担忧，因为他们是“低级的生命”。拉舍尔和他的同事还为空军进行了针对人在高空飞行的反应的实验。囚犯们被丢进一个由空军提供的减压舱里，使他们处于极度的压力或者真空的条件下。当他们在极度痛苦中发出尖叫或抽搐时，这些医生毫无表情地记录着他们的反应：

> 我通过减压舱的观察窗发现，一个囚犯直到他的肺破裂才倒在真空当中。一些实验给一些人的头加压，直至他们发狂，他们扯拉着自己的头发，尽力减轻压力。他们用手指和指甲撕扯着自己的头和脸，企图戕害发狂的自我。他们用手和头撞击着墙壁，发出尖叫，尽力减轻耳鼓的压力。这些状况通常是以实验者的死亡而告结束。这些实验通常被划分为两组，一个以生存实验为主，另一个是 **X** 实验，这种实验是一种执行死刑的方法。

拉舍尔博士不是唯一残忍的实验者，因为他同基尔大学的两个教授——霍尔茨勒纳博士和芬克博士——密切合作，进行工作。他们两人写作了名为“用人类进行冷冻实验”的长篇论文，1942 年 10月，在纽伦堡召开的一次医学会议上，他们将自己的发现宣读给一些医生。其他一些实验是把吉卜赛人用于各种测试：在萨克森豪森，他们被用于判定海水是否能够饮用的实验，他们还被射入有毒的子弹，被注射传染性的黄疸病毒。在拉文斯布吕克集中营，他们被用于坏疽伤口实验。被嘲笑为“患有狂犬病”的波兰女囚被用于骨移植实验。最广泛的实验之一是绝育。毛塔斯博士进行了一项实验，是注射或者口服一种植物液体制成的药丸。另一种是X射线绝育。最臭名昭著的集体绝育和阉割计划在奥斯维辛集中营的第十区中实施，在那里几百名下贱的充当实验品的人，大多数是妇女，被卡尔·克劳贝格博士注射了各种各样腐蚀性的材料。克劳贝格是一位生育专家，人们至今还在使用他的配制品。霍斯特·舒曼博士是过去安乐死计划的关键人物，他通过类似组装线的方法来给数百人绝育，这种方法快捷而无毒：囚犯被吩咐在一个柜台上填写表格，与此同时，一台隐藏的X射线机器在对他们发送射线。用这样的方法，舒曼希望一天给三千至四千人绝育。损坏肌体和放射过量是经常性的，从而引发了剧烈的肿大和生殖器的萎缩。但这是值得的，因为“这样一种思想——囚禁在德国的三百万布尔什维克可能被绝育，他们将适合于工作而不能再生育——开启了一个最为深远的前景”。

在对人体器官——尤其是出于人类学和种族研究的目的，保存很好的“次等人类”的头颅——的采集中也发生了十分兴旺的贸易活动。残忍的斯特拉斯堡大学的奥古斯特·希尔特教授宣称：他正在对人类的头颅进行重要的人类学和解剖学的研究，他需要得到保存很好的“犹太—布尔什维克政委”的头颅。他从兴奋的希姆莱那里得到了大量的供应。希姆莱本人对次等人类的解剖性质也非常着迷。希姆莱将搜集优良候选人的任务交给了沃尔弗拉姆·西弗斯，他是一位党卫队的上校，是党卫队古代遗产协会的主席。西弗斯的绰号叫“蓝胡子”，他在奥斯维辛急速地巡视了一遍，寻找优良候选人，然后将他们杀害，将尸体送给希尔特教授，后来他宣称送交的方法就是通过邮递员。

最腐败堕落的事情是为取乐和装饰来搜集人类的皮肤。最有名的事例是弗劳·伊尔丝·科赫，她是“布痕瓦尔德的婊子”，是集中营指挥官的老婆，她的业余爱好就是搜集死去的囚犯的皮肤，尤其是那些有着文身的皮肤，她将它们做成灯罩、手套或者书籍的封面。

除了对苏联和波兰犯下的种族灭绝的罪行之外——将在下面两个部分讨论——纳粹在捷克斯洛伐克和法国犯下的有组织的罪行是让人难以忘怀的。1942年5月27日的早晨，波希米亚—摩拉维亚的“保护者”莱因哈德·海德里希

布痕瓦尔德的奴工，由美国第八十师发现

坐在自己的梅赛德斯-奔驰敞篷轿车里，像每天清晨一样前往布拉格的办公室。两名捷克的抵抗战士由英国情报机构空投到捷克斯洛伐克，正在布拉格的郊区等待着他，他们等在一个急转弯处，估计汽车在那里要减速。当海德里希的汽车靠近的时候，一名刺客投出一枚手榴弹炸坏了它。令人惊讶的是，海德里希并没有受伤，他跳出汽车，抽出左轮手枪进行射击，并且追击两名刺客。然后他倒了下来，坐垫下的钢制弹簧弹进了他的身体，使他受了致命伤。一个星期之后，“布拉格屠夫”和大屠杀的总指挥死去了。作为报复，纳粹分子对波希米亚和摩拉维亚大肆发泄，他们逮捕了一万名平民，并杀害了其中的一千三百人。对利迪策村进行了特殊的处理，因为据说它支持了对海德里希的谋杀。6月9日夜晚，这个村子被党卫队保安处和秘密警察包围起来。妇女和儿童被运往德国，前者送往集中营，后者被送到寄养家庭。男人和稍大一点儿的孩子，共一百七十二人，被当场枪决。整个村庄被完全毁灭，它的名字也从官方的记录中抹去。纳粹分子似乎忘记了世界舆论，他们公开承认对这次大屠杀负有责任。海德里希的位置被恩斯特·卡尔滕布伦纳替代，他是陨落的党卫队保安处主管的复制品。

同样的命运也降临在法国尼姆日附近一个名叫奥拉都的村庄。为了报复游

被毁灭的利迪策村

击队的行动，来自党卫队精英部队帝国师的一支党卫队特遣队在奥托·迪克曼(后来死于诺曼底战役)的指挥下，在 1944 年 6 月 10日包围了这个村庄。他命令村民集中在中心广场。男人被锁在六个谷仓里，被冷漠地枪杀了。所有妇女和儿童被锁在村庄的教堂里。男人被杀光后，党卫队的杀戮者们开始焚烧包括教堂在内的建筑，同时还用机关枪扫射、手榴弹轰炸来结束这些妇幼的生命。只有几个人幸存下来。几个乘火车购物归来的尼姆日村民也被杀害了。

大屠杀的前奏：东部的种族灭绝政策

纳粹的种族主义政策总体上可以被描绘为种族灭绝 (genocidal) 政策，同时，“大屠杀”(Holocaust) 这个词因为希特勒的滔天罪行——杀害了五百万犹太人——被保留下来。下列描述将严格区分这两个词使用上的差异。种族灭绝(genocide) 专门指对一个民族或者种族蓄意的、系统的灭绝，它必须和大屠杀(Holocaust)这个词区分开来。大屠杀这个词是从希腊文的《旧约》中翻译而来的，原意是燔祭或者祭神。这个词在本书中将专指世界历史上独一无二的恐怖罪行，相对于古老而邪恶的宗教团体，由罪孽深重的纳粹领导集体犯下的这种罪行是独一无二、无可比肩的，这种罪行还受到德国人民和无动于衷的世界的支持和帮助。纳粹政权对波兰人、苏联人、同性恋者、吉卜赛人、犹太人施行了种族灭绝，但是这些努力远没有达到目标，因为它们缺少协同分子、狂热分子，甚至“精神的”热情，而纳粹在对付犹太人时，这一切应有尽有。当然，这绝不是减轻对“次要受害者”灾难性的冲击，而是比较来看，在任何历史记载中，“主要受害者”犹太人所遭受的恐怖应得到专门的、分别的看待。

对于大多数希特勒占领和间接控制的国家来说，显示这一悲惨的命运并不困难。事实上，德国的战时经济和运作对希特勒新秩序的本质提供了准确无误的证据。希特勒地缘政治目标的关键性质是生存空间的获得，使德国过剩的人口可以移民定居在东部欧洲肥沃的土地上。希特勒设想着一个庞大的殖民计划，它涉及可以和美洲的殖民相比拟的人口安置。假如德国人移民定居在欧洲东部，那么当地人口就会被野蛮的征服所取代，迁居到贫困的土地上，或者被一并消灭。

正如我们所见，希特勒对生存空间的要求导致了 1935 年在希姆莱的支持下种族和移民定居办公室的建立。在战争爆发后不久，希特勒任命希姆莱领导“加强德国实力的新的国家军需总部”，这个部门的主要职责是用德国的移民定居者来对被占的东部领土进行殖民化。1939年秋季波兰的战败开启了第一轮大规模迁居的政策。一百多万生活在被吞并领土的波兰人和犹太人被迫在 1939年 10月疏散，迁入督政府之中。这些迁移民众的财产被希姆莱的代理人没收，并且由德国移民定居者处置。整个 1939年秋季，在让可能前往东部领土移民定居的人动身前，希姆莱的种族主义专家仔细地审查了他们的日耳曼血统和性格。许多前去殖民的候选人来自一直居住在东部欧洲和南部欧洲的日耳曼人，二十多万非德国的日耳曼人被“邀请”移民定居在波兰，费用由德国政府承担。据估计，移民定居波兰的总人数——德国原居民和非德国的日耳曼人——到 1943 年达到了大约一百万人。

德国殖民化的第二轮开始于 1941年对苏联的入侵。在希特勒入侵苏联之后，他就向所有人描述了苏联边疆的前景，预见一亿德国人移民定居这一地区的一天：

> 我们将移居苏联的荒漠……我们将驱除它亚洲大草原的特征，将它欧洲化。怀着这样一个目标，我们将承担建立通往克里米亚和高加索最南端的

德国西部卑尔根—贝尔森集中营里四处散布的犹太人尸体

公路。这些公路随着德国人城镇的延伸而延伸，并环绕着我们殖民者居住的这些城镇。

完成这一任务需要两百万或者三百万工人，我们将以超出想象的速度寻找他们。他们将来自德国、斯堪的纳维亚、西方国家和美国。我不再能看到这一切了，但是在二十年里，除了本地人，乌克兰还将是两千万移民定居者的家园……

我们不居住在苏联的城市里，我们要让它们在毫无干预的情况下变为灰烬。首先，在这个问题上一点儿也不要后悔。我们对这些人毫无义务。我们没有必要在简陋的屋子里和他们一起生活，清除跳蚤，提供德国的教育，出版报纸。也许我们只要建立一个由我们控制的广播电台。其余的事情就是让他们懂得我们的公路标志就足够了，以免他们堵塞了我们的交通。

对于他们而言，“自由”这个词意味着在节日里洗个澡……德国人只有一个责任，那就是用德国人的移居使这个国家德国化，并且把当地人视作“红种人”。

纳粹在东部领土的种族主义政策不仅受到希特勒个人幻象的支配——胡言

乱语的独白中，他与自己的同伙分享这些幻象——而且受到一个由希姆莱起草的绝密文件的支配，这个文件的标题是“对东部外国人口的一些思考”。这是一个噩梦般的文件，充满了奥威尔式空话的恶臭、种族主义分子的狂言，它建议在东部地区进行种族清洗，选出种族上有价值的、雅利安血统的分子，使其余的人生活在条件恶劣的环境中，或者让他们继续向东方迁居。至于犹太人，他们将被完全消灭，更可取的方式是强制性地向东迁居或移民非洲。希姆莱所建议的实际上就是种族的灭绝，只保留对征服者有用或者“有价值的”分了，将其余的消灭干净。他提议确认然后消灭东部领土上的上层阶级，审查他们的孩子的价值。被确定在种族上有价值的孩子被绑架送往德国进行日耳曼化，其余的孩子将留在原地作为新的雅利安统治者的臣民。

希姆莱古怪的计划在希特勒那里找到了热烈的支持，希特勒本人已经有一段时间沉浸在这种种族主义的幻想之中。被征服的生存空间将由得到仔细确认和加以武装的雅利安农民居住，他们组成新的条顿骑士。德国曾经是一个农业民族，必须从根本上再次成为一个农业民族。东方将帮助它加强这种内在于日耳曼民族的农业倾向，而这种倾向将成为年轻人补充德国血统的永久和不断更新的源泉。

这种种族清洗政策的悲剧首先在波兰上演，希姆莱的特别行动队在那里实施野蛮的政策，即对波兰的上层阶级进行杀戮，对认为在种族上有价值的人物进行鉴定。在这一种族灭绝政策最初的实施阶段，希姆莱的执行部队遭遇了来自正规军（武装部队）的相当强硬的抵制，因为军队被赋予了维持被占领土秩序的责任，没有多久，武装部队的成员认识到了希特勒杀手的真正目标，即杀害波兰的教师、医生、政治家、牧师和商人。尽管许多普通的德国士兵和官员对这种发生在他们周围的灭绝行为感到惊恐，但是几乎没有人敢于站出来反对这种有组织的屠杀。

没有抵制希特勒的种族灭绝计划将永远是德国军队的一个污点。除了一些个人的英雄行为之外，武装部队没有对这些灭绝行为或者后来对犹太人犯下的残暴行为进行有组织的抵制。强烈的抵制行为之一来自约翰内斯·布拉斯科维茨将军，他是东部占领区的总司令，是“德国军事史上不可比拟的人物”，他谴责了党卫队杀戮者的行径，要求对这些暴行进行全面的调查。但是，布拉斯科维茨的抗议并没有持续多久。希特勒将他调动到西部前线，整个军政府都和他一起搬了家。正如海因茨·霍恩认为的那样，尽管将军们惊讶于这种可怕的暴行，但是也为这个指令感到高兴，因为他们可以摆脱对杀戮的责任了。到 1939年 10月中旬，希特勒对波兰建立了一个不同的占领体制，在其中，但泽和西普鲁士构成了一个“区”(gau)，由埃伯特·福斯特领导；其他地区被切割成小区，作为对纳粹忠诚者的政治报答。波兰中部的剩余部分被称为督政府，控制在汉斯·弗兰克的手中。

同时，希姆莱以巨大的热情向东部运送雅利安农民。他开始称自己为“强化日耳曼主义专门的国家委员”，无休无止地从事着一项复杂的工作，即将来自波罗的海地区、波兰东部地区、罗马尼亚、南斯拉夫、斯洛伐克的日耳曼人移民定居到他新近获得的东部领土上。当苏联战役在 1941年 6 月开始的时候，一百多万波兰人被逐出了他们的家园。在老套的口号“到帝国来安家”的诱惑下，非德国的日耳曼人被哄骗来到了波兰人居住的地方。与这些迁居计划同时进行的，是希姆莱疯狂地在波兰和苏联寻找着有价值的雅利安种族的血统。在写给区党部领导人阿图尔·格赖泽尔将军的一封信中，希姆莱说：“种族上纯洁的波兰儿童应该在特别的幼儿园或儿童之家中由我们养大。我们会告诉这些儿童的父母，这样做有益于儿童的健康。”希姆莱没有在小规模的活动面前停止脚步，他投身到这个计划的“生命之泉”组织中。正如上面所提及的，“生命之泉”组织是党卫队的交配农场或者种人农场，它被官方掩饰为党卫队的育儿之家。这些家庭现在养育了有着北欧人或者雅利安人外貌的波兰和苏联儿童，其中的一些是孤儿，但许多是从他们的父母那里被残忍地掠夺过来的。在一个代码叫“收割牧草”的行动中，数千名儿童被绑架送往德国。

苏联战役去除了纳粹种族主义分子所受到的一切限制。党卫队的主管们对如何在苏联广袤的大草原上移民定居进行了疯狂的构想。这一蓝图被称为“主宰东方计划”，它在入侵苏联的六个月前在希姆莱党卫队的魏威尔斯堡里制订出来。党卫队的幻想家们聚集在种族和移民定居办公室，开始计划未来东方的日耳曼帝国。他们的出发点是假定三千万斯拉夫人被杀戮一尽。这个新的日耳曼帝国一直延伸到苏联的西部，它的边境一直从北部的列宁格勒延伸到南部第聂伯河的转弯处。

在对苏联殖民化的计划中，希特勒最喜爱的就是吞并克里米亚，让德国人移民定居在那里,用一条一千英里的高速公路将它和帝国相连。希特勒和罗森贝格计划将乌克兰的德国人,甚至南蒂罗尔人移民定居在克里米亚半岛。在拉斯滕堡狼穴一次散漫的自白中，希特勒对在克里米亚安置非德国的日耳曼人这一前景非常激动。正如他对司令部的听众所说的,与蒂罗尔相比较,克里米亚是一块“真正的富裕之地，他们所必须做的一切就是沿着德国的一条水路——多瑙河——顺流而下,如此而已”。

这些辉煌计划大多数由于战争的紧急状态而被推延，但是它们反映了德国对待被占领土人民政策的古代亚述人的性质。纳粹的新秩序是丧失了人性的行为准则,它由野蛮、剥削和灭绝构成。由于这个政策激起了对德国的仇恨,导致了对德国在整个欧洲的统治的广泛敌对,因此它不仅是野蛮的,而且是愚蠢的。

即使德国人最终杀害了三千万斯拉夫人,德国的移居者也不可能在“次等民族”的汪洋大海中安稳地生活。党卫队的康拉德·梅耶—海特林教授对这一问题作出了解答：新的领土被分割为若干移民定居省，它们由希姆莱这位东方新的封建君王全权统治,他像中世纪的君王一样,将各种各样的采邑分封(终身采邑和世袭采邑)给移民定居者。移民定居区受到二十六个强大要塞的保护,这些要塞是一些小型城镇,位于德国交通动脉的交汇点上。

希姆莱安排负责实施这一幻想的党卫队官员是旅队长奥狄罗·格劳伯克尼克。他是党卫队精英中最反复无常、最任性的人物之一。他曾经在卢布林担任地区警察和党卫队警察的头目,在任职期间,他对那里早期的德国移民定居者进行了调查。这促使他将卢布林地区变为一个巨大的移民定居点,这一计划完全符合希姆莱对“主宰东方计划”的想象。但是,格劳伯克尼克的计划和中央波兰的总督汉斯·弗兰克的想法发生了冲突,他得出了结论：他所统治的国家无须用残酷来加以管理,而应该成为支持国家的经济发展的典范。将数百万波兰人从督政府中抽出,驱赶他们向东迁移将会削弱这个国家恢复的能力。弗兰克和希姆莱之间长期和恶劣的争斗从此表面化了,它展示了纳粹政权内在的不稳定。弗兰克大胆的努力最终导致了对党卫队警察国家的公开批评。由于希特勒和希姆莱站在一起,因此弗兰克一无所获,他被剥夺了党内的所有职务,不再担任国家的部长。但是希特勒还没有完全舍弃他。他似乎对弗兰克过去的许多工作有着较高的评价,并且欣赏他的个人勇气。弗兰克作为波兰总督一直待在那里,但是已经不能影响即将发生的事件——对整个民族的杀戮。

大屠杀

责任和指挥链

反犹太主义依然是强大的。一些作家坚持认为：大屠杀从来就没有发生过，对纳粹分子犯下的残暴罪行的记录是虚构出来的，用来为犹太人的自我夸大服务。这些人同那些认为美国人从来就没有登上月球的人是属于一类的，后者认为登月只是一场欺骗，是在好莱坞的电影棚里上演的。既然没有人否认希特勒进攻了波兰，那么为什么一些人依然拒绝相信数百万犹太人被纳粹分子冷酷地杀害了呢?确实，不是因为缺乏证据。集中营令人恐怖的细节在战争期间就众所周知，其人数超出一般的估计。当战争结束的时候，集中营中存活的数千人讲述了其中的故事。战胜国后来做了巨大的努力搜索杀人犯。在纽伦堡法庭，战犯们——其中最著名的是奥斯维辛臭名昭著的指挥官鲁道夫·赫斯——详细叙述了他们可恶的罪行。受害人一个接一个地指证了现代历史上最怯弱的罪犯。大屠杀是不可颠覆的事实，无论它对我们的集体记忆可能有多么大的痛苦，总体而言，它必须被设想为人类历史中的污点；局部而言，它也是德国人良心上的污点。

没有人知道希特勒何时发布命令去灭绝犹太人，人们没有发现书面的文件。来源不同的线索指出：在1941年春天的某个时刻，希特勒亲自向希姆莱发出命令：犹太人必须被消灭干净。甚至希特勒还十分可能建议清除犹太人的明确方法，即采用毒气灭绝。毕竟他对犹太人早已有了此种想法。在《我的奋斗》中，他写道：假如“这些希伯来的邪恶分子已经被毒气毒死”，许多德国人的生活本来是可以得到拯救的。

正如下面所要提及的，希特勒在1939年1月30日已经公开地警告过犹太人，一旦战争爆发，他会将他们消灭干净。当第二次世界大战开始的时候，希特勒获悉世界犹太人运动的领袖哈伊姆·魏茨曼写信给英国首相张伯伦，在信中他宣布犹太人将和英国及民主国家一道战斗。这封信还发表在1939年9月8日的《犹太人通讯》上。希特勒似乎不仅认为它是犹太人对德国的宣战，而且把它作为理

奥斯维辛集中营的正门

由拘捕把德国作为敌人的犹太人。直到 1942 年 7 月 24 日，希特勒还向他的客人提及魏茨曼的那封信："在第二次世界大战，在犹太人大会和它的魏茨曼向德国宣战之后，谁也不应该忘记世界上的犹太人是国家社会主义的头号敌人。"非常有趣的是，当希特勒对犹太人作出各种评价时，他从来没有暴露出他实际上准备对他们做些什么事情来。当他提及魏茨曼的时候，他依然幻想犹太人正在被驱逐到东方，或者被驱赶到马达加斯加。

十分明显，由于担心可能的公开反应，以及当时对秘密行动的狂热，也许还有与这种残暴的行为保持距离的一些心理需求，除了对自己信任的随从——希姆莱、戈培尔、鲍曼、戈林——希特勒没有暴露出这一可怕的秘密和他在其中发挥的作用。但事实是：希特勒在 1933 年获得权力之后，他就逐步成为处置犹太人的领导核心。

从一开始，对犹太人处置的实施就是通过一条指挥链实现的。它开端于希特勒，传送到希姆莱，再到海德里希的国家保安总局，再到国家保安总局第四处（盖世太保），再到第四处艾希曼负责的犹太人事务组，最后终止于集中营中的"特别行动队"和"骷髅部队"。正如上面所提到的，在 1933 至 1939年间，对犹太人的处置被分为两个重要阶段：一是合法的歧视；二是强迫移民。第二次世界大战带来了后来的两个阶段：一是强迫集中居住和集体枪杀；二是死亡集中营里的系统化灭绝，即“最终解决”。

在 1933 年，大约有五十万三千犹太人生活在德国，占人口的 0.76%。到 1939 年，德国的犹太人口减少到二十三万四千人。当希特勒对波兰发起进攻的时候，有两百万犹太人处于他的统治之下，到入侵苏联的时候，有三百万人处于他的控制之下。这些将近五百万的犹太人是东部欧洲重要的经济和文化动力。他们大部分生活在像罗兹、华沙、基辅、哈尔科夫这样的工业中心，生活在克拉科夫、维尔纳、卢布林、里加这样有着古老文化的城市。希特勒对西欧的征服又增加了三百万犹太人。海德里希估计实际上有超过一千一百万犹太人生活在德国政府控制的区域。

强迫集中居住和集体枪杀

首先是对波兰的犹太人采取了第一步行动，入侵苏联后，又对苏联的犹太人采取了行动。强迫集中居住和集体枪杀是同时执行的。犹太人强迫居住点并非党卫队要犹太人相信的永久定居点，它们仅仅是围捕中心，使得后来对大批犹太人的杀戮变得更为方便。犹太人被圈进过分拥挤的居住点，由他们自己的委员会管理，这些委员会是海德里希最为恶毒的诡计。他命令犹太人在每一个居住点社区建立犹太人的委员会，它们执行着特别行动队的指挥，例如编辑准确的人员名单和他们的财产清单。换句话说，犹太人组织了一个自我毁灭的组织，并且为自毁付出了所有的金钱，这真是一个最恶毒的虐待狂制订的计划。

杀人成性的特别行动队对犹太人的集体杀戮，可以追溯到希特勒对奥地利和捷克斯洛伐克的吞并。但是直到代号为“坦嫩贝格”的对波兰的入侵之后，它们才转变为一支杀人部队。在波兰战役进行之时，大约两千六百名党卫队保安处官员和警官伴随着正规军，在被占领土上执行着“秘密行动”。除了集体枪杀共产党人、犹太人和其他一些人之外，特别行动队还夺取共产党的档案，草拟受到怀疑的组织或团体的名单，围捕从事破坏活动的分子。行动队的军官向柏林送回了有关行动的详尽报告，许多人在战后留存下来，成为指控集体杀戮的参与者富有价值的文件。在巴尔巴罗萨计划开始执行之前，海德里希建立了四支主要的特别行动队，一共在全德国招募三千人，并且在莱比锡东北部易北河边的普里茨克警察学校训练他们。这四支特别行动队分别被标为A、B、C、D的称号，配合在1941年6月22日入侵苏联的军队。A特别行动队由党卫队旅队长瓦尔特·施塔莱克尔指挥；B特别行动队由阿图尔·内比指挥，加入了在波罗的海和乌克兰之间作战的中央集团军；C特别行动队由党卫队旅队长奥托·拉施指挥，在西部地区行动；D特别行动队由奥托·奥伦多夫博士指挥，他是国内党卫队保安处的头目，追随着第十一军团在比萨拉比亚和克里米亚行动。

这些特别行动队的指挥官都是些受到良好教育的警官，其中的三个人具有博士学位(施塔莱克尔、奥托·拉施、奥托·奥伦多夫)。作为国家保安总局刑事警察的头目，内比最初自愿参加这一新的任务，但是最终要求调离这一杀人的岗位，对这一任务持反对的态度，1945年3月内比被枪决。施塔莱克尔博士曾经是符腾堡警察主管，在党卫队保安处里得到了很快的升迁，在维也纳、波希米亚、挪威担任过许多重要的职务，并且在柏林担任部长。奥托·拉施拥有两个博士学位，曾经是维腾堡的市长，马丁·路德是在这个城市里发起宗教改革的。奥托·奥伦多夫博士是一位经济学家和法律学者。他们三人是真正的信奉者和狂热的反犹太主义者。特别行动队的其他领导人——党卫队二级突击队大队长和一级突击队大队长——来自大学教师、行政官员和律师等社会各阶层。在他们当中还有清教牧师和歌剧演员。对A特别行动队的分析表明它的领导干部由富有激情的年轻人组成，他们当中的大多数都是四十岁以下的年轻人，来自中产阶级的家庭，受过良好的教育，参加过自由军团或者各种各样的战后准军事组织，在1933年前经过一段时间的失业，并且骄傲地拒绝了他们过去的宗教。

尽管在特别行动队的领导人和它的分支组织——特别小分队——的指挥官及成员当中有一些虐待狂，但是，他们当中的大多数人都是有着意识形态信仰的杀手。几乎没有人会去质问他们得到的命令，去询问他们命令的来源。

在1941年6月22日到该年结束之间，特别行动队在能够发现犹太人的地方进行了血腥和疯狂的追捕。他们尤其在大城市围捕犹太人，把他们赶出城市，沿着沟渠和反坦克壕沟枪杀他们，然后把他们掩埋在那里。在大多数情况下，犹太人不得不在被枪杀前为自己挖掘坟墓。

这些被处刑的人不仅被汽车装载，而且七八十人一组步行，沿路被无情

> 地殴打。每一次枪杀二十至二十五人,他们在离执行区五十英尺的地方等待。卫兵监视着他们,直到被枪毙为止。……他们一丝不挂,被赶到坟墓当中,面向地匍匐着。德国人用步枪和手枪射击他们,后一批人被迫面向已经被枪杀的尸体匍匐着。

各特别小分队的指挥官相互之间展开了激烈的竞争,上报最高的杀人数字,一些指挥官骄傲地汇报他们管辖的地区已经没有犹太人了:

> 我现在宣布在立陶宛解决犹太人问题的目标已经由第三特别小分队完成了。除了工作的犹太人和他们的家属外,在立陶宛已经没有犹太人了……我想杀掉这些工作的犹太人和他们的家属,但是这会使我违背文官政府和武装部队,它们发布了禁止枪杀这些犹太人和他们家属的禁令。

尽管军队有时进行干预,或者假装震惊,特别小分队几乎没有遇到军事当局的些微抵制。事实上,特别小分队指挥官上交的报告经常称赞了军队的合作。有一份报告这样宣称:“从第一天开始,C 特别行动队就成功地与武装部队的各个部门建立了充分理解的关系。”南方集团军司令、陆军元帅瓦尔特·冯·莱希瑙尤其一再提醒他的军队:苏联战役的目的是消灭“犹太人的—布尔什维主义者的”体制,因此,“士兵必须完全理解犹太次等民族应得的严酷和公正报应的必要性”。集体处决如此司空见惯,德国士兵经常围观这些暴行,还设法拍下这些恐怖场景。在一些城镇,当地的民众还加入了对无依无靠的犹太人的大屠杀。例如在立陶宛的考纳斯,当地的暴徒用铁锹将犹太人打死,快乐的人群在四周围观,母亲抱着孩子欣赏着这一场景,士兵们袖手旁观,好像在观看一场足球比赛。

杀手们毫无人性地追逐猎物,没有遭到任何抵抗,并且经常有无动于衷的人在四周观望。这种枪杀只能用疯狂两个字来描述。德国工程师赫尔曼·弗里德里希·格雷贝最令人震惊地记录了一场集体屠杀,他和他的领班对可怕的集体处决目瞪口呆:

> 门尼克斯和我直接走到大坑前面。没有人来打扰我们。我听到土堆后面

急速的步枪射击声。那些从汽车上下来的男女老幼根据手执皮鞭的党卫队员的命令脱光了衣服。他们把衣服放在规定的地方……我看见八百到一千双鞋子堆在一起,还有一大堆内衣和外衣。没有尖叫和哭泣,这些人默默地脱下了衣服,一家一家地站在一起,相互吻别,等待最后的命运……我站在大坑边站了十五分钟,没有听到抱怨或企求怜悯的声音……一个头发花白的老妇女紧紧抱住一个一岁大的孩子,唱歌给他听,逗弄着他。孩子发出快乐的声音。一对夫妇含着眼泪相互注视着。一位父亲抓住大约十岁孩子的手,向他轻声低语,而孩子强忍着眼泪。这位父亲手指着天空,抚摸着孩子的头,似乎在向他解释着什么。就在这时,一个站在大坑边的党卫队队员向他的同伙大喊。后者清点出了大约二十个人,叫他们走到土堆后面。刚才我提到的一家就在其中。我清楚地记得一个苗条的、长着黑发的女孩,当她从我的身边走过时,她指着自己说道"23"。我绕过土堆,发现了一个巨大的墓穴。人们紧紧地挤在一起,一层层地叠卧在墓穴里,只能看到各自的头部。血从他们的头部流到肩膀。其中一些受到枪击的人依然能够活动……我看见一个正在射击的人。他是一个党卫队队员,坐在大坑狭窄的一端,两只脚在大坑里晃来晃去。他将冲锋枪放在膝盖上,正抽着香烟。人们赤裸着身体往坑下走去,爬到躺在那里的人的头上……然后,我听到一阵射击声。我往大坑里看去,看到一些身体正在抽搐……血从他们的脖子上流了下来。

只有最残忍的或者最冷酷的行刑者才能够一直消受这种野蛮的恐怖。确实有一些党卫队队员以杀戮犹太人取乐,人们记录了许多这样的嗜血事件。举一些事例就足够了。第五二八步兵团的指挥官罗斯勒少校正好遇上了日托米尔进行的一场大屠杀,他被枪决的场面惊呆了:在一个大坑中,身体依然在抽动,一个长着白胡子的老人手握着藤条在痛苦地痉挛着,他命令一个警察杀死他。警察笑着说:"我已经对他的胃开了七枪。他现在只有靠自己去寻死了。"在一个小镇,犹太人听见党卫队前来搜寻都躲了起来。党卫队队员发现一个怀抱幼儿的妇女。当她拒绝回答犹太人藏在哪里的时候,一名党卫队成员抓住孩子的腿,把他的头往门上撞。另一名党卫队队员回忆道:"碰到门发出的声音像汽车轮胎爆掉时发出的声音一样。只要我活着,我就不会忘记那样的声音。"在里加,一名党卫队队员发现两个犹太人在抬一根木桩。他枪杀了其中的一个,然后说道:"做这样的工作一个人就足够了。"犹太人经常为了体育运动或娱乐遭到枪杀。一些党卫队队员相信他们找到了最好的射击靶子。

集体枪杀的高峰发生在基辅郊区的巴比扬, 有三万三千七百七十一名犹太人在那里被枪杀。集体屠杀的第一波在 1941年冬季结束。那时,已经有七十万犹太人被杀害。但是,特别行动队的成员在身体和心理上已经精疲力竭了。一些人借酒消愁,一些人病倒了,一些人自杀了。在这些情况下,如何维持杀戮的步伐,甚至扩大正在计划中的杀戮规模以消灭依然存活的犹太人的问题出现了。迄今为止,杀戮依然是散漫和涉及个人的;它们是凌乱的,而且杀人的勇气是容易受损的。很有必要发现更为有效的、同时较少个人色彩的杀戮方法。事实上,讨论如何完成犹太人问题的最终解决已经进行了一段时间。

对犹太人问题的最终解决

从希特勒和他亲密的部下在 1941年春季和冬季的谈话中,我们可以相当精确地追踪到"最终解决"计划的轨迹。在 1941年 3 月 3 日,希特勒就即将发生的苏联战役给约德尔发布了指令。他坚持认为布尔什维克—犹太人的知识分子必须首先被消灭。3 月 31日,希特勒将有关希姆莱特别行动队在武装部队后方的所作所为,以及它们与苏联即将进行的战斗告诉了很多高级军官。4 月 2 日,阿尔弗雷德·罗森贝格与希特勒进行了两个小时的会面,在这次会晤中,罗森贝格知道了已经发生的和正在计划的集体灭绝的范围。他似乎被吓得目瞪口呆。他在日记中写道:"今天我没有写下的事情,我将永远也不会忘记。"在 1941年夏季,希姆莱将奥斯维辛集中营的指挥官鲁道夫·赫斯召到柏林,并告诉他:"元首命令犹太人问题必须立刻和一劳永逸地解决, 我们党卫队必须立刻执行这个命令。"希姆莱甚至明确表示:"我们必须在整个战争期间毫无例外地消灭每一个我们所控制的犹太人。"他还解释这样的任务只能"用毒气来完成,因为通过枪杀来处理大批的犹太人是不可能的。枪杀对执行这一任务的党卫队队员来说是过于沉重的负担,尤其因为妇女和儿童也在受害者之列"。

到 1941年 7 月底,纳粹的领导层作出了明确的决定: 东部领土将用于解决犹太人问题,消灭他们的主要工具是党卫队。一些人认为,希姆莱是按照自己的

奥斯维辛集中营里的犹太儿童

意愿行动的。为了消除这样的想法，我们最好回忆一下希姆莱自己承认的事实："我从来没有做过元首不知道的事情。" 由希姆莱领导的党卫队是否是唯一卷入最后解决的组织?有证据表明，专门的国家委员、国家官僚机构、外交办公室和武装部队都卷入了这一行动。1941 年 7 月 31日，作为四年计划全权大使的戈林命令海德里希"为了实现对犹太人问题的最终解决，尽快地向我呈报一个计划，它应该展示在组织、技术、物资领域方面最初准备方面的细节"。到 11月，由希特勒控制的所有灭绝犹太人的必要步骤都得到了采纳。希姆莱的瑞典按摩师费利克斯·克斯滕在 1941年 11月 11日的日记中写道："今天，希姆莱非常沮丧。他从元首总理府回来。我给他按摩。之后我问他发生了什么事情。他告诉我犹太人的灭绝正在计划之中。"1941年 11月 18日，希姆莱在一个秘密的简报中告诉德国记者："对所有欧洲犹太人生物学意义上的灭绝"已经开始，除了采用诸如"最终解决"或者"犹太人问题全面解决"的短语，不能对任何细节进行报道。

希姆莱对"生物学意义上灭绝"的强调，提供了消灭犹太人方法上变化的线索。尽管集体枪杀在整个战争期间都是持续的，但是，党卫队领导层决定，在偏僻的灭绝营用毒气执行死刑是杀戮犹太人最为有效和"人道的"方法。安乐死计划为最初毒气杀戮犹太人提供了方法甚至人员。毒气杀戮犹太人开始于 1941年 12

著名的安妮日记记录了犹太人的苦难命运

月，它发生在瓦尔塔兰地区附近的库尔姆霍夫，此地距离罗兹有四十英里，来自罗兹犹太人强迫居住点的犹太人在那里被发动机散出的废气毒死在汽车车厢里。由于这些汽车车厢只能容纳有限的犹太人，因此它们被认为只是临时的杀人机器。临近1941年的年末，第一个灭绝营在卢布林附近的贝尔泽克建立起来，在1942年春天正式运营。也就是在这里，第一次采用了固定的毒气室进行杀人。贝尔泽克的建筑师和主要的杀人指挥者是克里斯蒂安·维尔特，他过去是安乐死计划的一个执行者，是大约一百个从这个计划转至波兰灭绝营的杀人者之一。他用柴油发动机将废气充入毒气室。他的首批毒气室开启于1942年3月，一天能消灭一万五千名犹太人。第二个死亡集中营同月在波兰东部的索比堡开放；第三个不久之后在特雷布林卡（离华沙七十五英里）建立；第四个在马伊达内克建立，距离卢布林只有一英里；第五个也是被认为最可怕的集中营，它就是位于波兰上东西里西亚的奥斯维辛集中营。维尔特管理着这所波兰的集中营。正如人们将要发现的，在奥斯维辛，一种新的、更为有效的化学制剂齐克隆B得到了使用。

枪杀的继续，一种新的死亡集中营的出现，与运输有关的技术问题，犹太人财产的没收，与被要求交出犹太人的外国的联络工作，使得更为协调的最终解决战略变得必要起来。为此，海德里希在柏林郊区位于格罗泽·旺西湖边的一个庄园召集了一次会议。1942年1月20日，涉及犹太人问题最终解决的各个部门的主要代表人物聚集在一起，共同讨论杀戮欧洲残留犹太人的技术细节。与会者在友好亲切的气氛中得到了主人海德里希的款待。会议记录由阿道夫·艾希曼承担，他还负责发出邀请函。除了海德里希和艾希曼，其他的重要代表是盖世太保主管海因里希·穆勒；种族和移民定居办公室的奥托·霍夫曼博士；督政府的党卫队保安处主管埃伯哈特·舍恩加特；拉脱维亚的党卫队保安处主管鲁道夫·兰格。代表重要政府机构是几位部长和党魁：来自内务部的威廉·斯图卡特；来自督政府办公室的约瑟夫·布赫勒；代表四年计划的艾利希·诺伊曼；来自司法部的罗兰·弗赖斯勒；来自外交办公室的马丁·路德；来自总理府的弗里德里希·威廉·克里茨辛格；来自中央党部的党的副元首格哈特·克洛普弗博士；代表东部被占领土部的区党部的领导人阿尔弗雷德·迈耶博士；国家行政主管格奥尔格·莱伯兰特。十四位与会者当中有八位具有博士学位。会议的最终记录是以奥威尔式的模棱两可的词汇写成的，这些词汇被用于最终解决问题的讨论，包括“合法的迁移”“向东部疏散”“移民”“自然减缩”“重新安置”“卫生措施”“住所的变更”等等。与会者都同意对犹太人发起进攻，因为他们代表着对帝国构成了健康上的危险。海德里希展示了一幅巨大的人口地理分布图，它列出了有一千一百万犹太人生活在欧洲国家。紧接着是就如何围捕这些犹太人、如何剥夺他们的财产、最终如何灭绝他们展开了热烈的讨论。记录是以令人厌恶的官方措辞表达的，没有显示出一点儿令人恐怖的现实。但是，根据艾希曼在耶路撒冷的供词，与会者“大胆地讨论了这个问题，与我在后来的记录中必须使用的词汇完全不同。在会议当中，他们都是直言不讳的”。

在旺西湖边勾勒的全面计划是对整个欧洲的犹太人进行清除，首先是在德国和波希米亚—摩拉维亚。犹太人受到了围捕，并且被送到东部的“转运强迫居住点”，然后再往东部运送。超过六十五岁或者获得高级战功的老兵犹太人没有被处决，而是被拘禁在特里西恩施塔德，这是一个位于波希米亚和摩拉维亚的强迫居住点，像莱奥·贝克这样著名的犹太人被遣送到那里。对于半犹太人没有作出最终的决定，尤其是第一等级的犹太人是否应该作为完全的犹太人进行最终解决依然悬而未决。尽管一致的意见是对这样的犹太人进行绝育以阻止进一步的对德国人民的种族污染，但是就这个问题的讨论依然被推延到下次会议。

旺西会议只持续了一个半小时。在正式的会议之后，与会者分成小组对技术上的细节进行进一步讨论。尽管在实现这一目标的方法上——枪杀、毒气杀戮，或者通过劳役累死——没有形成一致的意见，但是每一个人都认同了灭绝欧洲犹太人的政策。到底采用什么方法不是与会者的事务，而是在这次会议之外东欧杀戮地区的事情。旺西会议的意义在于不是发动最终解决——它从两年前对犹太人的集体枪杀就开始了——而是德国政府在广泛的层面上（并非只是希特勒和党卫队）认可了最终解决，并且为它的实施制订出了一般的程序和方法。

在整个希特勒的帝国，对犹太人的全面围捕立刻就开始了。通过卫星国或者占领地政府的工作，德国当局没收了犹太人的不动产和流动资产。通过立法，犹太人失去了国籍。对于任何国家来说，了解过去犹太居民的命运变得不可能也无关紧要了。犹太人被剥夺了国籍和财产，只被允许保留一百马克（相当于五十美元）和五十千克的私人行李。在他们往东部迁居之前，犹太人必须上交详细的财产清单，盖世太保接受下来作为提供服务的费用。

无视恶劣的天气、盟军的轰炸、武装部队的急需，多普穆勒的火车现在开始行动了。犹太人像牛一样地被圈进货车，遣送到东部的五个集中营——奥斯维辛、贝尔泽克、索比堡、特雷布林卡和马伊达内克。到 1942 年春天，这些集中营安装了固定的毒气室，一天能消灭两万四千名犹太人。最初是采用柴油机中的废气，后来这种方法让位于氢氰酸，它在市场上销售时的商标为齐克隆 B，它由德国杀虫公司生产。从武装党卫队卫生部消毒主管库尔特·格尔施泰因的证词中我们知道了这个公司的许多内幕，以及它运用化学品来消灭人类的事实。格尔施泰因给我们留下了一份图解的记录，它记述了他是如何得到艾希曼办公室的命令陪伴艾希曼助手鲁道夫·根特将氢氰酸运送到一个秘密地点的（贝尔泽克集中营），又是如何目睹了在用毒气杀人的设计者克里斯蒂安·维尔特的指挥下采取灭绝行动的。在这一特别行动中，柴油机停止了运转。维尔特气急败坏。这不是因为七百个男女和儿童在狭小的毒气室里面忍受着两小时四十分钟的极度痛苦（格尔施泰因有一块马表），而是因为这种故障引发的困窘发生在参观者面前。格尔施泰因被亲眼所见的东西惊呆了，他告诉维尔特他带来的毒气已经失效了，因此必须被掩埋。他后来声称他留在这一岗位上的唯一理由是反对和见证集体屠杀。

奥斯维辛集中营的指挥官赫斯无论怎样都决定使用齐克隆 B，他强烈地相信通过使用这一化学制剂，他能够获得比继续使用柴油机的维尔特更高的杀人

奥斯维辛集中营的毒气室和焚尸炉

走向毒气室的犹太老妇

效率。齐克隆 B 是蓝色的小球，它可以放在小罐子里携带。戴着面具的操作者只要通过一个小洞把小球丢进屋子里，它们就可以变成致命的毒气，毒气在二三十分钟里就可以杀死屋里的人。奥斯维辛成为纳粹灭绝体制中最可怕的死亡工厂。

在荒凉的波兰农村，赫斯和希姆莱将一个由二十七间废弃的单层砖砌兵舍变成了庞大的综合性建筑物，可以容纳十五万名囚犯。奥斯维辛最初只是一个关押政治犯的营地，这些人大多是波兰人，但是它作为一个劳动营得到了很快地扩充，成为灭绝犹太人、吉卜赛人及“亚洲劣等人”的主要地点。到 1942 年中期，这个集中营被一分为三：奥斯维辛一区是最初的集中营；奥斯维辛二区在比克瑙，它可以容纳二十万受害者，是一个灭绝营；奥斯维辛三区在莫诺维茨，是一个工业中心。奥斯维辛有自己的足球场、图书馆、照相馆、交响乐队、拥有六十名医生和三百多名护士的医务队、一个大型的面包店、一个制革厂、一个造锡厂。这里还有被囚犯称为“加拿大”的三十间兵舍。这些兵舍里塞满了衣服、鞋子、眼镜、珠宝、手表、丝绸内衣、黄金和钻石戒指、优等酒水。总之，这是一个野蛮的城市，在这里居住的人曾经是文明社会的成员，现在他们将无依无靠的受害者和自己降低到人类存在从来没有达到的最低水平。

无论是在奥斯维辛还是在贝尔泽克、索比堡、特雷布林卡和马伊达内克，来到这里的犹太人面临同样的现实。一到达这里，他们就从货车里被赶出来，留在车里的是“粪便和被践踏的婴儿”。他们在斜坡上集中等待着“欢迎”。一个负责挑选的军官只是挥挥手就将新到来的囚犯分列成两队：右边一队是被选来做苦力的，左边一队被判处死刑。老人、妇女和儿童通常被判处死刑。他们被勒令脱光衣服去淋浴。一些心理学的手法被用于掩盖等待这些死刑者的可怕现实。在奥斯维辛，人们被告诉将鞋子系在一起，并且将衣服挂在编好号的钩子上，以便淋浴后找到它们。甚至，他们进入毒气室前还得到肥皂。妇女被剪光头发。受害者像牲口

奥斯维辛集中营枪毙囚犯的地方

一样被挥动着皮鞭、棍子和枪托的突击队员驱赶着进入毒气室。这些特别的突击队员包括乌克兰人，甚至包括犹太人助手。后者是一个可怕的建议，它使得犹太人成为他们同类的死刑执行者。赫斯后来写道："我从来不知道这些助理们向即将被毒气毒死的人泄露一丝消息的迹象。相反，助理们竭尽全力在欺骗他们……尽管他们可能不相信党卫队队员，但是他们完全相信和自己一个民族的人。"

但是，这种最残忍的欺骗也骗不了所有的人，常常出现极度痛苦的呼喊和令人窒息的、难以描述的恐怖场面。受害者一旦被推进可以塞满八百人的毒气室，大门就紧闭，毒气从屋顶的通气孔中释放出来。

> 通过门的窥视孔人们可以发现，站在离通气孔最近的人立刻被杀死……剩下的人摇摇晃晃，开始尖叫，拼命地呼吸空气。但是，尖叫很快就变成了死亡的呻吟声。二十分钟之后，再也看不到任何动静。

至少要花费三十分钟的时间将尸体从毒气室里拖出来，他们黏在一起，"像一根根柱子一样直立着，没有任何空间可以倒下"。一个专门的队伍——牙齿突击队——立刻进入行动，将受害者的金牙拔除。这些有价值的东西由奥迪洛·格罗博克尼克负责搜集，他是莱因哈德行动的主要负责人，在莱因哈德·海德里希被刺杀身亡之后，这类行动就被这样称呼的。格罗博克尼克负责搜集这些掠夺品(金钱、黄金、钻石、手表等等)，并送到德意志银行。

把金牙拔除之后，就开始焚化尸体，要么在露天，要么在巨大的焚化炉里。焚烧的臭气方圆数英里都能闻到。德国的生产商竞相争取同政府签署合同，建立全自动的、高效的焚尸炉。最大的一份合同给了I.A.托普夫和埃尔福特父子公司。这个公司制造了一个完美的设备，它包括一个地下毒气室，一个将尸体从下面运送上来的电梯。如果时间允许的话，集体屠杀的技术师们毫无疑问将制造出一种完美的、全自动的设备。受难者进去的时候还是活生生的人，然后经过有效和完全的处理，最终通过蒸汽烟囱排放出来。

对于那些没有被直接消灭的人来说，在死亡集中营的生活等于生活在人间地狱。许多幸存者成为这些集中营非人环境的见证。这些证人当中有许多知名人士，他们包括：埃利·维塞尔、普里莫·列维、维克多·弗兰克和托德斯·博罗夫斯基；也有数以百计的普通男女，他们讲述的故事令人心碎。杀人犯们也在私人日记、纽伦堡法庭的证词，以及向上级的报告中留下了许多蛛丝马迹，体现了他们所犯下的罪恶，集中营生活的情况也从广泛的记录中得到了准确的重构，这些记录由监狱当局所为，与典型的德国人的精确性是一致的。

为了确认的目的，集中营所有囚犯们被迫在他们的制服上标有不同颜色的标记，它们由一系列数字和一个带色的三角形组成。在奥斯维辛，囚犯的前臂上被刻了一个数字。红色的三角标志着政治犯，绿色的标志着刑事犯，紫色的标志着基督教耶和华见证会会员，黑色的标志着“死不改悔分子”，粉红色标志着同性恋，褐色标志着吉卜赛人。一个正三角形上压上一个浅黄色的三角形从而创造出一个大卫之星，标志着犹太人。德国卫兵很少弄脏他们的手，他们将大量的监视工作交给了仔细挑选出来的委托人，他们大多数都是刑事犯。这些凶恶囚犯被称为牢头。因此，在大多数残暴的监狱里，囚犯的控制在许多层面上发挥着作用。告密者非常多，从而构成了不信任和恐惧的氛围。

囚犯一大早醒来，必须参加可能持续数小时的集中点名。然后被卫兵赶出去做工，沿途是不断的尖叫、侮辱和折磨。大多数工作是采石场和砖瓦场的手工劳动，但是，在像奥斯维辛这样较大规模的一些集中营，囚犯们在水泥场、煤矿、钢铁厂、鞋厂和大型的生产合成橡胶的I.G.法尔本劳动。在所有这些集中营中，配给都不充足，食品恶劣。死亡集中营的目标是让人劳累致死，在那里，每天的食品供给包括极稀的汤和一点点面包，通常还是在囚犯劳动结束后才发放。有时增加些人造黄油、一段劣质的香肠、一片干酪，或者一点儿蜂蜜，或者稀稀的果酱。幸存的人依靠着黑市和高超的机灵。

毋庸赘言，这样的统治使得人们进入了非人的状态。人们很快就变得消瘦不堪，随后是体能的消失，并出现普遍的冷漠感。远远望去，这些半死亡的人快要在地上蜷曲成一团，犹如妖怪一般。这样的囚犯不可避免地将被处死。由于这个原因，囚犯们竭尽全力显得外表健康。有人告诉维克多·弗兰克："假如你想活下去，就要看上去适合工作。"几乎没有人能够在这样本来就打算让人们累死的条件下做到这一点。由于这种折磨人的残酷劳动、缺乏营养、各种恶毒的惩罚、经常引发传染病的可怕的不卫生条件，囚犯们日渐消瘦，只有最强壮的才能坚持下来。维克多·弗兰克形象地描绘了囚犯们在生理和心理上的恶化：

> 当最后一层皮下脂肪消失的时候，我们看上去像一具皮包骨头的骷髅架，我们看见自己的身体在吞食自己。机体消化着自己的蛋白质，肌肉消失了。然后，身体失去了任何抵抗力。一个接着一个，我们囚屋里小社会的成员不断地死去……在经过了许多观察之后，我们已经能够很好地发现一些征候……我们互相低语："他活不了多久了。""这是下一个。"我们每天晚上捉着虱子，这时我们会产生相似的想法："这是我的身体，它已经成为一具真正的尸体。我已经成为什么了?我只是被围在铁丝网后面的一大群人当中的一部分；我只是因为失去了生命意义某一部分而开始腐烂的一大群人。"

但是，这是对人类精神力量的一个见证：甚至在这些条件下，男人和女人也能够上升到较高的精神和审美的境界，获得对人类条件的更高的认识，孩子们依然在欢笑，绘出最为动人的美与天真的画面。生活依然保持了它的意义，利用了神秘的力量之源。但是，就如维克多·弗兰克所观察的那样，"对生命不再有感觉的人就悲惨了"，"因为他很快就失去了生命"。目的可以使得生命得到补偿；甚至在奥斯维辛，一个了解为什么生活的人可以承受一切苦难。正如埃利·维塞尔所言，我们可能永远不能理解大屠杀——对于他来说，它在奥斯维辛疯狂的计划中得到了具体体现——但是我们将永远注定尝试去理解它，了解在大屠杀中人性中被掩盖的谜底。

在五个重要的集中营发生的毒气杀人开始于1942年春季，一直延续到1944年秋季。到1944年夏季，东欧部分的大多数犹太人已经被灭绝，除了那些有意阻止希特勒种族灭绝计划的国家之外，来自欧洲其余地方的大多数犹太人也遭受了同样的命运。在匈牙利，犹太人找到了避难所，直到希特勒1944年10月罢黜了米克罗斯·霍尔蒂海军上将，建立了一个他能够完全控制的傀儡政权。希姆莱的侦探立刻进入了匈牙利，围捕他们可以发现的所有犹太人。艾希曼亲自监督这一行动，将满满三列车匈牙利的犹太人送到了奥斯维辛。纳粹分子也不认真地实验一种新的方法——将犹太人卖给西方世界，不幸的是，这个计划由于纳粹政权的口是心非，以及西方政府的漠不关心和官僚机构的阻碍，从来没有真正地实施过。瑞典是少数做出有效努力的国家，它派出劳尔·瓦伦贝格作为特使前往匈牙利，支持匈牙利的犹太人移居瑞典。他后来在苏联的警察手里失踪。勇敢的瓦伦贝格签发了许多特别护照尽可能地拯救了许多的犹太人。但是在大驱逐当中，他的行动只给人留下了些微的影响。希姆莱和他的杀人机构在即将战败的阴云下运作着，加强了在欧洲消灭犹太人的工作。杀手们梳理着过去忽略的地区和集中营。就是在这种方式下，数千个拘留在特里西恩施塔德的犹太人在奥斯维辛被毒气杀死。莱奥·贝克奇迹般地存活下来，他偶然跑进了艾希曼在盖世太保的办公室。贝克回忆道：他看到我时显然感到非常惊讶。他说："贝克先生，你还活着？"他仔细地打量着我。好像不相信自己的眼睛。他又冷漠地说："我以为你死了呢？"贝克回答道："艾希曼先生，你显然是在说未来发生的事情。"

到1944年11月1日，毒气杀人停止了，但是死亡直到1945年解放才得以停止。战败和惩罚出现在罪犯们的眼里，他们竭力掩盖所有罪行的蛛丝马迹，摧毁毒气室，毁灭尽可能多的被指控的证据。一支名叫"一〇〇五突击队"的特别分遣队在党卫队旗队长保罗·布洛贝尔的指挥下，被委派重新打开集体屠杀的坑穴，把尸体放在浸满油的火车厢里烧毁，再用专门的机器将骨头碾碎。这支分遣队的梳理杀人场的工作于1943年春天在苏联开始，后来转移到波兰，最后在东南欧结束。布洛贝尔将挖掘腐烂尸体的工作交给这一地区的犹太人和其他的人。一旦坑穴挖掘者完成了他们令人厌恶的工作，就立刻遭到了杀害。

从来没有人精确地知道被杀的犹太人的数目。估计的数字从四百万到六百万。劳尔·希尔贝格的估计可能最接近真实的数字。

波兰将近三百万，苏联将近七十万，罗马尼亚二十七万，捷克斯洛伐克二十六万，匈牙利超过十八万，立陶宛将近十三万，德国超过十二万，荷兰超过十万，法国七万五千，拉脱维亚七万，南斯拉夫六万，希腊六万，奥地利超过五万，比利时超过二万四千，意大利九千，爱沙利亚二千，挪威不到一千，卢森堡不到一千，但泽不到一千；总共五百一十一万三千人。

除了普遍的问题——大屠杀何以可能——之外，人们还提出了四个特别的问题：第一，谁是犯罪者？为什么他们要杀害数百万无辜的民众？第二，大屠杀如何是秘密的？第三，为什么同盟国在很大程度上保持沉默，成为心照不宣的旁观者？第四，为什么犹太人没有造反？第一个问题值得广泛探讨。

犯罪者

人们经常提出这样一个问题——什么类型的人会犯下如此恐怖的罪行？一个回答是给这些犯罪者贴上虐待狂的标签，但是有证据表明，只有少数的犯罪者事实上是虐待杀人狂。甚至在不动感情之中以高效率处死数千名无依无靠的受害者的纳粹医生当中，几乎也没有任何临床意义上的虐待狂倾向。正如奥斯维辛集中营的幸存者埃拉·林根斯·赖纳所认为的那样：“这里几乎没有什么虐待狂。只有不到5%或5%的人在临床意义上是病态的罪犯。其他人完全是正常的，知道正确和错误之间的差异。他们都知道他们的所作所为。”假如虐待狂只是起了次要的角色，那么关注的焦点就必须转移到德国社会更广大的文化形态上，它们提供了动机和制度上的机制，使得通过国家的命令杀害数百万民众成为可能。在本书所展示的分析当中，有四种形态被认为是至关重要的，必须再次突出出来：(1) 恶毒的、具有强烈的生物学和宗教成分的反犹太主义；(2) 在家庭、学校、每日生活当中强有力的制度化极权主义的倾向；(3) 建立在缺乏身份、不安全感和战败创伤基础上的好战的民族主义；(4) 被一个罪恶的领导层统治。

知道原因对于解释结果的爆炸性冲击总是不充分的，尤其是在集体屠杀这个案例中更是如此。也许促使这些人投入大屠杀的是他们的思考方式而不是生存方式方面的缺陷。是他们的智力还是他们的精神出现了问题?假如是前者,文化的因素是至关重要的。德国人已经证明了对创造性的成就具有非凡的能力,这种能力一部分是他们特有的思考方式的产物,其特点是不同寻常的一贯性。他们以令人印象深刻的精力和耐力将信仰付诸实践。但是,当他们的方向发生了错误的时候,这些精力和耐力就可能遭到谴责,成为一些经常归结为德国性格的缺乏魅力的特性:死板、过分的重视秩序、侵略性和傲慢。纳粹分子将巨大的反知识力量付诸实践,他们在这样做的时候,投入了宗教的热情和日耳曼式的一贯性。

但是,文化的原因并不能充分解释集体屠杀行为的心理领域。要了解这些就必须知道他们的心理细节,对这些犯罪者的人格和动机进行考察。一般而言,存在两种类型的犯罪者:一是坐在办公桌后面发布命令的,如希特勒、希姆莱、海德里希、穆勒、艾希曼;二是执行实际的枪决或者使用毒气杀人的人,如赫斯、维尔特、门格勒、特别行动队的成员和集中营的卫兵。他们当中没有几个是虐待狂。希姆莱和艾希曼认为自己是正派的人,在为崇高的事业做着重要的工作。1943年,希姆莱在波森对党卫队发表演讲,他把灭绝犹太人称为一个必要的、崇高的任务:"坚持到底,抛弃人类的弱点,保持我们的正直,这能使我们坚强。在我们的历史上,这是一个未被书写的、也将不会被书写的光辉一页。"同样,格劳博克尼克坚持认为:"先生们,假如我们的后代是虚弱的,不能理解我们伟大的工作,那么,整个国家社会主义将是徒劳的。相反,按照我的观点,应该埋上一块铜牌,上面书写着我们完成了这一至关重要的伟大工作。"在耶路撒冷,艾希曼否认他对杀害犹太人做了任何事情,在他的内心深处他认为"他不是一个肮脏的混蛋"。精神病学家证明艾希曼是一个来自下中产阶级家庭的"正常人",他从不怀疑地执行着命令,为他的上司忠诚而富有效率地工作。

假如艾希曼或希姆莱视自己为诚实的人,那么他们为什么会下达集体屠杀的命令呢?答案存在于他们的动机和他们古板的——几乎是机器人式的——人格结构当中。艾希曼、希姆莱、赫斯、门格勒确实都是强力而热情的、同时具有信仰意志的真正信仰者。他们也是盲目的信仰者,具有同样头脑麻木的固执。这类人不接受任何不同的信息,拒绝从任何超出自己观点的其他的角度看待世界。正如汉娜·阿伦特在对艾希曼的评价中所指出的那样:他是缺乏独立思考能力的一类人;他的思想完全是在自己狭隘的意识形态的范围中活动的。艾希曼和希姆莱是可以作为教科书的案例：信仰反动、欺骗自我和特别愚蠢。希姆莱的案例可以表明这一点。1945 年 4 月 21日，他以难以置信的语言向世界犹太人大会的代表发出祝贺："亲爱的马祖尔先生，欢迎到德国来。这是你们犹太人和我们国家社会主义言归于好的时候了。"

为了理解这些集体屠杀的专家，罗伯特·杰伊·利夫顿对一个关键的心理学原则表示关注，这就是将自我双重化，或者将自己分裂为两个能够发挥功能的整体，以至于一个冷血杀手和一个好医生(或者好家人，或者尽职的雇员)可以根据需要分别地发挥自己的作用。对立的自我可能在从内部变成一个篡位者。将良心转变成为奥斯维辛的自我是可以避免罪恶感的，因为这一行为将杀人作为种族卫生学合理化了。相似的行为可以在黑手党或恐怖主义的死亡小组里发现。利夫顿正确地补充道：自我的双重化经常是一种选择，而不是一种长久的性格混乱。作出这一选择是为了回应犯罪境遇或者犯罪生活方式中的困境。因此，自我的双重化是一种防卫机制，它使得自我躲避了更高的道德或者意识。相关的综合征是麻木和"现实感的丧失"。

总之，大多数杀人分子的所作所为都是出于信念，他们压抑自我的一部分为的是让一个杀戮自我发挥作用。然后他们确信杀戮行为是一个真正治疗的过程，即他们坚持认为，为了让德国生存下去，另一个集团必须死亡。在他们充满幻觉的体系中产生了一种"疯狂的感觉"。正如过去所发现的，确定了希特勒、希姆莱、艾希曼和数百位纳粹种族主义分子性质的思考形式是种族意识形态、反犹太主义、变态的生物学的顶峰。利夫顿公正而正确地指出，纳粹分子利用了具有死亡倾向的、启示性历史幻象的文化，从而掌握了杀戮和治疗之间的关系。

集中营的医生比其他的纳粹分子更进一步地说明了这种杀戮—治疗的综合征。他们相信依靠杀戮他们实际上是正在治疗，如同过去杀戮异教徒的人一样。一个在大屠杀中幸存下来的犹太医生问一个纳粹的医生弗里茨·克莱因，他是如何在自己的杀戮行为和一个医生的庄严宣誓之间加以调和的。弗里茨·克莱因回答道："当然，我是一个医生，我要维护生命，并且是出于对生命的尊重，我将从病体上去除腐败的阑尾。犹太人是人类身体上的阑尾。"

这种变态的种族卫生学在臭名昭著的约瑟夫·门格勒博士——奥斯维辛的"死亡天使"——那里得到了最高的表现。大多数奥斯维辛的幸存者都记得他是一个整洁、衣冠楚楚的德国官员，严酷而无情，他总是在车站迎接从肮脏的货车车厢里下来的新囚犯，让他们接受自己的命运。他像一个舞台导演，有时口中吹着瓦格纳歌剧的曲调，用手上的藤条指示着谁站在左边，谁站在右边。他非常欣赏这些“选择”，他在自己的各种医学实验中杀害了许多人，尤其是儿童，但是不会眨一下眼睛，固执而嗜血。和希姆莱一样，门格勒的早期经历似乎并不能预计出他后来在奥斯维辛的杀戮行为。他来自巴伐利亚上层阶级的家庭，这个家庭在冈茨堡拥有一家经营农具的企业。他年轻时的生活模式是我们在中产阶级父母的子女那里所发现的：在驯顺的极权主义的孕育基地预科学校接受严格而迂腐的教育，拒绝宗教而偏好种族主义的意识形态，以及民族主义和军国主义的思想。尽管门格勒直到1938年才加入纳粹党，但是他在1931年就加入了“钢盔队”，1934年加入了冲锋队。高中毕业之后，他在慕尼黑、波恩、维也纳和法兰克福大学学习人体生物学和遗传学。1935年，他在慕尼黑大学获得博士学位。在博士论文中，他对四个种族的下颚进行了研究，声称通过研究下颚可以确定特定种族集团的身份。1936年，他通过了国家医学考试，在莱比锡大学的医学诊所得到了第一个职位。但是，改变他生活的是他被任命为设在法兰克福大学的第三帝国遗传生物和种族净化研究所的研究助理，在奥特马尔·冯·费许尔的指导下工作，他是德国最著名的遗传学家和种族卫生学家。事实上，门格勒成为费许尔最喜欢的后备人员。种族主义乌托邦的小圈子在门格勒收尾之前——即实现了这一理论——经历了两代的变化。就是费许尔鼓励门格勒走上这条道路，确保他被任命为奥斯维辛集中营的医学研究主管，以及位于柏林的威廉大帝人类学、人类遗传教育、遗传学研究所主管，同时帮助门格勒在奥斯维辛的研究筹集资金。心存感激的门格勒定期将从奥斯维辛集中营得到的保存完好的人体器官送给教授作为回报。

当战争爆发的时候，门格勒加入了武装党卫队的医学组织，并且在东部前线卓有成效工作，获得了一级和二级铁十字勋章。1943年3月，在毒气杀人的巅峰阶段，门格勒来到了奥斯维辛，利用稀有的机会对活人，尤其是双胞胎进行实验。门格勒确信，依靠对双胞胎的实验，不正常的遗传可以得到确定和控制。他搜集了大约二百五十对双胞胎，将他们作为实验室研究者的青蛙、老鼠。按照罗伯特·杰伊·利夫顿的观点，门格勒将“杀戮性的科学狂热状态”带入了奥斯维辛。但是，他的杀戮行为依然受到疯狂命令的约束和麻木的卖弄学问的引导。因为，对于门格勒来说，这一研究具有高尚的目的，即繁殖出更高形式的人类。正如他被胁迫的波兰助手马丁纳·普茨纳所言：

> 我发现门格勒只能被描述为一个疯子。他在自己的大脑中发现了真理。他相信就像繁殖马匹一样，你也能够创造出一个超级种族。他认为获得对整个种族进行绝对的控制是可能的……他是一个种族主义者和纳粹分子。他野心勃勃地成了一个灭绝人性的人。他对遗传控制充满狂热。我相信，当他认为犹太民族已经终结的时候，他就会处理波兰民族；当他认为波兰民族已经终结的时候，他就会处理其他民族。总之，我相信他是为了自己的事业这样做的。最后，我相信他会杀害自己的母亲，假如这样做对他有所帮助的话。

为了他的乌托邦梦想，门格勒在良心毫不受损的情况下进行拷打和杀戮。对于他的同事来说，他是一个最正派的人——正直、友善和"富有文化"。当然，这是奥斯维辛集中营综合征，它附带着将高贵研究及将有毒的脓肿从世界上去除加以合理化。门格勒以狂热的信奉者、疯狂的教授著称，对人类的完美带有乌托邦式的幻想。奥斯维辛是他的理想世界，他的梦想成为现实。就是在这里，他实现了自己的种族主义幻想，可以解剖双胞胎，将亚甲蓝直接注入受害者的眼睛，搜集人体器官，枪毙囚犯以泄愤，用注射将受害者致死，或将他们送入毒气室。假如说在通常的时间里他可能是一个有点轻微虐待狂的德国教授，那么，正如一位同伙所观察的那样，奥斯维辛把他变成了一个纳粹罪恶的原型。在犹太受害者眼里，他变成了他们最深层的集体恐惧——这是一种对德国的一切都感到恐惧的感觉——的化身。

秘密、冷漠和抵抗

大屠杀有多秘密？答案是：它是公开的秘密。它对一些德国人来说依然可能是痛苦的事情。不仅直接的犯罪者——希特勒、希姆莱、海德里希、党卫队行刑队——知道这件事，而且政府的高级官员——戈林、路德、斯图卡特、多普穆勒、

1943年，华沙犹太人在强迫居住点起义失败后，德国人将幸存者押往奥斯维辛

罗森贝格、绍克尔、戈培尔等——和纳粹党、武装部队的高级官员也知道这件事。从前线回来，看见这一"可怕秘密的"士兵将他们所知道的告诉了爱人、朋友和熟人。到1944年年中，这个秘密被广泛地知晓。一位德国记者在1943年访问了乌克兰，在犹太人问题上他得到了十分简要的信息，过去生活在那里的一百一十万犹太人像蟑螂一样被消灭干净了。正如上面所提及的，希姆莱早在1941年11月就告诉德国记者，"在欧洲，对所有犹太人的生物学意义上的灭绝已经开始"。在1943年，他将这一犯罪行为颂扬为德国历史上光荣的篇章。1944年，纳粹政权实际上计划在克拉科夫举行一次大规模的世界反犹太人会议，展示和庆祝对犹太人所做的一切。

世界的其余地方几乎在大屠杀的一开始就知道了它的存在。当然，最初存在着一些怀疑，尤其是因为相似的、与第一次世界大战相关的残暴故事后来证明是对人的愚弄。波兰的地下武装得到了非常准确的来自集中营囚犯和逃犯的信息，并且早在1942年就将真相告诉了西方政府。梵蒂冈教廷是第一批知道大屠杀并决定不采取任何行动的机构之一。同样的事情也发生在同盟国那里。对犹太人的残暴行为早在1942年就在英美的报纸上得到了报道。丘吉尔和罗斯福两人都知道真相。尽管由罗斯福在 1944 年 1月建立了战争避难委员会，尽一切可能拯救纳粹统治下的受难者，但是，这个委员会遇到了大规模的制度上的冷漠和根深蒂固的反犹太主义，尤其是在国务院。真相是：世界懒散地站在一边，要么迟疑不决，要么回避正在发生的一切。正如瓦尔特·拉克尔所指出的那样，整个故事超出了人们的想象。这也是对纳粹统治根本忽视的结果。这种忽视混合着这样一个悲哀的事实：不论英国还是美国都对犹太人的命运没有兴趣。

为什么犹太人没有抵抗的问题的答案是：他们抵抗了。他们在华沙的犹太人强迫居住点进行了战斗，企图冲出索比堡，在奥斯维辛策动了造反，进行了破坏活动，创办了地下报纸参加了游击队。这些抵抗行动在数量上是稀少的，最终也没有造成什么影响。尽管犹太人求助于一些国际组织，但是在世界上没有任何政府将他们组织起来，并代表他们。没有一个国家在他们身后，没有一支军队为他们而战。在抵抗种族极权主义国家的冲击当中，他们是无助的。这个国家相信自己的使命是消灭他们，同时得到了其他反犹太政府和无动于衷的世界的支持。

第十四章

纳粹德国的战败，1942—1945

命运转折点：斯大林格勒和“突尼斯格勒”

1942年秋季，作为三个主攻的结果，战争的进程变得有利于西方国家。一是隆美尔的非洲军团在11月2日在阿拉曼被击败，轻率地退却到突尼斯；二是强大的英美联军11月8日在摩洛哥和阿尔及利亚登陆；三是苏联人11月19至20日在斯大林格勒的北部和南部发动了进攻。这些战役一直延续到1943年5月。当它们结束的时候，德国已经被驱逐出北非，东部前线战争的结束也近在眼前。另外，德国在海上和空中正在失去优势。从1942年开始，德国城市就遭到了毁灭性的空袭，大规模的战斗轰炸机编队投下燃烧弹，给生命和财产造成了可怕的损失。德国人民逐渐认识到战争可能是失败了，甚至戈培尔聪明的谎言也不能掩盖全天候的空袭，以及来自所有前线的没完没了的伤亡报道。

斯大林格勒战役以史无前例的惨烈打了八个月，成为东部前线战争的转折点。回顾这一战役，我们发现斯大林格勒证明了德国在苏联战役中的致命弱点，首先是“长期地低估敌人的能力”(正如德国将军弗郎茨·哈尔德恰如其分地指出的)；其次是对于可以得到的目标缺乏协调和集中攻击；第三是希特勒破坏性的、最后是非理性的干预。假如希特勒将所有的部队集中在斯大林格勒，他可能会彻

美国的“空中堡垒”B-17轰炸机正执行轰炸任务

底地打败苏联人。相反，他决定同时对高加索发动进攻，因此严重地分散了他的军力，从而将它们暴露在可能灾难性的反攻当中。当哈尔德提醒希特勒德国无法承受这样的消耗战役，并且指出苏联人每个月能够生产出一千二百辆以上的坦克。希特勒勃然大怒，他禁止他的参谋长说出“这样愚蠢的废话”。

对斯大林格勒的进攻交给了由弗里德里希·冯·保卢斯将军指挥的、富有传奇色彩的第六军团。保卢斯将军是一个有能力的参谋人才，但也是一个缺乏想象能力，甚至思维缓慢的陆军指挥官。当进攻在 7 月 28 日开始的时候，冯·博克将军——南方集团军的指挥官——让第六军团停止前进，直到在沃罗涅什清除顿河一线的敌军。苏联人的策略是控制前线两端——北端的沃罗涅什和南端的罗斯托夫——让德国人突入顿河盆地和顿河的大转弯处，希望再一次以空间换取时间。但是德国的突击让苏联人大惊失色。到 7 月 5 日，保卢斯的坦克师在沃罗涅什两翼到达了顿河，但是苏联人增援了沃罗涅什前线，并且到 7 月中旬依然控制着前线。冯·博克决定在进入中间的空地之前首先处理掉沃罗涅什，他正确地指出，如果将苏联军队留下会对他的侧翼形成威胁，这无疑是危险的。但也就是在这一点上，没有耐心的希特勒亲自干预了战场上战事的进程。他愤怒地谴责博克在沃罗涅什“浪费时间”，并将他解职。除了没有头脑地将一位优秀的指挥官撤职之外，希特勒还犯了另外两个大错误：一是将进攻分成了两个分离的行动；二是命令霍特将军的第四装甲军团——最初是进攻斯大林格勒的——向南进军以帮助克莱斯特将军对高加索的进攻。组成南方集团军的A集团军和B集团军现在相互分离，均采取了独立的行动。A集团军要消灭罗斯托夫附近的敌人，并行军六百英里，沿着黑海的东海岸直抵里海边的巴库；B集团军要夺取斯大林格勒，并且朝里海边的阿斯特拉罕挺进。正如约阿希姆·费斯特指出的那样：南部行动的扩展意味着"从进攻一开始就占据了约五百英里战线的军队在军事行动结束之时，将不得不覆盖两千五百多英里的战线来抵抗敌军，但是除了失败，这些军队是没有能力与敌军交战的"。

保卢斯元帅

对斯大林格勒的进攻直到1942年7月底才开始，因为冯·保卢斯将军一直在等待着霍特的第四装甲军团。到7月22日，第四装甲军团的左翼部队到达斯大林格勒的郊区；一天以后，德国空军用燃烧弹对这座城市进行了地毯式轰炸。苏联军队在斯大林的命令下，不惜一切代价守卫着这座城市，没有屈服于德国武装部队的冲击。事实变得十分清楚：这场战斗不是传统意义上的军事冲突，而是政治权力意志和威望的较量。这座城市在斯大林心中有着特殊的意义，因为就是在这里，这位苏联领导人在国内战争中赢得了伟大的军事胜利，他鼓动察里津的市民们将它重新命名以表示对斯大林的尊敬。这座城市位于伏尔加河边，紧靠着顿河的转弯处，它不仅是苏联最大的工业中心之一，也是苏联南部最后一座大型城市。

当德国一寸一寸地夺取这座城市的时候，他们遭遇到了决心为每一幢房屋、每一家工厂、每一座水塔、每一间地窖、每一堆废墟而战斗而牺牲的对手。对于过去被胜利冲昏头脑的德国士兵来说，这是一个全新的考验。威廉·霍夫曼指挥着第二六七团，他本来信心十足地希望在8月末攻克这座城市，他留下了一段富有启迪的洞察，使我们能发现德国军队士气不断衰落的脉络：

战火包围中的城市雕像

9月 1日：苏联人真的还要在伏尔加河边继续战斗吗?简直是疯狂。

9月 8 日：……没有理性的顽固。

9月 11日：……发狂了。

9月 13 日：……疯狂的野兽。

9月 16日：……野蛮人,他们采用了强盗的方式。

9月 27 日：……苏联人不是人,而是魔鬼。

9月 28 日：……每一个士兵都把自己看作要赎罪的人。

在全天候的狂轰滥炸之后,德国军队最终到达了城市的中心,但是苏联人继续在瓦砾当中抵抗,拒绝投降。朱可夫元帅被斯大林授权负责苏联的所有战略规划，他认识到德国的挺进已经十分危险地将自己拉得过长的北翼过度地暴露出来。沿着顿河上游展开的德国战线的这一部分由德国的卫星国控制,它们是匈牙利、意大利和罗马尼亚。这些军队的领导是无能的,装备和给养都十分糟糕,是德国战线上虚弱的一环。在反攻当中,当第六军团全神贯注于斯大林格勒的时候,这些军队是完全不可能守住北翼的。

哈尔德将军反复警告希特勒：斯大林格勒不值得如此大的损失，但是希特勒不耐烦地对他可怕的警告表示了蔑视，认为是他胆怯的表现。他越来越厌烦这些任性的军官，他们没有看到他宏伟计划的长处所在。当南部的进攻没有他预期的那样迅速的时候，他解除了陆军元帅李斯特的职务，自己亲自指挥 A 集团军。在 9月末，他又解除了哈尔德将军的职务，谴责他的小心翼翼和悲观主义的观点对每个人形成了毒害。他甚至严厉指责了这位将军过于专业："我们现在需要的是国家社会主义的热情，而不是专业能力。"哈尔德被蔡茨勒将军替换，他是一位更为年轻的，显然也是更为听话的军官。

1942 年 11月 19日，苏联人开始对过长的德国战线进行打击。在一个经典的钳形攻势中——这使人想起了汉尼拔在卡尼对罗马人的胜利——苏联人在斯大林格勒最虚弱的北部和南部猛地推出两个集团军。苏联军队由康斯坦丁·罗科索夫斯基和安德烈·耶利门科指挥，粉碎了保卢斯侧翼的罗马尼亚第三、第四军团，在他的后面收紧了钳口。第六军团的二十二万将士、一百辆坦克、一万八千门大炮和一万辆运输车落入了伏尔加河和顿河之间的陷阱当中。

希特勒对陷入重围的德军的回答是"站稳脚跟"。冯·保卢斯回电说：第六军团的毁灭是毫无疑问的，除非他得到允许立刻撤退，在包围圈的西部和南部打开缺口。希特勒强硬地拒绝了这些请求，回电道：突围是不必要的，因为他已经派出了冯·曼施泰因的"新顿河军团"打入包围圈，解救被围攻的第六军团。他还答应通过庞大的空运给予第六军团以物资上的支援。但是，这两个目标都证明是不可行的，因为曼施泰因疯狂的努力来得太晚了，戈林的空运连最基本的五百吨物资也远不能完成，而这是支撑第六军团的每日所需。

同时，套索在收紧。元首司令部的战况会议被恩格尔将军戏剧性地记录下来，为我们提供了对大祸将临的军队以及希特勒严重失职的全面报道：

> 11月 24 日：对来自保卢斯将军的电报进行了广泛的讨论……元首粗鲁地拒绝了尽管由蔡茨勒将军支持的建议……他反复强调斯大林格勒在任何情况下都是不能放弃的。
>
> 11月 26日：元首依然保持着冷静，但是拒绝所有的一切。理由如下：撤退将被认为是虚弱；至关重要的生存空间会一再丧失；对我们的盟国可能会

苏联军队在斯大林格勒进行巷战

产生冲击；丧失时间，因为一个人说不出在西部、非洲或其他地方会发生什么。

12月19日：发生了激烈的讨论，因为冯·曼施泰因再次提出了军队突围的要求。元首对总是同样的问题变得不耐烦起来，他不相信可以通过撤退来拯救这支部队。

1943年1月底，第六军团已经变得孤立无援了，半疯狂的士兵完全凭着本能在战斗。数千名士兵不是被饿死，就是被冻死。伤员要求指挥官立刻射杀他们。在最后绝望的请求中，保卢斯要求同意放下武器投降。希特勒无动于衷。他的答复是严酷和明确的："投降是不可能的。"他通知冯·保卢斯："为了使重建东部战线成为可能，第六军团将在斯大林格勒完成它的历史责任，直到战至最后一人。"然后又在保卢斯面前抛下鱼饵，希望这样能够刺激他做出进一步的抵抗行动。他提升保卢斯为陆军元帅。因为没有一位德国的陆军元帅成为战俘，因此希特勒希望这一毫无意义的姿态在某种程度上可以改变已经成为定局的事态。十分明显，保卢斯不为军阶的提升所动，他和九万名士兵一起在1943年1月31日向苏联人投降，多年以后只有五千名士兵返回了德国。

当投降的消息到达元首司令部的时候，希特勒立刻将自己的责任推卸干净，他对冯·保卢斯发起了让人感到难过的攻击：

他变得逍遥自在起来了！……这个人应该自杀，因为过去的将军在看到自己的事业失败的时候都会拔剑自刎。这是理所当然的。甚至一个畸形的主人都会命令他的奴隶：现在杀了我！……生命意味着什么？生命就是国家。个人的生命必须死亡……保卢斯不久就会在电台里讲话。你们走着瞧……人怎么会如此懦弱。我不能理解这一点……伤害我自己的事情是我提升他为陆军元帅。我想要给他最后的快乐。这是我在这次战争中授予的最后一个陆军元帅。在事态不明确的时候，最好不要给它们下定论。这简直是太可笑了。那么多人都死了，而他这样的人却苟且偷生，最终玷污了那么多人的英雄气概。他本来可以使自己脱离悲哀，进入永恒，成为民族的不朽人物。现在，他宁愿去莫斯科。这是多么荒唐的选择。简直是疯了。

陆军元帅冯·保卢斯和九万名士兵一道成为战俘

德国在斯大林格勒的失败使得苏联人的继续进攻变得越来越大胆，并且在 1943 年 1月的前三个星期，似乎没有什么可以抵抗红军，它到达了第聂伯河，并且将要阻断高加索德军的退路。但是，著名的德军指挥官冯·曼施泰因将军规划出一种有效的战略，阻止了苏联人的攻击。冯·曼施泰因知道为每一寸土地而战是无用的，因为苏联人在资源和人力上都远远超出德国人。他认为最好的战略是依赖于战术上的经验和装甲部队的质量，以避免在严酷的战线上进行消耗战。他的战略被恰当地命名为“反手击球”的进攻，它让苏联人深深地渗透到德国的战线当中，然后用集中的装甲部队进攻来包围它们。到 3月中旬，冯·曼施泰因的战略证明是十分成功的，苏联的进攻暂时停了下来。另外，德国人击退了苏联人，渡过了顿涅茨河，重新占领了哈尔科夫，并且稳住了阵脚。运气上的明显扭转，表明德国军队依然是可怕的战斗机器。

假如希特勒听从曼施泰因的建议，采取可以摧毁红军士气的“反手击球”战术，那么，苏联人的盲目信念就会暂时受到阻止，不会发动对德国本土无情的进攻。相反，希特勒和他的大多数将军决定坚守已经赢得的东西，加强从北部的列宁格勒到南部亚速海的马里乌波尔两千英里防线上的虚弱之点，其中一个是库尔斯克，这是一个一百英里的突出部分。这块突出部分深入到德国的防线之中，极有可能将曼施泰因和克鲁格的前沿阵地分割开来。几个月来，希特勒和他的将军们对进攻库尔斯克突出部分的可行性展开了激烈的争论。蔡茨勒和克鲁格赞成进攻，而约德尔和古德里安表示强烈反对。事实上，正如古德里安告诉希特勒的那样，没有理由在 1943 年发动一场进攻，而且在东部前线，库尔斯克突出部分也不是第一次世界大战的凡尔登，非要在那里举行一场决战。希特勒自己也承认“卫城作战”的思想如同它的名字令他胃部不适。但是，蔡茨勒和凯特尔的观点决定了这一议题偏向于进攻，因为德国人的进攻在政治的理由上是必要的。

对库尔斯克突出部分的进攻开始于 1943 年 7 月 5 日，德国军队在这里集结了从未有过的庞大的装甲部队。南方集团军派出了九个装甲师，包括党卫队部队骷髅师、近卫师、帝国师；同时，中央集团军从北方同莫德尔的第九军团一同发起攻击，这个军群包括九个装甲师和两个支援兵团。夹击库尔斯克突出部分的是当时德国所能聚集的最好的部队和最先进的装备。希特勒为了给进攻提供三百二十四辆新式坦克推迟了战斗的时间。另外，在东部前线的每一支军队都被剥夺了坦克和装甲设备，库存也消耗殆尽。尽管有如此惊人的武器装备，但苏联人在十二天激烈的战斗中，抵挡住了德国人的进攻。只有一些微小的凹陷部进入苏联的防线，决定性的突破没有实现。战斗的高峰出现在 7 月 12 日，那天，受到重创的第四装甲军团和苏联的第五军团展开了八个小时的大战，同时有三千辆坦克投入了这场战斗。

参加库尔斯克坦克大战的德国坦克部队

由于苏联的谍报机构早就预示了这次进攻，并且希特勒和他的将军们在犹豫不决和相互的口水战中耗费了大量的时间，库尔斯克的进攻战甚至在它进行的时候，似乎已经失败了。另外，德国人用几种不同的坦克——豹式、虎式和象式——发动进攻，每一种坦克都有严重的缺陷。庞大的象式坦克在炮塔里选择了口径 100毫米的 L−70火炮，它被安置在固定的炮台中，而这些炮台又被证明是十分容易成为靶子的，因为它们没有机关枪来保护自己免受苏联步兵的攻击。豹式坦克经受了履带问题，并且很容易失火，因为汽油箱没有得到恰

苏联军队在库尔斯克坦克大战中反攻

当的保护。由于缺乏备用的部件和各种各样的装备，因此坦克在战场上的损坏是永久的。相比之下，苏联人依赖于不太复杂但是同样给人印象深刻的装甲车。最终，苏联人已经准备好了几乎无法突破的八层防卫体系，这是一个难以置信的防护墙，有两万多门大炮，同时还有反坦克地雷的支撑，密集程度每英里多达四千余个。7 月 15 日，希特勒放弃了库尔斯克的进攻，通知他的指挥官：盟军已经在西西里登陆，必须阻止他们，为了加强西部，这就要求将军队从东部调离出来。

同时，在北非和地中海地区，形式也开始变得不利于德国人。隆美尔的非洲军团战线过于漫长，并且失去了对空中的控制，尽管它采取了勇敢的行动，但是注定陷入英美联军的钳形攻势当中。就在斯大林格勒战役陷入僵持阶段的时候，非洲战役在阿拉曼展开决战。1942 年整个夏天，英国第八军团的新指挥官伯纳德·蒙哥马利爵士用心地重组了自己的部队，并用美国最新式的谢尔曼坦克装备了它们。10月下旬，英国人用密集的炮火开始了他们的进攻。德国的装甲军团勇敢地进行了抵抗，一段时间里还没有指挥官，因为格奥尔格·施塔姆将军在战斗期间死于心脏病，隆美尔暂时接替他的工作。隆美尔当时正在从肝脏和血压的疾病中痊愈过来，他急忙赶回非洲指挥德国部队。不过，他认识到自己的战线没有能力顶住英国的攻击。1942 年 11月 3 日，隆美尔像他之前的保卢斯一样接到了希特勒让人泄气的电报："站稳你的脚跟，直到战死。"这份令人震惊的电报是铁石心肠的，也是漫不经心的，如同后来保卢斯在斯大林格勒收到的所有电报一样：

> 在这种情景中，你必须发现，除了坚持不能有其他的想法，站稳你的脚跟，将每一个人、每一件武器用在沙场之上……尽管敌人处于优势，但是他们的力量会达到极限。历史上会再次出现更强大的意志战胜更强大的军队。除了胜利或者死亡，你不能以其他方式展示你的军队。

当英国人在 11月 4 日击破德国人防线的时候，"沙漠之狐"决定为了来日拯救自己的军队，而不是将它们引入必死无疑的境地当中，后者是希特勒想让他做的。11月 8 日，英美联军在艾森豪威尔的指挥下在摩洛哥和突尼斯登陆。隆美尔的军队沿着埃及和利比亚海岸急忙退却，它们发现自己被东部蒙哥马利的第八军团和西部艾森豪威尔的军队挤压着。尽管德军在突尼斯建立了强大的阵地，又战斗了六个月，但是，一切都在 1943 年 5 月 12 日结束了。二十五万德军和意军投降。因为德国人的这次战败仅仅发生在斯大林格勒灾难的两个月之后，因此士兵们称德国在非洲的失败为"突尼斯格勒"。

进入意大利和墨索里尼的灭亡

在将德国人从北非驱逐之后，同盟国乘胜追击，将战斗引入欧洲大陆。1943 年 1月，丘吉尔和罗斯福在卡萨布兰卡讨论同盟国的战略，他们决定进一步拓展太平洋战争；进攻西西里，并把它作为进攻意大利这个"软腹"的前奏；坚持敌人必须"无条件投降"，这是格兰特将军在美国国内战争中使用过的名言。

击溃北非轴心国的军队仅仅两个月之后，同盟国就在西西里登陆了，并且在一个多月里占领了整个岛屿。尽管德国人进行了勇猛的战斗，但是他们的意大利盟军只是进行了一些象征性的抵抗。三年的战争是不断的失败，是令人耻辱的对德国军事力量的依赖，它给意大利人民敲响了丧钟。希特勒收到了不祥的报告：

墨索里尼在意大利的政治命运正在迅速地衰落。当他 1943 年 4 月与这位意大利领袖会晤的时候，他对墨索里尼的身体和心理的恶化感到震惊万分。事实是意大利人民已经厌倦了战争，厌倦了墨索里尼对纳粹德国毫无头脑的依赖。在同盟国登陆西西里九天之后，希特勒与墨索里尼在意大利北部又一次进行会晤，讨论联合战略。

墨索里尼希望脱离与德国的联盟，但是希特勒不再给予他代表意大利事务的尊严。相反，他滔滔不绝地讲了数小时，谈论了战斗到胜利或者灭亡的必要性。墨索里尼与希特勒会面五天之后就失去了权力。1943 年 7 月 24 日晚上，法西斯大会责难他对战争处置失当，将意大利拉入失败和专制的沼泽之中。第二天晚上，墨索里尼被国王免除了职务，并遭到逮捕。他的继任者是埃塞俄比亚的征服者巴多利奥元帅，他现在被国王授权组织新的非法西斯政府。法西斯党被解散，法西斯的官员被解除了职务，对意大利政府的控制牢牢地掌握在国王和军队手中。

同时，巴多利奥元帅正陷入不适的困境之中：一方面，他为了有利的停战与同盟国秘密谈判；另一方面，他也不想让德国人知道他的两面交易。但是，这两个策略都招来了相反的严重后果，因为德国人没有受到欺骗，同时，同盟国根据在卡萨布兰卡制订的规划要求无条件投降。巴多利奥元帅选择了无条件投降，但是他的秘密谈判没有逃过希特勒的眼睛，他正准备着随时对付这个不值得信赖的盟友。

尽管希特勒估计到了墨索里尼的严重问题，但是当他收到这位意大利领袖下台的消息时，还是感到震惊的。在墨索里尼下台数小时后，希特勒召集了所有纳粹领导人参加的大会，并且很快就从 7 月 24 日的事件中得出两个结论：巴多利奥元帅在向同盟国投降之前只会拖延时间；当务之急是掌握主动权，占领意大利，逮捕巴多利奥元帅和国王，恢复墨索里尼的权力。当约德尔将军建议得到更为准确的情报并加以研究之后再进行动作的时候，希特勒打断了他的话：

> 这是毫无疑问的：为了欺骗，他们将继续宣布和我们站在一起。但这是一个背叛行为，因为他们将不会和我们在一起……巴多利奥会马上宣布继续这场战争，但是它改变不了任何东西。他们必须这样做，这就是背叛的行为。

> 但是,我们将继续玩弄同样的游戏。我们要做好一切准备,闪电般地控制整个意大利政府成员,清除所有的垃圾。明天我将派一个人到那里去,他将命令第三装甲师径直进入罗马,立刻逮捕整个政府和国王,以及所有王室成员,尤其是王储。让我们去控制那些乌合之众,尤其是巴多利奥和所有政府的成员。你们将发现他们会变得乖乖的,两到三天的时间里,这个政府就会被颠覆。

当巴多利奥政府浪费了一个月的时间和同盟国谈判的时候,希特勒将他在意大利的军队增加到十六个师,等待着打击他背叛的盟友。9月2日,英国人在意大利半岛的脚趾卡拉布利亚登陆。一个星期后,盟军对那不勒斯南部的萨勒诺发动了猛烈的攻击。同时,意大利向同盟国正式投降。同盟国的进攻和意大利的投降,是希特勒快速反击的信号。德军解除了意大利部队的武装,占领了罗马及北部和中部的意大利。巴多利奥和国王逃到南部他们的解放者那里寻求保护,但是同盟国在萨勒诺浴血奋战之后只能守住自己的阵地。尽管同盟国在1943年10月1日占领了那不勒斯,但是它的进攻随着秋天雨季的到来停止了。负责意大利战区的陆军元帅埃伯特·凯塞林,在预测同盟国的计划和作出灵活的、富有创意的回应上显示了非同寻常的天才。最初,希特勒已经估计到意大利南部的丢失,因此他的进攻计划要求守住佛罗伦萨上部的亚平宁半岛。但是,凯塞林阻滞战使得德国人将他们的防线移动到罗马南部,在那里他们建立了一个强有力的卡西诺防线。

因此,意大利实际上被分成北部和南部两个部分。北部控制在德国人手中,在奥托·斯科尼领导下的党卫队突击队戏剧性地将墨索里尼从阿布鲁西山救了出来,并且使他成为新的“意大利社会主义共和国”的傀儡统治者。在南部,巴多利奥元帅和国王实际上成了同盟国的囚犯。意大利人民危险地生活在处于战争状态的两派之间,忍受了十五个月的苦难、寒冷和饥饿。

随着同盟国在意大利的登陆,希特勒现在意识到他在不止一条战线上面对着一个协同作战的敌人。所有的迹象表明,他将面临在法国的大举进攻。1943年秋季,希特勒已经在四条战线上开战:意大利、公海、空中和东部战线。另外,不像同盟国共同分享资源和协调战略,希特勒将所有的事情都控制在自己的手中,

美国坦克开进罗马

从来不认真地征求专家的意见。在不同战场之间和武装部队不同机构之间缺乏协调。希特勒妄想狂的风格鼓动着机构之间的竞争，并使得指挥官们不知晓那些与他们独享的自身利益无关的重大事务。这种风格现在开始结下了恶果。克劳斯·冯·施陶芬贝格是后来谋杀希特勒的七月阴谋的策划者。1941年，他在对柏林参谋学院一群毕业生讲话的时候，以尖刻的语气评说道："假如让我们这些高素质的总参谋部官员设计出一个能够想象得到的最糟糕的战争领导组织，那么，我们也不可能制造出比现在我们所拥有的更愚蠢的组织。"

希特勒和德国人的失败

1943年下半年,人们可以发现德国人在战争中的致命缺点：希特勒的行为变得越来越古怪，因而越来越难以预测；德国参谋部那些有信心的专业军事人员——最著名的是哈尔德将军——被顺从的、奴颜婢膝的人所替代,如凯特尔和约德尔;充满竞争的管理部门一片混乱,这阻碍了政策、管理、生产的成功协调;希姆莱和党卫队野蛮的种族主义政策，激发了暴动及最终遍布整个欧洲的广泛抵抗。当战争的运气变得不利于德国的时候,阿道夫·希特勒越来越躲在自己的私人空间里,不再抛头露面。他像一个夜里的小偷在德国穿行,因为他不能让自己看到成为废墟的城市。有一次,在贝希特斯加登,他的专列在一辆运送伤员的列车边上停了下来,他变得十分恼火,立刻命令放下百叶窗。在斯大林格勒战役之后，他的神经处于崩溃的边缘，唯有他十分坚强的自制力使得他没有完全垮掉。另外,他的身体状况在他不健康的生活方式、他要控制战争所有方面的强烈需要、他对药物不断增长的依赖这三者的冲击下逐渐恶化。那些长期没有看到他的人,都为他恶化的身体状况感到惊恐不安。戈林发现在三年的战争中,他老了十五岁;戈培尔一直关心着他的偶像,他记录了元首身体的逐渐恶化,他悲伤地写道：这是悲剧性的事件,元首已经成为一个隐遁者,他如此不健康地生活,他不外出呼吸新鲜空气,他不能放松自己,他坐在自己的掩体中,“不是忙忙碌碌,就是低头沉思”。

在强烈而持久的压力影响下，希特勒的反常心理表面化了，他失去了现实感。约阿希姆·费斯特正确地注意到元首身体上发生的“急剧的退化过程”。希特勒被限制在他孤独的司令部里,周围全是一些奉承者和拍马屁的人,他自己退化到幼稚的幻想当中,使人想起了他在林茨的岁月。例如,他不再到遭到轰炸的城市巡游,鼓励德国人民,而是逃避到幻想当中,企图建立一座宏伟的大厦,在东欧建立德国的殖民地,重新安置所有人口,创造一种新的种族品格,将劣等的民族一扫而尽。

从1941年夏季开始,希特勒在他的狼穴里度过了大量的时间,这是他偏僻的司令部,位于东普鲁士的丛林、群山之中,单调、阴暗。来访者将铁丝网、碉堡、兵营组成的这一前哨阵地,描绘成“修道院和集中营的混合”。在这种自我强迫的

被炸毁的斯图加特

与世隔绝的氛围当中，他的身体和心理的健康在不断地退化。他开始抱怨恶心、虚弱、寒冷和持续的失眠。他的头发快速地变白，他的左臂和左腿开始阶段性的颤抖，使人怀疑他患上了帕金森病。

正如过去所显示的，希特勒一生都被身体的症状所苦恼，抱怨胃酸过多、头痛，混乱或者心烦的感觉，耳朵里时常的尖鸣或低鸣，失眠和一大堆说不清的痛苦。他非常担心自己的身体，以至按照预计的身体状况来调整自己的政治计划。他对癌症的恐怖影响了他长期的目标，他不断强迫自己调整时间表。当他的身体在军事失败的冲击下崩溃的时候，他越来越求助于数不清的药物支撑自己衰竭的体能。他的医疗小组迎合着他的需要，纵容他的迷信。希特勒就像在战场上一样，在医疗上也偏爱立竿见影。

尽管有一个医疗专家小组照顾着希特勒，但是他最信赖的医生是西奥多·莫雷尔，他是一个医学骗子，在柏林开设了一个时髦的皮肤病和性病诊所。当希特勒需要一个皮肤科医生治疗腿上的湿疹的时候，他遇上了莫雷尔。莫雷尔热衷于非正统的治疗实验，这一点给希特勒留下了深刻的印象，他决定让莫雷尔成为自己的私人医生。在希特勒的赞助下，莫雷尔的身价飞快地提高。他不仅以生产专利药品使自己富裕起来，而且在将元首作为实验用鼠使用的时候似乎一点儿愧意也没有。

在莫雷尔使用的各种药物当中包括：科斯特的治疗肠胃气胀的药丸，是马钱子碱和颠茄的混合品；名叫丙酸睾丸甾酮的性激素，是从研磨成粉的公牛睾丸中调制而成的；诸如可拉明、咖啡因、脱氧麻黄碱等兴奋剂和兴奋药丸；清醒头脑的可卡因；镇静剂和催眠药。各种药丸或者注射的目的是放松肌肉，刺激食欲，阻止头痛或感冒。在希特勒生命的最后三年里，莫雷尔博士每天给他的这位病人注射包括以上各种药物的针剂，按照医学专家的观点，其日积月累的结果是希特勒的人格发生了完全的变化。他的眼睛冒出了凶光；他的言语比往常变得更为狂野和夸张；他的情绪在狂喜和暴怒之间交替。然而，最令人惊讶的是，根据亲自化验过希特勒治疗肠胃气胀药丸的吉辛博士的观点，希特勒经常服用这些黑色的小药丸达到几乎致命的剂量。

这一类发现导致一些学者得出了这样的结论：希特勒的抑郁症导致了严重的药物滥用；德国这位独裁者从 1942 年夏季开始，除了其他的折磨外，可能还忍受着慢性的安非他明中毒。不过，令人惊讶的是：希特勒一直保持着对政府机器的控制，而且一直维持到生命的最后一刻。更令人惊讶的是：作为一个整体的德国人民一直信仰他的领导才能，这说明即使“不相信真理的意志”不比“相信真理的意志”强大，起码也和后者一样强大。

正如前面所提及的，当德国与英国处于交战状态的时候，希特勒和德国人民都感到不高兴。希特勒最坚定的信仰之一——在《我的奋斗》中提到多次——就是：德国是在国内而不是在战场上失去第一次世界大战的。因此，希特勒尽了自己最大的努力支撑着国内的战线，他使用了一个弄巧成拙的、保证德国人民和平状态的政策。这个政策可能对他最终的失败起了关键的作用。一个战略上的决策是不让国内阵线出现崩溃，因此它没有将德国的经济转变成战时经济。希特勒希望依靠闪电战的策略不仅可以保持战场上的最后胜利，而且也保证了他在国内阵线受到拥护。换句话说就是不采用“深度武装”，因为这种经济将意味着不受欢迎的战时经济和消费品的短缺。希特勒希望快速的胜利，在被占领土攫取大量的战争资源的同时，完成自己的目标。希特勒最初对西方的胜利似乎确认了这些预期。从被占领土那里没收来的原材料、粮食、机器，以及为“主人民族”吞食的战利品一车一车地运到纳粹德国。纳粹政权还让被占领土为占领者的特权付出沉重的代价，用升值的货币购买额外的粮食和原材料，然后运往德国。

但是到 1941 年末，德国面对着更为广阔的战场，与苏联和美国这样拥有巨大的物质资源和人力的国家开战。从此德国面临着一场持久的消耗战，资源显得不再充足，正在计划的战略也变得充满了误导性。军备和战争生产部建立于1940年，它由值得信赖和精力充沛的弗里茨·托德负责，这个部逐步提高了战时的生产，并企图控制整个战时经济。当弗里茨·托德 1942 年因飞机失事去世后，

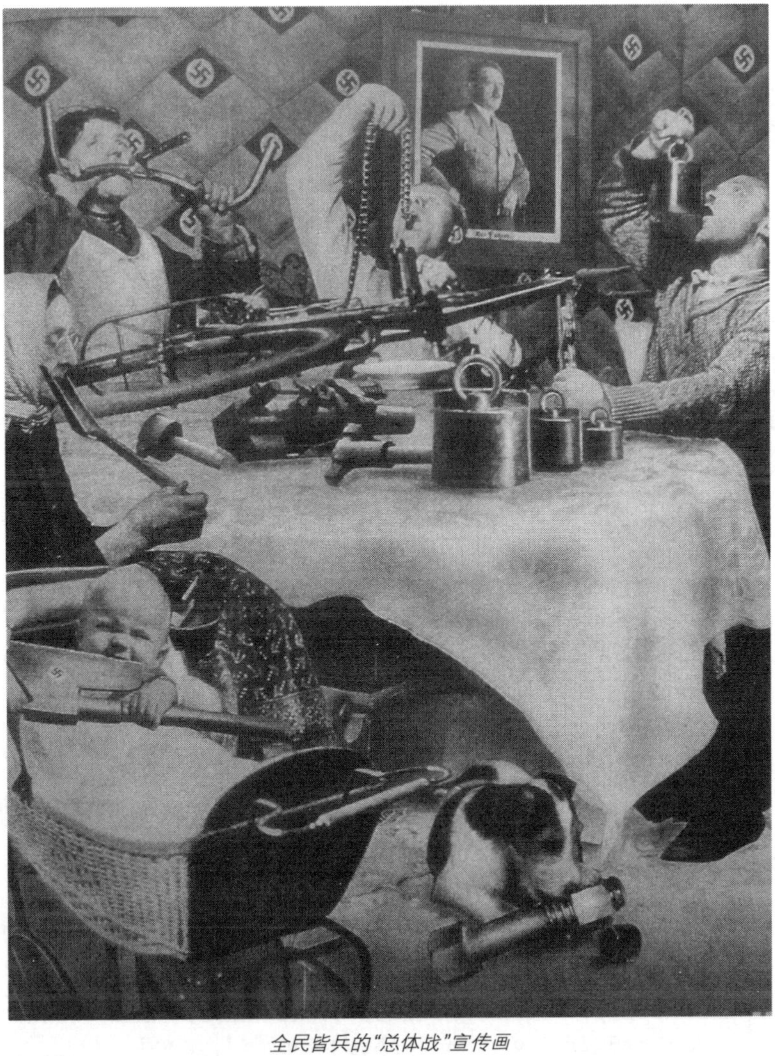

全民皆兵的“总体战”宣传画

希特勒作出了他最好的任命，让他最喜欢的建筑师埃伯特·施佩尔负责这个部门。

在施佩尔的领导下，战时生产剧烈增长。通过减少浪费、降低重复劳动、使政策合理化，施佩尔使生产发生了戏剧性的增长，甚至在同盟国的轰炸机不断进行空袭的时候也是如此。同时，消费品的生产相对来说依然没有削减。但是，越来越明显的是，即使施佩尔杰出的组织能力也不能阻止不可避免的失败。尽管施佩尔得到了希特勒的信任，但是他很快发现自己落入纳粹官僚机构的罗网当中，被迫与巧取豪夺、相互竞争的利益集团进行斗争。他就外国劳工的使用与绍克尔发生争执；由于鲍曼和党的区领导人不愿意将经济转变为全面的战时状态，将数百万劳动者从消费工业转移到军事工业，因此施佩尔又与他们发生了争执。由于担心民众的愤怒，党的区领导人向希特勒提出抗议，这样，这个计划暂时被束之高阁。

由于纳粹政权开始面对着战败，"全面发动"的决一死战的计划最终在1944年夏季通过。约瑟夫·戈培尔被任命为"总体战"的全权代表。戈培尔绝对不相信战争只要靠言辞就可以获胜。他以一些深远影响了许多德国人生活的决策投入了行动。开始，他征召年轻人服役，强迫十到十四岁的孩子进行农业劳动，或者担任防空助手。已经退休的男女被要求注册进行义务劳动。大部分由年幼的和年老的男人组成的人民军——包括所有十六到六十五岁之间没有为国家服务过的男人——胡乱地聚集在一起，为扭转战败局面进行最后的殊死一搏。剧院、学校、咖

德国"妇女后援队"的技术人员在校准飞机机枪上的瞄准器

啡屋全部被关闭了，对失败主义的处置也变得更为严厉。

全面发动也涉及纳粹运用妇女的政策。不像英国或美国，在战争的最初三年，德国没有充分发动妇女，而是主要利用外国劳工。直到 1943 年才开始征召妇女，但还是有大量的例外条件允许妇女待在家里。现在已经到最后关头了，纳粹分子严格了规则，他们把妇女义务劳动的年龄从四十岁提高到了五十岁，对不参加劳动的任何妇女取消家庭补贴。

不光彩的失败——其突出表现是每天恐怖的轰炸使许多德国城市变成了废墟——的可能性带来了绝望、恐惧和普遍的失败主义情绪。党的成员和企业、公司的管理者继续支持着这个政权，但是，那些在广阔的战场上失去亲人的传统精英、中上层阶级及许多普通的德国人开始失去希望，纳粹党由于战争的损失失去了众多的党员，现在主要是依靠年轻的志愿者，并且越来越得不到欢迎。这就产生了严重的领导层的危机，尤其是在组织人民军的关键时刻。

党的核心依然是一些“老战士”，他们在 20 世纪 20年代就加入了纳粹党，后来都被奖励了一些不能称职的位子——党的区领导人。这些人通常是反社会的，具有明显的残暴和贪污倾向。战争给予他们许多腐败的机会。德国人都熟知有关这些区领导人的故事，他们挪用党的经费，像帝王一样地生活，同时，他们向德国人民提出虚伪的要求，要他们具有牺牲的美德；而民众也厌恶他们越来越残酷地支撑正在塌陷的国内阵线的方法——从令人愤怒的羞辱到明目张胆的谋杀。当终局到来的时候，许多党的领导人企图离开德国或者隐藏身份来保全自己。

公众的士气是纳粹政权非常关注的，各种各样的机构挖空心思地探究民意。党卫队保安处在全德国布置特工，尽可能客观地探听普通的德国人是如何谈论战争的，他们所听到的无疑是批判性的意见。他们的反应是可以预见的：党卫队保安处减少了特工人员，并且限制了对少数几个高层领导人汇报德国民意的通道，其中包括戈培尔和他的宣传机器。

基层特工人员搜集到的许多抱怨是公众对配给的不满。在战争开始阶段，德国已经建立了非常适度的配给体制，但是，某些物资的短缺——如黄油、脂肪、纺织品、皮革、煤炭、化妆品、香烟——变得越来越严重。这刺激了现存的和不断发展的黑市及管理黑市的一大群投机诈骗分子。党卫队保安处一个报告陈述道：

在战争初期,黑市商人被视为破坏分子遭到抵制,但是不久就出现了躲避配给规定的、毫无罪恶感的事情。像"有一物就有一切"或者"每个人都在与其他人交换"的话就开始流行起来,不参与黑市交易的老实人被视为十足的笨蛋。

正如理查德·格伦贝格尔所正确认为的那样,黑市像任何一个非法的市场一样,通常能够对人们真正的需求提供非常准确的信息。因此,1945 年春季,柏林的黑市提供了几种值得注意的商品,如斧头加镰刀的徽章,甚至大卫六角星。伪造文件的市场也十分活跃。一个人花费八千马克就可以购买到在德国生存的全套合法证件:护照、军队通行证、工作证、配给卡、国民卫队卡。德国人已经习惯了几十年来的身体痛苦和战争损失,但是第二次世界大战带来了新的痛苦,那就是同盟国的轰炸。从战争开始,德国就承受了轻微的轰炸,但是由英国(哈利法克斯和兰开斯特)和美国(B–17)的轰炸机发起的大规模轰炸在 1942 年开始了。空军元帅、外号为"轰炸机"的阿瑟·哈里斯开始实施对德国大城市全天候的饱和轰炸,希望借此来打击德国人的士气,甚至激发愤怒的德国工人推翻纳粹统治者的暴动。尽管这些期望很大程度上是建立在想象的基础上——德国的士气实际上得到了加强,也没有出现推翻纳粹政权的普遍呼吁——但是同盟国的轰炸造成了物质的摧毁和经济的破坏。

英国在 1942 年 5 月 31日对科隆发动了第一次"一千架轰炸机袭击",整个城市落入地狱般的大火之中,除了大教堂什么也没有留下。同样的袭击 6月也降临到埃森和不来梅的头上。英美的联合空袭发生在 1943 年,一直进行到战争结束。1943 年 7 月,哈里斯对汉堡发起了四夜的空袭,引发的大火在狂风的助威下耗尽了地表的氧气,使得数千位躲在防空洞或者地窖里的人窒息而死,同时将城市大部分变成火海,温度达到华氏一千五百度。这次空袭毁灭了 80%的城市建筑,杀死了三万名居民。同样的恐怖也降临到卡塞尔、维尔茨堡、达姆施塔特、海尔布鲁恩、乌帕塔尔、维塞尔、马格德堡。在战争的最后两年,所有超过十万人口的德国城市都遭到反复轰炸。1943 年 11月开始了对柏林的轰炸,并且一直持续到战争结束,柏林的绝大部分成为一片废墟,一片荒凉的景象。但是,对德国城市最可怕的空袭发生在 1945 年 2 月 14 日夜里。德累斯顿是一个风景如画的、具有洛可可风格的城市，毫无战略价值，并且由于难民众多造成了人口拥挤。这个城市在那天夜里遭遇了世纪末的灾难，被焚烧一空，将近十万人丧失了生命。

为了抵消来自所有前线的坏消息，约瑟夫·戈培尔开动了他的宣传机器，发送出希望和恐惧交织的信息。希望是生产出正在研制的强有力的秘密武器，恐惧是假如苏联人蹂躏德国，等待这个国家的可怕命运。戈培尔知道德国人不是笨蛋。最初宣布的对敌人造成致命打击的胜利，并没有导致最终的胜利或者和平。苏联战争甚至在希特勒 1941年公开宣布就要胜利之后，也有许多德国人确信未来无疑是暗淡的。但是，斯大林格勒的失败对于许多德国人来说是真正不争的事实：战争已经失败了。甚至戈培尔无处不在的宣传机器也不能愚弄有思想的德国人了。不过，戈培尔依然有几个方法保持民众的士气。他的宣传利用了同盟国无条件投降的要求；他提醒德国人这样的政策就是无情地羞辱德国人，计划最终消灭德国人。戈培尔还继续利用元首这个偶像，因为他知道尽管德国人民经历了巨大的苦难，但是依然相信他们的领袖。他们听话地进入了战争，将他们的儿女献给了元首，甚至现在，当炸弹在他们周围爆炸的时候，许多人依然处于他的魅力之下，直到他不光彩地死去，这种魅力才烟消云散。施佩尔生动地记录了民众对元首的集体痴迷，就在真正结束之前不久，他和几个农夫进行了交谈：

> 在威斯特伐利亚，瘪了的车胎迫使我们停了下来。黄昏暗淡的光线使我没有被认出来，我在农家的庭院和几个农夫进行了交谈。令我惊讶的是，对元首的信仰依然是强烈的，几年来，它已经深深地镶嵌在他们的大脑里。他们断言希特勒是不会失败的！元首依然保持着一些在最后关头使用的高招。转折点将会出现。这只是一个陷阱，他将敌人引入我们的国家。

但是，也有一直反对希特勒暴政的德国人，他们是社会民主党人、宗教反对者、学者、共产主义者、保守主义分子和军队领导人。正如前面所提及的，希特勒暴政是靠党卫队、警察和集中营三角来支撑的，因此有组织的反抗是十分困难的。战争与其说是动摇，不如说是加强了极权主义的控制。集中营在国内外都得到了很大程度的扩张。在民众尚未采取反抗行动之前，他们就被围捕起来。他们被判定有罪，罪名无非是共产主义者、社会民主党人、犹太人、同性恋者、懒惰分

“一千架轰炸机袭击”的宣传海报

被炸毁的德国历史名城德累斯顿

子，等等。在 1940年，新的集中营在德国和其他地方出现，如汉堡附近的诺因加默、策勒附近的贝尔根贝尔森、下西里西亚的格罗斯—罗森、但泽附近的斯图特霍夫、阿尔萨斯的纳茨维勒。除了这些主要的集中营之外，还有十倍的劳动营，人们只因轻微的反抗行为就被送到那里。1944 年 4 月， 一共有二十个集中营和一百六十五个附属的劳动营。但是，在 1939年，德国法律只有三种死刑，到 1942 年数目上升到四十六个。在这个国家，被判处死刑的人从 1940年的九百二十六人增加到 1942 年的三千零二人。那些依然认为在纳粹的暴政下没有真正反抗的人，必须解释为什么有一百多万德国人被囚禁在集中营里。

尽管有着庞大的警察监视网络，但还是有许多德国人表达了他们的异议，一些采用了公开的方式，一些采用了沉默的方式。正如德特勒夫·波伊克特所指出的那样，在德国存在着一种情绪，它与官方提供的发狂的德国人围绕元首周围的画面相抵触。当然，由于缺乏民意测验，测定德国人对大多数问题的真正感受是困难的。但是，有两个有趣的来源可以让我们看到普通德国人对纳粹政权的反应。正如前面所注意到的，海德里希的特工将定期的报告称为“来自帝国的报告”，它们对公众的观点提供了相当准确的描绘。另外一组吸引人的文件是社会民主党在德国的特工所做的报告，他们向流亡的社会民主党报告他们的所见所闻。尽管社会民主党和德国共产党的基层组织遭到了粉碎，但是，一些小的组织在继续从事积极的反抗。这些团体中最富有成效的是“红色交响乐团”，这个组织大约有一百位共产主义的同情者，他们从事广泛的间谍行动，渗透到重要的行政和军事组织，将他们发现的情报告诉莫斯科。这个网络在 1942 年最终被破坏，它的许多领导人——包括哈罗·舒尔茨—博伊森和阿维德·哈纳克——被处以死刑。另外一个反抗之源发端于大学，在那里，对纳粹政权的祛魅尽管来得比较晚，但是随着战争的继续变得越来越广泛。这些团体中最著名的是“白玫瑰”，它是慕尼黑大学的学生抵抗网络。这个组织的领导人是苏菲·绍尔和汉斯·绍尔姐弟两人，还有他们的导师库尔特·胡贝尔教授。这个小型团体在慕尼黑和其他几所大学组织了一个地下网络，散发传单，并且企图激励学生抵制纳粹政权。盖世太保得到了有关绍尔姐弟和胡贝尔教授的报告，逮捕了他们。他们遭到拷打，在人民法庭面前受到羞辱，最后被判处了死刑。苏菲·绍尔拄着拐杖勇敢地走上断头台，一个身着可怕的礼服，即戴着高帽、系着白领带和穿着燕尾服的刽子手砍去了她的头。

鉴于对抵抗活动如此残暴的处理，盖世太保的侦探又不断地追踪着抵抗运动的踪迹，因此抵抗活动的散漫、缺乏组织和协调也就不足为奇了。另外，战争也给抵抗战士棘手的道德负担，因为他们感到自己的行为破坏了战争的工作。当战争变得不利于德国的时候，1938 年在军队高层和行政领导层当中形成的希特勒的旧的反对派又复活了。

1943 年，对军队领导人来说越来越明显的是：战争是不可能获胜的。但是，即使在现在，当全面的失败和毁灭已经确定无疑的时候，大多数军官还是不能去推翻希特勒。由于没有反抗暴政的传统来引导他们，将军们发现克服内在的道德顾虑是困难的。他们认为德国正处于总体战之中，大多数德国人依然支持元首，所有的士兵都发誓效忠元首，他们有什么权利在国家处于可怕的危险的时刻除掉国家的领导人呢？这种道德的顾虑深深地消耗着希特勒一些对手的良心，以至麻痹了他们的行动意志，阻止了他们在较为广泛的阵线上组织抵抗运动。

但是到了 1943 年年中，出现了三个主要的反对希特勒的中心：一是克莱骚集团，它根据西里西亚赫尔穆特·詹姆斯·冯·莫尔特克伯爵乡村庄园的名字命名；二是保守主义的圈子，它会集了莱比锡前市长卡尔·格德勒、前陆军参谋长路德维希·贝克将军；三是年轻军官组成的团体，其中包括克劳斯·冯·施陶芬贝格、海宁·冯·特雷斯科、弗里德里希·奥尔布里希特。这些团体由高尚的、爱国的德国人组成，他们憎恶希特勒的暴政，希望通过消灭这个专制者来拯救德国人民。问题是，这些人没有能力制订一个一致的行动计划。他们对希特勒的反抗也被极权主义恐怖无所不在的网络（因此进行有组织的抵抗变得极度困难）和无所不在的恐惧（担心德国人谴责他们的反抗是卖国和背叛）阻止。最后，几次在国外的试探显示，德国的抵抗战士不能期望在西方国家那里得到帮助，因为大多数同盟国的政治家可能没有发现德国的抵抗战士和纳粹分子之间有什么区别，认为前者不是令人不满的纳粹分子，就是反革命的保守主义分子。

反对希特勒的阴谋蜂巢以汉斯·奥斯特上校和武装部队最高统帅部反谍报部为中心，奥斯特上校是高深莫测的反谍报部主管卡纳里斯海军上将的助手，他在入侵波兰之时就预言了德国的失败。卡纳里斯海军上将为奥斯特的阴谋行动提供了谍报工作的外衣。通过努力工作和十分机密的行动，奥斯特在他的周围会集了一批同谋者，包括汉斯·冯·多纳伊，他是司法部长弗郎茨·古特纳的助手；多纳伊的连襟克劳斯·邦赫费尔；迪特里希·邦赫费尔，他是著名的路德会的神学家和克劳斯·邦赫费尔的兄弟；商人尤斯图斯·德尔布吕克；约瑟夫·维尔默，他是柏林的一位律师，中央党的前党员。通过反谍报部伪造的证件，迪特里希·邦赫费尔在 1942 年 5 月被派往斯德哥尔摩与代表德国抵抗力量的奇切斯特的贝尔大主教联系。贝尔大主教将迪特里希·邦赫费尔的情报转告了英国政府。通过设在瑞士的美国战略工作处的主管阿兰·杜勒斯，同样的接触也在进行之中。但是，这些接触没有产生积极的回应，只是加强了笼罩在阴谋分子头上的绝望情绪。

德国的抵抗战士最终得出了这样的结论：只有除去希特勒才能终结德国的麻烦。最初反对希特勒的尝试在 1943 年 2 月由弗里德里希·奥尔布里希特将军所计划，他是陆军办公室的主管和国民卫队的副司令。国民卫队大部分由正在受训的新兵组成；它唯一可以起作用的部队是德国几个城市（包括柏林）的卫戍部队。但是，奥尔布里希特希望将国民卫队当作控制局面的工具，他似乎相信元首死后的混乱使他能够用相对虚弱的军力来夺取权力。奥尔布里希特将刺杀希特勒的任务交给了海宁·冯·特雷斯科将军（他是克鲁格中央集团军的高级作战指挥官）和作为他副官的年轻中尉法比安·冯·施拉布伦多夫。当希特勒在 3 月 13 日访问位于斯摩棱斯克的克鲁格集团军司令部的时候，特雷斯科和施拉布伦多夫成功地将定时炸弹放置在将元首送回东普鲁士司令部的飞机里。但是，藏在带有两瓶白兰地包裹中的炸弹并没有爆炸。绝望的施拉布伦多夫不得不赶往东普鲁士认领危险的“礼物”，因为他在包裹上留下了一个朋友的名字。

这个事件的一个星期之后，冯·格斯多夫上校计划在希特勒出现在柏林兵工厂的时候引爆自己，但是运气再次站在希特勒那里。由于某种难以解释的缘由，希特勒将访问的时间缩短到十分钟。这么短的时间是无法引发炸毁整个兵工厂和所有到访者的炸弹引信的。由冯·施蒂夫上校酝酿的在一次军事会议上用炸弹除掉希特勒的计划，也因为炸弹过早爆炸而失败了。

1943 年 11月，阿克塞尔·冯·德姆·布舍—施特赖特霍斯特这位年轻的炮兵上尉，准备在希特勒已经安排好的观察一个新的军服厂的时候引爆炸弹。布舍计划将自己变为人肉炸弹跳到元首身上，来个玉石俱焚。但是在刺杀的前一天，军服厂的大楼遭到了同盟国的轰炸，希特勒的视察被取消了。尽管冯·德姆·布舍建议在 12 月实施另外一个计划，但是希特勒回到了贝希特斯加登，这个计划也失败了。希特勒旅行计划的变化也使另一次计划落空，它是由年轻的上校克劳斯·冯·施陶芬贝格酝酿的，他企图将放置有炸弹的手提箱放在希特勒的会议室里。不久，冯·德姆·布舍受了重伤，不可能再指望他来执行暗杀元首的计划。另一次尝试是埃瓦尔德·冯·克莱斯特在 1944 年计划的，但是毫无结果，因为希特勒出乎意料地取消了军事演习。对希特勒的其他几次暗杀尝试同样受到了阻碍，这加强了这样一个印象：元首受到神灵的保护。

同时，盖世太保盯上了阴谋分子。奥斯特将军被迫在 1943 年 12 月辞职，他所鼓励的阴谋分子也一个接一个地被捕。1944 年 2 月，冯·莫尔特克被逮捕，克莱骚集团四分五裂。两个月后，迪特里希·邦赫费尔、约瑟夫·穆勒、汉斯·冯·多纳伊被逮捕。在对这些和其他疑犯的漫长审讯中，盖世太保和党卫队谍报部门开始盯上了反谍报部。

也就是在这个关头，克劳斯·冯·施陶芬贝格独自重新发动了抵抗活动。施陶芬贝格是一个古老的符腾堡贵族家族的后代，是一个保守的、最初支持纳粹运动的君主主义者。在战争期间，他在许多前线都有杰出的表现，1943 年在北非战斗中失去了一只眼睛和半只左手。但是，那时他已经是希特勒的坚决反对者，他视自己为基督的敌人。他通过堂兄弟彼得·约克·冯·瓦滕堡伯爵与克莱骚集团建立了联系，在冯·莫尔特克被捕之后，他亲自负责反对希特勒的阴谋活动。

1944 年夏季，两个重要的事件似乎激励了阴谋分子们采取疯狂的行动计划：希姆莱的特工找到了主要阴谋分子的踪迹；在东部前线快速崩溃之际，同盟国进攻了诺曼底，要避免生命进一步的不必要的损失，获得和平已经迫在眉睫。好运降临了，施陶芬贝格被任命为国民卫队总司令弗里德里希·弗罗姆将军的参谋长。施陶芬贝格的新职位使他能够参加希特勒司令部的军事会议，他决定利用这个机会去刺杀希特勒。阴谋分子所选择的发动政变的代号是“瓦基里行动”。利用这个计划，国民卫队将夺取柏林和其他主要城市，废除纳粹的主要机构和党魁的作用，宣布一个由路德维希·贝克和卡尔·格德勒领导的新政府。这是一个宏大的计划，因为希特勒也用了同样的代号命名了一个计划，他建议的这个计划是运用国民卫队来镇压外国工人反对德国政府的可能暴动。施陶芬贝格的计划几乎成功了。

德国基尔的潜艇制造厂

纳粹在海上、空中和实验室里的失败

除了苏联前线逐渐的崩溃及同盟国1943年对意大利的进攻，1943年大西洋和空中也见证了德国的失败。1943年2月，希特勒替换了海军上将雷德，因为他没有能够切断同盟国通往苏联的通道。他任命卡尔·邓尼茨海军上将接替雷德的职位。新的海军总司令是一位潜艇专家，这个事实标志着德国海军政策的变化。希特勒最初设想的是一支超过英国和美国的庞大海军。但是，这个组建过程却是时冷时热。1940年夏季，两艘大型的战列舰“俾斯麦”号和“铁毕子”号建造完毕。尽管希特勒和他的海军主管们在切断英国的供给线上是一致的，但是他们没有制订出一致的进攻计划，尤其在大型战列舰所发挥的作用上。1941年5月27日，英国击沉了“俾斯麦”号。这使得希特勒确信保留所有的大型舰船，因为他估计英国会发动对挪威的侵略以解除对苏联的压力。由于在击沉船只方面潜艇比水面舰艇要强得多，因此希特勒决定在公海利用潜艇发动一场海战。

准备发射鱼雷的德国水兵

从1942年春开始，邓尼茨投入了所有的力量与英美海军在大西洋展开激战，在3月的前三个星期，共击沉九十七艘军舰，吨位超过五十万吨。但是，时间扭转了对德国的有利局面，因为美国造船厂生产舰艇的速度超过了纳粹击沉它们的速度。在海上和在空中一样，德国在科学和技术方面已经战败。美国建造了远程轰炸机，它能够在整个大西洋上巡逻，并安装了新式的微波系统，可以确定德国潜艇的方位。

在没有保护的情况下,运输船队不再出发。在远洋航程中,护卫舰和专门用于击沉潜艇的舰艇陪伴着船队。到 1943 年末,德国承受着非常严重的损失,仅仅5 月初,就有四十一艘潜艇被击沉。邓尼茨不得不暂时停止潜艇的进攻。

希特勒在陆地和公海上失去了战争,在空中也是如此。1940年 9月英国之战之后,德国空军就越来越没有能力挑战空中的敌人了,它没有能力抵抗英美空军的饱和轰炸来保护自己的国家。德国空军的最后一次胜利是在巴尔干战役,其顶峰是征服了克里特岛。从此,德国空军不再能够阻止同盟国在北非、意大利和法国的登陆。它在苏联也遭到了失败,戈林承诺通过空军保证供给,但事实上这是最昂贵的一次任务,共损失了四百八十八架飞机和大约一千名飞行员。尽管作出了巨大的努力来生产飞机,尤其是新式的 ME−262 喷气式飞机,但是,德国空军不能克服众多的难以跨越的问题,如燃料、有经验的飞行员的短缺,以及同盟国空军在空中的优势地位。根据军事历史学家的判断,到 1943 年,德国空军完全被同盟国联合空军压倒了,不在同一个等级上。

最后,希特勒还在科学和谍报领域失败了。德国的科学家在技术发展方面落后于同盟国,尤其是在雷达技术和原子弹研究方面。正如前面所表明的,纳粹对政权的控制导致了德国科学严重的损失,结果是将天才的大脑排除出德国。一些最优秀的科学和技术天才,包括爱因斯坦,到国外寻求庇护,自愿将他们的天才奉献给同盟国的事业。另外,希特勒对科学的可能性缺乏判断。直到战争发生转向的时候,德国才作出全面的努力来组织科学资源。例如在 1940年,总参谋部甚至搁置了所有的没有承诺在四个月内就会产生明显军事效果的科学计划。当看到失败就在眼前的时候,希特勒鼓励重新启动被搁置的计划,但是到那个时候,一切都微不足道了,一切都太晚了。

相比之下,同盟国从战争一开始就进行了涉及需要大量人力和技术设备的长期计划。约瑟夫·戈培尔曾经对施佩尔说,英国在战争初期经历了敦刻尔克是幸运的。这句似非而是的话意味着德国廉价的胜利制造了一种根深蒂固的错觉:长期的计划,尤其在科学和工业的领域,是不必要的。

同盟国在雷达技术领域具有明显的优势。他们还很快学会了将雷达系统和同样有效的地面控制系统结合起来,因此可以指挥战斗机袭击正确的目标。在英国之战期间,这是关键的优势之处。德国在雷达技术方面的落后明显地被这样的事实所证明：德国的轰炸机在通往目标的路途中没有发现英国的雷达站。确实，德国人已经发展了有效的装置来发现正在靠近的飞机。他们也完善了无线电波定位器，它能够指导炸弹攻击目标。但是英国很快就学会了“扭转”无线电波，使得许多炸弹毫无损害地落到开阔的空地。德国人因此又发明了“X光探测仪”，这是一个复合的电波定位器，能够以不同的频率运作，因此不容易被英国的信号所破坏。在对伦敦和其他英国城市的轰炸期间，德国人运用了这种新的装置，但是英国的雷达证明是更具潜力的武器，因为它能使皇家空军的战斗机以明显的准确性来定位自己的目标。

同时，希特勒入侵苏联的计划引发了大多数科学计划的推迟，包括那些与1939年至1940年兴起的电子战相联系的计划。当德国在1942年下半年重新进入竞争的时候，同盟国已经取得了决定性的和不可击溃的领导地位。当同盟国的轰炸机司令部决定对德国的城市进行全天候攻击的时候，在飞机上安装在各种天气条件下引导袭击目标的装置成为必需。1942年初，英国发明了一种名叫“Gee”的导航系统，它能够发送可视的信号框，告诉飞行员在飞行中所在的任何位置。英国还完善了越来越成熟的诸如“双簧管”和“H2S系统”这样的轰炸装置，前者是一种遥控投弹系统；后者是一种空投雷达设备，它能够使投弹手透过云雾或黑暗看见目标。

1943年在对汉堡进行千架轰炸机的巨大攻击中，H2S导航系统发挥了毁灭性的效果。后来，H2S装置被英国飞机用于在大西洋搜寻德国潜艇。尽管德国科学家用一些有效的破坏装置来与这些雷达系统相对抗，但是他们没有获得制造自己新的雷达系统的领导地位。1943年7月，英国发现了一种阻碍德国雷达防御系统的明显有效的工具，即在敌人的目标上投下大量的锡条或者铝条。这些金属条在德国的雷达上制造出显示点的混乱，从而产生一种欺骗性的印象：每一金属条代表着一架飞机。一年多来，同盟国成功地在德国人采用对抗方法之前用简单的方法使德国人不能准确地定位。

在武器技术方面，德国在进入战争的时候明显处于领先地位。战前访问过德国的人都对最新式的坦克、飞机、大炮、枪支感到敬畏。这些武器不仅新式，而且在西班牙内战时得到了使用。当这场战争展开的时候，德国还使用了一些其他的毁灭性武器：电磁地雷、火箭发射器、喷气式飞机和超音速火箭。

轰炸德国的宣传海报

希特勒在火箭的发展上倾注了大量的财力，在这个领域里，德国人明显远远超过了同盟国。在佩纳明德，韦恩赫尔·冯·布劳恩和瓦尔特·多恩贝格尔领导一批德国科学家发明了四种重要的武器：从 V–1到 V–4 四种导弹，V 的意思是“报复性武器”。V–1是一种小型的遥控飞机，由一个喷射发动机推进，并由一个陀螺仪导航，最高时速为四百英里，可对特定的目标卸下 1吨的炸药。在 D 日诺曼底之后的一个星期，这些“发出嗡嗡声的炸弹”从德国在法国的基地向伦敦发射。尽管有八百枚导弹发射出去，并造成了相当的破坏，但是皇家空军也打下不少，发射基地也很快被同盟国摧毁。1944 年 9月 2 日开始，纳粹向英国发射了更为致命的导弹——V–2。不像 V–1从根本上来说是一个无人驾驶的飞机，V–2是一种超音速的火箭，有四十六英尺长，重量超过十三吨，在二百二十五英里范围内时速达到三千五百英里，携带一吨的炸药。在发射基地给摧毁之前，一千多枚 V–2 导弹落在英国。V3 是一种炮筒有一百五十码长的大炮，弹壳通过一系列爆炸不断地推动，达到的速度可以使导弹落到五十英里外的目标。V–4 是一种四节式火箭，由炸药而不是液体燃料推动；它携带一个一百磅的弹头，攻击范围为一百英里。只有一些 V–4 导弹在 1944 年末攻击了安特卫普，大多数因射程实际上只有三十五英里而没有达到效果。纳粹还致力于一种远程弹道导弹 A–9，它被设计用来在三十五分钟内抵达纽约，并且还能通过潜艇发射。

尽管德国人在火箭方面十分先进，但是在原子弹方面的进展却十分落后，并非同盟国所错误估计的那样。通过流亡的科学家，爱因斯坦注意到德国人已经发现了原子裂变（铀 235）的秘密，这使得爱因斯坦给罗斯福总统发去了一份著名的信件，它敦促美国政府调查发展原子武器的可行性。当从事曼哈顿计划的科学家在分解原子裂变过程中所需原料（铀 235）方面获得重大进展的时候，德国科学家尽管在相似的路径上工作，但做出了几个错误的计算，这使得他们需要几年的时间进行探索和完善。德国人还相信英美的科学家没有能力生产出原子弹，因此也就无须实施仓促的计划。到 1942 年春季，德国人放弃了原子研究所使用的关键资源。正如上面所显示的，希特勒希望快速地赢得战争，他的科学家（海森堡、哈恩等）认为原子武器是战后发展的任务而不是赢得战争的工具。

最后，德国人在谍报活动领域也不能和同盟国匹敌。没有哪个领域像在谍报活动领域那样，历史学家在提供精确的记录方面受到如此大的阻碍，这个领域的

佩纳明德的 V-2 导弹

内在困难——充满欺骗、夸大和吹嘘——导致它难以得到彻底的认识。评估谍报活动对战场及战争总体结果的影响都是不容易的。但是，有关纳粹谍报活动的一些事实和总体概括是可以确定的。德国的谍报活动缺乏协调，并且充满了内部的斗争。武装部队最高统帅部的反谍报部门由海军上将卡纳里斯领导，它发挥了既支持也反对希特勒的双重角色，这体现了它富有欺骗性的主管的专业水平，以及它本身是一个没有成效的组织。卡纳里斯的竞争者是瓦尔特·舍伦贝格，他领导着国内的党卫队情报处及党卫队外国情报处，是一个浅薄的浪漫主义幻想家，相信能够在纳粹的体制当中复制出英国的秘密情报系统。舍伦贝格远没有建立一个有效的、可以和同盟国匹敌的谍报网络，他花费了大量的时间同武装部队最高统帅部的反谍报部门争斗。他最主要的成绩是粉碎了“红色交响乐团”地下组织。

谍报部门由间谍和译解密码者组成，一般称为“人员谍报”和“信号谍报”，前者更有魅力，后者更有成效。纳粹的侦探和间谍通常在德国占领国家内是富有成效的，尤其在法国、荷兰和比利时，但是在真正重要的地方——苏联、英国、美国——就不是如此了。最富有成效的德国间谍可能是英国驻土耳其大使的贴身男仆，他的名字叫西塞罗，他将一系列最重要的情报泄露给德国人。许多其他德国间谍大师的名声——包括莱因哈特·格伦——都被夸大了。但是，德国人在精

矗立在特拉法加广场没有爆炸的 V-2 导弹

明上的缺乏通常在残酷上得到了补偿。

我们还不能写下有关密码破译的事实，因为相关的德国文件尽管被英美两国截获，但是至今没有公开。但有一个事实是清楚的：德国人在这个领域被打得一败涂地。正如人们现在所知道的，同盟国(主要是波兰人和英国人)破译了“英格玛”，这是德国军队的机器代码。英国主要的解码组织“乌特拉”解开了德国最为机密的军事密码，以致在1940年下半年丘吉尔能够读到希特勒最秘密的指示。1943年，英国的解码人员还进入了德国与“英格玛”不同的编码系统。结果是，同盟国完全了解了希特勒的军事意图，同时，与德国人相比更为成功地守住了自己的秘密。德国方面的主要成功是破译了英国的海军密码，这使得邓尼茨的潜艇能够使英美的护卫舰队在1940至1943年遭受巨大的损失。但是在1943年，英国人改变了他们护卫舰队的密码，而德国人却拒绝改变他们的机器代码，他们傲慢地设想他们的密码是不可破解的。这是德国在这一领域和其他军事领域战败的主要原因所在。纳粹傲慢而高人一等的习惯，不断地破坏了实际的运作。在谍报游戏中，德国人缺少才智，因为他们拒绝承认他们的密码有被更聪明的敌军解码人员破解的可能性，拒绝承认美国人的头脑有制造原子弹的可能性，拒绝承认苏联人有建造更多更好的坦克的可能性。

对德国的包围：
从D日诺曼底到“突出部战役”

1944年春季，英国南部成为武器和士兵聚集而成的兵营，人们经常可以听到这样的俏皮话：这么重的武器和人能把整座岛屿压沉到海里。除了数百个弹药堆放点和坦克、汽车的停放场地，这个国家到处都是军队——美国有二十个师，英国有十四个师，加拿大有三个师，法国和波兰各有一个师，还有数十万特殊军种和后勤人员。1944年6月6日，同盟国将它们庞大的军队从数千艘船只上倾卸下来，以历史上最为宏伟的构想和最为有效的运作，一下子涌上了诺曼底海滩。当这一庞大的舰队在1944年6月6日黎明越来越稀薄的晨雾中出现的时候，德军的守卫者维尔纳·普鲁斯卡特少校正通过俯瞰着奥马哈海滩的碉堡上狭小的缝隙凝视着大海。当他看见这一情景的时候万分惊恐，感到大祸降临，“这是德国的末日”。当知道这无疑是进攻的时候，维尔纳·普鲁斯卡特接通了他所属的师指挥部的电话，激动地报告他的上司布洛克少校，进攻已经开始，一万艘船只就在海滩边上了。布洛克不慌不忙地告诉普鲁斯卡特控制好自己，并且严厉地提醒他：“美国人和英国人没有这么多船只。没有人有这么多船只。”普鲁斯卡特并没有闭嘴，他让布洛克到这里来亲自看一看。在短暂的停顿之后，布洛克在电话那头发出了古怪的声音，他询问舰队向哪个方向行驶。普鲁斯卡特令人难忘的回答是：“正朝向我。”

普鲁斯卡特和布洛克不是那天唯一受到惊吓的人。同盟国部队在60英里的弧形海滩上登陆，在几个小时甚至几天以后，德国人依然想知道这是一次进攻还是全面进攻。同盟国以非同一般的反间谍方法玩起了超级猜谜游戏，它使德国人不知道准确的登陆位置。希特勒的谍报机构十分糟糕，甚至元首的预言天赋也不再有什么用处了。事实上，当登陆在进行的时候，希特勒正在贝格霍夫睡觉。他的作战指挥约德尔得到了登陆的通知，他告诉急切的报告人说：直到法国的情况变得更为明朗才有理由去叫醒元首。

要驱逐如此庞大的舰队，德国在法国的防御显然是不充分的。无疑，自从突尼斯陷落之后，德国人就估计到同盟国的进攻，他们作出了最大可能的努力修筑“大西洋墙”，将“欧洲堡垒”封闭起来以抵挡英美的进攻。事实上，希特勒所说的

“巨大的堡垒”仅仅是一条线型的海岸防线，它由一串单薄的掩体和工事组成。德国人不得不保护从荷兰绕过法国一直延伸到意大利山区边境的三千英里的海岸线。在没有充分理由怀疑进攻者会打击一个特定地区的情况下，德国人是不可能纵深设防的，这一点无需感到惊讶。陆军元帅隆美尔被授权负责法国的防务，他正确地认为，最危险的地区位于东部的塞纳河河口和西部的科唐坦半岛之间。“沙漠之狐”开始了孤注一掷的最后努力来为这一地区设防，但是在进攻的那一天，“大西洋墙”证明在很大的程度上是纳粹宣传的幻觉。它的防卫范围只是向内陆延伸了几英里。无论如何，隆美尔一直认为，任何要防卫一切的人等于什么也没有防卫，有效的战略是在海滩上击败敌人。就这一问题，隆美尔和西线军队的总司令格德·冯·伦德施泰特发生了激烈的争论，后者要用后方高度机动化的坦克预备队来粉碎盟军。尽管隆美尔似乎已经使伦德施泰特赞同他的观点，但是西线装甲部队的司令官冯·施韦彭堡将军亲自飞往贝希特斯加登，他劝说希特勒不要接受隆美尔的计划，并坚持将德国坦克部队的主要部分伪装在巴黎西北部或南部的森林中。为了寻求妥协，希特勒命令四个装甲师作为战略后备队前往巴黎，这是一个灾难性的决策，因为德国人假如要有机会成功地抵抗同盟国，就必须立刻在阵地上采用坦克。因此，在6月 6日，只有一个坦克师处于控制海滩的范围。

对诺曼底海滩地区的控制十分薄弱。另外，这些地区大部分是由年轻的、没有经验的军队把守的。尽管六十个步兵师被用于守卫海滩地区，但是它们的布局是分散的。德国人的防卫也缺乏协调。在同盟国一方，艾森豪威尔将军具有最高指挥权，在战略上毫无阻碍，不受任何文官的干预。在艾森豪威尔对“霸王行动”的协调中，尽管内部存在着口角，但在同盟国海军司令海军上将拉姆齐、空军司令空军副元帅利—马洛里和陆军司令蒙哥马利之间，战略上普遍一致的观点一直得到了保持。这种一致在德国方面是不存在的。陆军元帅格德·冯·伦德施泰特是西部德军的最高指挥官，他控制着两个集团军——由隆美尔指挥的 B 集团军和布拉斯科维茨指挥的 C 集团军。但是，伦德施泰特对海军或空军没有直接控制权，它们的西部指挥官分别从邓尼茨和戈林那里接受命令。德国一位军事历史学家将德国的这种运作形容为指挥混乱所造成的缺陷，三个军种都为自己而战。一个不祥的情况逐渐出现了：愤怒的元首在最不恰当的时间采取了最不恰当的

盟军最高指挥官艾森豪威尔

行动。当诺曼底战役结束的时候，希特勒解除了伦德施泰特的职务；继任者汉斯·冯·克鲁格元帅自杀；迫使因为参与7月20日阴谋的隆美尔自杀；迫使第七军团司令达尔曼将军因为丢失瑟堡自杀。这些愚蠢的行为还没有耗尽希特勒自我毁灭的全部决策，更糟的情况还在后面。

6月6日，盟军在五个海滩上登陆，范围从西部的基讷维尔到东部的奥尔讷河河口。美国军队由奥玛尔·布拉德利将军指挥，它由美国第一军团和第八十二、第一〇一空降师组成，在西部的犹他和奥马哈海滩登陆；英国和加拿大的军队由蒙哥马利将军全权指挥，攻占了东部代号为“黄金、女神、宝剑”的海滩。D日的目标是至少建立一个从圣梅雷，经卡伦坦和巴约，向东至卡昂的十英里长的滩头阵地。进攻部队得到了两千多架轰炸机和海面上数艘巡洋舰炮火的支持。尽管完全控制了空中，但是进攻部队依然不得不面对德国强大的大炮和机关枪的火力，它们从完好无损的掩体、碉堡喷射而出；他们还不得不面对铁丝网、水雷和地雷，以及其他致命的水底障碍物。

英国和加拿大的军队遭遇到猛烈的抵抗，但是他们在东部的几个海滩（“黄金、女神、宝剑”）站稳了脚跟。但是，向内陆的巴约和卡昂快速挺进的所有希望落空了。在美国军队登陆的部分，犹他海滩的进攻者几乎没有受到来自德国人的抵抗。具有讽刺意味的是，这可能是因为强大的海流把他们推到了原来打算登陆地点的南边，但是要在登陆部队和6月6日早晨的早些时候降落在科唐坦半岛的空降部队之间建立有力的联系，就变得困难起来了。在东面的奥马哈海滩，德国人顽强的抵抗在海滩上引起了巨大的混乱，以至布拉德利将军担心出现“一场不可扭转的大灾难”。进攻者面对着在高高的悬崖上凝视着他们的德国枪手，一步步地向海滩的西面开路，带着刺刀和攀崖绳索，通过肉搏打败了顽固的守军，最终成功地占领了高地。

美军在诺曼底奥马哈海滩登陆

6月6日夜晚，盟军在诺曼底海滩站住了脚。德国最高指挥部可怜的情报和神经衰弱现在严重阻碍了德国的防御。进攻开始时，元首正在睡觉，并且以十分自信的心情漠视初期的报告，后来在那个早晨他大声欢呼："这个消息不可能再好了！只要他们躲在英国，我们就不能触及他们。现在我们能在打败他们的地方碰上他们了。"不幸的是，元首没有弄清楚如何将这支在全面的空中支持下的舰队赶回大海中去。登陆的那一天，德军只有一个坦克师在诺曼底。陆军元帅隆美尔在德国；诺曼底驻军的司令官正在布列塔尼指挥一次演习；后备装甲部队中的一支的指挥官正在比利时；另一个重要的指挥官据说因为和一个法国姑娘睡觉怎么也找不到。

很明显，德国人全然没有准备；甚至当他们认识到情况的严重性的时候，依

英国"沙漠之鼠"第七装甲师在柏林参加胜利游行

英国陆军元帅蒙哥马利

然不能确定诺曼底的进攻是真的进攻还是佯攻。事实上，希特勒纠缠于这样一种想法当中：敌人准备在塞纳河东部发动第二次进攻，他不愿意将坦克后备队派到诺曼底地区。当双方企图增强自己的军力时，致命的竞赛开始了，但是德国的努力受到了同盟国空中优势的压制。尽管英国人夺取了巴约，并且将滩头阵地连接在一起，但是他们没有打破德国人的防御。三个德国的装甲师——第二十一装甲师、党卫队第十二装甲师和莱赫尔装甲师——向海滩冲了过来。它们在防御战中赢得了辉煌的胜利，这使得盟军最高司令部感到沮丧。

在东部，英国和加拿大的军队希望构成一个强大的防御以抵挡德国的装甲师，并且使西部的美军突破德军的防御。但是，在6月6日至6月底之间对卡昂的反复进攻没有实现同盟国的目标。由最好的英国部队——第四十一高地人师和第七装甲师(著名的“沙漠之鼠”)——发起的两次对德国战线和一个坦克师的直接进攻都没有粉碎卡昂西部德国人的防御。三个德国装甲师冲进了这一地区，并取得了辉煌的胜利，但是，即使是将敌人描绘为“小鱼”，并夸口将他们很快赶入海里的冒失鬼“装甲先生”库尔特·迈耶上校，也只是暂时将正在崩溃的前线窟窿填补起来。

盟军最高司令部对东部地区缓慢的推进感到焦虑，以至丘吉尔亲自飞往诺曼底与蒙哥马利将军商量对策。在蒙哥马利告诉丘吉尔他的军队已经被作为支持计划中的美军突破的强大支点之后，丘吉尔才恢复信心地离开了那里。事实上，在6月的第二个星期，世界的眼睛都聚焦于美国对科唐坦半岛的冲击，尤其是美国空降师和勤奋的指挥官劳顿·科林斯将军的突出表现，后者在德军退却到瑟堡的时候击败了他们。6月 26日，德国人交出了瑟堡，但是它的码头被德国守军毁坏了，两个月来不能得到充分的运作。

美国的第二波攻击目标是圣洛，进军的速度极为缓慢，牺牲了一万名士兵仅仅推进七英里。布拉德利将军对阿夫朗什的闪电攻击失败了；德国人继续控制着诺曼底狭长的战线，从科唐坦半岛的莱赛到诺曼底的卡昂。6月 26日，英国人发动了爱普森行动，直指奥东河两岸茂密的森林。六万人同六千多辆坦克一道发动进攻，并且得到了七百门陆地和海上大炮的支持，但是盟军依然没有实现目标——通过另一次包围攻占卡昂。军事历史学家至今对德国武装部队以微弱的军力抵抗这些进攻感到惊讶，这支军队很久以前在苏联被削弱掉二百万人，但它依然能够在诺曼底和英美联军作战。

德国军队在诺曼底勇敢甚至拼死的奋战，掩盖了德国最高统帅部出现的严重危机。早在6月 17 日，希特勒亲自前往苏瓦松北部马尔吉瓦尔附近的作战指挥部。施派德尔将军记录了这次会议，他眼中的元首苍白而疲劳，神经紧张地拨弄着眼镜和指间的彩色蜡笔。他反复批评隆美尔和伦德施泰特没有击败盟军，但是，隆美尔以坦诚和对实际形势的准确分析来反驳。不过，希特勒对这些并不感兴趣，他驳斥了隆美尔，承诺将以新式的 V-1武器来阻止进攻的大潮，这种武器将对英国施行致命的毁灭性打击。具有讽刺意味的是，因为一个有故障的V-1 导弹掉转头来，在元首开会的碉堡附近爆炸，因此希特勒和他的指挥官的会议不得不在马尔吉瓦尔指挥部一个大型防空掩体里继续进行。

隆美尔元帅

隆美尔预言前线即将崩溃，同盟国将进入德国境内，因此得出了不可回避的结论：结束战争的时候到了。希特勒恼羞成怒，中断了这次讨论，他说：

被 V-1 导弹击中的伦敦城区

“不要让你关心战争是否继续下去，你关心的问题只是前线。”七个小时的会议就此结束。其间安排了一次奇怪的午餐，希特勒交替地吞服着各种各样的药丸和药水，面前放了一排盛药水的杯子。将军们可能想知道他们的总司令是否依然完全控制着他的权力。尽管希特勒答应在 6月 19 日探访在拉罗查—居永的前线指挥官，但是他却回到了贝希特斯加登，之所以这样做可能是因为逃避一次潜在的逮捕或谋杀的阴谋。

6月 17 日希特勒和他的陆军元帅们的会议，象征着一个正在快速分裂的关系。6月 28 日，另一次言辞激烈的会议在贝希特斯加登召开，希特勒滔滔不绝地谈论着 V-1导弹，并且提供了一些历史上相类似的事件，其目的是给自己鼓气。他将自己描绘为当今的命运即将发生转变的腓特烈大帝。这次会议之后不久，伦德施泰特和凯特尔之间在热线电话中有一次讨论，据说，伦德施泰特愤怒地回答了凯特尔令人恼怒的问题——“我们应该做什么?”——“和平，你这个蠢货!”当凯特尔将谈话的内容传递给希特勒的时候，伦德施泰特作为西线总司令的日子也就屈指可数了。7 月 3 日，伦德施泰特被刚从一次车祸中恢复过来的陆军元帅冯·克鲁格取代。同时，希特勒也撤换了西线装甲集团军总司令冯·施韦彭堡将军。

陆军元帅京特·汉斯·冯·克鲁格元帅是旧式的普鲁士老兵，被他的同事称为“聪明的汉斯”。他是一位熟练的战术家,但在策划反对希特勒的计划中又是一位摇摆不定的阴谋家。尽管他被阴谋分子们所接纳,但是他对希特勒的服从过于坚定。在法国沦陷之后,元首提升他为陆军元帅,并且任命他为苏联战场中央集团军的司令,在他六十岁生日的时候,送了他一大笔钱财。像其他许多司令官一样,克鲁格依然对希特勒的强烈心理影响力十分敏感,当他获得西线指挥权的时候,他决心执行元首的意志。因此,当他到达拉罗查—居永城堡隆美尔在法国的司令部的时候,他以确定无疑的语言表明他不会容忍四处弥漫的失败主义情绪,他感到这种情绪正在西线指挥官那里蔓延开来。为了强调这一点,新司令官对隆美尔说:“你隆美尔元帅也必须无条件地服从。我强烈要求你这样做!”但是,隆美尔不是允许别人以这样的口气对他说话的人,他激烈地反击了克鲁格，以致克鲁格不得不要求所有的人退出屋子。根据施派德尔将军的回忆,隆美尔要求克鲁格因为这种毫无根据的斥责作出书面和口头的道歉。克鲁格是一个军事上的现实主义者，他很快就发现隆美尔对诺曼底令人绝望的状况的描述是正确的。

在德国最高统帅部里的危机现在开始快速发展了。隆美尔已经有一段时间与反纳粹的阴谋分子建立了联系，但是他在作出正确的行动方针方面一直没有下定决心。7 月 15 日,隆美尔给希特勒发了一封电报,警告他诺曼底前线即将崩溃,并再次督促他拿出政治上的解决方案。据说在发出报告之后,他对施派德尔将军说:“我给了他最后一次机会。假如他不拿出解决方案,我们将不得不采取行动。”两天后,也就是 7 月 17 日,隆美尔的敞篷车在里夫罗—维姆提埃的街道上遭到英国战斗机袭击,他负了重伤。三天后,由克劳斯·冯·施陶芬贝格上校领导的阴谋分子对希特勒发动了进攻。隆美尔尽管和阴谋分子们关系疏远,但也因此赔上了性命。

1944 年 7 月 20日，施陶芬贝格上校在手提箱里装上了英国制造的定时炸弹,前往位于东普鲁士拉斯腾堡的元首司令部一个巨大的木制房屋,在那里,希特勒主持着一个重要的会议。进入会议室后,他向元首及聚集在那里的高级将领致意,他们当中有凯特尔、约德尔、博登绍茨、霍伊辛格、瓦尔利蒙特。施陶芬贝格将手提箱放在靠近希特勒的地板上,然后道歉马上要去接一个非常重要的电话。

伏在桌子上的勃兰特上校碰到了这只手提箱，将它移到桌子底下，这样它就离开希特勒远了一点儿。事实表明，这一移动救了希特勒的命。十二点四十二分，巨大的爆炸摇动了那座屋子，会议桌被炸得稀烂，屋顶也被震塌了下来，窗户玻璃四处飞溅。施陶芬贝格在远处看到了爆炸，确信无人可以幸免于这一巨大的爆炸，他骗过三个岗哨，然后乘飞机前往柏林组织“瓦基里行动”。

施陶芬贝格并不知道希特勒只是受了一点儿轻伤，表皮被划破和刮伤。当施陶芬贝格到达柏林的班德勒大街——阴谋分子商定在那里发动政变——的时候，他非常震惊地知道，他不在的时候，这里什么也没有发生，因为国民卫队副司令奥尔布里希特将军和他在班德勒大街的关键人物了解到希特勒还活着。奥尔布里希特将军的上司弗里德里希·弗罗姆将军是一个骑墙分子，他观望着哪一派将取得上风，如同大多数将军所做的一样，现在他决定选择安全而有利的支持他们的总司令的路线。尽管阴谋分子们逮捕了弗罗姆，但是忠于希特勒的军官们在那天结束之前背叛了他们。经过戈培尔精明的干预，希特勒设法联系上了奥托·雷默少校，他的卫戍部队得到阴谋分子的命令进入柏林警戒威廉大街上的所有政府大楼。这些部队过去是阴谋分子的先头部队，现在却被用于粉碎政变。同时，弗罗姆将军渴望自己和阴谋分子划清界限，很快就逮捕了几个头目，并送到法庭，在法庭外汽车灯光的照射下处决了他们。贝克将军已经自杀；其他的人站在墙角一个接一个地被击毙。施陶芬贝格的最后一句话是“神圣德国万岁”。

推翻暴君的最后努力失败了；德国人继续和他一起走入深渊。几乎没有德国人支持这一阴谋，希特勒后来在广播演讲中宣称，阴谋分子只是代表一小撮军官，他的这一说法确实是正确的。这次政变不仅缺乏民众的支持，而且只限于极端富有勇气的军官组成的小团体当中。这些军官能够超越无关道德的、出于盲目服从而迷信偶像的军队规则。

希特勒一直不相信旧式的军队精英，甚至在使用他们的才能的时候也是如此。紧接着七月阴谋活动后，他现在决心清除那些他认为和这次阴谋有牵连的人。在阴谋失败的几个小时之后，希特勒接待了正好到达拉斯滕堡的墨索里尼，他表现出难以控制的愤怒，这不仅使他的客人感到惊讶，也使周围的其他人感到十分局促，他威胁要对那些阴谋分子和他们的家人进行血腥的报复。后来发生的是德国司法历史上最可鄙的一段。那些被牵连的人遭到了酷刑，并且在人民法庭中被拖了出来。罗兰·弗赖斯勒主持了这一法庭，他挖苦、鄙视被告，并向他们发出尖叫。在审讯开始之前，这些被告的处刑就已经决定了。奇怪的庭审过程当时就被电影记录下来，在普劳森西监狱里执行的可怕死刑也被拍摄下来。第一批囚犯被肉钩上的细铁丝悬挂着，他们一直到死都发出尖叫声，痛苦地抽搐着。死刑一直到第三帝国终结的时候才不再继续，不断增加的阴谋分子——真正的和想象的——都是死路一条。他们包括：海军上将卡纳里斯、卡尔·格特勒、乌尔里希·冯·哈塞尔、尤利乌斯·莱贝尔、汉斯·奥斯特、约翰内斯·波皮茨、赫尔穆特·施蒂夫、迪特里希·邦赫费尔、汉斯·冯·多纳伊及数千名其他的人。正如约阿希姆·费斯特所认为的那样，消灭旧式精英的企图无疑是国家社会主义最终和激进的结局，它的终止已经清晰可见了。

刺杀希特勒的尝试流产了。四天后，美国第七军团（科林斯军团）在"眼镜蛇行动"中突破了圣洛附近虚弱的德军防线，发现自己处于开阔地带中。当美国人切断落入瑟堡半岛陷阱之中的德军的退路时，整个西部战线不断在动摇。在8月初，乔治·巴顿将军在开阔地带领头往西扑向布列塔尼，德军在马尔丹进行了无力反击，企图将美国人在阿夫朗什的防线分割开来，但是被美国空军无情地毁灭了。除了几支狂热的党卫队部队在毫无取胜希望的情况下战斗，德军的士气在整个诺曼底崩溃了。

美国人的突破终结了诺曼底战役胶着的状态。在北部，英国人和加拿大人被克鲁格的部队所阻止。蒙哥马利在法莱包围了八个德国师。越来越多的人怀疑陆军元帅冯·克鲁格在寻求与西方国家和谈，他现在成了突出的人物。他在批准德军退却的问题上浪费了许多宝贵的时间。8月15日，他的参谋人员的汽车被炸毁，他发现自己失去了与武装部队最高统帅部及自己部队的联系。希特勒怀疑他背叛了，解除了他司令官的职务，让陆军元帅瓦尔特·莫德尔替代了他。克鲁格在返回德国的路上自杀身亡。

同时，诺曼底的德军在法莱的包围圈里注定是可怕的命运。尽管一些小队在希特勒最终同意退却之后向东逃窜，但是，大多数被大炮和战斗轰炸机所歼灭。这场大屠杀是难以言说的：

> 道路被残骸和浮肿的人尸、马尸所阻塞。制服的碎片挂在散架的坦克和

> 汽车上。在发黑的灌木篱墙上,人体依然以古怪的形态悬挂在那里。尸体躺在干涸的血水里,眼睛瞪着天空,好像他们的眼睛正被强迫拽出来……非常奇怪的是战马的命运,它们使我心烦意乱。它们被拴在马厩里,没有逃脱的可能。它们乱七八糟地堆在一起,大眼睛痛苦地瞪着我。这一眼可以刺穿灵魂,我感到自己的心脏都要蹦出来了。

自从斯大林格勒之后,德国军队接受了最糟糕的失败。但是在1944年8月,末日似乎比1943年靠得更近。同盟国在法国南部发起了第二波进攻。七个法国师和三个美国师在里维埃拉海岸登陆,两个星期后夺取了尼斯和马赛,并推进到罗讷河谷。在法国的南部、西南部和中部,德国人轻率地退却到德国境内,一路上受到游击队的袭击。通往巴黎的道路敞开了,夺取它的荣耀给予了夏尔·戴高乐的精英装甲师,它由莱克勒克·德·奥特克洛克指挥。巴黎在8月25日陷落。六天后的9月1日,巴顿的坦克越过了默兹河,到达摩泽尔河边的梅斯。在西边,蒙哥马利的军队越过了塞纳河,席卷到比利时边境,9月的第一个星期解放了布鲁塞尔,毫发无损地夺取了安特卫普港口。9月中旬,蒙哥马利的军队进入荷兰。9月下旬,西部前线推进到从北部的斯海尔德河岸到南部巴塞尔附近的莱茵河源头。

戴高乐将军向欢呼的人群致意

看来盟军依然可以在 1944 年越过莱茵河进入德国。由于两个原因，这并没有发生。一个是同盟国在夺取安特卫普的时候没有能力清除斯海尔德河口，从而不能直接通过安特卫普港口运输军队。另外一个原因是蒙哥马利构想的“市场花园”行动尽管大胆，但是运作得十分糟糕。它涉及在德国后方的大规模空降，目的在于由美军夺取位于埃因霍恩和奈梅亨的桥梁，由英国伞兵夺取更远的在阿恩海姆的莱茵河上的桥梁。尽管美国人取得了不俗的战绩，但是英国人冲进了党卫队的两个装甲师当中，它们在从诺曼底退却后在这个地区休整。十天的激战之后，在阿恩海姆落入陷阱的英国伞兵要么投降，要么越河逃窜。蒙哥马利原来设想的穿过默兹河和莱茵河下游地区建立立足点，然后渗透到德国北部平原的目标功亏一篑。

但是，在西部和东部前线，套在希特勒帝国脖子上的绳索正在收紧。斯大林在 6月 22 日对中央集团军发动主攻，这一天是希特勒进攻苏联三周年。在两个星期中，苏联人粉碎了二十八个德国师，毁灭了中央集团军的作战能力。希特勒挥霍掉了三十五万人，五万七千六百人凯旋般地在莫斯科大街上游行。苏联人现

由于得不到苏联的支援，华沙起义者不得不投降

在无情地利用着有利的条件，重新征服了乌克兰和克里米亚，将芬兰人驱逐出战场，并且到达了东普鲁士。当苏联的军队穿过维斯瓦河，进入波兰的时候，波兰的抵抗战士出现在华沙与德国压迫者开战，希望苏联人能够把他们从德国的控制下解放出来。然而，斯大林暂停了自己部队的进军，好让德国人帮他消除对他的共产党控制的卢布林政府的潜在威胁。尽管丘吉尔和罗斯福发出痛苦的呼吁支持华沙的起义，但是当德国人平息华沙抵抗的时候，斯大林却要他的军队向后撤退。在放肆的残暴行为中，党卫队将波兰首都彻底夷为平地。

在苏联南部前线，苏联军队在马林诺夫斯基的指挥下冲入罗马尼亚。安东尼斯库元帅的腐败政府被国王米哈伊尔二世所取代，他放弃了德国盟友，投奔到苏联一方。十六个德国师被切断了退路，希特勒失去了它们，更不用说罗马尼亚的油田了，它为德国武装部队提供了宝贵的燃料。9月 8 日，苏联人向保加利亚进军。现在希特勒只好允许策略上从巴尔干退却。但是，对于在罗马尼亚和保加利亚的大多数德军来说，一切都太晚了。只有 E 集团军的部队从登陆到希腊并占领雅典的英国人那里逃脱，穿过游击队的骚扰杀回德国。在南斯拉夫，铁托的游

铁托元帅在山洞中指挥战斗

击队对退却的德军予以了可怕的打击。苏联军队和铁托的军队一道进入南斯拉夫，解放了贝尔格莱德。

为了阻止整个巴尔干落入苏联人手中，丘吉尔作出了最大的努力，他亲自飞往莫斯科，就势力范围协商出一个协议，明确规定谁应该在不同的巴尔干国家占据主导地位。丘吉尔知道自从斯大林的部队完全控制了保加利亚和罗马尼亚之后，这两个国家已经落到了他的口袋里面。因此，他建议两个国家分享南斯拉夫和匈牙利，而西方同盟国在希腊享有 90%的控制权。当丘吉尔把半页纸的详细建议推到会议桌另一边斯大林面前的时候，他连眼睛都没眨就同意这一非正式的建议。他们没有谈论波兰，因为苏联实际上已经控制了它，也许没有什么好说的了。共产主义的铁幕紧跟着苏联军队征服的步伐正在巴尔干和东欧落下。苏联人现在拥有了纳粹政权一直不给他们的东西——在巴尔干东部的立足点。

事实上，苏联人似乎占有了巴尔干更多的部分。他们和铁托有着共同的目的。夺取了贝尔格莱德之后，他们又推向多瑙河，直逼匈牙利。因为匈牙利是希特勒萎缩的帝国在东南部的最后一个缓冲器，因此希特勒倾注了全部的努力加强那里的力量，以抵抗即将到来的苏联军队的进攻。希特勒的怀疑是正确的，匈牙利政府将步罗马尼亚、保加利亚政府的后尘，不是投奔敌人，至少就是私下安排单独的和谈。匈牙利人过去一直站在德国人的一边勇敢地战斗，出于这个原因以及地理上的考虑，希特勒不打算放弃这样一个盟友。他在已经虚弱的东线调出部队，派到喀尔巴阡山以南的地区，以便建立匈牙利缓冲区。与这一行动同时，他开始反对越来越摇摆不定的海军上将米克罗斯·霍尔蒂的政府。由于怀疑霍尔蒂有背叛行为，希特勒逮捕了他，并且绑架了他的儿子，强制地建立了一个新的听话的政府，它继续站在德国一边作战。依靠这些动作，直到 1945 年 2 月，希特勒暂时拖延了不可避免的对匈牙利的丢失。

希特勒在匈牙利策动政变的那一天，隆美尔因在诺曼底头部受伤去世的消息公布于众。事实上，因为有证据表明隆美尔牵涉到 7 月 20日的政变，因此希特勒强迫他自杀。隆美尔死亡这一卑劣事件被戈培尔的宣传机器彻底地消毒了一遍。隆美尔在乌尔姆大教堂得到一个宏伟的国葬，在那里，伦德施泰特代表希特勒虔诚地宣布隆美尔的“心属于元首”。

尽管希特勒设法建立自己的匈牙利缓冲区，并在苏联人在巴尔干和东线的进攻逐渐退潮期间暂时获得了喘息的机会，但是对于第三帝国来说，时间很快就用尽了。丢失巴尔干等于丢失了原油和原材料，这意味着希特勒的武器工厂将不能继续运行。但令人惊讶的是，德国的工业在施佩尔杰出的指导下，依然能够为摇摇欲坠的、从北部斯堪的纳维亚到南部巴尔干一线的德军提供武器装备。

1944 年秋季，德国似乎在年底之前就要被击败。在东部前线，苏联人尽管在夏季攻势后战线拉得过长，但是依然能够以东部的波兰和西部的巴尔干为基地对帝国的中心地区发起攻击。在西线，巴顿将军的部队靠近了德国，但是由于缺乏坦克所需要的汽油，没能穿越边境。

德国依然有九百万武装部队，但是他们四散在几个漫长的前线。谨慎的军事战略是进行一次总撤退，将部队集中在更适宜于防守的工事内，但是希特勒的自大狂阻止了这种想法的实施。希特勒几乎没有什么选择。他要么集中东部的所有军力，要么在西部进行一场快速的打击。基于心理和战略上的考虑，他选择了在西部发动一场进攻。东部前线巨大的开放空间会将德国的军队一个接一个地吃掉。希特勒还认为苏联军队比英美军队更优秀、更坚强。向西线进攻具有另一个优势，那就是从坚固的工事中发起进攻会使得战线的延伸较短。希特勒认为这需要较少的燃料和物资。他同他的指挥官——主要是伦德施泰特和莫德尔元帅——在巴特瑙海姆的鹰巢会晤，说明了自己最后也是殊死一战的赌博。这个计划要求对阿登地区最薄弱的一点发起闪电打击，然后攻击安特卫普这个同盟国主要的供给港口。他希望瓦解同盟国后方的士气和组织能力，将艾森豪威尔的军队一分两半，并将英国军队诱入陷阱之中。为了支持他绝望的幻想，希特勒将自己最后的后备队拼凑起来：二十万士兵、六百辆坦克、大约一千九百门大炮。他渴望 1940年的事情再度发生，但是，这一次他面对着充满决心的、有更好领导能力的盟军统帅。

“守卫莱茵河行动”也就是同盟国所周知的“突出部战役”，它开始于 12 月16日，先对同盟国前线最脆弱的连接点发动进攻，这个地方由毫无准备的美国阿登驻军把守。党卫队第六装甲军团造成了巨大的恐慌和混乱，它一路乱杀地穿过阿登，靠近了圣维特，从这个重要的枢纽出发，沿着山路就可以到达默兹河。但是，美国的第七装甲师很快就得到了第八十二空降师的增援，在圣维特坚守了好几天，从而在德军靠近默兹河之前就减弱了它的进军锋芒，这样德军离安特卫普有一百英里之遥。党卫队第一装甲师明显想竭力弥补进军速度的缓慢，因此在马尔梅迪杀害了七十一名美军俘虏。

在战场的南部，第五装甲师消灭了两个美国师，并且得到了严冬大雾的保护，这使得同盟国的飞机没有用武之地，从而靠近了巴斯托涅交通要道。尽管北部和南部的推进在同盟国的前线打开了一个巨大的突出部，但是德国人由于缺乏兵力、供给和燃料，战线铺得太开而绵细无力，从而不能再向前推进。巴斯托涅的守军很快得到第一〇一空降师伞兵的增援，拒绝投降。蒙哥马利则向北部地区急派部队，巴顿从南部派出第三军团的几个师前去打破对巴斯托涅的包围。12月26日，天空变得晴朗起来，同盟国的飞机使在突出部的德军及其受到阻塞的后方供给线遭受了沉重的损失。德军在12月的最后几天对阿尔萨斯的第二次冲击也很快就消失了，尽管在同盟国一方，这场战役导致了艾森豪威尔和戴高乐就斯特拉斯堡的撤退问题展开了激烈争执。1945年1月1日，希特勒命令对同盟国的空军基地进行大规模的轰炸，毁坏了180架同盟国的飞机，但是自己也损失了277架飞机，因此在战争期间发动另一次大规模空袭已经是不可能的了。到1月16日，盟军将德军从突出部赶了出去，恢复了前沿阵地。7.2万名德军战死，最后的后备队被用得干干净净。希特勒最后的赌博失败了。

同盟国军队进入德国：1945年1月—5月

1945年新年，希特勒对德国人民发表演讲，忠告他们为痛苦的结局而战。在他呼吁最后一搏的时候，一千万敌方士兵正在所有前线逼近帝国。在东部，苏联军队向德国首都进军。在南部的波兰，科涅夫的军队攻击了德国的前沿阵地，很快就席卷了开阔的波兰地区，攻入了上西里西亚工业地区，从而进一步削弱了德国人制造军火的能力。尽管科涅夫准备进攻布雷斯劳上游的奥德河并且夺取了几个渡口，但是德军暂时聚集起来，阻止了苏联军队桥头堡的扩展。在苏联人的右翼，罗科索夫斯基的军队向东普鲁士进军；1月26日，到达但泽东部的波罗的海海岸，将二十六个德国师孤立在波罗的海国家。希特勒再次拒绝了他的波罗的海指挥官们关于有序撤退的紧急请求。

苏联军队的第三次攻击是针对中心部位的，在那里，格奥尔基·朱可夫的部队发动了对德国边境自北向西的进攻，穿越了两个重要的交通中心托伦和波森。朱可夫在 1945 年 1月 31日到达库斯特林附近的奥德河。他的军队离柏林只有六十英里了。

在苏联军队挺进之时，红色恐怖降临到从北部的柯尼斯堡到南部的布雷斯劳的德国民众身上。自从 1941年夏季以来，苏联军队忍受了德国入侵者的巨大伤害，现在他们开出了令人恐怖的复仇代价。道路上挤满了德国公民，他们离开自己的家，丢下财产，加入了退却的德国军队的行列。那些不幸的人被丢在了后面，大多数是老人和儿童，他们很快就被苏联人逮捕，遭到殴打、枪杀，或者被坦克轧死，而妇女则被残暴地强奸，直到死去。戈培尔甚至下令不要详尽报道这些残暴的行为，他这样做绝对不会被指责神经过敏。回想起来，苏联对德国东部的入侵导致了德国现代历史上最大的一次驱逐民众行为。据估计，几乎有一千四百万德国人为了逃离苏联军队的愤怒和东部民众的复仇(他们袭击了这些逃离的难民)而离乡背井。德国海军设法拯救二百多万公民，把他们从波罗的海沿岸运送到芬兰、瑞典、丹麦。但是，许多难民失去了生命，因为苏联人击沉了几艘大型援救船，导致了一万四千三百人丧生。

在西部，艾森豪威尔的军队靠近了德国最后一道防线——莱茵河。自从拿破仑以来，没有哪支外国军队成功地越过莱茵河边境。莱茵河水宽浪急，在它的东边，德国守卫者可以从陡峭的河岸形成的高地上看到任何一个入侵者。3 月 7 日，一支美国坦克小分队抵达古老的中世纪小城雷马根，这座城市位于波恩和科布伦茨之间，他们发现了一座没有遭到破坏的横跨在莱茵河上的小桥。德国指挥官没能炸毁它，这一失败使他遭到了枪决。在四十八小时之内，八千美国士兵在莱茵河对岸找到了立足点。十八天后，所有同盟国的部队突破了莱茵河边境，德国现在没有任何天然的屏障了。

盟军在跨越莱茵河之后，对三个目标发动了进攻：北部、工业中心鲁尔和南部。蒙哥马利的军队突破了威斯特伐利亚平原，进入丹麦境内和波罗的海；布拉德利的军队包围了鲁尔；另一支盟军向南挺进卡尔斯鲁厄和斯图加特。这些进攻中，对鲁尔的包围是 1945 年春季西部前线最具有决定性的战役，它动用了美军十八个师。盟军的飞机凶猛地轰炸了鲁尔，将它炸成一片废墟，超过四十万的德军落入了包围圈。他们的指挥官瓦尔特·莫德尔命令全部投降，然后在靠近杜塞

背负反坦克武器的苏联士兵

尔多夫的森林里自杀。大约三十二万五千名德军士兵落入同盟国手中。帝国的心脏遭到了致命的穿击。

鲁尔战役之后，美军向东部进发，将德国切成两半。4 月 11日，他们到达了易北河。美军离柏林只有六十英里，第一次与苏联军队在托尔高会合。德国没有任何防御可以阻止它们夺取德国首都了。

在冷战期间，相当多的争论围绕着这样一个问题：英美联军为什么没有夺取柏林。这里有三点有说服力的理由，首先，艾森豪威尔的政策是在西部击溃残余的德军，满足苏联人夺取德国首都的虚荣，按照艾森豪威尔的估计，这一战役可能至少要付出二十五万人的伤亡。第二，柏林位于欧洲顾问委员会分配给苏联并得到雅尔塔会议再次确认的占领区内。第三，同盟国的情报组织错误地警告道：希特勒将在南部的“阿尔卑斯防御工事”作最后的抵抗，这个幻想假定了一个巨大的山体防御工事网络的存在，而纳粹准备用来作为最后的堡垒抵抗同盟国。美国人剩下来的战役主要是在南部的肃清行动，而当时柏林战役正在进行之中。

希特勒和第三帝国的末日

当第三帝国最终被东方的苏联和西方的英美包围的时候，阿道夫·希特勒和他的随从面对着不可避免的命运——可耻的失败。尽管纳粹领导层依然保持着严酷的钢铁般力量的外表，目中无人地重复着希特勒的格言：“我们永不投降。”但是，只有少数死硬分子真的相信德国依然能够赢得这场战争，或者通过谈判获得一个可以接受的和平。盟军充分表明，他们是不会和希特勒及他的党羽谈判的；他们希望纳粹无条件地投降。另外，他们还计划实现丘吉尔较早许下的诺言：他们将去除世界上希特勒的阴影。

同盟国要求德国人无条件地投降，这使得纳粹的抵抗强硬起来，同时也削弱了德国抵抗运动残留的士气。有足够的证据表明，纳粹领导人实际上欢迎同盟国不妥协的态度，因为这给他们提供了有力的理由来支撑国内的前线，并且可以用恐怖故事威胁德国人民，假如同盟国取得了胜利，等待他们的是残酷的虐待。

"我们死后哪怕洪水滔滔。"这句座右铭似乎反映了国家社会主义高层领导人普遍的玩世不恭的态度。一些纳粹领导人承诺，他们将在即将降临的众神黄昏的火焰中献出生命。事实上，疯狂的戈培尔变态地盼望着同盟国的轰炸机造成更多的破坏，"炸弹的恐怖将富人和穷人的住房一起毁了。在总体战的劳工办公室里，最后的阶级障碍已经坍塌了"。只有扭曲的人格才能从他们自己鼓动的如此毁灭性的破坏中得出高贵的意义。宣传部长可能已经从一视同仁的普遍轰炸中获得了极度的满意，因为这是国家社会主义的最高成就。但是，普通的德国人蜷缩在地窖、防空掩体里，或者是简单的炸弹坑里，他们在自己国家的毁灭中没有发现任何高贵的或者可以补偿的东西。但是，由于已经把自己交付给了罪恶的领导层，因此，他们别无选择。尤其是在 1944 年 7 月 20日之后，他们只能跟随他们的领导人走向深渊。除此之外，纳粹的领导层也发现，在这个国家的后面，所有的退路都已经断绝了。

在阿登进攻失败和苏联 1月 16日开始向柏林推进之后，阿道夫·希特勒将德国首都作为他最后的立足点。作为希特勒权力象征的宏伟的总理府，现在已经成为一个受到严重破坏的空壳，窗子散了架，被钉上木板加固，几个侧楼也受到严重的破坏。只有希特勒的私人办公室基本上没有受到破坏，但是越来越频繁的空袭迫使元首在总理府花园下面的掩体里寻求庇护。不断而无情的攻击最终使得希特勒永远地躲进自己的葬身之所。元首掩体在 1944 年才兴建完成，位于总理府花园地下大约六十英尺。在总理府内就可以直接进入，它由上下两层构成。上层是储藏室、用人房和希特勒的私人厨房，它被用来专门制作素食，因此被称为"节食厨房"。下层被称为"领袖掩体"，有十八个狭窄的小屋组成，包括希特勒的书房、起居室、卧室和爱娃·布劳恩的小卧室。在狭小的空间里还提供了会议室。西奥多·莫雷尔占据了一间卧室和起居室，后来被戈培尔一家占据。下层还拥有厕所，总机接线室，警卫室，负责供暖、照明、通气的机房，以及一个由施通普费格尔博士使用的衣帽间。

就是在这个越来越与上层世界隔离的小型地下"潜水艇"里，希特勒和残存的纳粹领导人为战争的最后三个月而战。戈培尔利用每一个宣传伎俩恐吓德国人民继续进行战争，广泛地传播“摩根陶计划”的细节：这个计划建议将战后的德国变为纯粹的农业国家，并建议对德国男人进行绝育。1945 年 4 月，有人给希特勒看了一本名字很不吉祥地叫作《月蚀》的英国手册，书中确定许多德国人为战犯，并且包括了一张战胜国如何划分德国和柏林为占领区的地图。希特勒还看到了斯大林“第五号命令”，它毫无异议地表明这位苏联独裁者心中对德国的安排。材料上说：“德国人民将被毁灭。所有的德国工厂和财产必须销毁。德国的动物必须在它们的巢穴里被打死。”

来自步步紧逼的敌人那里的这些不祥的威胁，可能已经使许多“老鼠”知道，他们应该离开纳粹这条快要沉没的船了。施佩尔是一个最坦率的人，他直截了当地告诉元首战争已经失败了。在 3 月 15 日的备忘录中，施佩尔用明白无疑的坦诚陈述了事实。希特勒给了他一天的时间思考他的陈述，几乎恳求他告诉自己最后的胜利还是有希望的。假如他能这样做的话，他依然可以保留自己的职位。第二天，施佩尔返回元首的掩体，他不能使自己重复同样的话，只是说：“我的元首，我将毫无保留地支持你。”希特勒明显被感动了，眼里充满了泪水，并说道：那么一切都没有问题了。当然，一切都出现了问题。而且，希特勒与其他纳粹高层人员分手的不愉快，远远超过了与施佩尔的分手。

许多希特勒最亲密的下属开始与他脱离关系，企图逃脱。顶层的领导人本来就一直相互嫉妒、钩心斗角。现在眼看到失败的结局，这种倾向自然变本加厉了。戈林、希姆莱和施佩尔在很大程度上已经自行其是了。希特勒送走了海因里希·拉默斯和奥托·迪特里希，同时接受了米尔希元帅的辞呈，调走了瓦尔利蒙特上校。在与古德里安发生激烈的冲突后，辞退了他，并让汉斯·克雷布斯将军接替。许多次要的政府官员也找到充分理由离开了这座城市。柏林人称这种逃离为“金色野鸡的飞舞”。

掩体的气氛变得越来越脱离现实了。在即将到来的失败的冲击下，希特勒的反社会倾向开始体现出鲜明的残酷性。他在长时间的沉思、歇斯底里的爆发和充满希望的幻想中摇摆。他认为所有的人都背叛了他，包括他最亲密的下属。每日的形势会议变质成为可怕的独白。

尽管希特勒肯定知道战争已经失败了——他向几个最贴心的人承认了这一

点——但是他依然抓住不切实际的幻想，希望出现不可思议的扭转。他指望新式的秘密武器，尤其是现在正在批量生产的喷气式战斗机，希望它们能将敌人从空中扫除。他还指望 V−1和 V−2 导弹及新式的马克 21型潜水艇，它能下潜航行到美国的东海岸。但是，现实破灭了这些幻想：所有的部队都瓦解了；飞机制造实际上已经停顿了；德国最重要的工业地区已经被敌人夷为平地。当希特勒知道这些事实的时候，正如费斯特所正确描述的那样，他的“旺达尔人的天性”以最丑恶的形式显示出来了。他谴责所有的人，因为他们背叛了他。他告诉秘书：“所有的人都背叛了我。我不能依靠任何人，他们背叛了我，整件事情让我感到恶心。假如我没有忠心的莫雷尔，我肯定被他们害死了，而一群白痴医生竟然要除掉他……假如我遇到不幸，德国将处于没有领袖的状态。我没有继承人。先是赫斯疯了；然后是戈林，他失去了对人民的同情心；第三是希姆莱，他被党所拒绝。”

这是每个人的错误，而不是他的。他被西方国家诱骗进入战争，尤其是犹太人。两条战线的战争也不是他的错误。苏联占领东部领土，斯大林拒绝提供足够的原材料支持德国的战争努力，这一切将战争强加在他身上。英国固执而故意地抵制德国的地缘政治权利，它也应受到谴责。通过对苏联的侵略，获得它巨大的资源，德国人要向英国人证明他们能够赢得一场持久战。注定了他的厄运，对美国宣战，也不是他的错。无疑是他发动了这场战争，但是希特勒认为实际的宣战只是一个形式而已，但必须宣战，因为美国早就对德国不宣而战了。

假如国内的反动分子没有阻碍他的政策的话，假如将军们不是如此没有能力或者背信弃义，假如神奇的武器很快就能得到使用的话，假如德国的同盟，尤其是意大利不是灾难之源的话，那么多国家设置的可怕障碍都是可以战胜的。元首头脑狂热地全神贯注于这些扭曲的假定的因果关系，他以同样的方式对朋友和敌人发起猛烈的进攻。

希特勒的愤怒越来越表现出恶毒的毁灭性倾向。他没有发现在他死后还有什么人能活着的理由。他命令让敌人除了废弃的荒原之外什么也得不到。他指示施佩尔积极实施焦土政策，毁掉一切，不仅包括工厂和贮备物资，而且包括生活和公民秩序的基础，如银行、公共设施、交通中心、医疗物资、银行记录、公共记录，等等。他甚至命令毁掉像戏院、城堡、教堂、历史建筑这样一些残余的历史遗迹。当有人指出，这种任意的破坏将使德国人民失去生活依赖的时候，他显示了自己真正的天性——恶毒的毁灭性的天性：

> 假如战争失败了，人民也失败了。担心德国人民为了基本生存所需要的东西是不必要的。相反，毁灭这些东西对我们来说是最好的。因为德国证明是比较虚弱的，未来将只属于那个较为强大的东方国家。无论如何，只有那些下等的人才能在这场斗争之后存活下来，因为优秀的人已经被杀死了。

假如不是施佩尔和其他人有意地破坏和抵制希特勒疯狂的“尼禄命令”，德国可能要受到严重的损害。到了4月，希特勒确信末日快要到来了；他在阿登的最后一次赌博也失败了，神奇的武器也没有达到目的，德国受到入侵，并且被划成两半。他唯一残存的希望是大联盟出现分裂。但是，在2月初，同盟国再次在雅尔塔重申了他们的战时联合。三个主要大国发誓继续进行针对德国的战争，并且再次强调了对无条件投降的要求。他们在将德国划分为占领区的原则上也达成了一致，这些占领区分别由苏联、美国、英国和法国管理。斯大林在雅尔塔会议上是明显的胜利者，他迫使西方国家作出重要的让步，尤其是在波兰问题上。斯大林为他的共产党控制的卢布林政府获得认可，同时作出了象征性的让步，将一些“民主派的领导人”安置在这个政府中。他还成功地将波兰的国境线根据对他有利的条件重新加以划分，一旦战争胜利，还将以德国为代价进一步扩展波兰的疆域。罗斯福总统已经是一个将死的人，没有条件抵制斯大林，就像丘吉尔那样，尤其是在战争的这个关键时刻。罗斯福相信，联盟是更为重要的，剥夺斯大林已经征服的东西是徒劳的。

希特勒感到明显的失望，大联盟没有分裂，但是他私下还想知道西方国家在多大的程度上允许布尔什维克人渗透到欧洲的心脏。在一段著名的、预言性的思考中，他预测道：

> 随着帝国的失败，以及亚洲、非洲、南美洲民族主义的出现，在世界上依然有两个大国能够相互对峙，它们就是美国和苏联。历史和地理的法则将推动这两个国家进行力量的较量，无论是在军事还是在经济和意识形态领域，同样的法则使两个国家成为欧洲的敌人也在所难免。同样确定无疑的是，这

杜鲁门、斯大林和丘吉尔在一起

两个国家将迟早发现自己在欧洲寻找唯一幸存的大国的支持是值得的。

希特勒不想承认自己像一百三十年前的拿破仑一样，是大联盟联合的主要因素。只要他还活着，这个联盟就会继续存在。但是，希特勒依然希望出现一些奇迹，能够使他摆脱不可避免的失败。1945 年 4 月 12 日，希望出现了。罗斯福总统因脑出血死在佐治亚州温泉镇的办公桌上。就在几天前，戈培尔给希特勒阅读了卡莱尔《腓特烈大帝传》的一些段落。在这本书中，这位普鲁士国王处于失败的边缘，准备自杀，只有奇迹才能拯救他。当仇视普鲁士国王的伊丽莎白沙皇突然死掉的时候，亲普鲁士的沙皇彼得三世即位。反普鲁士的联盟分裂了，勃兰登堡家族得救了。当戈培尔读到这些段落的时候，希特勒热泪盈眶。罗斯福的去世似乎像一个预言的实现。当戈培尔听到这个消息的时候，他要来香槟酒，激动地给希特勒去了电话："我的元首，祝贺你！罗斯福死了。星象上已经写明，4 月下旬将是我们的转折点。4 月 13 日，星期五，这是一个转折点。"

激动是短暂的。哈里·杜鲁门总统接任了罗斯福，他也是纳粹主义不可动摇的敌人。甚至戈培尔也悲哀地承认："也许命运仍是残酷的，并且戏弄了我们。"罗斯福去世后三天，苏联人对柏林发动了最后的总攻。4 月 20日，希特勒五十六岁生日，衰亡的纳粹帝国领导人最后一次聚会，向元首表示敬意，回忆着旧日美好的时光。出席者有戈培尔、希姆莱、戈林、鲍曼、施佩尔、莱伊、里宾特洛甫和武装部队的领导人。希特勒的情妇爱娃·布劳恩也参加了元首的生日聚会，估计准备同他一起走向苦难的终点。

希特勒本来计划离开柏林，在靠近贝希特斯加登的巴伐利亚的阿尔卑斯山"国家防御工事"指挥这场战争，但是，戈培尔和其他人劝说道：没有他在场，柏林战役是没有意义的。这种对领袖英雄姿态的呼唤抓住了希特勒。在他生日的夜晚，他下定决心坚持为柏林继续战斗下去。但是，他许多最亲密的朋友没有感觉到将自己牺牲在柏林大火中的需要，他们不断地加入向南方逃亡的队伍。和希特勒待在狭窄掩体中的是爱娃·布劳恩、戈培尔夫妇和六个孩子、他的贴身男仆海因茨·林格、他的外科医生施通普费格尔博士、他的副官奥托·根舍、他的两个秘书格尔达·克里斯蒂安和格特鲁德·荣格、他的素食厨师康斯坦策·曼齐亚利。来自其他掩体的造访者经常加入这个团体，尤其是马丁·鲍曼、接替古德里安总参谋长的克雷布斯将军、希特勒的首席军事副官伯格多夫将军、希特勒青年团领导人阿图尔·阿克斯曼，还有联络官、副官和党卫队警卫员。

在希特勒的最后十天中，他疯狂地忙于调动想象中的军队，大骂那些正在背叛他的人。苏联人已经跨越了奥德河，进入了柏林郊区，并且无情地向这座城市的中心挺进。柏林现在三面被切断。希特勒命令党卫队的施泰纳将军在城市的西北部发动反攻，但是，施泰纳的军队还不到七千人，仅有五十辆坦克，根本不够击退红色浪潮。即使施泰纳想这样做，他也不可能发起进攻。当希特勒在 4 月 22 日的会议上发现这一点的时候，他勃然大怒，谴责他的党卫队精英部队背叛了他。希特勒失去了一切控制，脱口说出战争失败了。他放弃了指挥权，派凯特尔和约德尔指挥在南部抵抗，他将坚持到最后，然后自杀。他还允许现在还在掩体里的人离开，假如他们选择这么做的话。同一天，柏林人惊讶地从广播里获悉元首正在他们中间指挥着柏林战役。他们最后一次听到他的声音还是在三个月前的 1945 年 1月 30日。

4 月 23 日，希特勒收到了来自戈林的无线电报，戈林询问自己是否能接管帝国领袖的职位，并具有国内外行动的全权。鲍曼将这一消息传递给希特勒，并

1945年4月,希特勒在接见纳粹童子军士兵

狡猾地把它扭曲成最后通牒和对元首权力的侵犯。希特勒在这起事件很久以前就失去了对戈林的尊重，但是任何人质疑他的权威都等于是暗示他没有能力恰当地实施自己的权威。这显然是对他的大胆侮辱，必须得到严惩。希特勒立刻给戈林发去了电报，谴责他的背叛，并且宣布1941年6月任命戈林为他的继任者的法令无效，然后将这位帝国元帅驱逐出党。他任命里特尔·冯·格赖姆将军接替戈林的位置，将军被迫和他的副驾驶员汉娜·赖奇一道飞到严阵以待的柏林，准备就任新的职位。赖奇后来回忆道：希特勒脸色苍白，萎靡不振，脑子里依然盘旋着戈林的"最后通牒"，嘴里喃喃低语：他不宽恕任何事情。两天后，他受到了另一个打击。他的私人贴身男仆海因茨·林格带来了路透社新发布的一条新闻，海因里希·希姆莱通过瑞典外交人员正在西部战线就投降进行和谈。这是最后一次打击。希特勒的脸变成了紫红色，像一个疯子那样咆哮起来。戈林的背叛是预料中的事，但是党卫队元首、忠诚的希姆莱对他的背叛是不可思议的。希特勒下达了逮捕希姆莱联络官赫尔曼·费格莱因——他与爱娃·布劳恩的妹妹结了婚——的命令。在总理府花园里，赫尔曼·费格莱因被行刑队枪决。然后，希特勒命令格赖姆离开柏林去逮捕希姆莱。

苏联最杰出的军事战略家和指挥家朱可夫

苏联对柏林的最后进攻开始于1945年4月26日。将近有五十万的军队发起了这场进攻，他们得到一万二千七百门大炮和迫击炮，二万一千门被称为“斯大林管风琴”的多管火箭发射器，以及一千五百辆坦克的支持。这支进攻部队的先锋从四周包围了柏林，离总理府只有四英里。与它们对抗的只是两支凑合的队伍：第五十四装甲师和保卫总理府的武装党卫队。柏林城防的其余部队都是由缺乏组织和训练的士兵组成的，只有六十辆坦克，由赫尔穆特·魏德林将军指挥，他对这座城市的防御计划一无所知。总之，柏林的司令官只有六万人，包括来自国民卫队的老人、希特勒青年团志愿者，以及警察、党卫队、工厂保卫团临时拼凑起来的部队。阿道夫·希特勒最后著名的新闻短片展示了他检阅十多岁孩子的情境，他准备把他们送到前线去抵抗老练善战的苏联军队。

斯大林格勒的英雄朱可夫从地面和空中对柏林进行了无情的粉碎性轰炸，然后再派军队进城屠杀。当朱可夫的军队自正南和西南向柏林市区推进的时候，另外七支部队也从其他地区一路开进。第一波进攻的苏联战士都会说德语，他们纪律严明，恪守军规。但后继的部队一路上疯狂地杀戮、强奸。苏联人失控而无节制的破坏持续了一个星期。疯狂的纳粹也处于失常的自毁行动当中，他们炸毁桥梁，围捕和射杀被认定的“逃兵”，毁坏各种装置，甚至炸毁了一条在施普雷河下四英里的隧道和国民卫队运河。隧道既可通铁路，也可以作掩体。水淹没了隧道，又无法控制地向高地漫延，许多地方被淹。

尽管巷战进行得十分艰苦，但是苏联人夺取了一个又一个街区，离总理府和国会大厦越来越近。元首掩体中的总机接线员已经可以听到各种线路的另外一头苏联人的声音。一个大胆的、能够说一口流利德语的苏联军官维克多·波耶夫，拨通了德国信息服务公司的电话，要求接通宣传部，实际上真的和戈培尔通上了电话：

> 波耶夫告诉他："我是苏联军官，在柏林的西门斯塔特说话。我要问你几个问题。"
>
> 戈培尔一点儿也没有显出惊讶，他冷静地用平常的声音回答道："请说。"
>
> 波耶夫问道："你在柏林能坚持多长时间？"
>
> 戈培尔的回答被杂音干扰了。
>
> "几个……"
>
> "几个什么？星期？"
>
> "不，是几个月。为什么不？你们保卫塞瓦斯托波尔九个月。为什么我们不能在首都做同样的事情？"
>
> "另一个问题。你何时逃离柏林，往哪个方向逃？"
>
> "这个问题太没有礼貌了，我不能回答。"
>
> "你必须记住我们会找到你的，即使要把地球梳理一遍。我们已经为你准备好了绞刑架。"
>
> 对方的声音有些混乱。波耶夫叫道："你有什么问题想要问我？"
>
> 戈培尔说："没有。"然后挂掉了电话。

事实上，戈培尔十分清楚：绞刑架正等着他和他的元首，等着那些发动这场战争的人。大炮的炮击和炮弹的爆炸点越来越近了。在朱可夫进攻的当天，元首掩体受到了大口径炮弹的直接射击。屋顶仍支撑着，但是水泥粉末从上面落下来。当排气孔吸入在上面熊熊燃烧的火焰里的硫黄气体时，掩体里的人几乎要窒息了。对希特勒来说，战争的结束也是十分清楚的了。

1945年4月29日凌晨两点，希特勒派人把他的秘书特劳德尔·荣格喊来，口授遗愿，在其中他表明他所播下的"神圣种子"最终将在国家社会主义的光辉再生中开花结果。他认为战争不是他的错误，而是国际犹太人的诡计强加在他身上的。希特勒病态的反犹太主义直到最后还是坚定不移的。然后，他提名新的政府，海军上将卡尔·邓尼茨为元首和总司令，约瑟夫·戈培尔为帝国总理，马丁·鲍曼为党的领袖。他还特别谴责了戈林、希姆莱，要将两个要员从他们的位置和纳粹党中驱逐出去。最后，他谈到了私人事务，特劳德尔·荣格停下笔，抬起了头。希特勒宣布他打算和爱娃·布劳恩结婚，然后一起去死，并且说到了他的愿望："我们的遗体必须在每日大部分时间工作的地方立刻火化，为了德国人民，我在这里工作了十二年。"希特勒火化的想法反映了他十分关心自己的结局，他可不能像墨索里尼和他的情妇那样，前一天被杀死，然后被悬挂在公共广场，受到愤怒的群众的嘲弄、辱骂和唾弃。当希特勒得知这个意大利领袖死亡报道的时候，他发誓他的身体的所有痕迹必须完全被消除。

一天后，希特勒安排了一个最为古怪的婚礼仪式。一位无名的市政议员瓦尔特·瓦格纳被戈培尔找来主持这个公民的婚礼。戈培尔和鲍曼作为见证人。之后，在一个私人聚会上，这对夫妇用香槟和点心庆祝了这一"快乐"的事件。新娘穿着长长的丝绸礼服，亲切地在聊天，同时唱机里播放着感伤的音乐。

第二天，也就是 1945 年 4 月 30日，苏联人包围了总理府，但是并不知道德国的独裁者准确的藏身位置。希特勒决定结束生命的时刻到来了。在与两个秘书和厨师吃完中饭之后，他和新娘庄严地向所有随从人员道别，然后走进了自己的房间。希特勒最后的话是对他的贴身仆人林格说的，他指示他加入突围的部队。惊恐的林格问道："为什么？我的元首。"他的主人最后的回答是："为继承我的人

被处决前几天的墨索里尼

希特勒和爱娃·布劳恩

服务。”希特勒房间的拱门随后关了起来。疯狂的玛格达·戈培尔冲破了守卫着希特勒密室的奥托·根舍少校的阻拦，她冲进希特勒的房间，试图恳求他不要结束自己的生命，而是前往贝希特斯加登。希特勒拒绝讨论这个问题，命令她离开。

1945 年 4 月 30日，星期一，大约下午三点三十分的时候，希特勒和他的夫人自杀。目击证人——如林格和根舍——的说法并不一致，但是身体上的标记似乎表明，希特勒是服用了氰化物胶囊，同时用他的 7.6 毫米的瓦尔特手枪对着右太阳穴开枪的。爱娃坐在希特勒的边上，身体上没有枪击的痕迹，明显是吞服了毒药。尽管希特勒在吞服氰化物胶囊的同时向自己的头部开枪在理论上是可能的，但是我还是接受了罗伯特·G.L.怀特的直觉：希特勒吞服了毒药，再由他唯一信任的人爱娃·布劳恩补上了一枪。希特勒在与德国离婚之后和她结了婚，他所拒绝的前妻已经对他没有价值了。这就是他最后挑衅的、自私的，也是最胆怯的行为。通过自杀，他逃避了他给这个国家和这个世界带来的恐怖的责任。

这对夫妇的尸体用地毯包裹着，从楼梯上被抬下来，放置在离掩体只有十米远的一个浅沟里。尸体上浇了几罐汽油，然后点上了火。在这个可怕的瓦格纳式的场景中，有这么几个人：戈培尔、鲍曼、赫威尔、林格、阿克斯曼、约翰·拉滕胡贝尔、施通普费格尔、弗郎茨·舍德勒、根舍，他们表情严肃地站在那里，向希特勒最后敬礼。从“斯大林管风琴”中射出的炮弹提供了葬礼的背景音乐。尸体燃烧了几个小时，骨灰被埋在附近六英尺宽的壕沟里。

海军上将邓尼茨

1945 年 5 月 1日晚上，作为体制性的谎言的最后一次行动，残存的纳粹领导人通过广播告诉德国人民：“我们的元首阿道夫·希特勒和布尔什维主义战斗到最后一刻，今天下午为了德国在他的总理府作战指挥岗位上倒了下来。”然后是邓尼茨的声音，其中添入了更多的故作悲哀的谎言。它由汉堡广播电台播放，因为这位海军上将是在德国北部遥远的藏身所中发表讲话的。这个政权直到最后还在自己欺骗自己。

随着希特勒的死亡，纳粹的空中楼阁很

1945 年 5 月 7 日,纽约市民阅读报纸的停战报道

快就坍塌了。在徒劳地寻求和苏联人达成有利的妥协之后,戈培尔也可耻地退出了历史舞台。他让妻子玛格达杀害了自己的六个孩子,然后和他一起自杀。掩体中余下的同居者一下子走空了。有的做了苏联的俘虏,有的被打死,有的自杀。柏林城防司令魏德林将军安排了停火,并且向苏联人投降。柏林战役使德国丧失了十二万五千人,苏联人伤亡十万人。邓尼茨政府在石勒苏益格—荷尔施泰因的弗伦斯堡的司令部继续这场战争的企图破灭之后,向盟军投降。1945 年 5 月 7 日,邓尼茨派约德尔和凯特尔前往位于法国兰姆的艾森豪威尔将军的司令部签署无条件投降协议。三天后,也就是 1945 年 5 月 10 日,投降协议得到了全同盟国会议的确认。

停战时刻对德国形成了打击。这是一个可怕的非现实的时刻,空虚的时刻。许多德国人的体验是背叛和无望。自从三十年战争以来,德国人没有遭受过如此彻底的毁灭。阿道夫·希特勒几乎实现了他的诺言:假如德国不成为世界强国,那么就不再有德国。这个预言没有实现。希特勒成为世界强国的幻想和他一道死去了,但是德国人民将承受羞愧、侮辱、征服、占领,将忍辱负重地在战败的废墟上建立一个更美好的德国。

结论

德国罪行问题

1946年4月,汉斯·弗兰克向纽伦堡法庭承认了自己的战争罪行。这个法庭是同盟国为审判纳粹主要战犯成立的。弗兰克说:"千年可以消失,德国的罪行不会被消除。"当弗兰克说这句话的时候,纳粹犯下的滔天罪行在每个人的心中还是新近发生的事情,人们普遍要求惩罚这一罪行。世界范围内的痛恨不仅指向纳粹的顶层,而且针对全体德国人民。在世界的眼里,德国人犹如历史上最残忍的杀戮者受到谴责。这是1946年。时间磨去了记忆,愈合了伤口,但是纳粹继续像鬼魂一样经常出现在我们的集体记忆当中,打搅我们的睡眠。希特勒的幽灵依然在世界各地出现,尤其是部分德国人依然生活在他的阴影下。当德国人访问外国的时候,他们依然会激起不愉快的回忆。对德国人的仇视在一些国家依然是强烈的。浓重的德国口音依然被我们公共意象的制造者所觉察,并且加以利用,作为傲慢的恐吓或者任意侵略的符号。

鉴于纳粹犯下的难以言说的罪行,这种反应在1946年是可想而知的。今天还是意想中的吗? 一位历史学家问道:"世界不再因为纳粹的罪行来谴责德国人的日子到来了吗?"这个问题潜存着两个假设: 一是这是世界人民而不是德国人民的任务；二是德国人民没有能力也没有资格为自己说话。

在1946年，有理由假定德国人没有能力诚实地对待他们的纳粹领导人把他们牵连在其中的罪行。那时的问题是确认罪行和惩罚战犯。二十一名纳粹主要领导人在纽伦堡法庭接受审判。这个法庭是同盟国的法律机器，它的责任是搜索那些犯有战争罪和反人类罪的分子。为了得到人们的尊重和保证程序的可信，审判由英国的大法官主审，八位同盟国的法官作为陪审，美国最高法院的一位法官出席作为主控官。被告们在监禁中受到很好的对待，都被给予了法律权利，这和那时西方社会法律的实际运作是一致的。尽管戈林和其他人宣称诉讼程序是一件可耻的事情，结果是事先安排好的，但是整个审判得到法官公正的处理，尽管他们并不十分非凡，但是专业和诚实的。

纽伦堡审判只是德国国内外举行的许多审判中的一个，那些审判被用来审判第二次世界大战中的罪犯。尽管德国人最终能够审判它自己的人，但在1945年却无法选择，因为德国的机构崩溃了，它的人民缺乏道德的力量来面对罪行和惩罚的问题。三个主要的纳粹领导人对发动第二次世界大战的悲剧性决策负有责任，他们是希特勒、希姆莱和戈培尔，他们都自杀了。在纽伦堡法庭的二十一名被告都辩解自己是无辜的，当中只有少数人承认自己犯下了重罪。他们还质疑非德国人审讯的合法性，质疑用他们宣称没有先例的法律原则和程序审讯的合法性。面对犯罪的证据，许多被告为自己寻找到一系列合理的理由。最普遍的是他们只是服从命令，希特勒或者希姆莱才是真正的罪犯。当然，对于纳粹的顶层人物来说，把一切归于希特勒是容易的；在某种程度上，对于德国人来说也是如此。因为希特勒已经死了，他不能为自己辩护，这样他们就能说自己是不知情的，或者是无辜的，或者是兼而有之。几乎是众口一词，纳粹的领导人还声称他们对超出自己职权范围的事情一无所知。凯特尔解释说，作为希特勒的助手，他与政治动机和他所计划的作战背景没有任何关系。他说：他或者约德尔“从来就没有和元首讨论过侵略或者进攻的问题。按照我们的观念，那不是我们的工作”。他在不道德的命令上签字导致了集体屠杀，但这也不是他的职权中的大事。当这样的决策所导致的严重后果放在被告面前的时候，他们经常依靠轻视犯罪作为另一种防卫机制，也就是用彼得·盖伊所说的“通过对比无足轻重化”来混淆犯罪的结果。他们承认残酷，然后愤怒地指责别人犯下的罪行是一样恶劣的。因此，罗森贝

纽伦堡法庭在审讯纳粹战犯

格告诉纽伦堡监狱的精神病医生吉尔伯特博士说:“苏联人真有勇气坐在审判席上,他们的良心上有三千万具尸体。再谈谈他们对教会的迫害!为什么他们不是世界上最大的犯人!在他们的革命中,他们杀害了数千位神甫。”里宾特洛甫也鹦鹉学舌,说出了同样的话:“你没有听说过美国人杀害印第安人吗?他们也是劣等民族吗?你不知道是谁先开始建造集中营的吗?是英国人。”对于那些镜头残暴的电影,戈林不屑一顾地说:“任何人都可以制造一部残酷的电影,假如他们把尸体从坟墓里拖出来,然后用拖拉机把它们再铲回去。”

当戈林和其他纳粹分子不热衷于集体的否认和“通过对比无足轻重化”的时候,他们就会热衷于相互指责,谴责另外一方不是打仗失败,就是失职,不配做行政官员或者军事领导人。这种相互指责在整个纳粹统治时期是一种传染病。它们不仅对于审判来说是无关紧要的,也会导致审判没有结果。因为它们将真正的对质排除在外,从而阻止发现真相。几个纳粹领导人承认自己有罪,甚至戏剧性地在法庭上承认自己的罪行,如波兰屠夫汉斯·弗兰克。但是,戏剧性的招供没有让同盟国相信,反而使他们怀疑这一迟来的招供有着深层的动机,他们的目的是提高自己的重要性,取悦于起诉人。

假如在1945年不清除纳粹的最高领导人,那么依然受到战争和经济崩溃创伤的德国人民没有能力面对有罪的问题,这是不足为奇的。普通的民众也会躲藏在恰当的辩解之后,声称他们是极权主义制度中无关紧要的齿轮,在那里,对抗

*里昂盖世太保头目巴比在 **1987** 年被起诉，他在战争期间杀害了六千名犹太人和抵抗运动人士。由于 **1981** 年法国废除了死刑，因此他只被判处了终身监禁。律师为他的辩护是：法国在阿尔及利亚、美国在越南都犯下了和巴比同样的罪行。*

是无法组织的，而肯定不是被囚禁就是被枪决。许多德国人在他们罪恶的政权手中，在他们的敌人那里经受了巨大的痛苦。他们相信，折磨着他们的痛苦使他们摆脱了责任的耻辱或者集体的罪恶。但是，即使德国人民希望解决罪恶和惩罚的法律、道德问题，当时的情景也使得这一行动变得越来越困难。国家被战胜国占领和管理，它们将自己的政治和意识形态议事日程强加给他们。在20世纪，这是第二次德国人民失去了对德国未来进程的控制，将它放在了外国人手里。正如20世纪德国最伟大的历史学家弗里德里希·迈内克所公正认为的那样，要从自主和力量出发完成分派罪责、给予惩罚的任务，假如不是不可能的话，也是困难的。同盟国——每个国家以自己独特的方式——制度化了著名的“非纳粹化”，即确认了那些严重牵涉进纳粹政权的分子，惩罚他们，将他们从公共管理机构中永远清除出去。甄别按五类进行：(1) 主要罪犯，以死刑或终身监禁惩罚；(2) 罪犯，最高判处十年徒刑；(3) 次要罪犯，缓刑；(4) 纳粹党的追随者；(5) 无罪之人。尽管非纳粹化控制在德国法庭的手中，但是同盟国监视着整个过程。非纳粹化是同盟国作出的一个更大的努力——消灭德国的军国主义和国家社会主义，监管战争罪犯，强迫德国人作出战争赔偿，沿着占领国认为合适的政治路线对德国人进行再教育——中的一部分。

非纳粹化在1945至1950年间歇性地进行着。相互冲突的意识形态目标笼罩在上面。苏联人占领了德国东部的大部分，他们认为纳粹主义主要植根于与资本主义相关的社会经济条件之中，因此必须服从共产主义的治疗。反之，英国人和美国人相信，建立和接受民主制度和实践，同时在社会复原方面作出巨大努力，

乌克兰人"恐怖伊凡"在以色列受审,他被认为在特雷布林卡犯下了滔天罪行,但因证据不足被宣告无罪。谁是"恐怖伊凡"也许永远沉没在历史当中。

可以最终从资本主义国家拔除纳粹主义之根。尽管许多纳粹罪犯受到了惩罚和监禁,但是逍遥法外的假如不是更多,人数也不会太少。许多德国人嘲笑这种过程,尤其是嘲笑那些精心制作的问卷表,在审判最终作出之前,他们不得不填写这种表格。后来一些人私下承认,他们当中的许多人因为得到了所谓的证明而得以逃脱罪责。许多德国人是从牧师、反纳粹分子或者犹太人那里获得这些证明的,他们证明拥有这些证明书的人是纯洁的。然后,这些证明书被送到法庭作为担保书。当时有一句笑话将法庭比作洗染店,一个进去穿着褐色衬衫的人出来穿的是白色衬衫。

冷战来临,德国被划分为东西两块:共产主义的东德和资本主义民主制的西德。这终结了任何真正的对后来被称为没有控制的过去发自内心的探索。德国罪行的问题依然悬而未决。德国人和他们的监护人都忙于经济建设和两种不同的生活方式之间意识形态的战争。

20世纪50年代的经济奇迹使西德出现了明显的经济繁荣,抑制了批评,强化了对纳粹历史的集体健忘症,这种健忘症在1945年纳粹主义崩溃之后就出现了。尽管波恩政府将赔偿计划制度化——包括在纳粹政府手中蒙受的生命、健康、自由或财富的伤害——补偿纳粹主义的受害者,尤其是犹太人,但是大多数德国人(包括西德和东德的)拒绝与纳粹的遗产作斗争。对希特勒和国家社会主义的重要研究主要发生在英国和美国,而不是德国。在那里,历史学家们依然不愿意重新打开旧的伤口,相关的文献资料不容易获得,因为它们被战胜国所占有,并被储藏在不为人知的地方。直到20世纪60年代,德国的学校仍然忽视当

一位与德国人生育孩子的法国女人在被游街示众

代史的重要性，而偏爱久远的历史，因此，面对最近的纳粹历史自然是不可能的。

到 20 世纪 60年代中期，阿登纳时代开始消退，让位给充满社会冲突的 10 年，德国再次面对着阿道夫·希特勒的黑暗阴影。德国的青年一代因为过于年轻，没有参与第三帝国的罪行，他们要求从父母那里得到有关第三帝国和他们参与其中的更好答案。在西德，年轻的一代越来越美国化和极端化，引发了尖锐的代沟冲突，导致了对政府机构的广泛批评，尤其是大学，在那里，保守主义早已牢固地确立起来。不论好坏，20 世纪 60年代的社会冲突为更为开放的思想论坛准备了道路，不幸的是，这些冲突也演变成暴力，并且剧烈地考验了西德的民主机构。不过，即使在 60年代晚期，某种锐气使得德国知识分子的思想氛围有了生气，德国人在对待最近的历史方面还是有了不可否认的进展。几位坚忍不拔的历史学家、社会科学家、新闻记者——维尔纳·马塞尔、赫尔穆特·海贝尔、马克斯·多马鲁斯、恩斯特·诺尔特、马丁·布罗扎特、卡尔·迪特里希·布拉歇、约阿希姆·费斯特就希特勒和国家社会主义问题撰写或者编辑了一些深刻和全面的研究。小学和初中修正了他们过时的课程，并开始更为诚实地教导他们的学生了解德国最近的历史。同时，报纸和杂志上大量的文章，还有纪录片、电影，开始再现纳粹德国，这些又进一步刺激了公共讨论。1960年，阿道夫·艾希曼在耶路撒冷受审；从

1963年12月到1965年8月，德国人追踪着奥斯维辛集中营二十位主要被告的诉讼过程,他们因战争罪在法兰克福受审。因此,普通的德国人可以便利地得到有关纳粹残暴行为的信息,他们现在愿意接受真相了。

不幸的是，许多人没有选择去观看像克劳德·郎茨曼拍摄的文献纪录片,而是去听由新纳粹分子和政治上的同路人编造的故事、半真半假的逸事和明显的谎言,这些人受到企图为纳粹清洗罪名的国外种族主义者的支持和怂恿。甚至在1969年，第一部全面论述国家社会主义的德文著作的作者卡尔·迪特里希·布拉歇,也不得不承认这些思想的顽固性,它们再次受到了“国家反对派”幌子的掩盖,而“国家反对派”又得到了精英杂志和报纸、多如牛毛的小册子、为自己开脱的泛滥成灾的回忆录、第二次世界大战衰落的偶像被净化的传记的推动。另外,布拉歇认为,这种修正主义的作品正在传交给政治上无知的年轻一代,这和当时出现的情景没有两样。另一方面,几乎没有什么年轻人认同纳粹主义,大多数人都是支持民主生活方式的。事实上,大多数德国人确实希望他们的生活在复活的经济中得到发展,不愿背负历史罪行的沉重包袱。

但是，希特勒的鬼魂依然出没在德国和世界当中。“希特勒今天依然在我们周围,在我们的厌恶中,在我们的恐惧中,在我们对权力和欺骗的想象中,在我们对卑鄙的经历和暴力结局的噩梦中。”1983年,德国《明星》杂志记者格尔德·海德曼震惊了世界,他发现了希特勒的日记,他宣称日记得到了学者的完全证实。参加鉴定的专家包括H.R.特雷福—罗珀。这一日记将提供有关纳粹德国激动人心的新信息。“希特勒日记”成了媒体事件,使得大多数其他有新闻价值的故事相形见绌,并使得1983年成为元首从未有过的光彩之年。但是,后来证明六十卷的日记全是伪造品,海德曼和伪造者康拉德·库约紧密合作,几乎使世界相信多年来元首在这些日记中倾诉了自己最隐秘的思想。元首日记事件揭示了德国人、新纳粹分子的一些丑恶真相,整个世界被肮脏的丑闻和令人作呕的分子所困扰。

几年后,一个激烈的、牵涉到德国最著名的历史学家的争论在德国的报纸上出现,并且很快具有了政治的含义。几位保守主义的历史学家——最著名的是恩斯特·诺尔特——发起了这场争论,他们认为以恰当的历史观点来看待第三帝国的时机到来了。他认为要将历史意识从以恐怖、野蛮想象纳粹德国的集体意象中解放出来。按照诺尔特的观点，对第三帝国的观念已经被固定成绝对邪恶的神

德累斯顿的新纳粹分子在进行排外游行——不过排外不仅仅发生在德国

话，它们生活在历史的时空之外，以至不可能将这一时期和其他历史时期相互比较，也阻止了历史学家对纳粹主义的行为和其他也热衷于种族灭绝的极权主义体制的行为进行比较。在20世纪60年代，诺尔特对法西斯主义进行了比较研究，在研究中，他将法西斯主义描绘为形而上的体制，它的远大目标是对取代左派的极端化——左派也是建立在对社会现实形而上的假设之上的——引导出一个新的同质社会。诺尔特十分恰当地描述了绝对意识形态的冲突，它以灭绝战的形式在20世纪散播瘟疫。在70年代和80年代，诺尔特不再进行抽象的思考，而是考察意识形态的冲突是如何及在何种程度上在所有方面导致种族灭绝行为的。这样，他撩动了蜂巢，因为正是他的论点——希特勒对犹太人的灭绝不是独特的行为，而是可以看作来自一种政治宗教——预示了灭绝是这种世界观的必要成分。毕竟，共产主义者一直接受这样的观点：他们的敌人资产阶级必须被消灭干净。对于布尔什维克来说，阶级成分决定了个人的存亡。苏联人清楚地表明，他们打算消灭一个作为整体的阶级。诺尔特的观点是纳粹除了消灭的是种族而不是阶级之外，与苏联人没有什么区别。到此为止，一切还算好。但是，当诺尔特接下来在布尔什维克的阶级灭绝和纳粹的大屠杀之间发现因果关系的时候，宣称后者是对前者的回应，他确实开始在玩弄危险的游戏了。在某种程度上，正如诺尔特的研究所表明的那样，这可能是真实的。纳粹分子认为，他们正在使用种族灭绝的方法是出于自我保护的，他们要以此抗击也在发动灭绝战争的敌人。希特勒无疑将共产主义和犹太人联系起来，在他看来，这种联系证明将两者灭绝是合理的。但是，这种思维方式是疯狂的，因为它走进了一个非理性推理的模式，假如仅仅这样理解这一现象的话，诺尔特给人制造了一种非常不幸的印象，即希特勒的政策是可以理解的，甚至在某种程度上是合理的。大屠杀无论多么不幸，它并非独特的，而只是深植在历史中的仇恨力量的一部分。

诺尔特不是一个种族主义者，支持他的保守主义的历史学家也不是种族主义者，但是将纳粹主义相对化的累积效应是消除了大屠杀的独一无二，推而广之是减轻了塑造第三帝国的这代德国人的罪行和责任。诺尔特认为，对犹太人的种族灭绝只是共产主义实施的阶级灭绝的翻版，“奥斯维辛集中营不是首先来源于过去的反犹太主义，从根本上来说也不仅仅是种族灭绝，而是一种出自对俄国革命灭绝事件的焦虑反应”。这种观点几乎起不到任何积极的作用，它只能使纳粹的经历变得无足轻重，被种族主义的修正主义者所利用。他们认为，德国对犹太人的政策在世界史中是标准的，因为社会一直趋向于生物学意义上种族同质，因此，在消除异己力量上是合理的。按照这样的观点，为了保持公共的健康和卫生，种族清洗是必要的方法。

历史学家的冲突——保守主义历史学家对自由主义或者左翼历史学家——十分激烈，以至冲突的目的在很大程度上对于公众来说是含糊不清的。这个争论证明了，纳粹主义的主题在纳粹不光彩的失败五十年后依然是敏感的。这个争论笼罩在德国的上空，使过去变得昏暗，使未来变得模糊。甚至对微小的民族自豪的肯定，对于德国人来说都是麻烦，因为它经常会引起国外的妄想狂分子担心“第四帝国”的兴起。事实上，当国外的专家开始注入自己带有倾向性的意见时，历史学家的争论很快就扩展到德国的论坛之外。德国的历史学家被谴责在洗刷历史，在推动一个不祥的政治议程，它的目的旨在政治的统一，并教育德国人民直起双膝，学会再度大踏步地前进。

德国人能够再度大踏步地前进吗？或者纳粹德国的担子是否过于沉重，德国人将永远不堪重负？这个问题涉及罪行问题的核心，也涉及与之相连的民族身份问题的核心。只要德国人在一个分裂的国家生活，这两个问题就不会像今天他们处于统一的德国的背景下这样尖锐。一个分裂的国家是不会过度地担忧自己的民族身份的，但是，随着最近发生的东德和西德的统一，德国人的身份问题要求得到有效的解决。我们认为，这个答案反过来又依赖于德国人是如何处理罪行和责任的问题。

德国哲学家卡尔·雅斯贝尔斯是一个有良知的、好心的、有着伟大道德观念的人，1947 年，他提供了一个依然能使我们发现走出纳粹主义道德荒原的道路的指南针。为了检验“德国的罪行”，第一步必须确定人们所犯下的并促成罪行的错误。雅斯贝尔斯和大多数有道德的德国人都同意，在纳粹统治的情况下，这种错误涉及犯下了战争罪和反人类罪，其他罪行还包括帝国主义的扩张，进行战争的方式，甚至发动战争的方式。无可否认的是，希特勒德国确实是犯下了这些罪行。但是，雅斯贝尔斯指出，罪行的类型是不同的，他认为可以划分为刑事罪、政治罪、道德罪和形而上学罪。刑事罪涉及任何在明确的法律下犯罪的人，由法院负责裁决；政治罪指的是所有的公民容忍了以国家的名义所犯下的罪行。我们所有的人对统治我们的方式负有共同的责任，因此也就对国家所作所为的后果负有责任，尽管并非每一个单独的公民要对一些特殊的个人以国家的名义犯下的罪行负责。对政治罪的裁决最终依赖于胜利者。道德罪涉及严重侵害的个人意识或者对不道德的、导致特殊错误的选择的参与。雅斯贝尔斯认为：“道德的缺点会形成刑事罪和政治罪产生的条件。”对道德罪的裁决依赖于个人的良知。最终是形而上学罪，当我们侵害普遍的道德秩序，侵害将我们相互连接为人类存在的基本道德关系的时候，这种罪就出现了。作为人类，我们对每一种错误和不公正都负有共同的责任。由于消极地在一旁旁观，我们在形而上学的意义上也是犯罪的。对形而上学罪的裁决最终依赖于上帝。

德国人忍气吞声的忍耐所创造的条件，导致了大规模犯罪行为的出现。在这个意义上来说，雅斯贝尔斯愿意承认，德国人在道德和形而上学的意义上是有罪的。尽管如此，他否认所有的德国人集体地犯有纳粹分子犯下的罪行。对于罪行来说，我们只能惩罚个人；整个国家不能被控有罪。罪犯一直是个人。

另外，重复纳粹的实践，用某些抽象的“特性”或性格对一个集团判罪是悲剧性的。没有一种国家的性格是可以延伸到每个个体当中的。这种谬误坚持认为，对某个假定的整体是真实的东西，必须对它所有的成员都是真实的。要把个人同一个民族区分开来，否则就会患上纳粹分子患有的同样疾病。民族没有邪恶的，邪恶的是个人。

在拒绝集体罪行的同时，雅斯贝尔斯绝不排除集体责任的观念。生活在整个纳粹帝国，并且作为希特勒世界积极的参与者的成年德国人对所发生的一切负有责任，也许不能从刑事罪的观点出发，但可以从政治罪、道德罪和形而上学罪的角度来看待。确实，许多哲学家认为，作为社会契约的一部分，我们负有共同的责任，甚至对于那些他人在我们面前的所作所为，因为我们是善良的或者邪恶的决策的接受者。它们是由那些高于我们的人为社会集团制定的；当然，假如决策被证明是不可操作或者有害的话，它们是可能有时也是必须被纠正的。大多数诚实的德国人今天看到了接受对纳粹以德国名义的所作所为负有共同责任的需要，这不牵涉到集体罪行，而是涉及道德义务，它可以阻止以德国的名义进行的犯罪再次发生。

假如一个人像雅斯贝尔斯一样认为德国人的罪行在这个意义上是如上所描述的话，那么，这一罪行应该延伸多远？雅斯贝尔斯没有检验这个问题，但是，在1984 年 1月 24 日，德国总理赫尔穆特·科尔在访问以色列的时候说道：

> 年轻一代的德国人没有认为德国的历史是一种负担，而是一种对未来的挑战。他们已经准备肩负起他们的责任。他们拒绝承认为他们父辈的行为承认集体罪行。我们应该欢迎这种发展。

我们必须接受这样的事实：纳粹德国对通常意义上的人性和特殊意义上的犹太人都犯下了滔天罪行；德国人也犯下了卡尔·雅斯贝尔斯所阐述的程度不同的罪行。我们还应该进一步同意科尔总理的观点：罪行的程度随着距离而消失，即德国罪行的问题或许可以作这样的比拟：当一块石头丢进平静的水塘时由涟漪形成的同心圆。石头是一个行动，是一个罪行，它使得水塘处于运动状态。第一圈是负有刑事责任的；第二圈是负有政治责任的；第三圈是负有道德责任的；第四圈和其余的圈是负有形而上学责任的。正如涟漪最终会失去它的动力，使水塘归于平静，因此应该允许罪行的涟漪消失，这样才能得到平静与和平。不允许德国人民依靠自己解决罪行问题——总之，像在 1945年那样在 1995年依然使这个问题存在并处于紧迫的状态——的政治后果，对于德国人和世界来说都是严重的。现在他们已经再度是一个民族的人，有力量面对这一问题。只有当德国人重新恢复对人性状态的感觉，纳粹德国才能成为历史。

> 盟军的胜利不是德国的失败，而是德国的胜利。
>
> 没有人希望我们为一个罪大恶极的政权所犯下的罪行感到内疚，但是，我们有责任承认历史并肩负历史的责任。
>
> ——德国总理施罗德在纪念 D 日诺曼底六十周年上的讲话

纳粹德国大事年表

1889 年 4 月 20 日，阿道夫·希特勒出生在德奥边境茵河畔的伯劳瑙。

1919 年 9 月 16 日，希特勒加入德国工人党。

1920 年 2 月 24 日，党的二十五条章程颁布。

1920 年 8 月 8 日，国家社会主义德国工人党成立。

1923 年 11 月 8—9 日，希特勒在慕尼黑的啤酒屋暴动失败。

1924 年 4 月 1 日，希特勒被判处四年监禁，在兰德斯堡服刑。

1924 年 12 月 20 日，希特勒只服了八个月的刑期就被释放。在监狱里，他完成了《我的奋斗》第一卷草稿。

1925 年 2 月 24 日，国家社会主义德国工人党得到重建。

1925 年 4 月 26 日，兴登堡在弗里德里希·埃伯特死后被选举为魏玛共和国总统。

1925 年 11 月 11 日，党卫队建立，它是一支由精英组成的希特勒的私人卫队。

1928 年 5 月 20 日，国会选举。纳粹党只得到 81 万张选票（2.6%），在有 491 个席位的国会中只占有 12 个席位。

1929 年 10 月 29 日，“黑色星期二”。美国股票市场崩溃，也悲剧性地影响了德国的经济萧条。

1930 年 9 月 14 日，国会选举。纳粹党得到了 640.96 万张选票（18.3%），在新的有 577

个席位的国会中获得 107 个席位，有了相当可观的突破。

1931 年 12 月，德国失业人数达到 560 万。

1932 年 3 月 13 日和 4 月 10 日，希特勒在两次总统选举中被兴登堡击败。

1932 年 4 月 13 日，布吕宁总理禁止冲锋队和党卫队。

1932 年 5 月 30 日，布吕宁被巴本总理替代。

1932 年 6 月 16 日，巴本废除对冲锋队和党卫队的禁令。

1932 年 7 月 31 日，国会选举。纳粹得到 1374.58 万张选票（37.4%），在新的有 608 个席位的国会中得到 230 个席位。

1932 年 8 月 13 日，兴登堡拒绝任命希特勒为总理。

1932 年 11 月 6 日，国会选举。纳粹的选票下降到 1137.7 万张（33.1%），在有 584 个席位的国会中得到 196 个席位。

1932 年 12 月 2 日，施莱歇将军成为总理。

1932 年 12 月 18 日，纳粹党出现危机。格雷戈尔·施特拉塞尔和希特勒就国家社会主义德国工人党的未来发生争执。格雷戈尔·施特拉塞尔辞职。

1933 年 1 月 4 日，希特勒和巴本之间的秘密会议在科隆银行家库尔特·冯·施罗德家中进行。

1933 年 1 月 15 日，纳粹党在利普州的选举中获胜。

1933 年 1 月 23 日，施莱歇总理辞职。

1933 年 1 月 30 日，兴登堡任命希特勒为总理。

1933 年 2 月 27 日，德国国会大厦烧毁。共产党人遭到谴责。

1933 年 2 月 28 日，“保护人民和国家法令”以总统法令的名义得以通过。它取消了公民的自由，允许警察对嫌疑犯进行“保护性监视”，并为长期的紧急状态准备了道路。

1933 年 3 月 5 日，最后一次多党状态下的国会选举。国家社会主义德国工人党获得了些微的多数票（占选票的 43.9%）。

1933 年 3 月 21 日，波茨坦日。

1933 年 3 月 24 日，通过《授权法》，希特勒十二年的专制就是建立在这个法律基础上的。

1933 年 4 月 1 日，抵制犹太人的商业和专业人员。希姆莱被任命为巴伐利亚警察总监。

1933 年 5 月 2 日，工会被破坏，工会领袖被逮捕。德国劳工阵线成立，领导人是罗伯特·莱伊。

1933年7月14日，通过反对成立新党的法律，它取缔所有现存的党派，并且禁止新党的成立。

1933年7月20日，缔结与天主教会的协定。

1933年9月29日，国家文化委员会建立，负责人是约瑟夫·戈培尔。

1933年10月14日，德国退出国际联盟。

1933年11月12日，新的一党国家的首次国会选举，可以预见的结果是：95.2%的选民给国家社会主义德国工人党投了赞成票。

1934年1月20日，通过国家劳工管制的法律。

1934年1月30日，《国家重建法》废除了州政府或者市政府及其审议权。

1934年6月17日，巴本在马堡大学发表讲演，强烈抨击纳粹革命的极端行为。

1934年6月30日—7月2日，清洗罗姆。希特勒帮助组织了对罗姆及其政治对手——保守主义右翼的主要成员的清洗。

1934年7月20日，党卫队成为独立的组织。

1934年8月2日，兴登堡总统去世。希特勒立刻将总理和总统职位合二为一，因此成为国家的元首和军队的总司令。

1935年1月13日，萨尔的全民公决导致萨尔并入德国。

1935年3月16日，征兵再度开始。

1935年6月18日，签订英德海军协议。

1935年6月26日，十八到二十五岁的年轻人必须参加义务劳动。

1935年9月15日，颁布《纽伦堡种族法》。

1936年3月7日，希特勒进入非武装区莱茵兰，并将它收归德国。

1936年3月29日，对希特勒的政策进行全民公决，99%的公民赞成。

1936年6月17日，希姆莱成为党卫队的全国领袖。

1936年8月1日，希特勒在柏林宣布奥林匹克运动会开幕。

1936年9月8—14日，召开党的会议，颁布“四年计划”。

1936年10月25日，通过意大利和德国之间的条约，建立罗马—柏林轴心。

1936年11月25日，德国和日本签订《反共产国际条约》。

1937年1月30日，《授权法》再延续四年。

1937年3月14日，教皇发表了通谕《如焚的焦虑》，谴责纳粹针对教会的政策。

1937 年 9 月 25—29 日，墨索里尼对德国进行国事访问。

1937 年 11 月 5 日，霍斯巴赫备忘录记录了希特勒和他的军事主管们的秘密军事会议，在这次会议上，元首表述了侵略性的领土计划。

1937 年 11 月 26 日，沙赫特辞去国家经济部长职务，由瓦尔特·丰克接替。

1938 年 2 月 4 日，布隆贝格和弗里奇辞职，武装部队最高统帅部成立。

1938 年 3 月 12—13 日，吞并奥地利。

1938 年 8 月 27 日，陆军总参谋长路德维希·贝克辞职。

1938 年 9 月 29—30 日，慕尼黑会议为了安抚希特勒，将捷克斯洛伐克的苏台德地区奖励给他。

1938 年 11 月 8—9 日，"水晶之夜"导致了对整个德国犹太人的大屠杀。

1939 年 3 月 14—16 日，德国入侵捷克斯洛伐克的其余地区，建立了波希米亚和摩拉维亚保护国。

1939 年 4 月 22 日，德国和意大利结成军事联盟的《钢铁协定》最终得以签订。

1939 年 8 月 23 日，签订《德苏互不侵犯条约》。

1939 年 9 月 1 日，入侵波兰。

1939 年 9 月 3 日，英国和法国向德国宣战。

1939 年 9 月 27 日，建立国家保安总局，由海德里希领导。这个机构将秘密警察（包括盖世太保和国家警察）同党卫队保安处整合为一体，使它成为警察恐怖最有权势的工具。

1939 年 10 月，希特勒签署了书面意见，其可回溯到 1939 年 9 月 1 日，授权"仁慈地杀戮""不值得存活的人"，因此引发了安乐死的大屠杀。

1939 年 10 月 8—12 日，希特勒分割波兰，将东部地区合并到德国，并将剩余的波兰建成附庸的督政府，由汉斯·弗兰克领导。

1939 年 11 月 8 日，格奥尔格·埃尔泽谋杀希特勒失败。

1940 年 4 月 9 日，德国入侵丹麦和挪威。

1940 年 5 月 10 日，希特勒入侵荷兰、比利时、卢森堡、法国，开始了对西方的进攻。

1940 年 6 月 22 日，签订法德停战协定。

1940 年 8 月 13 日，英国之战开始，一直延续到 9 月下旬。

1940 年 10 月 23 日，希特勒会见佛朗哥。

1940 年 10 月 24 日，希特勒和贝当进行了毫无结果的会晤。

1940 年 10 月 28 日，墨索里尼进攻希腊。

1940 年 12 月 18 日,希特勒批准入侵苏联的巴巴罗萨计划。

1941 年 2 月,隆美尔指挥的非洲军团成立。

1941 年 4 月 6 日,德国入侵南斯拉夫和希腊。

1941 年 5 月 10 日,鲁道夫·赫斯飞往苏格兰执行秘密使命,表面上是谋求英德之间的和平。希特勒认为他“疯”了。赫斯的地位被鲍曼替代。

1941 年 6 月 6 日,希特勒颁布了臭名昭著的《政委命令》,要求在即将到来的对苏联的战争中消灭所有的共产党官员。

1941 年 6 月 22 日,希特勒入侵苏联。在正规军后面是专门的警察部队,全面围捕犹太人、共产党人和吉卜赛人,并残酷地杀害他们。

1941 年 7 月 31 日,戈林要求海德里希提供一个计划,提出详细的实现对犹太人问题“最终解决”的方法。

1941 年 9 月 1 日,德国的犹太人必须佩戴大卫黄色星徽,从 1941 年 10 月 1 日开始禁止移民。

1941 年 9 月 3 日,奥斯维辛集中营首次使用齐克隆 B 进行毒气杀人。

1941 年 9 月 29—30 日,三万三千七百七十一名犹太人在基辅附近的巴比扬被射杀。

1941 年 12 月 5 日,莫斯科战役。苏联开始反攻。

1941 年 12 月 7 日,颁布《夜雾法案》。日本攻击珍珠港。

1941 年 12 月 11 日,希特勒向美国宣战。

1941 年 12 月 16 日,希特勒解除了布劳希奇的职务,亲自行使对陆军的最高指挥权。

1942 年 1 月 20 日,旺西会议确定了犹太人问题“最终解决”的方法。

1942 年 2 月 8 日,埃伯特·施佩尔接替弗里茨·托德成为军备部长。

1942 年 3 月 21 日,弗里茨·绍克尔被任命为人力分配的全权代表。

1942 年 5 月 27 日,海德里希在布拉格被刺杀。

1942 年 5 月 30—31 日,对科隆发动第一次“一千架轰炸机的袭击”。

1942 年 6 月,在奥斯维辛开始大规模的毒气杀人。

1942 年 6 月 10 日,为了给海德里希复仇,党卫队摧毁了利迪策村,消灭了它的居民。

1942 年 11 月 11 日,英国突破阿拉曼。隆美尔的非洲军团退却到非洲东北部。

1942 年 11 月 19 日,苏联人在斯大林格勒发动反攻。四天后,苏联人完成了对斯大林格勒的包围,第六军团陷入重围。

1943 年 1 月 31 日,第六军团在斯大林格勒投降。

1943 年 2 月 18 日，戈培尔在柏林体育场进行“你是否需要总体战?”的演讲。

1943 年 2 月 22 日，苏菲·绍尔和汉斯·绍尔姐弟被处决，“白玫瑰”抵抗团体被粉碎。

1943 年 3 月 13 日，陆军军官反对希特勒的阴谋失败。

1943 年 4 月 19 日，华沙犹太人强迫居住点起义，5 月 16 日起义失败。

1943 年 5 月 12 日，最后一支轴心国军队在北非投降。

1943 年 7 月 25 日，墨索里尼下台，意大利法西斯主义崩溃。

1943 年 9 月 2 日，施佩尔得到授权将所有的军事工业集中起来。他组建了一个新的军备和战争生产部。

1943 年 9 月 8 日，希特勒占领意大利北部和中部。

1944 年 6 月 6 日，D 日，盟军进攻诺曼底。

1944 年 6 月 10 日，为了报复游击队的行动，党卫队摧毁了法国尼姆日附近一个名叫奥拉都的村庄，消灭了它的居民。

1944 年 7 月 20 日，施陶芬贝格上校企图在东普鲁士拉斯腾堡的元首司令部刺杀希特勒，但没有成功。

1944 年 7 月 24 日，苏联人解放了马耶达内克集中营。

1944 年 7 月 25 日，希姆莱被任命为后备军总司令，戈培尔成为总体战的全权代表。

1944 年 9 月，向伦敦投射 V-2 导弹。

1944 年 9 月 1 日，华沙起义开始。

1944 年 9 月 25 日，所有十六到六十岁之间的男人被要求在国民卫队服役。

1944 年 10 月 2 日，华沙起义被粉碎，华沙城被摧毁。

1944 年 10 月 21 日，美军占领亚琛。

1944 年 11 月 1 日，希姆莱停止了在奥斯维辛的毒气杀人。

1944 年 12 月 16—24 日，突出部战役。

1945 年 1 月 27 日，苏联人解放奥斯维辛。

1945 年 1 月 30 日，希特勒对德国人民发表最后一次广播讲话，鼓励他们坚持到最后。

1945 年 2 月 4—11 日，雅尔塔会议。

1945 年 2 月 13—14 日，德累斯顿被炸毁。

1945 年 3 月 7 日，美国在雷马根跨越莱茵河。

1945 年 3 月 19 日，希特勒发布焦土政策，也被称为“尼禄命令”。

1945年4月25日,美国军队和苏联军队在易北河的托尔高会师。

1945年4月30日,希特勒自杀。邓尼茨获得指挥权。

1945年5月2日,柏林向苏联投降。

1945年5月7—9日,“无条件投降条约”在法国兰斯的美军司令部签署,并且在柏林的苏军司令部再次签署。